U0790907

全国一级建造师执业资格考试
创/新/教/材

# 公路工程管理与实务

全国一级建造师执业资格考试用书编写组　组编

编写组成员

主　编　王　欢
主　审　杨帅飞
参　编　毋祎祎　李惊宇　贾小静　柴泽江
　　　　杨海霞　杨小虎　王　琳　鲁　婷

哈尔滨工程大学出版社
Harbin Engineering University Press

## 内 容 简 介

本书主要根据考试大纲要求，从公路工程施工的实践出发，在紧扣法规、标准及规范的基础上，针对常用的公路工程施工技术和项目管理相关知识进行了编写，旨在加强考生对理论知识的掌握，提高考生解决工程管理与施工难题的能力。全书通过图文并茂的形式，坚持"与工程实践相结合，与考试命题规律相结合，与考生反馈意见相结合"的编写原则，对考试内容进行解读，并精心编写了具有代表性的"专家解读"和"典型例题"模块，旨在帮助考生更好地理解和掌握知识点，使考生能在有限的时间内科学、有效地备考。

**图书在版编目(CIP)数据**

公路工程管理与实务 / 全国一级建造师执业资格考试用书编写组组编. — 哈尔滨 : 哈尔滨工程大学出版社，2023.2(2023.5 重印)

全国一级建造师执业资格考试创新教材

ISBN 978-7-5661-3815-6

Ⅰ. ①公… Ⅱ. ①全… Ⅲ. ①道路工程 – 施工管理 – 资格考试 – 自学参考资料 Ⅳ. ①U415.1

中国国家版本馆 CIP 数据核字(2023)第 022799 号

**公路工程管理与实务**

GONGLU GONGCHENG GUANLI YU SHIWU

**选题策划** 李惊宇
**责任编辑** 张 彦
**封面设计** 天 一

---

**出版发行** 哈尔滨工程大学出版社
**社　　址** 哈尔滨市南岗区南通大街 145 号
**邮政编码** 150001
**发行电话** 0451-82519328
**传　　真** 0451-82519699
**经　　销** 新华书店
**印　　刷** 河南黎阳印务有限公司
**开　　本** 787 mm×1 092 mm 1/16
**印　　张** 27.5
**字　　数** 704 千字
**版　　次** 2023 年 2 月第 1 版
**印　　次** 2023 年 5 月第 2 次印刷
**定　　价** 68.00 元

http://www.hrbeupress.com

E-mail:heupress@hrbeu.edu.cn

# 前言

# Preface

为提高工程建设从业人员的专业素养和管理能力，我国建立和完善了建造师执业制度。虽然国务院相继取消了许多执业资格许可和认定事项，但是基于建设工程领域的特殊性以及专业人才不可替代的重要性，建造师执业资格考试不仅不会被取消，而且越来越受到政府机关和社会各界的重视。

为了满足广大考生的应试复习要求，便于考生明悉现行考试考情，并能在较短的时间内科学、有效地掌握知识要点，更好地备战全国一级建造师执业资格考试，全国一级建造师执业资格考试用书编写组的成员通力合作，编写了本系列图书。

**本系列图书所包含的科目（共八个）**

《建设工程法规及相关知识》

《建设工程项目管理》

《建设工程经济》

《建筑工程管理与实务》

《市政公用工程管理与实务》

《机电工程管理与实务》

《公路工程管理与实务》

《水利水电工程管理与实务》

前三个科目为全国一级建造师执业资格考试的公共科目，后五个科目为专业科目。

**图书特色**

全国一级建造师执业资格考试用书编写组的成员认真研究考试要求，结合现行法律法规、国家标准及行业规范，准确把控和解读历年考试命题点，以创新的形式整合知识体系，编写了本系列图书。

另外，全书采用双色印刷，并结合“组织结构图＋表格总结对比＋专家解读＋典型例题”等多种形式，有针对性而又不失详尽地解读核心考点，给考生提供多层级、新视角的全新解读，帮助考生复习备考。同时，编写组对本系列图书中的难点、重点、易考点进行解读，使考生易懂、易学、易掌握。

## 增值服务

为方便考生复习备考，我们特向购买本系列图书的考生提供两大特色服务，让考生在进行本系列图书学习的同时可以通过观看视频、线上做题（天一网校 APP）等方式，实现线上线下有效备考。

**增值服务一** 视频课程。本系列图书编写组诚邀多名具有丰富实践和教学经验的老师，精心录制备考视频，帮助考生全面、系统地学习。

**增值服务二** 电子题库。本系列图书编写组结合历年真题考查形式及风格，精心挑选了一些常考点、易错点、重难点习题组成电子题库，以方便考生在学习内容的同时进行习题练习与巩固，提升学习效果。

您可以通过扫描图书封面处二维码（刮开获得激活码），根据提示输入激活码，获取视频课程和电子题库。

本系列图书的不足之处，恳请广大读者予以指正。

如有与本书相关的问题及建议，欢迎您致电 4006597013 或者通过 QQ：1400594158 与我们联系，我们将以更加优质、便捷的方式为您提供多层次的服务。

扫描二维码
获取天一网校APP

全国一级建造师执业资格考试用书编写组

# 目 录

Contents

# 第一章　公路工程施工技术

## 第一节　路 基 工 程

### 模块一　路基施工技术

#### 一、路基概述

公路的主要组成部分有路基、路面、桥涵、隧道、排水系统、防护工程、特殊构造物及交通服务设施等。路基是指按路线位置和一定技术要求修筑的带状构造物，是路面的基础，承受由路面传来的行车荷载。典型的路基横断面构造示意图如图 1-1 所示，包括上路床、下路床、上路堤、下路堤等构造。

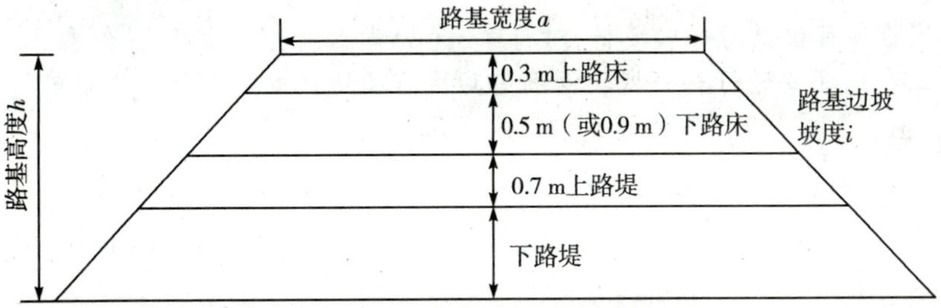


图 1-1　典型的路基横断面构造示意图

路床是指路面结构层以下 0.8 m 或 1.20 m 范围内的路基部分，分为上路床及下路床两层。上路床厚度 0.3 m；下路床厚度在轻、中及重交通公路为 0.5 m，特重、极重交通公路为 0.9 m。

路堤是指高于原地面的填方路基。路堤在结构上分为上路堤、下路堤，上路堤是指路床以下 0.7 m 厚度范围的填方部分；下路堤是指上路堤以下的填方部分。

路堑是指低于原地面的挖方路基。

高路堤是指路基填土最大边坡高度大于 20 m 的路堤。

陡坡路堤是指地面斜坡陡于 1∶2.5 的路堤。

填石路堤是指用粒径大于 40 mm 且含量超过总质量 70% 的石料填筑的路堤。

土石路堤是指用石料含量占总质量 30% ~70% 的土石混合材料填筑的路堤。

## 二、路基施工准备

### (一)一般规定

路基工程施工前应熟悉设计文件、领会设计意图。应进行施工调查及现场核对,根据设计要求、合同条件及现场情况等编制施工组织设计。路基开工前应建立健全质量、环境、职业健康安全管理体系,并对各类施工人员进行岗位培训和技术、安全交底。临时工程应满足正常施工需要,保证路基施工影响范围内原有道路、结构物的使用功能,保护农田水利设施等。临时工程宜与永久工程相结合。对拟采用的新技术、新工艺、新材料、新设备的工程项目,应提前做好试验研究和论证工作。

### (二)路基施工测量

路基施工测量应根据公路等级和测量精度要求,选择测量方法。控制性桩点,应进行现场交桩,在复测原控制网的基础上,根据施工需要适当加密、优化,建立施工测量控制网,妥善保护。

### (三)路基试验

路基施工前,应建立具备相应试验检测能力的工地试验室。路基填前碾压前,应对路基基底原状土进行取样试验。每千米应至少取 2 个点,并应根据土质变化增加取样点数。

应及时对拟作为路堤填料的材料进行取样试验。土的试验项目应包括天然含水率、液限、塑限、颗粒分析、击实、CBR 等,必要时还应做相对密度、有机质含量、易溶盐含量、冻胀和膨胀量等试验。使用特殊材料作为填料时,应按相关标准进行相应试验检验,经批准后方可使用。

**链接**

CBR(加州承载比)是表征路基土、粒料、稳定土强度的一种指标,即标准试件在规定贯入量时所施加的试验荷载与标准碎石材料在相同贯入量时所施加的荷载之比值,以百分率表示。

上述试验项目仅针对一般填料,对特殊土(如黄土、软土、盐渍土、红黏土、高液限黏土和膨胀土等),还要进行相关试验以确定其性质及处置方案。

### (四)地表处理

地基表层碾压处理压实度控制标准为:二级及二级以上公路一般土质应不小于 90%;三、四级公路应不小于 85%。低路堤应对地基表层土进行超挖、分层回填压实,其处理深度应不小于路床厚度。

原地面坑、洞、穴等,应在清除沉积物后,用合格填料分层回填、分层压实,压实度应符合规范的规定。对可能存在空洞隐患的,应结合具体情况采取相应的处置措施。

泉眼或露头地下水,应按设计要求采取有效的导排措施,将地下水引离后方可填筑路堤。

地基为耕地、松散土质、水稻田、湖塘、软土、过湿土等时,应按设计要求进行处理,局部软弹的部分应采取有效的处理措施。

陡坡地段、填挖结合部、土石混合地段、高填方地段地基等应按设计要求进行处理。

地下水位较高时,应按设计要求进行处理。

特殊地段路基应先核对地勘资料,确定设计资料与实际的符合性、处理方法的适用性,必要时重新补勘地质、水文资料,根据结果重新确定处理方案。

### (五)试验路段

下列情况应进行试验路段施工:二级及二级以上公路路堤;填石路堤、土石路堤;特殊填料(指具有与一般土质不同工程特性的填料,如煤矸石、泡沫轻质土等)路堤;特殊路基;拟采用新技术、新工艺、新材料、新设备的路基。

试验路段应选择地质条件、路基断面形式等具有代表性的地段，长度宜不小于 200 m。

试验路段施工总结宜包括下列内容：填料试验、检测报告等；压实工艺主要参数，包括机械组合、压实机械规格、松铺厚度、碾压遍数、碾压速度、最佳含水率及碾压时含水率范围等；过程工艺控制方法；质量控制标准；施工组织方案及工艺的优化；原始记录、过程记录；对施工图的修改建议等；安全保证措施；环保措施。

## 三、一般路基施工技术

### （一）一般规定

路基填料应符合下列规定：

（1）宜选用级配好的砾类土、砂类土等粗粒土作为填料。

（2）含草皮、生活垃圾、树根、腐殖质的土严禁作为填料。

（3）泥炭土、淤泥、冻土、强膨胀土、有机质土及易溶盐超过允许含量的土等，不得直接用于填筑路基；确需使用时，应采取技术措施进行处理，经检验满足要求后方可使用。

（4）粉质土不宜直接用于填筑二级及二级以上公路的路床，不得直接用于填筑冰冻地区的路床及浸水部分的路堤。

**专家解读**

粉质土毛细作用明显，冻胀量大，其力学性能受含水率影响明显，因此不宜直接用于二级及二级以上公路的路床，也不得直接用于冰冻地区的路床和路堤浸水部分。

路基填料最小承载比和最大粒径应符合表 1-1 的规定。

**表 1-1　路基填料最小承载比和最大粒径要求**

| 填料应用部位（路面底面以下深度）/m | | | | 填料最小承载比 CBR/% | | | 填料最大粒径/mm |
|---|---|---|---|---|---|---|---|
| | | | | 高速、一级公路 | 二级公路 | 三、四级公路 | |
| 填方路基 | 上路床 | | 0～0.3 | 8 | 6 | 5 | 100 |
| | 下路床 | 轻、中及重交通 | 0.3～0.8 | 5 | 4 | 3 | 100 |
| | | 特重、极重交通 | 0.3～1.2 | | | | |
| | 上路堤 | 轻、中及重交通 | 0.8～1.5 | 4 | 3 | 3 | 150 |
| | | 特重、极重交通 | 1.2～1.9 | | | | |
| | 下路堤 | 轻、中及重交通 | >1.5 | 3 | 2 | 2 | 150 |
| | | 特重、极重交通 | >1.9 | | | | |
| 零填及挖方路基 | 上路床 | | 0～0.3 | 8 | 6 | 5 | 100 |
| | 下路床 | 轻、中及重交通 | 0.3～0.8 | 5 | 4 | 3 | 100 |
| | | 特重、极重交通 | 0.3～1.2 | | | | |

注：a. 表列承载比是根据路基不同填筑部位压实标准的要求，按现行《公路土工试验规程》试验方法规定浸水 96 h 确定的 CBR。

b. 三、四级公路铺筑沥青混凝土和水泥混凝土路面时，应采用二级公路的规定。

c. 表中上、下路堤填料最大粒径 150 mm 的规定不适用于填石路堤和土石路堤。

## （二）路床

路床填料应符合下列规定：

（1）路床填料应符合表1-1的规定。

（2）高速公路、一级公路路床填料宜采用砂砾、碎石等水稳性好的粗粒料，也可采用级配好的碎石土、砾石土等；粗粒料缺乏时，可采用无机结合料改良细粒土。

零填、挖方路段的路床施工应符合下列规定。

（1）路床范围原状土符合要求的，可直接进行成形施工。

（2）路床范围为过湿土时应进行换填处理，设计有规定时按设计厚度换填，设计未规定时按以下要求换填：高速公路、一级公路换填厚度宜为0.8～1.2 m，若过湿土的总厚度小于1.5 m，则宜全部换填；二级公路的换填厚度宜为0.5～0.8 m。

（3）高速公路、一级公路路床范围为崩解性岩石或强风化软岩时应进行换填处理，设计有规定时按设计厚度换填，设计未规定时换填厚度宜为0.3～0.5 m。

路床填筑，每层最大压实厚度宜不大于300 mm，顶面最后一层压实厚度应不小于100 mm。

## （三）挖方路基

### 1. 挖方路基施工规定

挖方路基施工应符合表1-2的规定。

表1-2　挖方路基施工规定

| 类别 | 规定 |
|---|---|
| 土方开挖 | （1）应自上而下逐级进行，严禁掏底开挖。<br>（2）开挖至边坡线前，应预留一定宽度，预留的宽度应保证刷坡过程中设计边坡线外的土层不受到扰动。<br>（3）拟用作路基填料的土方，应分类开挖、分类使用。<br>（4）开挖至零填、路堑路床部分后，应及时进行路床施工；如不能及时进行，宜在设计路床顶高程以上预留至少300 mm厚的保护层。<br>（5）应采取临时排水措施，施工作业面不得积水 |
| 土方开挖遇到地下水时的处理 | （1）应采取排导措施，将水引入路基排水系统，不得随意堵塞泉眼。<br>（2）路床土含水率高或为含水层时，应采取设置渗沟、换填、改良土质等处理措施。路床填料应具有好的透水性和水稳性 |
| 石方开挖 | （1）应根据岩石的类别、风化程度、岩层产状、岩体断裂构造、施工环境等因素确定开挖方案。<br>（2）应逐级开挖，逐级按设计要求进行防护。<br>（3）施工过程中，每挖深3～5 m应进行边坡边线和坡率的复测。<br>（4）爆破作业应符合现行《爆破安全规程》的有关规定。<br>（5）严禁采用峒室爆破，靠近边坡部位的硬质岩应采用光面爆破或预裂爆破。<br>（6）爆破法开挖石方，应先查明空中缆线、地下管线的位置、开挖边界线外可能受爆破影响的建筑物结构类型、居民居住情况等，对不能满足安全距离的石方宜采用化学静态爆破或机械开挖。<br>（7）边坡应逐级进行整修，同时清除危石及松动石块 |

（续表）

| 类别 | 规定 |
|---|---|
| 石质路床清理 | (1)欠挖部分应予凿除，超挖部分应采用强度高的砂砾、碎石进行找平处理，不得采用细粒土找平。<br>(2)路床底面有地下水时，可设置渗沟进行排导，渗沟应采用硬质碎石回填。<br>(3)路床的边沟应与路床同步施工 |
| 深挖路堑施工 | (1)应根据地形特征设置边坡观测点，施工过程中应对深挖路堑的稳定性进行监测。<br>(2)施工过程中，应核查地质情况，如与设计不符应及时反馈处理。<br>(3)每挖深 3 ~ 5 m 应复测一次边坡 |

## 2. 路堑开挖方法

(1)土质路堑开挖方法。

土质路堑开挖方法如图 1-2 所示。

**横挖法**

在路线一端或两端，沿线成纵向向前开挖。双层时，下层上留有上层操作的出土和排水通道。横挖法包括单层横向全宽挖掘法和多层横向全宽挖掘法，前者适合挖掘浅且短的路堑；后者适合挖掘深且短的路堑

**纵挖法**

沿路堑纵向挖掘工作通道，再逐渐向两侧横挖，便于安排土方运输和展开工作断面。当开挖深度较大时，可将高度分成几个层次安排多组机械在不同层次和前后错开的作业面上开挖，适用于开挖量大、较长的路堑。纵挖法包括分段纵挖法、分层纵挖法和通道纵挖法。其中，通道纵挖法适用于较长、较深、两端地面纵坡较小的路堑开挖

**混合式开挖法**

对于特别深、特别长的路堑，开挖量大，可在开挖纵向通道的基础上再横向开挖通道，提高工作效率

**分段掘进法**

若开挖较长的路堑，可以沿路堑纵向选择一个或几个适宜处，将较薄的一侧路堑横向挖穿，将路堑在纵向分成几段，安排多组开挖断面，同时掘进

图 1-2　土质路堑开挖方法

### 典型例题

【单选题】某路段长 500 m，纵坡较小（百分之零点几），挖深 28 m，应选择的开挖方式是（　　）。

A. 通道纵挖法　　B. 分段纵挖法

C. 多层横向全宽挖掘法　　D. 单层横向全宽挖掘法

A。【解析】纵挖法中，较长的路堑可采用分层纵挖法；较长、较深、两端地面纵坡较小的路堑可采用通道纵挖法；过长、弃土运距过远，一侧堑壁较薄的傍山路堑可采用分段纵挖法。

(2)石质路堑开挖方法。

石质路堑开挖方法包括爆破法开挖、化学静态爆破或机械开挖。目前广泛采用爆破法开挖，对不能满足安全距离的石方宜采用化学静态爆破或机械开挖。此部分主要介绍爆破法开挖相关内容。

常用爆破方法包括：

①光面爆破。光面爆破是指沿开挖边界布置密集炮孔，采取不耦合装药或装填低威力炸药，在主爆区之后起爆，以形成平整的轮廓面的爆破作业。

②预裂爆破。预裂爆破是指沿开挖边界布置密集炮孔，采取不耦合装药或装填低威力炸药，在主爆区之前起爆，从而在爆区与保留区之间形成预裂缝，以减弱主爆孔爆破对保留岩体的破坏并形成平整轮廓面的爆破作业。

**链接**

光面爆破与预裂爆破既有相同点又有不同点，相同点是两者均宜采用低猛度、低爆速、传爆性能好的炸药，且都对岩体的影响较小；不同点是光面爆破有侧向临空面和最小抵抗线，而预裂爆破没有侧向临空面和最小抵抗线。为保护开挖限界以外山体，使拟爆体与山体分开，可采用的爆破方法是预裂爆破。

③微差爆破。微差爆破又称毫秒爆破，是一种延期时间间隔为几毫秒到几十毫秒的延期爆破。由于前后相邻段炮孔爆破时间间隔极短，致使各炮孔爆破产生的能量场相互影响，既可以提高爆破效果，又可以减少爆破地震效应、冲击波和飞石危害。

**链接**

毫秒微差爆破施工中，单孔装药量的计算参数有孔距、梯段爆破单位耗药量、台阶高度、最小抵抗线。

④定向爆破。定向爆破是指利用炸药爆炸的作用，把某一地区的土石方抛掷到指定的地区，并大致堆积成所需形状的一种爆破技术，主要用于修坝（水坝或尾矿坝）、筑路（路堤和路基）、平整土地（工业场地和农田建设）等。对于劳动力缺乏，深挖高填相间、工程量大的鸡爪形地区，交通不便以及无施工场地的工点尤为适宜。

⑤其他爆破方法。其他爆破方法有抛掷爆破、松动爆破等。

随着施工技术的发展，爆破药孔逐渐由浅孔到深孔，并发展到综合爆破，不但提高了施工效率，而且也使施工技术获得重大革新。

综合爆破一般包括小炮和洞室炮两大类。小炮主要包括钢钎炮、深孔爆破等钻孔爆破；洞室炮主要包括药壶炮和猫洞炮，随药包性质、断面形状和微地形的变化而不同。用药量1 t以上为大炮，1 t以下为中小炮。综合爆破施工方法的内容如表1-3所示。

**表1-3 综合爆破施工方法的内容**

| 类型 | | 概念 | 特点 | 优点 |
|---|---|---|---|---|
| 小炮 | 钢钎炮 | 钢钎炮通常是指炮眼直径和深度分别小于70 mm和5 m的爆破方法 | 炮眼浅，用药少，每次爆破的体积不多，并全靠人工清除；不利于爆破能量的利用。由于炮眼浅，以致响声大而炸下的石方不多，所以工效较低 | 比较灵活，多用于地形艰险及爆破量较小的地段（如打水沟、开挖便道、基坑等），在综合爆破中是一种为其他炮型服务的辅助炮型，是一种不可缺少的炮型 |
| | 深孔爆破 | 深孔爆破是指孔径大于75 mm，深度在5 m以上，采用延长药包的一种爆破方法 | 炮孔需用大型的潜孔凿岩机或穿孔机钻孔，如用挖运机械清方可以实现石方施工全面机械化，是大量石方（万方以上）快速施工的发展方向之一 | 劳动效率高，一次爆落的方量多，施工进度快，爆破时比较安全 |

（续表）

| 类型 | | 概念 | 特点 | 优点 |
|---|---|---|---|---|
| 洞室炮 | 药壶炮 | 药壶炮是指在深 2.5～3.0 m以上的炮眼底部用少量炸药经一次或多次烘膛，使眼底成葫芦形，将炸药集中装入药壶中进行爆破 | 主要用于露天爆破 | 装药量可根据药壶体积而定，一般介于 10～60 kg 之间，最多可超过 100 kg。每次可炸岩石数十至数百方，是小炮中最省工、省药的一种方法 |
| | 猫洞炮 | 猫洞炮是指炮洞直径为 0.2～0.5 m，洞穴成水平或略有倾斜（台眼），深度小于 5 m，用集中药锯炮洞中进行爆炸的一种方法 | 充分利用岩体本身的崩塌作用，能用较浅的炮眼爆破较高的岩体，一般爆破可炸松 15～150 $m^3$ | 在有裂缝的软石坚石中，阶梯高度大于 4 m，药壶炮药壶不易形成时，采用这种爆破方法，可以获得好的爆破效果 |

**链接**

钢钎炮在炮眼装药并捣实后，常用黏土填塞堵孔。

### （四）填土路堤

填筑应符合下列规定：

（1）性质不同的填料，应水平分层、分段填筑，分层压实。同一层路基应采用同一种填料，不得混合填筑。每种填料的填筑层压实后的连续厚度宜不小于 500 mm。路基上部宜采用水稳性好或冻胀敏感性小的填料。有地下水的路段或浸水路堤，应填筑水稳性好的填料。

（2）在透水性差的压实层上填筑透水性好的填料前，应在其表面设 2%～4% 的双向横坡，并采取相应的防水措施。不得在透水性好的填料所填筑的路堤边坡上覆盖透水性差的填料。

（3）每种填料的松铺厚度应通过试验确定。

（4）每一填筑层压实后的宽度不得小于设计宽度。

（5）路堤填筑时，应从最低处起分层填筑，逐层压实。

（6）填方分几个作业段施工时，接头部位如不能交替填筑，先填路段应按 1∶1～1∶2坡度分层留台阶；如能交替填筑，应分层相互交替搭接，搭接长度应不小于 2 m。

湿黏土路堤施工应符合下列规定：

（1）应按设计要求对基底湿黏土层进行处理。

（2）湿黏土填料宜采用石灰进行改良，石灰宜采用消石灰或磨细生石灰粉。石灰粒径应不大于 20 mm，质量宜符合三级及三级以上标准。

（3）施工前应取现场有代表性的土做石灰掺配试验，确定石灰用量。

（4）灰土拌和可采用路拌法，翻拌后填料的块状粒径超过 15 mm 的含量宜小于 15%，填筑层厚度宜不超过 200 mm。

土质路基压实度应符合表 1-4 的规定。

表 1-4　土质路基压实度标准

<table>
<tr><th colspan="4" rowspan="2">填筑部位（路面底面以下深度）/m</th><th colspan="3">压实度/%</th></tr>
<tr><th>高速、一级公路</th><th>二级公路</th><th>三、四级公路</th></tr>
<tr><td rowspan="7">填方路基</td><td colspan="2">上路床</td><td>0～0.3</td><td>≥96</td><td>≥95</td><td>≥94</td></tr>
<tr><td rowspan="2">下路床</td><td>轻、中及重交通</td><td>0.3～0.8</td><td rowspan="2">≥96</td><td rowspan="2">≥95</td><td>≥94</td></tr>
<tr><td>特重、极重交通</td><td>0.3～1.2</td><td>—</td></tr>
<tr><td rowspan="2">上路堤</td><td>轻、中及重交通</td><td>0.8～1.5</td><td rowspan="2">≥94</td><td rowspan="2">≥94</td><td>≥93</td></tr>
<tr><td>特重、极重交通</td><td>1.2～1.9</td><td>—</td></tr>
<tr><td rowspan="2">下路堤</td><td>轻、中及重交通</td><td>>1.5</td><td rowspan="2">≥93</td><td rowspan="2">≥92</td><td rowspan="2">≥90</td></tr>
<tr><td>特重、极重交通</td><td>>1.9</td></tr>
<tr><td rowspan="3">零填及挖方路基</td><td colspan="2">上路床</td><td>0～0.3</td><td>≥96</td><td>≥95</td><td>≥94</td></tr>
<tr><td rowspan="2">下路床</td><td>轻、中及重交通</td><td>0.3～0.8</td><td rowspan="2">≥96</td><td rowspan="2">≥95</td><td rowspan="2">—</td></tr>
<tr><td>特重、极重交通</td><td>0.3～1.2</td></tr>
</table>

注：a. 表列压实度以现行《公路土工试验规程》重型击实试验法为准。

b. 三、四级公路铺筑水泥混凝土路面或沥青混凝土路面时，其压实度应采用二级公路的规定值。

c. 路堤采用特殊填料或处于特殊气候地区时，压实度标准在保证路基强度要求的前提下根据试验路段和当地工程经验确定。

d. 特殊干旱地区的压实度标准可降低 2～3 个百分点。

填土路堤施工过程质量控制应符合下列规定：

（1）施工过程中，每一压实层均应进行压实度检测，检测频率为每 1 000 $m^2$ 不少于 2 点。压实度检测可采用灌砂法、环刀法等方法，检测应符合现行《公路路基路面现场测试规程》的有关规定。

（2）施工过程中，每填筑 2 m 宜检测路线中线和宽度。

路堤填筑至设计高程并整修完成后，其施工质量应符合规范规定。施工质量检查项目包括压实度、弯沉、纵断高程、中线偏位、宽度、平整度、横坡、边坡坡度。其中，压实度和弯沉为关键检查项目。

**链接**

填土路堤填筑施工工艺流程一般为施工准备→填筑前基底处理→基底检测→分层填筑填料→推土机摊平→平地机整平→碾压→检测→做好记录、检查签证→路基整修成型。

### （五）填石路堤

填料应符合图 1-3 的规定。

1　硬质岩石、中硬岩石可用于路堤和路床填筑；软质岩石可用于路堤填筑，不得用于路床填筑；膨胀岩石、易溶性岩石和盐化岩石不得用于路基填筑

2　路基的浸水部位，应采用稳定性好、不易膨胀崩解的石料填筑

3　路堤填料粒径应不大于 500 mm，并宜不超过层厚的 2/3。路床底面以下 400 mm 范围内，填料最大粒径不得大于 150 mm，其中小于 5 mm 的细料含量应不小于 30%

图 1-3　填料应符合的规定

填筑应符合下列规定：

(1)填石路堤应分层填筑压实。在陡峻山坡地段施工特别困难时，三级及三级以下砂石路面公路的下路堤可采用倾填方式填筑。

**提示**

**倾填法与填土路堤填筑方法中的竖向填筑法基本相同。**

(2)岩性相差大的填料应分层或分段填筑，软质石料与硬质石料不得混合使用。

(3)填石路堤顶面与细粒土填土层之间应填筑过渡层或铺设无纺土工布隔离层。

(4)压实机械宜选用自重不小于 18 t 的振动压路机。

(5)填石路堤采用强夯、冲击压路机进行补压时，应避免对附近构造物造成影响。

中硬、硬质石料填筑路堤时，应进行边坡码砌。码砌防护的石料强度、尺寸应满足设计要求。边坡码砌与路基填筑应基本同步进行。

采用易风化岩石或软质岩石石料填筑时，应按设计要求采取边坡封闭和在底部设置排水垫层、顶部设置防渗层等措施。

填石路堤压实质量标准应符合表 1-5 的规定。

**表 1-5　填石路堤压实质量标准**

| 分区 | 路床顶面以下深度/m | 硬质石料孔隙率/% | 中硬石料孔隙率/% | 软质石料孔隙率/% |
|---|---|---|---|---|
| 上路堤 | 0.80～1.50 | ≤23 | ≤22 | ≤20 |
| 下路堤 | >1.50 | ≤25 | ≤24 | ≤22 |

施工过程质量控制应符合下列规定：

(1)施工过程中每一压实层均应采用试验路段确定的工艺流程、工艺参数控制，压实质量可采用沉降差指标进行检测。

(2)施工过程中，每填高 3 m 宜检测路基中线和宽度。

填石路堤填筑至设计高程并整修完成后，其施工质量应符合规范规定。施工质量检查项目包括压实、纵断高程、弯沉、中线偏位、宽度、平整度、横坡、边坡（坡度、平顺度）。其中，压实和弯沉为关键检查项目。

成型后的外观质量标准应符合下列规定：路堤表面应无明显孔洞；大粒径石料应不松动；边坡码砌紧贴、密实无松动，砌块间承接面向内倾斜，坡面平顺；路基边线与边坡不应出现单向累计长度超过 50 m 的弯折；上边坡不得有危石。

**链接**

填石路堤的填筑方法主要包括分层压实法、倾填法、强力夯实法、冲击压实法。其中，采用分层压实法施工时，将填方路段划分为四级施工台阶（在路基面以下 0.5 m 为第 1 级台阶，0.5～1.5 m 为第 2 级台阶，1.5～3.0 m 为第 3 级台阶，3.0 m 以上为第 4 级台阶）、四个作业区段、八道工艺流程（施工准备→填料装运→分层填筑→摊铺平整→振动碾压→检测签认→路基成型→路基整修）。采用强力夯实法施工时，填补夯坑的填料应选用与路基同类型的石质填料。

### （六）土石路堤

填料应符合下列规定：

（1）膨胀岩石、易溶性岩石等不宜直接用于路基填筑，崩解性岩石和盐化岩石等不得用于路基填筑。

（2）天然土石混合填料中，中硬、硬质石料的最大粒径不得大于压实层厚的 2/3；石料为强风化石料或软质石料时，其 CBR 值应符合规范规定，石料最大粒径不得大于压实层厚。

**专家解读**

中硬、硬质石料的粒径过大，在碾压时易造成压路机碾压轮的架空，不利于中间土的压实，因此规定中硬、硬质石料的最大粒径不得超过压实层厚的 2/3。

填筑应符合下列规定：

（1）压实机械宜选用自重不小于 18 t 的振动压路机。

（2）应分层填筑压实，不得倾填。

（3）应使大粒径石料均匀分散在填料中，石料间孔隙应填充小粒径石料和土。

（4）土石混合料来自不同料场，其岩性或土石比例相差大时，宜分层或分段填筑。

（5）填料由土石混合材料变化为其他填料时，土石混合材料最后一层的压实厚度应小于 300 mm，该层填料最大粒径宜小于 150 mm，压实后表面应无孔洞。

（6）中硬、硬质石料填筑土石路堤时，宜进行边坡码砌，码砌与路堤填筑宜同步进行，软质石料土石路堤的边坡按土质路堤边坡处理。

（7）采用强夯、冲击压路机进行补压时，应避免对附近构造物造成影响。

施工过程质量控制应符合下列规定：

（1）中硬及硬质岩石的土石路堤填筑施工过程中每一压实层，应采用试验路段确定的工艺流程、工艺参数，压实质量可采用沉降差指标进行检测。

（2）软质石料的土石路堤填筑质量标准应符合规范的规定。

（3）施工过程中，每填筑 3 m 高宜检测路线中线和宽度。

外观质量标准应符合下列规定：

（1）路基表面无明显孔洞。

（2）大粒径填石应不松动。

（3）中硬、硬质石料土石路基边坡应码砌紧贴、密实无松动，砌块间承接面应向内倾斜，坡面平顺。

### （七）高路堤与陡坡路堤

高路堤段应优先安排施工，宜预留 1 个雨季或 6 个月以上的沉降期。

高路堤宜采用强度高、水稳性好的材料。路堤浸水部分应采用水稳性和透水性好的材料。

高路堤施工中应按设计要求预留高度与宽度，并进行动态监控。

高路堤宜每填筑 2 m 冲击补压一次，或每填筑 4 ~ 6 m 强夯补压一次。

高路堤填筑过程中应进行沉降和稳定性观测。

在不良地质路段的高路堤与陡坡路堤填筑，应控制填筑速率，并进行地表水平位移监测，必要时应进行地下土体分层水平位移监测。

**链接**

陡坡路堤等特殊路堤宜采用联合填筑法(又称混合填筑法),如图 1-4 所示,下层采用横向填筑方式,上层(至填筑一定高度后)改用水平分层填筑法,其深度大致相当于路基应力工作区深度,并有利于碾压。

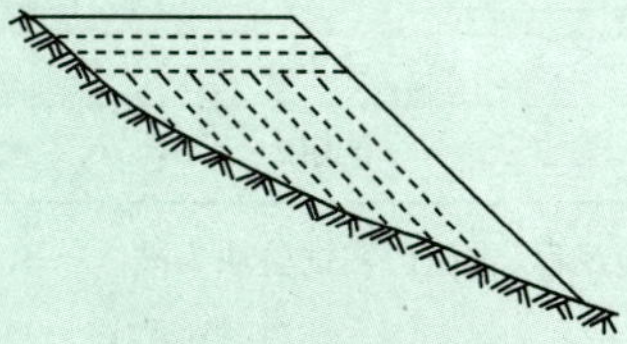

**图 1-4　联合填筑法**

### (八)台背与墙背填筑

填料宜采用透水性材料、轻质材料、无机结合料稳定材料等,崩解性岩石、膨胀土不得用于台背与墙背填筑。

台背与墙背填筑施工应符合下列规定:

(1)二级及二级以上公路应按设计做好过渡段,过渡段路堤压实度应不小于 96%,二级以下公路的路堤与回填的联结部应预留台阶。

(2)台背和锥坡的回填宜同步进行。

(3)台背与墙背 1.0 m 范围内回填宜采用小型夯实机具压实。

(4)分层压实厚度宜不大于 150 mm,填料粒径宜小于 100 mm,涵洞两侧回填填料粒径宜小于 50 mm,压实度应不小于 96%。

(5)部位狭窄时,可采用低强度等级混凝土、浆砌片石等材料回填。

(6)涵洞两侧应对称分层回填压实。

(7)回填部分的路床宜与路堤路床同步填筑。

(8)台背与墙背回填,应在结构物强度达到设计强度的 75% 以上时进行。

### (九)粉煤灰路堤

粉煤灰可用于各级公路路堤填筑,不得用于高速公路、一级公路的路床和二级公路的上路床。

用于路基填筑的粉煤灰的烧失量应不大于 20%,$SO_3$ 量宜不大于 3%,粉煤灰中不得含团块、腐殖质及其他杂质。

粉煤灰路堤填筑应符合下列规定:

(1)大风或气温低于 0 ℃时不宜施工。

(2)有显著差别的灰源应分别堆放,分段填筑。

(3)路堤高度超过 4 m 时,可在路堤中部设置土质夹层。

(4)粉煤灰路堤应进行包边防护,包边土应与粉煤灰同步施工,宽度宜不小于 2 m。

(5)施工过程中,作业面应及时洒水润湿,并应合理设置行车便道。

(6)施工间歇期,作业面应洒水润湿,并应封闭交通;间隙期长时,应在粉煤灰压实层顶面覆盖封闭土层。

粉煤灰路堤压实度标准应通过试验路段确定,并应符合表 1-6 的规定。包边土和顶面封层土的压实度应符合规范的规定。粉煤灰路堤压实度可采用填上层检下层的方式进行检测。

表 1-6 粉煤灰路堤压实度标准

| 填料应用部位 | 压实度/% | |
|---|---|---|
| | 高速、一级公路 | 二级及二级以下公路 |
| 下路床 | — | ≥92 |
| 上路堤 | ≥92 | ≥90 |
| 下路堤 | ≥90 | ≥88 |

注:表列压实度以现行《公路土工试验规程》重型击实试验法为准。

**链接**

粉煤灰路堤由路堤主体部分(粉煤灰)、护坡和封顶层(黏性土或其他材料)、隔离层、排水系统等部分组成。粉煤灰路堤结构示意图如图 1-5 所示。

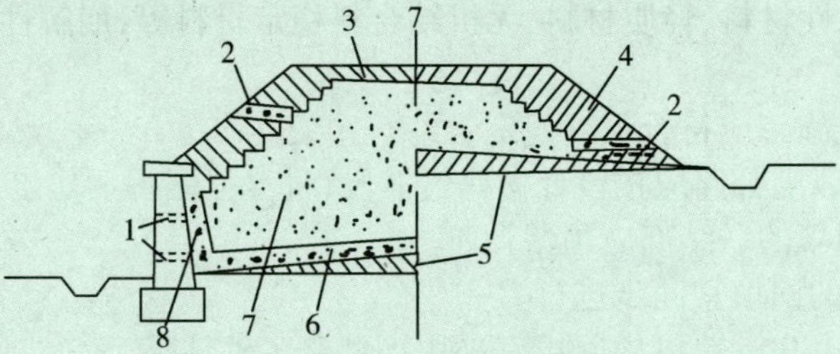


1—泄水孔;2—盲沟;3—封顶层;4—土质护坡;
5—土质路拱;6—粒料隔离层;7—粉煤灰;8—反滤层

图 1-5 粉煤灰路堤结构示意图

## (十)其他路堤

土工泡沫塑料路堤、泡沫轻质土路堤、煤矸石路堤、工业废渣路堤、填砂路堤等其他路堤的施工应符合《公路路基施工技术规范》的相关规定。

## (十一)路基拓宽改建

不中断交通路基拓宽施工时,应采取交通管制和安全防护措施。

施工前应截断流向拓宽作业区的水源,开挖临时排水沟。施工期间应在水流汇集的路肩外侧设置拦水带,根据水流情况在拓宽路基中合理设置临时急流槽与泄水口。

拓宽路堤的填料宜与老路基相同,或选用水稳性好的砂砾、碎石等填料,且应满足规范要求。路床应采用水稳性好的粗粒土或无机结合料稳定材料填筑。

不同类型路堤拓宽施工应符合表 1-7 的规定。

表 1-7 不同类型路堤拓宽施工规定

| 类型 | 规定 |
|---|---|
| 一般路堤拓宽施工 | (1)拓宽路堤填筑前,应拆除原有排水沟、隔离栅等设施。拓宽部分的基底清除原地表土应不小于 0.3 m,清理后的场地应进行平整压实。老路堤坡面,清除的法向厚度应不小于 0.3 m。<br>(2)拓宽路基的地基处理应符合设计和规范有关规定。<br>(3)上边坡的既有防护工程宜与路基开挖同步拆除,下边坡的防护工程拆除时应采取措施保证既有路堤的稳定。 |

（续表）

| 类型 | 规定 |
|---|---|
| 一般路堤拓宽施工 | (4)既有路堤的护脚挡土墙及抗滑桩可不拆除。路肩式挡土墙路基拼接时，上部支挡结构物应予拆除，宜拆除至路床底面以下。<br>(5)既有路基有包边土时，宜去除包边土后再进行拼接。<br>(6)从老路堤坡脚向上开挖台阶时，应随挖随填，台阶高度应不大于1.0 m，宽度应不小于1.0 m。<br>(7)拼接宽度小于0.75 m时，可采取超宽填筑再削坡或翻挖既有路堤等措施。<br>(8)宜在新、老路基结合部铺设土工合成材料 |
| 高路堤与陡坡路堤拓宽施工 | (1)原坡脚支挡结构不宜拆除，结构物邻近处可用小型机具薄层夯实。<br>(2)老路底部设置有渗沟或盲沟时，应做好排水通道的衔接施工。<br>(3)高路堤与陡坡路堤拓宽施工，尚应符合规范相关规定 |
| 挖方路基拓宽施工 | (1)应在既有路基边缘设置防止飞石或落石的安全防护措施，并应设置警示标志。<br>(2)边通车边施工时，宜采用机械开挖或静力爆破方式进行开挖。<br>(3)采用爆破方式时，应按爆破施工方案组织施工，宜统一规定爆破时间段，爆破时应临时封闭交通。<br>(4)拓宽施工中的挖方路基施工，除执行上述规定外，尚应符合规范相关规定 |

拓宽路基应进行沉降观测，观测点应按设计要求设置。高路堤和陡坡路堤路段尚应进行稳定性监测。

**链接**

路堤拓宽后，新老路基之间将形成沉降差。为避免差异沉降引起路基纵向裂缝，需保证拓宽路基与既有公路路基之间的良好衔接，并对新拼宽道路的地基进行处治，减小地基沉降，同时要注意路堤本身的压实，以减小路堤自身压缩沉降。

(1)新旧路基衔接的技术处理措施有：将旧土路肩翻晒；将旧土路肩掺灰重新碾压；改进路基开挖台阶方案，以消除旧路基边坡压实度不足；采取合理工艺，减少新旧路基结合处不均匀沉降。

(2)新拓宽道路的地基处治应符合下列规定。低路堤地基处治：必要时换填、加固、铺设土工材料，尽量利用原状土，减少土的扰动；高路堤地基处治：为防止路基失稳，高路堤拓宽必须进行路基稳定性验算，并采取有效措施。新拓宽部分局部路段穿越软土地基，可采取粉喷桩、砂桩、碎石桩、塑料排水体等处治措施，以确保路基稳定，减少路基施工后沉降。

## 四、特殊路基施工技术

### （一）一般规定

特殊路基施工前应进行必要的基础试验，核对地质资料、设计处理范围、设计参数等，编制专项施工方案，实际施工中如地质状况与设计不符或设计处置方案因故不能实施，应及时反馈处理。特殊路基施工宜进行动态监控。

### （二）滑坡地段路基

滑坡整治施工应符合下列规定：

(1)施工前应核查滑坡区段的地形、地貌、地质、滑坡性质、成因类型和规模,应编制滑坡段的专项施工方案和应急预案。

(2)滑坡整治措施实施前,严禁在滑坡体抗滑段减载、下滑段加载。

(3)滑坡整治不宜在雨期施工。

(4)施工时应进行稳定监测、地质编录并核查实际地质情况,发现地质与设计不符、有滑坡迹象或其他异常情况时,应及时反馈处理。滑坡发生时应立即采取应急措施。

(5)滑坡整治施工时应对滑坡影响区内的其他工程和设施进行保护。

(6)降雨期间及雨后,应加强滑坡区段的巡查工作。

应采取截水、排水、减载、反压与支挡等措施进行滑坡整治,整治措施可单独使用,也可综合使用。滑坡整治应先施工截水、排水设施,减载、反压与支挡措施的施工顺序应结合滑坡具体情况予以确定。

**专家解读**

截水、排水属于滑坡排水方面的整治措施。减载、反压与支挡属于力学平衡方面的整治措施。此外,还可通过改变滑带土进行滑坡整治。改变滑带土主要是利用物理化学的方法,如爆破灌浆法、焙烧法和电渗排水法等,对滑带土的土石性质进行改变,使其不易产生滑坡。

截水、排水施工应符合下列规定:

(1)应在滑坡后缘的稳定地层上,修筑具有防渗功能的环形截水沟、排水沟。

(2)滑坡体上的裂隙和裂缝应采取灌浆、开挖回填夯实等措施予以封闭,滑坡体的洼地及松散坡面应平整夯实。

(3)滑坡范围大时,应在滑坡坡面上修筑具有防渗功能的临时或永久排水沟。

(4)有地下水时,应设置截水渗沟。反滤材料采用碎石时,碎石粒径应符合要求,含泥量应小于3%。

削坡减载施工应符合下列规定:

(1)应自上而下逐级开挖,严禁采用爆破法施工。

(2)开挖坡面不得超挖,开挖面上有裂缝时应灌浆封闭或开挖夯填。

(3)支挡及排水工程在边坡上分级实施时,宜开挖一级、实施一级。

**提示**

削坡减载法不适用于牵引式滑坡、具有膨胀土性质的滑坡。理由如下:牵引式滑坡是指坡脚的土体先失稳,向下滑动,坡体后部土体由于失去支承而相继滑下。上积土减载后并不能防止该类滑坡的产生和发展,因而对于牵引式滑坡,不采用削坡减载法。具有膨胀土性质的滑坡的滑带土(或滑体)具有卸荷膨胀的特性,减载后能使滑带土松散,地下水浸湿后其阻滑力减小,因而引起滑坡下滑,故不宜采用削坡减载法。

填筑反压施工应符合下列规定:

(1)反压措施应在滑坡体前缘抗滑段实施。

(2)反压填料不得堵塞地下水出口,地下排水设施应在填筑反压前完成。反压填料宜予压实。

(3)应采取措施使受影响的天然河沟保持排水顺畅。

**提示**

削坡减载为减滑措施，填筑反压为抗滑措施。

抗滑支挡工程施工应符合下列规定：

(1)应在滑坡体处于相对稳定的状态下施工，滑坡体具有滑动迹象或已经发生滑动时，应采取反压填筑等措施。

(2)抗滑桩与挡土墙共同支挡时，应先施作抗滑桩。挡土墙后有支撑渗沟及其他排水工程时应先施工。

(3)抗滑桩、锚索施工应从两端向滑坡主轴方向逐步推进。

(4)采取微型钢管桩、山体注浆等加固措施或注浆作为其他处置方案的配套措施时，应采用相应的成孔设备和注浆方式。

(5)各种支挡结构的基底应置于滑动面以下，并应嵌入稳定地层。

**链接**

抗滑支挡结构包括抗滑挡土墙、抗滑桩、注浆锚杆、预应力锚索、隧道明洞等。微型桩、山体注浆等措施可治理土质中小型滑坡。

滑坡区段的路基施工应在支挡工程完成后进行，开挖工程可结合减载措施进行施工，填筑工程可结合反压措施进行施工。路基的排水及防护工程应及时施工。

### （三）崩塌与岩堆地段路基、泥石流地区路基、岩溶地区路基

崩塌与岩堆地段路基施工前应核查崩塌地段地形、地貌、地质情况，查明危岩、崩塌的类型、范围及危害程度，查明岩堆的物质组成、类型、分布范围、物质来源、成因，分析崩塌体与岩堆的稳定性，复查设计处置方案的可行性并编制专项施工方案。

泥石流地区路基施工前应结合设计，详细调查泥石流的成因、规模、特征、活动规律、危害程度等相关情况，核实泥石流形成区、流动区和堆积区，编制专项施工方案。

岩溶地区路基施工前应核查岩溶分布、地形、地表水、地下水活动规律，编制专项施工方案。

崩塌与岩堆地段路基、泥石流地区路基、岩溶地区路基施工应符合《公路路基施工技术规范》的规定。

### （四）软土地区路基

软土地基处置前，应了解工程地质、地下管线、构造物等情况，进行必要的土工试验，复核设计处置方案的可行性，编制专项施工方案。软土地基处置应因地制宜、就地取材。

**链接**

软土鉴别指标有天然含水率、天然孔隙比、快剪内摩擦角、十字板抗剪强度、静力触探锥尖阻力、压缩系数。当上述部分指标无法获取时，可以天然孔隙比和天然含水率两项指标为基础，采用综合分析的方法进行鉴别。

浅层置换施工应符合下列规定：

(1)厚度小于3.0 m的软土宜采用浅层置换。

(2)置换宜选用强度高的砂砾、碎石土等水稳性和透水性好的材料。施工时，应分层填筑、压实。

浅层改良施工应符合下列规定:

(1)对非饱和黏质土的软弱表层,可添加石灰、水泥等进行改良处置。

(2)施工前应先完善排水设施,施工期间不得积水。

(3)石灰、水泥等应与土拌和均匀,严格控制含水率。施工时,应分层填筑、压实。

抛石挤淤施工应符合下列规定:

(1)应采用不易风化的片石、块石,石料直径宜不小于 300 mm。

(2)当软土地层平坦,横坡缓于 1∶10 时,应沿路线中线向前呈等腰三角形抛填,渐次向两侧对称抛填至全宽,将淤泥挤向两侧;当横坡陡于 1∶10 时,应自高侧向低侧渐次抛填,并在低侧边部多抛投形成不小于 2 m 宽的平台。

(3)当抛石高出水面后,应采用重型机具碾压密实。

**专家解读**

泥沼及软土厚度小于 3.0 m 且位于水下时,因置换施工困难,抛石挤淤是经济、有效的处理方法;当软土厚度大于 3.0 m 时,慎用该处理方法。

爆炸挤淤施工应符合下列规定:

(1)宜采用布药机进行布药。当淤泥顶面高、露出水面时间长,且装药深度小于 2.0 m 时,可采用人工简易布药法。

(2)抛填前应根据软基深度、宽度、水深等环境条件和施工设备,确定抛填高度、宽度及进尺。抛填高度应高于潮水位。抛填进尺最小宜不小于 3 m,最大宜不大于 10 m。

(3)爆炸挤淤施工应采取控制噪声、有害气体和飞石,减少粉尘、冲击波等环境保护措施。

(4)爆炸挤淤后应采用钻孔或物探方法探测检查置换层厚度、残留混合层厚度。置换层底面和下卧地基层设计顶面之间的残留淤泥碎石混合层厚度应不大于 1 m。

砂砾、碎石垫层施工应符合下列规定:

(1)砂砾、碎石垫层宜采用级配好的中、粗砂、砂砾或碎石,含泥量应不大于 5%,最大粒径宜小于 50 mm。

(2)垫层宜分层铺筑、压实。垫层应水平铺筑。当地形有起伏时,应开挖台阶,台阶宽度宜为 0.5 ~1 m。

(3)垫层宽度应宽出路基坡脚 0.5 ~1 m,两侧宜用片石护砌或采用其他方式防护。

铺设土工合成材料应符合下列规定:

(1)土工合成材料技术指标应满足设计要求。土工合成材料在存放及铺设过程中不得在阳光下长时间暴露。与土工合成材料直接接触的填料中不得含强酸性、强碱性物质。

(2)施工中应采取措施防止土工合成材料受损,出现破损时应及时修补或更换。

袋装砂井施工应符合下列规定:

(1)宜采用中、粗砂,粒径大于 0.5 mm 颗粒的含量宜大于 50%,含泥量应小于 3%,渗透系数应大于 $5 \times 10^{-2}$ mm/s。砂袋的渗透系数应不小于砂的渗透系数。

(2)套管起拔时应垂直起吊,防止带出或损坏砂袋。发生砂袋带出或损坏时,应在原孔位边缘重打。

(3)砂袋在孔口外的长度应不小于 300 mm,并顺直伸入砂砾垫层。

(4)袋装砂井施工质量应符合规范的规定。

**链接**

袋装砂井施工流程为整平原地面→摊铺下层砂垫层→机具定位→打入套管→沉入砂袋→拔出套管→机具移位→埋砂袋头→摊铺上层砂垫层。

塑料排水板施工应符合下列规定：

(1)塑料排水板技术指标应满足设计要求，露天堆放时应有遮盖。

(2)施工中应防止泥土等杂物进入套管内。

(3)塑料排水板不得搭接，预留长度应不小于 500 mm，并及时弯折埋设于砂垫层中。

(4)塑料排水板施工质量应符合规范的规定。

**链接**

塑料排水板施工流程为整平原地面→摊铺下层砂垫层→机具就位→塑料排水板穿靴→插入套管→拔出套管→割断塑料排水板→机具移位→摊铺上层砂垫层。

真空预压、真空堆载联合预压施工应符合下列规定。

(1)密封膜应采用抗老化性能好、韧性好、抗穿刺能力强的不透气材料。

(2)密封膜连接宜采用热合黏结缝平搭接，搭接宽度应不小于 15 mm。

(3)滤管应不透砂。滤管距泥面、砂垫层顶面的距离均应大于 50 mm。滤管周围应采用砂填实，不得架空、漏填。

(4)密封膜的周边应埋入密封沟内。密封沟的宽度宜为 0.6 ~ 0.8 m，深度宜为 1.2 ~ 1.5 m。

(5)真空表测头应埋设于砂垫层中间，每块加固区应不少于 2 个真空度测点。

(6)真空预压施工应按排水系统施工、抽真空系统施工、密封系统施工及抽气的顺序进行。

(7)采用真空堆载联合预压时，应先抽真空，当真空压力达到设计要求并稳定后，再进行堆载，并继续抽气。堆载时应在膜上铺设土工布等保护材料。

(8)施工监测应符合下列规定：

①预压过程中，应进行膜下真空度、孔隙水压力、表面沉降、深层沉降及水平位移等预压参数的监测。膜下真空度每隔 4 h 测一次，表面沉降每 2 d 测一次。

②当连续五昼夜实测地面沉降小于 0.5 mm/d，地基固结度已达到设计要求的 80% 时，经验收，即可终止抽真空。

③停泵卸荷后 24 h，应测量地表回弹值。

粒料桩施工应符合下列规定：

(1)砂桩宜采用中、粗砂，粒径大于 0.5 mm 颗粒含量宜占总质量的 50% 以上，含泥量应小于 3%，渗透系数应大于 $5 \times 10^{-2}$ mm/s；也可使用砂砾混合料，含泥量应小于 5%。

(2)碎石桩宜采用级配好、不易风化的碎石或砾石，最大粒径宜不大于 50 mm，含泥量应小于 5%。

(3)施工前应进行成桩工艺和成桩挤密试验。

(4)粒料桩可采用振冲置换法或振动沉管法，宜从中间向外围或间隔跳打。邻近结构物施工时，应沿背离结构物的方向施工。

(5)粒料桩施工质量应符合表 1-8 的规定。

表 1-8　粒料桩施工质量标准

| 项次 | 检查项目 | 规定值或允许偏差 | 检查方法和频率 |
|---|---|---|---|
| 1 | 桩距/mm | ±150 | 抽查桩数的 2% 且不少于 5 点 |
| 2 | 桩长/m | ≥设计值 | 查施工记录 |
| 3 | 桩径/mm | ≥设计值 | 抽查 2% |
| 4 | 粒料灌入率 | ≥设计值 | 查施工记录 |
| 5 | 地基承载力 | 满足设计要求 | 抽查桩数的 0.1% 且不少于 3 处 |

(6)碎石桩密实度抽查频率应为 2%，用重Ⅱ型动力触探测试，贯入量 100 mm 时，击数应大于 5 次。

链接

振动沉管法施工流程为平整地面→振冲器就位对中→成孔→清孔→加料振密→关机停水→振冲器移位。振动沉管法成桩可采用一次拔管成桩法、逐步拔管成桩法和重复压管成桩法三种施工工艺。采用重复压管法成桩时，施工工序为：①清理平整场地→②测量放样→③机具就位→④沉管至设计深度→⑤加料→⑥振动拔管→⑦振动下压管→⑧振动拔管→⑨机具移位。其中，⑤～⑧重复循环至桩顶，直至桩管拔出地面。

加固土桩施工应符合下列规定。

(1)加固土桩的固化剂宜采用生石灰或水泥。生石灰应采用磨细Ⅰ级生石灰，应无杂质，最大粒径应小于 2 mm。水泥宜采用强度等级不低于 32.5 级的普通硅酸盐水泥。

(2)加固土桩施工前应进行成桩试验，桩数宜不少于 5 根，且应满足下列要求：

①应取得满足设计喷入量的各种技术参数，如钻进速度、提升速度、搅拌速度、喷气压力、单位时间喷入量等。

②应确定能保证胶结料与加固软土拌和均匀性的工艺。

③掌握下钻和提升的阻力情况，选择合理的技术措施。

④根据地层、地质情况确定复喷范围。

(3)施工中发现喷粉量或喷浆量不足，应整桩复打，复打的量应不小于设计用量。中断施工时，应及时记录深度，并在 12 h 内进行复打，复打重叠长度应大于 1 m；超过 12 h，应采取补桩措施。

(4)加固土桩施工质量应符合表 1-9 的规定。

表 1-9　加固土桩施工质量标准

| 项次 | 检查项目 | 规定值或允许偏差 | 检查方法和频率 |
|---|---|---|---|
| 1 | 桩距/mm | ±100 | 尺量：抽查桩数的 2% 且不少于 5 点 |
| 2 | 桩径/mm | ≥设计值 | 尺量：抽查桩数的 2% 且不少于 5 点 |
| 3 | 桩长/m | ≥设计值 | 查施工记录 |
| 4 | 单桩每延米喷粉(浆)量 | ≥设计值 | 查施工记录 |
| 5 | 强度/MPa | ≥设计值 | 取芯法：抽查桩数的 0.5% 且不少于 3 根 |
| 6 | 地基承载力 | 满足设计要求 | 抽查桩数的 0.1% 且不少于 3 处 |

水泥粉煤灰碎石桩施工应符合下列规定：

（1）集料可采用碎石或砾石，泵送混合料时砾石最大粒径宜不大于25 mm，碎石最大粒径宜不大于20 mm；振动沉管灌注混合料时，集料最大粒径宜不大于50 mm。水泥宜选用32.5级普通硅酸盐水泥。粉煤灰宜选用Ⅱ，Ⅲ级粉煤灰。

（2）施工前应进行成桩试验，成桩试验需要确定施工工艺、速度、投料数量和质量标准。

（3）群桩施工，应合理设计打桩顺序、控制打桩速度，宜采用隔桩跳打的打桩顺序，相邻桩打桩间隔时间应不小于7 d。

（4）水泥粉煤灰碎石桩施工质量应符合表1-10的规定。

**表1-10　水泥粉煤灰碎石桩施工质量标准**

| 项次 | 检查项目 | 规定值或允许偏差 | 检查方法和频率 |
|---|---|---|---|
| 1 | 桩距/mm | ±100 | 尺量：抽查桩数的2%且不少于5点 |
| 2 | 桩径/mm | ≥设计值 | 尺量：抽查桩数的2%且不少于5点 |
| 3 | 桩长/m | ≥设计值 | 查施工记录 |
| 4 | 强度/MPa | ≥设计值 | 取芯法：抽查桩数的0.5%且不少于3根 |
| 5 | 复合地基承载力 | ≥设计值 | 抽查桩数的0.1%且不少于3处 |

现浇混凝土大直径管桩施工应符合下列规定：

（1）粗集料宜优先选用卵石。采用碎石时，宜适当增加含砂率。集料最大粒径宜不大于63 mm。混凝土坍落度宜为80～100 mm，在运输和灌注过程中无离析、泌水。

（2）桩尖、桩帽混凝土强度等级宜不低于C30。桩尖表面应平整、密实，桩尖内外面圆度偏差不得大于1%，桩尖端头支承面应平整。

（3）邻近有建筑物或构造物时，应采取有效的隔振措施。

（4）群桩施工，应合理设计打桩顺序、控制打桩速度，防止影响邻桩成桩质量。

（5）现浇混凝土大直径管桩施工质量应符合表1-11的规定。

**表1-11　现浇混凝土大直径管桩施工质量标准**

| 项次 | 检查项目 | 规定值或允许偏差 | 检查方法和频率 |
|---|---|---|---|
| 1 | 混凝土抗压强度/MPa | 在合格标准内 | 每根桩2组，每台班至少2组 |
| 2 | 桩距/mm | ±100 | 尺量：抽查桩数的2%且不少于5点 |
| 3 | 桩径/mm | ≥设计值 | 尺量：抽查桩数的2% |
| 4 | 桩长/m | ≥设计值 | 查成孔记录 |
| 5 | 竖直度/% | 1 | 查成孔记录 |
| 6 | 单桩承载力 | 满足设计要求 | 抽查桩数的0.1%且不少于3根 |
| 7 | 桩身完整性 | 无明显缺陷 | 低应变测试：抽查桩数的10% |

预制管桩施工应符合下列规定：

（1）管桩堆放场地应平整、坚实，应有排水措施，不得产生不均匀沉陷。

（2）施工前检查成品桩，先张法薄壁预应力混凝土管桩应符合规范的规定。

（3）预制管桩宜采用静压方式施工，也可采用锤击沉桩方式施工。

（4）桩的打设次序宜由路基中心线向两侧打设，由结构物向路堤方向打设。

（5）沉桩过程中应严格控制桩身的垂直度。

(6)每根桩宜一次性连续沉至设计高程,沉桩过程中停歇时间不应过长。

(7)中止沉桩宜采用贯入度控制。

(8)桩帽钢筋笼应插入管桩内,连接混凝土应与桩帽混凝土一起灌注。

(9)预制管桩施工质量应符合表 1-12 的规定。

表 1-12　预制管桩施工质量标准

| 项次 | 检查项目 | 规定值或允许偏差 | 检查方法和频率 |
|---|---|---|---|
| 1 | 桩距/mm | ±100 | 尺量:抽查桩数的 2% 且不少于 5 点 |
| 2 | 桩长/m | ≥设计值 | 尺量:抽查桩数的 2% 且不少于 5 点 |
| 3 | 竖直度/% | 1 | 抽查桩数的 2% |
| 4 | 单桩承载力 | 满足设计要求 | 抽查桩数的 0.1% 且不少于 3 根 |
| 5 | 桩帽高度/mm | +20,-10 | 尺量:抽查桩数的 2% |
| 6 | 桩帽长度和宽度/mm | +30,-20 | 尺量:抽查桩数的 2% |
| 7 | 桩帽位置/mm | 50 | 尺量:抽查桩数的 2% |

强夯与强夯置换施工应符合下列规定:

(1)强夯置换材料应采用级配好的片石、碎石、矿渣等坚硬的粗颗粒材料,粒径宜不大于夯锤底面直径的 0.2 倍,含泥量宜不大于 10%,粒径大于 300 mm 的颗粒含量宜不大于总质量的 30%。

(2)应采取隔振、防振措施消除强夯对邻近建筑物的有害影响。

(3)施工前应选择有代表性并不小于 500 $m^2$ 的路段进行试夯,确定最佳夯击能、间歇时间、夯间距等参数。

(4)夯点可采用正方形或等边三角形布置,间距宜为 5~7 m。在强夯能级不变的条件下,宜采用重锤、低落距。

(5)强夯和强夯置换施工前应在地表铺设一定厚度的垫层。强夯施工垫层材料宜采用透水性好的砂、砂砾、石屑、碎石土等,强夯置换施工垫层材料宜与桩体材料相同。垫层宜分层摊铺压实。

(6)施工前应检查锤重和落距,单击夯击能量应满足设计要求。

(7)强夯施工结束 30 d 后,应通过标准贯入、静力触探等原位测试,测量地基的夯后承载能力是否达到设计要求。

(8)强夯置换施工结束 30 d 后,宜采用动力触探试验检查置换墩着底情况及承载力,检验数量不少于墩点数的 1%,且不少于 3 点。检查置换墩直径与深度,应满足设计要求。

**链接**

不同软土地基处置方法的适用范围如表 1-13 所示。

表 1-13　不同软土地基处置方法的适用范围

| 处置方法 | 适用范围 | 备注 |
|---|---|---|
| 浅层置换 | 浅层置换适用于厚度小于 3.0 m 的软土地基处理 | 浅层处理方法 |
| 浅层改良 | 浅层改良适用于表层软土厚度小于 3 m 的浅层软弱地基处理 | 浅层处理方法 |

（续表）

| 处置方法 | 适用范围 | 备注 |
|---|---|---|
| 抛石挤淤法 | 抛石挤淤法适用于厚度小于3.0 m的泥沼及软土地基处理 | 浅层处理方法 |
| 爆炸挤淤法 | 爆炸挤淤法适用于处理海湾滩涂等淤泥和淤泥质土地基。处理厚度不宜大于15 m | — |
| 砂砾、碎石垫层 | 砂砾、碎石垫层适用于表层软土厚度小于3 m的浅层软弱地基处理 | 垫层类型按材料可分为碎石垫层、砂砾垫层、石屑垫层、矿渣垫层、粉煤灰垫层以及灰土垫层等 |
| 袋装砂井 | 袋装砂井适用于深度大于3 m的软土地基处理 | 竖向排水体 |
| 塑料排水板 | 塑料排水板适用于深度大于3 m的软土地基处理 | 竖向排水体 |
| 真空预压、真空堆载联合预压 | 真空预压法适用于对软土性质很差、土源紧缺、工期紧的软土地基进行处理。当路堤的设计荷载超过真空预压的压力时，可采用真空堆载联合预压，其总压力宜超过路堤的设计荷载 | — |
| 粒料桩 | 粒料桩可采用振冲置换法或振动沉管法成桩。振冲置换法适用于处理十字板抗剪强度不小于15 kPa的软土地基；振动沉管法适用于处理十字板抗剪强度不小于20 kPa的软土地基 | — |
| 加固土桩 | 加固土桩适用于处理十字板抗剪强度不小于10 kPa、有机质含量不大于10%的软土地基 | — |
| 水泥粉煤灰碎石桩 | 水泥粉煤灰碎石桩适用于处理十字板抗剪强度不小于20 kPa的软土地基 | — |
| 现浇混凝土大直径管桩 | 现浇混凝土大直径管桩适用于处理深厚软土地基上荷载较大、变形要求较严格的高路堤段、桥头或通道与路堤衔接段 | 刚性桩 |
| 预制管桩 | 预制管桩适用于处理深厚软土地基上荷载较大、变形要求较严格的高路堤段、桥头或通道与路堤衔接段 | 刚性桩 |
| 强夯法 | 强夯法适用于处理碎石土、低饱和度的粉土与黏性土、杂填土和软土等地基 | — |
| 强夯置换法 | 强夯置换法适用于处理高饱和度的粉土与软塑～流塑的软黏土地基，处理深度不宜大于7 m | — |

软土地区路堤施工应符合下列规定。

（1）软土地区路堤施工应尽早安排，施工计划中应考虑地基所需固结时间。

（2）填筑过程中，应严格控制填筑速率，并应进行动态观测。

（3）施工期间，路堤中心线地面沉降速率 24 h 应不大于 10～15 mm，坡脚水平位移速率 24 h 应不大于 5 mm。应结合沉降和位移观测结果综合分析地基稳定性。填筑速率应以水平位移控制为主，超过标准应立即停止填筑。

（4）桥台、涵洞、通道以及加固工程应在预压沉降完成后再进行施工。

（5）应按设计要求的预压荷载、预压时间进行预压。堆载预压的填料宜采用上路床填料，并分层填筑压实。

（6）在软土地基上直接填筑路堤，应符合下列规定：

①水面以下部分应选择透水性好的填料，水面以上可用一般土或轻质材料填筑。

②填筑路基的土宜从取土场取用。在两侧取土时，取土坑距路堤坡脚的距离应满足路堤稳定的要求。

③反压护道宜与路堤同时填筑。分开填筑时，应在路堤达到临界高度前完成反压护道施工。

**专家解读**

软土固结时间越长，工后沉降量越小，对提高公路质量有很大帮助，故需尽早安排。

旧路加宽软基处理应符合下列规定：

（1）软基路段路基加宽台阶应开挖一层、填筑一层，上层台阶应在下层填筑完成后再开挖，台阶开挖应满足台阶宽度和新老路基处理设计要求。

（2）确定加宽软基处理施工工艺和方案时，应考虑软基处理时挤土、震动对老路堤或邻近构筑物的影响。

（3）施工期间应对旧路开挖边坡进行覆盖，并设置必要的临时排水设施。

（4）旧路加宽路段应同步进行拼宽路基和老路基的沉降观测，观测点宜布置在同一断面上。观测点设置宜为老路路中、老路路肩、拼宽部分中部、拼宽部分外侧。老路路中、老路路肩沉降观测点设置可采用在路表埋设观测点的方法，拼宽部分宜采用埋设沉降板的方法。

路堤施工沉降和稳定观测应符合下列规定：

（1）二级及二级以上公路路堤施工，应进行沉降和稳定的动态观测，观测项目、内容和频率应满足设计要求。

（2）应观测地表沉降与地表水平位移，土体深层水平位移可根据工程需要确定是否观测。

（3）观测仪器应在软土地基处理后埋设，并在观测到稳定的初始值后再进行路堤填筑。

（4）地基条件差、地形变化大、差异变形大的部位应设置观测点。同一路段不同观测项目的测点宜布置在同一横断面上。

（5）如地基稳定出现异常，应立即停止加载，分析原因并采取处理措施，待路堤恢复稳定后，方可继续填筑。

（6）施工期间，应按设计要求进行沉降和稳定跟踪观测，观测频率应与路基（包括地基）变形速率相适应，变形大时应加密，反之亦然。填筑期每填一层应观测一次；两次填筑间隔时间长时，每 3～5 d 观测一次。路堤填筑完成后，堆载预压期间第一个月宜每 3 d 观测一次，第二、第三个月宜每 7 d 观测一次，从第四个月起宜每 15 d 观测一次，直至预压期结束。

（7）各类观测点、基准点在观测期均应采取有效措施加以保护，并在标杆上涂设醒目的警示标志。

对深路堑边坡的深层进行变形监测。

### （八）其他路基

盐渍土地区路基、多年冻土地区路基、风沙地区路基、雪害地段路基、涎流冰地段路基、采空区路基、滨海地区路基、水库地区路基、季节性冻土地区路基、沿河地段路基等其他路基的施工应符合《公路路基施工技术规范》的规定。

## 五、路基季节性施工技术

### （一）冬期施工

在季节性冻土地区，昼夜平均温度在 -3 ℃以下且连续 10 d 以上，或者昼夜平均温度虽在 -3 ℃以上但冻土没有完全融化时，均应按冬期施工办理。

高速公路、一级公路的土质路堤和地质不良地区的公路路堤不宜进行冬期施工。土质路堤路床以下 1 m 范围内，不得进行冬期施工。半填半挖地段、填挖交界处不得在冬期施工。

**专家解读**

填土低于 1 m 的路堤和填挖交界处，常会有地下水的渗透，由于填土薄，填后易于冻结，解冻后土的强度、压实度都会降低，对路面影响大，因此不应冬期施工。

冬期路基施工应采取措施，及时排干雨雪水及路堑开挖时出现的地下水。

冬期施工路基基底处理应符合下列规定：

（1）冻结前应完成表层清理，挖好台阶，并应采取保温措施防止冻结。

（2）填筑前应将基底范围内的积雪和冰块清除干净。

（3）对需要换填土地段或坑洼处需补土的基底，应选用适宜的填料回填，并及时整平压实。

（4）基底处理后应立即采取保温措施防止冻结。

冬期填方路堤施工应符合下列规定：

（1）路堤填料应选用未冻结的砂类土、碎石、卵石土、石渣等透水性好的材料，不得用含水率大的黏质土。

（2）填筑路堤应按横断面全宽平填，每层松铺厚度应比正常施工减少 20% ~30%，且松铺厚度不得超过 300 mm。当天填土应当天完成碾压。

（3）中途停止填筑时，应整平填层和边坡并进行覆盖防冻，恢复施工时应将表层冰雪清除，并补充压实。

（4）当填筑高程距路床底面 1 m 时，碾压密实后应停止填筑，在顶面覆盖防冻保温层，待冬期过后整理复压，再分层填至设计高程。

（5）冬期过后应对填方路堤进行补充压实，压实度应符合规范的规定。

**专家解读**

冬期填筑路堤一般采用薄层、快填、快压、连续作业的施工方法，迅速填完每一层，争取使土不冻或少冻。

冬期挖方路基施工应符合下列规定：

（1）挖方边坡不得一次挖到设计线，应预留一定厚度的覆盖层，待到正常施工季节后再修整到设计坡面。

(2)路基挖至路床顶面以上 1 m 时，完成临时排水沟后，应停止开挖，待冬期过后再施工。

**专家解读**

正常条件下路堑开挖应开挖至路床顶面的位置，冬期施工时应在路堑底部预留一定厚度，等正常施工时再做这一部分，以保证施工质量。冬期开挖路堑表层冻土的施工方法很多，如爆破冻土法、机械破冻法、人工破冻法等。

河滩地段冬期水位低，可开挖基坑修建防护工程，但应采取措施保证工程质量。

**典型例题**

【多选题】关于路基冬期施工的说法，正确的有(　　)。

A. 冬期填筑的路堤，每层每侧应超填并压实

B. 挖填方交界处，填土低于 1 m 的路堤都不应在冬期填筑

C. 当路堤填至路床底面时，应碾压密实后停止填筑

D. 当天填的土必须当天完成碾压

E. 挖方边坡不应一次挖到设计线

ABDE。【解析】冬期填方路堤施工，当填筑高程距路床底面 1 m 时，碾压密实后应停止填筑，在顶面覆盖防冻保温层，待冬期过后整理复压，再分层填至设计高程。故选项 C 错误。

### (二)雨期施工

夏季施工面临雨多、风大、高温等不利环境因素的影响，直接危及生产安全，给企业带来无法估量的损失。因此，科学合理组织施工，采取必要安全技术措施，积极应对雨期施工面临的各种危险状况，对提高抗风险能力、保障企业生产安全，具有重大意义。

路基排水应符合下列规定：

(1)雨期施工应综合规划，合理设置现场防排水系统，及时引排地面水。

(2)路堤填筑的每一层表面应设 2% ~4% 的排水横坡。

(3)在已填路堤路肩处，应采取设置纵向临时挡水土埂、每隔一定距离设出水口和排水槽等措施，引排雨水至排水系统。

(4)雨期路堑施工宜分层开挖，每挖一层均应设置纵横排水坡及临时排水沟，使水排放畅通。

路基基底处理应符合下列规定：

(1)应在雨期前将基底处理好，孔洞、坑洼处填平夯实，整平基底，并设纵横排水坡。

(2)低洼地段，应在雨期前将原地面处理好，并将填筑作业面填筑到可能的最高积水位 0.5 m 以上。

路堤施工应符合下列规定：

(1)填料应选用透水性好的碎石土、卵石土、砂砾、石方碎渣和砂类土等。利用挖方土作填料，含水率符合要求时，应随挖随填，及时压实。含水率过大难以晾晒的土不得用作雨期施工填料。

(2)每一填筑层表面应做成 2% ~4% 双向路拱横坡以利于排水，低洼地带或高出设计

洪水位 0.5 m 以下部位应选用透水性好、饱水强度高的填料分层填筑,并及时施作护坡、坡脚等防护工程。

(3)雨期填筑路堤需借土时,取土坑的设置应满足路基稳定的要求。

(4)路堤应分层填筑,并及时碾压。

挖方路基施工应符合下列规定:

(1)挖方边坡不宜一次挖到设计坡面,应预留一定厚度的覆盖层,待雨期过后再修整到设计坡面。

(2)雨期开挖路堑,当挖至路床顶面以上 300 ~ 500 mm 时应停止开挖,并在两侧挖好临时排水沟,待雨期过后再施工。

(3)雨期开挖岩石路基,炮眼宜水平设置。

结构物基坑在雨期开挖后未能及时施工时,应采取防浸泡措施,必要时雨后应重新检测地基承载力。

**链接**

以往考试会考查雨期施工范围。雨期路基施工地段,一般应选择丘陵和山岭地区的砂类土、碎砾石和岩石地段、路堑的弃方地段;重黏土、膨胀土及盐渍土地段不宜在雨期施工;平原地区排水困难,不宜安排雨期施工。

## 模块二 公路路基防护与支挡

### 一、公路路基防护与支挡工程的类型

#### (一)公路路基防护工程的类型

公路路基防护的主要部位是路基坡面和沿河路基。路基坡面防护通常采用植物防护和坡面工程防护相结合的方式。此外,还可通过边坡锚固来提高路基边坡稳定性,起到一定的防护作用。

公路路基防护工程的类型如表 1-17 所示。

表 1-17 公路路基防护工程的类型

| 防护类型 | 方法 |
| --- | --- |
| 植物防护 | 种草(采用湿法客土喷播法)、铺草皮、植生袋、三维植物网防护、水泥混凝土骨架防护、水泥混凝土空心预制块骨架防护、骨架植物防护等 |
| 坡面工程防护 | 坡面喷浆防护、坡面喷射混凝土防护、锚杆挂网喷射混凝土防护、干砌片石护坡、浆砌片石护坡、水泥混凝土预制块护坡、浆砌片石护面墙等 |
| 沿河路基防护 | 沿河路基植物防护、沿河砌石或混凝土防护、抛石防护、石笼防护、土工膜袋防护、丁坝防护、顺坝防护、改移河道等 |
| 边坡锚固 | — |

**链接**

沿河路基防护一般分为直接和间接两种。直接防护是为了防止水流直接危害路基和河岸，防护的重点是边坡和坡脚，是对河岸或路基予以直接防护加固，以抵抗水流的冲刷和淘蚀。间接防护则是通过导流等措施，改变水流方向，消除和减缓水流对路基或河岸直接破坏，同时促使河岸附近水流减速和泥沙淤积起安全保护作用。当路基侵占河床较多或水流直冲威胁路基安全，地形地质条件有可能时，方可采用局部改移河道的措施。峡谷、泥石流、非稳定性的河段，不轻易改移河道。沿河路基防护方法中，丁坝防护、顺坝防护、改移河道属于间接防护，其余防护方法属于直接防护。

### （二）公路路基支挡工程的类型

公路路基支挡工程按结构物的形式与作用机理分为挡土墙、抗滑桩、土钉支护、柔性防护网系统等类型。其中，挡土墙是支承路基填土或山坡土体、防止填土或土体变形失稳的墙式构造物。挡土墙的类型很多，划分方法也较多，通常可划分为重力式挡土墙、石笼式挡土墙、悬臂式挡土墙和扶壁式挡土墙、锚杆挡土墙、锚定板挡土墙、加筋土挡土墙等。此部分主要介绍挡土墙和抗滑桩。

挡土墙和抗滑桩的特点和适用范围如表 1-18 所示。

表 1-18　挡土墙和抗滑桩的特点和适用范围

| 类型 | 结构示意图 | 特点和适用范围 |
| --- | --- | --- |
| 重力式挡土墙 | 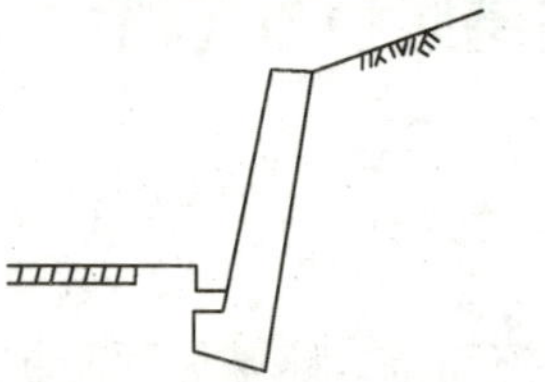 | 重力式挡土墙依靠墙身自重承受土压力，结构简单、施工简便。由于墙身重，对地基承载力的要求也较高。墙身一般用浆砌片石或块石砌筑。在墙身不高时，也可用干砌，在缺乏石料地区或条件许可时，也可用混凝土浇筑 |
| 石笼式挡土墙 | 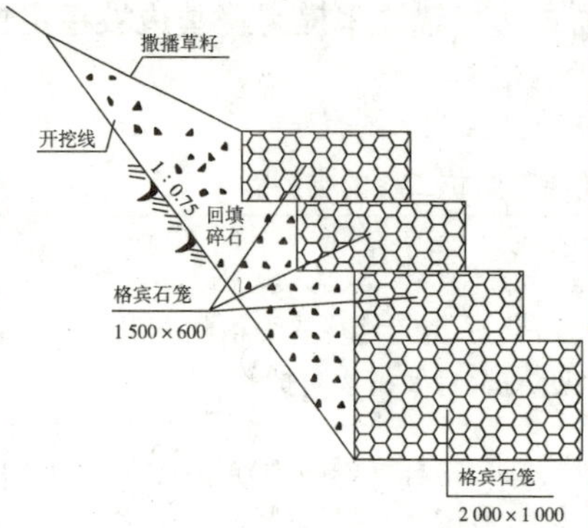 | 石笼式挡土墙属于重力式块石结构。石笼式挡土墙的基本稳定原理同重力式挡土墙相同，均是通过墙体自身质量来维持挡土墙在土压力下的稳定 |
| 悬臂式挡土墙 | 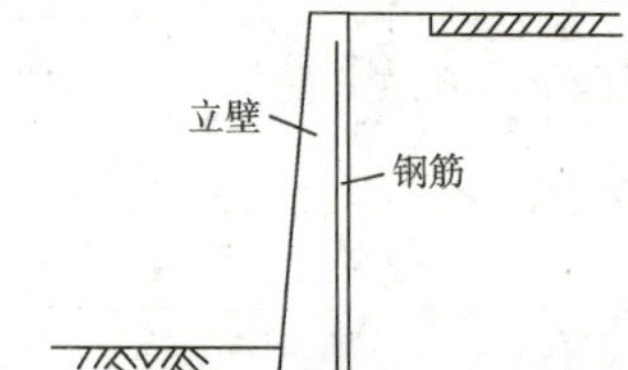 | 悬臂式挡土墙的墙身及基础均采用钢筋混凝土浇筑，断面尺寸较小。由立壁、墙趾板和墙踵板三部分组成。立壁下部弯矩较大，特别是墙较高时，需设置的钢筋较多。其适用于缺乏石料地区及挡土墙高度不大于 7 m 的情况 |

（续表）

| 类型 | 结构示意图 | 特点和适用范围 |
| --- | --- | --- |
| 扶壁式挡土墙 | 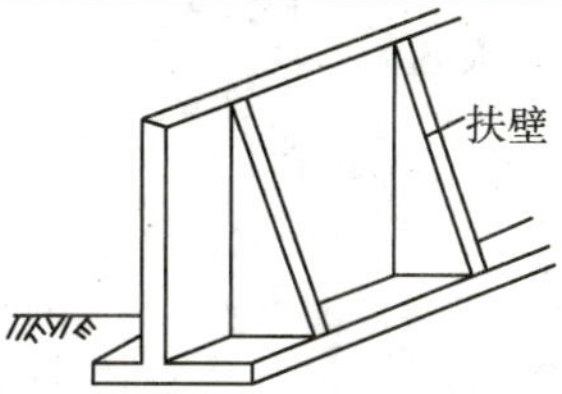 | 扶壁式挡土墙相当于沿悬臂式挡土墙的墙长，每隔一定距离设置一道扶壁，增强墙面板（立壁）与墙踵板的连接，以承受较大的弯矩作用。当墙较高时，扶壁式挡土墙比悬臂式挡土墙经济 |
| 锚杆挡土墙 | 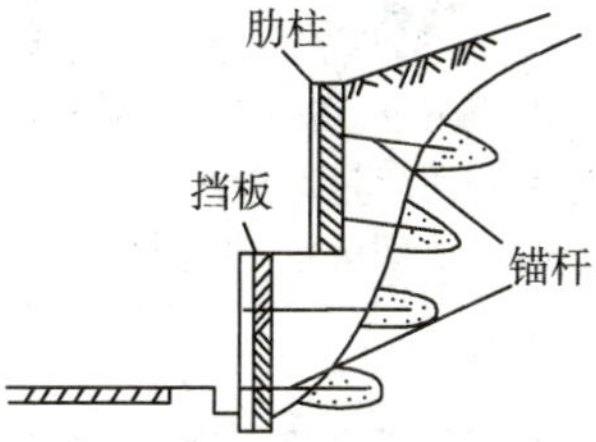 | 锚杆挡土墙是由钢筋混凝土肋柱、墙面板和水平（或倾斜）的锚杆联合组成的轻型支挡结构物。锚杆挡土墙结构形式主要有柱板式和壁板式两种。柱板式一般由肋柱、挡土板及灌浆锚杆组成，具有较大的抗拔力，可用于路堑或路堤挡土墙，土压力传递顺序为墙后的土压力→挡土板→肋柱→锚杆；壁板式一般由钢筋混凝土板和楔缝式锚杆组成，多用于边坡防护。锚杆挡土墙适用于边坡高度较大，石料缺乏，挖基困难，且具备锚固条件的地区，多用于路堑墙 |
| 锚定板挡土墙 | 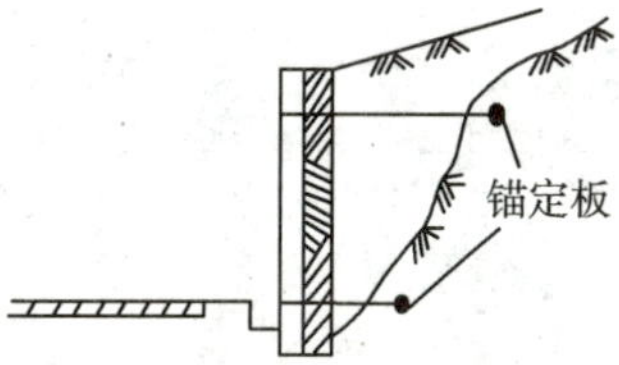 | 锚定板挡土墙类似于锚杆挡土墙，锚杆的固定端用锚定板固定在山体内。其适用于路堤墙与路堑墙 |
| 加筋土挡土墙 | 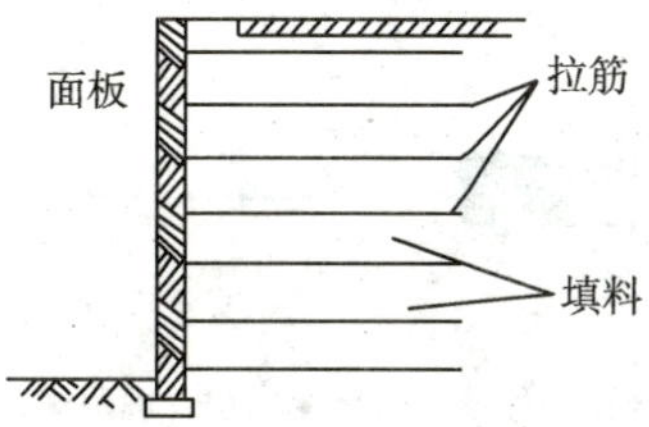 | 加筋挡土墙是由填料、在填料中布置的一定量的带状拉筋（筋带）以及直立的墙面板三部分组成的一个整体的复合结构。在此结构内存在墙面土压力、筋条的拉力和填料与筋带间的摩擦力等相互作用的内力，这些内力互相平衡，保证了复合结构的内部稳定。同时，加筋挡土墙要能抵抗筋条尾部后面填土所产生的侧压力，即加筋挡土墙的外部稳定，从而使整个复合结构稳定。由于在挖方路段或地形陡峭的山坡不利于布置拉筋，故加筋土挡土墙不适用于挖方路段或地形陡峭的山坡，多用于地形较为平坦且宽敞的填方路段上 |
| 抗滑桩 | 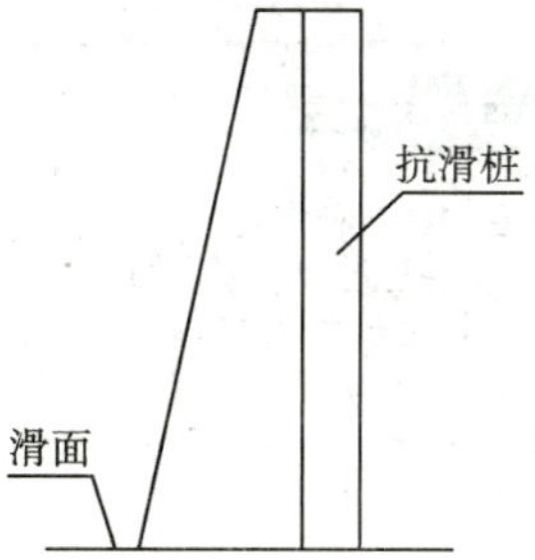 | 抗滑桩是穿过滑坡体深入滑床的桩柱，用以支挡滑体的滑动力，起稳定边坡的作用，适用于浅层和中厚层的滑坡，是一种抗滑处理的主要措施。根据滑坡体厚度、推力大小、防水要求和施工条件等，抗滑桩可选用木桩、钢桩、混凝土桩或钢筋（钢轨）混凝土桩等 |

根据墙背倾斜方向的不同，重力式挡土墙的墙身断面形式可分为仰斜式、垂直式、俯斜式、凸形折线式和衡重式等几种，如图 1-6 所示。

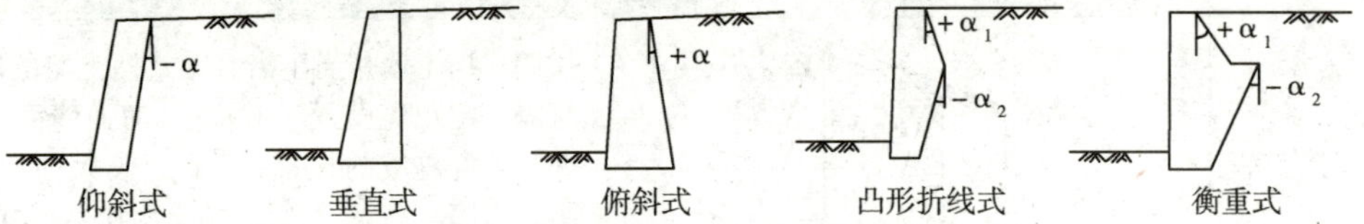


**图 1-6　重力式挡土墙的墙身断面形式**

仰斜式挡土墙、垂直式挡土墙、俯斜式挡土墙的特点和适用情形如表 1-19 所示。

**表 1-19　仰斜式挡土墙、垂直式挡土墙、俯斜式挡土墙的特点和适用范围**

| 类型 | 受力特征 | 优缺点 | 适用范围 |
| --- | --- | --- | --- |
| 仰斜式挡土墙 | 主动土压力最小 | 优点：可与开挖的临时边坡相结合，开挖量和回填量均较小。<br>缺点：墙后需要回填土，不易压实 | 支挡挖方工程的边坡、墙前原有地形比较平坦 |
| 垂直式挡土墙 | 位于仰斜与俯斜墙背之间 | — | 原有地形较陡 |
| 俯斜式挡土墙 | 主动土压力最大 | 优点：墙背可做成台阶形，可以增大与土体间的摩擦力 | 填方工程或原有地形较陡 |

**链接**

凸形折线式挡土墙是由仰斜式挡土墙演变而来的。衡重式挡土墙是指在墙背上下设置衡重台，以增加墙身的稳定。

## 二、公路路基防护与支挡工程施工技术

### （一）公路路基防护工程施工技术

#### 1. 植物防护

植物防护应符合图 1-7 的相关规定。

**坡面植物防护施工应符合的规定**

◇在坡面成形后，应及时进行坡面植物防护。
◇植物防护前应清理坡面。
◇回填土宜采用土、肥料及腐殖质土的混合物。种植土层厚度应符合规范规定。
◇种草施工时，草籽应撒布均匀，同时做好保护措施。草皮宜选用带状或块状，草皮厚度宜为 100 mm。铺设时，应由坡脚自下向上铺设。
◇铺、种植物后应适时进行洒水、施肥等养护管理，直到植物成活。
◇养护用水不得含油、酸、碱、盐等有碍草木生长的成分

**水泥混凝土骨架防护施工应符合的规定**

◇骨架施工前应修整坡面，填补超挖形成或原生的坑洞和空腔。
◇混凝土浇筑应从护脚开始，由下而上进行浇筑。浇筑过程中采用插入式振捣器振捣。
◇骨架宜完全嵌入坡面内，保证骨架紧贴坡面，防止产生变形或破坏。
◇混凝土浇筑完成后应及时养护。养护时间宜不少于 14 d

**骨架防护植物应符合的规定**

◇应选取适应性好、根系发达、耐干旱贫瘠、耐破坏、再生能力强的植物。
◇应以乡土植物为主、外来植物为辅，不同植物应具互补性且与周围环境自然植被相适合。
◇骨架内植草草皮下宜铺设 50～100 mm 厚的种植土，草皮应与坡面和骨架密贴。
◇铺设草皮后，应及时进行养护

图 1-7　植物防护的相关规定

**链接**

骨架植物防护包括浆砌片石骨架植草、水泥混凝土空心块护坡、锚杆混凝土框架植草等。

### 2. 坡面工程防护

坡面喷射混凝土防护施工应符合下列规定：

(1)混凝土强度应满足设计要求。

(2)作业前应进行试喷，选择合适的水灰比和喷射压力。

(3)混凝土喷射厚度应符合设计规定，且临时支护厚度宜不小于 60 mm，永久支护厚度宜不小于 80 mm。永久支护面钢筋的喷射混凝土保护层厚度应不小于 50 mm。

(4)混凝土喷射每一层应自下而上进行。当混凝土厚度大于 100 mm 时，宜分两次喷射。在第二次喷射混凝土作业前，应清除结合面上的浮浆和松散碎屑。

(5)面层表面应抹平、压实修整。

(6)喷射混凝土面层应在长度方向上每 30 m 设伸缩缝，缝宽 10 ~ 20 mm。

(7)喷射混凝土初凝后，应立即开始养护。养护期宜不少于 7 d。

(8)喷射混凝土表面质量应密实、平整，无裂缝、脱落、漏喷、漏筋、空鼓和渗漏水等。施工质量应符合规范规定。

干砌片石护坡施工应符合下列规定：

(1)干砌片石护坡垫层应密实，厚度应满足设计要求。边坡为粉质土、松散的砂或粉砂土等易被冲蚀的土时，碎石或砂砾垫层厚度宜不小于 100 mm。

(2)石料选择应符合要求。片石的厚度应不小于 150 mm，卵形和薄片不得使用。镶面石料应选择尺寸大并具有平整表面的石料，且应稍加粗凿。在角隅处应使用大石料，大致粗凿方正。

(3)石料按层砌筑。分段砌筑时相邻段高差应不大于 1.2 m，段与段间应设伸缩缝或沉降缝，各段水平砌缝应一致。

(4)砌筑应彼此镶紧，接缝要错开，缝隙间应用小石块填满塞紧。护坡基础宜选用大石块砌筑。

(5)基础与排水相连时，基础应设在排水沟底以下。

浆砌片石护坡施工应符合下列规定。

(1)宜在路堤沉降稳定后施工，砌筑前应整平坡面，按设计完成垫层施工。受冻胀影响的土质边坡，护坡底面的碎石或砂砾垫层厚度应不小于 100 mm。

(2)片石砌体应分层砌筑，2 ~ 3 层组成的工作面宜找平。

(3)所有石块均应坐于新拌砂浆之上。

(4)每 10 ~ 15 m 应设置一道伸缩缝，缝宽宜为 20 ~ 30 mm。基底地质有变化处，应设沉降缝。伸缩缝与沉降缝可合并设置。

(5)砂浆初凝后,应立即进行养护。砂浆终凝前,砌体应覆盖。

(6)泄水孔的位置和反滤层的设置应满足设计要求。如设计无要求,应符合下列规定:

①泄水孔宜为50 mm×100 mm、100 mm×100 mm、150 mm×200 mm的矩形或直径为50~100 mm的圆形。

②泄水孔间距宜为2~3 m,干旱地区可适当加大,渗水量大时应适当加密。上下排泄水孔应交错布置,左右排泄水孔应避开伸缩缝与沉降缝,与相邻伸缩缝间距宜不小于500 mm。

③泄水孔应向外倾斜,最下一排泄水孔出口应高出地面或边沟、排水沟及积水地区的常水位0.3 m。

④最下面一排泄水孔进水口周围500 mm×500 mm范围内应设置具有反滤作用的粗粒料,反滤层底部应设置厚度不小于300 mm的黏土隔水层。

(7)浆砌片石施工质量应符合规范规定。

浆砌片石护面墙施工应符合下列规定:

(1)修筑护面墙前,应清除边坡风化层至新鲜岩面。对风化迅速的岩层,清挖到新鲜岩面后应立即修筑护面墙。

(2)基础施工前应核实地基承载能力和埋深。地基承载能力不足时,应采取加固措施。冰冻地区应埋置在冰冻深度以下至少250 mm。

(3)护面墙背面应与路基坡面密贴,边坡局部凹陷处应挖成台阶后用与墙身相同的圬工砌补,不得回填土石或干砌片石。坡顶护面墙与坡面之间应按设计要求做好防渗处理。

(4)应按设计要求做好伸缩缝。当护面墙基础修筑在不同岩层上时,应在变化处设置沉降缝。

(5)泄水孔的位置和反滤层的设置应满足设计要求。

(6)护面墙防滑坎应与墙身同步施工。

### 3. 沿河路基防护、边坡锚固

沿河路基防护、边坡锚固施工应符合《公路路基施工技术规范》的规定。

## (二)公路路基支挡工程施工技术

### 1. 重力式挡土墙

基坑开挖应符合下列规定:

(1)基坑开挖宜分段跳槽进行,分段位置宜结合伸缩缝、沉降缝等设置确定。

(2)设计挡土墙基底为倾斜面时,应严格控制基底高程,不得超挖填补。

(3)土质或易风化软质岩石雨季开挖基坑时,应在基坑挖好后及时封闭坑底。

开挖完成后应及时进行检验,检验合格后应及时进行下道工序施工。

基础施工应符合下列规定:

(1)施工前应检查基础底面,清除基底表面风化、松软的土石和杂物。

(2)硬质岩石上的浆砌片石基础宜满坑砌筑。浆砌片石底面应卧浆铺砌,立缝要填浆补实,不得有空隙和立缝贯通现象。

(3)台阶式基础宜与墙体连续砌筑,基底及墙趾台阶转折处不得砌成垂直通缝,砌体与台阶壁间的缝隙砂浆应饱满。

(4)基础应在基础砂浆强度达到设计强度的75%后及时分层回填夯实。回填应在表面留3%的向外斜坡。

墙身施工应符合下列规定：

(1)砌石墙身应分层错缝砌筑，咬缝应不小于砌块长度的 1/4，且不得出现贯通竖缝。

(2)片石、砌块应大面朝下砌筑，砌块不应直接接触，间距宜不小于 20 mm。

(3)混凝土墙身应水平分层浇筑，分层振捣。分层厚度应不超过 300 mm。

(4)混凝土浇筑应连续进行。如间断，间断时间应小于前层混凝土的初凝时间，否则按施工缝处理。

(5)浇筑过程中应有专人检查模板及支撑工作情况，发现问题及时处理。

(6)挡土墙端部伸入路堤或嵌入挖方部分应与墙体同时砌筑。挡土墙顶应找平抹面或勾缝，其与边坡间的空隙应采用黏土或其他材料夯填封闭。

(7)墙身施工完毕后应及时养护。

伸缩缝与沉降缝内两侧壁应竖直、平齐，无搭叠。缝中防水材料应按设计要求施工。挡土墙与桥台、隧道洞门连接处应协调施工，必要时可设置临时支撑，确保与墙相接的填方或山体的稳定。挡土墙混凝土或砂浆强度达到设计强度的 75% 时，应及时进行墙背回填。距墙背 0.5 ~ 1.0 m 内，不得使用重型振动压路机碾压。

墙背填料应符合下列规定：

(1)宜采用砂性土、卵石土、砾石土或块石土等透水性好、抗剪强度高的材料。

(2)采用黏质土作为填料时，应在墙背设置厚度不小于 300 mm 的砂砾或其他透水性材料排水层；排水层顶部应采用黏质土层封闭，土层厚度宜不小于 500 mm。

(3)填料中不得含有机物、冰块、草皮、树根及生活垃圾。不得使用腐殖土、盐渍土、淤泥、白垩土、硅藻土、生活垃圾及有机物等作为墙背填料。

墙身泄水孔应在砌筑过程中按设计施工，确保排水畅通。

浸水挡土墙应符合下列规定：

(1)浸水挡土墙用石料应选用坚硬、未风化且浸水不崩解的石块。

(2)施工过程中应处理好浸水挡土墙与岸坡的衔接部位。

(3)砌筑时应保证砂浆饱满、勾缝密实，避免水流冲刷墙身。

岩体破碎、土质松软或地下水丰富等地段修建挡土墙宜避开雨季施工。

### 2. 石笼式挡土墙

基底土质及承载力应满足设计要求。石笼制作应符合规范的规定。石笼式挡土墙墙背应设置一层透水土工布。每层挡土墙施工完毕后，墙背应及时回填。回填面应与石笼顶面持平，墙后回填土应夯实，压实度应不小于 95%。

### 3. 悬臂式挡土墙和扶壁式挡土墙

基坑开挖应从上至下分层分段依次进行。开挖过程中应做好临时排水设施，并随时排水，保证工作面干燥及基底不被水浸。基坑开挖后应及时施工挡土墙，不得长期放置。凸榫部分应与基坑同时开挖，并与墙底板一起浇筑。

采用装配法施工时，基础部分应整体一次性浇筑，并设置好预埋钢筋。在基础混凝土达到设计强度 75% 前，不得安设预制墙板。混凝土浇筑后应及时进行养护，养护时间宜不少于 7 d。

墙背回填应在墙体混凝土达到设计强度的 75% 后进行。回填应分层填筑并压实。扶壁式挡土墙回填时应按先墙趾、后墙踵的顺序进行。

### 4. 锚杆挡土墙

施工时应针对地层和岩石特点，采用与其相适配并能斜孔钻进的钻机，并根据岩质选择钻头。锚孔直径应满足设计要求,钻孔时宜保持孔壁粗糙。

挡土板和锚杆的施工应逐层由下向上同步进行,挡土板之间的安装缝应均匀,缝宽宜小于10 mm。同一肋柱上两相邻跨的挡土板搭接处净间距宜不小于30 mm,并应按施工缝处理。

挡土板安装时应防止与肋柱相撞,避免损坏角隅或开裂。挡土板后的防排水设施及反滤层应与挡土板安装同步进行。

**链接**

锚杆挡土墙施工流程为施工准备→基坑开挖→基础浇(砌)筑→锚杆制作→钻孔→锚杆安放与注浆锚固→肋柱和挡土板预制→肋柱安装→挡土板安装→墙后填料填筑与压实→竣工交验。

### 5. 锚定板挡土墙

螺丝杆、锚头等应进行防锈处理和防水封闭。锚定板应采用钢筋混凝土板。肋柱式锚定板面积应不小于0.5 $m^2$,无肋柱式锚定板面积应不小于0.2 $m^2$。肋柱安装应符合设计的位置和倾角。安装锚定板时板面应竖直,且在同一高程。锚定板应采用反开槽法施工,先填土,后挖槽就位。挖槽时,锚定板宜比设计位置高30~50 mm。施工槽口与上层填土应同步碾压,不得直接碾压拉杆和锚定板。分级平台应按设计要求进行封闭,并设2%的外倾排水坡。

### 6. 加筋土挡土墙

加筋土挡土墙施工前,应按设计要求进行基底处理。有地下水影响基底稳固时,应拦截或排除地下水到墙身之外。加筋土挡土墙的拉筋应按设计采用抗拉强度高、延伸率和蠕变小、抗老化、耐腐蚀和化学稳定性好的材料,表面应有足够的粗糙度。钢拉筋应按设计进行防腐处理。

加筋土挡土墙墙身施工应符合下列规定:

(1)墙背拉筋锚固段填料宜采用具有一定级配、透水性好的砂类土或碎砾石土,土中的粗颗粒不应含有在压实过程中可能破坏拉筋的带尖锐棱角的颗粒。

(2)拉筋应按设计位置水平铺设在已经整平、压实的土层上,单根拉筋应垂直于面板,多根拉筋应按设计扇形铺设。聚丙烯土工带拉筋安装应平顺,不得打折、扭曲,不得与硬质、棱角填料直接接触,其他要求应符合现行《公路土工合成材料应用技术规范》的相关规定。

(3)墙面板安设应根据高度和填料情况设置适当的仰斜,斜度宜为1∶0.02~1∶0.05。安设好的面板不得外倾。

(4)拉筋与面板之间的连接应牢固,连接部位强度应不低于拉筋强度。拉筋贯通整个路基时,宜采用单根拉筋拉住两侧面板。

(5)填料摊铺、碾压应从拉筋中部开始平行于墙面进行,不得平行于拉筋方向碾压。应先向拉筋尾部逐步摊铺、压实,然后再向墙面方向进行。

(6)路基施工分层厚度及每层碾压遍数,应根据拉筋间距、碾压机具和密实度要求,通过试验确定,不得使用羊足碾碾压。靠近墙面板1 m范围内,应使用小型机具夯实或人工夯实,不得使用重型压实机械压实。严禁车辆在未经压实的填料上行驶。

(7)施工过程中应加强对墙身变形的观测,发现异常变化应及时处理。

**链接**

加筋土挡土墙施工流程为施工准备→测量放线→基槽开挖→地基处理→排水设施施工→基础浇筑→构件预制与安装→筋带铺设→填料填筑与压实→墙顶封闭。其中，墙面板安装、筋带铺设、填料填筑与压实等工序必须交叉进行。

### 7. 抗滑桩

抗滑桩施工应详细了解工程地质资料，并做好下列工作：

(1)施工前，应采取卸载、反压、排水等措施使滑坡体保持基本稳定，严禁在滑坡急剧变形阶段进行抗滑桩施工。

(2)施工期间应根据实际地质情况考虑开挖时的预加固措施。

(3)应整平孔口地面，并设置地表截、排水及防渗设施。

(4)应设置滑坡变形、移动监测点，并进行连续观测。

(5)雨季施工时，应在孔口搭设雨棚，做好锁口，孔口地面上应加筑适当高度的围埂。

开挖及支护应符合下列规定：

(1)相邻桩不得同时开挖。开挖桩群应从两端沿滑坡主轴间隔开挖，桩身强度达到设计强度的75%后方可开挖邻桩。

(2)开挖应分节进行。分节不宜过长，每节宜为0.5～1.0 m。不得在土石层变化处和滑动面处分节。

(3)应开挖一节、支护一节。灌注前应清除孔壁上的松动石块、浮土。围岩松软、破碎、有水时，护壁宜设泄水孔。

(4)开挖应在上一节护壁混凝土终凝后进行，护壁混凝土模板支撑应在混凝土强度达到能保持护壁结构不变形后方可拆除。

(5)在围岩松软、破碎和有滑动面的节段，应在护壁内顺滑动方向设置临时横撑加强支护，并观察其受力情况，及时进行加固。

(6)开挖时应采取照明、排水等措施，保证施工安全。

(7)挖除的渣土弃渣不得堆放在滑坡范围内。

桩基开挖过程中，应随时核对滑动面情况，及时进行岩性资料编录。当实际情况与设计不符时，应及时反馈处理。

桩身混凝土施工应符合下列规定：

(1)灌注前，应检查断面净空，清洗混凝土护壁。

(2)钢筋笼搭接接头不得设在土石分界和滑动面处。钢筋保护层厚度应满足设计要求。

(3)灌注应连续进行，不得中断。

桩间支挡结构及与桩相邻的挡土、排水设施等应与抗滑桩正确连接，配套完成。

桩板式抗滑挡土墙施工应符合下列规定：

(1)挡土板应在桩身混凝土达到设计强度后安装。挡土板安装时，应边安装边回填，并做好挡土板后排水设施。

(2)桩间采用土钉墙或喷锚支护时，桩间土体应分层开挖、分层加固。

(3)应严格控制墙背填土的压实度，压实时应保护好锚索。

施工过程中应对地下水位、滑坡体位移和变形进行监测。应加强坡体排水，定期疏导排水管，防止地下水赋存坡体内部。锚固桩上部设有多排锚索时，应在上一排锚索施工完成后再开挖下一层的桩前土体。

抗滑桩设置声测管应符合下列规定：

(1)声测管应采用焊接或绑扎固定在钢筋笼内侧上，管之间保持平行。

(2)声测管应随钢筋笼分段安装，接头牢固，套接管的两端用胶布缠绕密封。

(3)钢筋笼放入桩孔时，应保证管体竖直，管壁平顺无变形，管内畅通无异物。

# 模块三　公路工程施工综合排水

水是诱发路基病害的主要因素。防排水系统设置不完善、不合理，排水设施过水断面不足，以及地下排水设施因选型不当而过早失效等，都会引发严重的路基病害。公路路基排水包括地表排水和地下排水两大部分。地表排水主要是排出路基范围内的地表径流、地表积水、边坡雨水及公路邻近地带影响路基稳定的地表水，地下排水主要是排出流向路基的地下水或降低地下水位。

## 一、公路工程施工综合排水设施的设置

### (一)路基地表排水设施的设置

路基地表排水设施有边沟、截水沟、排水沟、急流槽、跌水、蒸发池、油水分离池等。路基地表排水设施的设置应符合表1-20的规定。

表1-20　路基地表排水设施的设置

| 类型 | 设置 |
| --- | --- |
| 边沟 | 挖方、低路堤及路界范围地面低于路界外侧地面的填方路段，应在挖方边坡或填方边坡坡脚外设置边沟汇集和排泄降落在坡面和路面上的表面水。边沟横断面形式应根据排水需要以及对路侧安全与环境景观的协调等选定，可采用三角形、浅碟形、梯形或矩形等形式。边沟的纵坡坡度应结合路线纵坡、地形、土质、出水口位置等情况选定，宜与路线纵坡坡度一致，且不宜小于0.3%，困难情况下，不应小于0.1%。边沟出水口的间距，应结合地形、地质条件以及桥涵和天然沟渠位置，经水力计算确定。梯形、矩形边沟不宜超过500 m，多雨地区不宜超过300 m；三角形和碟形边沟不宜超过200 m |
| 截水沟 | 挖方路段或斜坡路堤上方流入路界的地表径流量大时，应设置拦截地表径流的截水沟。截水沟应结合地形和地质条件设置，宜布设在路堑坡顶5 m或路堤坡脚2 m以外，可采用梯形或矩形断面。截水沟长度超过500 m时，宜在中间适宜位置处增设泄水口，通过急流槽(管)分流引排，泄水口间距以200～500 m为宜。当截水沟或急流槽对行车产生视觉冲突或影响路域环境景观时，可利用地势或采用灌木遮蔽 |
| 排水沟 | 深路堑或高路堤坡面径流量大时，可在边坡中部设置平台排水沟，减少坡面冲刷 |
| 急流槽 | 在路堤和路堑坡面或者坡面平台上向下竖向集中排水时，宜设置急流槽(管)；边沟、截水沟、排水沟纵坡很大时，可设置急流槽(管)减小纵坡。急流槽(管)的进水口与沟渠泄水口之间宜采用喇叭口形式连接，并做铺砌处理，出水口处应设消能设施 |
| 跌水 | 陡坡或沟谷地段的排水沟，宜设置跌水等消能结构物，避免其出口下游的桥涵、自然水道或农田受到冲刷 |
| 蒸发池 | 气候干旱区且路域范围排水困难地段，可利用沿线的取土坑或专门设置蒸发池汇集地表水 |
| 油水分离池 | 水环境敏感地段路基排水沟出口宜设置油水分离池，排泄的水质应符合规范规定 |

### （二）路基地下排水设施的设置

路基地下排水设施有暗沟、暗管、渗沟、仰斜式排水孔、渗井、排水隧洞等。路基地下排水设施的设置应符合表 1-21 的规定。

表 1-21　路基地下排水设施的设置

| 类型 | 设置 |
| --- | --- |
| 暗沟、暗管 | 暗沟、暗管可用于排除泉水或集中的地下水流。暗沟、暗管沟底的纵坡不宜小于 1.0%，出水口处应加大纵坡，并应高出地表排水沟常水位 0.2 m 以上 |
| 渗沟 | 有地下水出露的挖方路基、斜坡路堤、路基填挖交界结合部以及地下水位埋深小于0.5 m 的低路堤等路段，应设置排水渗沟。渗沟类型应根据地下水赋存条件、渗流量、使用部位及排水距离等，按表 1-22 确定，渗沟横断面尺寸应按地下水渗流量计算确定。边坡渗沟、支撑渗沟应垂直嵌入边坡坡体，根据边坡情况可按条带形、分岔形或拱形布设，间距宜为 6 ~ 10 m |
| 仰斜式排水孔 | 仰斜式排水孔可用于引排边坡内的地下水 |
| 渗井 | 渗井可用于拦截、引排有固定含水层的深层地下水，以及排除下挖式通道的地表水。用于拦截和引排地下水的渗井，宜成井群布设，并与排水隧洞等排水设施配合使用。渗井排列方向宜垂直于渗流方向，其深度宜穿过含水层，断面尺寸与间距应通过渗流计算确定 |
| 排水隧洞 | 排水隧洞可用于截断和引排深层地下水，埋设深度应根据主要含水层的埋藏深度确定，并应埋入稳定地层内，顶部应在滑动面（带）以下不小于 0.5 m。对滑动面以上的其他含水层，宜采用在渗水隧洞顶上设置渗井或渗管等将水引入洞内。渗水隧洞以下为承压含水层时，宜在洞底部设置渗水孔 |

表 1-22　各类渗沟适用条件

| 渗沟类型 | 适用条件 |
| --- | --- |
| 填石渗沟、无砂混凝土渗沟 | 可用于地下水流量不大、排水距离较短的地段 |
| 管式渗沟 | 可用于地下水流量较大、地下水位埋藏浅、地下排水距离较长的地段 |
| 洞式渗沟 | 可用于地下水流量大、埋藏深的路段 |

**专家解读**

应根据地下水类型、含水层埋藏深度、地层渗透性、地下水对环境的影响，并考虑与地表排水设施协调等，选用适宜的地下排水设施，并应符合以下规定：

（1）有地下水出露的挖方路基、斜坡路堤、路基填挖交替地段，当地下水埋藏浅或无固定含水层时，宜采用渗沟。

（2）赋存有地下水的坡面，当坡体土质潮湿、无集中的地下水流但危及路基安全时，宜设置边坡渗沟或支撑渗沟。

（3）当地下水埋藏深或为固定含水层时，可采用渗水隧洞、渗井。渗井宜用于地下含水层较多，但路基水量不大，且渗沟难以布置的地段。

（4）路基基底范围有泉水外涌时，宜设置暗沟（管）将水引排至路堤坡脚外或路堑边沟内。

（5）当坡面有集中地下水时，可设置仰斜式排水孔。

## 二、公路工程施工综合排水设施施工技术

### (一)路基地表排水设施施工技术

路基地表排水设施施工应符合表 1-23 的规定。

表 1-23 路基地表排水设施的施工规定

| 类型 | 规定 |
|---|---|
| 边沟 | 边沟施工,沟底纵坡应衔接平顺 |
| 截水沟 | (1)截水沟应先行施工,与其他排水设施衔接时应平顺,纵坡宜不小于 0.3%。<br>(2)不良地质路段、土质松软路段、透水性大或岩石裂隙多地段的截水沟沟底、沟壁、出水口应进行防渗及加固处理 |
| 排水沟 | (1)排水沟线形应平顺,转弯处宜为弧线形。<br>(2)排水沟的出水口,应设置跌水或急流槽,水流应引出路基或引入排水系统 |
| 急流槽 | (1)基础应嵌入稳固的基面内,底面应按设计要求砌筑抗滑平台或凸榫。对超挖、局部坑洞,应采用相同材料与急流槽同时施工。<br>(2)浆砌片石砌体应砂浆饱满,砌缝应不大于 40 mm,槽底表面应粗糙。<br>(3)急流槽应分节砌筑,分节长度宜为 5~10 m,接头处应采用防水材料填缝。混凝土预制块急流槽,分节长度宜为 2.5~5.0 m,接头应采用榫接。<br>(4)急流槽进水口的喇叭形水簸箕应与排水设施衔接平顺,汇集路面水流的水簸箕底口不得高于接口的路肩表面 |
| 跌水 | (1)跌水槽施工应符合规范的有关规定。<br>(2)无消力池的跌水,其台阶高度应小于 600 mm,每个台阶高度与长度之比应与原地面坡度相协调。<br>(3)消力池的基底应采取防渗措施 |
| 蒸发池 | (1)蒸发池与路基之间的距离应满足路基稳定要求。<br>(2)底面与侧面应采取防渗措施。<br>(3)池底宜设 0.5% 的横坡,入口处应与排水沟平顺连接。<br>(4)蒸发池应远离村镇等人口密集区,四周应采用隔离栅进行围护,高度应不低于 1.8 m,并设置警示牌 |
| 油水分离池 | (1)污水进入油水分离池前应先通过格栅和沉砂池进行处理。<br>(2)池底、池壁和隔板应采用砌浆片石或现浇混凝土进行加固 |

### (二)路基地下排水设施施工技术

#### 1. 暗沟、暗管

暗沟、暗管施工应符合下列规定:

(1)沟底应埋入不透水层内,沟壁最低一排渗水孔应高出沟底 200 mm 以上。进口应采取截水措施。

(2)暗沟、暗管设在路基侧面时,宜沿路线方向布置。

(3)暗沟、暗管设在低洼地带或天然沟谷时,宜沿沟谷走向布置。

(4)寒冷地区的暗沟应做好防冻保温处理,出水口坡度宜不小于 5%。

(5)暗沟采用混凝土或浆砌片石砌筑时,在沟壁与含水层接触面应设置一排或多排向沟中倾斜的渗水孔,沟壁外侧应填筑粗粒透水性材料或土工合成材料形成反滤层。沿沟槽底

每隔 10 ~ 15 m 或在软、硬岩层分界处应设置沉降缝和伸缩缝。

(6)暗沟顶面应设置混凝土盖板或石料盖板,板顶上填土厚度应不小于 500 mm。

(7)暗管宜使用钢筋混凝土圆管、PVC 管、钢波纹管等材料,在管壁与含水层接触面应设置渗水孔,沟壁外侧应填筑粗粒透水性材料或设置土工合成材料形成反滤层。

(8)暗沟、暗管及检查井应采用透水性材料分层回填,层厚宜不大于 150 mm,材料粒径宜不大于 50 mm。

### 2. 渗沟

渗沟施工应符合下列规定:

(1)渗沟应设置排水层、反滤层和封闭层。

(2)渗水材料应采用洁净的砂砾、粗砂、碎石、片石,其中粒径小于 2 mm 的颗粒含量不得大于 5%。渗沟沟壁反滤层应采用透水土工织物或中粗砂,渗水管可选用带孔的 HPPE 管、PVC 管、PE 管、软式透水管、无砂混凝土管等。

(3)渗沟宜从下游向上游分段开挖,开挖作业面应根据土质选用合理的支撑形式,并应边挖边支撑,渗水材料应及时回填。

(4)渗水材料的顶面不得低于原地下水位。当用于排除层间水时,渗沟底部应埋置在最下面的不透水层。在冰冻地区,渗沟埋置深度不得小于当地最小冻结深度,渗沟出口应进行防冻处理。

(5)渗沟基底应埋入不透水层内不小于 0.5 m,沟壁的一侧应设反滤层汇集水流,另一侧用黏土夯实或用浆砌片石拦截水流。如渗沟沟底不能埋入不透水层时,两侧沟壁均应设置反滤层。

(6)粒料反滤层应分层填筑。坑壁土质为黏质土、粉砂、细砂,采用无砂混凝土板作反滤层时,在无砂混凝土板的外侧,应加设 100 ~ 150 mm 厚的中粗砂或渗水土工织物。

(7)渗沟顶部封闭层宜采用干砌片石水泥砂浆勾缝或浆砌片石等,寒冷地区应设保温层,并加大出水口附近纵坡。保温层可采用炉渣、砂砾、碎石或草皮等。

(8)路基基底的填石渗沟,应采用水稳性好的石料,其饱水抗压强度应不小于 30 MPa,粒径应为 100 ~ 300 mm。

(9)管式渗沟宜间隔一定距离设置疏通井和横向泄水管,分段排除地下水。渗水孔应在管壁上交错布置,间距宜不大于 200 mm。

(10)洞式渗沟顶部应设置封闭层,厚度应不小于 500 mm。

(11)边坡渗沟的基底应设置在潮湿土层以下的干燥地层内,阶梯式泄水坡坡度宜为 2% ~4%,基底应铺砌防渗层,沟壁应设反滤层,其余部分用透水性材料填充。

(12)支撑渗沟的基底埋入滑动面以下宜不小于 500 mm,排水坡度宜为 2% ~4%。当滑动面缓时,可做成台阶式支撑渗沟,台阶宽度宜不小于 2 m。渗沟侧壁及顶面宜设反滤层。出水口宜设置端墙。端墙内的出水口底高程,应高于地表排水沟常水位 200 mm 以上,寒冷地区宜不小于 500 mm。承接渗沟排水的排水沟应进行加固。

### 3. 仰斜式排水孔

仰斜式排水孔施工应符合下列规定:

(1)钻孔成孔直径宜为 75 ~ 150 mm,仰角宜不小于 6°,孔深应伸至富水部位或潜在滑动面。

(2)排水管直径宜为 50 ~ 100 mm,渗水孔宜梅花形排列,渗水段及渗水管端头宜裹 1 ~ 2 层透水无纺土工布。

(3)排水管安装就位后,应采用不透水材料堵塞钻孔与渗水管出水口段之间的间隙,长度宜不小于600 mm。

### 4. 渗井

渗井施工应符合下列规定:

(1)渗井应边开挖边支撑,并应采取照明、通风、排水措施。

(2)填充料应在开挖完成后及时回填。不同区域的填充料应采用单一粒径分层填筑,小于2 mm的颗粒含量不得大于5%。透水层范围宜填碎石或卵石,不透水范围宜填粗砂或砾石。井壁与填充料之间应设反滤层,填充料与反滤层应分层同步施工。

(3)渗井顶部四周应采用黏土填筑围护,并应加盖封闭。

### 5. 排水隧洞

排水隧洞施工应符合下列规定:

(1)施工前应做好现场地质、水文等情况调查和图纸核对工作,并应编制专项方案。

(2)施工过程中应做好监控量测工作,围岩级别与设计不符时应及时反馈处理。

(3)施工应符合现行《公路隧道施工技术规范》的有关规定。

# 模块四　公路工程施工测量技术

## 一、公路工程施工测量仪器

公路工程施工常用的测量仪器有经纬仪、水准仪、全站仪、全球定位系统(GPS)等。

经纬仪是测量水平角和竖直角的测绘仪器。经纬仪包括基座、水平度盘和照准部三个部分。基座用来支撑整个仪器,水平度盘用来计量角度,照准部由望远镜、竖直度盘、水准管及读数装置等组成。经纬仪包括光学经纬仪、电子经纬仪、激光经纬仪、陀螺经纬仪、矿山经纬仪等。

水准仪是根据水准测量原理测量地面两点间高差的仪器,主要由望远镜、水准器(或补偿器)和基座等部件组成。水准仪包括自动安平水准仪、数字水准仪、激光水准仪等。

全站仪即全站型电子速测仪的简称,是指同时具有测量水平角、竖直角、距离以及数据处理和存储等功能的测绘仪器。全站仪主要由电子测角系统、电子测距系统、数据存储系统、自动补偿设备,以及进行计算、产生指令的微处理机等组成。全站仪是测量结果能自动显示,并能与外围设备交换信息的多功能三维坐标测量仪器。目前商家推出各种类型的全站仪较多,新型的全站仪正向智能化方向发展。

全球定位系统(GPS)是一种卫星导航定位系统。由空间段、地面控制段和用户段三部分组成,为全球用户提供实时的三维位置、速度和时间信息。

## 二、公路工程施工测量技术要求

平面控制测量应符合下列规定:

(1)平面控制测量应采用卫星定位测量、导线测量、三角测量或三边测量方法进行。

(2)平面控制测量等级与技术要求应符合表1-24的规定。

表 1-24　平面控制测量等级与技术要求

| 公路等级 | 测量等级 | 最弱点点位中误差/mm | 最弱相邻点相对点位中误差/mm | 最弱相邻点边长相对中误差 | 相邻点间平均边长参照值/m |
|---|---|---|---|---|---|
| 高速、一级公路 | 一级 | ±50 | ±30 | ≤1/20 000 | 500 |
| 二、三、四级公路 | 二级 | ±50 | ±30 | ≤1/10 000 | 300 |

(3)卫星定位测量、导线测量、三角测量、三边测量的主要技术要求应符合规范规定。

高程控制测量应符合下列规定：

(1)高程控制测量应采用水准测量或三角高程测量的方法进行。

(2)高程控制测量等级与技术要求应符合表 1-25 的规定。

表 1-25　高程控制测量等级与技术要求

| 公路等级 | 测量等级 | 最弱点高程中误差/mm | 每千米高差中数中误差/mm | | 附合或环线水准路线长度/km |
|---|---|---|---|---|---|
| | | | 偶然中误差 | 全中误差 | |
| 高速、一级公路 | 四等 | ±25 | ±5 | ±10 | 25 |
| 二、三、四级公路 | 五等 | ±25 | ±8 | ±16 | 10 |

(3)水准测量、光电测距三角高程测量的主要技术要求应符合规范规定。

路基施工与隧道、桥梁施工共用的控制点，尚应符合现行《公路隧道施工技术规范》《公路桥涵施工技术规范》的有关规定。

施工期间，应保护好所有控制桩点，及时恢复被破坏的桩点，根据情况对控制桩点进行复测。

导线复测应符合下列规定：

(1)导线测量精度应符合规定。

(2)原有导线点不能满足施工需要时，应增设满足相应精度要求的附合导线点。

(3)同一建设项目内相邻施工段的导线应闭合，并满足同等级精度要求。

(4)可能受施工影响的导线点，施工前应加固或改移，并应保持其精度。

(5)导线桩点应进行不定期检查和定期复测，复测周期应不超过 6 个月。

水准点复测与加密应符合下列规定：

(1)水准点精度应符合规范规定。

(2)同一建设项目应采用同一高程系统，并应与相邻项目高程系统相衔接。

(3)沿路线每 500 m 宜有一个水准点，高速公路、一级公路宜加密，每 200 m 有一个水准点。在结构物附近、高填深挖路段、工程量集中及地形复杂路段，宜增设水准点。临时水准点应符合相应等级的精度要求，并与相邻水准点闭合。

(4)对可能受施工影响的水准点，施工前应加固或改移，并应保持其精度。

(5)水准点应进行不定期检查和定期复测，复测周期应不超过 6 个月。

中线放样应符合下列规定：

(1)路基开工前，应进行全段中线放样并固定路线主要控制桩，宜采用坐标法进行测量放样。

(2)中线放样时，应注意路线中线与结构物中心、相邻施工段的中线闭合，发现问题应及时查明原因，进行处理。

(3)实际放样与设计图纸不符时，应查明原因后进行处理。

**链接**

中线放样方法有传统法、坐标法和 GPS－RTK 技术法。其中，传统法包括偏角法和切线支距法。切线支距法是用经纬仪和钢尺，以曲线的起点或终点为坐标原点，原点至交点的切线方向为 $X$ 轴，坐标原点至圆心的半径为 $Y$ 轴，曲线上任意一点即可用坐标值 $x$ 和 $y$ 来设置的一种计算方法。GPS－RTK 技术法用于道路中线施工放样时，应先计算出线路上里程桩的坐标，再利用该技术的放样功能确定放样点的平面位置。

路基放样应符合下列规定：

(1)施工前应对原地面进行复测，核对或补充横断面。

(2)施工前应设置标志桩，将路基用地界、路堤坡脚、路堑坡顶、取土坑、护坡道、弃土堆等的具体位置标记清楚。

(3)深挖高填路段，每挖填一个边坡平台或者 3～5 m，应复测中线和横断面。

**链接**

路基横断面边桩放样方法有计算法、图解法、渐进法和坐标法等。

每项测量成果应进行复核，原始记录应存档。

## 模块五　路基工程质量通病及防治措施

### 一、路基压实质量问题的防治

路基压实质量问题包括路堤基底压实不足、填土压实不足、路基行车带压实不足、路基边缘压实不足等。

路堤基底压实不足的原因及防治措施如表 1-26 所示。

表 1-26　路堤基底压实不足的原因及防治措施

| 项目 | 内容 |
| --- | --- |
| 原因分析 | (1)基底地面表层的种植土、草皮、树根、淤泥等没有清除。<br>(2)基底地面原为水田、池塘、洼地，土的含水率高，水又无法排出 |
| 防治措施 | (1)路基填筑以前应清除地表种植土、草皮、树根、淤泥，然后再进行基底地面压实。<br>(2)对于水田、池塘、洼地，土的含水率高的情况，应先开纵横向排水沟，排水疏干，再进行压实。如仍无法达到压实度，则可用石灰均匀拌入，或换填含水率接近最佳含水率(±2%)的土，然后再进行压实 |

填土压实不足的原因及防治措施如表 1-27 所示。

表 1-27　填土压实不足的原因及防治措施

| 项目 | 内容 |
| --- | --- |
| 原因分析 | (1)填土含水率偏大或偏小，达不到最佳含水率。<br>(2)填土颗粒过大(＞100 mm)，颗粒之间空隙过大，或者填料不符合要求，如粉质土、有机土及高塑性的黏土等。<br>(3)填土厚度过大或压实次数不够 |

（续表）

| 项目 | 内容 |
|---|---|
| 预防措施 | (1)应使土的含水率接近最佳含水率(±2%)时进行压实。<br>(2)优先选择级配较好的粗粒土等作为路堤填料，填料的最小强度和最大粒径应符合要求。<br>(3)填土应水平分层填筑，分层压实，压实厚度应符合要求。<br>(4)应通过试验来确定压实机具和压实遍数 |
| 治理方法 | (1)填料不符合要求应挖出换土。<br>(2)对含水率过大的土，可采用翻松晾晒或均匀掺入石灰粉来降低含水率；对含水率过小的土，则洒水湿润后再进行压实。<br>(3)如压实厚度过大或压实机具压实度不够时，则应翻挖厚层重新减薄厚度后再进行压实，或用增大压实度的机具来压实 |

路基行车带压实不足的原因及防治措施如表 1-28 所示。

**表 1-28　路基行车带压实不足的原因及防治措施**

| 项目 | 内容 |
|---|---|
| 原因分析 | 压实遍数不合理；压路机质量偏小；填土松铺厚度过大；碾压不均匀，局部有漏压现象；含水率大于最佳含水率，特别是超过最佳含水率两个百分点，造成弹簧现象；没有对上一层表面浮土或松软层进行处治；土场土质种类多，出现异类土壤混填，尤其是透水性差的土壤包裹透水性好的土壤，形成了水囊，造成弹簧现象；填土颗粒过大(＞10 cm)，颗粒之间空隙过大，或采用不符合要求的填料(天然稠度小于 1.1，液限大于 40，塑性指数大于 18) |
| 防治措施 | 清除碾压层下软弱层，换填良性土壤后重新碾压；对产生“弹簧”的部位，可将其过湿土翻晒，拌和均匀后重新碾压，或挖除换填含水率适宜的良性土壤后重新碾压；对产生“弹簧”且急于赶工的路段，可掺生石灰粉翻拌，待其含水率适宜后重新碾压 |

**链接**

路基行车带压实不足容易出现弹簧现象。弹簧现象是指路基或路面上出现的受压下陷、去压回弹的现象。

路基边缘压实不足的原因及防治措施如表 1-29 所示。

**表 1-29　路基边缘压实不足的原因及防治措施**

| 项目 | 内容 |
|---|---|
| 原因分析 | 路基填筑宽度不足，未按超宽填筑要求施工；压实机具碾压不到边；路基边缘漏压或压实遍数不够；采用三轮压路机碾压时，边缘带(0～75 cm)碾压频率低于行车带 |
| 预防措施 | 路基施工应按设计的要求进行超宽填筑；控制碾压工艺，保证机具碾压到边；认真控制碾压顺序，确保轮迹重叠宽度和段落搭接超压长度；提高路基边缘带压实遍数，确保边缘带碾压频率高于或不低于行车带 |
| 治理措施 | 校正坡脚线位置，路基填筑宽度不足时，返工至满足设计和规范要求(注意：亏坡补宽时应开蹬填筑，严禁贴坡)，控制碾压顺序和碾压遍数 |

## 二、路基边坡病害的防治

边坡病害可分为坡面冲刷、碎落崩塌、局部坍塌、滑坡四类：

(1)坡面冲刷，是指由雨水冲刷坡面形成深度10 cm以上的沟槽(含坡脚缺口)。

(2)碎落崩塌，是指路堑边坡因表层风化等产生的碎石滚落、局部崩塌等。

(3)局部坍塌，是指因边坡表面松散破碎或雨水冲刷而引起的坡面滑塌。

(4)滑坡，是指边坡发生整体剪切破坏引起的坡体下滑，或有明显水平位移。

实际工程中，路基边坡病害防治主要针对的是碎落崩塌、局部坍塌、滑坡，可概括为边坡塌落、边坡滑坡，以下主要对这两种病害进行讲解。

边坡塌落病害的原因及防治措施如表1-30所示。

**表1-30　边坡塌落病害的原因及防治措施**

| 项目 | 原因分析 | 防治措施 |
| --- | --- | --- |
| 土质路堑边坡 | 由于边坡土质属于很容易变松的砂类土、砾类土以及受到雨水浸入后易于失稳的土，而在设计或施工时采用了较小的边坡坡度。较大规模的崩塌，一般多产生在高度大于30 m，坡度大于45°(大多数介于55°～70°)的地形条件。上缓下陡的凸坡和凹凸不平的陡坡。暴雨、久雨或强震之后，雨水渗入土体，一方面会增加边坡土体的质量，另一方面能使裂隙中的填充物或岩体中的某些软弱夹层软化，产生静水压及动水压，使斜坡岩体的稳定性降低，或者由于流水冲淘下部坡脚，削弱斜坡的支撑部分，或者由于地震改变了坡体的稳定性及平衡状态而发生边坡塌落。在多年冰冻地区，由于开挖路基，使含有大量冰体的多年冻土溶解，引起路堑边坡坍塌 | 设计或施工时采用合理的边坡坡度。施工中采取措施加强边坡稳定 |
| 石方路堑边坡 | 排水措施不当或施工不及时造成地表水和地下水。地表水不易排除(如坡顶上截水沟存水、渗水、漏水等)，甚至形成积水向下渗透，水分沿裂隙渗入岩层，降低了岩性间的黏聚力和摩擦力，增加了岩体的质量，促使了崩塌、滑坡的发生，或由于水的浸蚀而影响了岩堆的稳定性。大爆破施工，施工时路堑开挖过深、过陡，或由于切坡使软弱结构面暴露，使边坡岩体推动支撑；由于坡顶不恰当地弃土，增加了坡体质量 | 合理设计排水设施并及时施作，及时排除路基积水。弃土应按规定位置堆放 |

边坡滑坡病害的原因及防治措施如表1-31所示。

**表1-31　边坡滑坡病害的原因及防治措施**

| 项目 | 内容 |
| --- | --- |
| 原因分析 | (1)设计对地震、洪水和水位变化影响考虑不充分。路基基底存在软土且厚度不均。换填土时清淤不彻底。填土速率过快；施工沉降观测、侧向位移观测不及时。路基填筑层有效宽度不够，边坡二期贴补。路基顶面排水不畅。用透水性较差的填料填筑路堤处理不当。边坡植被不良。<br>(2)未处理好填挖交界面。路基处于陡峭的斜坡面上 |

（续表）

| 项目 | 内容 |
|---|---|
| 防治措施 | (1)路基设计时，充分考虑使用年限内地震、洪水和水位变化给路基稳定带来的影响。软土处理要到位，及时发现暗沟、暗塘并妥善处治。加强沉降观测和侧向位移观测，及时发现滑坡苗头。掺加稳定剂提高路基层位强度，酌情控制填土速率。路基填筑过程中严格控制有效宽度。<br>(2)加强地表水、地下水的排除，提高路基的水稳定性。减轻路基滑体上部重量或采用支挡、锚拉工程维持滑体的力学平衡；同时设置导流、防护设施，减少洪水对路基的冲刷侵蚀。原地面坡度大于12%的路段，应采用纵向水平分层法施工，沿纵坡分层，逐层填压密实。用透水性较差的土填筑于路堤下层时，应做成4%的双向横坡；如用于填筑上层时，除干旱地区外，不应覆盖在由透水性较好的土所填筑的路堤边坡 |

**链接**

边坡病害处治应保证坡面与坡体稳定，并应根据实际情况计算确定原支护结构的有效抗力。当出现坡面冲刷、岩体碎落崩塌、边坡局部滑塌、滑坡等病害时，应及时采取相应的技术措施进行维修加固。应根据边坡岩土体条件、病害类型及严重程度、地下水类型及埋藏深度、降水量、施工可行性，经比选后确定合理的养护技术。常用的处治措施有坡面防护、沿河路基冲刷防护、挡土墙、锚固、抗滑桩、削方减载、堆载反压、棚洞等。应根据病害的类型选择具体的防治措施。

## 三、高填方路堤沉降的防治

高填方路堤沉降的主要原因分析如表1-32所示。

**表1-32 高填方路堤沉降的主要原因分析**

| 类型 | 主要原因 |
|---|---|
| 设计方面 | (1)由于路线几何线形指标采用得较高，通过不良地质路段的情况也增多。不良地质地段土基强度低、承载力低，设计处理不当，土基易于产生压缩沉降或挤压移位，导致高填方路堤沉降变形。<br>(2)路线穿越宽浅游荡性的河床时，路基与桥梁衔接处填土较高，路基填筑与桥梁修建所涉材料弹性模量相差较大，如过渡段结构设计不合理将导致不均匀沉降，引起桥头跳车。<br>(3)通道、涵洞铺砌未考虑防水设计，易导致地表水渗透浸泡路基，使路基承载力下降而发生沉降变形。<br>(4)高填方路段纵、横向排水设计考虑不周，易造成路基两侧长期积水而降低地基承载力，使路基沉降。<br>(5)高边坡路堤坡脚防护与加固不妥。如抗滑桩设计的起止点不合理，往往造成起止点处因抗滑力不足引起路基下滑而使路基沉降开裂。<br>(6)路基排水系统设计不完善，在路基范围内排水不良会引起路基填土含水率大、土质松软、强度降低、边坡坍塌、堤身沉陷或滑动以及产生冻害等 |
| 施工方面 | (1)路基施工前未认真做好临时排水设施建设与永久性排水系统的有机结合，使得路基排水系统不畅通，长期积水浸泡路基致使地基和路基土承载力降低，导致沉降发生。<br>(2)原地面处理不彻底，如未清除草根、树根、淤泥等不良土壤，地基压实度不足等因素，在静、动荷载的作用下，使路基沉降变形。 |

（续表）

| 类型 | 原因 |
| --- | --- |
| 施工方面 | (3)不良地质路段未予以处理或处理不当而导致路基沉降变形。<br>(4)填筑顺序不当。在高填方路堤施工中，填层超厚或未严格按分层填筑分层碾压工艺施工，路基压实度不足而导致路基沉降变形；未全断面范围均匀分层填筑，而是先填半幅，后填另半幅而发生不均匀沉降。<br>(5)高填方路基在分层填筑时，没有按照相关规范或设计要求的厚度进行铺筑，随意加厚铺筑厚度；压实机具按规定的碾压遍数压实时，压实度达不到规范规定的要求，当填筑到路基设计高程时，必然产生累计的沉降变形，在重复荷载与填料自重作用下产生下沉。<br>(6)路基填方在填挖交界处未按规范要求挖台阶，或因原地面土和填料密度、承载能力不同，如填挖交接处软土、腐殖土等未清除干净或填筑方式不对及压实不足，就会出现接合部衔接不良而导致路基不均匀沉降。<br>(7)施工组织安排不当，先施工低路堤，后施工高填方路基。往往高填方路堤施工完成后就立即铺筑路面，路基没有足够的时间固结，而使路面使用不久就破坏。<br>(8)桥涵结构物台背回填和路桥过渡段（一般距台背 10～20 m 范围）填筑时，台背回填由于大型机械作业不便，小型机具压实不足或填层超厚；而路桥过渡段因路桥先成型，过渡段后填筑，两者均易造成压实度不足而沉降 |
| 路基填料 | 高填方路基施工时采用的填料如果混进了种植土、腐殖土或泥沼土等劣质土，或土中含有未经打碎的大块土或冻土块等；由于劣质土抗水性差、强度低，路堤将出现塑性变形或沉陷破坏；在冰冻或季节性冻土地区，由于劣质土或冻土块的存在，路堤极易出现冻融翻浆现象。在填石路堤中若石料规格不一、性质不匀或就地爆破堆积，乱石中空隙很大。这样，在一定期限内（例如经过一个雨季）可能产生局部的明显下沉 |

高填方路堤沉降的防治措施如表 1-33 所示。

**表 1-33　高填方路堤沉降的防治措施**

| 类型 | 防治措施 |
| --- | --- |
| 设计方面 | (1)路线选线中，尽量避让不良地质地段，不需要追求高指标的线形，努力做到线形指标搭配合理，即可取得良好的视觉效果。<br>(2)加强工程地质勘察。严格按照工程地质勘察规程开展工作。<br>(3)对原地面明确提出压实度和地基承载力要求。<br>(4)路线通过较陡的横坡及沟谷地段时，应按要求设置纵横向台阶，使填筑路基和原地面形成良好的结合，同时宜放缓边坡。<br>(5)尽量避免高填方路堤和陡坡路堤设计。否则，应按照路基设计规范要求进行设计，并提出工后沉降量要求。<br>(6)做好路基排水系统综合设计，使地表、地下水顺利排出路基以外或将地表水阻隔在路基以外，不能在路基范围内积水。<br>(7)高填方路堤路桥过渡段要采取特殊设计，避免直接由柔性到刚性的路基设计结构，可以考虑采取半刚性的路基过渡。<br>(8)对软土、盐渍土等不良地质路段，要采取特殊设计提高路基的承载能力和水稳性，同时要由试验计算路基的压缩沉降量，设计中要考虑超填厚度，使竣工后的沉降能维持路基设计高程 |

（续表）

| 类型 | 防治措施 |
| --- | --- |
| 施工方面 | (1)做好路基施工的准备工作。开工前认真审阅设计文件,详细了解工程地质、水文地质情况,核实设计文件提供的资料。同时要与设计单位做好技术交底工作。<br>(2)施工组织设计是保证工程质量的前提。路基施工也不例外,施工单位必须重视高填方路堤的施工组织设计,合理安排各施工段的先后顺序,明确构造物和路基的衔接关系,尤其对高填方段应优先安排施工,给高填方路堤留有足够的时间施工和沉降,从而有效防止高填方路堤工后产生过大的沉降。在施工中,以施工组织设计为依据,结合施工现场的实际情况,合理调配人员、设备,保证高填方路基施工质量。<br>(3)重视原地面处理。<br>(4)做好路基排水是保证路基稳定的前提条件。填筑路基前做好路基临时排水工作,做到临时排水系统与永久性排水系统有机结合。施工过程中通过路基两侧纵横向排水系统及时疏散路基范围的积水,避免路基受水浸泡。<br>(5)严格选取路基填料,并控制好填料质量。对高填方路基路段施工在填料料场选择时,除按规范要求的液限、塑性指数、含水量和 CBR 等指标外,还应根据填料的性质(如水稳性承载能力)综合选择水稳性好、干密度大、承载能力高的砾石类土填筑路基为宜。在路基填筑前必须将料场盖山土清除干净,防止树根杂草、种植土等混填于路基之中。施工中严格控制填料含水率,严禁过湿的土填于路基之上,且要求不同土质分层填筑,剔除填料中超大颗粒,以保证各点密实度均匀一致。<br>(6)严格控制路堤填筑工艺。铺筑试验路段,获得施工参数。路堤填筑方式应采用水平分层填筑,即按照横断面全宽分层逐层向上填筑;当原地面纵坡大于 12% 的地段,宜采用纵向分层填筑施工,填筑至路基上部时,仍应采用水平分层法填筑。每层应保证层面平整,便于各点压实均匀一致。在路堤施工过程中要严格控制填层厚度,根据不同的填料和场地选择不同的压实机具。<br>(7)抓好路基特殊部位的施工质量控制。如桥涵结构物台背回填、路桥过渡段填方以及填挖结合部 |
| 养护方面 | (1)加强对防水、排水构造物的养护工作,确保路基范围内纵、横向排水设施畅通无阻;发现水毁地段应及时加固修补,避免路基遭遇水的浸泡;对地下水位高的地段,要挖排水沟降低地下水位。<br>(2)对沉降量大形成跳车的路段,应分析原因采取注浆加固等有效措施稳定路基,及时修补破损路面保证车辆安全行驶。<br>(3)对风蚀、水蚀的路基边坡,要及时修补加固,确保路基安全。<br>(4)在有条件的情况下,做好坡面植被防护,稳定路基边坡 |

## 四、路基开裂病害的防治

路基开裂质量问题包括路基纵向开裂病害、路基横向开裂病害、路基网裂病害。

路基纵向开裂病害的原因及防治措施如表 1-34 所示。

表 1-34　路基纵向开裂病害的原因及防治措施

| 项目 | 内容 |
| --- | --- |
| 原因分析 | 清表不彻底，路基基底存在软弱层或坐落于古河道处；沟、塘清淤不彻底、回填不均匀或压实度不足；路基压实不均；旧路利用路段，新旧路基结合部未挖台阶或台阶宽度不足；半填半挖路段未按规范要求设置台阶并压实；使用渗水性、水稳性差异较大的土石混合料时，错误地采用了纵向分幅填筑；高速公路因边坡过陡、行车渠化、交通频繁振动而产生滑坡，最终导致纵向开裂 |
| 防治措施 | 应认真调查现场并彻底清表，及时发现路基基底暗沟、暗塘，消除软弱层；彻底清除沟、塘淤泥，并选用水稳性好的材料严格分层回填，严格控制压实度满足设计要求；提高填筑层压实均匀度；半填半挖路段，地面横坡大于 1∶5及旧路利用路段，应严格按规范要求将原地面挖成宽度不小于 1.0 m 的台阶并压实；渗水性、水稳性差异较大的土石混合料应分层或分段填筑，不宜纵向分幅填筑；若遇有软弱层或古河道，填土路基完工后应进行超载预压，预防不均匀沉降；严格控制路基边坡，符合设计要求，杜绝亏坡现象 |
| 处理措施 | 采取边坡加设护坡道的措施 |

路基横向开裂病害的原因及防治措施如表 1-35 所示。

表 1-35　路基横向开裂病害的原因及防治措施

| 项目 | 内容 |
| --- | --- |
| 原因分析 | 路基填料直接使用了液限大于 50、塑性指数大于 26 的土；同一填筑层路基填料混杂，塑性指数相差悬殊；路基顶填筑层作业段衔接施工工艺不符合规范要求；路基顶下层平整度填筑层厚度相差悬殊，且最小压实厚度小于 8 cm；排水措施不力，造成积水 |
| 防治措施 | 路基填料禁止直接使用液限大于 50、塑性指数大于 26 的土；当选材困难，必须直接使用时，应采取相应的技术措施。不同种类的土应分层填筑，同一填筑层不得混用。路基顶填筑层分段作业施工，两段交接处，应按要求处理。严格控制路基每一填筑层的高程、平整度、含水率，确保路基顶填筑层压实厚度不小于 8 cm |

路基网裂病害的原因及防治措施如表 1-36 所示。

表 1-36　路基网裂病害的原因及防治措施

| 项目 | 内容 |
| --- | --- |
| 原因分析 | 土的塑性指数偏高或为膨胀土；路基碾压时土含水率偏大，且成型后未能及时覆土；路基压实后养护不到位，表面失水过多；路基下层土过湿 |
| 防治措施 | 采用合格的填料，或采取掺加石灰、水泥改性处理措施；选用塑性指数符合规范要求的土填筑路基，控制填土最佳含水率时碾压；加强养护，避免表面水分过分损失；认真组织，科学安排，保证设备匹配合理，施工衔接紧凑；若因下层土过湿，应查明其层位，采取换填土或掺加生石灰粉等技术措施处治 |

此外，斜坡、陡坡路堤常见病害主要是纵向裂缝和路基滑移。应在掌握地质基础资料的前提下，采取不同的方法处理斜坡地基。

# 第二节　路面工程

## 模块一　路面基层(底基层)施工技术

### 一、路面概述

#### (一)路面的概念和结构

路面是指用各种筑路材料铺筑在道路路基上直接承受车辆荷载的层状构造物。

路面结构层是指构成路面的各铺砌层,按其所处的层位和作用,主要有面层、基层和垫层。

(1)面层是指直接承受车辆荷载及自然因素的影响,并将荷载传递到基层的路面结构层。

(2)基层是指设在面层以下的结构层。其主要承受由面层传递的车辆荷载,并将荷载分布到垫层或土基上。当基层分为多层时,其最下面的一层称底基层。

(3)垫层是指设于基层以下的结构层。其主要作用是隔水、排水、防冻以改善基层和土基的工作条件。

**提示**

垫层还可起到一定程度的防污作用。

必要时还应设置功能层,如隔水层、隔温层、整平层、补强层、透层、粘层、封层等。

沥青混凝土路面还可按需要,将面层再区分为磨耗层、上面层、下面层、联结层;如基层厚度较大时,也可再区分为上基层、底基层。

路面结构层组成示意图如图 1-8 所示。

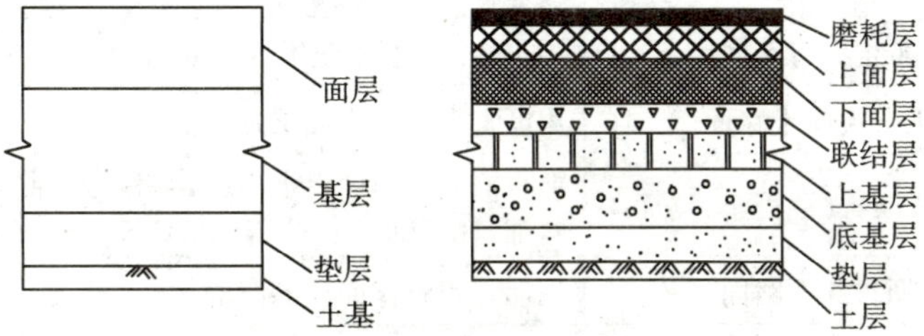


**图 1-8　路面结构层组成示意图**

透层、粘层、封层是沥青路面中特有的功能层。

(1)透层是指为使沥青面层与非沥青材料基层结合良好,在基层上喷洒液体石油沥青、乳化沥青、煤沥青而形成的透入基层表面一定深度的薄层。

(2)粘层是指为加强路面沥青层与沥青层之间、沥青层与水泥混凝土路面之间的粘结而洒布的沥青材料薄层。

(3)封层是指为封闭表面空隙、防止水分侵入而在沥青面层或基层上铺筑的有一定厚度的沥青混合料薄层。铺筑在沥青面层表面的称为上封层,铺筑在沥青面层下面、基层表面的称为下封层。

**链接**

粘层的作用:使沥青层之间、沥青层与水泥混凝土路面之间完全粘结。封层的作用:封闭某一层以达到保水、防水作用;保证基层与沥青表面的过渡和有效联结;加固补强面层表面破坏离析分散部位;避免由于天气或车辆的原因导致基层出现水毁。

### (二)路面的分类

路面的分类如表1-37所示。

表1-37　路面的分类

| 分类依据 | 类型 | 概念 |
|---|---|---|
| 性质 | 刚性路面 | 刚度较大、抗弯拉强度较高的路面。一般指水泥混凝土路面 |
| | 柔性路面 | 刚度较小、抗弯拉强度较低,主要靠抗压、抗剪强度来承受车辆荷载作用的路面 |
| 级别 | 高级路面 | 用水泥混凝土、沥青混凝土、热拌沥青碎石或整齐石块作面层的路面 |
| | 次高级路面 | 用沥青贯入碎(砾)石、冷拌沥青碎(砾)石、半整齐石块、沥青表面处治等作面层的路面 |
| | 中级路面 | 用水结碎石、泥结碎石、级配碎(砾)石,不整齐石块等作面层的路面 |
| | 低级路面 | 用各种材料改善土的路面 |
| 材料 | 水泥混凝土路面 | 用水泥混凝土板作面层的路面 |
| | 钢筋混凝土路面 | 配置有纵横向钢筋或钢筋网的水泥混凝土路面 |
| | 块料路面 | 用石块、水泥混凝土块等铺砌而成的路面的统称 |
| | 沥青路面 | 用沥青作结合料铺筑面层的路面的统称 |
| | 再生沥青路面 | 用再生沥青混合料作面层的路面 |
| | 沥青混凝土路面 | 用沥青混凝土作面层的路面 |
| | 全厚式沥青(混凝土)路面 | 沥青混凝土面层以下各结构层(垫层除外)均采用沥青混合料铺筑的路面 |
| | 沥青碎石路面 | 用沥青碎石作面层的路面 |
| | 沥青贯入式路面 | 用沥青贯入碎(砾)石作面层的路面 |
| | 上拌下贯式(沥青)路面 | 下部用贯入式、上部用沥青混合料作面层的路面 |
| | (沥青)表面处治 | 用沥青和集料按层铺法或拌和法铺筑而成的厚度不超过3 cm的沥青面层 |
| 集料 | 泥结碎石路面 | 以碎石为骨料,经碾压后灌泥浆,依靠碎石的嵌锁和黏土的黏结作用形成的路面 |
| | 水结碎石路面 | 石灰岩类碎石层经洒水碾压,依靠碎石的嵌锁和石粉的黏结作用形成的路面 |
| | 级配路面 | 按密实级配原理选配的集料和适量黏性土,经拌和、摊铺、压实而成的路面 |

**链接**

以上路面的分类中，沥青混凝土路面可用于各级公路面层。沥青碎石路面的特点：冬季不易产生冻缩裂缝；沥青用量少，不需要添加矿粉；孔隙率较大，路面容易渗水和老化；高温稳定性好，路面不易产生波浪。热拌沥青碎石宜用于三、四级公路面层。

## 二、路面基层的分类

路面基层的分类如表 1-38 所示。

表 1-38　路面基层的分类

| 类型 | 概念 |
| --- | --- |
| 刚性基层 | 用低标号水泥混凝土铺筑的路面基层 |
| 半刚性基层 | 用无机结合料稳定土铺筑的能结成板体并具有一定抗弯强度的基层 |
| 稳定土基层 | 用石灰、水泥、粉煤灰等结合料与土、砂砾或其他集料，经拌和、摊铺、压实而成的路面基层 |
| 工业废渣基层 | 用适合于路用的工业废渣修筑的路面基层 |
| (锥形)块石基层 | 用一定规格的锥形块石经手工铺砌、碎石嵌缝并压实而成的路面基层 |

## 三、路面基层原材料要求

### (一)一般规定

在原材料试验评定中，应随机选取具有足够数量的样本进行材料试验。再生材料可用于低于原路结构层位或原路等级的公路建设，其技术指标应满足规范的相关要求。工业废弃物作为筑路材料使用前应进行环境评价，并满足国家相关规定。

### (二)水泥及添加剂

强度等级为 32.5 或 42.5，且满足要求的普通硅酸盐水泥等均可使用。所用水泥初凝时间应大于 3 h，终凝时间应大于 6 h 且小于 10 h。在水泥稳定材料中掺加缓凝剂或早强剂时，应对混合料进行试验验证。缓凝剂和早强剂的技术要求应符合规范规定。

### (三)石灰

石灰技术要求应符合表 1-39 和表 1-40 的规定。

表 1-39　生石灰技术要求

| 指标 | 钙质生石灰 | | | 镁质生石灰 | | |
| --- | --- | --- | --- | --- | --- | --- |
| | Ⅰ | Ⅱ | Ⅲ | Ⅰ | Ⅱ | Ⅲ |
| 有效氧化钙加氧化镁含量/% | ≥85 | ≥80 | ≥70 | ≥80 | ≥75 | ≥65 |
| 未消化残渣含量/% | ≤7 | ≤11 | ≤17 | ≤10 | ≤14 | ≤20 |
| 钙镁石灰的分类界限，氧化镁含量/% | ≤5 | | | >5 | | |

表 1-40　消石灰技术要求

| 指标 | | 钙质消石灰 | | | 镁质消石灰 | | |
|---|---|---|---|---|---|---|---|
| | | Ⅰ | Ⅱ | Ⅲ | Ⅰ | Ⅱ | Ⅲ |
| 有效氧化钙加氧化镁含量/% | | ≥65 | ≥60 | ≥55 | ≥60 | ≥55 | ≥50 |
| 含水率/% | | ≤4 | ≤4 | ≤4 | ≤4 | ≤4 | ≤4 |
| 细度 | 0.60 mm 方孔筛的筛余/% | 0 | ≤1 | ≤1 | 0 | ≤1 | ≤1 |
| | 0.15 mm 方孔筛的筛余/% | ≤13 | ≤20 | — | ≤13 | ≤20 | — |
| 钙镁石灰的分类界限,氧化镁含量/% | | ≤4 | | | >4 | | |

高速公路和一级公路用石灰应不低于Ⅱ级技术要求,二级公路用石灰应不低于Ⅲ级技术要求,二级以下公路宜不低于Ⅲ级技术要求。高速公路和一级公路的基层,宜采用磨细消石灰。二级以下公路使用等外石灰时,有效氧化钙含量应在20%以上,且混合料强度应满足要求。

### (四)粉煤灰等工业废渣

干排或湿排的硅铝粉煤灰和高钙粉煤灰等均可用作基层或底基层的结合料。粉煤灰技术要求应符合表 1-41 的规定。

表 1-41　粉煤灰技术要求

| 检测项目 | $SiO_2$、$Al_2O_3$ 和 $Fe_2O_3$ 总含量/% | 烧失量/% | 比表面积/($cm^2 \cdot g^{-1}$) | 0.3 mm 筛孔通过率/% | 0.075 mm 筛孔通过率/% | 湿粉煤灰含水率/% |
|---|---|---|---|---|---|---|
| 技术要求 | >70 | ≤20 | >2 500 | ≥90 | ≥70 | ≤35 |

各等级公路的底基层、二级及二级以下公路的基层使用的粉煤灰,通过率指标不满足表 1-41 要求时,应进行混合料强度试验,达到规范相关要求的强度指标时,方可使用。

煤矸石、煤渣、高炉矿渣、钢渣及其他冶金矿渣等工业废渣可用于修筑基层或底基层,使用前应崩解稳定,且宜通过不同龄期条件下的强度和模量试验以及温度收缩和干湿收缩试验等评价混合料性能。水泥稳定煤矸石不宜用于高速公路和一级公路。

工业废渣类作为集料使用时,公称最大粒径应不大于 31.5 mm,颗粒组成宜有一定级配,且不宜含杂质。

### (五)水

符合现行《生活饮用水卫生标准》的饮用水可直接作为基层、底基层材料拌和与养生用水。

拌和使用的非饮用水应进行水质检验,技术要求应符合表 1-42 的规定。

表 1-42　非饮用水技术要求

| 项次 | 项目 | 技术要求 |
|---|---|---|
| 1 | pH 值 | ≥4.5 |
| 2 | $Cl^-$ 含量/($mg \cdot L^{-1}$) | ≤3 500 |
| 3 | $SO_4^{2-}$ 含量/($mg \cdot L^{-1}$) | ≤2 700 |
| 4 | 碱含量/($mg \cdot L^{-1}$) | ≤1 500 |

（续表）

| 项次 | 项目 | 技术要求 |
|---|---|---|
| 5 | 可溶物含量/($mg \cdot L^{-1}$) | ≤10 000 |
| 6 | 不溶物含量/($mg \cdot L^{-1}$) | ≤5 000 |
| 7 | 其他杂质 | 不应有漂浮的油脂和泡沫及明显的颜色和异味 |

养生用水可不检验不溶物含量，其他指标应符合表1-42的规定。

## （六）粗集料

用作被稳定材料的粗集料宜采用各种硬质岩石或砾石加工成的碎石，也可直接采用天然砾石。粗集料应符合表1-43中Ⅰ类规定，用作级配碎石的粗集料应符合表1-43中Ⅱ类的规定。

**表1-43　粗集料技术要求**

| 指标 | 层位 | 高速公路和一级公路 | | | | 二级及二级以下公路 | |
|---|---|---|---|---|---|---|---|
| | | 极重、特重交通 | | 重、中、轻交通 | | | |
| | | Ⅰ类 | Ⅱ类 | Ⅰ类 | Ⅱ类 | Ⅰ类 | Ⅱ类 |
| 压碎值/% | 基层 | ≤22[a] | ≤22 | ≤26 | ≤26 | ≤35 | ≤30 |
| | 底基层 | ≤30 | ≤26 | ≤30 | ≤26 | ≤40 | ≤35 |
| 针片状颗粒含量/% | 基层 | ≤18 | ≤18 | ≤22 | ≤18 | — | ≤20 |
| | 底基层 | — | ≤20 | — | ≤20 | — | ≤20 |
| 0.075 mm以下粉尘含量/% | 基层 | ≤1.2 | ≤1.2 | ≤2 | ≤2 | — | — |
| | 底基层 | — | — | — | — | — | — |
| 软石含量/% | 基层 | ≤3 | ≤3 | ≤5 | ≤5 | — | — |
| | 底基层 | — | — | — | — | — | — |

注：[a] 对花岗岩石料，压碎值可放宽至25%。

基层、底基层的粗集料规格要求宜符合规范的规定。

高速公路和一级公路极重、特重交通荷载等级基层的4.75 mm以上粗集料应采用单一粒径的规格料。作为高速公路、一级公路底基层和二级及二级以下公路基层、底基层被稳定材料的天然砾石材料宜满足表1-43的要求，并应级配稳定、塑性指数不大于9。

应选择适当的碎石加工工艺，用于破碎的原石粒径应为破碎后碎石公称最大粒径的3倍以上。高速公路基层用碎石，应采用反击破碎的加工工艺。碎石加工中，根据筛网放置的倾斜角度和工程经验，应选择合理的筛孔尺寸。

用作级配碎石或砾石的粗集料应采用具有一定级配的硬质石料，且不应含有黏土块、有机物等。级配碎石或砾石用作基层时，高速公路和一级公路公称最大粒径应不大于26.5 mm，二级及二级以下公路公称最大粒径应不大于31.5 mm；用作底基层时，公称最大粒径应不大于37.5 mm。

### （七）细集料

细集料应洁净、干燥、无风化、无杂质，并有适当的颗粒级配。

高速公路和一级公路用细集料技术要求应符合表 1-44 的规定。

表 1-44　细集料技术要求

| 项目 | 水泥稳定[a] | 石灰稳定 | 石灰粉煤灰综合稳定 | 水泥粉煤灰综合稳定 |
| --- | --- | --- | --- | --- |
| 颗粒分析 | 满足集配要求 | | | |
| 塑性指数[b] | ≤17 | 适宜范围 15 ~ 20 | 适宜范围 12 ~ 20 | — |
| 有机质含量/% | <2 | ≤10 | ≤10 | <2 |
| 硫酸盐含量/% | ≤0.25 | ≤0.8 | — | ≤0.25 |

注：[a]水泥稳定包括水泥石灰综合稳定。

[b]应测定 0.075 mm 以下材料的塑性指数。

细集料规格要求应符合规范的规定。对 0 ~ 3 mm 和 0 ~ 5 mm 的细集料应分别严格控制大于 2.36 mm 和 4.75 mm 的颗粒含量。对 3 ~ 5 mm 的细集料应严格控制小于 2.36 mm 的颗粒含量。高速公路和一级公路，细集料中小于 0.075 mm 的颗粒含量应不大于 15%；二级及二级以下公路，细集料中小于 0.075 mm 的颗粒含量应不大于 20%。

级配碎石或砾石中的细集料可使用细筛余料，或专门轧制的细碎石集料。天然砾石或粗砂作为细集料时，其颗粒尺寸应满足工程需要，且级配稳定，超尺寸颗粒含量超过相关规范或实际工程的规定时应筛除。

### （八）材料分档与掺配

材料分档应符合表 1-45 的规定。

表 1-45　材料分档要求

| 层位 | 高速公路和一级公路 | | 二级及二级以下公路 |
| --- | --- | --- | --- |
| | 极重、特重交通 | 重、中、轻交通 | |
| 基层 | ≥5 | ≥4 | ≥3 或 4[a] |
| 底基层 | ≥4 | ≥3 或 4[a] | ≥3 |

注：[a]对一般工程可选择不少于 3 档备料，对极重、特重交通荷载等级且强度要求较高时，为了保证级配的稳定，宜选择不少于 4 档备料。

公称最大粒径为 19 mm、26.5 mm 和 31.5 mm 的无机结合料稳定碎石或砾石的备料规格宜符合规范的规定。用于二级及二级以上公路基层和底基层的级配碎石或砾石，应由不少于 4 种规格的材料掺配而成。天然材料用于高速公路和一级公路的基层时，应筛分成规定的规格，并按规定的备料规格进行掺配。天然材料的规格不满足设计级配的要求时，可掺配一定比例的碎石或轧碎砾石。级配碎石或砾石类材料中宜掺加石屑、粗砂等材料。级配碎石或砾石细集料的塑性指数应不大于 12。不满足要求时，可加石灰、无塑性的砂或石屑掺配处理。

## 四、混合料组成设计一般规定

混合料组成设计应按设计要求，选择技术经济合理的混合料类型和配合比。应根据公路等级、交通荷载等级、结构形式、材料类型等因素确定材料技术要求。无机结合料稳定材料组成设计应包括原材料检验、混合料的目标配合比设计、混合料的生产配合比设计和施工参数确定四部分。

专家解读

无机结合料稳定材料组成设计流程如图1-9所示。

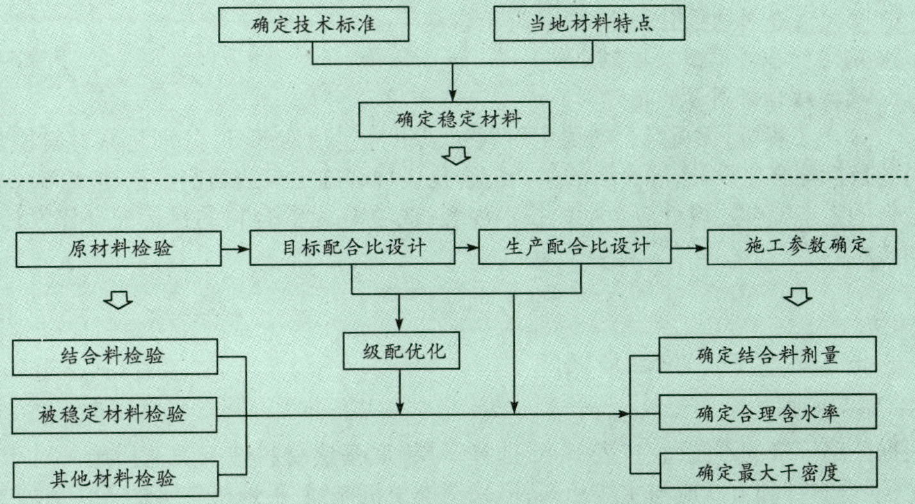


**图1-9　无机结合料稳定材料组成设计流程**

原材料检验应包括结合料、被稳定材料及其他相关材料的试验。所有检测指标均应满足相关设计标准或技术文件的要求。

目标配合比设计应包括下列技术内容：

(1)选择级配范围。

(2)确定结合料类型及掺配比例。

(3)验证混合料相关的设计及施工技术指标。

生产配合比设计应包括下列技术内容：

(1)确定料仓供料比例。

(2)确定水泥稳定材料的容许延迟时间。

(3)确定结合料剂量的标定曲线。

(4)确定混合料的最佳含水率、最大干密度。

施工参数确定应包括下列技术内容：

(1)确定施工中结合料的剂量。

(2)确定施工合理含水率及最大干密度。

(3)验证混合料强度技术指标。

确定无机结合料稳定材料最大干密度指标时宜采用重型击实方法，也可采用振动压实方法。应根据当地材料的特点和混合料设计要求，通过配合比设计选择最优的工程级配。用于基层的无机结合料稳定材料，强度满足要求时，尚宜检验其抗冲刷和抗裂性能。在施工过程中，材料品质或规格发生变化、结合料品种发生变化时，应重新进行材料组成设计。

## 典型例题

【多选题】无机结合料稳定基层生产配合比设计应包括的技术内容有(　　)。

A. 确定料仓供料比例

B. 确定水泥稳定材料的容许延迟时间

C. 确定混合料的最佳含水率、最大干密度

D. 确定结合料类型及掺配比例

E. 确定结合料剂量的标定曲线

ABCE。【解析】无机结合料稳定材料组成设计包括四部分,分别是原材料检验、混合料的目标配合比设计、混合料的生产配合比设计和施工参数确定。选项A,B,C,E是混合料的生产配合比设计应包括的技术内容;选项D是混合料的目标配合比设计应包括的技术内容。

## 五、混合料生产、摊铺及碾压

### (一)一般规定

根据公路等级的不同,宜按表1-46选择基层、底基层材料施工工艺措施。对于边角部位施工,混合料拌和方式应与主线相同,可采用推土机摊铺、平地机整平的人工方式摊铺,并与主线同步碾压成型。

表1-46　施工工艺选择表

| 材料类型 | 公路等级 | 结构层位 | 拌和工艺 | | 摊铺工艺 | |
|---|---|---|---|---|---|---|
| | | | 推荐 | 可选择 | 推荐 | 可选择 |
| 无机结合料稳定中、粗粒材料 | 二级及二级以上 | 基层 | 集中厂拌 | — | 摊铺机摊铺 | — |
| 无机结合料稳定细粒材料 | | 底基层 | 集中厂拌 | — | 摊铺机摊铺 | 推土机摊铺,平地机整平 |
| 水泥稳定材料 | 二级以下 | 基层和底基层 | 集中厂拌 | — | 摊铺机摊铺 | — |
| 其他各种无机结合料稳定材料 | | 基层和底基层 | 集中厂拌 | 人工路拌 | 摊铺机摊铺 | 推土机摊铺,平地机整平 |
| 级配碎石 | 二级及二级以上 | 基层和底基层 | 集中厂拌 | — | 摊铺机摊铺 | — |
| | 二级以下 | 基层和底基层 | 集中厂拌 | 人工路拌 | 摊铺机摊铺 | 推土机摊铺,平地机整平 |

稳定材料层宽11～12 m时,每一流水作业段长度以500 m为宜;稳定材料层宽大于12 m时,作业段宜相应缩短。宜综合考虑下列因素,合理确定每日施工作业段长度:施工机械和运输车辆的生产效率和数量;施工人员数量及操作熟练程度;施工季节和气候条件;水泥的初凝时间和延迟时间;减少施工接缝的数量。

对水泥稳定材料或水泥粉煤灰稳定材料,宜在2 h之内完成碾压成型,应取混合料的初

凝时间与容许延迟时间较短的时间作为施工控制时间。石灰稳定材料或石灰粉煤灰稳定材料层宜在当天碾压完成,最长不应超过 4 d。无机结合料稳定材料在过分潮湿路段上施工时应采取措施,降低潮湿程度、消除积水。

**链接**

过分潮湿路段是指路段湿度水平超过所用无机结合料稳定材料所适应的湿度水平的上限。

无机结合料稳定材料结构层施工应选择适宜的气候环境,针对当地气候变化制订相应的处置预案,并应符合下列规定:

(1)宜在气温较高的季节组织施工。无机结合料稳定材料施工期的日最低气温应在 5 ℃以上,在有冰冻的地区,应在第一次重冰冻到来的 15 ~ 30 d 之前完成施工。

(2)宜避免在雨季施工,且不应在雨天施工。

应将室内重型击实试验法确定的干密度作为压实度评价的标准密度。

无机结合料稳定材料的基层压实标准应符合表 1-47 的规定。

表 1-47　基层材料压实标准

单位:%

| 公路等级 | | 水泥稳定材料 | 石灰粉煤灰稳定材料 | 水泥粉煤灰稳定材料 | 石灰稳定材料 |
|---|---|---|---|---|---|
| 高速公路和一级公路 | | ≥98 | ≥98 | ≥98 | — |
| 二级及二级以下公路 | 稳定中、粗粒材料 | ≥97 | ≥97 | ≥97 | ≥97 |
| | 稳定细粒材料 | ≥95 | ≥95 | ≥95 | ≥95 |

无机结合料稳定材料的底基层压实标准应符合表 1-48 的规定。

表 1-48　底基层材料压实标准

单位:%

| 公路等级 | | 水泥稳定材料 | 石灰粉煤灰稳定材料 | 水泥粉煤灰稳定材料 | 石灰稳定材料 |
|---|---|---|---|---|---|
| 高速公路和一级公路 | 稳定中、粗粒材料 | ≥97 | ≥97 | ≥97 | ≥97 |
| | 稳定细粒材料 | ≥95 | ≥95 | ≥95 | ≥95 |
| 二级及二级以下公路 | 稳定中、粗粒材料 | ≥95 | ≥95 | ≥95 | ≥95 |
| | 稳定细粒材料 | ≥93 | ≥93 | ≥93 | ≥93 |

对级配碎石材料,基层压实度应不小于 99%,底基层压实度应不小于 97%。

高速公路和一级公路在极重、特重交通荷载等级下,基层和底基层的压实标准可提高 1 ~ 2个百分点。

### (二)混合料集中厂拌与运输

混合料的拌和能力与混合料摊铺能力应相匹配。拌和厂应安置在地势相对较高的位置,并做好排水设施。拌和厂场地应平整并具有足够的承载能力。高速公路和一级公路的拌和厂,场地应采用混凝土硬化,混凝土强度等级应不低于 C15,厚度应不小于 200 mm。

工程所需的原材料严禁混杂,应分档隔仓堆放,并有明显的标志。细集料、水泥、石灰、粉煤灰等原材料应有覆盖。对高速公路和一级公路,上述材料严禁露天堆放,应放置于专门搭建的防雨棚内或库房内。对高速公路和一级公路,应采用专用稳定材料拌和设备拌制混合料。稳定细粒材料集中拌和时,土块应粉碎,最大尺寸应不大于 15 mm。

无机结合料稳定中、粗粒材料的拌和生产设备应满足下列要求:

(1)对高速公路和一级公路,混合料拌和设备的产量宜大于 500 t/h。

(2)拌和设备的料仓数目应与规定的备料档数相匹配,宜较规定的备料档数增加 1 个。

(3)各个料仓之间的挡板高度应不小于 1 m。

(4)高速公路的基层施工时,每个料斗与料仓下面应安装称量精度达到 ±0.5% 的电子秤。

装水泥的料仓应密闭、干燥,同时内部应装有破拱装置。对高速公路,水泥料仓应配备计重装置,不宜通过电机转速计量水泥的添加量。气温高于 30 ℃时,水泥进入拌缸温度宜不高于 50 ℃;高于 50 ℃时应采取降温措施。气温低于 15 ℃时,水泥进入拌缸温度应不低于 10 ℃。加水量的计量应采用流量计的方式。对高速公路和一级公路,水的流量数值应在中央控制室的控制面板上显示。

在正式拌制混合料之前,应先调试所用的设备,使混合料的级配组成和含水率都达到配合比设计的规定要求。原材料的颗粒组成发生变化时,应重新调试设备。

在稳定中、粗粒材料生产过程中,应按配合比设计确定的材料规格及数量拌和。高速公路基层的混合料拌和时,宜采用两次拌和的生产工艺,也可采用间歇式拌和生产工艺,拌和时间应不少于 15 s。

**专家解读**

现在工程中大多数拌和设备的拌缸长度不大于 5 m,混合料在拌缸中的拌和时间不超过 10 s,有的仅有 5 ~6 s,难以保证混合料拌和的均匀性。鉴于当前施工设备的情况,提出两次拌和的生产工艺,也就是将两个拌缸串联起来,达到延长拌和时间的目的;或对设备进行改造,达到能够有效控制拌和时间的目的。

在拌和过程中,应实时监测各个料仓的生产计量,对高速公路和一级公路,应每 10 min 打印各档料仓的使用量。某档材料的实际掺加量与设计要求值相差超过 10% 时,应立即停机检查原因,正常后方可继续生产。天气炎热或运距较远时,无机结合料稳定材料拌和时宜适当增加含水率。对稳定中、粗粒材料,混合料的含水率可高于最佳含水率 0.5 ~1 个百分点;对稳定细粒材料,含水率可高于最佳含水率 1 ~2 个百分点。对高速公路和一级公路,应从拌和厂取料,每隔 2 h 测定一次含水率,每隔 4 h 测定一次结合料的剂量,并做好记录。

应根据工程量的大小和运距的长短,配备足够数量的混合料运输车。混合料运输车装料前应清理干净车厢,不得存有杂物。混合料运输车装好料后,应用篷布将厢体覆盖严密,直到摊铺机前准备卸料时方可打开。

对高速公路和一级公路,水泥稳定材料从装车到运输至现场,时间宜不超过 1 h,超过 2 h时应作为废料处置。对无机结合料稳定中、粗粒材料,在装料过程中应采取措施减小混合料的离析。

### (三)混合料人工拌和

混合料人工拌和工艺应包括现场准备、布料和拌和等流程。

专家解读

人工拌和工艺流程如图 1-10 所示。

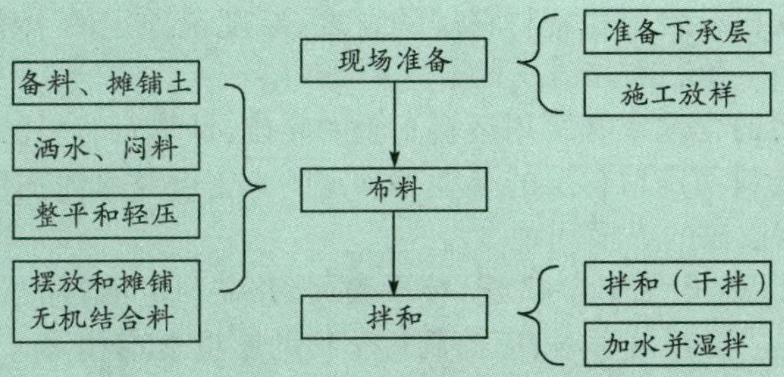


**图 1-10　混合料人工路拌法施工的工艺流程**

下承层表面应平整、坚实，具有规定的路拱，下承层的平整度和压实度应符合相关规定。

下承层为路基时，宜用 12 ~ 15 t 三轮压路机或等效的碾压机械碾压 3 ~ 4 遍，并应符合下列规定：

(1)在碾压过程中，发现表层松散时，宜适当洒水。

(2)发现“弹簧”现象时，宜采用挖开晾晒、换土、掺石灰或水泥等措施处理。

下承层为粒料底基层时，应检测弯沉值。不符合设计要求时，应根据具体情况，采取措施，使之达到规定的标准。

下承层为原路面时，应检查其材料是否符合底基层材料的技术要求；不符合要求时，应翻松原路面并采取必要的处理措施。底基层或原路面上存在低洼和坑洞时，应填补及压实；对搓板和辙槽应刮除；对松散应耙松洒水并重新碾压，达到平整密实。新完成的底基层或路基，应按相关标准的规定验收，验收合格后方可铺筑上层稳定材料层。

在槽式断面的路段，宜在两侧路肩上每隔 5 ~ 10 m 交错开挖泄水沟。应在底基层或原路面或路基上恢复中线，直线段应每 15 ~ 20 m 设一桩，平曲线段应每 10 ~ 15 m 设一桩，并应在两侧路肩边缘外设指示桩。在两侧指示桩上应用明显标记标出稳定材料层边缘的设计高程。

使用原路面或路基上部材料备料时，应符合下列规定：

(1)清除原路面上或路基表面的石块等杂物。

(2)每隔 10 ~ 20 m 挖一小洞，使洞底高程与预定的无机结合料稳定材料层的底面高程相同，并在洞底做一标记，控制翻松及粉碎的深度。

(3)用犁、松土机或装有强固齿的平地机或推土机将原路面或路基的上部翻松到预定的深度，土块应粉碎到符合要求。

(4)用犁将土向路中心翻松，使预定处治层的边部呈一个垂直面。

(5)用专用机械粉碎黏性土。无专用机械时，也可用旋转耕作机、圆盘耙等设备粉碎塑性指数不大的土。

使用料场的材料备料时，应符合下列规定：

(1)采集材料前，应将树木、草皮和杂土清除干净。

(2)应筛除材料中的超尺寸颗粒。

(3)应在预定的深度范围内采集材料，不宜分层采集，不应将不合格的材料与合格的材料一起采集。

(4)对塑性指数大于12的黏性土,可视土质和机械性能确定是否需要过筛。

应按下列方法计算现场拌和时的工程数量:

(1)根据各路段无机结合料稳定材料层的宽度、厚度及预定的干密度,计算各路段需要的干燥材料的数量。

(2)根据料场材料的含水率和所用运料车辆的吨位,计算每车料的堆放距离。

(3)根据无机结合料稳定材料层的厚度和预定的干密度及水泥剂量,计算每平方米无机结合料的用量,并确定摆放的纵横间距。

堆料前应用两轮压路机碾压1~2遍,整平表面,并在预定堆料的路段上洒水,使其表面湿润,但不宜过分潮湿。材料装车时,应控制每车料的质量基本相等。在同一料场供料的路段内,宜由远到近将料按规定计算距离卸置于下承层表面的中间或两侧。应严格掌握卸料距离。材料在下承层上的堆置时间不宜过长。材料运送宜比摊铺工序提前1~2 d。路肩用料与稳定材料层用料不同时,应先将两侧路肩培好。路肩料层的压实厚度应与稳定材料层的压实厚度相同。在两侧路肩上,宜每隔5~10 m交错开挖临时泄水沟。

石灰稳定材料除应满足上述相关规定外,尚应符合下列规定:

(1)分层采集材料时,应将不同层位材料混合装车运送到现场。

(2)对塑性指数小于15的黏性土,可视土质和机械性能确定是否需要过筛。

(3)石灰应选择临近水源、地势较高且宽敞的场地集中覆盖封存堆放。

(4)生石灰块应在使用前7~10 d充分消解,消解后的石灰应保持一定的湿度,不得产生扬尘,也不可过湿成团。

(5)消石灰宜过9.5 mm筛,并尽快使用。

(6)材料组成设计与现场实际施工的时间间隔长时,应重新做材料组成设计。

(7)被稳定材料宜先摊平并用两轮压路机碾压1~2遍,再人工摊铺石灰。

(8)按计算的每车石灰的纵横间距,在被稳定材料层上做标记,并画出边线。

(9)用刮板将石灰均匀摊开,表面应没有空白位置。

(10)应量测石灰的松铺厚度,校核石灰用量。

**专家解读**

石灰在使用前应充分消解。使用消解不充分的石灰稳定土,碾压完成后,在养生过程中,会引起局部胀松鼓包,影响稳定土层的强度和平整度。石灰摊铺均匀是石灰在混合料中分布均匀的前提。只有在平整和具有一定密度的材料层上,人工摊铺石灰才能均匀。因此,材料需要摊平并碾压1~2遍。该规定对稳定细粒材料和人工摊铺粒料尤为重要。

石灰粉煤灰稳定材料除应满足相关规定外,尚应符合下列规定:

(1)粉煤灰在场地集中堆放时,应覆盖,避免雨淋。在堆放过程中粉煤灰凝结成块时,使用前应打碎。

(2)运到现场的粉煤灰应含有足够的水分,在干燥和多风季节,应采取措施保持表面湿润。

(3)采用石灰粉煤灰时,应先将粉煤灰运到现场。

(4)每种材料摊铺均匀后,宜先用两轮压路机碾1~2遍,再运送并摊铺下一种材料。

水泥稳定材料应符合下列规定:

(1)被稳定材料应在摊铺水泥的前一天摊铺，雨季施工期间，预计第二天有雨时，不宜提前摊铺材料。

(2)摊铺长度应按日进度的需要量控制。

(3)摊铺材料过程中，应将土块、超尺寸颗粒及其他杂物拣除。土中有较多土块时，应粉碎。

(4)按计算的每袋水泥摆放的纵横间距，在被稳定材料层上做标记，并将当日施工用水泥卸在做标记的地点，并检查有无遗漏和多余。

(5)用刮板将水泥均匀摊开，路段表面应没有空白位置，也没有水泥过分集中的区域，每袋水泥的摊铺面积应相等。

混合料松铺系数可采用表1-49中的推荐值，也可通过试验确定。

**表1-49　混合料松铺系数推荐值**

| 混合料类型 | 材料名称 | 松铺系数 | 备注 |
|---|---|---|---|
| 水泥稳定材料 | 中、粗粒材料 | 1.30～1.35 | — |
| | 细粒材料 | 1.53～1.58 | 现场人工摊铺土和水泥，机械拌和，人工整平 |
| 石灰稳定材料 | 石灰土 | 1.53～1.58 | 现场人工摊铺土和石灰，机械拌和，人工整平 |
| | | 1.65～1.70 | 路外集中拌和，运到现场人工摊铺 |
| | 石灰土砾石 | 1.52～1.56 | 路外集中拌和，运到现场人工摊铺 |
| 石灰粉煤灰稳定材料 | 细粒材料 | 1.5～1.7 | — |
| | 中、粗粒材料 | 1.3～1.5 | — |
| | 石灰煤渣土 | 1.6～1.8 | 人工铺筑 |
| | 石灰煤渣稳定材料 | 1.3～1.5 | — |
| | | 1.2～1.3 | 用机械拌和及机械整形 |
| 级配碎石 | | 1.40～1.50 | 人工摊铺混合料 |
| | | 1.25～1.35 | 平地机摊铺混合料 |

应检验松铺土层的厚度，其厚度应满足预定的要求。人工摊铺的土层整平后，应采用两轮压路机碾压1～2遍，使其表面平整，并有一定的压实度。

已整平材料含水率过小时，应在土层上洒水闷料，且应符合下列规定：

(1)洒水应均匀。

(2)严禁洒水车在洒水段内停留和掉头。

(3)采用高效率的路拌机械时，闷料时宜一次将水洒够。

(4)采用普通路拌机械时，闷料时所洒水量宜较最佳含水率低2～3个百分点。

(5)细粒材料应经一夜闷料，中粒和粗粒材料可视其中细粒材料的含量，缩短闷料时间。

(6)对综合稳定材料，应先将石灰和土拌和后一起闷料。

(7)对水泥稳定材料，应在摊铺水泥前闷料。

级配碎石或砾石施工应符合下列规定：

(1)用平地机或其他合适的机具将材料均匀地摊铺在预定的宽度上，表面应平整，并具有规定的路拱。

(2)采用不同粒级的碎石和石屑时,宜将大粒径碎石铺在下层,中粒径碎石铺在中层,小粒径碎石铺在上层,洒水使碎石湿润后,再摊铺石屑。

(3)对未筛分碎石,摊铺平整后,应在其较潮湿的情况下,将石屑卸置其上,用平地机并辅以人工将石屑均匀摊铺在碎石层上。

(4)检查材料层的松铺厚度,必要时,应进行减料或补料工作。

(5)同时摊铺路肩用料。

严禁在拌和层底部留有素土夹层,并应符合下列规定:

(1)采用专用稳定材料拌和设备拌和时,设专人随时检查拌和深度,并配合拌和设备操作员调整拌和深度。

(2)拌和深度应达稳定层底并宜侵入下承层不小于5~10 mm。

二级以下公路在没有专用拌和设备时,可用农用旋转耕作机与多铧犁或平地机相配合拌和,拌和时间不可过长。

对石灰稳定材料,在拌和时应符合下列规定:

(1)对石灰稳定碎石或砾石,先将石灰和需添加的黏性土拌和均匀,然后均匀地摊铺在碎石或砾石层上,再一起拌和。

(2)对石灰稳定塑性指数大的黏土,宜先加70%~100%预定剂量的石灰拌和,闷放1~2 d,再补足需用的石灰,进行第二次拌和。

对石灰粉煤灰稳定中、粗粒材料,应先将石灰和粉煤灰拌和均匀,然后均匀地摊铺在材料层上,再一起拌和。

拌和过程结束时,应及时检测含水率,含水率宜略大于最佳值。含水率不足时,宜用喷管式洒水车补充洒水。洒水车不应在正拌和以及当天计划拌和的路段上掉头和停留。洒水后,应及时再次拌和。混合料拌和均匀后应色泽一致,没有灰条、灰团和花面,以及无明显粗细集料离析现象。

对二级以下公路的级配碎石,可采用平地机或多铧犁与缺口圆盘耙相配合拌和,应符合下列规定:

(1)用稳定材料拌和设备时,应拌和2遍以上,拌和深度应直到级配碎石层底。

(2)用平地机拌和时,宜翻拌5~6遍,使石屑均匀分布于碎石料中。平地机拌和的作业长度,每段宜为300~500 m。

(3)用缺口圆盘耙与多铧犁相配合拌和级配碎石时,多铧犁在前面翻拌,圆盘耙紧跟在后面拌和,共翻耙4~6遍,应随时检查调整翻耙的深度。

(4)拌和结束时,混合料的含水率和均匀性应符合规范的要求。

使用在料场已拌和均匀的级配碎石或砾石混合料,摊铺后有粗细颗粒离析现象时,应用平地机补充拌和。

### (四)摊铺机摊铺与碾压

混合料摊铺应保证足够的厚度,碾压成型后每层的摊铺厚度宜不小于160 mm,最大厚度宜不大于200 mm。具有足够的摊铺能力和压实功率时,可增加碾压厚度,具体的摊铺厚度应根据试验结果确定。大厚度的摊铺施工时,应增加相应的拌和能力。

应在下承层施工质量检测合格后,开始摊铺上面结构层。采用两层连续摊铺时,下层质量出现问题时,上层应同时处理。下承层是稳定细粒材料时,宜先将下承层顶面拉毛或采用凸块式压路机碾压,再摊铺上层混合料;下承层是稳定中、粗粒材料时,应先将下承层清理干净，并洒铺水泥净浆，再摊铺上层混合料。

应采用摊铺功率不低于 120 kW 的沥青混凝土摊铺机或稳定材料摊铺机摊铺混合料。采用两台摊铺机并排摊铺时，两台摊铺机的型号及磨损程度宜相同。在施工期间，两台摊铺机的前后间距宜不大于 10 m，且两个施工段面纵向应有 300～400 mm 的重叠。对无法使用机械摊铺的超宽路段，应采用人工同步摊铺、修整，并同时碾压成型。摊铺机前宜增设橡胶挡板，橡胶挡板底部距下承层距离宜不大于 100 mm。在摊铺机后面应设专人消除粗细集料离析现象，及时铲除局部粗集料堆积或离析的部位，并用新拌混合料填补。对高速公路和一级公路，在摊铺过程中宜设立纵向模板。二级以下公路没有摊铺机时，可采用摊铺箱摊铺混合料。

水泥稳定材料结构层施工时，应在混合料处于或略大于最佳含水率的状态下碾压。气候炎热干燥时，碾压时的含水率可比最佳含水率增加 0.5～1.5 个百分点。石灰稳定材料和石灰粉煤灰稳定材料碾压时应处于最佳含水率或略大于最佳含水率状态，含水率宜增加 1～2 个百分点。

应根据施工情况配备足够的碾压设备，并应符合下列规定：

(1)双向四车道高速公路或一级公路的半幅摊铺时，应配备不少于四台重型压路机。

(2)双向六车道的半幅摊铺时，应配备不少于五台重型压路机。

应安排专人负责指挥碾压，严禁漏压和产生轮迹。采用钢轮压路机初压时，宜采用双钢轮压路机稳压 2～3 遍，再用激振力大于 35 t 的重型振动压路机、18～21 t 三轮压路机或 25 t 以上的轮胎压路机继续碾压密实，最后采用双钢轮压路机碾压，消除轮迹。采用胶轮压路机初压时，应采用 25 t 以上的重胶轮压路机稳压 1～2 遍，错轮不超过 1/3 的轮迹带宽度，再采用重型振动压路机碾压密实，最后采用双钢轮压路机碾压，消除轮迹。对稳定细粒材料，在采用上述碾压工艺时，最后的碾压收面可采用凸块式压路机碾压。

**专家解读**

工程实践证明，胶轮压路机的碾压方式对厚度较大的稳定中、粗粒材料结构层具有良好的碾压效果，可以有效减少碾压过程中造成的施工离析。但是在后续的碾压过程要注意消除轮迹。采用凸块式压路机碾压时，需注意土质类型和碾压时机。

在碾压过程中出现软弹现象时，应及时将该路段混合料挖出，重新换填新料碾压。

碾压成型后的表面应平整、无轮迹。碾压过程中，压路机严禁随意停放，应停放在已碾压完成的路段。

混合料摊铺时，应保持连续。对水泥稳定材料，因故中断时间大于 2 h 时，应设置横向接缝，并应符合下列规定：

(1)人工将末端含水率合适的混合料整齐，紧靠混合料末端放两根方木，方木的高度应与混合料的压实厚度相同，整平紧靠方木的混合料。

(2)方木的另一侧用砾石或碎石回填约 3 m 长，其高度应高出方木 2～3 cm，并碾压密实。

(3)在重新开始摊铺混合料之前，应将砾石或碎石和方木除去，并将下承层顶面清扫干净。

(4)摊铺机应返回到已压实层的末端，重新开始摊铺混合料。

(5)摊铺中断大于 2 h 且未按上述方法处理横向接缝时，应将摊铺机附近及其下面未经压实的混合料铲除,并将已碾压密实且高程和平整度符合要求的末端挖成与路中心线垂直并垂直向下的断面,再摊铺新的混合料。

摊铺时宜避免纵向接缝,分两幅摊铺时,纵向接缝处应加强碾压。存在纵向接缝时,纵缝应垂直相接,严禁斜接,并应符合下列规定:

(1)在前一幅摊铺时,宜在靠中央的一侧用方木或钢模板做支撑,方木或钢模板的高度应与稳定材料层的压实厚度相同。

(2)应在摊铺另一幅之前拆除支撑。

碾压贫混凝土等强度较高的基层材料成型后可采用预切缝措施,应符合下列规定:预切缝的间距宜为8~15 m;宜在养生的3~5 d内切缝;切缝深度宜为基层厚度的1/2~1/3,切缝宽度约5 mm;切缝后应及时清理缝隙,并用热沥青填满。

### (五)人工摊铺与碾压

混合料拌和均匀后,应及时用平地机初步整形。在初平的路段上,应用拖拉机、平地机或轮胎压路机快速碾压一遍。整形前,对局部低洼处应用齿耙将其表层50 mm以上的材料耙松,并用新拌的混合料找平,再碾压一遍。应用平地机再整形一次,应将高处料直接刮出路外,严禁形成薄层贴补现象。反复整形,直至满足技术要求,每次整形都应达到规定的坡度和路拱。人工整形时,应用锹和耙先将混合料摊平,用路拱板整形。用拖拉机初压1~2遍后,应根据实测松铺系数,确定纵横断面高程,并设置标记和挂线。在整形过程中,严禁任何车辆通行,并应保持无明显的粗细集料离析现象。

应根据路宽、压路机的轮宽和轮距的不同,制订碾压方案,使各部分碾压到的次数尽量相同,路面的两侧宜多压2~3遍。

整形后,混合料的含水率满足要求时,应立即对结构层进行全宽碾压。在直线段和不设超高的平曲线段,宜从两侧路肩向路中心碾压,且轮迹应重叠1/2轮宽,后轮应超过两段的接缝处。碾压次数宜为6~8遍。

压路机前两遍的碾压速度宜为1.5~1.7 km/h,以后宜为2.0~2.5 km/h。采用人工摊铺和整形的稳定材料层,宜先用拖拉机或6~8 t两轮压路机或轮胎压路机碾压1~2遍,再用重型压路机碾压。严禁压路机在已完成的或正在碾压的路段上掉头或紧急制动。碾压过程中,无机结合料稳定材料的表面应始终保持湿润,水分蒸发过快时,宜及时补洒少量的水,严禁大量洒水。碾压过程中,有"弹簧"、松散、起皮等现象时,应及时翻开重新拌和或用其他方法处理。在碾压结束前,应用平地机终平一次,纵坡、路拱和超高应符合设计要求。终平时,应将局部高出部分刮除并扫出路外;对局部低洼之处,不再找补。碾压应达到要求的压实度,并没有明显的轮迹。

级配碎石施工,应符合下列规定:

(1)用平地机按规定的路拱整平和整形。在整形过程中,应消除粗细集料离析。

(2)用拖拉机、平地机或轮胎压路机在已初平的路段上快速碾压一遍,再用平地机整平和整形。

同日施工的两工作段的衔接处理应符合下列规定:

(1)前一段拌和整形后,留5~8 m不碾压。

(2)后一段施工时,在前一段的未压部分再加部分水泥重新拌和,并与后一段一起碾压。

应做好每天最后一段的施工缝,并应符合下列规定:

(1)在已碾压完成的无机结合料稳定材料层末端,挖一条横贯铺筑层全宽的宽约

300 mm的槽，直至下承层顶面。形成与路的中心线垂直并垂直向下的断面，并放两根与压实厚度等厚、长为全宽一半的方木紧贴垂直面，如图 1-11 所示。

(2)用原挖出的材料回填槽内其余部分。

(3)第二天邻接作业段拌和后除去方木，用混合料回填。

(4)靠近方木未能拌和的一小段，应人工补充拌和。

(5)整平时，接缝处的稳定材料应较已完成断面高出约 50 mm。

(6)新混合料碾压过程中，应将接缝修整平顺。

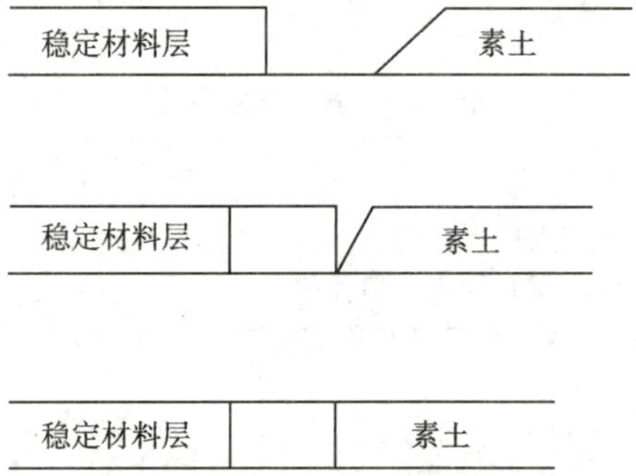


**图 1-11　横向接缝处理示意图**

施工机械掉头处应符合下列规定：

(1)在准备用于掉头的 8 ~ 10 m 长的稳定材料层上，覆盖一张厚塑料布或油毡纸，再铺上约 100 mm 厚的土、砂或砾石。

(2)整平时，宜用平地机将塑料布或油毡纸上大部分材料除去，再人工除去余下的材料，并收起塑料布或油毡纸。

水泥稳定材料层的施工应避免纵向接缝。分两幅施工时，纵缝应垂直相接，并应符合下列规定：

(1)前一幅施工时，在靠中央一侧应用与稳定材料层的压实厚度相同的方木或钢模板作支撑。

(2)混合料拌和结束后，靠近支撑的部分，应人工补充拌和，再整形和碾压。

(3)应在铺筑后一幅之前拆除支撑。

(4)后一幅混合料拌和结束后，靠近前一幅的部分，宜人工补充拌和，再整形和碾压。

**提示**

注意区分人工摊铺碾压时的纵缝处理和摊铺机摊铺碾压时的纵缝处理。

级配碎石施工的接缝处理应符合下列规定：

(1)两作业段的衔接处应搭接拌和、整平和碾压。

(2)宜避免纵向接缝。在分两幅铺筑时，纵缝应搭接拌和、整平和碾压，搭接宽度宜不小于 300 mm。

## 六、养生、交通管制、层间处理及其他

### (一)一般规定

无机结合料稳定材料层碾压完成并经压实度检查合格后，应及时养生。无机结合料稳定材料的养生期宜不少于 7 d，养生期宜延长至上层结构开始施工的前 2 d。养生可采取洒

水养生、薄膜覆盖养生、土工布覆盖养生、铺设湿砂养生、草帘覆盖养生、洒铺乳化沥青养生等方式,宜结合工程实际情况选择适宜的方式。养生期间应封闭交通,除洒水车和小型通勤车辆外严禁其他车辆通行。无机结合稳定材料层过冬时应采取必要的保护措施。根据结构层位的不同和施工工序的要求,应择机进行层间处理。

### (二)养生方式

洒水养生宜作为水泥稳定材料的基本养生方式。对沥青面层厚度大于 20 cm 的结构或二级及二级以下公路的无机结合料稳定材料的基层可采用洒铺乳化沥青方式养生。养生方式应符合表 1-50 的规定。

表 1-50　养生方式规定

| 养生方式 | 规定 |
| --- | --- |
| 洒水养生 | (1)每天洒水次数应视气候而定。高温期施工,宜上、下午各洒水两次。<br>(2)养生期间,稳定材料层表面应始终保持湿润。<br>(3)对于石灰稳定或石灰粉煤灰稳定材料层应注意表层情况,必要时,可用两轮压路机补充压实 |
| 薄膜覆盖养生 | (1)混合料摊铺碾压成型后,可覆盖薄膜,薄膜厚度宜不小于 1 mm。<br>(2)薄膜之间应搭接完整,避免漏缝,薄膜覆盖后应用砂土等材料呈网格状堆填,局部薄膜破损时,应及时更换。<br>(3)养生至上层结构层施工前 1 ~ 2 d,方可将薄膜掀开。<br>(4)对蒸发量较大的地区或养生时间大于 15 d 的工程,在养生过程中应适当补水 |
| 土工布覆盖养生 | (1)宜采用透水式土工布全断面覆盖,也可铺设防水土工布。<br>(2)铺设过程中应注意缝之间的搭接,不应留有间隙。<br>(3)铺设土工布后,应注意洒水,每天洒水次数应视气候而定。高温期施工,上、下午宜各洒水一次。<br>(4)养生至上层结构层施工前 1 ~ 2 d,方可将土工布掀开。<br>(5)在养生过程中应采取有效措施防止土工布破损 |
| 铺设湿砂养生 | (1)砂层厚宜为 70 ~ 100 mm。<br>(2)砂铺匀后,宜立即洒水,并在整个养生期间保持砂的潮湿状态,不得用湿黏性土覆盖。<br>(3)养生结束后,应将覆盖物清除干净 |
| 草帘覆盖养生 | (1)全断面铺设草帘。<br>(2)草帘铺设后应注意洒水,每天洒水的次数应视气候而定。高温期施工,上、下午宜各洒水一次,每次洒水应将草帘浸湿。<br>(3)必要时可采用土工布与草帘双层覆盖养生 |
| 洒铺乳化沥青养生 | (1)表面干燥时,宜先喷洒少量水,再喷洒沥青乳液。<br>(2)采用稀释沥青时,宜待表面略干时再喷洒沥青。<br>(3)在用乳液养生前,应将基层清扫干净。<br>(4)沥青乳液的沥青用量宜采用 0.8 ~ 1.0 kg/m$^2$,分两次喷洒。<br>(5)第一次喷洒时,宜采用沥青含量约 35% 的慢裂沥青乳液,第二次宜喷洒浓度较大的沥青乳液。<br>(6)不能避免施工车辆通行时,应在乳液破乳后撒布粒径 4.75 ~ 9.5 mm 的小碎石,做成下封层 |

### （三）交通管制

正式施工前宜建好施工便道。对高速公路和一级公路，无施工便道，不应施工。无机结合料稳定材料养生期间，小型车辆和洒水车的行驶速度应小于 40 km/h。无机结合料稳定材料养生 7 d 后，施工需要通行重型货车时，应有专人指挥，按规定的车道行驶，且车速应不大于 30 km/h。级配碎石、级配砾石基层未做透层沥青或铺设封层前，严禁开放交通。

无法安排施工便道而需要车辆通行时，应符合下列规定：

(1)合理安排施工工序，保障 7 ~ 15 d 的养生期。

(2)宜在硬路肩或临时停车带的位置划出专门车道，专人指挥车辆通行。

(3)无机结合料稳定材料应适当提高早期强度。

(4)限定载重车辆的轴载，应不大于 13 t。

### （四）无机结合料稳定材料层之间的处理

在上层结构施工前，应将下层养生用材料彻底清理干净。应采用人工、小型清扫车以及洒水冲刷的方式将下层表面的浮浆清理干净。下承层局部存在松散现象时，也应彻底清理干净。

下承层清理后应封闭交通。在上层施工前 1 ~ 2 h，宜撒布水泥或洒铺水泥净浆。可采用上下结构层连续摊铺施工的方式，每层施工应配备独立的摊铺和碾压设备，不得采用一套设备在上下结构层来回施工。

稳定细粒材料结构层施工时，根据土质情况，最后一道碾压工艺可采用凸块式压路机碾压。

### （五）无机结合料稳定材料基层与沥青面层之间的处理

在沥青面层施工前 1 ~ 2 d 内，应清理基层顶面。应彻底清除基层顶面养生期间的覆盖物。应采用人工清扫、小型清扫车、空压机以及洒水冲刷等方式将基层表面的浮浆清理干净，并应符合下列规定：

(1)基层表面达到无浮尘、无松动状态。

(2)清理出小坑槽时，不得用原有基层材料找补。

(3)清理出较大范围松散时，应重新评定基层质量，必要时宜返工处理。

在基层表面干燥的状态下，可洒铺透层油。透层油宜采用稀释沥青、煤沥青或乳化沥青，沥青洒铺量宜为 0.3 ~ 0.6 $kg/m^2$。透层油施工后严禁一切车辆通行，直至上层施工。下封层或粘层应在透层油挥发、破乳完成后施工，并封闭交通。

对极重、特重交通荷载等级或较薄的沥青面层，基层顶面应采用热洒沥青的方式加强层间结合，并应符合下列规定：

(1)根据工程情况，热洒沥青可采用普通沥青、改性沥青或橡胶沥青。对高速公路和一级公路的极重、特重交通荷载等级，或沥青面层厚度小于 150 mm 时，宜选择 SBS 改性沥青或橡胶沥青。

(2)普通沥青的洒铺量宜为 1.8 ~ 2.2 $kg/m^2$，SBS 改性沥青宜为 2.0 ~ 2.4 $kg/m^2$，橡胶沥青宜为 2.2 ~ 2.6 $kg/m^2$。

(3)沥青洒铺时应均匀，避免漏洒，纵向接缝应重叠 2/3 单一喷口的洒铺范围，横向接缝应齐整，不应重叠。

(4)撒布的碎石宜选择洁净、干燥、单一粒径的石灰岩石料，超粒径含量应不大于 10%，粒径范围宜为 13.2 ~ 19 mm。

(5)碎石撒布前应通过拌和设备加热、除尘、筛分,碎石撒布到路面前的温度应不低于 80 ℃。
(6)碎石撒布量宜为满铺面积的 60% ~70%,不得重叠。
(7)高速公路和一级公路,不宜采用同步碎石施工设备,应采用分离式的施工设备。
(8)沥青洒铺车的容量宜不少于 10 t,一台沥青洒铺车应配备两台碎石撒布车。

### (六)基层收缩裂缝的处理

基层在养生过程中出现裂缝,经过弯沉检测,结构层的承载能力满足设计要求时,可继续铺筑上面的沥青面层,也可采取下列措施处理裂缝:在裂缝位置灌缝;在裂缝位置铺设玻璃纤维格栅;洒铺热改性沥青。

**提示**

此知识点会以案例题的形式考查。

## 七、填隙碎石施工技术要求

### (一)一般规定

填隙碎石可采用干法或湿法施工。干旱缺水地区宜采用干法施工。单层填隙碎石的压实厚度宜为公称最大粒径的 1.5 ~2.0 倍。

### (二)材料技术要求

填隙碎石用作基层时,骨料的公称最大粒径应不大于 53 mm;用作底基层时,应不大于 63 mm。用作基层时骨料的压碎值应不大于 26%,用作底基层时应不大于 30%。骨料中针片状颗粒和软弱颗粒的含量应不大于 15%。骨料可用具有一定强度的各种岩石或漂石轧制,宜采用石灰岩。采用漂石时,其粒径应大于骨料公称最大粒径的 3 倍。骨料也可以用稳定的矿渣轧制。矿渣的干密度和质量应均匀,且干密度应不小于 960 kg/m³。

填隙碎石用骨料的颗粒组成应符合表 1-51 的规定。

表 1-51 填隙碎石用骨料的颗粒组成

单位:%

| 项次 | 工程粒径/mm | 筛孔尺寸/mm | | | | | | | |
|---|---|---|---|---|---|---|---|---|---|
| | | 63 | 53 | 37.5 | 31.5 | 26.5 | 19 | 16 | 9.5 |
| 1 | 30 ~60 | 100 | 25 ~60 | — | 0 ~15 | — | 0 ~5 | — | — |
| 2 | 25 ~50 | — | 100 | — | 25 ~50 | 0 ~15 | — | 0 ~5 | — |
| 3 | 20 ~40 | — | — | 100 | 35 ~37 | — | 0 ~15 | — | 0 ~5 |

采用表 1-51 中的 1 号骨料时,填隙料的公称最大粒径宜为 9.5 mm,2 号、3 号骨料的填隙料可采用表 1-52 中的级配。

表 1-52 填隙料的颗粒组成

| 筛孔尺寸/mm | 9.5 | 4.75 | 2.36 | 0.6 | 0.075 | 塑性指数 |
|---|---|---|---|---|---|---|
| 通过质量百分率/% | 100 | 85 ~100 | 50 ~70 | 30 ~50 | 0 ~10 | <6 |

填隙料宜采用石屑,缺乏石屑地区,可添加细砾砂或粗砂等细集料。

### (三)施工工法

填隙碎石施工时,应符合下列规定:
(1)填隙料应干燥。

(2)宜采用振动压路机碾压,碾压后,表面骨料间的空隙应填满,但表面应看得见骨料。填隙碎石层上为薄沥青面层时,宜使骨料的棱角外露 3 ~5 mm。

(3)碾压后基层的固体体积率宜不小于 85%,底基层的固体体积率宜不小于 83%。

(4)填隙碎石基层未洒透层沥青或未铺封层时,不得开放交通。

填隙碎石施工前,应按规定准备下承层和施工放样。

应根据各路段基层或底基层的宽度、厚度及松铺系数,计算各段需要的骨料数量,并应根据运料车辆的车厢体积,计算每车料的堆放距离。填隙料的用量宜为骨料质量的 30% ~40%。材料装车时,应控制每车料的数量基本相等。应由远到近将骨料按计算的距离卸置于下承层上,应严格控制卸料距离。用平地机或其他合适的机具将骨料均匀地摊铺在预定的范围内,表面应平整,并有规定的路拱。应同时摊铺路肩用料。应检验松铺材料层的厚度,不满足要求时应减料或补料。

填隙碎石施工应符合图 1-12 的规定。

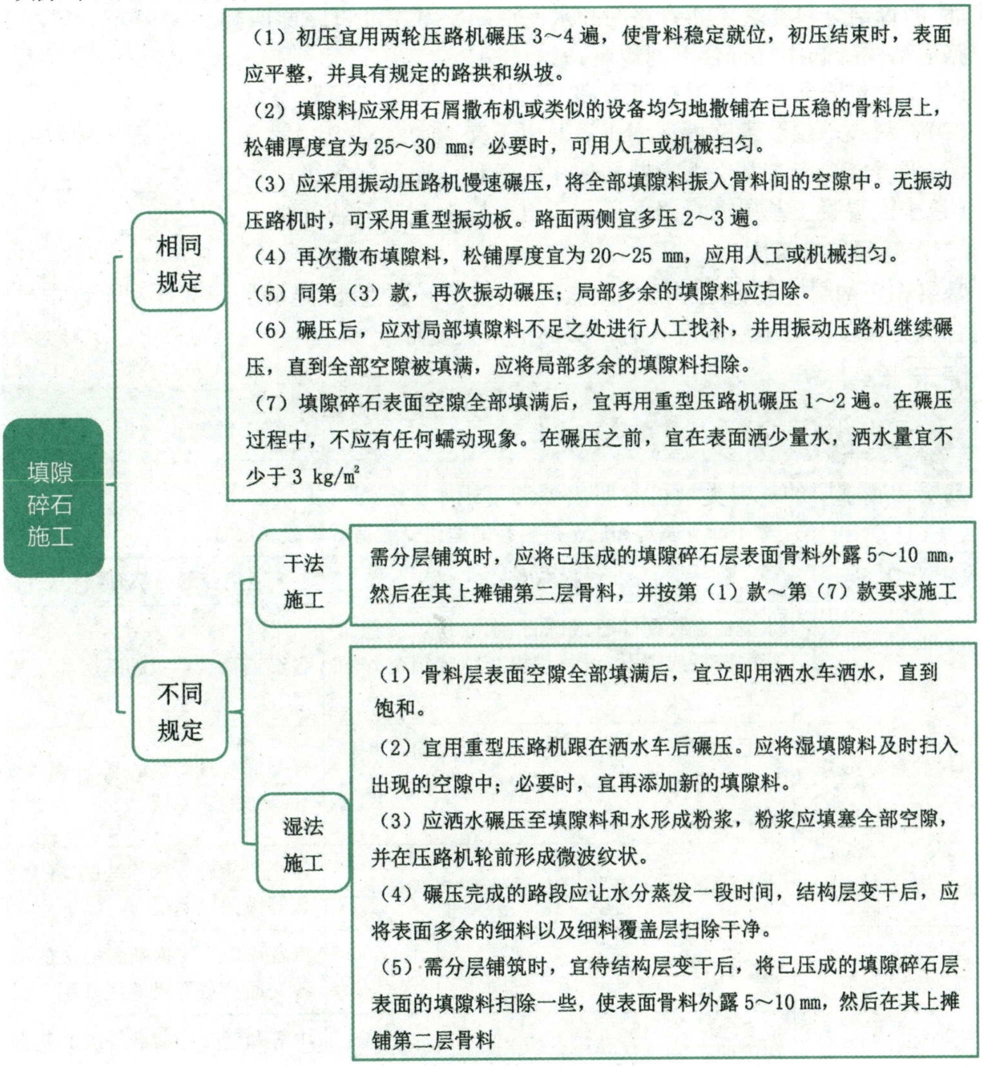


**图 1-12　填隙碎石施工规定**

# 模块二　沥青路面施工技术

## 一、沥青路面的概念

沥青路面是用沥青作结合料铺筑面层的路面的统称。沥青结合料提高了铺路用粒料抵抗行车和自然因素对路面损害的能力,使路面平整、少尘、不透水、经久耐用。因此,沥青路面是公路建设中采用最广泛的一种高级路面。

## 二、沥青路面结构组合设计

### (一)路面结构组合

应根据交通荷载等级和路基状况等因素,结合路面材料特性和结构特性,选择路面结构类型。

路面结构类型可按基层材料性质分为无机结合料稳定类基层沥青路面、粒料类基层沥青路面、沥青结合料类基层沥青路面和水泥混凝土基层沥青路面四类。

路面结构的选用宜符合下列规定:

(1)无机结合料稳定类基层沥青路面适用于各种交通荷载等级。

(2)粒料类基层沥青路面适用于重及以下交通荷载等级。

(3)沥青结合料类基层沥青路面适用于各种交通荷载等级。

(4)水泥混凝土基层沥青路面适用于重及以上交通荷载等级。

### (二)基层和底基层

基层和底基层应具有足够的承载能力、抗疲劳开裂性能、足够的耐久性和水稳定性。沥青结合料类和粒料类基层尚应具有足够的抗永久变形能力。

**提示**

路面结构组成中,基层起主要承重作用。

基层和底基层的材料类型可参照表 1-53 选用。

表 1-53　基层和底基层材料的适用交通荷载等级和层位

| 类型 | 材料类型 | 适用交通荷载等级和层位 |
|---|---|---|
| 无机结合料稳定类 | 水泥稳定级配碎石或砾石、水泥粉煤灰稳定级配碎石或砾石、石灰粉煤灰稳定级配碎石或砾石 | 各交通荷载等级的基层和底基层 |
| | 水泥稳定未筛分碎石或砾石、石灰粉煤灰稳定未筛分碎石或砾石、石灰稳定未筛分碎石或砾石 | 轻交通荷载等级的基层、各交通荷载等级的底基层 |
| | 水泥稳定土、石灰稳定土、石灰粉煤灰稳定土 | 轻交通荷载等级的基层、各交通荷载等级的底基层 |
| 粒料类 | 级配碎石 | 重及重以下交通荷载等级的基层、各交通荷载等级的底基层 |
| | 级配碎石、未筛分碎石、天然砂砾、填隙碎石 | 中等和轻交通荷载等级的基层、各交通荷载等级的底基层 |

（续表）

| 类型 | 材料类型 | 适用交通荷载等级和层位 |
|---|---|---|
| 沥青结合料类 | 密集配沥青碎石、半开级配沥青碎石、开级配沥青碎石 | 极重、特重和重交通荷载等级的基层 |
| | 沥青贯入碎石 | 重及重以下交通荷载等级的基层 |
| 水泥混凝土 | 水泥混凝土或贫混凝土 | 极重、特重交通荷载等级的基层 |

**提示**

沥青结合料类基层、粒料类基层属于柔性基层。除上述分类外，粒料类还可分为嵌锁型和级配型。其中，嵌锁型包括泥结碎石、泥灰结碎石、填隙碎石。

再生沥青混合料和再生无机结合料稳定材料可用于各交通荷载等级的基层和底基层，厂拌热再生沥青混合料宜用于极重、特重和重交通荷载等级的基层。无机结合料稳定层与沥青结合料类材料层间可设置级配碎石、半开级配或开级配沥青碎石层。

### （三）面层

面层应具有平整、抗车辙、抗疲劳开裂、抗低温开裂和抗水损坏等性能，表面层混合料尚应具有抗滑和耐磨损性能，密级配沥青混合料表面层应具有低透水性能。

面层材料类型宜按表 1-54 选用。

**表 1-54　面层材料的交通荷载等级和层位**

| 材料类型 | 适用交通荷载等级和层位 |
|---|---|
| 连续级配沥青混合料 | 各交通荷载的表面层、中面层和下面层 |
| 沥青玛蹄脂碎石混合料 | 极重、特重和重交通荷载等级的表面层、对抗滑有特殊要求的表面层 |
| 厂拌热再生沥青混合料 | 各交通荷载等级的表面层、中面层和下面层 |
| 上拌下贯沥青碎石 | 中等、轻交通荷载等级的面层 |
| 沥青表面处治 | 中等、轻交通荷载等级的表面层 |

### （四）功能层

季节性冻土地区路面厚度不满足防冻要求时，应增设防冻层。防冻层宜采用粗砂、砂砾和碎石等粒料类材料。地下水位高、排水不良的路段，有裂隙水、泉眼等水文条件不良岩石挖方路段，基层和底基层为非粒料类材料时，可在基层或底基层与路床间设置粒料层。粒料层应与路基边缘或与边沟下渗沟相连接，厚度不宜小于 150 mm。

无机结合料稳定类或冷再生类材料结构层与沥青结合料类结构层之间宜设置封层，封层可采用单层沥青表面处治或稀浆封层等。当设置改性沥青应力吸收层时，可不再设封层。

极重、特重和重交通荷载等级路面的粘层宜采用改性乳化沥青、道路石油沥青或改性沥青；中等和轻交通荷载等级路面的粘层可选用乳化沥青；水泥混凝土板与沥青面层间的粘层宜采用改性沥青。

单层表面处治封层的结合料可采用改性沥青、道路石油沥青或乳化沥青。改性沥青应力吸收层宜采用橡胶沥青。

粒料类基层和无机结合料稳定类基层顶面宜设置透层，透层沥青应具有良好的渗透性，可采用稀释沥青和乳化沥青等。

## 三、沥青路面材料要求

### （一）一般规定

沥青路面使用的各种材料运至现场后必须取样进行质量检验，经评定合格后方可使用，不得以供应商提供的检测报告或商检报告代替现场检测。沥青路面集料的选择必须经过认真的料源调查，确定料源应尽可能就地取材。质量符合使用要求，石料开采必须注意环境保护，防止破坏生态平衡。集料粒径规格以方孔筛为准。不同料源、品种、规格的集料不得混杂堆放。

### （二）道路石油沥青

各个沥青等级的适用范围应符合表1-55的规定。道路石油沥青的质量应符合规范规定的技术要求。经建设单位同意，沥青的PI值、60 ℃动力黏度、10 ℃延度可作为选择性指标。

表1-55　道路石油沥青的适用范围

| 沥青等级 | 适用范围 |
|---|---|
| A级沥青 | 各个等级的公路，适用于任何场合和层次 |
| B级沥青 | 高速公路、一级公路沥青下面层及以下的层次，二级及二级以下公路的各个层次；用作改性沥青、乳化沥青、改性乳化沥青、稀释沥青的基质沥青 |
| C级沥青 | 三级及三级以下公路的各个层次 |

沥青路面采用的沥青标号，宜按照公路等级、气候条件、交通条件、路面类型及在结构层中的层位及受力特点、施工方法等，结合当地的使用经验，经技术论证后确定。

(1)对高速公路、一级公路，夏季温度高、高温持续时间长、重载交通、山区及丘陵区上坡路段、服务区、停车场等行车速度慢的路段，尤其是汽车荷载剪应力大的层次，宜采用稠度大、60 ℃黏度大的沥青，也可提高高温气候分区的温度水平选用沥青等级；对冬季寒冷的地区或交通量小的公路、旅游公路宜选用稠度小、低温延度大的沥青；对温度日温差、年温差大的地区宜注意选用针入度指数大的沥青。当高温要求与低温要求发生矛盾时应优先考虑满足高温性能的要求。

(2)当缺乏所需标号的沥青时，可采用不同标号掺配的调和沥青，其掺配比例由试验决定。

沥青必须按品种、标号分开存放。除长期不使用的沥青可放在自然温度下存储外，沥青在储罐中的贮存温度不宜低于130 ℃，并不得高于170 ℃。桶装沥青应直立堆放，加盖苫布。

道路石油沥青在贮运、使用及存放过程中应有良好的防水措施，避免雨水或加热管道蒸气进入沥青中。

### （三）乳化沥青

乳化沥青适用于沥青表面处治路面、沥青贯入式路面、冷拌沥青混合料路面，修补裂缝，喷洒透层、粘层与封层等。乳化沥青的品种和适用范围宜符合规范的规定。

乳化沥青的质量应符合规范的规定。道路用乳化沥青的破乳速度、粒子电荷、筛上残留物(1.18 mm筛)、黏度(恩格拉黏度计、道路标准黏度计)、蒸发残留物(残留分含量、溶解度、25 ℃针入度、15 ℃延度)、与粗集料的黏附性和裹附面积、与粗细粒式集料拌和试验、水泥拌和试验的筛上剩余、常温贮存稳定性等技术指标应符合要求。在高温条件下宜采用黏度较大的乳化沥青，寒冷条件下宜使用黏度较小的乳化沥青。

乳化沥青类型根据集料品种及使用条件选择。阳离子乳化沥青可适用于各种集料品种，阴离子乳化沥青适用于碱性石料。乳化沥青的破乳速度、黏度宜根据用途与施工方法选择。制备乳化沥青用的基质沥青，对高速公路和一级公路，宜符合道路石油沥青A,B级沥青的要求，其他情况可采用 C 级沥青。乳化沥青宜存放在立式罐中，并保持适当搅拌。贮存期以不离析、不冻结、不破乳为度。

### （四）液体石油沥青

液体石油沥青适用于透层、粘层及拌制冷拌沥青混合料。根据使用目的与场所，可选用快凝、中凝、慢凝的液体石油沥青，其质量应符合规范规定。道路用液体石油沥青的黏度（$C_{25.5}$、$C_{60.5}$）、蒸馏体积（225 ℃前、315 ℃前、360 ℃前）、蒸馏后残留物（25 ℃针入度、25 ℃延度、5 ℃浮漂度）、闪点（TOC 法）、含水量等技术指标应符合要求。

液体石油沥青宜采用针入度较大的石油沥青，使用前按先加热沥青后加稀释剂的顺序，掺配煤油或轻柴油，经适当的搅拌、稀释制成。掺配比例根据使用要求由试验确定。

液体石油沥青在制作、贮存、使用的全过程中必须通风良好，并有专人负责，确保安全。基质沥青的加热温度严禁超过 140 ℃，液体沥青的贮存温度不得高于 50 ℃。

### （五）煤沥青

道路用煤沥青的标号根据气候条件、施工温度、使用目的选用，其质量应符合规范规定。

道路用煤沥青适用于下列情况：

（1）各种等级公路的各种基层上的透层，宜采用 T－1 或 T－2 级，其他等级不合喷洒要求时可适当稀释使用。

（2）三级及三级以下的公路铺筑表面处治或贯入式沥青路面，宜采用 T－5、T－6 或 T－7 级。

（3）与道路石油沥青、乳化沥青混合使用，以改善渗透性。

道路用煤沥青严禁用于热拌热铺的沥青混合料，作其他用途时的贮存温度宜为 70～90 ℃，且不得长时间贮存。

### （六）改性沥青

改性沥青可单独或复合采用高分子聚合物、天然沥青及其他改性材料制作。

各类聚合物改性沥青的质量应符合规范规定的技术要求。聚合物改性沥青的 25 ℃针入度、针入度指数 PI、5 ℃延度、软化点、135 ℃运动黏度、闪点、溶解度、25 ℃弹性恢复、黏韧性、韧性、贮存稳定性离析、48 h 软化点差，TFOT（或 RTFOT）后残留物的质量变化、25 ℃针入度比、5 ℃延度等技术指标应符合要求。当使用规范规定以外的聚合物及复合改性沥青时，可通过试验研究制定相应的技术要求。

制造改性沥青的基质沥青应与改性剂有良好的配伍性，其质量宜符合 A 级或 B 级道路石油沥青的技术要求。供应商在提供改性沥青的质量报告时应提供基质沥青的质量检验报告或沥青样品。

天然沥青可以单独与石油沥青混合使用或与其他改性沥青混融后使用。天然沥青的质量要求宜根据其品种参照相关标准和成功的经验执行。

用作改性剂的 SBR 胶乳中的固体物含量不宜少于 45%，使用中严禁长时间暴晒或遭冰冻。改性沥青的剂量以改性剂占改性沥青总量的百分数计算，胶乳改性沥青的剂量应以扣除水以后的固体物含量计算。改性沥青宜在固定式工厂或在现场设厂集中制作，也可在拌和厂现场边制造边使用，改性沥青的加工温度不宜超过 180 ℃。胶乳类改性剂和制成颗粒的改性剂可直接投入拌和缸中生产改性沥青混合料。用溶剂法生产改性沥青母体时，挥发性溶剂回收后的残留量不得超过 5%。

现场制造的改性沥青宜随配随用，需作短时间保存，或运送到附近的工地时，使用前必须搅拌均匀，在不发生离析的状态下使用。改性沥青制作设备必须设有随机采集样品的取样口,采集的试样宜立即在现场灌模。工厂制作的成品改性沥青到达施工现场后存贮在改性沥青罐中,改性沥青罐中必须加设搅拌设备并进行搅拌,使用前改性沥青必须搅拌均匀。在施工过程中应定期取样检验产品质量,发现离析等质量不符要求的改性沥青不得使用。

### (七)改性乳化沥青

改性乳化沥青宜按表1-56选用,质量应符合规范规定的技术要求。改性乳化沥青的破乳速度、粒子电荷、筛上剩余量(1.18 mm)、黏度(恩格拉黏度、沥青标准黏度)、蒸发残留物(含量、针入度、软化点、延度、三氯乙烯溶解度)、与矿料的黏附性和裹附面积、贮存稳定性等技术指标应符合要求。

表1-56　改性乳化沥青的品种和适用范围

| 品种 | | 代号 | 适用范围 |
|---|---|---|---|
| 改性乳化沥青 | 喷洒型改性乳化沥青 | PCR | 粘层、封层、桥面防水粘结层用 |
| | 拌和用乳化沥青 | BCR | 改性稀浆封层和微表处用 |

### (八)粗集料

沥青层用粗集料包括碎石、破碎砾石、筛选砾石、钢渣、矿渣等,但高速公路和一级公路不得使用筛选砾石和矿渣。粗集料必须由具有生产许可证的采石场生产或施工单位自行加工。

粗集料应该洁净、干燥、表面粗糙,质量应符合表1-57的规定。当单一规格集料的质量指标达不到表中要求,而按照集料配合比计算的质量指标符合要求时,工程上允许使用。对受热易变质的集料,宜采用经拌和机烘干后的集料进行检验。

表1-57　沥青混合料用粗集料质量技术要求

| 指标 | 单位 | 高速公路及一级公路 | | 其他等级公路 |
|---|---|---|---|---|
| | | 表面层 | 其他层次 | |
| 石料压碎值,不大于 | % | 26 | 28 | 30 |
| 洛杉矶磨耗损失,不大于 | % | 28 | 30 | 35 |
| 表观相对密度,不小于 | — | 2.60 | 2.50 | 2.45 |
| 吸水率,不大于 | % | 2.0 | 3.0 | 3.0 |
| 坚固性,不大于 | % | 12 | 12 | — |
| 针片状颗粒含量(混合料),不大于<br>其中粒径大于9.5 mm,不大于<br>其中粒径小于9.5 mm,不大于 | % | 15<br>12<br>18 | 18<br>15<br>20 | 20<br>—<br>— |
| 水洗法<0.075 mm颗粒含量,不大于 | % | 1 | 1 | 1 |
| 软石含量,不大于 | % | 3 | 5 | 5 |

注:a. 坚固性试验可根据需要进行。

b. 用于高速公路、一级公路时,多孔玄武岩的视密度可放宽至2.45 $t/m^3$,吸水率可放宽至3%,但必须得到建设单位的批准,且不得用于SMA路面。

c. 对S14即3~5规格的粗集料,针片状颗粒含量可不予要求,<0.075 mm含量可放宽到3%。

采石场在生产过程中必须彻底清除覆盖层及泥土夹层。生产碎石用的原石不得含有土块、杂物,集料成品不得堆放在泥土地上。

高速公路、一级公路沥青路面的表面层(或磨耗层)的粗集料的磨光值应符合表1-58的要求。除SMA、OGFC路面外,允许在硬质粗集料中掺加部分较小粒径的磨光值达不到要求的粗集料,其最大掺加比例由磨光值试验确定。

**表1-58 粗集料与沥青的黏附性、磨光值的技术要求**

| 雨量气候区 | | 1(潮湿区) | 2(湿润区) | 3(半干区) | 4(干旱区) |
|---|---|---|---|---|---|
| 年降雨量/mm | | >1 000 | 500~1 000 | 250~500 | <250 |
| 粗集料的磨光值PSV,不小于 | 高速公路、一级公路表面层 | 42 | 40 | 38 | 36 |
| 粗集料与沥青的黏附性,不小于 | 高速公路、一级公路表面层 | 5 | 4 | 4 | 3 |
| | 高速公路、一级公路的其他层次及其他等级公路的各个层次 | 4 | 4 | 3 | 3 |

粗集料与沥青的黏附性应符合表1-58的要求,当使用不符要求的粗集料时,宜掺加消石灰、水泥或用饱和石灰水处理后使用,必要时可同时在沥青中掺加耐热、耐水、长期性能好的抗剥落剂,也可采用改性沥青的措施,使沥青混合料的水稳定性检验达到要求。掺加外加剂的剂量由沥青混合料的水稳定性检验确定。

破碎砾石应采用粒径大于50 mm,含泥量不大于1%的砾石轧制,破碎砾石的破碎面应符合表1-59的要求。

**表1-59 粗集料对破碎面的要求**

| 路面部位或混合料类型 | | 具有一定数量破碎面颗粒的含量/% | |
|---|---|---|---|
| | | 1个破碎面 | 2个或2个以上破碎面 |
| 沥青路面表面层 | 高速公路、一级公路,不小于 | 100 | 90 |
| | 其他等级公路,不小于 | 80 | 60 |
| 沥青路面中下面层、基层 | 高速公路、一级公路,不小于 | 90 | 80 |
| | 其他等级公路,不小于 | 70 | 50 |
| SMA混合料,不小于 | | 100 | 90 |
| 贯入式路面,不小于 | | 80 | 60 |

筛选砾石仅适用于三级及三级以下公路的沥青表面处治路面。

经过破碎且存放期超过6个月以上的钢渣可作为粗集料使用。除吸水率允许适当放宽外,各项质量指标应符合表1-57的要求。钢渣在使用前应进行活性检验,要求钢渣中的游离氧化钙含量不大于3%,浸水膨胀率不大于2%。

### (九)细集料

沥青路面的细集料包括天然砂、机制砂、石屑。细集料必须由具有生产许可证的采石场、采砂场生产。

细集料应洁净、干燥、无风化、无杂质,并有适当的颗粒级配,其质量应符合表1-60的规定。细集料的洁净程度,天然砂以小于0.075 mm含量的百分数表示,石屑和机制砂以砂当量(适用于0~4.75 mm)或亚甲蓝值(适用于0~2.36 mm或0~0.15 mm)表示。

表 1-60　沥青混合料用细集料质量要求

| 项目 | 单位 | 高速公路、一级公路 | 其他等级公路 |
| --- | --- | --- | --- |
| 表观相对密度,不小于 | — | 2.50 | 2.45 |
| 坚固性( >0.3 mm 部分),不小于 | % | 12 | — |
| 含泥量( <0.075 mm 的含量),不大于 | % | 3 | 5 |
| 砂当量,不小于 | % | 60 | 50 |
| 亚甲蓝值,不大于 | $g \cdot kg^{-1}$ | 25 | — |
| 棱角性(流动时间),不小于 | s | 30 | — |

注:坚固性试验可根据需要进行。

天然砂可采用河砂或海砂,通常宜采用粗、中砂,其规格应符合规范规定。砂的含泥量超过规定时应水洗后使用,海砂中的贝壳类材料必须筛除。开采天然砂必须取得当地政府主管部门的许可,并符合水利及环境保护的要求。热拌密级配沥青混合料中天然砂的用量通常不宜超过集料总量的20%,SMA 和 OGFC 混合料不宜使用天然砂。

石屑是采石场破碎石料时通过4.75 mm 或2.36 mm 的筛下部分,其规格应符合规范要求。采石场在生产石屑的过程中应具备抽吸设备,高速公路和一级公路的沥青混合料,宜将S14 与 S16 组合使用,S15 可在沥青稳定碎石基层或其他等级公路中使用。机制砂宜采用专用的制砂机制造,并选用优质石料生产,其级配应符合 S16 的要求。

## (十)填料

沥青混合料的矿粉必须采用石灰岩或岩浆岩中的强基性岩石等憎水性石料经磨细得到的矿粉,原石料中的泥土杂质应除净。矿粉应干燥、洁净,能自由地从矿粉仓流出,其质量应符合规范要求。沥青混合料用矿粉的表观密度、含水量、粒度范围、外观、亲水系数、塑性指数、加热安定性等技术指标应符合要求。

拌和机的粉尘可作为矿粉的一部分回收使用。但每盘用量不得超过填料总量的25%,掺有粉尘填料的塑性指数不得大于4%。粉煤灰作为填料使用时,用量不得超过填料总量的50%,粉煤灰的烧失量应小于12%,与矿粉混合后的塑性指数应小于4%,其余质量要求与矿粉相同。高速公路、一级公路的沥青面层不宜采用粉煤灰做填料。

## (十一)纤维稳定剂

在沥青混合料中掺加的纤维稳定剂宜选用木质素纤维、矿物纤维等,木质素纤维的质量应符合规范的技术要求。木质素纤维的纤维长度、灰分含量、pH 值、吸油率、含水率(以质量计)等技术指标应符合要求。

纤维应在250 ℃的干拌温度不变质、不发脆,使用纤维必须符合环保要求,不危害身体健康。纤维必须在混合料拌和过程中能充分分散均匀。矿物纤维宜采用玄武岩等矿石制造,易影响环境及造成人体伤害的石棉纤维不宜直接使用。纤维应存放在室内或有棚盖的地方,松散纤维在运输及使用过程中应避免受潮,不结团。纤维稳定剂的掺加比例以沥青混合料总量的质量百分率计算,通常情况下用于 SMA 路面的木质素纤维不宜低于0.3%,矿物纤维不宜低于0.4%,必要时可适当增加纤维用量。纤维掺加量的允许误差宜不超过±5%。

## (十二)沥青混合料

沥青混合料是由矿料与沥青结合料拌和而成的混合料的总称。按材料组成及结构分为连续级配、间断级配混合料。按矿料级配组成及空隙率大小分为密级配、半开级配、开级配（如 OGFC）混合料。按公称最大粒径的大小可分为特粗式、粗粒式、中粒式、细粒式、砂粒式沥青混合料。按制造工艺分为热拌沥青混合料、冷拌沥青混合料、再生沥青混合料等。

**链接**

密级配沥青混凝土混合料的特点：颗粒级配连续、相互嵌挤密实。

工程上最常用的沥青混合料有两类：其一是沥青混凝土混合料，是由适当比例的粗集料、细集料及填料组成的符合规定级配的矿料，与沥青结合料拌和、压实后剩余空隙率小于 10% 的混合料，简称沥青混凝土，以 AC 表示，采用圆孔筛时用 LH 表示。其二是沥青碎石混合料，是由适当比例的粗集料、细集料及填料（或不加填料）与沥青拌和、压实后剩余空隙率在 10% 以上的混合料，简称沥青碎石混合料，以 AM 表示。

**链接**

由于材料组成分布、矿料与矿料及矿料与沥青间的相互作用、剩余空隙率的大小等不同，沥青混合料可分为悬浮－密实结构、骨架－空隙结构、骨架－密实结构三大类。故沥青路面按组成结构划分，可分为悬浮－密实结构、骨架－空隙结构、骨架－密实结构。各结构类型的特点如表 1-61 所示。

**表 1-61　各结构类型的特点**

| 类型 | 式样 | 特点 | 典型代表 |
|---|---|---|---|
| 悬浮－密实结构 |  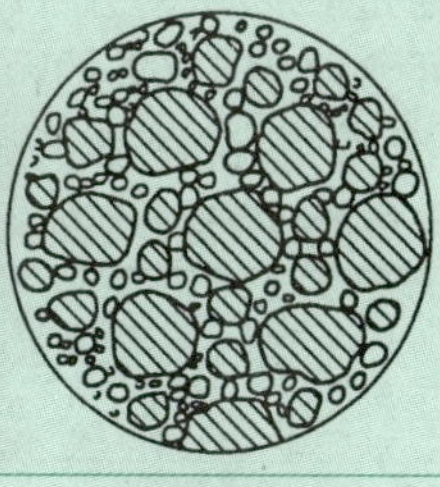 | 连续型密级配矿料；<br>黏聚力较高；<br>密实性与耐久性好；<br>内摩擦角较小；<br>高温稳定性较差 | AC 型混合料 |
| 骨架－空隙结构 |  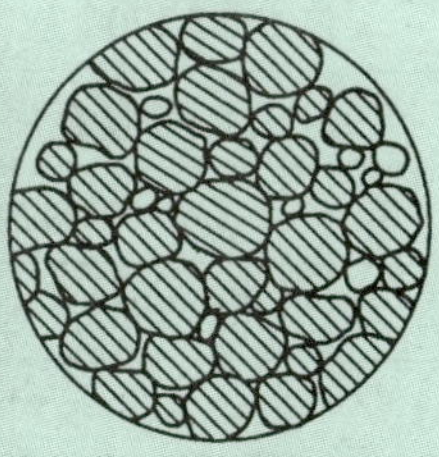 | 连续型开级配矿料；<br>内摩擦角较高；<br>高温稳定性较好；<br>黏聚力较低；<br>耐久性差 | OGFC 型混合料 |
| 骨架－密实结构 |  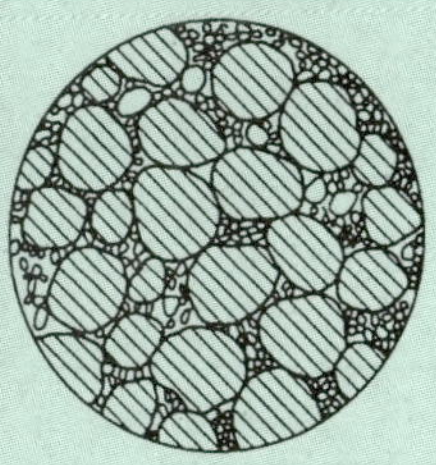 | 间断型密级配矿料；<br>密实度较高；<br>黏聚力、内摩擦角都较高；<br>高温稳定性好；<br>施工和易性较差 | SMA 型混合料 |

## 四、热拌沥青混合料路面施工技术

### (一)一般规定

热拌沥青混合料(HMA)适用于各种等级公路的沥青路面。其种类可按集料公称最大粒径、矿料级配、空隙率划分。各层沥青混合料应满足所在层位的功能性要求,便于施工,不容易离析。各层应连续施工并连接成为一个整体。当发现混合料结构组合及级配类型的设计不合理时,应进行修改、调整,以确保沥青路面的使用性能。

沥青面层集料的最大粒径宜从上至下逐渐增大,并应与压实层厚度相匹配。对热拌热铺密级配沥青混合料,沥青层一层的压实厚度不宜小于集料公称最大粒径的2.5~3倍,对SMA和OGFC等嵌挤型混合料不宜小于公称最大粒径的2~2.5倍,以减少离析,便于压实。

**链接**

热拌沥青混凝土路面施工工艺流程一般为施工准备→路缘石安装→喷洒透层油→试验段施工→沥青混合料摊铺→沥青混合料压实→路面成型检测。

### (二)施工准备

铺筑沥青层前,应检查基层或下卧沥青层的质量,不符要求的不得铺筑沥青面层。旧沥青路面或下卧层已被污染时,必须清洗或经铣刨处理后方可铺筑沥青混合料。

石油沥青加工及沥青混合料施工温度应根据沥青标号及黏度、气候条件、铺装层的厚度确定。

(1)普通沥青结合料的施工温度宜通过在135 ℃及175 ℃条件下测定的黏度—温度曲线按规定确定。缺乏粘温曲线数据时,可参照表1-62的范围选择,并根据实际情况确定使用高值或低值。当表中温度不符实际情况时,容许做适当调整。

**表1-62　热拌沥青混合料的施工温度**　　单位:℃

| 施工工序 | | 石油沥青的标号 | | | |
|---|---|---|---|---|---|
| | | 50号 | 70号 | 90号 | 110号 |
| 沥青加热温度 | | 160~170 | 155~165 | 150~160 | 145~155 |
| 矿料加热温度 | 间歇式拌和机 | 集料加热温度比沥青温度高10~30 | | | |
| | 连续式拌和机 | 矿料加热温度比沥青温度高5~10 | | | |
| 沥青混合料出料温度 | | 150~170 | 145~165 | 140~160 | 135~155 |
| 混合料贮料仓贮存温度 | | 贮料过程中温度降低不超过10 | | | |
| 混合料废弃温度,高于 | | 200 | 195 | 190 | 185 |
| 运输到现场温度,不低于 | | 150 | 145 | 140 | 135 |
| 混合料摊铺温度,不低于 | 正常施工 | 140 | 135 | 130 | 125 |
| | 低温施工 | 160 | 150 | 140 | 135 |
| 开始碾压的混合料内部温度,不低于 | 正常施工 | 135 | 130 | 125 | 120 |
| | 低温施工 | 150 | 145 | 135 | 130 |

（续表）

| 施工工序 | | 石油沥青的标号 | | | |
|---|---|---|---|---|---|
| | | 50 号 | 70 号 | 90 号 | 110 号 |
| 碾压终了的表面温度，不低于 | 钢轮压路机 | 80 | 70 | 65 | 60 |
| | 轮胎压路机 | 85 | 80 | 75 | 70 |
| | 振动压路机 | 75 | 70 | 60 | 55 |
| 开放交通的路表温度，不高于 | | 50 | 50 | 50 | 45 |

注：a. 沥青混合料的施工温度采用具有金属探测针的插入式数显温度计测量。表面温度可采用表面接触式温度计测定。当采用红外线温度计测量表面温度时，应进行标定。

b. 表中未列入的 130 号、160 号及 30 号沥青的施工温度由试验确定。

（2）聚合物改性沥青混合料的施工温度根据实践经验并参照规定选择。通常宜较普通沥青混合料的施工温度提高 10～20 ℃。对采用冷态胶乳直接喷入法制作的改性沥青混合料，集料烘干温度应进一步提高。

### （三）配合比设计

沥青混合料必须在对同类公路配合比设计和使用情况调查研究的基础上，充分借鉴成功的经验，选用符合要求的材料，进行配合比设计。

热拌沥青混合料采用马歇尔试验配合比设计方法，沥青混合料技术要求应符合规范规定，并有良好的施工性能。

高速公路、一级公路沥青混合料的配合比设计应在调查以往同类材料的配合比设计经验和使用效果的基础上，按以下步骤进行：目标配合比设计阶段→生产配合比设计阶段→生产配合比验证阶段→确定施工级配允许波动范围。

经设计确定的标准配合比在施工过程中不得随意变更。

二级及二级以下其他等级公路热拌沥青混合料的配合比可按上述步骤进行。当材料与同类道路完全相同时，也要直接引用成功的经验。

### （四）混合料的拌制

沥青混合料必须在沥青拌和厂（场、站）采用拌和机械拌制。

（1）拌和厂的设置必须符合国家有关环境保护、消防、安全等规定。

（2）拌和厂与工地现场距离应充分考虑交通堵塞的可能，确保混合料的温度下降不超过要求，且不致因颠簸造成混合料离析。

（3）拌和厂应具有完备的排水设施。各种集料必须分隔贮存，细集料场应设防雨顶棚，料场及场内道路应做硬化处理，严禁泥土污染集料。

沥青混合料可采用间歇式拌和机或连续式拌和机拌制。高速公路和一级公路宜采用间歇式拌和机拌和。连续式拌和机使用的集料必须稳定不变，一个工程从多处进料、料源或质量不稳定时，不得采用连续式拌和机。沥青混合料拌和设备的各种传感器必须定期检定，周期不少于每年一次。冷料供料装置需经标定得出集料供料曲线。

集料与沥青混合料取样应符合现行试验规程的要求。从沥青混合料运料车上取样时必须在设置取样台分几处采集一定深度下的样品。集料进场宜在料堆顶部平台卸料，经推土机推平后，铲运机从底部按顺序竖直装料，减小集料离析。

高速公路和一级公路施工用的间歇式拌和机必须配备计算机设备，拌和过程中逐盘采集并打印各个传感器测定的材料用量和沥青混合料拌和量、拌和温度等各种参数。

沥青混合料的生产温度应符合规范要求。烘干集料的残余含水量不得大于1%。每天开始几盘集料应提高加热温度,并干拌几锅集料废弃,再正式加沥青拌和混合料。

拌和机的矿粉仓应配备振动装置以防止矿粉起拱。添加消石灰、水泥等外掺剂时,宜增加粉料仓,也可由专用管线和螺旋升送器直接加入拌和锅,若与矿粉混合使用时应注意二者因密度不同发生离析。

沥青混合料拌和时间根据具体情况经试拌确定,以沥青均匀裹覆集料为度。间歇式拌和机每盘的生产周期不宜少于45 s(其中干拌时间不少于5~10 s)。改性沥青和SMA混合料的拌和时间应适当延长。

使用改性沥青时应随时检查沥青泵、管道、计量器是否受堵,堵塞时应及时清洗。

沥青混合料出厂时应逐车检测沥青混合料的质量和温度,记录出厂时间,签发运料单。

### (五)混合料的运输

热拌沥青混合料宜采用较大吨位的运料车运输,但不得超载运输,或急刹车、急弯掉头使透层、封层造成损伤。运料车的运力应稍有富余,施工过程中摊铺机前方应有运料车等候。对高速公路、一级公路,宜待等候的运料车多于5辆后开始摊铺。

运料车每次使用前后必须清扫干净,在车厢板上涂一薄层防止沥青黏结的隔离剂或防黏剂,但不得有余液积聚在车厢底部。从拌和机向运料车上装料时,应多次挪动汽车位置,平衡装料,以减少混合料离析。运料车运输混合料宜用苫布覆盖保温、防雨、防污染。

运料车进入摊铺现场时,轮胎上不得沾有泥土等可能污染路面的脏物,否则宜设水池洗净轮胎后进入工程现场。沥青混合料在摊铺地点凭运料单接收,若混合料不符合施工温度要求,或已经结成团块、已遭雨淋的不得铺筑。

摊铺过程中运料车应在摊铺机前100~300 mm处停住,空挡等候,由摊铺机推动前进开始缓缓卸料,避免撞击摊铺机。在有条件时,运料车可将混合料卸入转运车经二次拌和后向摊铺机连续均匀地供料。运料车每次卸料必须倒净,尤其是对改性沥青或SMA混合料,如有剩余,应及时清除,防止硬结。SMA及OGFC混合料在运输、等候过程中,如发现有沥青结合料沿车厢板滴漏时,应采取措施予以避免。

### (六)混合料的摊铺

热拌沥青混合料应采用沥青摊铺机摊铺,在喷洒有粘层油的路面上铺筑改性沥青混合料或SMA时,宜使用履带式摊铺机。摊铺机的受料斗应涂刷薄层隔离剂或防黏结剂。

铺筑高速公路、一级公路沥青混合料时,一台摊铺机的铺筑宽度不宜超过6(双车道)~7.5 m(3车道以上),通常宜采用两台或更多台数的摊铺机前后错开10~20 m,呈梯队方式同步摊铺,两幅之间应有30~60 mm左右宽度的搭接,并躲开车道轮迹带,上、下层的搭接位置宜错开200 mm以上。

摊铺机开工前应提前0.5~1 h预热熨平板不低于100 ℃。铺筑过程中应选择熨平板的振捣或夯锤压实装置具有适宜的振动频率和振幅,以提高路面的初始压实度。熨平板加宽连接应仔细调节至摊铺的混合料没有明显的离析痕迹。

摊铺机必须缓慢、均匀、连续不间断地摊铺,不得随意变换速度或中途停顿,以提高平整度,减少混合料的离析。摊铺速度宜控制在2~6 m/min的范围内,对改性沥青混合料及SMA混合料宜放慢至1~3 m/min。当发现混合料出现明显的离析、波浪、裂缝、拖痕时,应分析原因,予以消除。

摊铺机应采用自动找平方式，下面层或基层宜采用钢丝绳引导的高程控制方式，上面层宜采用平衡梁或雪橇式摊铺厚度控制方式，中面层根据情况选用找平方式。直接接触式平衡梁的轮子不得粘附沥青。铺筑改性沥青或SMA路面时宜采用非接触式平衡梁。

沥青路面施工的最低气温应符合规范的要求，寒冷季节遇大风降温，不能保证迅速压实时不得铺筑沥青混合料。热拌沥青混合料的最低摊铺温度根据铺筑层厚度、气温、风速及下卧层表面温度按规范的规定执行。每天施工开始阶段宜采用较高温度的混合料。

沥青混合料的松铺系数应根据混合料类型由试铺试压确定。摊铺过程中应随时检查摊铺层厚度及路拱、横坡，并按规范规定的方法由使用的混合料总量与面积校验平均厚度。

摊铺机的螺旋布料器应相应于摊铺速度调整到保持一个稳定的速度均衡地转动，两侧应保持有不少于送料器2/3高度的混合料，以减少在摊铺过程中混合料的离析。

用机械摊铺的混合料，不宜用人工反复修整。当不得不由人工作局部找补或更换混合料时，需仔细进行，特别严重的缺陷应整层铲除。

在路面狭窄部分、平曲线半径过小的匝道或加宽部分，以及小规模工程不能采用摊铺机铺筑时可用人工摊铺混合料。人工摊铺沥青混合料应符合下列要求：

(1)半幅施工时，路中一侧宜事先设置挡板。

(2)沥青混合料宜卸在铁板上，摊铺时应扣锹布料，不得扬锹远甩。铁锹等工具宜涂防黏结剂或加热使用。

(3)边摊铺边用刮板整平，刮平时应轻重一致，控制次数，严防集料离析。

(4)摊铺不得中途停顿，并加快碾压。如因故不能及时碾压时，应立即停止摊铺，并对已卸下的沥青混合料覆盖苫布保温。

(5)低温施工时，每次卸下的混合料应覆盖苫布保温。

在雨季铺筑沥青路面时，应加强与气象台(站)的联系，已摊铺的沥青层因遇雨未行压实的应予铲除。

**链接**

沥青混合料在进行摊铺时，表面层应采用平衡梁法施工，中面层及下面层应采用走线法施工。

### (七)沥青路面的压实及成型

压实成型的沥青路面应符合压实度及平整度的要求。

沥青路面施工应配备足够数量的压路机，选择合理的压路机组合方式及初压、复压、终压(包括成型)的碾压步骤，以达到最佳碾压效果。高速公路铺筑双车道沥青路面的压路机数量不宜少于5台。施工气温低、风大、碾压层薄时，压路机数量应适当增加。

压路机应以慢而均匀的速度碾压，压路机的碾压速度应符合规范规定。压路机的碾压路线及碾压方向不应突然改变而导致混合料推移。碾压区的长度应大体稳定，两端的折返位置应随摊铺机前进而推进，横向不得在相同的断面上。

在不产生严重推移和裂缝的前提下，初压、复压、终压都应在尽可能高的温度下进行。同时不得在低温状况下做反复碾压，使石料棱角磨损、压碎，破坏集料嵌挤。

沥青混合料的压实应符合表1-63的要求。

表 1-63　沥青混合料的压实要求

| 压实步骤 | 压实要求 |
|---|---|
| 初压 | (1)初压应在紧跟摊铺机后碾压,并保持较短的初压区长度,以尽快使表面压实,减少热量散失。对摊铺后初始压实度较大,经实践证明采用振动压路机或轮胎压路机直接碾压无严重推移而有良好效果时,可免去初压,直接进入复压工序。<br>(2)通常宜采用钢轮压路机静压 1 ~2 遍。碾压时应将压路机的驱动轮面向摊铺机,从外侧向中心碾压,在超高路段则由低向高碾压,在坡道上应将驱动轮从低处向高处碾压。<br>(3)初压后应检查平整度、路拱,有严重缺陷时进行修整乃至返工 |
| 复压 | (1)复压应紧跟在初压后开始,且不得随意停顿。压路机碾压段的总长度应尽量缩短,通常不超过 60 ~80 m。采用不同型号的压路机组合碾压时宜安排每一台压路机做全幅碾压,防止不同部位的压实度不均匀。<br>(2)密级配沥青混凝土的复压宜优先采用重型的轮胎压路机进行搓揉碾压,以增加密水性,其总质量不宜小于 25 t,吨位不足时宜附加重物,使每一个轮胎的压力不小于 15 kN,冷态时的轮胎充气压力不小于 0.55 MPa,轮胎发热后不小于 0.6 MPa,且各个轮胎的气压大体相同,相邻碾压带应重叠 1/3 ~1/2 的碾压轮宽度,碾压至要求的压实度为止。<br>(3)对粗集料为主的较大粒径的混合料,尤其是大粒径沥青稳定碎石基层,宜优先采用振动压路机复压。厚度小于 30 mm 的薄沥青层不宜采用振动压路机碾压。振动压路机的振动频率宜为 35 ~50 Hz,振幅宜为 0.3 ~0.8 mm。层厚较大时选用高频率大振幅,以产生较大的激振力,厚度较薄时采用高频率低振幅,以防止集料破碎。相邻碾压带重叠宽度为 100 ~200 mm。振动压路机折返时应先停止振动。<br>(4)当采用三轮钢筒式压路机时,总质量不宜小于 12 t,相邻碾压带宜重叠后轮的 1/2 宽度,并不应少于 200 mm。<br>(5)对路面边缘、加宽及港湾式停车带等大型压路机难于碾压的部位,宜采用小型振动压路机或振动夯板做补充碾压 |
| 终压 | 终压应紧接在复压后进行,如经复压后已无明显轮迹时可免去终压。终压可选用双轮钢筒式压路机或关闭振动的振动压路机碾压不宜少于 2 遍,至无明显轮迹为止 |

SMA 路面的压实应符合以下要求:

(1)除沥青用量较低,经试验证明采用轮胎压路机碾压有良好效果外,不宜采用轮胎压路机碾压,以防将沥青结合料搓揉挤压上浮。

(2)SMA 路面宜采用振动压路机或钢筒式压路机碾压。振动压路机应遵循"紧跟、慢压、高频、低幅"的原则,即紧跟在摊铺机后面,采取高频率、低振幅的方式慢速碾压。如发现 SMA 混合料高温碾压有推拥现象,应复查其级配是否合适。

OGFC 宜采用小于 12 t 的钢筒式压路机碾压。

碾压轮在碾压过程中应保持清洁,有混合料沾轮应立即清除。对钢轮可涂刷隔离剂或防黏结剂,但严禁刷柴油。当采用向碾压轮喷水(可添加少量表面活性剂)的方式时,必须严格控制喷水量且成雾状,不得漫流,以防混合料降温过快。轮胎压路机开始碾压阶段,可适当烘烤、涂刷少量隔离剂或防黏结剂,也可少量喷水,并先到高温区碾压使轮胎尽快升温,之后停止洒水。轮胎压路机轮胎外围宜加设围裙保温。

压路机不得在未碾压成型路段上转向、调头、加水或停留。在当天成型的路面上,不得停放各种机械设备或车辆,不得散落矿料、油料等杂物。

**链接**

除上文中沥青路面压实的规定外，沥青混合料在进行压实时，应采用双轮双振压路机(2～3台)和胶轮压路机(2～3台，质量≥16 t)进行施工。

#### (八)接缝

沥青路面的施工必须接缝紧密、连接平顺，不得产生明显的接缝离析。上、下层的纵缝应错开150 mm(热接缝)或300～400 mm(冷接缝)以上。相邻两幅及上、下层的横向接缝均应错位1 m以上。接缝施工应用3 m直尺检查，确保平整度符合要求。

纵向接缝部位的施工应符合下列要求：

(1)摊铺时采用梯队作业的纵缝应采用热接缝，将已铺部分留下100～200 mm宽暂不碾压，作为后续部分的基准面，然后做跨缝碾压以消除缝迹。

(2)当半幅施工或因特殊原因而产生纵向冷接缝时，宜加设挡板或加设切刀切齐，也可在混合料尚未完全冷却前用镐刨除边缘留下毛茬的方式，但不宜在冷却后采用切割机做纵向切缝。加铺另半幅前应涂洒少量沥青，重叠在已铺层上50～100 mm，再铲走铺在前半幅上面的混合料，碾压时由边向中碾压留下100～150 mm，再跨缝挤紧压实。或者先在已压实路面上行走碾压新铺层150 mm左右，然后压实新铺部分。

高速公路和一级公路的表面层横向接缝应采用垂直的平接缝，以下各层可采用自然碾压的斜接缝，沥青层较厚时也可做阶梯形接缝。其他等级公路的各层均可采用斜接缝。

斜接缝的搭接长度与层厚有关，宜为0.4～0.8 m。搭接处应洒少量沥青，混合料中的粗集料颗粒应予剔除，并补上细料，搭接平整，充分压实。阶梯形接缝的台阶经铣刨而成，并洒粘层沥青，搭接长度不宜小于3 m。

平接缝宜趁尚未冷透时用凿岩机或人工垂直刨除端部层厚不足的部分，使工作缝成直角连接。当采用切割机制作平接缝时，宜在铺设当天混合料冷却但尚未结硬时进行。刨除或切割不得损伤下层路面。切割时留下的泥水必须冲洗干净，待干燥后涂刷粘层油。铺筑新混合料接头应使接茬软化，压路机先进行横向碾压，再纵向碾压成为一体，充分压实，连接平顺。

#### (九)开放交通及其他

热拌沥青混合料路面应待摊铺层完全自然冷却，混合料表面温度低于50 ℃后，方可开放交通。需要提早开放交通时，可洒水冷却降低混合料温度。

沥青路面雨季施工应符合下列要求：

(1)注意气象预报，加强工地现场、沥青拌和厂及气象台站之间的联系，控制施工长度，各项工序紧密衔接。

(2)运料车和工地应备有防雨设施，并做好基层及路肩排水。

铺筑好的沥青层应严格控制交通，做好保护，保持整洁，不得造成污染，严禁在沥青层上堆放施工产生的土或杂物，严禁在已铺沥青层上制作水泥砂浆。

### 五、沥青表面处治与封层施工技术

#### (一)一般规定

沥青表面处治适用于三级及三级以下公路的沥青面层。各种封层适用于加铺薄层罩面、磨耗层、水泥混凝土路面上的应力缓冲层、各种防水和密水层、预防性养护罩面层。

**链接**

沥青表面处治主要是对非沥青承重层起保护和防磨耗作用。设计时一般不考虑沥青表面处治层的承重强度。

沥青表面处治与封层宜选择在干燥和较热的季节施工，并在最高温度低于 15 ℃时期到来之前半个月及雨季前结束。

### （二）层铺法沥青表面处治

沥青表面处治可采用道路石油沥青、乳化沥青、煤沥青铺筑，沥青标号应按规范相关规定选用。沥青表面处治的集料最大粒径应与处治层的厚度相等，其规格和用量宜按规范规定选用；沥青表面处治施工后，应在路侧另备 S12（5 ~ 10 mm）碎石或 S14（3 ~ 5 mm）石屑、粗砂或小砾石（2 ~ 3）$m^3$/1 000 $m^2$ 作为初期养护用料。

在清扫干净的碎（砾）石路面上铺筑沥青表面处治时，应喷洒透层油。在旧沥青路面、水泥混凝土路面、块石路面上铺筑沥青表面处治路面时，可在第一层沥青用量中增加 10% ~ 20%，不再另洒透层油或粘层油。

层铺法沥青表面处治路面宜采用沥青洒布车及集料撒布机联合作业。

**链接**

沥青表面处治路面可采用拌和法或层铺法施工，其厚度不宜大于 3 cm。其中，层铺法是沥青表面处治经常采用的施工方法。层铺法包括单层式、双层式和三层式三种施工方法。三层式施工包含单层式和双层式施工。沥青表面处治施工应确保各工序紧密衔接，每个作业段长度应根据压路机数量、洒油设备及集料撒布机能力等确定。当天施工的路段应当天完成。

三层式沥青表面处治的施工工艺应按下列步骤进行：

（1）清扫基层，撒布第一层沥青。沥青的撒布温度根据气温及沥青标号选择，石油沥青宜为 130 ~ 170 ℃，煤沥青宜为 80 ~ 120 ℃，乳化沥青在常温下洒布，加温洒布的乳液温度不得超过 60 ℃。前后两车喷洒的接茬处用铁板或建筑纸铺 1 ~ 1.5 m，使搭接良好。分几幅浇洒时，纵向搭接宽度宜为 100 ~ 150 mm。撒布第二、三层沥青的搭接缝应错开。

（2）撒布主层沥青后应立即用集料撒布机或人工撒布第一层主集料。撒布集料后应及时扫匀，达到全面覆盖、厚度一致、集料不重叠，也不露出沥青的要求。局部有缺料时适当找补，积料过多的将多余集料扫出。两幅搭接处，第一幅撒布沥青应暂留 100 ~ 150 mm 宽度不撒布石料，待第二幅一起撒布。

（3）撒布主集料后，不必等全段撒布完，立即用 6 ~ 8 t 钢筒双轮压路机从路边向路中心碾压 3 ~ 4 遍，每次轮迹重叠约 300 mm。碾压速度开始不宜超过 2 km/h，以后可适当增加。

（4）第二、三层的施工方法和要求应与第一层相同，但可以采用 8 t 以上的压路机碾压。

双层式或单层式沥青表面处治浇洒沥青及撒布集料的次数相应减少，其施工程序和要求参照三层式沥青表面处治进行。

除乳化沥青表面处治应待破乳、水分蒸发并基本成型后方可通车外，沥青表面处治在碾压结束后即可开放交通，并通过开放交通补充压实，成型稳定。在通车初期应设专人指挥交通或设置障碍物控制行车，限制行车速度不超过 20 km/h，严禁畜力车及铁轮车行驶，使路面全部宽度均匀压实。

沥青表面处治应注意初期养护。当发现有泛油时，应在泛油处补撒与最后一层石料规格相同的嵌缝料并扫匀，过多的浮料应扫出路外。

### （三）上封层

根据情况可选择乳化沥青稀浆封层、微表处、改性沥青集料封层、薄层磨耗层或其他适宜的材料。铺设上封层的下卧层必须彻底清扫干净，对车辙、坑槽、裂缝进行处理或挖补。

上封层的类型根据使用目的、路面的破损程度选用。

(1)裂缝较细、较密的可采用涂洒类密封剂、软化再生剂等涂刷罩面。

(2)对二级及二级以下公路的旧沥青路面可以采用普通的乳化沥青稀浆封层，也可在喷洒道路石油沥青后撒布石屑(砂)后碾压作封层。

(3)对高速公路、一级公路有轻微损坏的宜铺筑微表处。

(4)对用于改善抗滑性能的上封层可采用稀浆封层、微表处或改性沥青集料封层。

**链接**

符合下列情况之一时，应在沥青面层上铺筑上封层：沥青面层的空隙较大，透水严重；有裂缝或已修补的旧沥青路面；需加铺磨耗层改善抗滑性能的旧沥青路面；需铺筑磨耗层或保护层的新建沥青路面。

上封层可采用拌和法或层铺法施工的单层式沥青表面处治，也可采用乳化沥青稀浆封层。新建的高速公路、一级公路和城市快速路、主干路的沥青路面上不宜采用稀浆封层铺筑上封层。

### （四）下封层

多雨潮湿地区的高速公路、一级公路的沥青面层空隙率较大，有严重渗水可能，或铺筑基层不能及时铺筑沥青面层而需通行车辆时，宜在喷洒透层油后铺筑下封层。

下封层宜采用层铺法表面处治或稀浆封层法施工。稀浆封层可采用乳化沥青或改性乳化沥青作结合料。下封层的厚度不宜小于 6 mm，且做到完全密水。

以层铺法沥青表面处治铺筑下封层时，通常采用单层式，规定的矿料用量宜为 5 ~ 8 $m^3$/1 000 $m^2$，沥青用量可采用要求范围的中高限。

### （五）稀浆封层和微表处

微表处主要用于高速公路及一级公路的预防性养护以及填补轻度车辙，也适用于新建公路的抗滑磨耗层。稀浆封层一般用于二级及二级以下公路的预防性养护，也适用于新建公路的下封层。

稀浆封层和微表处必须使用专用的摊铺机进行摊铺。单层微表处适用于旧路面车辙深度不大于 15 mm 的情况；超过 15 mm 的必须分两层铺筑，或先用 V 字形车辙摊铺箱摊铺；深度大于 40 mm 时不适宜微表处处理。

微表处必须采用改性乳化沥青，稀浆封层可采用普通乳化沥青或改性乳化沥青，其品种和质量应分别符合规范的要求。

稀浆封层和微表处应选择坚硬、粗糙、耐磨、洁净的集料。

稀浆封层和微表处施工前，应彻底清除原路面的泥土、杂物，修补坑槽、凹陷，较宽的裂缝宜清理灌缝。在水泥混凝土路面上铺筑微表处时宜洒布粘层油，过于光滑的表面需拉毛处理。

稀浆封层和微表处的最低施工温度不得低于 10 ℃，严禁在雨天施工，摊铺后尚未成型混合料遇雨时应予铲除。

稀浆封层和微表处两幅纵缝搭接的宽度不宜超过 80 mm,横向接缝宜做成对接缝。分两层摊铺时,第一层摊铺后至少应开放交通 24 h 后方可进行第二层摊铺。

稀浆封层和微表处铺筑后的表面不得有超粒径料拖拉的严重划痕,横向接缝和纵向接缝处不得出现余料堆积或缺料现象,用 3 m 直尺测量接缝处的不平整度不得大于 6 mm。对微表处不得有横向波浪和深度超过 6 mm 的纵向条纹。经养生和初期交通碾压稳定的稀浆封层和微表处,在行车作用下应不飞散且完全密水。

## 六、沥青贯入式路面施工技术

### (一)一般规定

沥青贯入式路面适用于三级及三级以下公路,也可作为沥青路面的联结层或基层。沥青贯入式路面的厚度宜为 4 ~ 8 cm,但乳化沥青的厚度不宜超过 5 cm。当贯入层上部加铺拌和的沥青混合料面层成为上拌下贯式路面时,拌和层的厚度宜不小于 1.5 cm。沥青贯入式路面的最上层应撒布封层料或加铺拌和层。沥青贯入层作为联结层使用时,可不撒表面封层料。沥青贯入式路面宜选择在干燥和较热的季节施工,并宜在日最高温度降低至 15 ℃以前半个月结束,使贯入式结构层通过开放交通碾压成型。

### (二)材料规格和用量

沥青贯入式路面的集料应选择有棱角、嵌挤性好的坚硬石料,其规格和用量宜根据贯入层厚度按规范选用。当使用破碎砾石时,其破碎面应符合规范要求。沥青贯入式路面的结合料可采用道路石油沥青、煤沥青或乳化沥青,用量及沥青标号应按规范选用。

贯入式路面各层分次沥青用量应根据施工气温及沥青标号等在规定范围内选用。在寒冷地带或当施工季节气温较低、沥青针入度较小时,沥青用量宜用高限;在低温潮湿气候下用乳化沥青贯入时,应按乳液总用量不变的原则进行调整,上层较正常情况适当增加,下层较正常情况适当减少。

### (三)施工准备

沥青贯入式路面施工前,基层必须清扫干净。当需要安装路缘石时,应在路缘石安装完成后施工。路缘石应予遮盖。乳化沥青贯入式路面必须浇洒透层或粘层沥青。沥青贯入式路面厚度小于或等于 5 cm 时,也应浇洒透层或粘层沥青。

### (四)施工方法

沥青贯入式路面的施工应按下列步骤进行:

(1)采用碎石摊铺机、平地机或人工摊铺主层集料。铺筑后严禁车辆通行。

(2)碾压主层集料。撒布后应采用 6 ~ 8 t 的轻型钢筒式压路机自路两侧向路中心碾压,碾压速度宜为 2 km/h,每次轮迹重叠约 30 cm,碾压一遍后检验路拱和纵向坡度,当不符合要求时,应调整找平后再压。然后用重型的钢轮压路机碾压,每次轮迹重叠 1/2 左右,宜碾压 4 ~ 6 遍,直至主层集料嵌挤稳定,无显著轮迹为止。

(3)浇洒第一层沥青。浇洒方法应按规范进行。采用乳化沥青贯入时,为防止乳液下漏过多,可在主层集料碾压稳定后,先撒布一部分上一层嵌缝料,再浇洒主层沥青。

(4)采用集料撒布机或人工撒布第一层嵌缝料。撒布后尽量扫匀,不足处应找补。当使用乳化沥青时,石料撒布必须在乳液破乳前完成。

(5)立即用 8 ~ 12 t 钢筒式压路机碾压嵌缝料,轮迹重叠轮宽的 1/2 左右,宜碾压 4 ~ 6 遍,直至稳定为止。碾压时随压随扫,使嵌缝料均匀嵌入。因气温较高使碾压过程中发生较大推移现象时，应立即停止碾压，待气温稍低时再继续碾压。

(6)按上述方法浇洒第二层沥青、撒布第二层嵌缝料，然后碾压，再浇洒第三层沥青。

(7)按撒布嵌缝料方法撒布封层料。

(8)采用6～8 t压路机做最后碾压，宜碾压2～4遍，然后开放交通。

沥青贯入式路面开放交通后应按规范要求控制交通，做初期养护。

铺筑上拌下贯式路面时，贯入层不撒布封层料，拌和层应紧跟贯入层施工，使上下成为整体。贯入部分采用乳化沥青时应待其破乳、水分蒸发且成型稳定后方可铺筑拌和层，当拌和层与贯入部分不能连续施工，且要在短期内通行施工车辆时贯入层部分的第二遍嵌缝料应增加用量2～3 $m^3$/1 000 $m^2$，在摊铺拌和层沥青混合料前，应做补充碾压，并浇洒粘层沥青。

**链接**

沥青贯入式路面的使用寿命一般比沥青表面处治路面的使用寿命长。

## 七、沥青路面透层、粘层施工技术

### (一)透层

沥青路面各类基层都必须喷洒透层油，沥青层必须在透层油完全渗透入基层后方可铺筑。基层上设置下封层时，透层油不宜省略。气温低于10 ℃或大风天气，即将降雨时不得喷洒透层油。

根据基层类型选择渗透性好的液体沥青、乳化沥青、煤沥青作透层油，喷洒后通过钻孔或挖掘确认透层油渗透入基层的深度宜不小于5(无机结合料稳定集料基层)～10 mm(无结合料基层)，并能与基层联结成为一体。透层油的质量应符合规范要求。

透层油的黏度通过调节稀释剂的用量或乳化沥青的浓度得到适宜的黏度，基质沥青的针入度通常宜不小于100。透层用乳化沥青的蒸发残留物含量允许根据渗透情况适当调整，当使用成品乳化沥青时可通过稀释得到要求的黏度。透层用液体沥青的黏度通过调节煤油或轻柴油等稀释剂的品种和掺量经试验确定。

透层油的用量通过试洒确定，不宜超出表1-64要求的范围。

**表1-64　沥青路面透层材料的规格和用量表**

| 用途 | 液体沥青 | | 乳化沥青 | | 煤沥青 | |
|---|---|---|---|---|---|---|
| | 规格 | 用量/($L \cdot m^{-2}$) | 规格 | 用量/($L \cdot m^{-2}$) | 规格 | 用量/($L \cdot m^{-2}$) |
| 无结合料粒料基层 | AL(M)-1,2或3<br>AL(S)-1,2或3 | 1.0～2.3 | PC-2<br>PA-2 | 1.0～2.0 | T-1<br>T-2 | 1.0～1.5 |
| 半刚性基层 | AL(M)-1或2<br>AL(S)-1或2 | 0.6～1.5 | PC-2<br>PA-2 | 0.7～1.5 | T-1<br>T-2 | 0.7～1.0 |

注：表中用量是指包括稀释剂和水分等在内的液体沥青、乳化沥青的总量。乳化沥青中的残留物含量以50%为基准。

用于半刚性基层的透层油宜紧接在基层碾压成型后表面稍变干燥，但尚未硬化的情况下喷洒。在无结合料粒料基层上洒布透层油时，宜在铺筑沥青层前1～2 d洒布。透层油宜采用沥青洒布车一次喷洒均匀，使用的喷嘴宜根据透层油的种类和黏度选择并保证均匀喷洒，沥青洒布车喷洒不均匀时宜改用手工沥青洒布机喷洒。洒布应符合规范要求。

喷洒透层油前应清扫路面，遮挡防护路缘石及人工构造物避免污染，透层油必须洒布均匀，有花白遗漏应人工补洒，喷洒过量的立即撒布石屑或砂吸油，必要时做适当碾压。透层油洒布后不得在表面形成能被运料车和摊铺机粘起的油皮，透层油达不到渗透深度要求时，应更换透层油稠度或品种。

透层油洒布后的养生时间随透层油的品种和气候条件由试验确定，确保液体沥青中的稀释剂全部挥发，乳化沥青渗透且水分蒸发，然后尽早铺筑沥青面层，防止工程车辆损坏透层。

**链接**

在铺筑沥青面层前，如发现局部地方透层沥青剥落，应予修补。当有多余的石屑、砂或未渗入基层的沥青时，应予扫除。

### （二）粘层

符合下列情况之一时，必须喷洒粘层油：

(1)双层式或三层式热拌热铺沥青混合料路面的沥青层之间。

(2)水泥混凝土路面、沥青稳定碎石基层或旧沥青路面层上加铺沥青层。

(3)路缘石、雨水口、检查井等构造物与新铺沥青混合料接触的侧面。

粘层油宜采用快裂或中裂乳化沥青、改性乳化沥青，也可采用快、中凝液体石油沥青，其规格和质量应符合规范要求，所使用的基质沥青标号宜与主层沥青混合料相同。

粘层油品种和用量，应根据下卧层的类型通过试洒确定，并符合表1-65的要求。当粘层油上铺筑薄层大空隙排水路面时，粘层油的用量宜增加到0.6～1.0 L/m²。在沥青层之间兼作封层而喷洒的粘层油宜采用改性沥青或改性乳化沥青，其用量宜不少于1.0 L/m²。

表1-65　沥青路面粘层材料的规格和用量表

| 下卧层类型 | 液体沥青 | | 乳化沥青 | |
|---|---|---|---|---|
| | 规格 | 用量/（L·m⁻²） | 规格 | 用量/（L·m⁻²） |
| 新建沥青层或旧沥青路面 | AL(R)-3～AL(R)-6<br>AL(M)-3～AL(M)-6 | 0.3～0.5 | PC-3<br>PA-3 | 0.3～0.6 |
| 水泥混凝土 | AL(M)-3～AL(M)-6<br>AL(S)-3～AL(S)-6 | 0.2～0.4 | PC-3<br>PA-3 | 0.3～0.5 |

注：表中用量是指包括稀释剂和水分等在内的液体沥青、乳化沥青的总量。乳化沥青中的残留物含量以50%为基准。

粘层油宜采用沥青洒布车喷洒，并选择适宜的喷嘴，洒布速度和喷洒量保持稳定。当采用机动或手摇的手工沥青洒布机喷洒时，必须由熟练的技术工人操作，均匀洒布。气温低于10 ℃时不得喷洒粘层油，寒冷季节施工不得不喷洒时可以分成两次喷洒。路面潮湿时不得喷洒粘层油，用水洗刷后需待表面干燥后喷洒。

喷洒的粘层油必须成均匀雾状，在路面全宽度内均匀分布成一薄层，不得有洒花漏空或成条状，也不得有堆积。喷洒不足的要补洒，喷洒过量处应予刮除。喷洒粘层油后，严禁运料车外的其他车辆和行人通过。

粘层油宜在当天洒布，待乳化沥青破乳、水分蒸发完成，或稀释沥青中的稀释剂基本挥发完成后，紧跟着铺筑沥青层，确保粘层不受污染。

## 八、沥青路面再生技术

沥青路面在养护和改扩建施工时产生大量废旧材料，将这些旧料再生，既减轻了环境污染，又减少了材料消耗，是实现公路交通运输可持续发展的重要手段和迫切需要。

沥青路面再生方式分为厂拌热再生、就地热再生、厂拌冷再生、就地冷再生和全深式冷再生等五种。

（1）厂拌热再生。在拌和厂将沥青混合料回收料（RAP）破碎、筛分后，以一定的比例与新矿料、新沥青、沥青再生剂等加热拌和为混合料，然后铺筑形成沥青路面的技术。

**提示**

厂拌热再生沥青路面施工中，利用旧沥青回收料的比例通常为10%～30%，最高不超过50%。

（2）就地热再生。采用专用设备对沥青路面就地进行加热、翻松，掺入一定数量的新沥青、新沥青混合料、沥青再生剂等，经热态拌和、摊铺、碾压等工序，实现旧沥青路面面层再生的技术，也称现场热再生。就地热再生技术分为两种，如图1-13所示。

| 复拌再生 | 加铺再生 |
| --- | --- |
| 将旧沥青路面加热、翻松，就地掺加一定数量的沥青再生剂、新沥青混合料、新沥青（需要时），经热态拌和、摊铺、压实成型 | 将旧沥青路面加热、翻松，就地掺加一定数量的沥青再生剂、新沥青（需要时），拌和形成再生沥青混合料，利用再生复拌机的第一熨平板摊铺再生沥青混合料，利用再生复拌机的第二熨平板同时将新沥青混合料摊铺于再生混合料之上，两层一起压实成型 |

图1-13　就地热再生技术

**链接**

就地热再生可以分为整形再生、复拌再生、重铺再生三种施工工艺。前一种适用于路面2～3 cm厚的表面层的再生；后两种适用于路面4～6 cm厚的面层的再生。

（3）厂拌冷再生。在拌和厂将沥青混合料回收料（RAP）或者无机回收料（RAI）破碎、筛分后，以一定的比例与新矿料、再生结合料、水等在常温下拌和为混合料，然后铺筑形成沥青路面的技术。

（4）就地冷再生。采用专用设备对沥青层进行就地铣刨，掺入一定数量的新矿料、再生结合料、水，经过常温拌和、摊铺、压实等工序，实现旧沥青路面再生的技术，也称现场冷再生。

**链接**

就地冷再生中的关键技术主要包括添加的胶黏剂与旧混合料的均匀拌和技术、旧沥青混合料的铣刨、破碎技术、胶黏剂配比性能。

（5）全深式冷再生。采用专用设备对沥青层及部分下承层进行就地翻松，或是将沥青层部分或全部铣刨移除后对部分下承层进行就地翻松，同时掺入一定数量的新矿料、再生结合料、水等，经过常温拌和、摊铺、压实等工序，实现旧沥青路面再生的技术。

各种再生方式的主要差别参照表1-66的规定。

表1-66 各种再生方式的主要差别

| 再生方式 | | 厂拌热再生 | 就地热再生 | 厂拌冷再生 | 就地冷再生 | 全深式冷再生 |
|---|---|---|---|---|---|---|
| 拌和场所 | 路面现场 | | √ | | √ | √ |
| | 拌和厂 | √ | | √ | | |
| 拌和温度 | 加热 | √ | √ | | | |
| | 常温 | | | √ | √ | √ |
| 再生涉及层位 | 沥青层 | √ | √ | √ | √ | |
| | 非沥青层 | | | √ | | √ |
| | 沥青层+非沥青层 | | | | | √ |
| 结合料类型 | 沥青、沥青再生剂 | √ | √ | | | |
| | 乳化沥青或泡沫沥青 | | | √ | √ | √ |
| | 无机结合料 | | | √ | | √ |

## 九、沥青路面改建施工

此处所称的沥青路面改建是把原来的水泥混凝土路面(灰白色)改建为沥青路面(黑色),达到环保、防尘、降噪和增添行车舒适性的效果,也称为“白改黑”。相对于原先的水泥混凝土路面,白改黑后的道路路面与轮胎之间附着力增强,车辆在处理紧急事件中制动性能大大提高,车辆行驶起来更加安全,更加平稳;车辆行驶过程中产生的噪音将大幅度下降,为降低噪音起到了重要作用;黑色沥青路面吸尘性能较好,能有效吸收车辆行驶过程中的扬尘,从而能提高空气质量,达到环保要求。经过大量的研究和工程实践,“白改黑”工艺以经济、环保、改造后较好的路用性能等优点,已经成为重要的水泥混凝土路面提质改造手段,已经在等级公路、市政等工程实践中广泛应用。

路面白改黑典型方案及工艺如下。

### (一)方案一

方案一:局部基层修复,拉毛处理,中间粘结层施工,摊铺沥青面层。

典型工艺流程:修复基层→(拉毛原路面)→喷油→铺土工布(洒布橡胶沥青→洒布沥青碎石)→碾压→摊铺沥青面层→碾压。

其中也有用橡胶沥青+沥青碎石代替土工布作为应力吸收层。该方法适用于路面破损不严重,断板率较低(低于20%)情况。

施工前凿平或用沥青砂调平板块错台严重部位,对板底脱空采取压浆补强处理更新或补灌旧路面板接、裂缝,将旧路面上尖锐凸出部分铲除,采用铣刨机或抛丸机拉毛原水泥路面,并对原路面彻底清扫,不得含有污物、尘土、碎石。基层处理检查合格后,采用沥青洒布机在旧路面上均匀喷洒一层乳化沥青。待粘层乳化沥青破乳后,由人工或专用设备铺设土工布,并在表面用轻型工具碾压,使土工布与旧路面紧密黏结。土工布铺设完成后,可进行沥青面层的施工。

**链接**

板底脱空压浆补强处理的工艺流程如图 1-14 所示。

制浆→灌浆

定位→钻孔→灌浆→灌浆孔封堵→交通控制及养护→弯沉检测

图 1-14　板底脱空压浆补强处理的工艺流程

在旧水泥混凝土基层与沥青面间铺设一层专用土工布，其作用在于使加铺层与旧水泥混凝土路面之间形成弹性的间层，减小层间结合力，将反射裂缝应力由垂直方向转为水平方向，并扩展至更宽范围，避免应力集中，起到缓裂、防裂的作用，防止加铺层的反射开裂，同时防止雨水下渗对基层造成破坏。

### （二）方案二

方案二：处治基层，原板块破碎，新铺中间层，最后摊铺沥青面层。

典型工艺流程：基层处治→板块破碎→碾压→撒布透层油→撒布石屑→碾压→（摊铺水泥稳定碎石基层/沥青稳定碎石基层）→摊铺沥青面层→碾压。

其中，由于公路等级不同，在石屑层和沥青面层之间可以设置水泥稳定碎石层或沥青稳定碎石层。该工艺适用于路面大面积已遭破坏、丧失了整体承载能力，断板率较高（20% 以上）或已不能达到结构强度要求的情况。

该方案一般是利用特殊施工机械，在对局部破坏严重的基层进行处治后，将旧水泥混凝土板块破碎成较小的粒径（通常底部不超过 37.5 cm，中间不超过 22.5 cm，表面不超过 7.5 cm），采用 Z 型压路机碾压后作为新路面结构基层或底基层。基层处治、板块破碎、碾压的施工要点如图 1-15 所示。

**基层处治**：对全线存在的严重病害软弱路段进行处治，具体处治步骤为清除水泥混凝土路面→开挖基层或路基至稳定层→换填监理工程师认可的材料→顶面高程与破碎水泥混凝土板底相同→回填料应进行适当的摊铺和压实

**板块破碎**：
（1）先破碎路面两侧的行车道，然后破碎中部的行车道。
（2）两幅破碎一般保证 10 cm 左右的搭接破碎宽度。
（3）为尽量达到破碎均匀效果，破碎过程中应灵活调整破碎机行进速度、落锤高度、频率等。
（4）切割移除板块破碎后暴露的加强钢筋

**碾压**：采用 Z 型振动压路机压实 2～3 遍，测标高并进行级配碎石找平，检测平整度。光轮压路机压实 3～4 遍，压实速度不超过 5 km/h

图 1-15　基层处治、板块破碎、碾压的施工要点

水泥混凝土路面破碎后进行碾压的主要作用如下：进一步破碎水泥混凝土路面表面的颗粒；对下层块料起到巩固加强的作用；在铺筑沥青面层前，将破碎的水泥混凝土路面变得尽可能平坦，以方便后续施工。在路面综合强度过高或过低的路段应避免过度压实，以防造成表面粒径过小或将碎石化层压入基层。

碾压完毕，要及时撒布透层油，目的在于稳固表面碎石，防止形成滑动层。撒布完透层油，及时撒布小石屑，用轮胎压路机碾压稳定，然后再加铺新的沥青面层。

板块破碎环节所采用的破碎设备可分为多锤头破碎、冲击破碎和共振破碎等几种工艺，

每种工艺所采用设备的破碎碎块尺寸及结构有所不同。

**链接**

旧水泥混凝土面板破碎前，施工单位应对全线的排水系统进行设置和修复，并将公路两侧的路肩挖除至旧路面基层顶面同一高度，达到便于水从路面区域排出的目的。

### （三）方案三

方案三：移除原旧混凝土板块，局部路基修整，重新摊铺水稳层，最后摊铺沥青面层。

典型工艺流程：板块破碎→清理移除→碾压土基→摊铺水稳碎石层→碾压→养生→摊铺沥青面层→碾压。

本改造工艺最为彻底，也是最复杂和成本较高的工艺，需移除旧水泥混凝土板块，然后重新铺水稳层，最后加铺新沥青面层，改造成为黑色路面。该工艺适用于路面大面积破坏过于严重，同时局部路基已遭破坏的情况。

移除旧路面后，需对路基进行检测评估，并对局部遭破坏的路基进行治理修复。路基处置完成后续工艺方案与新筑路面基本一致，其中水泥稳定土碎石基层一般设计厚度为 25 ~ 38 cm，基层较厚时，为保证压实度，普遍采用分层施工，分上基层和下基层两次施工，每层压实厚度不超过 20 cm，下层施工完毕后至少养生 7 d 方可进行上层施工。

这种方案初期投入较大，施工周期也较长，费时费力，移除的旧水泥混凝土又很难再加以利用，造成很大的浪费，并会造成严重的环境污染。其中旧板块的破碎一般选择液压冲击锤进行，破碎成可以装运的大块就可以移除运走。

综上所述，路面白改黑通常采取的措施为在旧水泥混凝土路面上加铺沥青层，由于旧路面板接缝、裂缝的存在，车辆通过时裂缝两侧产生剪应力，加上温度变化引起的热胀冷缩，造成水平方向位移。路面白改黑的两个关键问题，也是难点问题：一是治理和防止水泥路面裂缝的反射问题；二是处理好沥青面层和水泥混凝土路面板块的层间黏结问题。

针对原水泥混凝土路面状况全面调查和正确评价是合理进行加铺层结构设计的必要条件。基于路面白改黑防反射裂缝及层间黏结两大关键问题，以及原水泥路面结构设计、施工、交通载荷等特性的千差万别，在加铺改造前需要对原路面结构性能进行全面的调查、分析、评价。对水泥混凝土板的脱空和结构层的均匀情况、路面承载能力的检测评估可以由具有相应检测资质的检测单位采用探地雷达、弯沉仪进行。根据检测评估结果对水泥混凝土路段进行路面改造方案设计。

# 模块三　水泥混凝土路面施工技术

## 一、水泥混凝土路面的概述

水泥混凝土路面是用水泥混凝土板作面层的路面。水泥混凝土路面是一种刚性路面。

水泥混凝土路面类型包括普通混凝土路面、钢筋混凝土路面、连续配筋混凝土路面、预应力混凝土路面、装配式混凝土路面和钢纤维混凝土路面等。目前应用最广泛的是就地浇筑的普通混凝土路面，简称混凝土路面。

与其他类型的路面相比，混凝土路面具有以下优点：

（1）强度高。混凝土路面具有很高的抗压强度和较高的抗弯拉强度以及抗磨耗能力。

（2）稳定性好。混凝土路面的水稳性、热稳性均较好，特别是它的强度能随着时间的延长而逐渐提高,不存在沥青路面的"老化"现象。

(3)耐久性好。由于混凝土路面的强度和稳定性好,所以它经久耐用,一般能使用 20 ~ 40 年,而且它能通行包括履带式车辆等在内的各种运输工具。

(4)有利于夜间行车。混凝土路面色泽鲜明,能见度好,对夜间行车有利。

但是,混凝土路面也存在一些缺点,主要有以下几方面:

(1)对水泥和水的需要量大。这给水泥供应不足和缺水地区带来较大困难。

(2)有接缝。一般混凝土路面要建造许多接缝,这些接缝不但会增加施工和养护的复杂性,而且容易引起行车跳动,影响行车的舒适性;接缝又是路面的薄弱点,如处理不当,将导致路面板边和板角处破坏。

(3)开放交通较迟。一般水泥混凝土路面完工后,要经过 28 d 的潮湿养护,才能开放交通,如需提早开放交通,则需采取特殊措施。

(4)修复困难。混凝土路面损坏后,开挖很困难,修补工作量也大,且影响交通。

## 二、水泥混凝土路面原材料技术要求

### (一)水泥

极重、特重、重交通荷载等级公路面层水泥混凝土应采用旋窑生产的道路硅酸盐水泥、硅酸盐水泥、普通硅酸盐水泥,中、轻交通荷载等级公路面层水泥混凝土可采用矿渣硅酸盐水泥。高温期施工宜采用普通型水泥,低温期施工宜采用早强型水泥。

面层水泥混凝土所用水泥的技术要求除应满足现行《道路硅酸盐水泥》或《通用硅酸盐水泥》的规定外,各龄期的实测抗折强度、抗压强度尚应符合表 1-67 的规定。

**表 1-67　面层水泥混凝土用水泥各龄期的实测强度值**

| 混凝土设计弯拉强度标准值/MPa | 5.5[a] | | 5.0 | | 4.5 | | 4.0 | |
|---|---|---|---|---|---|---|---|---|
| 龄期/d | 3 | 28 | 3 | 28 | 3 | 28 | 3 | 28 |
| 水泥实测抗折强度/MPa,≥ | 5.0 | 8.0 | 4.5 | 7.5 | 4.0 | 7.0 | 3.0 | 6.5 |
| 水泥实测抗压强度/MPa,≥ | 23.0 | 52.5 | 17.0 | 42.5 | 17.0 | 42.5 | 10.0 | 32.5 |

注:[a] 本栏也适用于设计弯拉强度为 6.0 MPa 的纤维混凝土。

面层水泥混凝土选用水泥时,除应满足规范规定的各项要求外,还应对拟采用厂家水泥进行混凝土配合比对比试验,根据所配制的混凝土弯拉强度、耐久性和工作性,选择适宜的水泥品种和强度等级。

采用滑模摊铺机铺筑时,宜选用散装水泥。高温期施工时,散装水泥的入罐最高温度不宜高于 60 ℃;低温期施工时,水泥进入搅拌缸前的温度不宜低于 10 ℃。

### (二)掺合料

使用道路硅酸盐水泥或硅酸盐水泥时,可在混凝土中掺入适量粉煤灰;使用其他水泥时,不应掺入粉煤灰。面层水泥混凝土可单独或复配掺用符合规范规定的粉状低钙粉煤灰、矿渣粉或硅灰等掺合料,不得掺用结块或潮湿的粉煤灰、矿渣粉和硅灰。粉煤灰质量不应低于《公路水泥混凝土路面施工技术细则》中规定的Ⅱ级粉煤灰的要求。不得掺用高钙粉煤灰或Ⅲ级及Ⅲ级以下低钙粉煤灰。粉煤灰进货应有等级检验报告。

掺加于面层水泥混凝土中的矿渣粉、硅灰,其质量应符合规范的规定。使用矿渣硅酸盐水泥时不得再掺加矿渣粉。高温期施工时,不宜掺用硅灰。各种掺合料在使用前,应进行混凝土配合比试配检验与掺量优化试验,确认面层水泥混凝土弯拉强度、工作性、抗磨性、抗冰冻性、抗盐冻性等指标满足设计要求。

### (三)粗集料与再生粗集料

粗集料应使用质地坚硬、耐久、干净的碎石、破碎卵石或卵石。极重、特重、重交通荷载等级公路面层混凝土用粗集料质量不应低于《公路水泥混凝土路面施工技术细则》中规定的Ⅱ级的要求;中、轻交通荷载等级公路面层混凝土可使用Ⅲ级粗集料。

中、轻交通荷载等级公路面层水泥混凝土可使用再生粗集料,其质量应符合规范的规定。再生粗集料可单独或掺配新集料后使用,但应通过配合比试验验证,确定混凝土性能满足设计要求,并符合下列规定:

(1)有抗冰冻、抗盐冻要求时,再生粗集料不应低于Ⅱ级;无抗冰冻、抗盐冻要求时,可使用Ⅲ级再生粗集料。

(2)再生粗集料不得用于裸露粗集料的水泥混凝土抗滑表层。

(3)不得使用出现碱活性反应的混凝土为原料破碎生产的再生粗集料。

粗集料与再生粗集料应根据混凝土配合比的公称最大粒径分为2~4个单粒级的集料,并掺配使用。粗集料与再生粗集料的合成级配及单粒级级配范围宜符合规范的要求。不得使用不分级的统料。

各种面层水泥混凝土配合比的不同种类粗集料与再生粗集料公称最大粒径宜符合规范的规定。

### (四)细集料

细集料应使用质地坚硬、耐久、洁净的天然砂或机制砂,不宜使用再生细集料。

极重、特重、重交通荷载等级公路面层水泥混凝土用天然砂的质量标准不应低于《公路水泥混凝土路面施工技术细则》中规定的Ⅱ级,中、轻交通荷载等级公路面层水泥混凝土可使用Ⅲ级天然砂。天然砂的级配范围宜符合规范的规定。面层水泥混凝土使用的天然砂细度模数宜在2.0~3.7之间。

机制砂宜采用碎石作为原料,并用专用设备生产。极重、特重、重交通荷载等级公路面层水泥混凝土用机制砂的质量标准不应低于《公路水泥混凝土路面施工技术细则》中规定的Ⅱ级,中、轻交通荷载等级公路面层水泥混凝土可使用Ⅲ级机制砂。机制砂的级配范围宜符合规范的规定。面层水泥混凝土使用的机制砂细度模数宜在2.3~3.1之间。

细集料的使用尚应符合下列规定:

(1)配筋混凝土路面及钢纤维混凝土路面中不得使用海砂。

(2)细度模数差值超过0.3的砂应分别堆放,分别进行配合比设计。

(3)采用机制砂时,外加剂宜采用引气高效减水剂或聚羧酸高性能减水剂。

### (五)水

符合现行《生活饮用水卫生标准》的饮用水可直接作为混凝土搅拌与养生用水。

非饮用水应进行水质检验,并应符合规范的规定,还应与蒸馏水进行水泥凝结时间与水泥胶砂强度的对比试验;对比试验的水泥初凝与终凝时间差均不应大于30 min,水泥胶砂3 d和28 d强度不应低于蒸馏水配制的水泥胶砂3 d和28 d强度的90%。

养生用水可不检验不溶物含量和其他杂质,其他指标应符合规范的规定。

### (六)外加剂

面层水泥混凝土外加剂质量除应符合国家和行业现行相关标准外,尚应符合《公路水泥混凝土路面施工技术细则》的要求,各项性能的检验方法应符合现行《混凝土外加剂》的规定。

外加剂产品出厂报告中应标明其主要化学成分和使用注意事项。面层水泥混凝土的各种外加剂应经有相应资质的检测机构检验合格,并提供检验报告后方可使用。外加剂产品应使用工程实际采用的水泥、集料和拌和用水进行试配,检验其性能,确定合理掺量。外加剂复配使用时,不得有絮凝现象,应使用工程实际采用的水泥、集料和拌和用水进行试配,确定其性能满足要求后方可使用。各种可溶外加剂均应充分溶解为均匀水溶液,按配合比计算的剂量加入。采用非水溶的粉状外加剂时,应保证其分散均匀、搅拌充分,不得结块。

滑模摊铺施工的水泥混凝土面层宜采用引气高效减水剂;高温施工混凝土拌和物的初凝时间短于 3 h 时,宜采用缓凝引气高效减水剂;低温施工混凝土拌和物终凝时间长于 10 h 时,宜采用早强引气高效减水剂。有抗冰冻、抗盐冻要求时,各级公路水泥混凝土面层及暴露结构物混凝土应掺入引气剂;无抗冻要求地区的二级及二级以上公路水泥混凝土面层宜掺入引气剂。

**专家解读**

有抗冰冻、抗盐冻要求时应掺引气剂,并达到规定含气量,是为了提高直接接触冰雪的水泥混凝土路面与表面构件的抗冻性与抗盐冻性。无抗冻要求时,路面宜掺入引气剂的规定是为了增加混凝土的黏聚性和表面砂浆富裕度,首先确保平整度,提高弯拉强度,减少收缩和接缝变形率,并提升工程经济效益。

处在海水、海风、氯离子环境或冬季撒除冰盐的路面或桥面钢筋混凝土、钢纤维混凝土中可掺用或复配阻锈剂。

### (七)钢筋与纤维

钢筋不得有裂纹、断伤、刻痕、表面油污和锈蚀。配筋混凝土路面与桥面用钢筋宜采用环氧树脂涂层或防锈漆涂层等保护措施。传力杆应无毛刺,两端应加工成圆锥形或半径为 2 ~ 3 mm的圆倒角。传力杆钢筋应采取喷塑、镀锌、电镀或涂防锈漆等防锈措施,防锈层不得局部缺失。拉杆钢筋应在中部不小于 100 mm 范围内采取涂防锈漆等防锈措施。

用于路面和桥面水泥混凝土的钢纤维质量除应满足现行标准的要求外,尚应符合下列规定:

(1)钢纤维抗拉强度等级不应低于 600 级。

(2)钢纤维应进行有效的防锈蚀处理。

(3)钢纤维的几何参数及形状精度应满足规范的要求。钢丝切断型钢纤维或波形、带倒钩的钢纤维不应使用。

(4)钢纤维表面不应沾染油污及妨碍水泥黏结及凝结硬化的物质,结团、黏结连片的钢纤维不得使用。

用于面层水泥混凝土的玄武岩短切纤维的外观应为金褐色,匀质、表面无污染,二氧化硅含量应在 48% ~60% 之间。其表面浸润剂应为亲水型。用于面层水泥混凝土的合成纤维可采用聚丙烯腈(PANF)、聚丙烯(PPF)、聚酰胺(PAF)和聚乙烯醇(PVAF)等材料制成的单丝纤维或粗纤维,其质量应符合现行国家标准的规定,且实测单丝抗拉强度最小值不得小于 450 MPa。

### （八）接缝材料

接缝材料应符合表1-68的规定。

表1-68 接缝材料规定

| 材料 | 规定 |
|---|---|
| 胀缝板 | (1)用于水泥混凝土面层的胀缝板的高度、长度和厚度应符合设计要求,并按设计间距预留传力杆孔。孔径宜大于传力杆直径2 mm,高度和厚度尺寸偏差均应小于1.5 mm。胀缝板质量应符合规范的规定。<br>(2)高速公路、一级公路胀缝板宜采用塑胶板、橡胶(泡沫)板或沥青纤维板;其他等级公路也可采用浸油木板 |
| 填缝料 | (1)硅酮类、聚氨酯类常温施工式填缝料可用于各等级公路水泥混凝土面层;橡胶沥青、改性沥青类填缝料可用于二级及二级以下公路,不宜用于高速公路和一级公路;道路石油沥青类填缝料可用于三、四级公路,不宜用于二级公路,不得用于高速公路和一级公路。<br>(2)严寒及寒冷地区宜采用低模量型填缝料,其他地区宜采用高模量型填缝料。橡胶沥青应根据当地所处的气候区划选用四类中适宜的一类。严寒、寒冷地区宜使用70号石油沥青和(或)SBS类Ⅰ-C;炎热、温暖地区宜使用50号石油沥青和(或)SBS类Ⅰ-D |

提示

聚氨酯类填缝料中不得掺入碳黑等无机充填料。

### （九）夹层与封层材料、养生材料

沥青混凝土夹层用材料应符合规范的规定。热沥青表处与改性乳化沥青稀浆封层用材料应符合规范的规定。封层用薄膜材料的质量、规格与外观应符合规范的规定。

水泥混凝土面层用养护剂应采用由石蜡、适宜高分子聚合物与适量稳定剂、增白剂经胶体磨制成水乳液,不得采用以水玻璃为主要成分的养护剂。养护剂宜为白色胶体乳液,不宜为无色透明的乳液,养护剂的质量应符合规范的规定。使用养护剂时,高速公路、一级公路水泥混凝土面层应使用满足一级品要求的养护剂,其他等级公路可使用满足合格品要求的养护剂。水泥混凝土面层用节水保湿养护膜应由高分子吸水保水树脂和不透水塑料面膜制成,其质量应符合规范的规定。高温期施工时,宜选用白色反光面膜的节水保湿养护膜;低温期施工时,宜选用黑色或蓝色吸热面膜的产品。

## 三、水泥混凝土路面施工准备

二级及二级以上公路水泥混凝土面层施工前,应制订试验路段的施工方案和质量检测计划,并应铺筑试验路段。其他等级公路施工前宜铺筑试验路段。试验路段长度不应短于100 m,高速公路、一级公路宜在主线路面以外进行试铺。

试验路段铺筑应达到下述目的:确定拌和楼的拌和参数、实际生产能力和配料精度;检验混凝土的施工性能、技术参数和实测强度;检验铺筑机械、工艺参数及与拌和能力匹配情况;检验施工组织方式、质量控制水平和人员配备。

试验路段铺筑时,应确定下列内容:

(1)主要铺筑设备的工艺性能、质量指标和生产能力满足要求;辅助设备的配备合理、适用;模板架设固定方式或基准线设置方式能够保证高程和厚度控制要求。

(2)实测试验路段的松铺系数、摊铺速度、振捣时间与频率、滚压遍数、碾压遍数、压实度、拉杆与传力杆置入精度、抗滑构造深度、摩擦系数、接缝顺直度等。

(3)验证施工各工艺环节操作要领,确定各关键岗位的作业指导书。

(4)检验施工组织形式和人员编制。

(5)通信联络、生产调度指挥及应急管理系统满足施工组织要求。

## 四、水泥混凝土拌和物搅拌与运输

### (一)混凝土拌和

施工单位应编制安全搅拌生产作业指导书,明确混凝土拌和物质量标准和安全拌和生产程序。拌和楼(机)机械上料时,在铲斗及拉铲活动范围内,人员不得逗留和通过。

拌和楼(机)应满足规定的计量精度要求。在标定有效期满或拌和楼(机)搬迁安装后,应重新标定。施工中应每 15 d 校验一次拌和楼(机)计量精度。采用计算机自动控制的拌和楼(机)时,应使用自动配料方式控制生产,并按要求打印对应路面摊铺桩号的混凝土配料统计数据及偏差。

拌和楼(机)拌和第一盘拌和物之前,应润湿搅拌锅,并排净积水。拌和楼(机)生产时,每台班结束后均应对搅拌锅进行清洗,剔除结硬的混凝土块,并更换严重磨损的搅拌叶片。

搅拌时间应根据拌和物的黏聚性、匀质性及搅拌机类型,经试拌确定,并应符合下列规定:

(1)单立轴式搅拌机总搅拌时间宜为 80 ~ 120 s,纯搅拌时间不应短于 40 s。

(2)行星立轴和双卧轴式搅拌机总搅拌时间宜为 60 ~ 90 s,纯搅拌时间不应短于 35 s。

(3)连续双卧轴拌和楼(机)的总搅拌时间宜为 80 ~ 120 s,纯搅拌时间不应短于 40 s。

可溶解的外加剂应充分溶解、搅拌均匀后加入搅拌锅,并扣除溶液中的加水量。有沉淀的外加剂溶液,应每天清除一次稀释池中的沉淀物。不可溶解的粉末外加剂加入前应过 0.30 mm筛,可与集料同时加入,并适当延长纯搅拌时间。混凝土中掺有引气剂时,拌和楼(机)一次搅拌量不应大于其额定搅拌量的 90%。粉煤灰或其他掺合料应采用与水泥相同的输送、计量方式加入。加入粉煤灰的水泥混凝土拌和物的纯搅拌时间应比不掺的延长 15 ~ 25 s。

拌和楼(机)卸料时,自卸车每装载一盘拌和物应挪动一次车位,搅拌锅出口与车厢底板之间的卸料落差不应大于 2.0 m。

混凝土拌和物质量检验与控制应符合下列规定:

(1)混凝土拌和物质量检测项目及频率应符合规范规定。

(2)拌和物出料温度宜控制在 10 ~ 35 ℃之间。

(3)拌和物应均匀一致。生料、干料、严重离析的拌和物,或有外加剂团块、粉煤灰团块的拌和物不得用于路面摊铺。

(4)一座拌和楼(机)每盘之间,各拌和楼(机)之间,拌和物的坍落度偏差应小于 10 mm。

### (二)混凝土运输

混凝土的运输应保证到现场的拌和物具有适宜摊铺的工作性。

不掺加缓凝剂的混凝土拌和物从搅拌机出料到运抵现场的允许最长时间应符合规定。不满足时,可采用通过试验调整缓凝剂的剂量等措施,保证到达现场的拌和物工作性满足要求。

运送混凝土的车辆装料前,应清洁车厢或车罐,洒水润壁,排干积水。混凝土运输过程中应防止漏浆、漏料和污染,防止拌和物离析。车辆行驶和卸料过程中,当碰撞了模板或基准线时,应重新测量纠偏。

## 五、滑模摊铺机施工

### (一)一般规定

滑模摊铺工艺宜用于高速、一级、二级公路普通水泥混凝土面层、配筋混凝土面层、纤维混凝土面层、钢筋混凝土桥面、隧道混凝土面层、混凝土路缘石、路肩石及护栏等的滑模施工。

采用滑模摊铺机在基层上行走的铺筑方案时,基层侧边缘到滑模摊铺面层边缘的宽度不宜小于650 mm。传力杆和胀缝拉杆钢筋宜采用前置支架法施工,也可采用滑模摊铺机配备的自动插入装置(DBI)施工。

应加强混凝土运输组织,保证供料速度与摊铺速度相适应,避免发生料多废弃或等料停机现象。滑模铺筑施工应编制安全生产作业指导书。上坡纵坡大于5%、下坡纵坡大于6%、半径小于50 m或超高超过7%的路段,不宜采用滑模摊铺机进行摊铺。

### (二)设备选择

滑模摊铺机的选择应根据路面结构形式、路面板块划分等因素,并参考滑模摊铺机的性能确定。选用的滑模摊铺机的技术指标宜符合规范规定的基本技术参数要求。

高速公路、一级公路宜选配能一次摊铺不少于2个车道宽度的滑模摊铺机。二级公路路面的最小摊铺宽度不得小于单个车道设计宽度。硬路肩宜选配可连体摊铺路缘石的中、小型多功能滑模摊铺机。滑模摊铺水泥混凝土路面时,摊铺机应配备自动抹平板装置。

滑模摊铺机械系统应配套齐全,辅助设备的数量及生产能力应满足铺筑进度的要求。可按下列要求进行配备:

(1)滑模铺筑无传力杆水泥混凝土路面时,布料可使用轻型挖掘机或推土机。

(2)**滑模铺筑连续配筋混凝土路面、钢筋混凝土路面、桥面和桥头搭板,路面中设传力杆钢筋支架、胀缝钢筋支架时,布料应采用侧向上料的布料机或供料机。**

(3)应采用刻槽机制作宏观抗滑构造。

(4)面层切缝可使用软锯缝机、支架式硬锯缝机或普通锯缝机。

### (三)摊铺前准备

摊铺段夹层或封层质量应检验合格,对于破损或缺失部位,应及时修复。表面应清扫干净并洒水润湿,并采取防止施工设备和车辆碾坏封层的措施。

应检查并平整滑模摊铺机的履带行走区。行走区应坚实,不得存在湿陷等病害,并应清除砖、瓦、石块、废弃混凝土块等杂物。履带行走部位基层存在斜坡时,应提前整平。

摊铺前应检查并调试施工设备。滑模摊铺机首次作业前,应挂线对其铺筑位置、几何参数和机架水平度进行设置、调整和校准,满足要求后方可用于摊铺作业。

横向连接摊铺前,前次摊铺路面纵向施工缝处溜肩胀宽部位应切割顺直;拉杆应校正扳直,缺少的拉杆应钻孔锚固植入。横向连接摊铺时,纵向施工缝的上半部缝壁应按设计涂覆隔离防水材料。

滑模摊铺面层前,应准确架设基准线。基准线架设与保护应符合下列规定:

(1)滑模摊铺高速公路、一级公路时,应采用单向坡双线基准线;横向连接摊铺时,连接一侧可依托已铺成的路面,另一侧设置单线基准线。

(2)滑模整体铺筑二级公路的双向坡路面时,应设置双线基准线,滑模摊铺机底板应设置为路拱形状。

(3)基准线桩纵向间距直线段不宜大于10 m,桥面铺装、隧道路面及竖曲线和平曲线路段宜为 5 ~ 10 m,大纵坡与急弯道可加密布置。基准线桩最小距离不宜小于 2.5 m。

(4)基层顶面到夹线臂的高度宜为 450 ~ 750 mm。基准线桩夹线臂夹口到桩的水平距离宜为 300 mm。基准线桩应固定牢固。

(5)单根基准线的最大长度不宜大于 450 m。架设长度不宜大于 300 m。

(6)基准线宜使用钢绞线。采用直径 2.0 mm 的钢绞线时,张线拉力不宜小于 1 000 N;采用直径 3.0 mm 钢绞线时,不宜小于 2 000 N。

(7)基准线设置精度应符合规范的规定。

(8)基准线设置后,应避免扰动、碰撞和振动。多风季节施工,宜缩小基准线桩间距。

架设完成的基准线,不得存在眼睛可见的拐点及下垂,并应逐段校验其顺直度及张紧度。

应按下列规定对板厚进行校验:

(1)采用垂直于两侧基准线横向拉线,用直尺或加垂头的方法,对预备摊铺路段的板厚进行复核测量。

(2)单车道铺筑时,一个横断面横向应测不少于 3 个点;双车道及全幅摊铺时,应测不少于 5 个点。纵向每 200 m 应测不少于 10 个断面。

(3)横断面板厚测量值的算数平均值不应薄于设计板厚,极小值不应薄于质量控制极值。

(4)纵向以 200 m 为单元,全部板厚总平均值不应薄于设计板厚。

顺直度、张紧度或板厚不满足要求时,应重新测量架设基准线。

当面层传力杆、胀缝钢筋采用前置支架法施工时,应在表面先准确安装和固定支架,保证传力杆中部对中缩缝切割位置,且不会因布料、摊铺而导致推移。支架可采用与锚固入基层的钢筋焊接等方法固定。

边缘补强钢筋的安装应符合下列规定:

(1)应按设计图纸加工焊接边缘补强钢筋支架。

(2)边缘补强中部底筋与封层表面距离宜为 30 ~ 50 mm;两端弯起筋与面层表面的距离不应小于 50 mm;外侧钢筋到板边距离宜为 100 ~ 150 mm。

(3)可采用在封层或夹层上钻孔,钉入架立锚固钢筋,再将边缘补强钢筋支架与架立锚固钢筋焊接的方式固定边缘补强钢筋。

(4)边缘补强钢筋两弯起处应各有不少于两根锚固钢筋与支架相焊接,其他部位每延米不宜少于一根锚固钢筋。

### (四)水泥混凝土面层滑模摊铺机铺筑

滑模摊铺机的施工参数设定及校准应符合下列规定:

(1)振捣棒应均匀排列,间距宜为 300 ~ 450 mm;混凝土摊铺厚度较大时,应采用较小间距。两侧最边缘振捣棒与摊铺边缘距离不宜大于 200 mm。振捣棒下缘位置应位于挤压底板最低点以上。

(2)挤压底板前倾角宜设置为 3°。提浆夯板位置宜在挤压底板前缘以下 5 ~ 10 mm。

(3)边缘超铺高度应根据拌和物稠度确定,宜为 3 ~ 8 mm;板厚较厚、坍落度较小时,边缘超铺高度宜采用较小值。

(4)搓平梁前沿宜调整到与挤压底板后沿高程相同的位置;搓平梁的后沿应比挤压底板后沿低 1 ~ 2 mm,并与路面高程相同。

(5)符合铺筑精度要求的摊铺机设置应加以固定和保护。当基底高程等摊铺条件发生变化,铺筑精度超出范围时,可由操作手在行进中通过缓慢微调加以调整。

滑模摊铺混凝土机前布料，应采用机械完成，布料高度应均匀一致，不得采用翻斗车直接卸料的方式。布料尚应符合下列规定：

(1)卸料、布料速度应与摊铺速度协调一致，不得局部或全断面缺料。发生缺料时应立即停止摊铺。

(2)采用布料机布料时，布料机与滑模摊铺机之间施工距离宜为 5 ~ 10 m；现场蒸发率较大时，宜采用较小值。

(3)当坍落度在 10 ~ 30 mm 时，布料松铺系数宜在 1.08 ~ 1.15 之间。

(4)应保证滑模摊铺机前的料位高度位于螺旋布料器叶片最高点以下，最高料位高度不得高于松方控制板上缘。使用布料犁布料时，应按松方高度严格控制料位高度。

(5)当面层传力杆、胀缝与隔离缝钢筋采用前置支架法施工时，不得在支架顶面直接卸料。传力杆以下的混凝土宜在摊铺前采用手持振捣棒振实。

滑模摊铺机起步时，应先开启振捣棒，在 2 ~ 3 min 内调整振捣到适宜振捣频率，使进入挤压底板前缘拌和物振捣密实，无大气泡冒出破灭，方可开动滑模机平稳推进摊铺。当天摊铺施工结束，摊铺机脱离拌和物后，应立即关闭振捣棒组。

摊铺过程中应随时调整松方高度板位置控制摊铺机进料，保证进料充足。起步时宜适当调高，正常摊铺时宜保持振捣仓内料位高于振捣棒顶面 100 mm 左右，料位高低波动宜控制在 ±30 mm 之内。

滑模摊铺应缓慢、匀速、连续不间断地作业。滑模摊铺速度应根据板厚、混凝土工作性、布料能力、振捣排气效果等确定，可在 0.75 ~ 2.5 m/min 之间选择，宜采用 1 m/min。滑模摊铺水泥混凝土面层时，严禁快速推进、随意停机与间歇摊铺。滑模摊铺振捣频率应根据板厚、摊铺速度和混凝土工作性确定，以保证拌和物不发生过振、欠振或漏振。振捣频率可在 100 ~ 183 Hz 之间调整，宜为 150 Hz。

可根据拌和物的稠度大小，采取调整摊铺的振捣频率或速度等措施，保证摊铺质量稳定。当拌和物稠度发生变化时，宜先采取调振捣频率的措施，后采取改变摊铺速度的措施。

配备振动搓平梁时，摊铺过程中搓平梁前方砂浆卷直径宜控制在 100 mm ± 30 mm，应避免砂浆卷中断、散开或摊展。应通过控制抹平板压力的方法，使其底部不小于 85% 长度接触新铺混凝土表面。

在开始摊铺 5 ~ 10 m 内，应在铺筑行进中对摊铺出的路面高程、边缘厚度、中线、横坡度等参数进行复核测量，必要时可缓慢微调摊铺参数，保证路面摊铺质量满足规范要求。

滑模摊铺推进应匀速，平稳，滑出挤压底板或搓平梁的拌和物表面应平整、无缺陷，两侧边角应为 90°，光滑规则，无塌边溜肩，表层砂浆厚度不宜大于 3 mm。除露石混凝土路面外，滑模摊铺水泥混凝土面层表面不应裸露粗集料。

摊铺上坡路段时，挤压底板前仰角宜适当调小，并适当调小抹平板压力；摊铺下坡路段时，前仰角宜适当调大，并适当调大抹平板压力。

**专家解读**

纵坡路段摊铺时，调整挤压底板前仰角是为了防止摊铺机过载，伤害履带。由于滑模摊铺机前后距离较长，上坡会引起抹平板压力加大，甚至会抹不动；下坡时，抹平板压力会减小甚至悬空，而抹不上表面。所以要根据纵坡变化，调整抹平板的适宜抹平接触面积。

抗滑纹理做毕，应立即开始保湿养生。养生龄期不应少于 5 d，且混凝土强度满足要求后，方可连接摊铺相邻车道面板。履带在新铺面层上行走时，钢履带底部应铺橡胶垫或使用有橡胶垫履带的摊铺机。纵缝横向连接高差不应大于 2 mm。

摊铺中应经常检查振捣棒的工作情况和位置。面层出现条带状麻面现象时，应停机检查振捣棒是否损坏；振捣棒损坏时，应更换振捣棒。摊铺面层上出现发亮的砂浆条带时，应检查振捣棒位置是否异常；振捣棒位置异常时，应将振捣棒调整到正常位置。

当摊铺宽度大于 7.5 m 时，应加强左右两侧拌和物工作性检查。发现不一致时，摊铺速度应按偏干一侧进行微调，并采取将偏稀一侧的振捣棒频率调小等措施，避免局部过振。当拌和物严重离析或离散时，应停止摊铺，废弃已拌和混合料，查找并解决问题后，再重新开始摊铺。

**链接**

滑模摊铺机是水泥混凝土路面铺筑方式中技术层次、装备水平和施工要求最高的施工方法。

## 六、三辊轴机组与小型机具施工

### （一）一般规定

三辊轴机组铺筑工艺可用于二级及二级以下公路的水泥混凝土路面面层、桥面和隧道混凝土面层的施工，也可用于高速、一级公路硬路肩、匝道、收费广场边板、封闭式中央分隔带、弯道超高加宽段硬路肩及局部异形面板等的施工。

小型机具铺筑工艺可用于三、四级公路水泥混凝土面层的施工，不得用于隧道水泥混凝土面层与桥面铺装施工。

### （二）模板及其架设与拆除

模板应采用钢材、槽钢或方木制成。模板总量不宜少于两次周转的需要。模板安装前应进行测量放样，并核对路面高程、面板分块、胀缝和构造物位置。安装水平曲线与纵曲线路面模板时，将每块短模板中点安装在曲线的切点上。模板的安装应平整、顺适、稳固，相邻模板连接应紧密平顺，不得错茬与错台。模板拆除时，面层混凝土抗压强度不应小于 8.0 MPa。拆模不得损坏板边、板角，不得造成传力杆松动或变形。

### （三）水泥混凝土面层三辊轴机组铺筑

三辊轴机组铺筑水泥混凝土面层时，应按照支模、安装钢筋、布料、振捣、三辊轴整平、精平、养生、刻槽（拉毛）、切缝、填缝的工艺流程进行。

当一次铺筑宽度大于 4.5 m 时，纵缝拉杆宜使用预设钢筋支架固定。

横向连接纵缝处的拉杆应在边模板预留孔中插入，并振实粘牢。松动的拉杆应在连接摊铺前重新植牢固。

横缝传力杆应采用预制钢筋支架法安装固定，不得手工设置传力杆。宜使用手持振捣棒专门振实传力杆支架范围内的混凝土。振捣机连续振捣时，振捣棒的深度应位于传力杆顶面以上。

### （四）水泥混凝土面层小型机具铺筑

小型机具铺筑宽度不大于 4.5 m 时，铺筑能力不宜小于 20 m/h。混凝土拌和物摊铺前，应对模板的架设位置、精度、支撑稳固情况，传力杆、拉杆的安设等进行全面检查，并洒水润湿板底。应采用厚度标尺板全面检测板厚，与设计值相符方可开始摊铺。卸料应均匀，采用人工布料时，应用铁锹反扣，不得抛掷和楼耙。已铺筑好的面层端头应设置施工缝，不能被振实的拌和物应废弃。

小型机具铺筑时，应依次使用振捣棒、振动板、振动梁三遍振捣密实，并应符合表1-69的规定。

表1-69　振捣施工规定

| 振捣工具 | 施工规定 |
| --- | --- |
| 插入式振捣棒 | (1)在待振横断面上，每车道应配备不少于三根振捣棒，振捣棒的功率不应小于1.1 kW、沿横断面连续振捣密实，板底、内部和边角不得欠振和漏振。<br>(2)振捣时，振捣棒应轻插慢提，不得在拌和物中平推或拖拉振捣。<br>(3)振捣棒移动距离不应大于有效作用半径的1.5倍，并不大于500 mm，每处振动时间不宜短于30 s。边角插入振捣离模板的距离不应大于150 mm，并应避免碰撞模板。<br>(4)缩缝传力杆支架与胀缝钢筋笼应预先安装固定，再用振捣棒振捣密实。边缘拉杆振捣时，应由人工扶正拉杆。<br>(5)振捣时，应辅以人工补料，并随时检查振实效果，及时纠正模板、拉杆、传力杆和钢筋的移位、变形、松动、漏浆等情况 |
| 振动板 | (1)每车道应配备不少于两台振动板，振动板的功率不应小于2.2 kW。<br>(2)每个振动板应由两名作业人员提拉振动，不得自由放置或长时间持续振动。振动板移位时，应重叠100～200 mm，每处振动时间不应少于15 s。<br>(3)振动板振动遍数应纵、横向交错两遍，不得过振或漏振，应控制振动板板底泛浆厚度为4 mm±1 mm。<br>(4)缺料的部位，应在振动的同时辅以人工补料找平 |
| 振动梁 | (1)应配备一根振动梁，长度应比路面宽度每侧宽出300～500 mm。振动梁上应安装两台附着式表面振动器，振动器功率不应小于1.1 kW。振动梁底部应焊接或安装深度4 mm的粗集料压入齿。<br>(2)振动板振实长度达到10 m后，可垂直路面中线纵向人工拖动振动梁，在模板顶面往复拖行2～3遍，使表面泛浆均匀平整。<br>(3)拖行过程中，振动梁下间隙应及时用混凝土补平，不得用纯砂浆填补；料位高出模板时应人工铲除，直到表面泛浆均匀，路面平整 |

小型机具应采用滚杠、整平尺或抹面机三遍整平，直至面层无任何缺陷，平整度符合要求。整平施工应符合表1-70的规定。

表1-70　整平施工规定

| 整平方式 | 施工规定 |
| --- | --- |
| 滚杠整平 | (1)应在每个作业面配备两根整平滚杠，一根用于施工，另一根浸泡清洗备用。滚杠应使用直径为100 mm或125 mm的无缝钢管制成，刚度及顺直度应满足施工质量要求，两端设有把手与轴承，能够往复拖滚。<br>(2)滚杠应支承在模板顶面，用人工往返拖滚，拖滚遍数宜为2～3遍，第一遍应短距离缓慢拖滚或推滚，以后应较长距离匀速拖滚，并将水泥浆始终赶在滚杠前方。<br>(3)滚杠下有间隙的部位应及时找补，多余水泥浆应铲除 |
| 整平饰面 | 整平饰面应待混凝土表面泌水基本完成后进行，采用3 m刮尺收浆饰面，纵横各2～3遍抄平饰面，直到表面平整度符合要求，表面砂浆厚度均匀。整平饰面也可采用叶片式或圆盘式抹面机进行，抹面机应按每车道路面不少于一台配备。饰面遍数宜为往返1～2遍 |

（续表）

| 整平方式 | 施工规定 |
|---|---|
| 精平饰面 | (1)在抹面机完成作业后,应使用抹刀进行精平饰面。精平饰面包括清边整缝,清除黏浆,修补缺边、掉角等工作。<br>(2)当烈日暴晒或风大时,应加快表面的修整速度,或在防雨篷下进行。<br>(3)精平饰面后的面层表面应致密均匀,无抹面印痕,无露骨,平整度应达到要求,并应立即进行保湿养生 |

## 七、碾压混凝土路面施工

碾压工艺可用于二、三、四级公路混凝土面层与高速公路、一级公路复合式路面碾压混凝土下面层施工。

碾压铺筑应按卸料进摊铺机、摊铺机摊铺、拉杆设置、钢轮压路机初压、振动压路机复压、轮胎压路机终压、抗滑处理、养生、切缝等工艺流程进行。

碾压混凝土面层摊铺,宜选用沥青混凝土摊铺机。摊铺机应具有振动压实功能,摊铺密实度不应小于85%。

采用沥青混凝土摊铺机摊铺时,松铺系数宜控制在1.05～1.15之间。采用基层摊铺机摊铺时,松铺系数宜控制在1.15～1.25之间。应通过试铺确定松铺系数。

**链接**

摊铺时除要确定松铺系数外,还应确定松铺厚度。松铺厚度是指未经压实的材料层厚度。用不同方法摊铺任何一种混合料时,其密实度经常显著小于碾压后达到的规定密实度。材料的松铺厚度与达到规定压实度的压实厚度的比值称为松铺系数。松铺厚度的计算公式为:松铺厚度＝压实厚度×松铺系数。

## 八、面层接缝、抗滑构造施工及养生

### (一)一般规定

水泥混凝土面层缩缝应使用切缝机按设计位置、深度、形状切割而成。横向施工缝应与其他横向缝合并设置。

### (二)接缝施工

当一次铺筑宽度小于面层加硬路肩总宽度时,应按设计设置纵向施工缝。纵向施工缝宜采用平缝加拉杆型。

水泥混凝土面层纵向缩缝施工应符合下列规定:

(1)采用滑模摊铺机施工时,纵向施工缝的拉杆宜采用支架法安设,也可采用侧向拉杆液压装置一次推入。

(2)采用固定模板施工时,应从侧模预留孔中插入拉杆并振实。

(3)插入的侧向拉杆应牢固,避免松动和漏插。拉杆握裹强度应按规范实测,不满足规定要求时应钻孔重新设置拉杆。

增强钢纤维混凝土面层切割纵、横缝中可不设拉杆与传力杆;断开的纵、横施工缝中应设拉杆与传力杆。抗裂纤维混凝土面层各种接缝中的拉杆与传力杆设置应与水泥混凝土面层相同。

每天摊铺结束或摊铺中断时间超过 30 min 时，应设置横向施工缝。横向施工缝在缩缝处可采用平缝加传力杆型。横向施工缝与胀缝重合时，应按胀缝施工，胀缝两侧补强钢筋笼宜分两次安装。在中、轻交通荷载等级水泥混凝土面层上，临近胀缝、自由端、收费站广场等局部缩缝的传力杆设置应使用前置钢筋支架法。不得采用设置精度不满足要求的方式设置传力杆。角隅部位的传力杆与拉杆交叉时，应取消交叉部位拉杆，保留传力杆。

胀缝板应与路中心线垂直，并连续贯通整个面板宽度，缝中完全不连浆。高温期施工时，顺直路段中可根据设计要求减少胀缝的设置。春秋季施工时，两端构造物间距大于500 m时，宜在顺直路段中间设一道或若干道胀缝。低温期施工时，两端构造物间距大于350 m时，宜设置顺直路段胀缝。

胀缝的施工应符合下列规定：

(1)采用前置钢筋支架法施工时，应预先准确安装和固定胀缝钢筋支架，并使用手持振捣棒振实胀缝板两侧的混凝土后，再摊铺。也可采用预留两块面板的方法，在气温接近年平均气温时再封铺。

(2)应在混凝土未硬化时，剔除胀缝板上部的混凝土，嵌入(20～25 mm)×20 mm的木条，整平表面。填缝前，应剔除木条，再黏胀缝多孔橡胶条或填缝。

(3)胀缝板应连续完整，胀缝板两侧的混凝土不得相连。

灌缝前应清洁接缝。清洁接缝宜采用飞缝机清除接缝中夹杂的砂石、凝结的泥浆等杂物。灌缝前缝内及缝壁应清洁、干燥，以擦不出水、泥浆或灰尘为可灌缝标准。

水泥混凝土路面缩缝的灌缝形状系数宜为1.5，钢筋混凝土、连续配筋混凝土面层、过渡板、搭板与桥面的灌缝形状系数宜为1.0。

常温施工式填缝料的养生期，低温期宜为24 h，高温期宜为10 h。加热施工式填缝料的养生期，低温期宜为2 h，高温期宜为6 h。在灌缝料固化期间应封闭交通。

胀缝填缝前，应凿除胀缝板顶部临时嵌入的木条，并清理干净，涂黏结剂后，嵌入专用多孔橡胶条或灌进适宜填缝料。当胀缝宽度与多孔橡胶条宽度不一致或有啃边、掉角等现象时，应采用灌料填缝，不得采用多孔橡胶条填缝。

**链接**

接缝可分为横缝和纵缝。按功能的不同，横缝可分为横向施工缝、横向胀缝、横向缩缝；纵缝可分为纵向施工缝、纵向缩缝。

### (三)抗滑构造施工

细观纹理的施工应符合下列规定：

(1)细观纹理宜在精平后的湿软表面，使用钢支架拖挂1～3层叠合麻布、帆布等布片拖出。布片接触路面的长度宜为0.7～1.5 m，细度模数较大的粗砂，接触长度宜取小值；细度模数较小的细砂，接触长度宜取大值。

(2)用抹面机修整过较干硬的光面，可采用较硬的竹扫帚扫出细观纹理。

(3)已经硬化后的光滑表面可采用钢刷刷毛、喷砂打毛、喷钢丸打毛、稀盐酸腐蚀、高压水射流等方式制作细观纹理。

极重、特重和重交通荷载等级公路水泥混凝土面层应采用刻槽法制作宏观抗滑构造。中、轻交通荷载等级公路水泥混凝土面层可使用拉槽法制作宏观抗滑构造。

在水平弯道路段、桥面、隧道路面宜使用纵向槽。当组合坡度小于3%时，要求减噪的路段可使用纵向槽。组合坡度大于或等于3%的纵坡路段，应使用横向槽。

#### （四）面层养生

面层养生应符合下列规定：

(1)高速公路、一级公路混凝土面层宜采用养护剂加覆膜养生。

(2)现场养生用水充足的情况下，可采用节水保湿养护膜、土工毡、土工布、麻袋、草袋、草帘等养生，并及时洒水保湿养生。

(3)缺水条件下，宜采用覆盖节水保湿养护膜养生，并应洒透第一遍养生水。

面层养生初期，人、畜、车辆不得通行，达到设计弯拉强度40%后，可允许行人通行。平交道口应采取搭建临时便桥等措施保护养生期的混凝土面层。面层达到设计弯拉强度后，方可开放交通。

## 模块四　中央分隔带及路肩施工技术

### 一、中央分隔带施工技术

一般高速公路、一级公路需设置中央分隔带。中央分隔带主要起隔离双向交通、埋设通信管道、安装防眩设施的作用。在雨水丰沛的地区，花草灌木较易成活，其防眩设施宜采取种植灌木、花草的方式。中央分隔带施工工序一般为埋设横向塑料排水管→开挖中央分隔带→铺设防水层→铺设纵向碎石盲沟→路缘石安装→回填中央分隔带→种植绿化。

#### （一）埋设横向塑料排水管

横向塑料排水管的埋设应在路基施工完成之后进行。在开挖基槽时，沟底坡度应与路面横坡保持一致；其次进行垫层铺设，铺设厚度须均匀；最后再进行塑料排水管的埋设。

**专家解读**

横向塑料排水管要比中央分隔带下部的纵向盲沟低，以便盲沟内的水通过横向塑料排水管引到边沟进行排出，所以横向塑料排水管开挖先于中央分隔带开挖。

#### （二）开挖中央分隔带

在路面基层施工完毕后即可开始开挖中央分隔带。施工时应先进行集水槽开挖，然后开挖纵向盲沟（人工开挖）。开挖的土料应及时清运，以防污染。

#### （三）铺设防水层

沟槽开挖完毕且符合要求后，方可进行防水层的铺设。中央分隔带防水层可选择铺设土工布、PVC防水板，或者在中央分隔带范围内的路基及路面结构层喷涂双层的防渗沥青来达到防水的目的。

**专家解读**

中央分隔带一般是有护栏的，基坑开挖后应先扎护栏立柱再做防水层，否则会破坏防水层。

#### （四）铺设纵向碎石盲沟

碎石盲沟铺设应表面平整。在碎石盲沟上铺设土工布，隔离回填土。土工布包裹碎石用作排水系统，碎石的作用是排水，土工布的作用是反滤。对于高等级公路的反滤层目前采用最多的是土工布。

### （五）路缘石安装

#### 1. 施工流程

路缘石安装施工流程一般为测量放线定位→砂浆调平→路缘石（拦水带）安装→检查标高及外边缘线、微调→勾凹缝→土工布覆盖保湿养生。

#### 2. 施工要点

路缘石安装时应符合下列规定：

（1）路缘石应在路面施工前安装完成。

（2）将预制好的路缘石预制件通过小型车辆运输至经验收合格的基层上安装，然后进行勾缝和养生。由于搬运及运输等原因导致断裂、缺边掉角的予以报废处理。

（3）在安装之前，应对路缘石埋设的平面位置进行放样并拉线，采用双线控制，然后安装路缘石（拦水带）。安装时用砂浆进行挤浆法施工，纵向相邻两块之间留一定长度的接缝。

（4）在路缘石之间外露面设置凹缝。待路面施工完成后，应重新对路缘石（拦水带）埋设的平面位置及顺直度进行拉线检查，更换破损路缘石（拦水带）、调整错位路缘石（拦水带），确保路缘石（拦水带）线形流畅、平顺美观、勾缝整齐。

### （六）回填中央分隔带

回填中央分隔带时应符合下列规定：

（1）不得选择建筑弃土、砾石土等，应选择适宜树木生长的种植土。

（2）填土宜选择在基层施工和路缘石安装完成后，面层施工前完成。

（3）填土前应确保中央分隔带沟槽的防水处理、碎石盲沟等处于正常设计状态，否则应进行修复。

（4）填土过程中要采取防污染措施，可铺设彩条布或土工布等，对不慎落入路面的土应及时清理。

（5）采用自卸车填土时应防止车辆对排水沟和路缘石的破坏。

（6）填土表面应人工整平，多土时清理、缺土时填补，以满足设计要求。

（7）填土应预留一定的松铺高度，以防止沉降后填土高度不能满足设计要求。

### （七）种植绿化

中央分隔带种植绿化的目的之一就是美化，给司乘人员以明快、又富节奏感的舒适的行车环境。中央分隔带的美化作用强调的是“瞬间效果”，因此必须从经济实效的角度出发，进行绿化美化。

## 二、路肩施工技术

路肩是指公路两侧由路面边缘到路基边缘的部分（包括土路肩和硬路肩），是公路横断面布置中的重要组成部分。其作用为与行车道连接在一起，作为路面的横向支承，可供紧急情况下停车或堆放养路材料使用，并为设置安全护栏提供侧向净空，还起到增加行车安全感的作用。需要注意的是，路肩必须具有足够的稳定性和一定的横坡，以排除行车道路面的积水。还有一个作用是用作路基的护坡，防止路基塌陷。

### （一）土路肩

土路肩又称软路肩，是指紧邻硬路肩或者没有硬路肩的车道的道路组成部分，起着保护路面下承层边角稳定性的作用。

培土路肩是指对路肩进行培土操作,简称培路肩。具体施工方法如下:施工时分层填筑,采用人工协调机械上土,三轮车运输,小型打夯机械夯实,路肩土用填筑路基的上层料。路肩土在施工过程中,应严格控制土的质量、路肩土分层填筑的压实度、各层平整度,做到每培一次路肩土,即达到线型的美观。培土路肩按照培土顺序的不同,可分为先培路肩和后培路肩,两种方式各有优劣。培土路肩的施工工艺为备料→推平→平整→静压→切边→平整→碾压。

下面以典型例题的形式对填方路肩施工进行讲解。

**典型例题**

【多选题】关于填方路肩施工的说法,正确的有(　　)。

A. 培路肩的方法施工既经济又简便

B. 土路肩通常随着路面结构层的铺筑,相应地分层培筑

C. 先培更优于后培

D. 培土路肩的材料,通常与填筑路堤的材料相同

E. 后培路肩的缺点是,横断面上易形成一个三角区

ABD。【解析】先培路肩与后培路肩各有优劣。先培路肩的缺点是易在横断面上形成一个三角区。故选项 C,E 错误。

### (二)硬路肩

硬路肩是指与行车道相连,具有一定路面强度的带状部分。其主要用于为行车提供侧向余宽,为路面结构提供横向保护,为故障车辆紧急停车提供全部或者部分宽度等。

根据硬路肩设置位置的不同,可分为左侧硬路肩和右侧硬路肩;根据硬路肩组成材料的不同,可分为沥青硬路肩和水泥硬路肩。

## 模块五　路面工程质量通病及防治措施

### 一、无机结合料稳定基层裂缝的防治

无机结合料稳定基层裂缝的主要原因分析如表 1-71 所示。

**表 1-71　无机结合料稳定基层裂缝的主要原因分析**

| 原因类型 | 原因分析 |
| --- | --- |
| 路基因素 | 当路面基层铺筑后路基沉降尚未稳定或路基发生不均匀沉降,这时容易发生基层裂缝 |
| 土质的因素 | 集料级配中细集料越多或石粉塑性指数越大,其收缩性越大,越易产生裂缝 |
| 粒料中含泥量较高的因素 | 泥土一般对水具有较大的亲和力,当混合料中含泥量较高时,泥土就会与水泥抢水,这时水泥因缺水而不能完全发生水化反应,这就使水泥不能很好地起到胶凝作用,因而使得水泥稳定粒料基层易形成裂缝。而且,含泥量较高时易结成块状不易粉碎拌和,这也会影响稳定效果易形成裂缝 |
| 凝结材料(水泥或石灰)的因素 | 使用高强度等级的水泥、高水化热或快硬性水泥,这类水泥发生水化反应时产生大量的水化热使基层内部温度过高,与外部温度形成较大的温差,从而产生温缩裂缝。实践证明将不同标号、不同品种的水泥掺合在一起使用,用不同的收缩应力也容易形成收缩裂缝 |

（续表）

| 原因类型 | 原因分析 |
| --- | --- |
| 配合比设计的因素 | 基层混合料中水泥、石灰、粉煤灰等比例偏大，二灰稳定粒料混合料中粒料占的比例越大，混合料的最大干缩就越大，从而产生大量裂缝 |
| 环境因素 | 当基层混合料成型温度较高，强度形成就较快。温度较高时会产生过多的水化热使土体蓬松不利于稳定，易形成裂缝 |
| 施工因素 | 施工时配合比控制不当，水泥用量偏大，含水量或大或小容易产生裂缝。同时施工工艺不当或工序衔接不好也容易产生裂缝 |
| 混合料拌和不均匀的因素 | 试验数据显示，在开始拌和至前 3 min 以内，水泥稳定混合料的抗压强度几乎随拌和时间直线上升，也就是说，拌和时间越长，混合料的抗压强度越大。在我国，拌和机的拌和时间均较短，这将严重影响混合料的均匀性和强度，使水泥稳定基层在早期容易产生裂缝 |
| 碾压时含水量偏大的因素 | 含水量过大，碾压中容易产生"弹簧"现象，混合料无法压实且容易产生严重的干缩裂缝 |
| 养护不及时、缺水或养护时洒水量过大的因素 | 在养生结束后较长时间的暴晒，特别在高温季节的暴晒情况下，基层不可避免的会产生干缩裂缝。现场观测表明，这种基层在养生结束后无覆盖的情况下，大约经过 10 ~ 30 d 就会产生横向干缩裂缝 |
| 施工机械设备的因素 | 拌和机计量装置性能不稳定、未及时检定，而使实际出料与配合比不符，使水泥用量偏大；拌和、运输、摊铺、碾压设备不配套，使拌好的混合料不能及时运至现场、运输至现场的混合料不能及时摊铺且摊铺后不能及时碾压 |

无机结合料稳定基层裂缝预防措施：

（1）路基完成后，待路基自然沉降不再发生后，再进行基层的施工。

（2）改善施工的土质，采用塑性指数较低的土或适量掺加粉煤灰。在石灰土中适量掺加砂、碎石、碎砖、煤渣或矿渣等粗粒料。

（3）不得将不同标号、不同品种的水泥掺合在一起使用。尽可能采用缓凝水泥，要考虑水泥终凝时间对施工车辆、运距、摊铺碾压时间的要求，必要时添加缓凝剂或尽量缩短从拌和到完成碾压之间的延迟时间。不应使用快硬水泥、早强水泥以及已经受潮变质的水泥。

（4）设计合理的水泥稳定土配合比，在保证水泥稳定土强度的前提下，尽可能采用低水泥用量。水泥稳定粒料中水泥剂量增大其强度也增长，但是水泥稳定粒料的水泥剂量超过6%后，随着剂量增加，混合料的最低干缩应变逐渐明显增大；当水泥剂量为 3% 时，抗温缩性能急剧下降。

（5）每天开始拌和前，应检查场内各处集料的含水量，计算当天的施工配合比。同时，严禁用提高水泥用量的方式来提高路面基层强度。按混合料设计时确定的水泥剂量，严格控制水泥用量，使其误差在施工规范允许的误差范围内。每天开始拌和之后，随时在线检查配合比、含水量是否变化，加强拌和机生产过程中的管理，可派实践经验较丰富的专人负责控制拌和机配合比，适时调整配合比。高温作业时，早晚与中午的含水量要有区别，应按温度变化及时调整。

（6）混合料的拌和、运输、摊铺、碾压、养护等工序采用流水作业法，使各个工序紧密衔接。

(7)在石灰土基层与路面间铺筑一层碎石过渡层可有效避免裂缝。分层铺筑石灰土时，在其强度形成期，任其产生收缩裂缝后，再铺筑上一层可有效减少新铺筑层的裂缝。在石灰土层中，每隔 5 ~ 10 m 设置一道伸缩缝。

(8)加强拌和，并保证拌和遍数，避免出现粗细集料离析和拌和不均匀现象。

(9)控制压实含水量，需要根据土的性质采用最佳含水量，避免含水量过高或过低。

(10)基层的养护期应符合要求。石灰稳定土养护期间不应过湿或忽干忽湿。养护结束后及时铺筑下封层。

(11)使用具有电子计量装置的拌和设备，定期对拌和设备的计量装置进行校核。配备相配套的拌和、运输、摊铺、碾压、养护等机械设备，保证各个工序间紧密衔接。

无机结合料稳定基层裂缝的治理措施：

(1)针对已产生的裂缝，为防止其继续扩散和反射到面层上，避免雨水侵蚀，阻止水分渗入，防止病害的进一步扩展和蔓延，必须对裂缝进行处理。可用改性乳化沥青来灌缝。

(2)采用聚合物加特种水泥压力注入法修补稳定粒料的裂缝，也须加铺高抗拉强度的聚合物。

(3)破损严重的基层，应将原破损基层全幅开挖维修，不应横向局部或一个单向车道开挖，以避免板边受力产生的不利后果，最小维修长度一般为 6 m。

(4)裂缝处理完之后，必须尽快做好封层，施工完封层后方可允许开放交通。

## 二、沥青混凝土路面质量通病及防治措施

### (一)路面不平整

影响路面平整度的因素较多，归纳为两个方面。一是外在因素，主要包括环境、地质、交通量、车速等；二是内在因素，主要包括设计、施工等。设计因素包括设计层数、结构层厚度、设计配合比等；施工因素包括路基不均匀沉降、不同结构层的连接、材料不均匀、施工机械缺陷及施工工艺缺陷等。

沥青混凝土路面不平整产生的主要原因分析如表 1-72 所示。

**表 1-72 沥青混凝土路面不平整产生的主要原因分析**

| 原因类型 | 原因分析 |
|---|---|
| 路基不均匀沉降 | 路基是路面的基础，如果路基填料控制不好，压实度达不到设计要求，路基排水设施不完善，极易造成路基的不均匀沉陷，从而会引起路面的不平整 |
| 基层平整度对面层平整度的影响 | 道路的路面结构是一个层状的结构体系，一般由面层、基层、底基层和垫层构成。各结构层的平整度对于沥青路面的整体平整度起着决定性的作用 |
| 摊铺作业的影响 | 混合料的摊铺对平整度起着决定性的作用。摊铺机是沥青路面面层施工的主要机具设备，其本身的性能及操作对摊铺平整度影响很大。摊铺机结构参数不稳定、行走装置打滑、摊铺机摊铺的速度快慢不匀、机械猛烈起步和紧急制动以及供料系统速度忽快忽慢都会造成面层的不平整和波浪 |
| 碾压作业的影响 | 沥青面层铺筑后的碾压对平整度有着重要影响，选择碾压机具、碾压温度、速度、路线、次序等都关系着路面面层的平整度 |
| 接缝的影响 | 接缝包括纵向接缝和横向接缝(工作缝)两种，接缝处理不好容易产生的缺陷是接缝处下陷或凸起，以及由于接缝压实度不够和结合强度不足而产生裂纹甚至松散 |

沥青混凝土路面不平整的预防措施如表1-73所示。

表1-73　沥青混凝土路面不平整的预防措施

| 措施方面 | 措施内容 |
|---|---|
| 路基的处理 | 严格控制填料,规范施工,完善路基排水系统 |
| 基层的处理 | 严格按照规范的要求进行底基层和基层施工,加强基层养护,控制平整度 |
| 机械摊铺工艺及控制 | 严格控制基准线、摊铺速度,规范机械操作 |
| 碾压质量控制 | 严格控制碾压顺序和工艺 |
| 接缝的处理 | 施工中横缝必须进行处理。采用直接缝(平接缝),可用切割机划线切割。接缝在各结构层位置应错开 |

### (二)路面接缝

沥青混凝土路面接缝不良是指施工中纵向接缝或横向接缝衔接不当,接缝两侧标高不一致,路面倾斜,接缝处沥青混合料松散,表面凹凸不平,在行车作用下,易发生颠簸或造成沥青混凝土路面松散,且不良接缝处透水性强,会诱发路基、路面水破坏。施工中,纵、横缝处理不当都会造成接缝病害。

接缝病害的产生原因:接缝边缘压实度不足;摊铺、碾压施工不当;沥青混凝土路面新旧混合料的黏结不紧密;新旧路面存在高差等均容易引起横向接缝病害。此外,采用平接缝施工时,如果边缘没有处理成垂直面或者采用斜接缝时,施工方法不当,也会引起横向接缝病害。施工方法不当、摊铺不当、碾压不当等会引起纵向接缝病害。

**链接**

摊铺作业结束后,应尽量采用平接缝设置横向接缝。纵向接缝尽量采用热接缝,避免或禁用冷接缝。

接缝质量的控制措施如下:提高接缝及周边摊铺质量;正确选择碾压机具和方法;垂直接缝部位的黏结和补强;控制新旧路面的高差。

沥青混凝土路面局部病害治理工作中,无论是人工摊铺还是机械摊铺,除了上述质量控制方法以外,还应注意以下施工问题:控制沥青混凝土的碾压温度;防止接缝处骨料离析;提高作业工人的技术水平;加强质量监控工作。

## 三、水泥混凝土路面质量通病及防治措施

水泥混凝土路面具有使用寿命长、强度高、稳定性好、耐久性好、养护费用少及经济效益高等优点,在公路工程和市政工程中得到广泛应用。但是随着使用时间的延长,也会随之产生较多质量通病(也称病害),影响混凝土路面使用的耐久性,以及行车的舒适和安全。水泥混凝土路面质量通病主要有断板、表面裂缝、起皮、坑洞、板底脱空(唧泥)和平整度差等。其中,对行车安全影响最大的是断板和表面裂缝。此部分主要介绍断板和表面裂缝这两种病害。

### (一)断板

水泥混凝土路面断板是指水泥混凝土路面在施工期间或正常使用过程中在无切缝处产生裂缝,经发展使整块混凝土板断裂成两块或两块以上不规则混凝土路面板的现象。断板是水泥混凝土路面的主要病害之一,特别是施工期间出现的断板,将直接影响到水泥混凝土

路面的使用年限，因此有必要就施工期间水泥混凝土路面断板产生的原因进行分析，并针对分析出来的原因制定相应的预防措施。

施工期间水泥混凝土路面产生断板的原因主要包括：

（1）原材料不合格。水泥安定性差，强度不足；骨料的含泥量及有机质含量超标。

（2）混凝土配合比不当。单位水泥用量偏大；水灰比控制失调。

（3）施工工艺不当。搅拌不足或搅拌过分；振捣不均匀；养护不及时；混凝土间断浇筑；切缝不及时。

除了以上原因，过早放行车辆、基层标高不平整或未严格控制基层标高、基层材料强度不足等也会造成水泥混凝土路面断板。

针对施工期间水泥混凝土路面产生断板的原因，可以采取以下预防措施：严格控制水泥混凝土原材料的质量和混合料的配合比，避免水灰比过大或混合料离析，确保混凝土混合料有足够的强度；加强施工工艺的控制，严格掌握切缝时间，切缝时间一般根据气温而定，避免由于混凝土的收缩而产生断板，因为温度、湿度和风的变化，均会引起混凝土出现较大的干缩。

**链接**

水泥混凝土路面在使用过程中，会因超限荷载、各种地面水进入水泥混凝土路面的缝隙，进而产生断板。因此，在路面结构组合设计中应着重考虑路面基层对水泥混凝土面板的影响，即路面基层除满足有足够的强度、刚度外，还应具有良好的水稳性和平整度。良好的水稳性能够有效地避免唧泥的产生，从而避免基层的破坏与板底的脱空，为水泥混凝土面板提供良好的支撑，避免断板；良好的平整度能够有效地避免荷载作用下水泥混凝土面板出现应力集中区域，避免断板。因此，应严格控制超限荷载，及时对水泥混凝土路面的各种缝隙进行灌缝，防止各种地面水进入水泥混凝土路面结构内部，消灭唧泥源，避免断板。

水泥混凝土路面出现断板后，需要采取措施予以处理。目前，水泥混凝土路面断板的维修方法主要有灌注黏结剂法、扩缝灌浆法、条带罩面法、横向拉筋法、更换板块法和局部全厚修补法等。

### （二）表面裂缝

水泥混凝土路面表面裂缝分为龟裂、横向裂缝、纵向裂缝三种类型。水泥混凝土路面表面裂缝的原因及防治措施如表1-74所示。

**表1-74　水泥混凝土路面表面裂缝的原因及防治措施**

| 类型 | | 内容和要求 |
|---|---|---|
| 龟裂 | 原因分析 | （1）混凝土浇筑后，表面没有及时覆盖，在炎热和大风天气，表面游离水分蒸发过快，体积急剧收缩导致开裂。<br>（2）混凝土在拌制时水灰比过大，模板与垫层过于干燥，吸水大。<br>（3）混凝土配合比不合理，水泥用量不正常，砂率过大。<br>（4）混凝土表面过度振荡或抹平，使水泥和细集料过多上浮至表面，导致缩裂 |
| | 防治措施 | （1）混凝土浇筑后，及时用潮湿材料覆盖，浇水养土，防止强风、暴晒。<br>（2）自制混凝土时，严格控制水灰比和水泥用量，选择合适的粗集料级配和砂率。<br>（3）在浇筑混凝土路面时，将基层和模板浇水湿透，避免吸收混凝土中的水分。 |

（续表）

| 类型 | | 内容和要求 |
|---|---|---|
| 龟裂 | 防治措施 | (4)干硬性混凝土采用平板振捣器时，防止过度提高，使砂浆聚集表面。砂浆应控制在2～5 mm范围内，不必过度抹平。<br>(5)如混凝土在初凝前出现龟裂，可采用镘刀反复压抹或重新振捣的方法消除，再加强湿润覆盖养护。<br>(6)龟裂一般对结构强度没有影响，可不处理，必要时用注浆进行表面涂层处理，封闭裂缝 |
| 横向裂缝 | 原因分析 | (1)混凝土路面锯缝不及时，由于温缩或干缩发生裂缝。<br>(2)切缝深度过浅，由于横断面没有明显削弱，应力没有释放，因而在临近缩缝处产生新的缩缝。<br>(3)混凝土路面基础发生不均匀沉陷，导致板底脱空而断裂。<br>(4)混凝土板厚度与强度不足，在荷载和温度应力作用下产生强度裂缝 |
| | 防治措施 | (1)严格掌握混凝土板的切缝时间，一般在抗压强度达到10 MPa左右即可切缝，切缝时间应符合要求。<br>(2)当连续浇捣长度过长，锯缝设备不足时，可在1/2长处先锯，之后再分段锯；在条件比较困难时，可间隔几十米设一条压缝，以减少收缩应力的积聚。<br>(3)应保证板下基层稳定、无沉陷。路面的结构组合与厚度设计应满足交通需要，特别是重车、超重车路段。<br>(4)当板块裂缝较大，则应局部翻修。先沿裂缝两侧最小宽度各不小于50 cm处画线，画线应与中线垂直，然后沿缝锯齐，凿除标线间的混凝土，浇筑新混凝土。<br>(5)整个板块翻挖，重新铺筑混凝土板块。<br>(6)用聚合物灌浆法封缝或沿裂缝嵌入黏合修补材料，起到防水作用 |
| 纵向裂缝 | 原因分析 | (1)路基发生不均匀沉陷，如纵向沟槽、路基拓宽等部分沉陷而产生裂缝。<br>(2)由于基础不稳定，在行车荷载与水作用下，产生塑性变形或因基层材料安全性不好(如钢渣结构层)产生膨胀，导致开裂。<br>(3)混凝土板厚度与基础强度不足产生的荷载性裂缝 |
| | 防治措施 | (1)对于填方路基，应分层填筑、碾压，达到密实标准；新旧路基界面处应设置台阶或隔栅，防止相对滑移。<br>(2)河滨、沟槽地段，应回填有良好水稳性的材料，并保证其压实度，或采用刚性基层或适当加厚基层厚度。<br>(3)混凝土板厚度与基层结构应按现行规范设计，宜优先采用水泥、石灰稳定类基层。<br>(4)出现裂缝后，必须查明原因，采取对策，如属于土基沉陷等原因，则宜先从稳定土基治理，待稳定后再修复，影响行车的板块，挖除后可用沥青混合料修复等。<br>(5)裂缝的修复，可采用扩缝嵌填或浇筑专用修补剂处治，也可采用扩缝加筋，钢纤维混凝土修复。<br>(6)对于严重裂缝且伴随沉陷的混凝土板应翻挖重铺 |

# 第三节　桥 梁 工 程

## 模块一　桥梁的构造

### 一、桥梁的组成和分类

#### （一）桥梁的组成

概括地说，桥梁由四个基本部分组成，即上部结构、下部结构、支座系统和附属设施。图1-16 为梁式桥概貌和基本尺寸术语示意图。

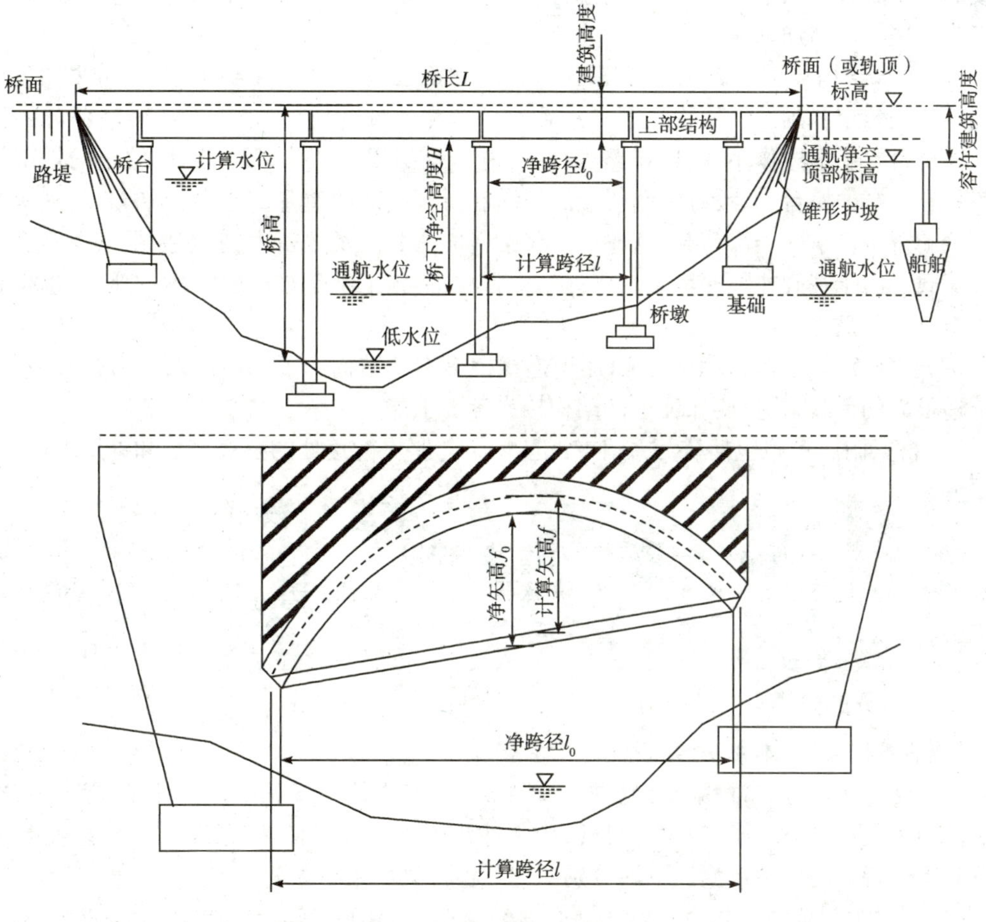


图 1-16　梁式桥概貌和基本尺寸术语示意图

公路桥梁基本尺寸相关术语如下。

（1）$l_0$：净跨径，设计洪水位以上相邻两个桥墩（台）之间的净距；拱桥是两个拱脚截面最低点之间的水平距离。桥梁孔径（总跨径，$\sum l_0$），反映了桥下泄洪能力。

（2）$l$：计算跨径，两个支座中心之间的距离；拱桥是拱轴线两端点之间的水平距离。

（3）$L$：桥梁全长，两个桥台的侧墙或八字墙后端点之间的距离；或桥面系行车道全长。

（4）桥高（桥梁高度）：桥面与低水位或地面之间的高差，或桥面与桥下路面之间的距离，反映了桥梁施工的难易性。

(5)$H$：桥下净空高度，设计洪水位或计算通航水位至桥跨结构最下缘之间的距离，应保证排洪和通航。

(6)建筑高度：路面标高与结构最下缘之间的距离，须小于容许建筑高度，保证通航。

(7)$f_0$：净矢高，从拱顶截面下缘至相邻两拱脚截面下缘最低点的垂直距离。

(8)$f$：计算矢高，从拱顶截面形心至相邻两拱脚截面形心的垂直距离。

(9)$f/l$：矢跨比，反映拱桥受力特性的重要指标。

一般公路桥梁工程的几个主要名词解释如下：

(1)上部结构是在线路中断时跨越障碍的主要承重结构，是桥梁支座以上(无铰拱起拱线或刚架主梁底线以上)跨越桥孔的总称，当跨越幅度越大时，上部结构的构造也就越复杂，施工难度也相应增加。

(2)下部结构包括桥墩、桥台和基础。桥墩和桥台是支承上部结构并将其传来的恒载和车辆等活载传至基础的结构物。通常设置在桥两端的称为桥台，设置在桥中间部分的称为桥墩。桥台除了上述作用外，还与路堤衔接，并抵御路堤土压力，防止路堤填土的坍落。单孔桥只有两端的桥台，而没有中间桥墩。桥墩和桥台底部的奠基部分称为基础，基础承担了从桥墩和桥台传来的全部荷载，这些荷载包括竖向荷载以及地震力，船舶撞击墩身等引起的水平荷载。由于基础往往深埋于水下地基中，在桥梁施工中是难度较大的一部分，也是确保桥梁安全的关键之一。

(3)支座系统是设在墩(台)顶，用于连接桥梁上部结构和下部结构的传力装置，它不仅要传递很大的荷载，并且要保证上部结构按设计要求能产生一定的变位。

(4)桥梁附属设施包括桥面系、伸缩缝、桥梁与路堤衔接处的桥头搭板和锥形护坡等。

**链接**

桥梁与涵洞的区别在于涵洞的孔径较小，单孔跨径最大不超过 5 m，而桥梁最大的跨度理论上说可以为无穷大。另外，桥梁上一般没有填土，而涵洞上面则有一定厚度的填土。

### (二)桥梁的分类

#### 1. 桥梁按受力体系分类

按照受力体系分类，桥梁有梁、拱、索、钢架四大基本体系。其中，梁桥以受弯为主，拱桥以受压为主，悬索桥以受拉为主。另外，由上述三大基本体系的相互组合，派生出在受力上也具有组合特征的多种桥型。下面分别阐述各种桥梁体系的主要特点。

(1)梁式桥。梁式桥的特点是其桥跨的承载结构由梁组成，其存在历史悠久。在竖向荷载作用下梁的支承处仅产生竖向反力而无水平反力(推力)。梁的内力以弯矩和剪力为主。梁式桥可分为简支梁桥、连续梁桥、悬臂梁桥和固端梁桥。悬臂梁桥、固端梁桥和连续梁桥都是利用支座上的卸载弯矩去减少跨中弯矩，使梁跨内的内力分配更合理，以同等抗弯能力的构件断面就可建成更大跨径的桥梁。简支梁桥的跨越能力有限(一般在 50 m 以下)，当计算跨径小于25 m 时，通常采用混凝土材料，而计算跨径大于 25 m 时，更多采用预应力混凝土材料。

(2)拱式桥。拱式桥的主要承重结构是拱圈或拱肋。其特点是结构在竖向荷载作用下，两拱脚处不仅产生竖向反力,还产生水平力(推力),由于水平推力的作用使拱中的弯矩和剪力大大地降低。设计合理的拱主要承受拱轴压力,拱截面内弯矩和剪力均较小,因此可充分利用石料或混凝土等抗压能力强而抗拉能力差的圬工材料。拱式桥是推力结构,其墩台、基础必须承受强大的拱脚推力。因此拱式桥对地基要求很高,适建于地质和地基条件良好的桥址。拱式桥构造简单,承载能力大,造型美观,是桥梁工程中广泛采用的桥型之一。

(3)悬索桥。悬索桥又称吊桥,其特点是桥梁的主要承重结构由桥塔和悬挂在塔上的高强度柔性缆索及吊索,加劲梁和锚锭结构组成。桥跨上的荷载由加劲梁承受,并通过吊索将其传至缆索。主缆索是主要承重结构,但其仅受拉力。缆索本身是几何可变体,但可通过桥塔、锚锭结构及作用的荷载相组合,在空间形成有一定几何形状的平衡受力结构体系。主缆索的拉力通过对桥塔的压力和锚锭结构的拉力传至基础和地基。这种桥型充分发挥了高强钢缆的抗拉性能,使其结构自重较轻,能以较小的建筑高度跨越其他任何桥型都无法比拟的特大跨度。

(4)刚架桥。刚架桥是梁与立柱(墩柱、竖墙)刚性连接的结构体系。刚架桥的特点是在竖向荷载作用下,柱脚处不仅产生竖向反力,同时产生水平反力,使其基础承受较大推力。结构中梁和柱的截面均作用有弯矩、剪力和轴力。由于梁和柱结点为刚结,梁端部承受负弯矩,使梁跨中弯矩减小,跨中截面尺寸也可相应减小;与一般墩台不同,刚架桥的支柱(墩台)不仅承受压力,还承受较大弯矩,通常采用较小的钢筋混凝土或预应力混凝土构件。由于刚架桥的上述特点,在城市中当遇到线路立体交叉或需要跨越通航江河时,常采用这种桥型以降低线路标高,减少路堤土方量。当桥面标高已确定时,能增加桥下净空。

(5)组合体系桥。代表性的组合体系桥有以下几种:

①梁、拱组合体系。梁、拱组合体系中,梁和拱都是主要承重结构,两者相互配合共同受力。由于吊杆将梁向上(与荷载作用方向相反)吊住,这就显著减小了梁中弯矩;同时由于拱和梁连接在一起,拱的水平推力就传给梁承受,这样梁除了受弯矩以外尚且受拉。这种组合体系桥能跨越较一般简支梁桥更大的跨度,而墩台没有推力,因此,对地基的要求就与一般简支梁桥一样。拱置于梁的下方,通过立柱对梁起辅助支承作用。

②斜拉桥。斜拉桥是典型的悬索结构和梁结构组合的结构体系。这一结构体系由主梁、缆索和塔架组成,充分利用了悬索结构和梁结构的特点,其组合相当合理。在结构体系中,梁结构直接承受桥面外荷载引起的弯矩和剪力,桥塔两侧的斜拉索张紧后为梁结构提供弹性支承,同时承受由荷载引起的拉力,其拉力的竖向分量通过桥塔传至基础和地基;斜拉索中荷载引起拉力的水平分量,使桥结构承受轴向压力,相当于对梁结构施加预应力。

### 2. 桥梁的其他分类

除了按受力体系分类外,人们还习惯按桥梁的用途、规模大小和建桥材料等分类标准将桥梁进行分类,如表 1-75 所示。

**表 1-75　桥梁其他分类**

| 分类依据 | 桥梁主要类型 |
| --- | --- |
| 用途 | 公路桥、铁路桥、公铁两用桥、农桥或机耕道桥、人行桥、水运桥或渡槽桥、管线桥等 |

（续表）

| 分类依据 | 桥梁主要类型 |
|---|---|
| 桥梁全长和跨径 | 特大桥、大桥、中桥、小桥 |
| 主要承重结构所用的材料 | 圬工桥、钢筋混凝土桥、预应力混凝土桥、钢桥、钢-混凝土组合桥和木桥等 |
| 跨越障碍的性质 | 跨河桥、跨海桥、跨线桥、立交桥和高架桥 |
| 桥跨结构的平面布置 | 正交桥、斜交桥、弯桥 |
| 上部结构的行车道位置 | 上承式桥、中承式桥和下承式桥 |
| 桥梁的可移动性 | 固定桥、活动桥 |

## 二、桥梁设计作用

在桥梁设计中，作用是指施加在结构上的集中力或分布力（直接作用，也称为荷载）和引起结构外加变形或约束变形的原因（间接作用）。

公路桥涵设计采用的作用分为永久作用、可变作用、偶然作用和地震作用四类，具体规定如表1-76所示。

**表1-76　作用分类**

| 序号 | 分类 | 名称 |
|---|---|---|
| 1 | 永久作用 | 结构重力（包括结构附加重力） |
| 2 | | 预加力 |
| 3 | | 土的重力 |
| 4 | | 土侧压力 |
| 5 | | 混凝土收缩、徐变作用 |
| 6 | | 水浮力 |
| 7 | | 基础变位作用 |
| 8 | 可变作用 | 汽车荷载 |
| 9 | | 汽车冲击力 |
| 10 | | 汽车离心力 |
| 11 | | 汽车引起的土侧压力 |
| 12 | | 汽车制动力 |
| 13 | | 人群荷载 |
| 14 | | 疲劳荷载 |
| 15 | | 风荷载 |
| 16 | | 流水压力 |
| 17 | | 冰压力 |
| 18 | | 波浪力 |
| 19 | | 温度（均匀温度和梯度温度）作用 |
| 20 | | 支座摩擦力 |
| 21 | 偶然作用 | 船舶的撞击作用 |
| 22 | | 漂流物的撞击作用 |
| 23 | | 汽车撞击作用 |
| 24 | 地震作用 | 地震作用 |

## 典型例题

【多选题】下列桥梁设计计算荷载中，属于偶然作用的有(　　)。

A. 船舶的撞击作用　　B. 汽车制动力

C. 汽车撞击作用　　D. 地震作用

E. 冰压力

AC。【解析】公路桥涵设计采用的作用分为永久作用、可变作用、偶然作用和地震作用四类。其中，偶然作用包括船舶的撞击作用、漂流物的撞击作用和汽车撞击作用。

公路桥涵设计时，对不同的作用应按下列规定采用不同的代表值：

(1)永久作用的代表值为其标准值。永久作用标准值可根据统计、计算，并结合工程经验综合分析确定。

(2)可变作用的代表值包括标准值、组合值、频遇值和准永久值。组合值、频遇值和准永久值可通过可变作用的标准值分别乘以组合值系数 $\Psi_c$、频遇值系数 $\Psi_f$ 和准永久值系数 $\Psi_q$ 来确定。

(3)偶然作用取其设计值作为代表值，可根据历史记载、现场观测和试验，并结合工程经验综合分析确定，也可根据有关标准的专门规定确定。

(4)地震作用的代表值为其标准值。地震作用的标准值应根据现行《公路工程抗震规范》的规定确定。

作用的设计值应为作用的标准值或组合值乘以相应的作用分项系数。

公路桥涵结构设计应考虑结构上可能同时出现的作用，按承载能力极限状态、正常使用极限状态进行作用组合，均应按下列原则取其最不利组合效应进行设计：

(1)只有在结构上可能同时出现的作用，才进行组合。当结构或结构构件需做不同受力方向的验算时，则应以不同方向的最不利的作用组合效应进行计算。

(2)当可变作用的出现对结构或结构构件产生有利影响时，该作用不应参与组合。实际不可能同时出现的作用或同时参与组合概率很小的作用，按表 1-77 规定不考虑其参与组合。

**表 1-77　可变作用不同时组合表**

| 作用名称 | 不与该作用同时参与组合的作用 |
|---|---|
| 汽车制动力 | 流水压力、冰压力、波浪力、支座摩阻力 |
| 流水压力 | 汽车制动力、冰压力、波浪力 |
| 波浪力 | 汽车制动力、流水压力、冰压力 |
| 冰压力 | 汽车制动力、流水压力、波浪力 |
| 支座摩擦力 | 汽车制动力 |

(3)施工阶段的作用组合，应按计算需要及结构所处条件而定，结构上的施工人员和施工机具设备均应作为可变作用加以考虑。组合式桥梁，当把底梁作为施工支撑时，作用组合效应宜分两个阶段计算，底梁受荷为第一个阶段，组合梁受荷为第二个阶段。

(4)多个偶然作用不同时参与组合。

(5)地震作用不与偶然作用同时参与组合。

公路桥涵结构按承载能力极限状态设计时，对持久设计状况和短暂设计状况应采用作用的基本组合,对偶然设计状况应采用作用的偶然组合,对地震设计状况应采用作用的地震组合,并应符合下列规定。

(1)基本组合:永久作用设计值与可变作用设计值相组合。作用基本组合的效应设计值应按规范规定计算。

(2)偶然组合:永久作用标准值与可变作用某种代表值、一种偶然作用设计值相组合;与偶然作用同时出现的可变作用,可根据观测资料和工程经验取用频遇值或准永久值。作用偶然组合的效应设计值应按规范规定计算。

(3)作用地震组合的效应设计值应按现行《公路工程抗震规范》的有关规定计算。

公路桥涵结构按正常使用极限状态设计时,应根据不同的设计要求,采用作用的频遇组合或准永久组合,并应符合下列规定。

(1)频遇组合:永久作用标准值与汽车荷载频遇值、其他可变作用准永久值相组合。作用频遇组合的效应设计值应按规范规定计算。

(2)准永久组合:永久作用标准值与可变作用准永久值相组合。作用准永久组合的效应设计值应按规范规定计算。

钢结构构件抗疲劳设计时,除特别指明外,各作用应采用标准值,作用分项系数应取为1.0。

结构构件当需进行弹性阶段截面应力计算时,除特别指明外,各作用应采用标准值,作用分项系数应取为1.0,各项应力限值应按各设计规范规定采用。

验算结构的抗倾覆、滑动稳定时,稳定系数、各作用的分项系数及摩擦系数,应根据不同结构按各有关桥涵设计规范的规定确定。支座的摩擦系数可按规范规定采用。

构件在吊装、运输时,构件重力应乘以动力系数1.2(对结构不利时)或0.85(对结构有利时),并可视构件具体情况做适当增减。

## 模块二　常用模板、支架和拱架的设计与施工

### 一、模板、支架

#### (一)一般规定

模板宜采用钢材、胶合板或其他适宜的材料制作;支架宜采用钢材或常备式定型钢构件等材料制作。钢材、胶合板、其他材料应符合其相应国家或行业标准的规定,常备式定型钢构件应符合该产品相应的技术规定。

模板和支架应符合下列规定:

(1)模板和支架应具有足够的强度、刚度和稳定性,应能承受施工过程中所产生的各种荷载。

(2)模板、支架的构造应简单、合理,结构受力应明确,安装、拆除应方便。

(3)模板应能与混凝土结构或构件的特征、施工条件和浇筑方法相适应,应保证结构物各部位形状尺寸和相互位置的准确。

(4)模板的板面应平整,接缝处应严密且不漏浆;模板与混凝土的接触面应涂刷隔离剂,但不得采用废机油等油料,且不得污染钢筋及混凝土的施工缝。

(5)支架应稳定、坚固,应能抵抗在施工过程中可能发生的振动和偶然撞击。

(6)支架不得与应急安全通道相连接。

模板和支架均应进行施工图设计,且经批准后方可用于施工。施工图设计应包括下列

内容:工程概况和工程结构简图;结构设计的依据和设计计算书;总装图和细部构造图;制作、安装的质量及精度要求;安装、拆除时的安全技术措施及注意事项;材料的性能质量要求及材料数量表;设计说明书和使用说明书。

在模板上设置的吊环应采用 HPB300 钢筋,严禁采用冷加工钢筋制作。每个吊环应按两肢截面计算,在模板自重标准值作用下,吊环的拉应力应不大于 65 MPa。

### (二)模板、支架设计

模板、支架的设计应根据工程结构形式、荷载情况、地基土类别、施工设备和材料性能等条件进行,且宜优先采用标准化、定型化的构件。

模板的构造要求应符合下列规定:

(1)模板背面应设置主肋和次肋作为其支承系统,主肋和次肋的布置应根据模板的荷载和刚度要求进行。次肋的配置方向应与模板的长度方向相垂直,应能直接承受模板传递的荷载,其间距应按荷载数值和模板的力学性能计算确定;主肋应承受次肋传递的荷载,且应能起到加强模板结构的整体刚度和调整平直度的作用,支架或支撑的着力点应设置在主肋上。

(2)模板的配板应根据配模面的形状、几何尺寸及支撑形式决定。配板时宜选用大规格的模板为主板,其他规格的模板作为补充;配板后的板缝应规则,不得杂乱无章。

(3)对在墩柱、梁、板的转角处使用的模板及各种模板面的交接部分,应采用连接简便、结构牢固、易于拆除的专用模板。

(4)当设置对拉螺杆或其他拉筋,需要在模板上钻孔时,应使钻孔的模板能多次周转使用,并应采取措施减少或避免在模板上钻孔。

支架的构造要求应符合下列规定:

(1)支架的构造形式宜综合所采用的材料类别、所支承的结构及其荷载、地形及环境条件、地基情况等因素确定。

(2)支架的立杆之间应根据其受力要求和结构特点设置水平和斜向等支撑连接杆件,增强支架的整体刚度和稳定性。

(3)托架结构宜设置成三角形,且与预埋件的连接固定方式应可靠。

(4)采用定型钢管脚手架材料作支架时,其构造应符合相应技术规范的规定。

模板、支架的设计应考虑下列各项荷载,并应按表 1-78 的规定进行荷载组合:

(1)模板、支架自重。

(2)新浇筑混凝土、钢筋、预应力筋或其他圬工结构物的重力。

(3)施工人员及施工设备、施工材料等荷载。

(4)振捣混凝土时产生的振动荷载。

(5)新浇筑混凝土对模板侧面的压力。

**链接**

当采用内部振捣器时,新浇筑的混凝土作用于模板的侧压力标准值,可按下列公式计算,并取其中的较小值:

$$F=0.22\gamma_c t_0\beta_1\beta_2 V^{\frac{1}{2}}$$

$$F=\gamma_c H$$

式中：$F$——新浇混凝土对模板的侧压力计算值（$kN/m^2$）；$\gamma_c$——混凝土的重力密度（$kN/m^3$）；$V$——混凝土的浇筑速度（m/h）；$t_0$——新浇混凝土的初凝时间（h），可按试验确定，当缺乏试验资料时，可采用 $t_0 = 200/(T+15)$［$T$ 为混凝土的温度（℃）］；$\beta_1$——外加剂影响修正系数，不掺外加剂时取 1.0，掺具有缓凝作用的外加剂时取 1.2；$\beta_2$——混凝土坍落度影响修正系数，当坍落度小于 30 mm 时取 0.85，坍落度为 50～90 mm时取 1.00，坍落度为 110～150 mm 时取 1.15；$H$——混凝土侧压力计算位置处至新浇混凝土顶面的总高度（m）。

混凝土侧压力的计算分布图形如图 1-17 所示，图中 $h = F/\gamma_c$，$h$ 为有效压头高度。

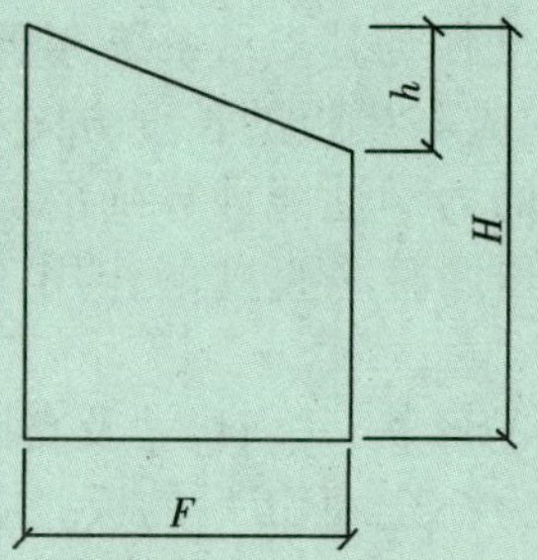


图 1-17　混凝土侧压力计算分布图形

（6）混凝土入模时产生的水平方向的冲击荷载。

（7）设于水中的支架所承受的水流压力、波浪力、流冰压力、船只及其他漂浮物的撞击力。

（8）其他可能产生的荷载，如风荷载、雪荷载、冬季保温设施荷载、温度应力等。

表 1-78　模板、支架设计计算的荷载组合

| 模板、支架结构类别 | 荷载组合 | |
|---|---|---|
| | 强度计算 | 刚度验算 |
| 梁、板的底模板以及支承板、支架等 | (1)+(2)+(3)+(4)+(7)+(8) | (1)+(2)+(7)+(8) |
| 缘石、人行道、栏杆、柱、梁、板等的侧模板 | (4)+(5) | (5) |
| 基础、墩台等厚大结构物的侧模板 | (5)+(6) | (5) |

验算模板、支架的刚度时，其最大变形值不得超过下列允许值：

（1）结构表面外露的模板，挠度为模板构件跨度的 1/400。

（2）结构表面隐蔽的模板，挠度为模板构件跨度的 1/250。

（3）支架受载后挠曲的杆件（横梁、纵梁），其弹性挠度为相应结构计算跨度的 1/400。

（4）钢模板的面板变形为 1.5 mm，钢棱和柱箍变形为 $L/500$ 和 $B/500$（其中 $L$ 为计算跨径，$B$ 为柱宽）。

验算模板、支架在自重和风荷载等作用下的抗倾覆稳定性时，其抗倾覆稳定系数应不小于 1.3。

## （三）模板的制作与安装

模板的制作应符合下列规定：

（1）钢模板应按批准的加工图进行制作，成品经检验合格后方可使用。组装前应对零部

件的几何尺寸和焊缝进行全面检查，合格后方可进行组装。面板变形及整体刚度应符合规范的规定。

(2)制作钢木组合模板时，钢与木之间的接触面应贴紧。面板采用防水胶合板的模板，除应使胶合板与背楞之间密贴外，对在制作过程中裁切过的防水胶合板茬口，应按产品的要求及时涂刷防水涂料。

(3)木模板与混凝土接触的表面应刨光且应保持平整。木模板的接缝可制作成平缝、搭接缝或企口缝，当采用平缝时，应有防止漏浆的措施；转角处应加嵌条或做成斜角。

(4)采用其他材料(高分子合成材料面板、硬塑料或玻璃钢)制作模板时，其接缝应严密，边肋及加强肋应安装牢固，并应与面板成一整体。

模板的安装应符合下列规定：

(1)模板应按设计要求准确就位，且不宜与脚手架连接。

(2)安装侧模板时，支撑应牢固，应防止模板在浇筑混凝土时产生移位。

(3)模板在安装过程中，必须设置防倾覆的临时固定设施。

(4)模板安装完成后，其尺寸、平面位置和顶部高程等应符合设计要求，节点联系应牢固。

(5)梁、板等结构的底模板宜根据需要设置预拱度。

(6)固定在模板上的预埋件和预留孔洞均不得遗漏，安装应牢固，位置应准确。

采用提升模板施工时，应设置脚手平台、接料平台、挂吊脚手及安全网等辅助设施。

采用翻转模板和爬升模板施工时，其结构应满足强度、刚度及稳定性要求。液压爬模应由专业单位设计和制造，并应有检验合格证明及操作说明书。施工应符合下列规定：

(1)混凝土的强度应达到规定的数值后方可拆模并进行模板的翻转或爬架爬升。作用于爬模上接料平台、脚手平台和拆模吊篮的荷载应均衡，不得超载，严禁混凝土吊斗碰撞爬模系统。

(2)模板沿墩身周边方向应始终保持顺向搭接。在施工过程中，应随时检查爬模的中线、水平位置和高程等，发现问题应及时纠正。

采用滑升模板时，除应符合现行《滑动模板工程技术标准》的规定外，尚应符合下列规定：

(1)模板的高度宜根据结构物的实际情况确定；模板的结构应具有足够的强度、刚度和稳定性；支承杆及提升设备应能保证模板竖直均衡上升。组装时应使各部尺寸的精度符合设计要求，组装完毕应经全面检查试验合格后，方可正式投入使用。

(2)模板的滑升速度宜不大于250 mm/h，滑升时应检测并控制其位置。滑升模板的施工宜连续进行，因故中断时，宜在中断前将混凝土浇筑齐平，中断期间模板仍应继续缓慢地滑升，直到混凝土与模板不致粘住时为止。

模板制作、安装的精度应分别符合规范规定。

### (四)支架的制作与安装

支架的制作应符合下列规定：

(1)支架宜采用标准化、系列化、通用化的钢构件制作拼装。

(2)制作木支架时，两相邻立柱的连接接头宜分设在不同的水平面上，并应减少长杆件接头。主要压力杆的接长连接，宜使用对接法，并宜采用木夹板或铁夹板夹紧；次要构件的连接可采用搭接法。

支架的安装应符合下列规定：

(1)支架应按施工图设计的要求进行安装。立柱应垂直，节点连接应可靠。

(2)高支架应设置足够的斜向连接、扣件或缆风绳，横向稳定应有保证措施。

(3)支架在安装完成后，应对其平面位置、顶部高程、节点连接及纵、横向稳定性进行全面检查，符合要求后，方可进行下一工序。

支架宜根据其结构形式、所用材料和地基情况的不同，在施工前确定是否对其进行预压，并应符合下列规定：

(1)对位于刚性地基上的刚度较大且非弹性变形可确定控制在一定范围内的支架，在经计算并通过一定审核程序，确认其满足强度、刚度和稳定性等要求的前提下，可不预压；但在施工过程中应对支架的材料和安装施工质量采取严格的管控措施。

(2)对位于软土地基或软硬不均地基上的支架，宜通过预压的方式，消除地基的不均匀沉降和支架的非弹性变形。

(3)对支架进行预压时，预压荷载宜为支架所承受荷载的1.05~1.10倍，预压荷载的分布宜模拟需承受的结构荷载及施工荷载。

(4)对采用定型钢管脚手架作为承重杆件的满布式支架进行预压时，可按相应规定执行。

支架应结合模板的安装一并考虑设置预拱度和卸落装置，并应符合下列规定。

(1)设置的预拱度值，应包括结构本身需要的预拱度和施工需要的预拱度两部分。

(2)施工预拱度应考虑下列因素：模板、支架承受施工荷载引起的弹性变形；受载后由于杆件接头的挤压和卸落装置压缩而产生的非弹性变形；支架地基在受载后的沉降变形。

(3)专用支架应按其产品的要求进行模板的卸落；自行设计的普通支架应在适当部位设置相应的木楔、木马、砂筒或千斤顶等卸落模板的装置，并应根据结构形式、承受的荷载大小确定卸落量。

### （五）模板、支架的拆除

模板、支架的拆除期限和拆除程序等应根据结构物特点、模板部位和混凝土所应达到的强度要求确定，并应严格按其相应的施工图设计的要求进行。

非承重侧模板应在混凝土抗压强度达到2.5 MPa，且能保证其表面及棱角不致因拆模而受损坏时方可拆除。芯模和预留孔道的内模，应在混凝土强度能保证其表面不发生塌陷或裂缝现象时，方可拆除。钢筋混凝土结构的承重模板、支架，应在混凝土强度能承受其自重荷载及其他可能的叠加荷载时，方可拆除。对预应力混凝土结构，在符合规范相关规定的条件下，其侧模应在预应力钢束张拉前拆除；底模及支架应在结构建立预应力后方可拆除。

模板、支架的拆除应遵循后支先拆、先支后拆的原则顺序进行。墩、台的模板宜在其上部结构施工前拆除。拆除梁、板等结构的承重模板时，在横向应同时、在纵向应对称均衡卸落。简支梁、连续梁结构的模板宜从跨中向支座方向依次循环卸落；悬臂梁结构的模板宜从悬臂端开始顺序卸落。

模板、支架拆除时，不得损伤混凝土结构。

**链接**

承包人应在拟定拆模时间的12 h以前，向监理工程师报告拆模建议，并应取得监理工程师同意。

## 二、拱架

### (一)拱架设计

拱架应进行专门设计,并应符合下列规定:

(1)拱架的设计应遵循安全可靠、结构简单、受力明确、制作和安拆方便的原则。所采用材料的性能和质量应符合相应的国家或行业标准的规定;常备式构件用作拱架时,其设计与计算应依据该构件的技术要求进行。

(2)设计荷载除应符合规范规定外,尚应根据拱桥的结构特点和施工荷载特性分析取用,拱圈的自重荷载宜乘以1.2倍系数。在计算荷载作用下,应按可能产生的最不利荷载组合验算拱架的强度、刚度和稳定性。

(3)对拱架各截面的强度进行验算时,应根据拱架的结构形式和所承受的荷载大小,按分环分段浇筑或砌筑施工的工况,分别验算其拱顶、拱脚和1/4跨等特征截面的应力,并应对特征拱架节点进行受力分析。

(4)应严格控制拱架的刚度,拱架受载后,对落地式拱架,其弹性挠度应不大于相应结构跨度的1/2 000;对拱式拱架,其弹性挠度应不大于相应结构跨度的1/1 000。

(5)稳定性的验算应包括拱架的整体稳定和局部稳定,抗倾覆稳定系数应不小于1.5。对拱架在拼装过程中的稳定性亦应进行验算,当不能满足拼装要求时,应采取必要的辅助稳定措施。

(6)拱架的地基与基础设计应符合现行《公路桥涵地基与基础设计规范》的规定,并应对地基承载力进行验算。

### (二)拱架的制作与安装

拱架的制作和安装应符合下列规定:

(1)制作拱架所采用材料的规格和质量应符合施工设计要求。对钢拱架,宜采用标准化、通用化的常备式构件,或型钢、钢管等材料;在特殊情况下采用木拱架时,应选择材质坚硬、无损伤且湿度较小的材料。拱架的制作应保证杆件或构件的尺寸准确,连接节点处的螺栓孔或焊接质量应满足施工设计要求。

(2)拱架在安装前,应对桥轴线、拱轴线、跨径和高程等进行校核,确认无误后方可进行拼装。拼装应根据拱架的构造确定适宜的方法进行,分片或分段拼装时应有保证拱架稳定的临时措施,必要时应设置缆风绳进行固定;拱架拼装时尚应设置足够的平联、斜撑和剪刀撑,保证其横向的稳定。

(3)拱架应设置施工预拱度和卸落装置,其施工要求除应符合《公路桥涵施工技术规范》的规定外,拱式拱架尚应考虑其受载后产生水平位移所引起的拱圈挠度。各类拱架的顶部高程应符合拱圈下缘加预拱度后的几何线形,允许偏差宜为±10 mm;拱架纵轴的平面位置偏差应不大于跨度的1/1 000,且宜不大于30 mm。

(4)拱架安装完成后,应按设计荷载进行预压;并应对其平面位置、顶部高程、节点连接及纵横向的稳定性进行全面检查,符合要求后,方可进行下一工序。

(5)拱架应稳定、牢固,应能抵抗在施工过程中可能发生的偶然碰撞和振动。

### (三)拱架的拆卸

拱架的拆卸应符合下列规定。

(1)现浇混凝土拱圈的拱架,其拆除期限应符合设计规定;设计未规定时,应在拱圈混凝土强度达到设计强度的85%后,方可卸落拆除。

(2)卸落拱架应按提前拟定的卸落程序进行,且宜分步卸落;在纵向应对称均衡卸落,在横向应同时一起卸落。满布式落地拱架卸落时,可从拱顶向拱脚依次循环卸落;拱式拱架可在两支座处同时均匀卸落;多孔拱桥卸架时,若桥墩允许承受单孔施工荷载,可单孔卸落,否则应多孔同时卸落,或各连续孔分阶段卸落。卸落拱架时,应设专人对拱圈的挠度和墩台的位移等情况进行监测,当有异常时,应暂停卸落,查明原因并采取相应措施后方可继续进行。

(3)石拱桥的拱架卸落时间应符合下列规定:

①对浆砌石拱桥,应待砂浆强度达到设计强度的85%后方可卸落;设计另有规定时,应从其规定。

②对跨径小于10 m的小拱桥,宜在拱上建筑全部完成后卸架;中等跨径的实腹式拱桥,宜在护拱砌完后卸架;跨径较大的空腹式拱,宜在拱上小拱横墙砌好(未砌小拱圈)后卸架。

③当需要裸拱卸架时,应对裸拱进行截面强度及稳定性验算,并应采取必要的辅助稳定措施。

**提示**

拱架的拆卸多以选择题的形式进行考查。

## 模块三　钢筋与混凝土施工技术

### 一、钢筋

#### (一)一般规定

桥涵工程中采用的普通钢筋、环氧涂层钢筋应符合现行相关标准的规定;其他特殊钢筋应符合其相应产品标准的规定。

钢筋应具有出厂质量证明书和试验报告单,进场时除应检查其外观和标志外,应按不同的钢种、等级、牌号、规格及生产厂家分批抽取试样进行力学性能检验,检验试验方法应符合现行国家标准的规定。钢筋经进场检验合格后方可使用。

钢筋分批检验时,可由同一牌号、同一炉罐号、同一尺寸的钢筋进行组批,每批的质量应不大于60 t,超过60 t的部分,每增加40 t(或不足40 t的余数)应增加一个拉伸和一个弯曲试验试样;钢筋的进场检验亦可由同一牌号、同一冶炼方法、同一浇注方法的不同炉罐号组成混合批进行,但各炉罐号的含碳量之差应不大于0.02%,含锰量之差应不大于0.15%。

钢筋在运输过程中应避免锈蚀、污染或被压弯;在工地存放时,应按不同品种、规格,分批分别堆置整齐,不得混杂,并应设立识别标志,存放的时间宜不超过6个月;存放场地应有防、排水设施,且钢筋不得直接置于地面,应垫高或堆置在台座上,顶部应采用合适的材料予以覆盖,防止水浸和雨淋。

在工程施工过程中,应采取适当的措施,防止钢筋产生锈蚀。

钢筋的级别、种类和直径应按设计规定采用,当需要代换时,应得到设计认可。

预制构件的吊环,必须采用未经冷拉的热轧光圆钢筋制作,且其使用时的计算拉应力应不大于65 MPa。

#### (二)加工

钢筋的表面应洁净、无损伤,使用前应将表面的油渍、漆皮、鳞锈等清除干净,带有颗粒状或片状老锈的钢筋不得使用。钢筋应平直、无局部弯折,成盘的钢筋和弯曲的钢筋在加工前均应调直。采用冷拉方法调直钢筋时，HPB300 钢筋的冷拉率宜不大于 2%；HRB400 钢筋的冷拉率宜不大于 1%。钢筋宜采用数控化机械设备在专用厂房中集中下料和加工，其形状、尺寸应符合设计的规定；加工后的钢筋，其表面不应有削弱钢筋截面的伤痕。钢筋的弯制和端部的弯钩应符合设计要求，设计未要求时，应符合规范的规定。

箍筋的末端应做弯钩，弯钩的形状应符合设计规定。弯钩的弯曲直径应大于被箍受力主钢筋的直径，且 HPB300 钢筋应不小于箍筋直径的 2.5 倍，HRB400 钢筋应不小于箍筋直径的 5 倍。弯钩平直部分的长度，一般结构应不小于箍筋直径的 5 倍；有抗震要求的结构，应不小于箍筋直径的 10 倍。设计对弯钩的形状未规定时，可按《公路桥涵施工技术规范》的要求加工。钢筋加工的允许偏差应符合规定。

### （三）连接

钢筋的连接宜采用焊接接头或机械连接接头。绑扎接头仅当钢筋构造复杂施工困难时方可采用，绑扎接头的钢筋直径宜不大于 28 mm，对轴心受压和偏心受压构件中的受压钢筋可不大于 32 mm；轴心受拉和小偏心受拉构件不应采用绑扎接头。

受力钢筋的连接接头应设置在内力较小区段，并应错开布置。对焊接接头和机械连接接头，在接头长度区段内，同一根钢筋不得有两个接头；对绑扎接头，两接头间的距离应不小于 1.3 倍搭接长度。配置在接头长度区段内的受力钢筋，其接头的截面面积占总截面面积的百分率，应符合表 1-79 的规定。

**表 1-79 接头长度区段内受力钢筋接头面积的最大百分率**

| 接头形式 | 接头面积最大百分率/% | |
|---|---|---|
| | 受拉区 | 受压区 |
| 主钢筋绑扎接头 | 25 | 50 |
| 主钢筋焊接接头 | 50 | 不限制 |

注：焊接接头和机械连接接头长度区段内是指 35$d$（$d$ 为钢筋直径）长度范围内，但不得小于 500 mm；绑扎接头长度区段内是指 1.3 倍搭接长度范围内。在同一根钢筋上宜少设接头。装配式构件连接处的受力钢筋焊接接头可不受此限制。接头部分钢筋的横向净距应不小于钢筋直径且不小于 25 mm。

钢筋的焊接接头应符合下列规定：

（1）钢筋的焊接接头宜采用闪光对焊，或采用电弧焊、电渣压力焊、气压焊，但电渣压力焊仅可用于竖向钢筋的连接，不得用于水平钢筋和斜筋的连接。钢筋焊接的接头形式、焊接方法和焊接材料应符合规范规定。

（2）每批钢筋焊接前，应先选定焊接工艺和焊接参数，按实际条件进行试焊，并检验接头外观质量及规定的力学性能，试焊质量经检验合格后方可正式施焊。焊接时，对施焊场地应有适当的防风、雨、雪、严寒的设施。

（3）电弧焊宜采用双面焊缝，仅在双面焊无法施焊时，方可采用单面焊缝。采用搭接电弧焊时，两钢筋搭接端部应预先折向一侧，两接合钢筋的轴线应保持一致；采用帮条电弧焊时，帮条应采用与主筋相同强度等级的钢筋，其总截面面积应不小于被焊接钢筋的截面积。电弧焊接头的焊缝长度，对双面焊缝应不小于 5$d$，单面焊缝应不小于 10$d$（$d$ 为钢筋直径）。电弧焊接与钢筋弯曲处的距离应不小于 10$d$，且不宜位于构件的最大弯矩处。

钢筋的机械连接宜采用镦粗直螺纹、滚轧直螺纹或套筒挤压接头，且适用于 HRB400、HRBF400、HRB500 和 RRB400 热轧带肋钢筋。各类接头的性能应符合下列规定：

（1）钢筋机械连接接头的等级应选用Ⅰ级或Ⅱ级，接头的性能指标应符合规定。

(2)钢筋机械连接接头的材料、制作、安装施工及质量检验和验收,应符合现行相应标准的规定。

(3)钢筋机械连接件的最小混凝土保护层厚度,应符合设计受力主筋混凝土保护层厚度的规定,且不得小于 20 mm;连接件之间或连接件与钢筋之间的横向净距应不小于 25 mm。

(4)连接套筒、锁母、丝头等在运输和储存过程中应采取防护措施,防止雨淋、沾污和损伤。

钢筋直螺纹接头的连接安装及钢筋套筒挤压接头的连接安装应符合相应规定。钢筋的绑扎接头应符合相应规定。

### (四)安装

对集中加工、整体安装的半成品钢筋和钢筋骨架,在运输时应采用适宜的装载工具,并应采取增加刚度、防止其扭曲变形的措施。

安装钢筋时应符合下列规定:

(1)钢筋的级别、直径、根数、间距等应符合设计的规定。

(2)对多层多排钢筋,宜根据安装需要在其间隔处设立一定数量的架立钢筋或短钢筋,但架立钢筋或短钢筋的端头不得伸入混凝土保护层内。

(3)半成品钢筋和钢筋骨架采用整体方式安装时,宜设置专用胎架或卡具等进行辅助定位,安装过程中应采取保证整体刚度及防止变形的措施。

(4)当钢筋过密,将会影响到混凝土浇筑质量时,应及时与设计协商解决。

钢筋与模板之间应设置垫块,垫块的制作、设置和固定应符合下列规定:

(1)混凝土垫块应具有不低于结构本体混凝土的强度,并应有足够的密实性;采用其他材料制作垫块时,除应满足使用强度的要求外,其材料中不应含有对混凝土产生不利影响的成分。垫块的制作厚度不应出现负误差,正误差应不大于 1 mm。

(2)用于重要工程或有防腐蚀要求的混凝土结构或构件中的垫块,宜采用专门制作的定型产品,且该类产品的质量同样应符合第(1)款的规定。

(3)垫块应相互错开、分散设置在钢筋与模板之间,但不应横贯混凝土保护层的全部截面进行设置。垫块在结构或构件侧面和底面所布设的数量应不少于 4 个/$m^2$,重要部位宜适当加密。

(4)垫块应与钢筋绑扎牢固,且绑丝及其丝头均不应进入混凝土保护层内。

(5)混凝土浇筑前,应对垫块的位置、数量和紧固程度进行检查,不符合要求时应及时处理,应保证钢筋的混凝土保护层厚度满足设计要求和《公路桥涵施工技术规范》的规定。

钢筋骨架的焊接拼装应在坚固的工作台上进行,操作时应符合下列规定:

(1)拼装前应按设计图纸放大样,放样时应考虑焊接变形的预留拱度。拼装时,在需要焊接的位置宜采用楔形卡卡紧,防止焊接时局部变形。

(2)骨架焊接时,不同直径钢筋的中心线应在同一平面上,较小直径的钢筋在焊接时,下面宜垫以厚度适当的钢板。施焊顺序宜由中到边对称地向两端进行,先焊骨架下部,后焊骨架上部。相邻的焊缝应采用分区对称跳焊,不得顺方向一次焊成。

钢筋网的焊点应符合设计规定,当设计未规定时,应按下列要求进行焊接:

(1)在焊接网的受力钢筋为 HPB300 或冷拉 HPB300 钢筋的情况下,当焊接网只有一个方向为受力钢筋时,网两端边缘的两根锚固横向钢筋与受力钢筋的全部交叉点必须焊接;当焊接网的两个方向均为受力钢筋时,沿网四周边缘的两根钢筋的全部交叉点均应焊接;其余的交叉点可焊接或绑扎一半,或根据运输和安装条件决定。

(2)当焊接网的受力钢筋为冷拔低碳钢丝,而另一方向的钢筋间距小于 100 mm 时,网两端边缘的两根钢筋的全部交叉点必须焊接,中间部分的焊点距离可增大至 250 mm。

灌注桩钢筋骨架的制作、运输与安装应符合下列规定:

(1)制作时应采取必要措施,保证骨架的刚度,主筋的接头应错开布置。大直径长桩的钢筋骨架宜在胎架上分段制作,且宜编号,安装时应按编号顺序连接。

(2)应在骨架外侧设置控制混凝土保护层厚度的垫块,垫块的间距在竖向应不大于 2 m,在横向圆周应不少于 4 处。

(3)钢筋骨架在运输过程中,应采取适当的措施防止其变形。

(4)钢筋骨架在安装时,其顶端应设置吊环。

绑扎或焊接的钢筋骨架和钢筋网不得有变形、松脱和开焊。

## 二、混凝土工程

### (一)一般规定

混凝土工程所用的各种原材料,均应符合现行国家标准或行业标准的规定,并应在进场时对其性能和质量进行检验。

在进行试配和质量检测时,混凝土的抗压强度应以边长为 150 mm 的立方体标准试件测定,且应取其保证率为 95%。试件应以同龄期者 3 个为一组,每组试件的抗压强度以 3 个试件测值的算术平均值(计算精确至 0.1 MPa)为测定值,当有 1 个测值与中间值的差值超过中间值的 15% 时,取中间值为测定值;当有 2 个测值与中间值的差值均超过 15% 时,该组试件无效。

混凝土的抗压强度,应以标准方式成型的试件置于标准养护条件下(温度 20 ℃ ±2 ℃,相对湿度不低于 95%)养护 28 d 所测得的抗压强度值(MPa)进行评定。对采用蒸汽养护的混凝土,其测试抗压强度的试件应先随构件同条件蒸汽养护,再转入标准条件下养护,累计养护时间应为 28 d。

公路桥涵混凝土宜使用非碱活性集料,当条件不具备必须使用时,其他材料中的碱含量及混凝土中的最大总碱含量应符合规范的规定。

### (二)原材料

公路桥涵混凝土工程宜采用散装水泥,散装水泥在工地应采用专用水泥罐储存;采用袋装水泥时,在运输和储存过程中应防止受潮,且不得长时间露天堆放,临时露天堆放时应设支垫并覆盖。不同品种、强度等级和出厂日期的水泥应分别按批存放。

细集料宜采用级配良好、质地坚硬、颗粒洁净的河砂;当河砂不易得到时,可采用符合规定的其他天然砂或机制砂;细集料不得采用海砂。细集料的技术指标应符合规范的规定。

粗集料宜采用质地坚硬、洁净、级配合理、粒形良好、吸水率小的碎石或卵石,其技术指标应符合规范的规定。施工前应对所用的粗集料进行碱活性检验,在条件许可时宜避免采用有碱活性反应的粗集料,必须采用时应采取必要的抑制措施。

符合国家标准的饮用水可直接作为混凝土的拌制和养护用水;当采用其他水源或对水质有疑问时,应对水质进行检验。水的品质指标应符合规范的规定。

公路桥涵工程使用的外加剂,与水泥、矿物掺合料之间应具有良好的相容性。采用膨胀剂时应符合下列规定:

(1)在公路桥涵混凝土工程中采用的膨胀剂,其性能应符合现行《混凝土膨胀剂》的规定。

(2)膨胀剂的品种和掺量应通过试验确定。

(3)掺入膨胀剂的混凝土宜采取有效的持续保湿养护措施,且宜按不同结构和温度适当延长养护时间。

掺合料应保证其产品品质稳定,来料均匀。掺合料应由生产单位专门加工,进行产品检验并出具产品合格证书。混凝土中需要掺用粉煤灰、粒化高炉矿渣粉、硅灰等掺合料时,其掺入量应在使用前通过试验确定。掺合料在运输与储存中,应有明显标记,严禁与水泥等其他粉状材料混淆。

### (三)配合比

混凝土的配合比应以质量比表示,并应通过计算和试配选定。试配时应采用施工实际使用的材料,配制的混凝土拌和物应满足和易性、凝结时间等施工技术条件;制成的混凝土应满足配制强度、力学性能和耐久性能的设计要求。普通混凝土的配合比,可按现行《普通混凝土配合比设计规程》的规定进行设计,并应通过试配确定。通过设计和试配确定的配合比,应经批准后方可使用,且应在混凝土拌制前将理论配合比换算为施工配合比。

混凝土进行耐久性设计时,环境类别和作用等级、原材料的选用、配合比设计等均应符合现行《公路工程混凝土结构耐久性设计规范》的规定。不同强度等级混凝土的最大水胶比、胶凝材料用量宜符合表 1-80 的规定。

表 1-80 混凝土的最大水胶比和胶凝材料用量

| 混凝土强度等级 | 最大水胶比 | 最小水泥用量/($kg \cdot m^{-3}$) | 最大胶凝材料用量/($kg \cdot m^{-3}$) |
|---|---|---|---|
| C25 | 0.55 | 275 | 400 |
| C30 | 0.55 | 280 | |
| C35 | 0.50 | 300 | |
| C40 | 0.45 | 320 | 450 |
| C45 | 0.40 | 340 | |
| C50 | 0.36 | 360 | 480 |
| C55 | 0.32 | 380 | 500 |
| C60 | 0.30 | 400 | 530 |

注:a. 表中数据适用于最大粗集料粒径为 20 mm 的情况,粒径较大时可适当降低胶凝材料用量,粒径较小时可适当增加胶凝材料用量。

b. 大掺量矿物掺合料混凝土的水胶比应不大于 0.42。

c. 引气混凝土的胶凝材料用量与非引气混凝土要求相同。

d. 封底、垫层及其他临时工程的混凝土,可不受本表的限制。

混凝土处于不同环境与作用等级时,矿物掺合料的掺用量宜按规定选用。

在混凝土中掺入外加剂时,除应符合《公路桥涵施工技术规范》关于外加剂的规定外,尚应符合下列规定:

(1)在钢筋混凝土和预应力混凝土中,均不得掺用氯化钙、氯化钠等氯盐。

(2)减水剂宜采用聚羧酸类减水剂。

(3)各种外加剂中的氯离子总含量宜不大于混凝土中胶凝材料总质量的 0.02%,硫酸钠含量宜不大于减水剂干重的 15%。

(4)从各种组成材料引入的氯离子总含量(折合氯盐含量)应不超过表 1-81 规定的限值。

(5)掺入引气剂的混凝土,其含气量应按不同环境类别和作用等级确定。

**表 1-81　混凝土中游离氯离子含量最大限值**

| 环境类别与作用等级 | 钢筋混凝土 | 预应力混凝土 |
|---|---|---|
| Ⅱ,Ⅲ,Ⅳ | 0.10% | 0.06% |
| Ⅰ-B,Ⅰ-C,Ⅴ,Ⅵ | 0.20% | |
| Ⅰ-A,Ⅶ | 0.30% | |

注:表中氯离子含量以胶凝材料质量百分数计。

除应对由各种组成材料带入混凝土中的碱含量进行控制外,尚应控制混凝土的总碱含量。每立方米混凝土的总碱含量,对一般桥涵宜不大于3.0 kg/m$^3$,对特大桥、大桥和重要桥梁宜不大于2.1 kg/m$^3$。当混凝土结构处于受严重侵蚀的环境时,不得使用有碱活性反应的集料。

泵送混凝土的配合比宜符合下列规定:

(1)胶凝材料用量宜不小于300 kg/m$^3$。水泥宜选用硅酸盐水泥、普通硅酸盐水泥、矿渣硅酸盐水泥或粉煤灰硅酸盐水泥;细集料宜采用中砂,且其通过300 μm筛孔的颗粒含量宜不少于15%,砂率宜为35%～45%;粗集料宜采用连续级配,其针片状颗粒含量宜不大于10%,粗集料的最大公称粒径与输送管径之比宜符合规定。

(2)应通过试验掺用适量的泵送剂或减水剂,且宜掺用矿物掺合料。

(3)试配时应考虑坍落度经时损失。

## (四)拌制

混凝土的配料宜采用自动计量装置,各种衡器的精度应符合要求,计量应准确。计量器具应定期标定,迁移后应重新进行标定。拌制混凝土所用的各项固体原材料应按质量进行计量投料,水和液体外加剂可按体积进行计量投料,配料数量的允许质量偏差应符合规范的规定。外加剂应以稀释溶液加入,其稀释用水和原液中的水量,应从拌和加水量中扣除。加入搅拌筒的外加剂溶液应充分溶解,并搅拌均匀。掺合料应采用与水泥相同的输送、计量方式加入。

混凝土应采用机械拌制。拌制时,自全部材料装入搅拌筒开始搅拌至开始出料的最短搅拌时间,应按搅拌机产品说明书的要求和混凝土搅拌的技术要求经试验确定。

混凝土拌和物应搅拌均匀、颜色一致,不得有离析和泌水现象,对在施工现场集中拌制的混凝土,应检测其拌和物的均匀性。检测时,应在搅拌机的卸料过程中,从卸料流的1/4～3/4之间部位取试样进行试验,试验结果应符合下列规定:混凝土中砂浆密度两次测值的相对误差应不大于0.8%;单位体积混凝土中粗集料含量两次测值的相对误差应不大于5%。

混凝土搅拌完毕后,应按下列要求检测混凝土拌和物的各项性能:

(1)混凝土拌和物的坍落度及其损失,宜在搅拌地点和浇筑地点分别取样检测,每一工作班或每一单元结构物应不少于两次,评定时应以浇筑地点的测值为准。当混凝土拌和物从搅拌机出料起至浇筑入模的时间不超过15 min时,其坍落度可仅在搅拌地点取样检测。

(2)必要时,尚宜对工作性能、泌水率及含气量等混凝土拌和物的其他指标进行检测。

## (五)运输

运输能力应与混凝土的凝结速度和浇筑速度相匹配,应使浇筑工作不间断且混凝土运到浇筑地点时仍能保持其均匀性及适宜浇筑的坍落度。混凝土的运输宜采用搅拌运输车,或在条件允许时采用泵送方式输送,对寒冷、严寒或炎热的天气情况,搅拌运输车的搅拌罐和泵送管应有保温或隔热措施;采用吊斗或其他方式运输时,运距宜不超过 100 m 且不得使混凝土产生离析。

采用搅拌运输车运输混凝土时,途中应以 2 ~ 4 r/min 的慢速进行搅动,卸料前应采用快挡旋转搅拌罐不少于 20 s。混凝土运至浇筑地点后发生离析、泌水或坍落度不符合要求时,应进行第二次搅拌,二次搅拌时不宜加水,确有必要时,可同时加水、相应的胶凝材料和外加剂并保持其原水胶比不变;二次搅拌仍不符合要求时,不得使用。

混凝土采用泵送方式时应符合下列规定:

(1)混凝土的供应宜使输送混凝土的泵能连续工作,泵送的间歇时间宜不超过 15 min。在泵送过程中,受料斗内应具有足够的混凝土,应防止吸入空气产生阻塞。

(2)输送管应顺直,转弯处应圆缓,接头应严密不漏气。

(3)向低处泵送混凝土时,应采取必要措施,防止混凝土离析或堵塞输送管。

### (六)浇筑

浇筑混凝土前应进行下列准备工作:

(1)应根据待浇筑结构物的情况、环境条件及浇筑量等制订合理的浇筑工艺方案,工艺方案应对施工缝设置、浇筑顺序、浇筑工具、防裂措施、保护层的控制等做出明确规定。

(2)应对支架、模板、钢筋和预埋件等进行检查,模板内的杂物、积水及钢筋上的污物应清理干净。模板如有缝隙或孔洞时,应堵塞严密且不漏浆。

(3)应对混凝土的均匀性和坍落度等性能进行检测。

**自高处向模板内倾卸混凝土时,应防止混凝土离析。直接倾卸时,其自由倾落高度宜不超过 2 m;超过 2 m 时,应通过串筒、溜管(槽)或振动溜管(槽)等设施下落;倾落高度超过 10 m时,应设置减速装置。**

混凝土应按一定的厚度、顺序和方向分层浇筑,且应在下层混凝土初凝或能重塑前浇筑完成上层混凝土;上下层同时浇筑时,上层与下层的前后浇筑距离应保持 1.5 m 以上;在倾斜面上浇筑混凝土时,应从低处开始逐层扩展升高,并保持水平分层。混凝土分层浇筑厚度宜不超过表 1-82 的规定。

**表 1-82　混凝土分层浇筑厚度**

| 振捣方式 | | 浇筑层厚度/mm |
|---|---|---|
| 采用插入式振动器 | | 300 |
| 采用附着式振动器 | | 300 |
| 采用表面振动器 | 无筋或配筋稀疏时 | 250 |
| | 配筋较密时 | 150 |

采用振动器振捣混凝土时,应符合下列规定:

(1)插入式振动器的移位间距应不超过振动器作用半径的 1.5 倍,与侧模应保持 50 ~ 100 mm 的距离,且插入下层混凝土中的深度宜为 50 ~ 100 mm。

(2)表面振动器的移位间距应使振动器平板能覆盖已振实部分不小于 100 mm。

(3)附着式振动器的布置距离,应根据结构物形状和振动器的性能通过试验确定。

(4)每一振点的振捣延续时间宜为 20 ~ 30 s,以混凝土停止下沉、不出现气泡、表面呈现浮浆为度。

**混凝土的浇筑宜连续进行,因故中断间歇时,其间歇时间应小于前层混凝土的初凝时间**

或能重塑时间。混凝土的运输、浇筑及间歇的全部时间宜不超出表 1-83 的规定;超出时应按浇筑中断处理,并应留置施工缝,同时应做出记录。

表 1-83 混凝土的运输、浇筑及间歇的全部允许时间 单位:min

| 混凝土强度等级 | 气温≤25 ℃ | 气温＞25 ℃ |
|---|---|---|
| ≤C30 | 210 | 180 |
| ＞C30 | 180 | 150 |

注:当混凝土中掺有促凝剂或缓凝剂时,其允许时间应通过试验确定。

**专家解读**

"允许时间"是指从混凝土加水搅拌起计,包括拌和及运输时间、前层混凝土浇筑时间和后一层混凝土浇筑振捣时间。

施工缝的位置应在混凝土浇筑之前确定,且宜设置在结构受剪力和弯矩较小且便于施工的部位。对施工缝的处理应符合下列规定:

(1)施工缝处混凝土表面的光滑表层、松弱层应予凿除,凿毛的最小深度应不小于 8 mm。对施工缝处混凝土的强度,当采用水冲洗凿毛时,应达到 0.5 MPa;人工凿除时,应达到 2.5 MPa;采用风动机凿毛时,应达到 10 MPa。

(2)经凿毛处理后的混凝土面,新混凝土浇筑前,应采用洁净水冲洗干净。

(3)对重要部位及有抗震要求的混凝土结构或钢筋稀疏的钢筋混凝土结构,宜在施工缝处补插适量的锚固钢筋,补插的锚固钢筋直径可比结构主筋小一个规格,间距宜不小于 150 mm,插入和外露的长度均不宜小于 300 mm;有抗渗要求的混凝土,其施工缝宜做成凹形、凸形或设置止水带,施工缝为斜面时应浇筑成或凿成台阶状。

在环境相对湿度较小、风速较大的条件下浇筑混凝土时,应采取适当措施防止混凝土表面过快失水。浇筑混凝土期间,应随时检查支架、模板、钢筋、预应力管道和预埋件等的稳固情况,并应及时填写混凝土施工记录。新浇筑混凝土的强度达到 2.5 MPa 之前,不得使其承受行人、运输工具、模板、支架及脚手架等荷载。

### (七)养护

对新浇筑混凝土的养护,应根据施工对象、环境条件、水泥品种、外加剂或掺合料以及混凝土性能等因素,制订具体的养护方案,并严格实施。

混凝土浇筑完成后,应在其收浆后尽快予以覆盖并洒水保湿养护。对干硬性混凝土、高强度和高性能混凝土、炎热天气浇筑的混凝土以及桥面等大面积裸露的混凝土,应加强初始保湿养护,具备条件的可在浇筑完成后立即加设棚罩,待收浆后再予以覆盖和洒水养护,覆盖时不得损伤或污染混凝土表面。

混凝土表面有模板覆盖时,应在养护期间使模板保持湿润。拆除模板后,仍应对混凝土进行覆盖和洒水养护,直至达到规定的养护期限;尤其在低温、干燥或大风环境下拆除模板时,应采取必要的覆盖、保温等措施,防止混凝土表面产生裂缝。

混凝土的养护严禁采用海水。混凝土的洒水保湿养护时间应不少于 7 d,对重要工程或有特殊要求的混凝土,应根据环境湿度、温度、水泥品种以及掺用的外加剂和掺合料等情况,酌情延长养护时间,并应使混凝土表面始终保持湿润状态。当气温低于 5 ℃时,应采取保温养护措施,不得向混凝土表面洒水。当采用喷洒养护剂对混凝土进行养护时,所使用的养护剂应不会对混凝土产生不利影响，且应通过试验验证其养护效果。

新浇筑的混凝土与流动的地表水或地下水接触时，应采取临时防护措施，保证混凝土在7 d以内且强度达到设计强度的50%以前，不受水的冲刷侵袭；当环境水具有侵蚀作用时，应保证混凝土在10 d以内且强度达到设计强度的70%以前，不受水的侵袭。混凝土处于冻融循环作用的环境时，宜在结冰期到来4周前完成浇筑施工，且在混凝土强度未达到设计强度等级的80%前不得受冻，否则应采取技术措施，防止发生冻害。

### （八）大体积混凝土、抗冻混凝土、抗渗混凝土

大体积混凝土在选用原材料和进行配合比设计时，应按降低水化热温升的原则进行，并应符合下列规定：

(1)宜选用低水化热和凝结时间长的水泥品种。粗集料宜采用连续级配，细集料宜采用中砂。宜掺用可降低混凝土早期水化热的外加剂和掺合料，外加剂宜采用缓凝剂、减水剂；掺合料宜采用粉煤灰、粒化高炉矿渣粉等。

(2)进行配合比设计时，在保证混凝土强度、和易性及坍落度要求的前提下，宜采取改善粗集料级配、提高掺合料和粗集料的含量、降低水胶比等措施，减少单方混凝土胶凝材料中的水泥用量。

(3)大体积混凝土进行配合比设计及质量评定时，可按60 d龄期的抗压强度控制。

大体积混凝土的施工应提前制订专项施工方案，并应对混凝土采取温度控制措施。大体积混凝土的浇筑、养护和温度控制应符合下列规定：

(1)施工前应根据原材料、配合比、环境条件、施工方案和施工工艺等因素，进行温控设计和温控监测设计，并应在浇筑后按该设计要求对混凝土内部和表面的温度实施监测和控制。对大体积混凝土进行温度控制时，应使其内部最高温度不高于75 ℃，内表温差不大于25 ℃，混凝土表面与大气温差不大于20 ℃。

(2)大体积混凝土可分层、分块浇筑，分层、分块的尺寸宜根据温控设计的要求及浇筑能力合理确定；当结构尺寸相对较小或能满足温控要求时，可全断面一次浇筑。

(3)分层浇筑时，在上层混凝土浇筑之前应对下层混凝土的顶面做凿毛处理，且新浇混凝土与下层已浇筑混凝土的温差宜小于20 ℃，并应采取措施将各层间的浇筑间歇期控制在7 d以内。

(4)分块浇筑时，块与块之间的竖向接缝面应平行于结构物的短边，并应在浇筑完成拆模后按施工缝的要求进行凿毛处理。分块施工所形成的后浇段，应在对大体积混凝土实施温度控制且其温度场趋于稳定后方可浇筑；后浇段宜采用微膨胀混凝土，并应一次浇筑完成。

(5)大体积混凝土的浇筑宜在气温较低时进行，但混凝土的入模温度应不低于5 ℃；热期施工时，宜采取措施降低混凝土的入模温度，且其入模温度宜不高于28 ℃。

(6)大体积混凝土的温度控制宜按照“内降外保”的原则，对混凝土内部采取设置冷却水管通循环水冷却，对混凝土外部采取覆盖蓄热或蓄水保温等措施进行。在混凝土内部通水降温时，进出口水的温差宜小于或等于10 ℃，且水温与内部混凝土的温差宜不大于20 ℃，降温速率宜不大于2 ℃/d；利用冷却水管中排出的降温用水在混凝土顶面蓄水保温养护时，养护水温度与混凝土表面温度的差值应不大于15 ℃。

(7)大体积混凝土采用硅酸盐水泥或普通硅酸盐水泥时，其浇筑后的养护时间宜不少于14 d，采用其他品种水泥时宜不少于21 d。在寒冷天气或遇气温骤降天气时浇筑的混凝土，除应对其外部加强覆盖保温外，尚宜适当延长养护时间。

**专家解读**

大体积混凝土在浇筑初期水泥产生大量水化热，内部温度迅速升高，体积膨胀，在凝结后混凝土表面就会出现开裂，而新浇筑的混凝土底部虽然由于受基岩或先期混凝土的约束随即产生压应力，但在混凝土硬化后期冷却收缩时，将产生拉应力，且拉应力将大于升温膨胀产生的压应力值。当拉应力超过混凝土的极限抗拉应力时，就会在其内部产生裂缝，并可能发展成为贯穿裂缝，对结构造成较大的危害，因此大体积混凝土的施工需要进行温度控制，使内部的最高温度及内表温差控制在设计要求以内。

有抗冻性要求的混凝土，应符合下列规定：

(1)宜选用硅酸盐水泥或普通硅酸盐水泥，不宜使用火山灰质硅酸盐水泥；粗集料宜选用连续级配，并应进行坚固性试验。

(2)抗冻混凝土的配合比设计应进行抗冻融性能试验。

(3)有抗冻要求的混凝土宜掺入适量引气剂，同时宜掺入减水剂，其拌和物的适宜含气量应符合规范的规定。

有抗渗要求的混凝土应符合下列规定：

(1)混凝土的抗渗等级应符合设计规定。

(2)水泥宜采用普通硅酸盐水泥；粗集料宜选用连续级配，其最大粒径宜不大于40.0 mm；细集料宜采用中砂。抗渗混凝土宜掺用外加剂和矿物掺合料；粉煤灰应采用F类，并不应低于Ⅱ级。

(3)胶凝材料总量宜不小于320 kg/m$^3$；砂率宜为35% ~45%；最大水胶比应符合规范的规定。

(4)掺引气剂的抗渗混凝土，应做含气量试验，其含气量宜控制在3% ~5%之间。

(5)试配时要求的抗渗水压值应比设计值提高0.2 MPa。

### （九）高强度混凝土

此部分内容适用于按常规工艺生产的C60及以上强度等级混凝土的施工。

高强度混凝土原材料的选用应符合下列规定：

(1)水泥宜选用硅酸盐水泥或普通硅酸盐水泥。

(2)细集料宜选用质地坚硬、级配良好的中砂，细度模数应为2.6~3.0，含泥量应不大于2.0%，泥块含量应不大于0.5%；配制C70及以上强度等级混凝土时，含泥量应不大于1.5%，且不应有泥块存在，必要时应冲洗后使用。

(3)粗集料宜选用质地坚硬、级配良好、无风化颗粒的碎石。粗集料的最大粒径不宜大于25.0 mm，含泥量应不大于0.5%，泥块含量应不大于0.2%，针片状颗粒含量宜不大于5.0%；配制C80及以上强度等级混凝土时，最大粒径宜不大于20.0 mm。

(4)外加剂的性能应符合规范的规定。所采用的减水剂应为高效减水剂或高性能减水剂，其掺量应根据试验确定。

(5)掺合料可选用粉煤灰、粒化高炉矿渣粉和硅灰等，粉煤灰等级应不低于Ⅱ级，其技术条件应符合规范的规定，掺量应根据试验确定。

(6)拌制与养护用水应符合规定。

高强度混凝土的配合比应有利于减少温度收缩、干燥收缩和自身收缩引起的体积变形，

避免早期开裂,配合比设计尚应符合下列规定:

(1)配制高强度混凝土所用砂率及所采用的外加剂和矿物掺合料的品种、掺量等,均应通过试验确定。

(2)高强度混凝土的水泥用量宜不大于 500 kg/m³,胶凝材料总量宜不大于 600 kg/m³。

(3)当采用 3 个不同的配合比进行混凝土强度试验时,其中一个应为基准配合比,另外两个配合比的水胶比宜较基准配合比分别增加和减少 0.02 ~ 0.03。

(4)高强度混凝土的设计配合比确定后,尚应采用该配合比进行不少于 6 次的重复试验进行验证,其平均值应不低于配制强度。

高强度混凝土的施工技术要求除应符合普通混凝土的规定外,尚应符合下列规定:

(1)混凝土应采用强制式搅拌机拌制,不得采用自落式搅拌机搅拌。配料数量的允许偏差应符合规范的规定。

(2)应准确控制用水量,粗、细集料的含水率应及时测定,并应按测定值调整用水量和集料用量,不得在拌和物出机后再加水。

(3)搅拌混凝土时高效减水剂或高性能减水剂宜采用后掺法,且宜制成溶液后再加入,并应在混凝土用水量中扣除溶液用水量。加入减水剂后,混凝土拌和料在搅拌机中继续搅拌的时间宜不少于 30 s。

(4)高强度混凝土的入模温度应根据环境状况和结构所受的内、外约束程度加以限制。保湿养护的时间应不少于 7 d。

### (十)高性能混凝土

此部分内容适用于高性能混凝土的原材料选用、配合比设计、拌制、浇筑和养护施工。

配置高性能混凝土时,应选用优质水泥和级配良好的优质集料,同时应掺加与水泥相匹配的高性能减水剂或高效减水剂及优质掺合料。

水泥宜选用品质稳定、标准稠度需水量低、强度等级不低于 42.5 的硅酸盐水泥或普通硅酸盐水泥,不宜采用矿渣硅酸盐水泥、火山灰质硅酸盐水泥、粉煤灰硅酸盐水泥或复合硅酸盐水泥,亦不宜采用早强水泥。

细集料宜选用级配良好、质地均匀坚固、吸水率低、空隙小、细度模数 2.6 ~ 3.2 的洁净天然中粗河砂,或符合要求的机制砂,不得使用山砂和海砂。粗集料宜选用质地均匀坚硬、粒形良好、级配合理、线胀系数小的洁净碎石或卵石,不宜采用砂岩加工成的碎石,且应采用连续两级配或连续多级配。

外加剂应选用高性能减水剂、高效减水剂或复合减水剂,并应选择减水率高、坍落度损失小、适量引气、与水泥之间具有良好的相容性、能明显改善或提高混凝土耐久性能且质量稳定的产品。引气剂或引气型外加剂应有良好的气泡稳定性。用于提高混凝土抗冻性的引气剂、减水剂和复合外加剂中均不得掺有木质磺酸盐组分,并不得采用含有氯盐的防冻剂。矿物掺合料应选用品质稳定、来料均匀的粉煤灰、粒化高炉矿渣粉和硅灰等。

高性能混凝土的配合比应根据原材料品质、设计强度等级、耐久性以及施工工艺对工作性能的要求,通过计算、试配和调整等步骤确定。进行配合比设计时应符合下列规定:

(1)对不同强度等级混凝土的胶凝材料总量应进行控制,C40 以下宜不大于 400 kg/m³;C40 ~ C50 宜不大于 450 kg/m³;C60 及以上的非泵送混凝土宜不大于 500 kg/m³,泵送混凝土宜不大于 530 kg/m³;且胶凝材料浆体体积宜不大于混凝土体积的 35%。

(2)水胶比应根据混凝土的配制强度、抗氯离子渗透性能、抗渗性能和抗冻性能等要求确定。在满足混凝土工作性能的前提下,宜降低用水量,并控制在 130 ~ 160 kg/m³。

(3)混凝土中宜适量掺加优质的粉煤灰、粒化高炉矿渣粉或硅灰等矿物掺合料,用以提高其耐久性、改善其施工性能和抗裂性能,其掺量宜根据混凝土的性能要求通过试验确定,且宜不小于胶凝材料总量的20%。当混凝土中粉煤灰掺量大于30%时,混凝土的水胶比不得大于0.45;在预应力混凝土及处于冻融环境的混凝土中,粉煤灰的掺量宜不大于30%,且粉煤灰的含碳量宜不大于2%。对暴露于空气中的一般构件混凝土,粉煤灰的掺量宜不大于20%,且单方混凝土胶凝材料中的硅酸盐水泥用量宜不小于240 kg。

(4)对耐久性有较高要求的混凝土结构,试配时应进行混凝土和胶凝材料抗裂性能的对比试验,并从中优选抗裂性能良好的混凝土原材料和配合比。

(5)混凝土中宜适量掺加符合规范规定的外加剂,且宜选用质量可靠、稳定的多功能复合外加剂。

(6)冻融环境下的混凝土宜采用引气混凝土。冻融环境作用等级D级及以上的混凝土必须掺用引气剂。

(7)混凝土的坍落度宜根据施工工艺的要求确定,条件允许时宜选用低坍落度的混凝土。

高性能混凝土的施工对原材料的质量应严格控制,并应保证配料设备称量准确。所有混凝土原材料,除水可按体积计外,其余均应按质量进行称量,集料称量的允许偏差应为±2%,其他原材料称量的允许偏差应为±1%。

高性能混凝土的搅拌应采用搅拌效率高且均质性好的卧轴式、行星式或逆流式强制式搅拌机。搅拌时,宜先投入细集料和掺合料干拌均匀,再加水泥和部分拌和用水搅拌,最后加入粗集料、外加剂溶液及余额拌和用水,搅拌至均匀为止。上述每一阶段的搅拌时间均应不少于30 s,总搅拌时间应比常规混凝土延长40 s以上。混凝土中掺加钢筋阻锈剂溶液时,拌和物的搅拌时间应延长1 min,采用粉剂时应延长3 min。

高性能混凝土的入模温度宜不超过28 ℃,新浇混凝土与已浇并硬化混凝土或岩土介质之间的温差应不大于20 ℃,混凝土表面的接触物与混凝土表面温度之差应不大于15 ℃。高性能混凝土的浇筑应连续进行,在振捣过程中应控制混凝土的均匀性和密实性,同时应在浇筑及静置过程中采取防止裂缝的有效措施,对混凝土的沉降及塑性干缩产生的表面裂纹,应及时予以处理。混凝土的振捣应采用高频振捣器,且宜采用二次振捣及二次抹面的方式施工;每点的振捣时间宜不超过30 s,并应防止过振和过度抹面,严禁通过洒水辅助抹面。

新浇筑的混凝土应及早养护,并应减少暴露时间,防止表面水分的蒸发;终凝后,应立即开始对混凝土进行持续潮湿养护。洒水养护时不得采用海水,应采用淡水。持续潮湿养护在养护期内不应间断,且不得形成干湿循环,在常温下养护应不少于14 d,气温较低时应适当延长潮湿养护的时间。

## 三、预应力混凝土工程

此部分内容适用于预应力混凝土现浇结构和预制构件的施工。

### (一)预应力筋及制作

预应力混凝土结构所采用的钢丝、钢绞线、螺纹钢筋等材料的性能和质量,应符合现行国家标准的规定。有涂层的预应力筋应符合相应的现行国家标准的规定。进口材料的性能和质量应符合合同规定标准的要求。

预应力筋进场时应分批验收,验收时,除应按合同要求对其质量证明书、包装、标志和规格等进行检查外,尚应按下列规定进行检验:

(1)钢丝分批检验时每批质量应不大于60 t。检验时应先从每批中抽查5%且不少于5盘,进行表面质量检查,如检查不合格,则应对该批钢丝逐盘检查。在表面质量检查合格的钢丝中抽取5%,但不少于3盘,在每盘钢丝的两端取样进行抗拉强度、弯曲和伸长率的试验。试验结果如有一项不合格,则不合格盘报废,并从同批未试验过的钢丝盘中取双倍数量的试样进行该不合格项的复验;如仍有一项不合格,则该批钢丝为不合格。

(2)钢绞线分批检验时每批质量应不大于60 t。检验时应从每批钢绞线中任取3盘,并从每盘所选的钢绞线端部正常部位截取一组试样进行表面质量、直径偏差和力学性能试验。如每批少于3盘,则应逐盘取样进行上述试验。试验结果如有一项不合格时,则不合格盘报废,并再从该批未试验过的钢绞线中取双倍数量的试样进行该不合格项的复验;如仍有一项不合格,则该批钢绞线为不合格。

(3)螺纹钢筋分批检验时每批质量应不大于100 t。对表面质量应逐根目视检查,外观检查合格后在每批中任选2根钢筋截取试件进行拉伸试验。试验结果如有一项不合格时,则应另取双倍数量的试件重做全部各项试验;如仍有1根试件不合格,则该批钢筋为不合格。

(4)预应力筋的实际强度不得低于现行国家标准的规定。预应力筋的检验试验方法应按现行国家标准的规定执行,用作拉伸试验的试件,不得进行任何形式的加工。在对预应力筋的拉伸试验中,应同时测定其弹性模量。

(5)对特大桥、大桥或重要桥梁工程中使用的钢丝、钢绞线和螺纹钢筋,进场时应按上述规定进行检验;对预应力材料用量较少的一般桥梁工程,其预应力钢材的力学性能,可仅进行抗拉强度检验,或由生产厂提供力学性能试验报告。

预应力筋应保持清洁,在存放和搬运过程中应避免使其产生机械损伤和有害的锈蚀。进场后的存放时间宜不超过6个月,且宜存放在干燥、防潮、通风良好、无腐蚀气体和介质的仓库内;在室外存放时,不得直接堆放在地面,应支垫并遮盖,防止雨露和各种腐蚀性介质对其产生不利影响。

预应力筋制作时的下料应符合下列规定:

(1)下料长度应通过计算确定,计算时应考虑结构的孔道长度或台座长度、锚夹具厚度、千斤顶长度、镦头预留量、冷拉伸长值、弹性回缩值、张拉伸长值和张拉工作长度等因素。

(2)钢丝束两端采用镦头锚具时,宜采用等长下料法对钢丝进行下料。

(3)预应力筋的下料,应采用切断机或砂轮锯切断,严禁采用电弧切割。

**专家解读**

如采用电弧切断预应力筋,在高温下将使预应力筋的抗拉强度降低,故予以禁止。

高强钢丝的镦头宜采用液压冷镦,镦头前应确认钢丝的可镦性。钢丝镦头的强度不得低于钢丝强度标准值的98%。

制作挤压锚时,应符合下列规定:

(1)模具与挤压锚应配套使用,挤压锚具的外表面应涂润滑介质,挤压力和挤压操作应符合产品使用说明书的规定。

(2)挤压后的预应力筋外端应露出挤压套筒2~5 mm。

(3)应从每一工作班制作的成型挤压锚中抽取至少3个试件,进行握裹力试验。

(4)钢绞线压花锚挤压成型时,表面应清洁、无油污,梨形头的尺寸和直线段长度应不小于设计值。

(5)环氧涂层钢绞线不得用于制作压花锚。

预应力筋由多根钢丝或钢绞线组成且当采取整束穿入孔道内时应预先编束，编束时应将钢丝或钢绞线逐根理顺，防止缠绕，并应每隔 1～1.5 m 捆绑一次，使其绑扎牢固、顺直。

## (二)锚具、夹具和连接器

锚具应满足分级张拉、补张拉以及放松预应力的要求；锚固多根预应力筋的锚具除应具有整束张拉的性能外，尚应具有单根张拉的性能；用于承受低应力或动荷载的夹片式锚具应具有防松性能；锚具的锚口摩阻损失率宜不大于 6%。夹具应具有良好的自锚性能、松锚性能和安全的重复使用性能，主要锚固零件应具有良好的防锈性能，可重复使用的次数应不少于 300 次。

在混凝土结构或构件中的永久性预应力筋连接器，应符合锚具的性能要求；用于先张法施工且在张拉后还需进行放张和拆卸的连接器，应符合夹具的性能要求。

锚垫板应具有足够的强度和刚度，且宜设置锚具对中止口以及压浆孔或排气孔，压浆孔的内径宜不小于 20 mm。与后张预应力筋用锚具或连接器配套的锚垫板和局部加强钢筋，在规定的局部承压试件尺寸及混凝土强度下，应满足传力性能要求。

锚具、夹具和连接器进场时，应按合同核对其型号、规格和数量，以及适用的预应力筋品种、规格和强度等级，且生产厂应提供产品质保书、产品技术手册、锚固区传力性能形式检验报告，以及夹片式锚具的锚口摩阻损失测试报告或参数。产品按合同核对无误后，应按下列规定进行进场检验。

(1)外观检验：应从每批产品中抽取 2% 且不少于 10 套样品，检验表面裂纹及锈蚀情况。表面不得有裂纹及锈蚀。对配套使用的锚垫板和螺旋筋可按上述方法进行外观检验，但允许表面有轻度锈蚀。

(2)尺寸检验：应从每批产品中抽取 2% 且不少于 10 套样品，检验其外形尺寸。外形尺寸应符合产品质保书所示的尺寸范围。

(3)硬度检验：应从每批产品中抽取 3% 且不少于 5 套样品(对多孔夹片式锚具的夹片，每套抽取 6 片)，对其中有硬度要求的零件进行硬度检验，每个零件测试 3 点，其硬度应符合产品质保书的规定。

(4)静载锚固性能试验：应在外观检验和硬度检验均合格的同批产品中抽取样品，与相应规格和强度等级的预应力筋组成 3 个预应力筋—锚具组装件，进行静载锚固性能试验。如有 1 个试件不符合要求，则应另取双倍数量的样品重做试验；如仍有 1 个试件不符合要求，则该批锚具为不合格。

(5)对特大桥、大桥和重要桥梁工程中使用的锚具产品，应进行上述四项检查和检验；对锚具用量较少的一般中、小桥梁工程，如生产厂能提供有效的静载锚固性能试验合格的证明文件，则可仅进行外观检验和硬度检验。

(6)进场检验时，同种材料、同一生产工艺条件下、同批进场的产品可视为同一验收批。锚具的每个验收批宜不超过 2 000 套；夹具、连接器的每个验收批宜不超过 500 套；获得第三方独立认证的产品，其验收批可扩大 1 倍。检验合格的产品，在现场的存放期超过 1 年，再用时应进行外观检验。

锚具、夹具和连接器在存放、搬运及使用期间均应妥善防护，避免锈蚀、沾污、遭受机械损伤、混淆和散失，临时性的防护措施应不影响其安装和永久性防腐的实施。

预应力筋用锚具产品应配套使用，同一结构或构件中应采用同一生产厂的产品，工作锚不得作为工具锚使用。夹片式锚具的限位板和工具锚宜采用与工作锚同一生产厂的配套产品。

### （三）管道

在后张有黏结预应力混凝土结构或构件中，预应力筋的孔道宜由浇筑在混凝土中的刚性或半刚性管道构成，或采取钢管抽芯、胶管抽芯及金属伸缩套管抽芯等方法进行预留。设置于混凝土中的刚性或半刚性管道不应有漏浆现象，且应具有足够的强度和刚度，应能在浇筑混凝土重力的作用下保持原有的形状，并能按要求传递黏结应力。

管道的性能要求应符合下列规定：

(1)刚性管道应是壁厚不小于2 mm的平滑钢管，且应具有光滑的内壁并可被弯曲成适当的形状而不出现卷曲或被压扁；半刚性管道应是波纹状的金属管或高密度聚乙烯塑料管，且金属波纹管宜采用镀锌钢带制作，壁厚宜不小于0.3 mm。

(2)金属波纹管的性能和质量应符合规范的规定；塑料波纹管的制作材料、性能和质量应符合规范的规定。

管道的进场检验应符合下列规定：

(1)进场时除应按合同检查出厂合格证和质量保证书，核对其类别、型号、规格及数量外，尚应对其外观、尺寸、集中荷载下的径向刚度、荷载作用后的抗渗漏及抗弯曲渗漏等进行检验。检验试验方法应符合规范的规定。

(2)管道应按批进行检验。金属波纹管每批应由同一钢带生产厂生产的同一批钢带所制造的产品组成，每批数量应不超过50 000 m；塑料波纹管每批应由同一配方、同一生产工艺、同设备稳定连续生产的产品组成，每批数量应不超过10 000 m。

(3)检验时应先进行外观质量的检验，合格后再进行其他指标的检验。当其他指标中有不合格项时，应取双倍数量的试件对该不合格项进行复验；复验仍不合格时，该批产品为不合格。

波纹管在搬运时应采用非金属绳捆扎，或采用专用框架装载，不得抛摔或在地面上拖拉。波纹管在存放时应远离热源及可能遭受各种腐蚀性气体、介质影响的地方，存放时间宜不超过6个月，在室外存放时不得直接堆于地面，应支垫并遮盖。

### （四）混凝土浇筑

浇筑混凝土前，除应符合规范有关规定外，尚应对预埋于混凝土中的锚具、管道和钢筋等进行全面检查验收，符合要求后方可开始浇筑。

浇筑混凝土时，宜根据结构或构件的不同形式选用插入式、附着式或平板式等振动器进行振捣。对箱梁腹板与底板及顶板连接处的承托、预应力筋锚固区及其他预应力钢束与钢筋密集的部位，应采取有效措施加强振捣；对先张构件应避免振动器碰撞预应力筋；对后张结构应避免振动器碰撞预应力筋的管道、预埋件等。浇筑过程中应随时检查模板、管道、锚固端垫板等的稳固性，保证其位置及尺寸符合设计要求。

用于判断现场预应力混凝土结构或构件强度的混凝土试件，应置于现场与结构或构件同环境、同条件养护。

### （五）施加预应力

预应力张拉用的机具设备和仪表应符合下列规定。

(1)预应力筋的张拉宜采用穿心式双作用千斤顶，整体张拉或放张宜采用具有自锚功能的千斤顶；张拉千斤顶的额定张拉力宜为所需张拉力的1.5倍，且不得小于1.2倍。与千斤顶配套使用的压力表应选用防振型产品，其最大读数应为张拉力的1.5～2.0倍，标定精度应不低于1.0级。张拉机具设备应与锚具产品配套使用，并应在使用前进行校正、检验和标定。

(2)张拉用的千斤顶与压力表应配套标定、配套使用,标定应在经国家授权的法定计量技术机构定期进行,标定时千斤顶活塞的运行方向应与实际张拉工作状态一致。当处于下列情况之一时,应重新进行标定:使用时间超过6个月;张拉次数超过300次;使用过程中千斤顶或压力表出现异常情况;千斤顶检修或更换配件后。

(3)采用测力传感器测量张拉力时,测力传感器应按相关国家标准的规定每年送检一次。

施加预应力之前,施工现场的准备工作及结构或构件需达到的要求应符合下列规定:

(1)施工现场已具备经批准的张拉顺序、张拉程序和施工作业指导书,经培训掌握预应力施工知识和正确操作的施工人员,以及能保证操作人员和设备安全的防护措施。

(2)锚具安装正确,结构或构件混凝土已达到要求的强度和弹性模量(或龄期)。

对预应力筋施加预应力时,应符合下列规定。

(1)千斤顶安装时,工具锚应与前端的工作锚对正,工具锚和工作锚之间的各根预应力筋不得错位、扭绞。实施张拉时,千斤顶与预应力筋、锚具的中心线应位于同一轴线上。

(2)预应力筋的张拉顺序和张拉控制应力应符合设计规定。当施工中需要对预应力筋实施超张拉或计入锚圈口预应力损失时,可比设计规定提高5%,但在任何情况下不得超过设计规定的最大张拉控制应力。

(3)预应力筋采用应力控制方法张拉时,应以伸长值进行校核。实际伸长值与理论伸长值的差值应符合设计规定;设计未规定时,其偏差应控制在±6%以内,否则应暂停张拉,待查明原因并采取措施予以调整后,方可继续张拉。对环形筋、U形筋等曲率半径较小的预应力束,其实际伸长值与理论伸长值的偏差宜通过试验确定。

(4)预应力筋的理论伸长值$\Delta L_L$(mm)可按规定公式计算。

(5)预应力筋张拉时,应先调整到初应力$\sigma_0$,该初应力宜为张拉控制应力$\sigma_{con}$的10%～25%,伸长值应从初应力时开始量测。预应力筋的实际伸长值除量测的伸长值外,尚应加上初应力以下的推算伸长值。预应力筋张拉的实际伸长值$\Delta L_S$(mm)可按下式计算:

$$\Delta L_S = \Delta L_1 + \Delta L_2$$

式中:$\Delta L_1$——从初应力至最大张拉应力间的实测伸长值(mm);$\Delta L_2$——初应力以下的推算伸长值(mm),可采用相邻级的伸长值。

(6)预应力筋张拉控制应力的精度宜为±1.5%。

(7)预应力筋的锚固,应在张拉控制应力处于稳定状态下进行。锚固阶段张拉端锚具变形、预应力筋的回缩量和接缝压缩值,应不大于设计规定或不大于规范规定的容许值。

(8)张拉锚固后,建立在锚下的实际有效预应力与设计张拉控制应力的相对偏差应不超过±5%,且同一断面中预应力束的有效预应力的不均匀度应不超过±2%。

(9)在预应力筋张拉、锚固过程中及锚固完成后,均不得大力敲击或振动锚具。预应力筋锚固后需要放松时,对夹片式锚具宜采用专门的放松装置松开;对支撑式锚具可采用张拉设备缓慢地松开。

(10)预应力筋在实施张拉或放张作业时,应采取有效的安全防护措施,预应力筋两端的正面严禁站人和穿越。

(11)预应力筋张拉、锚固及放松时,均应填写施工记录。

(12)施加预应力时宜采用信息化数据处理系统对各项张拉参数进行采集。

### (六)先张法

先张法的墩式台座结构应符合下列规定:

(1)承力台座应进行专门设计,并应具有足够的强度、刚度和稳定性,其抗倾覆安全系数应不小于1.5,抗滑移系数应不小于1.3。

(2)锚固横梁应有足够的刚度,受力后挠度应不大于2 mm。

预应力筋的安装宜自下而上进行,并应采取措施防止其被台座上涂刷的隔离剂污染。预应力筋与锚固横梁间的连接,宜采用张拉螺杆。

先张法预应力筋的张拉除应符合施加预应力的有关规定外,尚应符合下列规定:

(1)张拉前,应对台座、锚固横梁及各项张拉设备进行详细检查,符合要求后方可进行操作。

(2)同时张拉多根预应力筋时,应预先调整其单根力筋的初应力,使相互之间的应力一致,再整体张拉。张拉过程中,应使活动横梁与固定横梁始终保持平行,并应检查预应力筋的预应力值,其偏差的绝对值不得超过按一个构件全部预应力筋预应力总值的5%。

(3)先张法预应力筋的张拉程序应符合设计规定;设计未规定时,其张拉程序可按表1-84的规定进行。

表1-84 先张法预应力筋张拉程序

| 预应力筋种类 | | 张拉程序 |
|---|---|---|
| 钢丝、钢绞线 | 夹片式等具有自锚性能的锚具 | 低松弛预应力筋:0→初应力→$\sigma_{con}$(持荷5 min锚固) |
| | 其他锚具 | 0→初应力→1.05$\sigma_{con}$(持荷5 min)→0→$\sigma_{con}$(锚固) |
| 螺纹钢筋 | | 0→初应力→1.05$\sigma_{con}$(持荷5 min)→0.9$\sigma_{con}$→$\sigma_{con}$(锚固) |

注:a. 表中$\sigma_{con}$为张拉时的控制应力值,包括预应力损失值。

b. 超张拉数值超过《公路桥涵施工技术规范》规定的最大超张拉应力限值时,应按规定的限制张拉应力进行张拉。

c. 张拉螺纹钢筋时,应在超张拉并持荷5 min后放张至0.9$\sigma_{con}$时再安装模板、普通钢筋及预埋件等。

(4)张拉时,预应力筋的断丝数量不得超过表1-85的规定。

表1-85 先张法预应力筋断丝限制

| 预应力筋种类 | 检查项目 | 控制数 |
|---|---|---|
| 钢丝、钢绞线 | 同一构件内断丝数不得超过钢丝总数的百分比 | 1% |
| 螺纹钢筋 | 断筋 | 不容许 |

(5)预应力筋张拉完毕后,其位置与设计位置的偏差应不大于5 mm,同时应不大于构件最短边长的4%,且宜在4 h内浇筑混凝土。

先张法预应力筋的放张应符合下列规定:

(1)预应力筋放张时构件混凝土的强度和弹性模量(或龄期)应符合设计规定;设计未规定时,混凝土的强度应不低于设计强度等级值的80%;弹性模量应不低于混凝土28 d弹性模量的80%,当采用混凝土龄期代替弹性模量控制时应不少于5 d。

(2)在预应力筋放张之前,应将限制位移的侧模、翼缘模板或内模拆除。

(3)预应力筋的放张顺序应符合设计规定;设计未规定时,应分阶段、均匀、对称、相互交错地放张。

(4)多根整批预应力筋的放张,当采用砂箱放张时,放砂速度应均匀一致;采用千斤顶放张时,放张宜分数次完成;单根钢筋采用拧松螺母的方法放张时,宜先两侧后中间,并不得一次将一根力筋松完。

(5)放张后,预应力筋在构件端部的内缩值宜不大于1.0 mm。

(6)预应力筋放张后,对钢丝和钢绞线,应采用机械切割的方式进行切断;对螺纹钢筋,可采用乙炔-氧气切割,但应采取必要措施防止高温对其产生不利影响。

(7)长线台座上预应力筋的切断顺序,应由放张端开始,依次向另一端切断。

**链接**

先张法的特点:先张拉钢筋,再浇筑梁体混凝土;预应力通过钢筋与水泥之间的黏结力进行传递。

### (七)后张法

采用金属或塑料管道构成后张预应力混凝土结构或构件的孔道时,应符合下列规定:

(1)管道的规格、尺寸应符合设计规定,且其内横截面积应不小于预应力筋净截面积的2倍;对长度大于60 m的管道,宜通过试验确定其面积比是否可以进行正常的压浆作业。

(2)管道应按设计规定的坐标位置进行安装,并应采用定位钢筋固定,使其能牢固地置于模板内的设计位置,且在混凝土浇筑期间不产生位移。管道与普通钢筋重叠时,应移动普通钢筋,不得改变管道的设计坐标位置。固定各种成孔管道用的定位钢筋的间距,对钢管宜不大于1.0 m,波纹管宜不大于0.8 m;位于曲线上的管道和扁平波纹管道应适当加密。定位后的管道应平顺,其端部的中心线应与锚垫板相垂直。

(3)管道接头处的连接管宜采用大一级直径的同类管道,其长度宜为被连接管道内径的5~7倍。连接时不应使接头处产生角度变化及在混凝土浇筑期间发生管道的转动或移位,并应缠裹紧密,防止水泥浆的渗入。塑料波纹管应采用专用焊接机进行热熔焊接或采用具有密封性能的塑料结构连接器连接。当采用真空辅助压浆工艺进行孔道压浆时,管道的所有接头应具有可靠的密封性能,并应满足真空度的要求。

(4)所有管道均应在每个顶点设排气孔,以及需要时在每个低点设排水孔,在每个顶点和两端设检查孔。压浆管、排气管和排水管应是最小内径为20 mm的标准管或适宜的塑性管,与管道之间的连接应采用金属或塑料结构扣件,长度应足以从管道引出结构物以外。

(5)管道安装完毕后,其端口应采取可靠措施临时封堵,防止水或其他杂物进入。

采用胶管抽芯法制孔时,胶管内应插入芯棒或充以压力水增加刚度;采用钢管抽芯法制孔时,钢管表面应光滑,焊接接头应平顺。抽芯时间应通过试验确定,以混凝土抗压强度达到0.4~0.8 MPa时为宜,抽拔时不得损伤结构混凝土。抽芯后,应采用通孔器或压气、压水等方法对孔道进行检查,如发现孔道堵塞或有残留物或与邻孔有串通,应及时处理。

预应力筋的安装应符合下列规定:

(1)预应力筋可在浇筑混凝土之前或之后穿入孔道,穿束前应检查锚垫板和孔道,锚垫板的位置应准确。孔道内应畅通,无水和其他杂物。

(2)宜将一根钢束中的全部预应力筋编束后整体穿入孔道中,整体穿束时,束的前端宜设置穿束网套或特制的牵引头,应保持预应力筋顺直,且仅应前后拖动,不得扭转。对钢绞线,可采用穿束机逐根将其穿入孔道内,但应保证其在孔道内不发生相互缠绕。

(3)对在混凝土浇筑之前安装在孔道中但在规定时限内未压浆的预应力筋,应采取防止锈蚀或其他防腐蚀措施,直至压浆。

(4)预应力筋安装在管道中后,应将管道端部开口密封防止湿气进入。采用蒸汽养护混凝土时,在养护完成之前不应安装预应力筋。

(5)在任何情况下,当在安装有预应力筋的结构或构件附近进行电焊作业时,均应对全部预应力筋、管道和附属构件进行保护，防止溅上焊渣或造成其他损坏。

(6)对在混凝土浇筑之前穿束的管道，预应力筋安装完成后，应进行全面检查，查出可能被损坏的管道。在混凝土浇筑之前，应将管道上所有非有意留的孔、开口或损坏之处修复，并应在浇筑混凝土过程中随时检查预应力筋能否在管道内自由移动。

锚具、夹具和连接器在安装前，应擦拭干净，安装时应符合下列规定：

(1)锚具和连接器的安装位置应准确，且应与孔道对中。锚垫板上设置有对中止口时，应防止锚具偏出止口。安装夹片时，应使夹片的外露长度基本一致。

(2)采用螺母锚固的支撑式锚具，安装时应逐个检查螺纹的配合情况，应保证在张拉和锚固过程中能顺利旋合拧紧。

后张法预应力筋的张拉和锚固应符合下列规定。

(1)预应力张拉之前，宜对不同类型的孔道进行至少一个孔道的摩阻测试，通过测试所确定的 $\mu$ 值和 $k$ 值宜用于对设计张拉控制应力的修正，对长度大于 60 m 的孔道宜适当增加摩阻测试的数量。

(2)张拉时，结构或构件混凝土的强度、弹性模量(或龄期)应符合设计规定；设计未规定时，混凝土的强度应不低于设计强度等级值的 80%，弹性模量应不低于混凝土 28 d 弹性模量的 80%，当采用混凝土龄期代替弹性模量控制时应不少于 5 d。

(3)预应力筋的张拉顺序应符合设计规定；当设计未规定时，宜采用分批、分阶段的方式对称张拉。

(4)预应力筋应整束张拉锚固。对扁平管道中平行排放的预应力钢绞线束，在保证各根钢绞线不会叠压时，可采用小型千斤顶逐根张拉，但应考虑逐根张拉时预应力损失对控制应力的影响。

(5)预应力筋张拉端的设置应符合设计要求；当设计未要求时，应符合下列规定：

①对钢束长度小于 20 m 的直线预应力筋可在一端张拉；对曲线预应力筋或钢束长度大于或等于 20 m 的直线预应力筋，应采用两端张拉。

②当同一截面中有多束一端张拉的预应力筋时，张拉端宜分别交错设置在结构或构件的两端。

③预应力筋采用两端张拉时，宜两端同时张拉；或先在一端张拉锚固后，再在另一端补足预应力值进行锚固。

(6)两端张拉时，各千斤顶之间同步张拉力的允许误差宜为 ±2%。

(7)后张预应力筋的张拉程序应符合设计规定；设计未规定时，可按表 1-86 的规定进行。

**表 1-86　后张法预应力筋张拉程序**

| 锚具和预应力筋类别 | | 张拉程序 |
|---|---|---|
| 夹片式等具有自锚性能的锚具 | 钢绞线束、钢丝束 | 低松弛力筋：0→初应力→$\sigma_{con}$(持荷 5 min 锚固) |
| 其他锚具 | 钢绞线束 | 0→初应力→1.05$\sigma_{con}$(持荷 5 min)→$\sigma_{con}$(锚固) |
| | 钢丝束 | 0→初应力→1.05$\sigma_{con}$(持荷 5 min)→0→$\sigma_{con}$(锚固) |
| 螺母锚固锚具 | 螺纹钢筋 | 0→初应力→$\sigma_{con}$(持荷 5 min)→0→$\sigma_{con}$(锚固) |

注：a. 表中 $\sigma_{con}$ 为张拉时的控制应力，包括预应力损失值。

b. 两端同时张拉时，两端千斤顶升降压、画线、测伸长等工作应基本一致。

c. 超张拉数值超过规定的最大超张拉应力限值时，应按规定的限值进行张拉。

（8）后张预应力筋断丝及滑移的数量不得超过表 1-87 的控制数。

**表 1-87　后张预应力筋断丝、滑移限制**

| 类别 | 检查项目 | 控制数 |
| --- | --- | --- |
| 钢丝束、钢绞线束 | 每束钢丝断丝或滑丝 | 1 根 |
| | 每束钢绞线断丝或滑丝 | 1 丝 |
| | 每个断面断丝之和不超过该断面钢丝总数的百分比 | 1% |
| 螺纹钢筋 | 断筋或滑移 | 不容许 |

注：a. 钢绞线断丝是指单根钢绞线内钢丝的断丝。

b. 超过表列控制数时，原则上应更换；当不能更换时，在许可的条件下，可采取补救措施，如提高其他束预应力值，但必须满足设计各阶段极限状态的要求。

（9）预应力筋在张拉控制应力达到稳定后方可锚固。对夹片式锚具，锚固后夹片顶面应平齐，其相互间的错位宜不大于 2 mm，且露出锚具外的高度应不大于 4 mm。锚固完毕并经检验确认合格后方可切割端头多余的预应力筋，切割时应采用砂轮锯，严禁采用电弧进行切割，同时不得损伤锚具。

（10）切割后预应力筋的外露长度应不小于 30 mm，且应不小于 1.5 倍预应力筋直径。锚具应采用封端混凝土保护，当需长期外露时，应采取防止锈蚀的措施。

对长度较小的竖向或横向预应力钢束，可采用低回缩锚具。低回缩锚具的张拉和锚固施工要求宜符合相应产品标准的规定。

**链接**

后张法的特点：先浇筑梁体混凝土，再张拉钢筋；预应力通过设置在梁端的锚具进行传递。

### （八）后张孔道压浆及封锚

预应力筋张拉锚固后，孔道应尽早压浆，且应在 48 h 内完成，否则应采取避免预应力筋锈蚀的措施。

后张预应力孔道应采用专用压浆料或专用压浆剂配制的浆液进行压浆。所用原材料应符合下列规定：

（1）水泥应采用性能稳定、强度等级不低于 42.5 的低碱硅酸盐或低碱普通硅酸盐水泥。

（2）外加剂应与水泥具有良好的相容性，且不得含有氯盐、亚硝酸盐或其他对预应力筋有腐蚀作用的成分。减水剂应采用高效减水剂或高性能减水剂，且应满足现行《混凝土外加剂》中高效减水剂一等品的要求，其减水率应不小于 20%。

（3）矿物掺合料的品种宜为 I 级粉煤灰、粒化高炉矿渣粉或硅灰，并应符合规范的规定。

（4）水不应含有对预应力筋或水泥有害的成分，每升水中不得含有 350 mg 以上的氯化物离子或任何一种其他有机物，宜采用符合国家卫生标准的清洁饮用水。

（5）膨胀剂宜采用钙矾石系或复合型膨胀剂，不得采用以铝粉为膨胀源的膨胀剂或总碱量 0.75% 以上的高碱膨胀剂。

（6）压浆材料中的氯离子含量应不超过胶凝材料总量的 0.06%，比表面积应大于 350 $m^2/kg$，三氧化硫含量应不超过 6.0%。

用于后张孔道压浆的设备性能应符合下列规定：

（1）压浆机应采用活塞式可连续作业的压浆泵，其压力表的最小分度值应不大于

0.1 MPa，最大量程应使实际工作压力在其 25% ~75% 的量程范围内。不得采用风压式压浆泵进行孔道压浆。

(2)真空辅助压浆工艺中采用的真空泵应能达到 0.10 MPa 的负压力。

孔道压浆前的准备工作应符合下列规定：

(1)应在工地试验室对压浆材料加水进行试配验证，各种材料的称量(均以质量计)应精确到 ±1%。经试配的浆液其各项性能指标均满足要求后方可用于正式压浆。

(2)应对孔道进行清洁处理。对抽芯成型的孔道应冲洗干净并应使孔壁完全湿润，金属和塑料管道在必要时亦应冲洗清除附着于孔道内壁的有害材料。对孔道内可能存在的油污等，可采用已知对预应力筋和管道无腐蚀作用的中性洗涤剂或皂液，用水稀释后进行冲洗；冲洗后，应使用不含油的压缩空气将孔道内的所有积水吹出。

(3)应对压浆设备进行清洗，清洗后的设备内不应有残渣和积水。

压浆时，对曲线孔道和竖向孔道应从最低点的压浆孔压入；对水平直线孔道可从任意一端的压浆孔压入；对结构或构件中以上下分层设置的孔道，应按先下层后上层的顺序进行压浆。同一孔道的压浆应连续进行，一次完成。压浆应缓慢、均匀地进行，不得中断，并应将所有最高点的排气孔依次一一打开和关闭，使孔道内排气通畅。

浆液自拌制完成至压入孔道的延续时间宜不超过 40 min，且在使用前和压注过程中应连续搅拌，对因延迟使用所致流动度降低的水泥浆，不得通过额外加水增加其流动度。

对水平或曲线孔道，压浆的压力宜为 0.5 ~0.7 MPa；对超长孔道，最大压力宜不超过 1.0 MPa，当超过时可采用分段的方式进行压浆；对竖向孔道，压浆的压力宜为 0.3 ~0.4 MPa。压浆的充盈度应达到孔道另一端饱满且排气孔排出与规定流动度相同的水泥浆为止。关闭出浆口后，宜保持一个不小于 0.5 MPa 的稳压期，该稳压期的保持时间宜为 3 ~5 min。

采用真空辅助压浆工艺时，在压浆前应对孔道进行抽真空，真空度宜稳定在 -0.06 ~ -0.10 MPa范围内。真空度稳定后，应立即开启孔道压浆端的阀门，同时启动压浆泵进行连续压浆。

压浆时，每一工作班应制作留取不少于 3 组尺寸为 40 mm×40 mm×160 mm 的试件，标准养护 28 d，进行抗压强度和抗折强度试验，作为评定质量的依据。

压浆过程中及压浆后 48 h 内，结构或构件混凝土的温度及环境温度不得低于 5 ℃，否则应采取保温措施，并应按冬期施工的要求处理，浆体中可适量掺用引气剂，但不得掺用防冻剂。当环境温度高于 35 ℃时，压浆宜在夜间进行。

压浆后应通过检查孔抽查压浆的密实情况，如有不实，应及时进行补压浆处理。压浆完成后，应及时对锚固端按设计要求进行封闭保护或防腐处理，需要封锚的锚具，应在压浆完成后对梁端混凝土凿毛并将其周围冲洗干净，设置钢筋网浇筑封锚混凝土；封锚应采用与结构或构件同强度的混凝土并应严格控制封锚后的梁体长度。长期外露的锚具，应采取防锈措施。对后张预制构件，在孔道压浆前不得安装就位；压浆后，应在浆液强度达到规定的强度后方可移运和吊装。

孔道压浆宜采用信息化数据处理系统对相关参数进行采集，并填写施工记录，记录的项目宜包括压浆材料、配合比、压浆日期、搅拌时间、出机初始流动度、浆液温度、环境温度、压浆量、稳压压力及时间；采用真空辅助压浆工艺时尚应包括真空度。

### (九)无黏结预应力

无黏结预应力筋的铺放和安装应符合下列规定：

(1)铺放前应检查其规格、数量及是否有破损，并应在逐根确认其端部组装配件可靠无误后，方可铺放。

(2)安装时应按设计规定的位置,采用定位钢筋控制定位,并应保持其顺直、牢固,浇筑混凝土时不应出现移位和变形。

(3)当与其他构件位置有矛盾时,不应将无黏结预应力筋垂直位置抬高或降低。

(4)当集束配置多根无黏结预应力筋时,应保持平行走向,宜适当增加分丝器,防止其相互扭绞。

无黏结预应力筋的张拉和防护应符合下列规定:

(1)施加预应力之前,应对结构或构件进行检验,符合要求后方可进行张拉。

(2)张拉完毕后应及时对锚固区进行保护处理,应采用防腐油脂通过灌注孔将张拉形成的空腔全部灌注密实。将多余的预应力筋切割后,应先在锚具部位套上内涂防腐油脂的塑料封端罩,再采用细石混凝土或微膨胀砂浆进行封堵。

(3)对不能使用细石混凝土或微膨胀砂浆封堵的部位,应将锚具全部涂以与无黏结预应力筋涂料层相同的防腐油脂,并采用具有可靠防腐和防火性能的保护罩将锚具全部密封。

## 模块四　桥梁基础工程施工技术

桥梁基础常见的有扩大基础、桩基础、沉井、地下连续墙、承台。其中,最常见的两种桩基础是沉入桩和灌注桩。

### 一、扩大基础

#### (一)扩大基础概述

所谓扩大基础,是将桥墩或桥台及上部结构传来的荷载由其直接传递至较浅的支承地基的一种基础形式,一般采用明挖基坑的方法进行施工,故又称为明挖扩大基础或浅基础。扩大基础是由地基反力承担全部上部荷载,将上部荷载通过基础分散至基础底面,使之满足地基承载力和变形的要求。明挖扩大基础施工工艺流程为定位放样→基坑开挖→基坑降排水→基底处理与检验→砌筑(浇筑)基础结构物→回填。

**链接**

桥梁混凝土扩大基础的基础处理和地基承载力应满足设计要求,故需对地基承载力进行验算或加固验收。

由于扩大基础的埋深浅,结构形式简单,施工方法简便,造价也较低,因此是建筑物最常用的基础类型。下面以典型例题的形式对扩大基础的受力特点进行讲解。

**典型例题**

【单选题】关于桥梁扩大基础特点的说法,错误的是(　　)。

A. 主要承受压力　　B. 不能承受弯矩作用

C. 适用于地基承载力较好的土层　　D. 由地基反力承担上部荷载

B。【解析】扩大基础抗弯拉能力差,而不是不能承受弯矩作用。故选项 B 错误。

#### (二)扩大基础施工

此部分主要介绍明挖基坑施工的相关内容,包括一般规定、土石围堰、基坑开挖、基坑降排水、基底处理、基底检验等。

### 1. 一般规定

基坑施工前，应全面了解水文、地质、周边构筑物和地下管线等情况，确定开挖方式，制订专项施工方案。

基坑开挖前应根据水文、地质、开挖方式及施工环境条件等因素，验算基坑边坡的稳定，确定是否对坑壁采取支护措施。当基坑深度较小且坑壁土层稳定时，可直接放坡开挖；坑壁土层不易稳定且有地下水影响，或放坡开挖场地受到限制，或放坡开挖工程量过大时，应按设计要求对坑壁进行支护，设计未要求时，应结合实际情况选择适宜的坑壁支护方案，并应进行支护的专项设计。

基坑开挖时，应根据其等级和规模，对基坑结构的受力、变形、稳定性、坑外重要构筑物和地下管线的位移变形等进行监测控制，保证施工安全以及周边重要构筑物和地下管线的安全。对危险性较大的基坑，除应按边开挖、边支护的原则进行施工外，尚应建立信息化实时监控系统，指导施工。

开挖基坑所产生的弃土应进行妥善处置，不得阻塞河道，影响泄洪，污染环境。

### 2. 土石围堰

土石围堰工程应符合下列规定：

(1)围堰顶面的高程应高出施工期间可能出现的最高水位(包括浪高)0.5 ~0.7 m。

(2)围堰的外形和尺寸应考虑河流断面被压缩后流速增大导致水流对围堰本身和河床的集中冲刷，以及对河道泄洪、通航和导流的影响等不利因素。堰内的平面尺寸应满足基础施工作业的需要。

(3)围堰的填筑应分层进行，应达到防水严密，减少渗漏，并应满足堰身强度和整体稳定的要求。

### 3. 基坑开挖

基坑边缘的顶面应设置防止地面水流入基坑的设施。

基坑开挖时，应对基坑边缘顶面的各种荷载进行严格限制，并应在基坑边缘与荷载之间设置护道，基坑深度小于或等于4 m时护道的宽度应不小于1 m；基坑深度大于4 m时护道的宽度应按边坡稳定计算的结果进行适当加宽，水文和地质条件较差时应采取加固措施。

**链接**

除上述规定外，开挖机械距离基坑边缘应不小于1 m，且在该范围内也不得堆载物料。深基坑四周距基坑边缘不小于1 m处应设置钢管护栏，挂密目式安全网。

基坑的开挖施工应符合下列规定：

(1)挖基施工宜安排在枯水或少雨季节进行。基坑的开挖应连续施工，对有支护的基坑应采取防碰撞的措施；基坑附近有其他结构物时，应有可靠的防护措施。

(2)在开挖过程中进行排水时，应不对基坑的安全产生影响；确认基坑坑壁稳定的情况下，方可进行基坑内的排水。排水困难时，宜采用水下挖基方法，但应保持基坑中的原有水位高程。

(3)采用机械开挖时应避免超挖，宜在挖至基底前预留一定厚度，再由人工开挖至设计高程；如超挖，则应将松动部分清除，并应对基底进行处理。

(4)基坑开挖施工完成后不得长时间暴露、被水浸泡或被扰动，应及时检验其尺寸、高程和基底承载力，检验合格后应尽快进行基础工程的施工。

不支护坑壁进行基坑开挖施工时应符合下列规定：

(1)基坑坑壁坡度宜按地质条件、基坑深度、施工方法等情况确定。当为无水基坑且土层构造均匀时,基坑坑壁坡度可按表1-88确定;当土质较差有可能使坑壁不稳定而引起坍塌时,基坑坑壁坡度应适当缓于表1-88的坡度。

表1-88　基坑坑壁坡度

| 坑壁土类别 | 坑壁坡度 | | |
|---|---|---|---|
| | 坡顶无荷载 | 坡顶有静荷载 | 坡顶有动荷载 |
| 砂类土 | 1:1 | 1:1.25 | 1:1.5 |
| 卵石、砾类土 | 1:0.75 | 1:1 | 1:1.25 |
| 粉质土、黏质土 | 1:0.33 | 1:0.5 | 1:0.75 |
| 极软岩 | 1:0.25 | 1:0.33 | 1:0.67 |
| 软质岩 | 1:0 | 1:0.1 | 1:0.25 |
| 硬质岩 | 1:0 | 1:0 | 1:0 |

注:a. 坑壁有不同土层时,基坑坑壁坡度可分层选用,并酌设平台。

b. 坑壁土的类别按现行《公路土工试验规程》划分;岩面单轴抗压强度小于5 MPa、为5~30 MPa、大于30 MPa时,分别定为极软、软质、硬质岩。

c. 当基坑深度大于5 m时,基坑坑壁坡度可适当放缓或加设平台。

(2)当有地下水时,地下水位以上的基坑部分可放坡开挖;地下水位以下部分,若土质易坍塌或水位在基坑底以上较高时,应采用加固土体或降低地下水位等方法开挖。

(3)基坑为渗水性的土质基底时,坑底的平面尺寸应根据排水要求(包括排水沟、集水井、排水管网等)和基础模板所需基坑大小确定。

对坑壁采取支护措施进行基坑的开挖时,应符合下列规定:

(1)基坑较浅且渗水量不大时,可采用竹排、木板、混凝土板或钢板等对坑壁进行支护;基坑深度小于或等于4 m且渗水量不大时,可采用槽钢、H型钢或工字钢等进行支护;地下水位较高,基坑开挖深度大于4 m时,宜采用锁口钢板桩或锁口钢管桩围堰进行支护,其施工要求应符合规定;在条件许可时亦可采用水泥土墙、混凝土围圈或桩板墙等支护方式。

(2)支护结构应进行设计计算,支护结构受力过大时应加设临时支撑,支护结构和临时支撑的强度、刚度及稳定性应满足基坑开挖施工的要求。

基坑坑壁采用喷射混凝土、锚杆喷射混凝土、预应力锚索和土钉支护等方式进行加固时,其施工应符合下列规定:

(1)对基坑开挖深度小于10 m的较完整中风化基岩,可直接喷射混凝土加固坑壁,喷射混凝土之前应将坑壁上的松散层或岩渣清理干净。

(2)对锚杆、预应力锚索和土钉支护,均应在施工前按设计要求进行抗拉拔力的验证试验,并确定适宜的施工工艺。

(3)采用锚杆挂网喷射混凝土加固坑壁时,各层锚杆进入稳定层的长度、间距和钢筋的直径应符合设计要求。孔深小于或等于3 m时,宜采用先注浆后插入锚杆的施工工艺;孔深大于3 m时,宜先插入锚杆后注浆。锚杆插入孔内后应居中固定,注浆应采用孔底注浆法,注浆管应插至距孔底50~100 mm处,并随浆液的注入逐渐拔出,注浆的压力宜不小于0.2 MPa。

(4)采用预应力锚索加固坑壁时,预应力锚索(包括锚杆)编束、安装和张拉等的施工应符合规范的规定。

(5)采用土钉支护加固坑壁时,施工前应制订专项施工方案和施工监控方案,配备适宜的机具设备。

(6)不论采用何种加固方式,均应按设计要求逐层开挖、逐层加固,坑壁或边坡上有明显出水点处应设置导管排水。

### 4. 基坑降排水

采用集水坑排水时应符合下列规定:

(1)基坑开挖时,宜在坑底基础范围之外设置集水坑并沿坑底周围开挖排水沟,使水流入集水坑内,排出坑外。集水坑的尺寸宜视渗水量的大小确定。

(2)排水设备的能力宜为总渗水量的1.5~2.0倍。

采用井点降水法排水时应符合下列规定:

(1)井点降水法宜用于粉砂、细砂、地下水位较高、有承压水、挖基较深、坑壁不易稳定的土质基坑,在无砂的黏质土中不宜采用。井点类别的选择,宜按土层的渗透系数、要求降低水位的深度以及工程特点确定。

(2)井管的成孔可根据土质分别采用射水成孔或冲击钻机、旋转钻机及水压钻探机成孔。井点降水曲线应低于基底设计高程或开挖高程至少0.5 m。

(3)应做好沉降及边坡位移监测,保证水位降低区域内构筑物的安全,必要时应采取防护措施。

采用止水帷幕法防渗时应符合下列规定:

(1)采用帷幕防渗方法施工时应进行施工设计。帷幕防渗层的厚度应满足基坑防渗的要求,止水帷幕的渗透系数宜小于 $10\times10^{-6}$ mm/s。

(2)采用防水土工膜在围堰外侧铺底防渗时,应将河床面杂物清除干净并整平。土工膜应从围堰外侧的水位以上铺起,并超过堰脚不小于3 m;土工布之间的接头应搭接严密。铺底土工膜上应满压不小于300 mm厚的砂土袋。

### 5. 基底处理

对符合设计要求的细粒土、特殊土等基底,经修整完成后,应尽快设置混凝土垫层并进行基础的施工,不得使基底浸水或长期暴露;基坑开挖后如基底的地质情况与设计不符,则应按程序进行设计变更并应对地基进行处理。地基处理应根据地基土的种类、强度和密度,按照设计要求,并结合现场情况,采用相应的处理方法。地基处理的范围应宽出基础之外不小于0.5 m。

对强度低、稳定性差的细粒土及特殊土地基,如饱和软弱黏土层、粉砂土层、湿陷性黄土、膨胀土、季节性冻土等,处理时应视该类土的处治深度和含水率等情况,采取固结、换填等措施,使之满足设计要求。

粗粒土和巨粒土地基的处理应符合下列规定:

(1)对于强度和稳定性满足设计要求的粗粒土及巨粒土基底,应将其承重面平整夯实。

(2)基底有水不能彻底排干时,应先将水引至排水沟,然后再在其上进行基础的施工。

岩层基底的处理应符合下列规定:

(1)对风化岩层,应在挖至设计高程并满足地基承载力要求后尽快进行封闭,防止其继续风化。

(2)在未风化的平整岩层上,基础施工前应先将淤泥、苔藓及松动的石块清除干净,并凿出新鲜岩面。

(3)对坚硬的倾斜岩层,宜将岩层面凿平;倾斜度较大无法凿平时,可按设计要求凿成多级台阶，台阶的宽度宜不小于0.3 m。

多年冻土地基的处理应符合下列规定。

(1)基础不应置于季节性冻融土层上，并不得直接与冻土接触。

(2)基础位于多年冻土层(即永冻土)上时，基底之上应设置隔温层或保温层材料，其铺筑宽度应在基础外缘加宽1 m。

(3)按保持冻结原则设计的明挖基坑的地基，其多年平均地温大于或等于-3 ℃时，应在冬季施工；多年平均地温低于-3 ℃时，可在其他季节施工，但应避开高温季节，并应按下列规定处理：

①严禁地表水流入基坑。

②应及时排除季节冻层内的地下水和冻土本身的融化水。

③必须搭设遮阳棚和防雨棚。

④施工前应做好充分准备，组织快速施工。施工完成的基础应立即回填封闭，不宜间歇；必须间歇时，应采用保温材料加以覆盖，防止热量侵入。

(4)施工期间如有明水，应在距坑顶边缘10 m之外设置排水沟，并应将水引向远离基坑的位置排出；有融化水时亦应及时排除。

岩溶地基的处理应符合下列规定：

(1)处理岩溶地基时，不得堵塞溶洞的水路。

(2)对干溶洞可采用砂砾石、碎石、干砌或浆砌片石、灰土、混凝土等回填密实；基底的干溶洞较大，回填处理有困难时，可设置桩基进行处理，桩基的设置应履行设计变更手续，并应由设计单位进行设计。

#### 6. 基底检验

地基基底的检验应包括下列内容：

(1)基底的平面位置、尺寸和基底高程。

(2)基底的地质情况和承载力是否与设计资料相符。

(3)基底处理和排水情况是否符合规范的要求。

(4)施工记录及有关试验资料等。

特大桥或特殊结构桥梁的地基基底检验应符合设计规定，其余可按桥涵大小、地基土质复杂情况及结构对地基有无特殊要求等，采用下列方法进行地基的检验：

(1)小桥涵的地基检验可采用直观或触探方法，必要时可进行土质试验。

(2)大、中桥和地基土质复杂、结构对地基有特殊要求的地基检验，宜采用触探和钻探(钻深至少4 m)取样做土工试验，亦可按设计的特殊要求进行荷载试验。

基底的平面位置应符合设计要求，且应满足基础施工作业的需要。基底高程的允许偏差应符合规范的规定。

## 二、桩基础

### (一)桩基础概述

桩基础是指单桩或多桩与(及)承台或系梁组成的基础。桩基础除应根据有关规范规定进行结构本身设计外，还应按下列规定进行设计：根据使用功能和受力特征分别进行桩基整体或单桩的竖向承载能力和水平承载能力的验算；对位于坡地、岸边的桩基，应验算其在最不利荷载组合效应下的整体稳定性。

桩基础可按下列规定分类。

(1)按承载性状分为：

①摩擦型桩，桩顶荷载主要由桩侧阻力共同承受，并考虑桩端阻力。

②端承型桩，桩顶荷载主要由桩端阻力共同承受，并考虑桩侧阻力。

③摩擦端承桩，桩顶荷载由桩侧阻力和桩端阻力共同承受，但桩端阻力分担荷载较多。

④端承摩擦桩，桩顶荷载由桩侧阻力和桩端阻力共同承受，但桩侧阻力分担荷载较多。

(2)按成桩方法分为：

①非挤土型桩，包括干作业法钻(挖)孔灌注桩、挤扩孔灌注桩、泥浆护壁法钻孔灌注桩、套管护壁法钻孔灌注桩等。

②部分挤土型桩，包括预钻孔沉桩、敞口预应力混凝土管桩、敞口钢管桩、根式灌注桩等。

③挤土型桩，即沉桩，包括通过锤击、静压、振动等方法沉入的预制桩、闭口预应力混凝土管桩和闭口钢管桩等。

**链接**

除上述分类方法外，按使用功能的不同，可将桩基础分为竖向抗压桩、竖向抗拔桩、水平受荷桩和复合受荷桩。

桩的计算可按下列规定进行：

(1)承台底面以上的荷载假定全部由桩承受。

(2)桥台土压力自填土前的原地面起算。

在软土和软弱地基土层较厚、持力层较好的地基中，桩基计算应考虑路基填土荷载或地下水位下降等因素引起的负摩阻力。桩基位于季节性冻胀土层中时，应验算桩的抗冻拔稳定性。

### (二)沉入桩施工

此部分内容适用于预制钢筋混凝土桩、预应力混凝土桩和钢管桩等的施工，其他类型桩的施工可参照执行。沉入桩施工包括桩的制作，桩的吊运、存放和运输，试桩与桩基承载力、沉桩等。此部分主要介绍沉桩技术，其他内容可参考《公路桥涵施工技术规范》进行学习。

选择沉桩设备和施工方法应符合下列规定：

(1)锤击沉桩宜用于砂类土、黏性土。桩锤可选择单动汽锤、柴油机锤；当沉入桩数量少，入土深度小，在交通不便地区亦可使用落锤。

(2)振动沉桩宜用于锤击沉桩效果较差的密实的黏性土、砾石、风化岩。

(3)静力压桩宜用于软黏土(标准贯入度 $N<20$)、淤泥质土。

(4)钻孔埋桩宜用于黏土、砂土、碎石土，且河床覆土较厚的情况。

沉桩顺序宜由一端向另一端进行，当基础尺寸较大时，宜由中间向两端或四周进行；如桩埋置有深浅，宜先沉深的，后沉浅的；在斜坡地带，应先沉坡顶的，后沉坡脚的。在桩的沉入过程中，应始终保持锤、桩帽和桩身在同一轴线上。

桩的连接应符合设计要求，接桩可采用焊接或法兰盘连接。

沉桩施工应符合表1-89的规定。

**表1-89 沉桩施工规定**

| 施工方法 | 施工规定 |
|---|---|
| 锤击沉桩 | (1)预制钢筋混凝土桩和预应力混凝土桩在锤击沉桩前，桩身混凝土强度应达到设计要求。<br>(2)桩锤的选择宜根据地质条件、桩身结构强度、单桩承载力、锤的性能并结合试桩情况确定，且宜选用液压锤和柴油锤。其他辅助装备应与所选用的桩锤相匹配。 |

（续表）

| 施工方法 | 施工规定 |
| --- | --- |
| 锤击沉桩 | (3)开始沉桩时，宜采用较低落距，且桩锤、送桩与桩宜保持在同一轴线上；在锤击过程中，应采用重锤低击。<br>(4)沉桩过程中，若遇到贯入度剧变，桩身突然发生倾斜、移位或有严重回弹，桩顶出现严重裂缝、破碎，桩身开裂等情况时，应暂停沉桩，查明原因，采取有效措施后方可继续沉桩。<br>(5)锤击沉桩应考虑锤击振动对其他新浇筑混凝土结构物的影响，当结构物混凝土强度未达到 5 MPa 时，距结构物 30 m 范围内，不得进行沉桩；锤击能量超过 280 kN · m 时，应适当加大沉桩处与结构物的距离。<br>(6)锤击沉桩控制，应根据地质情况、设计承载力、锤型、桩型和桩长综合考虑，并应符合下列规定：<br>①设计桩尖土层为一般黏性土时，应以高程控制。桩沉入后，桩顶高程的允许偏差为 +100 mm，0。<br>②设计桩尖土层为砾石、密实砂土或风化岩时，应以贯入度控制。当沉桩贯入度已达到控制贯入度，而桩端未达到设计高程时，应继续锤击贯入 100 mm 或锤击 30～50 击，其平均贯入度应不大于控制贯入度，且桩端距设计高程宜不超过 1～3 m（硬土层顶面高程相差不大时取小值）。超过上述规定时，应会同监理和设计单位研究处理。<br>③设计桩尖土层为硬塑状黏性土或粉细砂时，应以高程控制为主，贯入度作为校核。当桩尖已达到设计高程而贯入度仍较大时，应继续锤击使其贯入度接近控制贯入度，但继续下沉时，应考虑施工水位的影响；当桩尖距离设计高程较大，而贯入度小于控制贯入度时，可按上述第②款执行。<br>(7)对发生"假极限""吸入""上浮"现象的桩，应进行复打 |
| 振动沉桩 | (1)振动沉桩在选锤或换锤时，应验算振动上拔力对桩身结构的影响。振动沉桩机、机座、桩帽应连接牢固，与桩的中心轴线应保持在同一直线上。<br>(2)开始沉桩时，宜利用桩自重下沉或射水下沉，待桩身入土达一定深度确认稳定后，再采用振动下沉。每一根桩的沉桩作业，宜一次完成，不宜中途停顿过久，避免土的阻力恢复，使继续下沉困难。<br>(3)振动沉桩时，应以设计规定的或通过试桩验证的桩尖高程控制为主，以最终贯入度（mm/min）作为校核。当桩尖已达到设计高程，而与最终的贯入度相差较大时，应查明原因，会同监理和设计单位研究处理。<br>(4)在沉桩过程中，如发生类似锤击沉桩异常情况，或振动沉桩机的振幅有异常现象时，应立即暂停沉桩，查明原因，采取有效措施后再恢复施工 |
| 射水沉桩 | (1)在砂类土层、碎石类土层中，锤击沉桩困难时，可采用射水锤击沉桩，以射水为主，锤击配合；在黏性土、粉土中采用射水锤击沉桩时，应以锤击为主，射水配合；在湿陷性黄土中采用射水沉桩时，应按设计要求进行。<br>(2)射水锤击沉桩时，应根据土质情况随时调节射水压力，控制沉桩速度。当桩尖接近设计高程时，应停止射水，改用锤击，保证桩的承载力。停止射水的桩尖高程，可根据沉桩试验确定的数据及施工情况决定，当缺乏资料时，距设计高程不得小于 2 m。<br>(3)钢筋混凝土桩或预应力混凝土桩采用射水配合锤击沉桩时，宜采用较低落距锤击。<br>(4)采用中心射水法沉桩时，应在桩垫和桩帽上留有排水通道；采用侧面射水法沉桩时，射水管应对称设置。<br>(5)采用射水锤击沉桩后，应及时与邻桩或稳定结构夹紧固定，防止桩倾斜位移 |

（续表）

| 施工方法 | 施工规定 |
|---|---|
| 水上沉桩 | 在浅水中沉桩，可采用设置筑岛围堰或固定平台等方法进行施工；在深水或有潮汐影响的水域沉桩，宜采用打桩船施打，在宽阔水域宜采用具有卫星测量定位功能的打桩船；在风浪条件恶劣的深水水域，宜采用自升式平台进行施工。沉桩应设置导向设施。严禁在已沉好的桩上系缆 |
| 钢管桩沉桩 | 沉入封闭式桩尖的钢管桩时，应采取必要措施防止其上浮；在砂土中沉入开口或半封闭桩尖的钢管桩时应防止管涌。环境温度在 -10 ℃以下时，应暂停钢管桩锤击沉桩和焊接接桩施工 |

### （三）灌注桩施工

#### 1. 一般规定

施工前应制订专项施工方案。对工程地质、水文地质或技术条件特别复杂的灌注桩，宜在施工前进行工艺试桩，获得相应的工艺参数后再正式施工。钻孔或挖孔时，相邻两桩孔不得同时施工，应间隔交错进行作业。

#### 2. 钻孔灌注桩

桩位位于旱地时，可在原地适当平整并填土压实形成工作平台；位于浅水区时，宜采用筑岛法施工；位于深水区时，宜搭设钢制平台，当水位变动不大时，亦可采用浮式工作平台，但在水流湍急或潮位涨落较大的水域，不应采用浮式平台。各类施工平台的平面面积大小，应满足钻孔成桩作业的需要；其顶面高程应高于桩施工期间可能的最高水位 1.0 m 以上，在受波浪影响的水域，尚应考虑波高的影响。

钢制固定式施工平台应牢固、稳定，应能承受钻孔桩施工期间的全部静荷载和动荷载。平台应进行专项施工设计，并应符合下列规定：利用双壁钢围堰或钢套箱等作为钻孔桩的施工平台时，应验算平台结构的刚度和稳定性；利用钢护筒搭设钻孔施工平台时，除应对钢护筒的受力情况进行验算外，应使其位置保持准确、相互连接稳定、倾斜度不超过允许偏差；采用冲击钻成孔时，钢护筒不宜兼作工作平台。

护筒的设置应符合下列规定：

(1)护筒宜采用钢板卷制。在陆上或浅水区筑岛处的护筒，其内径应大于桩径至少 200 mm，壁厚应能使护筒保持圆筒状且不变形；在水中以机械沉设的护筒，其内径和壁厚的大小，应根据护筒的平面、垂直度偏差要求及长度等因素确定，并应在护筒的顶、底口处采取适当的加强措施，保证其在沉设过程中不变形；对参与结构受力的护筒，其内径、壁厚及长度应符合设计的规定。

(2)护筒在埋设定位时，除设计另有规定外，护筒中心与桩中心的平面位置偏差应不大于 50 mm，护筒在竖直方向的倾斜度应不大于 1%；对深水基础中的护筒，在竖直方向的倾斜度宜不大于 1/150，平面位置的偏差可适当放宽，但应不大于 80 mm。在旱地和筑岛处设置护筒时，可采用挖坑埋设法实测定位，且护筒的底部和外侧四周应采用黏质土回填并分层夯实，使护筒底口处不致漏失泥浆；在水中沉设护筒时，宜采用导向架定位，并应采取有效措施保证其平面位置、倾斜度的准确，以及护筒接长连接处的焊接质量，焊接连接处的内壁应无突出物，且应耐拉、压，不漏水。

(3)护筒顶宜高于地面 0.3 m 或水面 1.0 ~ 2.0 m，同时应高于桩顶设计高程 1 m。在有潮汐影响的水域，护筒顶应高出施工期最高潮水位 1.5 ~ 2.0 m，并应在施工期间采取稳定孔内水头的措施；当桩孔内有承压水时，护筒顶应高于稳定后的承压水位 2.0 m 以上。

(4)护筒的埋置深度在旱地或筑岛处宜为 2 ~ 4 m，在水中或特殊情况下应根据设计要求或桩位的水文、地质情况经计算确定。对有冲刷影响的河床，护筒宜沉入施工期局部冲刷线以下 1.0 ~ 1.5 m，且宜采取防止河床在施工期过度冲刷的防护措施。

(5)永久钢护筒的制作、运输和沉入应符合相关规定。

**链接**

钻孔灌注桩施工中，埋设护筒的作用有：保护孔口地面；隔离地表水；固定桩孔位置；对钻头进行导向；稳定孔壁从而防止塌孔等。

钻孔施工应符合下列规定：

(1)钻机的选型宜根据孔径、孔深、桩位处的水文和地质情况、施工环境条件等因素综合确定，所选用的钻机及钻孔方法应能满足施工质量和施工安全的要求。

(2)钻机就位前，应对钻孔的各项准备工作进行检查；钻机安装后，其底座和顶端应平稳。不论采用何种方法钻孔，开孔的孔位必须准确；开钻时应慢速钻进，待导向部位或钻头全部进入地层后，方可正常钻进。钻机在钻进施工时不应产生位移或沉陷，否则应及时处理。分级扩孔钻进施工时应保持桩轴线一致。

(3)采用正、反循环回旋钻机(含潜水钻)钻孔时，宜根据成孔的不同阶段、不同地层及岩层坡面等情况，采取不同的钻进工艺。减压钻进时，钻机的主吊钩始终应承受部分钻具的重力，孔底承受的钻压应不超过钻具重力之和(扣除浮力)的 80%。

**链接**

正循环回旋钻机成孔工艺原理：由钻机回旋装置带动钻杆和钻头回旋切削破碎岩土，由泥浆泵往钻杆输进泥浆，泥浆沿孔壁上升，从孔口溢浆孔溢出流入泥浆池，经沉淀处理返回循环池。反循环回旋钻机成孔工艺原理：由钻机回旋装置带动钻杆和钻头回旋切削破碎岩土，利用泵吸、气举、喷射等措施抽吸循环护壁泥浆，挟带钻渣从钻杆内腔抽吸出孔外的成孔方法。

(4)采用冲击钻机冲击成孔时，应小冲程开孔，并应使初成孔的孔壁坚实、竖直、圆顺，能起到导向的作用。待钻进深度超过钻头全高加冲程后，方可进行正常的冲击。冲击钻进过程中，应采取有效措施防止坍孔；掏取钻渣和停钻时，应及时向孔内补浆，保持水头高度。

(5)采用全护筒法钻进时，钻机应安装平正，压进的首节护筒应竖直。钻孔开始后应随时检测护筒的水平位置和竖直线，如发现偏移超出容许范围，应将护筒拔出，调整后重新压入钻进。

(6)采用旋挖钻机钻孔时，应根据不同的地质条件选用相应的钻头。钻进过程中应采取有效措施严格控制钻进速度，避免进尺过快造成坍孔埋钻事故。钻头的升降速度宜控制在 0.75 ~ 0.80 m/s，在粉砂层或亚砂土层中，升降速度应更加缓慢。泥浆初次注入时，应垂直向桩孔中间进行注浆。

(7)在钻孔排渣、提钻头除土或因故停钻时，应保持孔内具有规定的水位及要求的泥浆相对密度和黏度。处理孔内事故或因故停钻时，必须将钻头提出孔外。

钻孔泥浆应符合下列规定：

(1)泥浆的配合比和配制方法宜通过试验确定，其性能应与钻孔方法、土层情况相适应。

(2)钻孔过程中，应随时对孔内泥浆的性能进行检测，不符合要求时应及时调整。

(3)钻孔泥浆宜进行循环处理后重复使用,减小排放量。对重要工程的钻孔桩施工,宜采用泥沙分离器进行泥浆的循环。

(4)施工完成后废弃的泥浆应采取先集中沉淀再处理的措施,严禁随意排放,污染环境。

清孔应符合下列规定:

(1)钻孔深度达到设计高程后,应对孔径、孔深和孔的倾斜度进行检验,符合要求后方可清孔。

(2)清孔方法应根据设计要求、钻孔方法、机具设备条件和地层情况决定。不论采用何种清孔方法,在清孔排渣时,必须保持孔内水头,防止坍孔。

(3)清孔后,泥浆的相对密度宜控制在1.03~1.10,对冲击成孔的桩可适当提高,但宜不超过1.15,黏度宜为17~20 Pa·s,含砂率宜小于2%,胶体率宜大于98%。孔底沉淀厚度应不大于设计的规定;设计未规定时,对桩径小于或等于1.5 m的摩擦桩宜不大于200 mm,对桩径大于1.5 m或桩长大于40 m以及土质较差的摩擦桩宜不大于300 mm,对支承桩宜不大于50 mm。

(4)在吊入钢筋骨架后,灌注水下混凝土之前,应再次检查孔内泥浆的性能指标和孔底沉淀厚度,如超过上述第(3)款的规定,应进行第二次清孔,符合要求后方可灌注水下混凝土。

(5)不得采用加深钻孔深度的方式代替清孔。

钢筋骨架的制作、运输要求应符合规范的规定。安装钢筋骨架时,不得直接将钢筋骨架支承在孔底,应将其吊挂在孔口的钢护筒上,或在孔口地面上设置扩大受力面积的装置进行吊挂,且不应采用钢丝绳或其他容易变形的材料进行吊挂。安装时应采取有效的定位措施,减小钢筋骨架中心与桩中心的偏位,使钢筋骨架的混凝土保护层满足要求。

灌注水下混凝土前的准备工作应符合下列规定。

(1)应按水下混凝土灌注数量和灌注速度的要求配齐施工机具设备,设备的能力应能满足桩孔在规定时间内灌注完毕的要求,且应保证其完好率,对主要设备应有备用。

(2)水下混凝土宜采用钢导管灌注,导管内径宜为200~350 mm。导管使用前应进行水密承压和接头抗拉试验,严禁采用压气试压。进行水密试验的水压应不小于孔内水深1.3倍的压力,亦应不小于导管壁和焊缝可能承受灌注混凝土时最大内压力$p$的1.3倍,$p$可按下式计算:

$$p = \gamma_c h_c - \gamma_w H_w$$

式中:$p$——导管可能受到的最大内压力(kPa);$\gamma_c$——混凝土拌和物的重度(取24 kN/m$^3$);$h_c$——导管内混凝土柱最大高度(m),以导管全长或预计的最大高度计;$\gamma_w$——桩孔内水或泥浆的重度(kN/m$^3$);$H_w$——桩孔内水或泥浆的深度(m)。

水下混凝土的配制应符合下列规定:

(1)水泥可采用火山灰水泥、粉煤灰水泥、普通硅酸盐水泥或硅酸盐水泥,采用矿渣水泥时应采取防离析的措施;粗集料宜选用卵石,如采用碎石宜适当增加混凝土配合比中的含砂率,粗集料的最大粒径应不大于导管内径的1/6~1/8和钢筋最小净距的1/4,同时应不大于37.5 mm;细集料宜采用级配良好的中砂。

(2)混凝土的配合比,可在保证水下混凝土顺利灌注的条件下,按有关规定计算确定。掺用外加剂、粉煤灰等材料时,其技术条件及掺用量亦应符合规定。混凝土的初凝时间应根据气温、运距及灌注时间长短等因素确定,并满足现场使用要求。混凝土可经试验掺配适量缓凝剂。

(3)混凝土拌和物应具有良好的和易性,灌注时应能保持足够的流动性,坍落度宜为

160 ~ 220 mm，且应充分考虑气温、运距及施工时间的影响导致的坍落度损失。

**链接**

混凝土坍落度过大会造成堵管。发生堵管时，可迅速提出导管，用高压水冲掉堵管混凝土后，重新放入导管浇筑混凝土，或者采用抖动导管的方法疏通导管，但要注意不能将导管口拔出混凝土面或者在导管上固定附着式振捣器进行振动来疏通导管内的混凝土。

灌注水下混凝土应符合下列规定。

（1）水下混凝土的灌注时间不得超过首批混凝土的初凝时间。

（2）混凝土运至灌注地点时，应检查其均匀性和坍落度等，不符合要求时不得使用。

（3）首批灌注混凝土的数量应能满足导管首次埋置深度 1.0 m 以上的需要，所需混凝土数量可按下式计算：

$$V = \frac{\pi D^2}{4}(H_1 + H_2) + \frac{\pi d^2}{4}h_1$$

式中：$V$——灌注首批混凝土所需数量（$m^3$）；$D$——桩孔直径（m）；$H_1$——桩孔底至导管底端间距（m），一般为 0.3 ~ 0.4 m；$H_2$——导管初次埋置深度（m）；$d$——导管内径（m）；$h_1$——桩孔内混凝土达到埋置深度 $H_2$ 时，导管内混凝土柱平衡导管外（或泥浆）压力所需的高度（m），即 $h_1 = H_w \gamma_w / \gamma_c$。

（4）首批混凝土入孔后，应连续灌注，不得中断。

**提示**

混凝土灌注如果中断时间过长，会造成断桩。

（5）在灌注过程中，应保持孔内的水头高度。导管的埋置深度宜控制在 2 ~ 6 m，并应随时测探桩孔内混凝土面的位置，及时调整导管埋深；在确保能将导管顺利提升的前提下，方可根据现场的实际情况适当放宽导管的埋深，但最大埋深应不超过 9 m。应将桩孔内溢出的水或泥浆引流至适当地点处理，不得随意排放。

（6）灌注时应采取措施防止钢筋骨架上浮。当灌注的混凝土顶面距钢筋骨架底部以下 1 m 左右时，宜降低灌注速度；混凝土顶面上升到骨架底部 4 m 以上时，宜提升导管，使其底口高于骨架底部 2 m 以上后再恢复正常灌注速度。

（7）对变截面桩，应在灌注过程中采取措施，保证变截面处的水下混凝土灌注密实。

（8）采用全护筒钻机施工的桩在灌注水下混凝土时，护筒应随导管的提升逐步上拔，上拔过程中除应保证导管的埋置深度外，同时应使护筒底口始终保持在混凝土面以下。施工时应边灌注、边排水，并应保持护筒内的水位稳定。

（9）混凝土灌注至桩顶部位时，应采取措施保持导管内的混凝土压力，避免桩顶泥浆密度过大而产生泥团或桩顶混凝土不密实、松散等现象；在灌注将近结束时，应核对混凝土的灌入数量，确定所测混凝土的灌注高度是否正确。灌注桩桩顶高程应比设计高程高出不小于 0.5 m，当存在地质条件较差、孔内泥浆密度过大、桩径较大等情况时，应适当提高其超灌的高度；超灌的多余部分在承台施工前或接桩前应凿除，凿除后的桩头应密实、无松散层，混凝土应达到设计规定的强度等级。

（10）灌注中发生故障时，应尽快查明原因，确定合适的处置方案，进行处理。

**链接**

结合上文，可以得出钻孔灌注桩施工的主要工序为护筒设置→钻孔泥浆制作→钻孔→清孔→钢筋骨架制作与运输、吊装→水下混凝土灌注。

### 3. 大直径、超长灌注桩

大直径灌注桩和超长灌注桩的成孔宜采用大扭矩反循环回旋钻机，钻孔作业时，应根据不同土层、不同钻孔深度采用不同的钻压、转速、配重、进尺速度及泥浆指标。当岩石强度较高时，可选用冲击钻机，或根据地质及施工条件选用大型旋挖钻机进行钻孔施工。

水下混凝土的灌注应符合下列规定：混凝土灌注前，宜采用相对密度小于 1.05 的优质泥浆循环置换孔内泥浆；采用搅拌船或水上搅拌站拌制混凝土时，材料的储备应满足一根桩连续灌注的需要；首批混凝土灌注时，宜采用大、小储料斗同时储料，料斗的出口应能方便快捷地开启或关闭，储料斗的体积应大于或等于首批灌注混凝土的体积，并应满足混凝土能完全充满导管连续灌注的要求。

### 4. 挖孔灌注桩

在无地下水或有少量地下水且较密实的土层或风化岩层中，或无法采用机械成孔或机械成孔非常困难且水文、地质条件允许的地区，可采用人工挖孔施工；岩溶地区和采空区不宜采用人工挖孔施工；孔内空气污染物超过现行《环境空气质量标准》规定的三级标准浓度限值，且无通风措施时，不得采用人工挖孔施工；桩径或最小边宽度小于 1 200 mm 时不得采用人工挖孔施工。

**链接**

挖孔桩施工时应配备气体浓度检测器，进入桩孔前应先通风 15 min 以上，经检测气体浓度符合要求时方可进入。

人工挖孔的施工安全应符合下列规定：

(1)施工前应编制专项施工方案，并应对作业人员进行安全技术交底。

(2)挖孔作业前，应详细了解地质、地下水文等情况，不得盲目施工。

(3)桩孔内的作业人员必须戴安全帽、系安全带，人员上下时必须系安全绳。

**提示**

桩孔内的作业人员不得利用卷扬机上下。

(4)桩孔内应设防水带罩灯泡照明，电压应为安全电压，电缆应为防水绝缘电缆，并应设置漏电保护器。当需要设置水泵、电钻等动力设备时，应严格接地。

(5)人工挖孔作业时，应始终保持孔内空气质量符合规定。孔深大于 10 m 或空气质量不符合要求时，孔内作业必须采取机械强制通风措施。

(6)桩孔内遇岩层需爆破作业时，应进行爆破的专门设计，且宜采用浅眼松动爆破法，并应严格控制炸药用量，在炮眼附近应对孔壁加强防护或支护。孔深大于 5 m 时，必须采用导爆索或电雷管引爆。桩孔内爆破后应先通风排烟 15 min 并经检查确认无有害气体后，施工人员方可进入孔内继续作业。爆破作业的安全管理应符合现行《爆破安全规程》的有关规定。

**专家解读**

人工挖孔属于限制型工艺，其深度一般不要过大。孔深大于 15 m 时，一方面通风较为困难，操作人员施工危险性大；另一方面，工效亦大为降低，故超过 15 m 时一般不主张采用人工挖孔，如一定要采用，则需要制定加强机械通风和施工安全的可靠措施，保证空气质量符合要求，达不到要求时就要考虑改为机械钻孔。另外，孔深超过 15 m 时应配备有效的通信器材，且桩孔作业人员的连续作业时间不得超过 2 h。

挖孔桩施工应符合下列规定：

(1)人工挖孔施工应根据工程地质和水文地质情况，因地制宜选择孔壁支护方式。

(2)孔口处应设置高出地面不小于 300 mm 的护圈；并应设置临时排水沟，防止地表水流入孔内。

(3)挖孔施工时相邻两桩孔不得同时开挖，宜间隔交错跳挖。

(4)采用混凝土护壁支护的桩孔，护壁混凝土的强度等级，当桩径小于或等于 1.5 m 时应不小于 C25，桩径大于 1.5 m 时应不小于 C30。挖孔作业时必须挖一节浇筑一节护壁，护壁的节段高度必须严格按专项施工方案执行，严禁只挖不及时浇筑护壁的冒险作业。护壁外侧与孔壁间应填实，不密实或有空洞时，应采取措施进行处理。

(5)桩孔直径应符合设计规定，孔壁支护不得占用桩径尺寸。挖孔过程中，应经常检查桩孔尺寸、平面位置和竖轴线倾斜情况，如偏差超出规定范围应随时纠正。

(6)挖孔的弃土应及时转运，孔口四周作业范围内不得堆积弃土及其他杂物。

(7)挖孔达到设计高程并经确认后，应将孔底的松渣、杂物和沉淀泥土等清除干净。当孔底地质条件复杂且与设计条件不符时，应进一步探明孔底以下的地质能否满足设计要求，并采取适当的处置措施。

(8)孔内无积水时，混凝土的灌注可按规范的有关规定进行干施工；孔内有积水且无法排净时，宜按水下混凝土灌注的要求施工。

#### 5. 成孔、成桩检验

钻孔灌注桩在终孔后，应对桩孔的孔位、孔径、孔形、孔深和倾斜度进行检验；清孔后，应对孔底的沉淀厚度进行检验。挖孔桩终孔并对孔底处理后，应对桩孔孔位、孔径、孔深、倾斜度及孔底处理情况等进行检验。

孔径、孔形、倾斜度和孔底沉淀厚度宜采用专用仪器检测，孔深可采用专用测绳检测。采用钻杆测斜法量测桩的倾斜度时，量测应从钻孔平台顶面起算至孔底。

灌注桩的混凝土质量检验应符合下列规定：

(1)桩身混凝土和后压浆中水泥浆的抗压强度应符合设计规定。每桩的试件取样组数、混凝土和水泥浆的检验要求均应符合《公路工程质量检验评定标准　第一册　土建工程》的规定。

(2)对桩身的完整性进行检验时，检测的数量和方法应符合设计或合同的规定。宜选择有代表性的桩采用无破损法进行检测，重要工程或重要部位的桩宜逐桩进行检测；设计有规定或对无破损法检测和桩的质量有疑问时，应采用钻取芯样法对桩进行检测；当需检验柱桩的桩底沉淀与地层的结合情况时，其芯样应钻至桩底 0.5 m 以下。

(3)经检验桩身质量不符合要求时，应研究处理方案，报批处理。

## 三、沉井

### （一）沉井概述

沉井基础是一个井筒状的结构物，它是从井内挖土、依靠自身重力克服井壁摩阻力后下沉到设计标高，然后采用混凝土封底并填塞井孔，使其成为桥梁墩台或其他结构物的基础。沉井基础的特点是埋置深度可以很大，整体性强、稳定性好，有较大的承载面积，能承受较大的垂直荷载和水平荷载；沉井既是基础，又是施工时的挡土和挡水的围堰结构物，施工工艺并不复杂。对于位于水下而采用围堰施工较困难的桥墩基础，通常采用沉井基础进行施工，既保证了施工效率，总体施工费用也较合理。

### （二）沉井施工

#### 1. 一般规定

此部分内容适用于钢筋混凝土沉井和钢沉井的施工，需下沉入土的双壁钢围堰、无底钢套箱围堰可参照执行。

沉井施工前，应根据设计文件提供的工程地质和水文地质资料及现场的实际情况决定是否补充地质钻探，并应对洪汛、凌汛、河床冲淤变化、通航及漂流物等进行调查，制订专项施工方案。需要在施工中度汛、度凌的沉井，应制定防护措施，保证安全。对水中特大型沉井的施工，应在施工前进行河床冲淤变化的数学模型分析计算，必要时应进行物理模型的模拟试验。

沉井下沉前，应对周边的堤防、建筑物和施工设备采取有效的防护措施，并应在下沉过程中对其沉降及位移进行监测。

#### 2. 制作

沉井位于浅水或可能被水淹没的岸滩上时，宜就地筑岛制作；位于无水的陆地时，若地基承载力满足设计要求，可就地整平夯实形成平台制作，地基承载力不足时应对地基采取加固措施；在地下水位较低的岸滩，土质较好时，可在开挖后的基坑内制作。制作沉井的岛面、平台面和开挖基坑的坑底高程，应比施工期可能的最高水位（包括波浪影响）高出 0.5 ~ 0.7 m；有流冰时，应再适当加高。

在水中筑岛除应符合规范的有关规定外，尚应符合下列规定：

（1）筑岛的尺寸应满足沉井制作及抽垫等施工的要求，对无围堰的筑岛，应在沉井周围设置不小于 1.5 m 宽的护道；有围堰的筑岛，其护道宽度按规定计算。当实际采用的护道宽度小于按规定计算的值时，应考虑沉井重力等对围堰所产生的侧压力的影响。

（2）筑岛材料应采用透水性好、易于压实的砂性土或碎石土等，且不应含有影响岛体受力及抽垫下沉的块体。在斜坡上筑岛时应进行设计计算，并应有抗滑措施；在淤泥等软土上筑岛时，应将软土挖除，换填或采取其他加固措施。

（3）岛面及地基承载力应满足设计要求；无围堰筑岛的临水面坡度宜为 1∶1.75 ~ 1∶3。在施工期内，应采取必要的防护措施保证岛体的稳定，坡面、坡脚不应被水冲刷损坏。

在支垫上立模制作钢筋混凝土沉井底节时，应符合下列规定：

（1）支垫的布置应满足设计要求并应使抽垫方便。支垫顶面应与钢刃脚底面紧贴，应使沉井重力均匀分布于各支垫上。模板及支撑应具有足够的强度和刚度。内隔墙与井壁连接处的支垫应连成整体，底模应支承于支垫上，并应防止不均匀沉陷；外模应平直且光滑。

（2）沉井的混凝土强度满足抽垫后受力的要求时方可将支垫抽除。支垫应分区、依次、对称、同步地向沉井外抽出，并应随抽随用砂土回填捣实；抽垫时应防止沉井偏斜。定位支点处的支垫，应按设计要求的顺序尽快抽出。

沉井的分节制作高度，应能保证其稳定，且有适当重力便于顺利下沉。底节沉井的最小高度，应能抵抗拆除支垫后的竖向挠曲，土质条件许可时，可适当增加高度。混凝土浇筑前应检查沉井纵、横向中轴线位置是否符合设计要求。

钢沉井的制作除应符合规范的有关要求外，尚应符合下列规定：

(1)钢沉井宜在工厂内加工，并应根据设计文件编制制造工艺，绘制加工图和拼装图。

(2)钢沉井的分段、分块吊装单元应在胎架上组装、施焊。

(3)首节钢沉井应在坚固的台座上或支垫上进行整体拼装，台座表面的高度误差应小于4 mm，并应有足够的承载能力，在拼装过程中不得发生不均匀沉降。

位于深水中的沉井，宜采用浮式沉井。浮式沉井的制作应根据沉井规模、河岸地形、设备条件等，进行技术经济比较，确定制作场地及下水方案。

### 3. 浮运、定位与着床

沉井在浮运前应进行下列准备工作：

(1)应制订专项施工方案，并应对沉井的定位系统以及浮运、就位的稳定性进行验算；当沉井的实际重力与设计重力不符时，应对其重新进行验算。各类浮式沉井在下水、浮运前，均应进行水密性检查，对底节尚应根据其工作压力进行水压试验，合格后方可下水。

(2)应根据浮运沉井的具体情况确定相应的浮运设备，浮运前应对拖运、定位、导向、锚碇、潜水、起吊及排、灌水等相关设备设施进行检查。

(3)应掌握水文、气象和航运等情况，并应与海事或航道管理部门取得联系、配合，必要时宜在浮运及定位施工过程中进行航道管制。

浮式沉井的底节可采用滑道、气囊、干坞或直接起吊等方法下水。入水后，对其悬浮接高时的初步定位位置，应根据下水方法、沉井的结构形式、环境条件等情况综合分析确定。

沉井的浮运、定位应符合下列规定：

(1)沉井的浮运宜在气象和水文条件有利于施工时，以拖轮拖运或绞车牵引进行。对水深和流速大的河流，可在沉井两侧设置导向船增加其稳定性。在浮运、定位的任何时间内，沉井露出水面的高度应不小于1.5 m。

(2)定位前应对所有缆绳、锚链、锚碇和导向设备进行检查调整，使定位工作能顺利进行，并应考虑水位涨落时对锚碇的影响。布置锚碇体系时，应使锚绳受力均匀，并应采取适当措施避免导向船和沉井产生过大摆动或折断锚绳。

浮式沉井在水中着床时，除应充分考虑风力、浮力、水流压力、波浪力、冰压力等对沉井的作用外，尚应符合下列规定：

(1)沉井准确定位并接高后，应向井壁腔格内对称、均衡地灌水，使沉井迅速落至河(海)床着床。

(2)应随时监测由于沉井水中下沉的阻力和压缩流水断面后引起流速增大而造成的河(海)床局部冲刷及因冲淤引起的河(海)床高差，必要时可在沉井位置处采用卵、碎石垫填整平，增加沉井着床后的稳定；或在着床后利用沉井外弃土进行调整，但弃土应避免对沉井形成偏压。

### 4. 下沉与接高

应根据水文、地质情况和沉井的结构特点确定其下沉的施工方法，并应按下沉的不同工况进行必要的验算。沉井的下沉应符合下列规定：

(1)宜采用不排水的方式除土下沉；在稳定的土层中，可采用排水方式除土下沉，但应有安全措施,防止发生事故。

(2)下沉过程中,宜对下沉的状况进行信息化管理,应随时掌握土层情况,进行下沉的监测和控制,及时分析和检验土的阻力与沉井重力的关系,采取最有利的下沉措施。下沉困难时,可采用空气幕、泥浆润滑套、井外高压射水、压重或接高沉井等方法助沉。

(3)正常下沉时,应自井孔中间向刃脚处均匀对称除土。采取排水除土下沉的底节沉井,对设计支承位置处的土,应在分层除土中最后同时挖除;由数个井室组成的沉井,应控制各井室之间除土面的高差,使下沉不发生倾斜,并应避免内隔墙底部在下沉时受到下面土层的顶托。采用吸泥吹砂等方法下沉时,必须备有向井内补水的设施,应保持井内外的水位平衡或井内水位略高于井外水位;吸泥吹砂在井内应均匀进行,应防止局部吸吹过深导致沉井的偏斜。

(4)下沉时应随时进行纠偏,保持竖直下沉,每下沉 1 m 至少应检查一次;当沉井出现倾斜时,应及时校正。下沉至设计高程以上 2 m 左右时,应适当放慢下沉速度并控制井内的除土量和除土位置,使沉井能平稳下沉,准确到位。

(5)特大型沉井在下沉时,宜对沉井井壁的中心点进行高程监测。

沉井的接高应符合下列规定:

(1)接高前应将沉井的倾斜纠正到允许偏差范围内,接高各节的竖向中轴线应与前一节的中轴线相重合。

(2)水中沉井着床前的接高应均匀、对称地进行,并应采取措施防止沉井在悬浮状态接高过程中发生倾斜。

(3)对水中沉井着床后的接高,应结合沉井下沉所需要的重力确定接高的适宜高度,并不得提前将刃脚下部的土层掏空。

(4)陆上沉井在地面上接高时,井顶露出地面应不小于 0.5 m;水中沉井在水上接高时,井顶露出水面应不小于 1.5 m。

### 5. 基底检验与沉井封底

沉井下沉至设计高程后,应检验基底的地质情况是否与设计相符。不排水下沉的沉井基底面应整平,基底为岩层时,岩面残留物应清除干净,清理后的有效面积不得小于设计要求,岩面倾斜时的处理应符合规范的规定;排水下沉沉井的基底处理应符合规范的规定。井壁隔墙及刃脚与封底混凝土接触面处的泥污亦应清除干净。对下沉至设计高程后的沉井尚应进行沉降观测,沉降稳定且满足设计要求后方可封底。

沉井基底检验合格及沉降稳定后,应及时封底。不排水下沉的沉井应采用水下混凝土进行封底;对排水下沉的沉井,基底渗水的上升速度不大于 6 mm/min 时,可按规范规定的普通混凝土的浇筑方法进行封底,但应设置引流排水设施,及时排除明水,且应采取可靠措施使混凝土强度在达到 5 MPa 前不受到压力水的作用;渗水上升速度大于上述规定时,宜采用水下混凝土进行封底。沉井的封底设计为水下压浆混凝土时,应按设计要求施工。

沉井的水下混凝土封底宜全断面一次连续灌注完成;对特大型沉井,可划分区域进行封底,但任一区域的封底工作应一次连续灌注完成。

采用刚性导管法进行水下混凝土封底时,应符合下列规定:

(1)封底混凝土的原材料、配合比等可按钻孔灌注桩水下混凝土的相关规定执行。每根导管开始灌注时所用的混凝土坍落度宜采用下限,首批混凝土需要数量应通过计算确定。

(2)灌注封底水下混凝土时,需要的导管间隔及根数,应根据导管作用半径及封底面积确定。采用多根导管灌注时,其灌注的顺序应进行专门设计,并应采取有效措施防止发生混凝土夹层;若同时灌注,当基底不平时,应逐步使混凝土保持大致相同的高程。

(3)在灌注过程中,导管应随混凝土面升高而逐步提升,导管的埋深宜与导管内混凝土下落深度相适应,且宜不小于表1-90的规定;采用多根导管灌注时,导管的埋深宜不小于表1-91的规定。同时应根据混凝土的堆高和扩展情况,调整坍落度和导管埋深,使每盘混凝土灌注后形成适宜的堆高和不陡于1∶5的流动坡度。抽拔导管时应防止导管进水。

(4)水下混凝土面的最终灌注高度,应比设计值高出150 mm以上。

**表1-90　不同灌注深度导管的最小埋深**

| 灌注深度/m | ≤10 | 11～15 | 16～20 | >20 |
|---|---|---|---|---|
| 导管最小埋深/m | 0.6～0.8 | 1.1 | 1.3 | 1.5 |

**表1-91　导管不同间距的最小埋深**

| 导管间距/m | ≤5 | 6 | 7 | 8 |
|---|---|---|---|---|
| 导管最小埋深/m | 0.6～0.9 | 0.9～1.2 | 1.2～1.4 | 1.3～1.6 |

封底混凝土在灌注过程中发生事故或对封底施工的质量有疑问时,应对其进行检查鉴定,必要时可钻孔取芯检验。封底混凝土应在强度满足设计要求后方可进行井内抽水,进行下一道工序。

## 四、地下连续墙

### (一)地下连续墙概述

地下连续墙是指采用合适的挖槽(孔)设备,沿着开挖工程的周边轴线,在泥浆护壁的条件下,挖出一个具有一定长度、宽度与深度的沟槽(孔槽),并在槽内设置预先制作的钢筋笼,然后采用导管法向槽内浇灌混凝土筑成一个单元墙段,依次施工,再以适当的接头形式将各单元墙段相互连接起来,最终构成完整的地下连续墙体。

地下连续墙可按下列规定分类:按结构形式(成墙方式)可分为槽式(或壁板式)地下连续墙、排桩式地下连续墙、组合式地下连续墙;按用途可分为结构墙、临时性支护墙、挡土墙、防渗心墙以及抗滑、隔振墙;按墙体材料可分为钢筋混凝土墙、素混凝土墙、黏土墙、自硬泥浆墙和混合墙;按墙体施工方法可分为就地浇注墙、预制墙、二者组合成墙等。

地下连续墙以其工效高、工期短、质量可靠、经济效益高的施工特点,在工程施工中得到广泛的应用。下面以典型例题的形式对地下连续墙的特点进行讲解。

**典型例题**

【多选题】关于地下连续墙的说法,正确的有(　　)。

A. 墙体刚度大　　B. 不能承受竖向荷载

C. 不可作为永久性结构　　D. 可作为施工过程中的防护结构

E. 施工中需采用膨润土泥浆护壁

ADE。**【解析】**地下连续墙可以作为一种或兼作多种结构使用,常作为永久性结构的一部分,同时墙体刚度大,强度高,能承受竖向荷载和侧向荷载。故选项B,C错误。

### (二)地下连续墙施工

#### 1. 一般规定

此部分内容适用于用作公路桥梁基础和基坑临时支护结构的现浇混凝土地下连续墙的施工。

地下连续墙工程施工前，应具备水文、地质、区域内障碍物和有关试验等资料，必要时应补充地质勘察，并应制订专项施工方案。

在堤防等水利、防洪设施及其他既有构筑物周边进行地下连续墙工程施工时，应就施工可能会导致对其不利的影响进行评估，必要时应采取有效措施进行保护。

### 2. 施工平台与导墙

施工平台应坚固、平整，适合于重型设备和运输车辆通行，平面尺寸及高度应满足施工需要。

采用泥浆护壁挖槽构成的地下连续墙应先构筑导墙。导墙的材料、平面位置、形式、埋置深度、墙体厚度、顶面高程应符合设计要求；设计未要求时，应符合下列规定：

(1) 导墙宜采用钢筋混凝土构筑，混凝土强度等级宜不低于 C20。导墙的形式根据土质情况可采用板墙形、⼕形或倒 L 形，墙体的厚度应满足施工需要。

(2) 导墙的平面轴线应与地下连续墙轴线平行，两导墙的内侧间距宜比地下连续墙墙体的厚度大 40 ~ 60 mm。导墙应每隔 1 ~ 1.5 m 距离设置一道支撑。

(3) 导墙底端埋入土内的深度宜大于 1 m；基底土层应夯实，地基土较松散或较软弱时，构筑导墙前应采取加固措施；导墙顶端应高出地面，遇地下水位较高时，导墙顶端应高于稳定后的地下水位 1.5 m 以上。

### 3. 地下连续墙施工

地下连续墙的槽孔施工，应根据水文、地质情况和施工条件选用能满足成槽要求的机具与设备，必要时可选用多种设备组合施工。

槽壁式地下连续墙的槽孔开挖应符合下列规定：

(1) 槽孔宜分段施工，开挖前应按已划分的单元槽段，决定各段开挖的先后次序，且相邻槽孔之间应留有足够的安全距离。挖槽施工开始后应连续进行，直到槽段完成。

(2) 成槽机械开挖一定深度后，应立即输入调制好的泥浆，并宜保持槽内的泥浆面不低于导墙顶面 300 mm。挖掘的槽壁及接头处应保持竖直，其倾斜率应不大于 0.5%；接头处相邻两槽段的挖槽中心线在任一深度的偏差值均不得大于墙厚的 1/3；槽底高程不得高于墙底的设计高程。

(3) 挖槽时应加强观测，如遇槽壁发生坍塌或槽孔偏斜超过允许偏差时，应查明原因，采取相应措施后，方可继续施工。槽段开挖达到槽底设计高程后，应对成槽质量进行检验，合格后方可进行下一工序。

(4) 挖槽施工应做好施工记录，并应妥善处理废弃泥浆及钻渣，防止污染环境。

采用钻劈法施工槽孔时，钻头直径应满足设计墙厚的要求，且开孔钻头的直径应大于终孔钻头的直径。副孔长度应合理选择，且宜在主孔终孔后再劈打副孔。

采用钻抓法施工槽孔时，宜先采用钻机钻进主孔，再采用抓斗抓取副孔；采用两钻一抓法时，主孔的中心距宜不大于抓斗的开度。

采用抓取法和铣削法施工槽孔时，主孔长度宜等于抓斗开度和一次铣削长度，副孔长度宜为主孔长度的 1/2 ~ 2/3。当采用铣削法进行Ⅱ期槽施工时，宜根据槽孔的深度、斜率要求以及先期地下连续墙混凝土的强度，确定铣削先期墙段的长度和铣削接头的施工时间，且应对先期墙段混凝土铣削后的端部进行清理。施工槽孔时应随时测量接缝处端孔的孔斜率，并进行控制。接缝的位置应准确，并应将其标记在导墙上。

槽孔如需嵌入基岩，宜通过地质补勘在成槽前与设计单位事先确定槽段终孔高程。基岩面的确定应符合下列规定：

(1) 依照地下连续墙中心线地质剖面图，当孔深接近预计基岩面时，宜留取岩样，并根据岩样的性质确定基岩面。

(2)当邻孔基岩面已确定时,亦可对照邻孔基岩面的高程,分析本槽孔的钻进情况,确定基岩面。

(3)当采用上述方法难以确定基岩面,或对基岩面有怀疑时,应补充钻孔钻取芯样进行验证和确定。

槽孔的清底工作应在吊放接头装置之前进行。清底工序应包括清除槽底沉淀的泥渣和置换槽中的泥浆。清底应符合下列规定:

(1)清底之前应检测槽段的平面位置、横截面和竖面;当槽壁的竖向倾斜、弯曲和宽度超出允许偏差时,应进行修槽工作,使其符合要求。修槽后的槽段接头处应进行清理。

(2)清底的方法宜根据槽孔的形状、尺寸、施工环境条件及设备条件等确定,施工可参照规范的相关规定执行。

(3)清理槽底和置换泥浆工作结束 1 h 后,应进行检验,槽底以上 200 mm 处的泥浆相对密度应不大于 1.15,槽底沉淀物厚度应符合设计要求。

接头的结构形式应符合设计要求,施工应符合下列规定:

(1)对管式接头,当初期的单元槽段开挖完成并清底后,应将钢制接头管竖直吊放入槽内,紧靠单元槽段两端。接头管可分节在管内用销子连接固定;管外应平顺无凸出物,管外径宜比墙厚小 50 mm。灌注水下混凝土时,应经常转动及小量提升接头管,待混凝土初凝后将接头管拔出,拔管时不得损坏接头处的混凝土。

(2)对箱式和隔板式接头,在其吊放的钢筋骨架一端应带堵头钢板,堵头钢板向外伸出的水平钢筋应插入接头箱与槽壁之间的空隙处。灌注水下混凝土时,应使混凝土不流入接头箱管内;混凝土初凝后,应逐步吊出接头箱管,且先灌节段骨架的外伸钢筋应伸入邻段混凝土内。

(3)当地下连续墙设计与梁、承台或墩柱连接时,结构接头的施工应在连接处按设计要求埋设连接钢筋,预埋的连接钢筋应与后浇的梁、承台或墩柱上的主钢筋可靠连接。

地下连续墙钢筋骨架的制作和吊放除应符合钢筋的相关规定外,尚应符合下列规定:

(1)钢筋骨架应根据设计图和单元槽段的划分长度制作,并宜在胎架上试装配成型;骨架主筋的接长宜采用机械连接,骨架中间应留出上下贯通的导管位置。

(2)对钢筋骨架的刚度及吊点位置设置,应在制作前进行必要的验算。

(3)吊放钢筋骨架时,应使其中心对准单元槽段中心。钢筋骨架应竖直、不变形并能顺利地下放插入槽内,下放时不得使骨架发生摆动。

(4)全部钢筋骨架入槽后,应固定在导墙上,并应使骨架顶端高程符合设计要求。

(5)当钢筋骨架不能顺利插入槽内时,应将骨架吊起,查明原因并采取措施后,重新放入,不得强行压入槽内。

水下混凝土应采用导管法灌注。单元槽段长度小于或等于 4 m 时,可采用 1 根导管灌注;单元槽段长度超过 4 m 时,宜采用 2 根或 3 根导管同时灌注。采用多根导管灌注时,导管间净距宜不大于 3 m,导管距节段端部宜不大于 1.5 m;各导管灌注的混凝土表面高差宜不大于 0.3 m;导管内径宜不小于 200 mm。

## 五、承台

承台施工采用钢围堰作为挡水(土)设施时,应根据承台的结构特点、水文、地质和施工条件等因素确定适宜的围堰形式,并应对围堰进行专项设计;施工期间环境条件发生较大变化时,应对围堰设计方案重新进行论证。钢围堰的设计与施工应符合下列规定:

(1)围堰的平面尺寸宜根据承台的结构尺寸、安装及放样误差等确定,且宜满足承台施工操作空间的需要，围堰内侧距承台边缘的净距宜不小于 1 m（围堰内侧兼作模板时除外）。围堰的顶面高程应高出施工期间可能出现的最高水位（包括浪高）0.5 ~ 0.7 m；在有潮汐的水域，应同时考虑最高和最低施工潮位对围堰的不利影响。

（2）围堰除应满足自身的强度、刚度和稳定性要求外，尚应考虑河床断面被压缩后，流速增大导致的河床冲刷和对通航、导流等的影响。

（3）对围堰结构进行计算时，除应考虑施工荷载及结构重力、水流压力、浮力、土压力等荷载外，尚应根据现场的具体情况考虑可能出现的冲刷、风力、波浪力、流冰压力、施工船舶或漂浮物撞击力等作用。

（4）围堰结构应根据施工过程中的各种工况，按最不利荷载组合进行强度、刚度及稳定性计算。在围堰内设置支撑的，除应对内支撑结构本身进行局部验算外，尚应将其与围堰作为整体进行总体稳定性验算；设置内支撑时，对支撑与堰壁的连接处应设置纵横向分配梁予以局部加强，并应考虑其对承台及后续墩身施工的干扰影响。

（5）钢围堰的混凝土封底厚度应符合设计规定；设计未规定时，应根据桩周摩擦力、浮力、围堰结构自重及封底混凝土自身强度等因素经计算后确定。

（6）钢围堰在施工前应制订专项施工方案，明确施工工艺流程。

（7）围堰钢结构的制造可按照规范的相关规定执行，并应保证其在施工过程中防水严密，不渗漏。

（8）在岸上整体加工制造的钢围堰，当通过滑道或其他装置下水时，其进入的水域面积和水深应足够，并应采取措施控制其下水的速度；采用起重船吊装时，起重船的吊装能力应能满足整体吊装的要求，各吊点的受力应控制均匀，必要时宜进行监控。

（9）钢围堰在灌注封底混凝土之前，应将桩身和堰壁上附着的泥浆冲洗干净，经检验合格后方可进行封底混凝土的施工。封底的施工要求可按规范的规定执行。

（10）钢围堰拆除时，除应采取措施防止撞击墩身外，对水下按设计规定可不拆除的结构，尚应保证其不会对通航产生不利的影响。

钢板桩围堰的施工应符合下列规定：

（1）钢板桩的材质、性能和尺寸应符合产品的相应规定。钢板桩在存放、搬运和起吊时，应采取措施防止其变形及锁口损坏。经过整修或焊接后的钢板桩，应采用同类型的短桩进行锁口通过试验，合格者方可继续使用。

（2）钢板桩施打前应设置测量观测点，控制其施打的定位。

（3）钢板桩在施打前，其锁口宜采用止水材料捻缝，防止在使用过程中漏水。

（4）施打钢板桩应有导向装置，应能保证桩的位置准确。施打顺序应按既定的施工技术方案进行，并宜从上游开始分两头向下游方向合龙。施打时应随时检查其位置和垂直度是否准确，不符合要求的应立即纠正或拔起重新施打。施打完成后所有钢板桩的锁口均应闭合。

（5）同一围堰内采用不同类型的钢板桩时，宜将不同类型桩的各半拼焊成一根异型钢板桩，分别与相邻桩进行连接。接长的钢板桩，其相邻桩的接头位置应上下错开。

（6）拔除钢板桩之前，应向堰内注水使堰内外的水位保持平衡。拔桩应从下游侧开始逐步向上游侧进行，拔除的钢板桩应对其锁口进行检修并涂油，堆码妥善保存。

锁口钢管桩围堰的施工除应符合钢板桩围堰施工的规定外，尚应符合下列规定：

（1）钢管的材质和截面特性应满足围堰受力的要求。锁口的形式应根据土层地质情况和止水要求确定，当用于水中或透水性土层中的围堰时，应对锁口采取可靠的止水处理措施。

(2)施打钢管时,如土层中有孤石、片石或其他障碍物,其底口应做加强处理。

钢套箱围堰的施工应符合下列规定:

(1)对有底钢套箱,除应进行结构的计算和验算外,尚应针对套箱内抽干水后的工况进行抗浮验算。钢套箱采用悬吊方式安装时,应验算悬吊装置及吊杆的强度是否满足受力要求。

(2)钢套箱应根据现场设备的起吊能力和移运能力确定采用整体式或装配式制作,制作时应采取防止接缝渗漏的措施。

(3)钢套箱下沉就位时,在下沉过程中应保持平稳,当采用多个千斤顶吊放时,应使各千斤顶的行程同步,且宜设置导向装置或利用已成桩作为导向的承力结构进行准确定位。钢套箱就位后应对其平面位置和高程进行精确调整,并应及时予以固定;当水流速度过大会使套箱的位置发生改变时,应具有稳定套箱的可靠措施。

(4)有底钢套箱在浇筑封底混凝土之前,应对底板和钢护筒的表面进行清理,并应采用适宜的止水装置或材料对底板与桩基之间的缝隙进行封堵。

(5)钢套箱内的排水应在封底混凝土符合设计规定的强度后或达到设计强度的80%及以上时方可进行,在封底混凝土未达到规定强度之前,应打开套箱上设置的连通器,保持套箱内外水头一致,排水时不应过快,并应在排水过程中加强对套箱情况变化的监测;对有底钢套箱,必要时可设反压装置抵抗过大的浮力。

(6)钢套箱侧壁兼作承台模板时,其位置和尺寸应符合承台结构的允许偏差规定。

双壁钢围堰的施工应符合下列规定:

(1)围堰的双壁间距应根据下沉时需要克服的浮力、土层摩阻力及基底抗力等经计算确定,并应在双壁之间分设多个对称的、横向互不相通的隔水仓。

(2)双壁钢围堰兼作钻孔平台时,应将钻孔施工产生的全部荷载及各种工况加入围堰结构的最不利荷载组合中进行设计和验算。钢围堰需度汛或度凌施工时,应制订稳定和防撞击、防冲刷的可靠方案,并应进行相应的验算。

(3)双壁钢围堰结构的制作宜在工厂按设计要求进行,各节、块应按预定的顺序对称组装拼焊,制作完成后应进行焊接质量检验,并应进行水密性试验。

(4)围堰应根据现场的水文、地质和通航等情况,设置可靠的定位系统和导向装置,其浮运、下沉、定位等工序的施工及允许偏差应符合规范的相关规定。

(5)围堰下沉至设计高程,在灌注封底混凝土之前,应对河床面进行清理和整平。围堰置于岩面上时,宜将岩面整平;基岩岩面倾斜或凹凸不平时,宜将围堰底部制作成与岩面相应的异形刃脚,增加其稳定性并减少渗漏。

承台施工前应进行桩基等隐蔽工程的质量验收,桩顶的混凝土面应按水平施工缝的要求凿毛,桩头预留钢筋上的泥土及鳞锈等应清理干净。承台基底为软弱土层时,应按设计要求采取措施,避免在浇筑承台混凝土过程中产生不均匀沉降。

承台的钢筋和混凝土应在无水条件下进行施工,施工时应根据地质、地下水位和基坑内的积水等情况采取防水或排水措施。应采取有效措施,使承台钢筋的混凝土保护层厚度符合设计规定。桩伸入承台的长度以及边桩外侧与承台边缘的净距应不小于设计规定值。

## 模块五　桥梁下部结构施工技术

桥梁下部结构包括桥墩、桥台和基础。基础的内容前文已介绍过,此部分主要介绍桥墩和桥台相关内容。

## 一、桥墩

### （一）桥墩概述

桥墩是支承上部结构并将其传来的恒载和车辆等活载传至基础的结构物。现代桥梁施工最常用的桥墩类型分为重力式桥墩和轻型桥墩。

（1）重力式桥墩的主要特点是靠自身质量来平衡外力，保持其稳定。因此，墩身比较厚实，可不用钢筋，而用天然石材或片石混凝土砌筑。它适用于荷载较大的大、中型桥梁或流冰、漂浮物较多的河流中。在砂石料取材方便的地区，小桥也往往采用它。其缺点是圬工数量大、自重大，因而对地基承载力要求较高。此外，阻水面积也较大。

（2）轻型桥墩是当地基土质条件较差时，为了减轻地基的负担，或者为了减轻墩身重量，节约圬工材料常采用的桥墩形式。在梁桥中，通常采用以下几种类型：钢筋混凝土薄壁桥墩、柱式桥墩、柔性排架桩墩和框架式桥墩。

### （二）桥墩施工

此部分内容适用于在现场就地整体浇筑和分节段浇筑的桥墩施工。

对高度小于 40 m 的桥墩，其施工应符合下列规定：

（1）桥墩施工前，应对其施工范围内基础顶面的混凝土进行凿毛处理，并应将表面的松散层、石屑等清理干净；对分节段施工的桥墩，其接缝亦应作相同的凿毛和清洁处理。

（2）应尽量缩短首节桥墩墩身与承台之间浇筑混凝土的间隔时间，间歇期宜不大于 10 d，当不能满足间歇期要求时，应采取防止墩、台身混凝土开裂的有效措施。墩身平面尺寸较大时，首节墩身可与承台同步施工。

（3）桥墩高度小于或等于 10 m 时可整体浇筑施工；高度超过 10 m 时，可分节段施工，节段的高度宜根据施工环境条件和钢筋定尺长度等因素确定。上一节段施工时，已浇节段的混凝土强度应不低于 2.5 MPa。各节段之间浇筑混凝土的间歇期宜控制在 7 d 以内。

（4）桥墩的钢筋可分节段制作和安装，且应保证其连接精度；条件具备时，亦可采用整体制作、整体安装的方式施工，但在制作、存放、运输和安装时应采取有效措施保证其刚度，避免产生过大的变形。

（5）在模板安装前，应在基础顶面放出桥墩的轴线及边缘线；对分节段施工的桥墩，其首节模板安装的平面位置和垂直度应严格控制。模板在安装过程中应通过测量监控措施保证桥墩的垂直度，并应有防倾覆的临时措施；对风力较大地区的墩身模板，应考虑其抗风稳定性。

（6）浇筑混凝土时，串筒、溜槽等的布置应便于混凝土的摊铺和振捣，并应明确划分工作区域。混凝土浇筑完成后，应及时进行养护，养护时间应不少于 7 d。

（7）作业人员的上下步梯宜采用钢管脚手架或专用产品搭设，并应进行专项设计，设置时应固定在已浇筑完成的墩身上。

（8）桥墩高处作业的施工安全应符合规范的规定。

对高度大于或等于 40 m 的高墩，其施工除应符合高度小于 40 m 的桥墩施工的规定外，尚应符合下列规定：

（1）施工前应编制专项施工方案，对各项临时受力结构和临时设施应进行必要的施工设计计算和验算。

（2）宜设置塔吊或其他可靠的起重设备，用于施工期间钢筋或其半成品材料以及其他材料的垂直起吊运输。

（3）宜设置施工电梯作为运送作业人员和小型机具、操作工具的垂直运输设施。

（4）对塔吊和施工电梯的平面位置宜根据环境条件和桥墩的结构特点进行比较选择，其布置除应方便施工操作外，亦不应影响到其他作业的安全。塔吊和施工电梯均应有可靠的附墙安全措施。

(5)模板体系宜根据施工的环境条件、桥墩截面形式的特点、分节段施工高度、施工作业人员的经验等因素综合选择确定。

(6)绑扎和安装钢筋时,应在作业面设置具有外围护的操作平台。当采用劲性骨架辅助钢筋安装时,劲性骨架宜在地面上制作好后再起吊就位安装。整体制作安装的钢筋应有保证刚度防止变形的可靠措施。钢筋的主筋宜采用机械方式连接。

(7)混凝土的垂直输送宜采用泵送方式,泵管可沿已施工完成的墩身或搭设专用支架进行布设,而不应布设在塔吊和施工电梯上。

(8)混凝土的浇筑施工要求应符合规范的规定,每一节段混凝土的养护时间应不少于7 d。养护用的水管可布设在墩身上,且应与电缆分开设置。

(9)高墩施工前应编制测量控制方案,施工过程中应对墩身的平面位置和垂直度进行监控,条件具备时宜采用激光铅垂仪进行控制。施工测量中应考虑日照对墩身扭转的影响,当日照影响较大时,测量宜在夜间气温相对稳定的时段进行。

## 二、桥台

### (一)桥台概述

桥台是一种位于桥梁两端,支承桥梁上部结构并和路堤相衔接的建筑物。其功能除传递桥梁上部结构的荷载到基础外,还具有抵挡台后的填土压力、稳定桥头路基、使桥头线路和桥上线路可靠而平稳地连接的作用。桥台包括重力式桥台和轻型桥台。其中,常见的梁桥轻型桥台有:设有支撑梁的轻型桥台、埋置式桥台、钢筋混凝土薄壁桥台和加筋土桥台等。

**链接**

重力式桥台的主要组成部分有:基础、台帽、背墙、台身、锥坡等,其作用及特点与重力式桥墩一致。

### (二)桥台施工

桥台在施工前应在基础顶面测量放样出台身的纵横向轴线和内外轮廓线,其平面位置应准确。当台身较长需要设置沉降缝时,应在施工前确定其设置位置。

桥台后背的回填除应符合此部分的规定外,尚应符合圬工结构后背回填的规定。

**链接**

圬工结构后背回填的规定如下:

(1)桥涵台背及锥坡、护坡后背的填料应符合设计规定。设计未规定时,宜采用天然砂砾、二灰土、水泥稳定土或粉煤灰等轻质材料,不得采用含有泥草、腐殖质或冻块的土。采用膨胀性聚苯乙烯泡沫塑料、泡沫轻质土等特殊材料回填施工时,应符合现行规范规定。

(2)后背回填应顺路线方向,自台身起,其填土的长度在顶面应不小于桥台高度加2 m,在底面应不小于2 m;拱桥台背填土的长度应不小于台高的3~4倍。锥坡填土应与台背填土同时进行,并应按设计宽度一次填足。

(3)后背回填应严格控制土的分层厚度和压实度,应设专人负责监督检查,检查频率应每50 $m^2$检验一点,不足50 $m^2$时应至少检验一点,每点均应合格,且宜采用小型机械压实。桥涵台背填土的压实度应不小于96%。

(4)后背回填的顺序应符合设计规定。设计未规定时，拱桥的台背填土宜在主拱圈安装或砌筑以前完成；梁式桥轻型桥台的台背填土宜在梁体安装完成以后，在两端桥台平衡地进行；埋置式桥台的台背填土宜在柱侧对称、平衡地进行。

重力式桥台的施工应符合下列规定：

(1)混凝土或钢筋混凝土台身宜一次连续浇筑完成，当台身较长或截面积过大，一次连续浇筑完成难以保证混凝土质量时，可分段或分层浇筑。分段浇筑时，其接缝宜设置在沉降缝处；分层浇筑时应采取有效措施控制接缝的外观质量，防止产生过大的层间错台。

(2)采用片石混凝土浇筑圬工台身时，应选用无裂纹、无夹层、未煅烧过并具有抗冻性的石块，片石混凝土的施工要求应符合圬工结构片石混凝土的规定。

(3)采用石料砌筑圬工台身时，其施工要求应符合圬工结构墩、台身圬工砌体的规定。

**链接**

圬工结构墩、台身圬工砌体的砌筑施工应符合表1-92的规定。

**表1-92　圬工结构墩、台身圬工砌体施工规定**

| 施工类型 | 规定 |
|---|---|
| 砌体的砌筑施工 | (1)砌块在使用前应浇水湿润，砌块的表面如有泥土、水锈，应清洗干净。<br>(2)砌筑基础的第一层砌块时，如基底为土质，可直接坐浆砌筑；如基底为岩层或混凝土地基，应先将基底表面清洗、湿润，再坐浆砌筑。<br>(3)砌体宜分层砌筑，砌体较长时可分段分层砌筑，但两相邻工作段的砌筑高差宜不超过1.2 m；分段位置宜设在沉降缝或伸缩缝处，各段的水平砌缝应一致。<br>(4)各砌层应先砌外圈定位行列，再砌筑里层，其外圈砌块应与里层砌块交错连成一体。砌体外露面石料的镶面种类应符合设计规定，对有流冰或有漂浮物河流中的墩台，当设计未明确要求时，其镶面宜选用强度等级不低于MU30且较坚硬的石料或C30以上较高强度等级的混凝土预制块进行镶砌。砌体里层应砌筑整齐，分层应与外圈一致，应先铺一层适当厚度的砂浆再安放砌块和填塞砌缝。砌体的外露面应进行勾缝，并应在砌筑时靠外露面预留深约20 mm的空缝备作勾缝之用。砌体隐蔽面的砌缝可随砌随刮平，不另勾缝。<br>(5)各砌层的砌块应安放稳固，砌块间的砂浆应饱满，黏结牢固，不得直接贴靠或脱空。砌筑时，底浆应铺满，竖缝砂浆应先在已砌石块侧面铺放一部分，然后在石块放好后用砂浆填满捣实。用小石子混凝土填竖缝时，应捣固密实。<br>(6)砌筑上层砌块时，应避免振动下层砌块。砌筑工作中断后恢复砌筑时，对已砌筑的砌层表面应加以清扫和湿润 |
| 浆砌片石的砌筑施工 | (1)片石应分层砌筑，宜以2~3层砌块组成一工作层，每一工作层的水平缝应大致找平。各工作层竖缝应相互错开，不得贯通。<br>(2)外圈定位行列和转角石，应选择形状较为方正及尺寸较大的片石，并长短相间地与里层砌块咬接。砌缝宽度宜不大于40 mm；采用小石子混凝土砌筑时，可为30~70 mm。<br>(3)较大的砌块应用于下层，安砌时应选取形状和尺寸较为合适的砌块，尖锐凸出部分应敲除。竖缝较宽时，应在砂浆中塞以小石块，但不得在石块下面用高于砂浆砌缝的小石片支垫 |

（续表）

| 施工类型 | 规定 |
|---|---|
| 浆砌块石的砌筑施工 | (1)块石应平砌,每层石料高度应大致相同。对外圈定位行列和镶面石块,应丁顺相间或两顺一丁排列,砌缝宽度应不大于30 mm,上下竖缝的错开距离应不小于80 mm。<br>(2)砌体里层平缝宽度应不大于30 mm,竖缝宽度应不大于40 mm,用小石子混凝土砌筑时应不大于50 mm |
| 浆砌粗料石及混凝土预制块的砌筑施工 | (1)砌筑前,应先计算层数并选好料,砌筑时应严格控制平面位置和高度。镶面石应一丁一顺排列,砌缝应横平竖直。砌缝的宽度,对粗料石应不大于20 mm,对混凝土预制砌块应不大于10 mm;上下层竖缝错开的距离应不小于100 mm,同时在丁石的上层或下层不宜有竖缝。砌体里层为浆砌块石时,应符合块石浆砌的规定。<br>(2)桥墩破冰体镶面的砌筑应符合下列规定:<br>①破冰棱与垂线的夹角大于20°时,镶面横缝应垂直于破冰棱;夹角小于或等于20°时,镶面横缝可呈水平。<br>②破冰体镶面的砌筑层次应与墩身一致。砌缝的宽度应为10~12 mm。<br>③不得在破冰棱中线上及破冰棱与墩身相交线上设置砌缝 |

(4)翼墙、八字墙施工时,其顶面坡度的变化应与台后边坡的坡度相适应。

(5)桥台后背与回填土接触面的防水处理应符合设计规定。

肋板式埋置式桥台施工时,肋板的斜面方向应符合设计规定的方向,避免反置。柱式和肋板式等埋置式桥台施工完成后的填土要求均应符合圬工结构后背回填的规定,台前溜坡的坡度及其坡面防护应符合设计的规定。

薄壁轻型桥台施工时,对混凝土的浇筑应采取有效措施,保证其浇筑质量。施工完成后台背的填土要求除应符合圬工结构后背回填的规定外,对设置有支撑梁的,尚应在支撑梁安装完成后再填土。

组合式桥台应按其各组成部分的相应要求进行施工。

加筋土桥台施工应符合下列规定:

(1)混凝土面板的预制施工应符合规范的规定。露于面板混凝土外面的钢拉环、钢板锚头应作防锈处理,加筋带与钢拉环的接触面应作隔离处理。筋带的强度和受力后的变形应满足设计要求,筋带应能与填料产生足够的摩擦力,接长和与面板的连接应简单。

(2)面板应按要求的垂度挂线安砌,安砌时单块面板可内倾1/100~1/200,作为填料压实时面板外倾的预留度。不得在未完成填土作业的面板上安砌上一层面板。

(3)钢带应平顺铺设于已压实整平的填料上,不得弯曲或扭曲;钢筋混凝土带可直接铺设在已压实整平的填料上或在填料上挖槽铺设;加筋带应呈扇形辐射状铺设,不宜重叠,不得卷曲或折曲,并不得与尖锐棱角的粗粒料直接接触。在与桥台立柱或肋板相互干扰时,筋带可适当避让。

(4)台背筋带锚固段的填筑宜采用粗粒土或改性土等填料。当填料为黏性土时,宜在面板后不小于0.5 m范围内回填砂砾材料。

(5)填料摊铺厚度应均匀一致,表面平整,并应设置不小于3%的横坡。当采用机械摊铺时,摊铺机械距面板应不小于1.5 m。机械的运行方向应与筋带垂直,并不得在未覆盖填料的筋带上行驶或停车。

(6)台背填料应严格分层碾压,碾压时宜先轻后重,并不得使用羊足碾。压实作业应先从筋带中部开始，逐步碾压至筋带尾部，再碾压靠近面板部位，且压实机械距面板应不小于1.0 m。台背填筑施工过程中应随时观测加筋土桥台的变化。

对位于软土地基处的桥台，可先填筑路堤并待其沉降基本稳定后，再以反开挖的方式进行基础和台身的施工。

桥台的耳墙和背墙宜在台背回填之前施工，但在后续的其他工序施工中应采取有效措施对其进行保护，防止产生碰撞、挤压等损伤。

## 模块六　桥梁上部结构施工技术

桥梁上部结构通过支座支承于桥墩和桥台上，它的结构类型，决定了桥梁的形式。桥梁上部结构由桥面、主梁和支座三部分组成。桥面是指供车辆和行人直接行走的部分。主梁是指桥梁主要承重结构，是桥梁上部结构的主体。支座是指桥梁上部结构的支承部分，其作用是将上部结构的支承反力（包括竖向力、水平力）传递给桥梁墩台，并保证上部结构在荷载的作用和温度变化的影响下，具有设计要求的静力条件。按桥面置于上部结构的位置，桥梁上部结构可分为上承式、下承式（穿式或半穿式）和中承式。上承式、下承式和中承式的桥面分别置于上部结构的顶部、底部和中间。按上部结构主梁的结构形式或主要承重构件特征，桥梁上部结构可分为板式梁、桁梁、拱桥、刚架（构）和斜腿刚构、斜拉桥、悬索桥、梁式桥等类型。此部分内容主要以梁式桥为例，介绍桥梁上部结构施工技术。

### 一、装配式梁、板预制安装

此部分内容适用于装配式钢筋混凝土和预应力混凝土梁、板等构件的预制、移运、存放和安装施工。装配式梁、板施工的一般要求应符合下列规定：

（1）装配式梁、板等构件在脱底模、移运、存放和安装时，混凝土的强度应不低于设计规定的吊装强度；设计未规定时，应不低于设计强度的80%。

（2）构件安装前应检查其外形、预埋件的尺寸和位置，允许偏差不得超过设计规定；设计未规定时，不得超过规范的有关规定。

（3）安装构件时，支承结构（墩台、盖梁）的混凝土强度和预埋件（包括预留锚栓孔、锚栓、支座钢板等）的尺寸、高程及平面位置应符合设计要求。

（4）构件安装就位完毕并经检查校正符合要求后，方可焊接或浇筑混凝土固定构件。简支梁的安装应采取措施保证梁体的稳定性，防止倾覆。

（5）对分层、分段安装的构件，应在先安装的构件可靠固定且受力较大的接头混凝土达到设计强度的80%后，方可继续安装；设计有规定时，应从其规定。

（6）分段拼装梁的接头混凝土或砂浆，其强度应不低于构件的设计强度；不承受内力的构件的接缝砂浆，其强度等级应不低于 M10。需与其他混凝土或砌体结合的预制构件的砌筑面应按施工缝处理。

（7）构件吊运安装时，其起重安全应符合规范的规定。吊运工具、设备的使用技术要求，应按起重吊装的有关规定执行。

构件预制场的布置应满足预制、移运、存放及架设安装的施工作业要求；场地应平整、坚实，应根据地基情况和气候条件，设置必要的防排水设施，并应采取有效措施防止场地沉陷。

构件的预制台座应符合下列规定：

（1）预制台座的地基应具有足够的承载能力和稳定性。当用于预制后张预应力混凝土梁、板时，宜对台座两端及适当范围内的地基进行特殊加固处理。

(2)预制台座应采用适宜的材料和方式制作,且应保证其坚固、稳定、不沉陷。

(3)预制台座的间距应能满足施工作业的要求;台座表面应光滑、平整,在 2 m 长度上平整度的允许偏差应不超过 2 mm,且应保证底座或底模的挠度不大于 2 mm。

(4)对预应力混凝土梁、板,应根据设计提供的理论拱度值,结合施工的实际情况,正确预计梁体拱度的变化情况,在预制台座上按梁、板构件跨度设置相应的预拱度。当预计后张预应力混凝土梁的上拱度值较大,将会对桥面铺装的施工产生不利影响时,宜在预制台座上设置反拱。

(5)预制台座应具有对梁底的支座预埋钢板或楔形垫块进行角度调整的功能,并应在预制施工时严格按设计要求的角度进行设置。

各种构件混凝土的浇筑除应符合混凝土工程的规定外,尚应符合下列规定:

(1)腹板底部为扩大断面的 T 形梁和 I 形梁,应先浇筑扩大部分并振实后,再浇筑其上部腹板。

(2)U 形梁可上下一次浇筑或分两次浇筑。一次浇筑时,宜先浇筑底板至底板承托顶面,待底板混凝土振实后再浇筑腹板;分两次浇筑时,宜先浇筑底板至底板承托顶面,按施工缝处理后,再浇筑腹板混凝土。

(3)箱形梁宜一次浇筑完成,且宜先浇筑底板至底板承托顶面,待底板混凝土振实后再浇筑腹板、顶板。

(4)中小跨径的空心板浇筑混凝土时,对芯模应有防止上浮和偏位的可靠措施。

对高宽比较大的预应力混凝土 T 形梁和 I 形梁,应对称、均衡地施加预应力,并应采取有效措施防止梁体产生侧向弯曲。

构件的场内移运、存放、运输应符合表 1-93 的规定。

**表 1-93　构件的场内移运、存放、运输规定**

| 项目 | 规定 |
| --- | --- |
| 构件的场内移运 | (1)对后张预应力混凝土梁、板,在施加预应力后可将其从预制台座吊移至场内的存放台座上后再进行孔道压浆,但必须满足下列要求:从预制台座上移出梁、板仅限一次,不得在孔道压浆前多次倒运;吊移的范围必须限制在预制场内的存放区域,不得移往他处;吊移过程中不得对梁、板产生任何冲击和碰撞;不得将构件安装就位后再进行预应力孔道压浆。<br>(2)后张预应力混凝土梁、板在预制台座上进行孔道压浆后再移运的,移运时其压浆浆体的强度应不低于设计强度的 80%。<br>(3)梁、板构件移运时的吊点位置应符合设计规定;设计未规定时,应根据计算确定。<br>(4)在构件上设置的吊环必须采用未经冷拉的 HPB300 钢筋制作;吊具应采用经专门设计的定型产品,且应符合相关产品标准或设计规范的要求。<br>(5)吊绳与起吊构件的交角小于 60°时,应设置吊架或起吊扁担,使吊点垂直受力。<br>(6)吊移板式构件时,不得吊错上、下面 |
| 构件的存放 | (1)存放台座应坚固稳定,且宜高出地面 200 mm 以上。存放场地应有相应的防排水设施,并应保证梁、板等构件在存放期间不致因支点沉陷而受到损坏。<br>(2)梁、板构件存放时,其支点应符合设计规定的位置,支点处应采用垫木和其他适宜的材料进行支承,不得将构件直接支承在坚硬的存放台座上;存放时混凝土养护期未满的,应继续养护。 |

（续表）

| 项目 | 规定 |
|---|---|
| 构件的存放 | (3)构件应按其安装的先后顺序编号存放。预应力混凝土梁、板的存放时间宜不超过3个月,特殊情况下应不超过5个月;存放时间超过3个月时,应对梁、板的上拱度值进行检测,当上拱度值过大将会严重影响后续桥面铺装施工或梁、板混凝土产生严重开裂时,则不得使用。<br>(4)当构件多层叠放时,层与层之间应以垫木隔开,各层垫木的位置应设在设计规定的支点处,上下层垫木应在同一条竖直线上。叠放的高度宜按构件强度、台座地基的承载力、垫木强度及叠放的稳定性等经计算确定,大型构件以2层为宜,应不超过3层;小型构件宜为6~10层。<br>(5)雨季或春季融冻期间,应采取有效措施防止地基软化下沉而造成构件断裂及损坏 |
| 构件的运输 | (1)板式构件运输时,宜采用特制的固定架稳定构件。对小型构件,宜顺宽度方向侧立放置,并应采取措施防止倾倒;如平放,在两端吊点处必须设置支搁方木。<br>(2)梁的运输应按高度方向竖立放置,并应有防止倾倒的固定措施;装卸梁时,必须在支撑稳妥后,方可卸除吊钩。<br>(3)采用平板拖车或超长拖车运输大型梁、板构件时,车长应能满足支点间的距离要求,支点处应设活动转盘防止搓伤构件混凝土;运输道路应平整,当有坑洼或高低不平时,应事先处理平整。<br>(4)水上运输梁、板构件时,应有相应的封舱加固措施,并应根据天气状况安排装卸和运输作业时间,同时应满足水上(海上)作业的相关安全规定 |

简支梁、板的安装应符合下列规定:

(1)安装前应制订专项施工方案,安装的方法和安装设备应根据构件的结构特点、重力及施工环境条件等综合确定;对安装施工中的各种临时受力结构和安装设备的工况应进行必要的安全验算,所有施工设施均宜进行试运行和荷载试验。

(2)安装前应对墩台的施工质量进行检验,并应对支座或临时支座的平面位置和高程进行复测,合格后方可进行梁、板等构件的安装。

(3)采用架桥机进行梁、板构件的安装作业时,其抗倾覆稳定系数应不小于1.3。架桥机过孔时,应将起重小车置于对稳定最有利的位置,且抗倾覆稳定系数应不小于1.5;不得采用将梁、板吊挂在架桥机后部配重的方式进行过孔作业。

**链接**

双导梁架桥机架设法是架设T形梁的常用方法。下面以双导梁架桥机架设40 m的T形梁来介绍双导梁架桥机架设法,架设方法如下:

(1)将轨道上拼装的架桥机前端推移至安装跨,固定好架桥机。

(2)将预制梁由运梁车运至架桥机后跨,两端同时起吊,横移桁车置于梁跨正中并固定。

(3)将梁纵移至安装跨,固定纵移车,用横移桁车将梁横移到设计位置,下落就位。

(4)待一跨梁全部架设完,前移架桥机,重复上述程序进行下一跨梁的安装。

(4)采用起重机吊装构件时,如采用一台起重机起吊,则应在吊点位置的上方设置吊架或起吊扁担;如采用两台起重机抬吊,则应统一指挥,协调一致,使构件的两端同时起吊、同时就位。

(5)采用缆索吊机进行安装时,应事先对缆索吊机进行1.2倍最大设计荷载的静力试验和设计荷载下的试运行,全面验收合格后方可使用。

(6)梁、板安装施工期间及架桥机移动过孔时,严禁行人、车辆和船舶在作业区域的桥下通行。

(7)梁、板就位后,应及时设置锁定装置或支撑将构件临时固定,对横向自稳性较差的T形梁和I形梁等,应与先安装的构件进行可靠的横向连接,防止倾倒。

(8)安装在同一孔跨的梁、板,其预制施工的龄期差宜不超过10 d,特殊情况应不超过30 d。梁、板上有预留相互对接的预应力孔道的,其中心应在同一轴线上,偏差应不大于4 mm。梁、板之间的横向湿接缝,应在一孔梁、板全部安装完成后方可进行施工。

(9)对弯、坡、斜桥的梁、板,其安装的平面位置、高程及几何线形应符合设计要求。

(10)当安装条件与设计规定的条件不一致时,应对构件在安装时产生的内力进行复核。

先简支后连续的梁,其施工应符合下列规定:

(1)先简支安装梁的施工应符合简支梁、板的安装规定,当设置临时支座进行支承时,对一片梁中的各临时支座,其顶面的相对高差应不大于2 mm。

(2)简支变连续的施工程序应符合设计规定。

(3)对湿接头处的梁端,应按施工缝的要求进行凿毛处理。永久支座应在设置湿接头底模之前安装。湿接头处的模板应具有足够的强度和刚度,与梁体的接触面应密贴并具有一定的搭接长度,各接缝应严密不漏浆。负弯矩区的预应力管道应连接平顺,与梁体预留管道的接合处应密封;预应力锚固区预留的张拉齿板应保证其外形尺寸准确且不被损坏。

(4)湿接头的混凝土宜在一天中气温相对较低的时段浇筑,且一联中的全部湿接头应尽快浇筑完成。湿接头混凝土的养护时间应不少于14 d。

(5)湿接头按设计要求施加预应力、孔道压浆且浆体达到规定强度后,应立即拆除临时支座,按设计规定的顺序完成体系转换。同一片梁的临时支座应同时拆除。

(6)仅为桥面连续的梁、板,应按设计要求进行施工。

## 二、支架上现浇

梁式桥梁、板的现场浇筑可采用满布支架或梁式支架。现浇支架除应符合模板、支架的规定外,尚应符合下列规定:

(1)支架应稳定、牢固,其地基应有足够的承载力。支架位于水中时,其基础宜采用桩基;对弯、坡、斜桥,其支架的设置应适应梁体相应几何线形的变化,且应采取有效措施保证支架的稳定性。

(2)满布支架的地基表面应平整,并应有防排水措施;满布支架位于坡地上时,宜将地基的坡面挖成台阶;在软弱地基上设置满布支架时,应采取措施对地基进行处理,使其承载力满足施工要求。

(3)梁式支架各支点的基础应设在可靠的地基上,当地基沉降过大或承载力不能满足要求时,宜设置桩基或采取其他有效措施进行处理。梁式支架不宜采用拱式结构;必须采用时,应按拱架的要求施工。

(4)对梁式桥现浇支架,应根据支架的类型和结构形式、地基的沉降量和承载能力,以及荷载大小等因素,按规定确定是否采取预压措施。

(5)梁式桥跨越需要维持正常通行(航)的道路(水域)时,对其现浇支架应采取防碰撞的安全措施，并应设置必要的交通导流标志，保证施工安全和交通安全。

梁式桥现浇施工时，梁体混凝土在顺桥向宜从低处向高处进行浇筑，在横桥向宜对称进行浇筑。混凝土浇筑过程中，应对支架的变形、位移、节点和卸架设备的压缩及支架地基的沉降等进行监测，如发现超过预警值的变形、变位，应及时采取措施予以处理。

连续梁桥在支架上逐跨现浇施工时，除应符合上述规定外，尚应符合移动模架逐孔现浇的相关规定。

## 三、移动模架逐孔现浇

移动模架宜采用定型产品，模架的功能、承载能力、长度、模板的尺寸及支承系统等，应与所施工的预应力混凝土连续梁的各项要求相适应，设计制造厂家应提供模架的产品出厂质量合格证书以及操作手册等相关技术文件。当采用非定型模架用于中小跨径梁、板的施工时，应对模架进行专门的设计计算，并应进行荷载试验，确认其能保证施工的安全和质量后方可投入使用。

**链接**

下面以某四跨一联预应力混凝土连续箱梁的施工为例对移动模架法施工的工序进行讲解。移动模架两主梁通过牛腿支撑托架支撑在桥墩墩柱或承台上，移动系统由两主梁支承。首跨施工主要工序为移动模架安装就位、调试及预压→侧模板安装就位→底模及支座安装→预拱度设置与模板调整→绑扎底板及腹板钢筋→预应力系统安装→内模就位→顶板钢筋绑扎→箱梁混凝土浇筑→混凝土养护、内模脱模→施加预应力→管道压浆→落模拆底模→模板纵移。

模架的拼装应按产品的操作手册进行，并应保证拼装期间的施工安全；拼装完成后应对其拼装质量进行检验，并应在首孔梁的浇筑位置就位后进行荷载试压试验，检验和试压合格后方可正式使用。

模架的支承系统应安全可靠，并应具有足够的承载能力、刚度和稳定性。模架的后端宜设置后吊点，应使模架中的模板与已浇梁段的悬臂端梁体紧密贴合，防止该处产生错台或漏浆。模架应设置预拱度，预拱度值应经计算并参考荷载试验结果确定。

首孔梁浇筑混凝土前，应做好施工前的各项准备工作，制订详细的施工方案、施工工艺、各项保障措施及应急预案；浇筑施工时，应对模架进行挠度监测，监测的数据及分析结果应作为修正模架预拱度的依据。首孔梁的混凝土在顺桥向宜从桥台（或过渡墩）开始向悬臂端进行浇筑，中间孔宜从悬臂端开始向已浇梁段推进浇筑，末孔宜从一联中最后一个墩位处向已浇梁段推进浇筑，最终与已浇梁段接合；梁体混凝土在横桥向应对称浇筑。连续梁逐跨现浇的纵向分段接缝位置应符合设计规定；设计未规定时，宜设在1/5跨的弯矩零点附近。

任一孔梁的混凝土浇筑施工完成后，内模中的侧向模板应在混凝土抗压强度达到2.5 MPa后，顶面模板应在混凝土抗压强度达到设计强度的75%后，方可拆除；外模架应在梁体建立预应力后方可卸落。

模架横移和纵向移动过孔前，应解除作用于模架上的全部约束。纵向移动时两侧的承重钢梁应保持基本同步，不同步的最大距离偏差应符合产品设计的规定，且应有限位和紧急制动装置；移动到下一孔位置后，应立即对模架进行准确就位并固定。模架在移动过孔时的抗倾覆稳定系数应不小于1.5。

模架的拆除应根据不同的施工环境条件确定相应的拆除方案，并应有可靠的起吊和拆除的安全措施，防止发生事故。

移动模架在使用期间尚应符合下列规定：

（1）在梁体混凝土的浇筑施工过程中，应随时对模架的关键受力部位和支承系统进行检查，有异常时应采取有效措施及时处理；在移动过孔时，应对模架的运行状态进行监控。

（2）模架所有操作平台的边缘处均应设置防护栏杆，必要时应挂安全网，同时应在模架的适当部位配备消防器材。

（3）模架中的动力和照明线路应由专业人员敷设，并应定期检查清理，消除漏电、短路等隐患。

（4）每完成一孔梁的施工，均应对模架的关键部位及支承系统等进行检查，发现问题后应及时处理。

## 四、悬臂浇筑

悬臂浇筑法是指在以桥墩为中心的顺桥向两侧，采用专用设备对称平衡地逐段向跨中浇筑混凝土梁体，并逐段施加预应力的施工方法。悬壁浇筑施工广泛采用挂篮作为主要工艺设备。挂篮的主要组成部分有：承重系统、提升系统、锚固系统、行走系统、模板与支架系统。挂篮施工不需要架设支架，也不使用大型吊机，与其他方法相比，具有结构轻、拼制简单方便、无压重等优点。

挂篮是一个能沿梁顶滑动或滚动的承重构架，锚固悬挂在已施工梁段上，在挂篮上可进行下一梁段的模板、钢筋、预应力管道的安设，混凝土灌注和预应力张拉，压浆等作业。完成一个节段的循环后，挂篮即可前移并固定，进行下一节段的悬臂浇筑，如此循环直至悬臂浇筑完成。

挂篮按移动方式可分为滚动式、滑动式、组合式；按抗倾覆平衡方式可分为锚固式、压重式、半压重半锚固式；按主要承重结构形式可分为斜拉式、桁架式、钢板梁式；按受力原理可分为斜拉式、刚性模板式、垂直吊杆式。

用挂篮悬臂施工的主要工作内容包括在墩顶浇筑起步梁段（0#块），在起步梁段（0#块）上拼装悬灌挂篮并依次分段悬浇梁段；最后施工边跨及中跨合龙。混凝土梁桥悬臂浇筑施工示意图如图 1-18 所示。

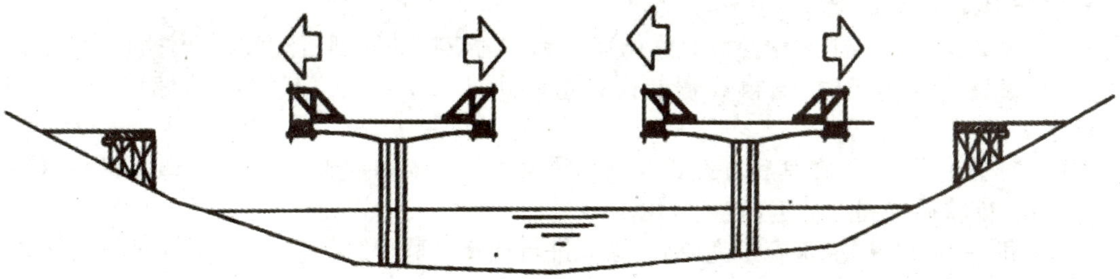

图 1-18　混凝土梁桥悬臂浇筑施工示意图

用于悬臂浇筑施工的挂篮，其结构除应满足强度、刚度和稳定性要求外，尚应符合下列规定：

（1）挂篮与悬浇梁段混凝土的质量比宜不大于 0.5，且挂篮的总重应控制在设计规定的限重之内。

（2）挂篮的最大变形（包括吊带变形的总和）应不大于 20 mm。

（3）挂篮在浇筑混凝土状态和行走时的抗倾覆安全系数、锚固系统的安全系数、斜拉水平限位系统的安全系数及上水平限位的安全系数均应不小于2。

(4)挂篮的支承平台应有足够的平面尺寸,应能满足梁段现场施工作业的需要。

(5)挂篮模板的制作与安装应准确、牢固,安装误差应符合规范的规定。后吊杆和下限位拉杆孔道应严格按设计尺寸准确预留。

(6)挂篮锚固系统所用的轴销、键、拉杆、垫板、螺母、分配梁等应专门设计、加工,并不得随意更换或替代。

(7)悬挂系统两端应能与承压面密贴配合,混凝土承压面不规则、不平整时应事前处理,应使吊杆能轴向受拉而不承受额外的弯矩和剪力。

(8)挂篮制作加工完成后应进行试拼装。挂篮在现场组拼后,应全面检查其安装质量,并应进行模拟荷载试验,符合挂篮设计要求后方可正式投入使用。

钢筋的制作及安装除应符合《公路桥涵施工技术规范》关于钢筋的规定外,尚应符合下列规定:

(1)底板钢筋与腹板钢筋的连接应牢固,且宜采用焊接;底板上、下两层的钢筋网应采用两端带弯钩的竖向筋进行连接,使之形成整体;顶板底层的横向钢筋宜采用通长筋。

(2)钢筋与预应力管道、预应力施工作业相互影响时,钢筋仅可移动,不得切断。若挂篮的下限位器、下锚带、斜拉杆等部位影响下一步操作必须切断钢筋时,应在该工序完成后,将切断的钢筋重新连接。

预应力混凝土连续梁的墩顶梁段施工时,应按设计规定在墩梁之间设置临时固结装置,并应进行必要的施工验算,且临时固结装置的结构和采用的材料应满足方便、快速拆除的要求。

墩顶及墩顶邻近梁段可采用落地支架或托架施工,支架和托架应符合规范的规定。墩顶梁段宜全断面一次浇筑完成,当梁段过高一次浇筑完成难以保证质量时,可沿高度方向分两次浇筑,但首次浇筑的高度宜超过底板承托顶面以上至少500 mm,且宜将两次浇筑混凝土的龄期差控制在7 d以内。

悬臂浇筑施工应符合下列规定:

(1)悬臂浇筑施工应对称、平衡地进行,两端悬臂上荷载的实际不平衡偏差不得超过设计规定值;设计未规定时,宜不超过梁段重的1/4。悬臂梁段应全断面一次浇筑完成,并应从悬臂端开始,向已完成梁段推进分层浇筑。

(2)悬臂浇筑的施工过程控制宜遵循变形和内力双控的原则,且宜以变形控制为主。

(3)悬臂浇筑施工时,立模高程的误差应不大于±5 mm,立模轴线的偏位应不大于5 mm。

(4)挂篮前移时,宜在其后方设置控制其滑动的装置或在滑道上设置止动装置;前移就位后,应立即将后锚固点锁定,防止倾覆。

(5)每一节段悬臂浇筑施工完成后,除应进行质量检验外,尚应对预应力孔道进行检查,防止有杂物堵塞孔道的情况发生。

(6)悬臂浇筑施工时,应对桥面上的各种临时施工荷载进行控制。

(7)当悬臂浇筑施工跨越铁路、公路、航道及其他建筑物时,应采取有效的安全施工防护措施。

悬臂浇筑时预应力的施工除应符合预应力混凝土工程的规定外,尚应符合下列规定:

(1)预应力管道的安装定位应准确,备用管道和长束的管道应采取措施保证其在使用时的有效性。

(2)对纵向预应力长钢束的张拉,宜通过必要的试验确定其张拉程序和各项参数,张拉持荷时间宜增加1倍;当钢束的伸长值不能满足要求时,可采取补张拉或多次张拉的措施,但张拉应力不得超过设计规定的最大控制应力。横向预应力采用一端张拉时,其张拉端宜在梁两侧交错设置。竖向预应力宜采用多次张拉的方式进行,多次张拉的次数应以钢束的伸长值是否达到要求且是否可靠锚固而定。

(3)对钢束施加预应力时,不得随意将锚具附近的普通钢筋切断;当该处的钢筋影响到张拉操作不能进行正常作业时,应会同设计人员协商处理。

(4)对竖向预应力孔道,压浆时应从下端的压浆孔压入,压力宜为0.3~0.4 MPa,且压入的速度不宜过快。

悬臂浇筑预应力混凝土梁的合龙和体系转换应符合下列规定:

(1)合龙的程序和顺序应符合设计规定。

(2)合龙施工前应对两端悬臂梁段的轴线、高程和梁长受温度影响的偏移值进行观测,并应根据实际观测值进行合龙的施工计算,确定准确的合龙温度、合龙时间及合龙程序。

(3)对连续刚构两端的悬臂梁段采用施加水平推力的方式调整梁体的内力时,千斤顶的施力应对称、均衡。

(4)合龙时,宜采取措施将合龙口两侧的悬臂端予以临时刚性连接后,再浇筑合龙段混凝土。宜在合龙口两侧的梁体顶面设置等重压载水箱,并在浇筑合龙段混凝土时同步卸载。

(5)合龙段的混凝土宜在一天中气温最低且稳定的时段内浇筑,浇筑后应及时覆盖洒水养护,养护时间宜不少于14 d。

(6)合龙时在桥面上设置的全部临时施工荷载应符合施工控制的要求。对预应力混凝土连续梁,合龙后应在规定的时间内尽快拆除墩梁临时固结装置,按设计规定的程序完成体系转换和支座反力调整。

**链接**

悬臂浇筑边跨合龙施工流程一般为施工准备及模架安装→设置平衡重→普通钢筋及预应力管道安装→合龙锁定→浇筑合龙段混凝土→预应力施工→拆模、落架。

悬臂浇筑施工监控应符合下列规定:

(1)施工前应编制施工监控方案,进行结构分析复核,确定主梁施工监控目标高程和应力控制标准,建立指令、监测数据等信息传递和反馈的控制流程。施工监控方案应依据批准的图纸和实施性施工组织设计编制,结构分析的参数和结果应经设计认可。

(2)施工监控应考虑环境温度、桥上施工设备及临时荷载的影响;监控测量应考虑日照温差、季节性温差、大风等因素的影响;施工荷载应不超出规定的限值。

(3)每节段施工应在混凝土浇筑后、预应力张拉后、挂篮前移就位后等阶段,测量梁段的高程,并据此预测、确定下一梁段的立模高程。应力监测应按预定的频次实施,不得随意改变。

(4)当需要改变施工顺序、进度和作业条件时,应复核施工监控的可行性,并制定措施保证桥梁线形和应力符合设计要求。如果施工顺序、进度或作业条件发生了重大偏差,应重新进行施工监控结构分析,确定目标高程和应力控制标准。

## 五、节段预制拼装

此部分内容适用于预应力混凝土连续梁桥或连续刚构桥分节段预制并采用悬臂拼装方

法或逐跨拼装方法的施工。

悬臂拼装法是指在以桥墩为中心的顺桥向两侧，采用专用设备对称平衡地逐段向跨中拼装混凝土梁体预制块件，并逐段施加预应力的施工方法。

**链接**

悬臂浇筑法与悬臂拼装法是平衡悬臂施工常用的两种方法。不同于悬臂浇筑法的施工工序，悬臂拼装施工的主要工艺顺序为块件预制→移运→整修→吊装定位→预应力张拉→施工接缝处理。

预制节段逐跨拼装法是指将预制好的梁体混凝土块件利用专用设备逐跨进行拼装，并逐跨施加预应力的施工方法。

桥梁节段可采用短线法或长线法进行预制，预制场地的布置应便于节段的预制、移运、存放及装车(船)出运；预制台座应稳定、坚固，在荷载作用下，其顶面的沉降应控制在 2 mm 以内。

节段预制前，应在预制场地建立精密测量的平面控制网和高程控制网，并设置测量控制点、测量塔及靶标。测量控制点应设在远离热源和震动源的位置，且应具有良好的通视条件，必要时应设置备用的测量控制点。

节段预制时，应对其预制线形进行控制，使成桥后的线形符合设计要求。节段预制的测量控制宜采用专用线形控制软件进行。

节段预制宜采用专门设计的钢模板，钢模板及其支撑除应满足强度、刚度和稳定性的要求外，尚应满足多次重复使用不变形及保证节段预制精度的要求。采用长线法预制节段时，同一连续匹配浇筑的梁段应在同一长线台座上制作；采用短线法时，应在台座上匹配预制，并应符合下列规定：

(1)内模系统应是可调整的，且宜安装在可移动的台车支架上。

(2)端模应垂直、牢固，外侧模与底模应能适应节段的线形变化要求。

(3)模板与匹配节段的连接应紧密、不漏浆，其安装质量应符合规范的规定。

节段的钢筋宜在专用胎架上制成整体骨架后，吊入模板内进行安装；吊装整体骨架时应设置吊架，吊点的布置应合理，且宜采用多点起吊，防止变形。对预埋件的安装和预留孔的设置，应采用定位钢筋将其准确固定；当有体外预应力钢束转向器时，其安装必须准确可靠。

节段预制混凝土的性能除应符合混凝土工程的规定外，尚应符合设计对其弹性模量、收缩和徐变等性能的要求。节段预制混凝土的浇筑应符合混凝土工程的规定，并应根据环境温度、水泥品种、外加剂、施工进度及对混凝土性能的要求等制订养护方案，总体养护时间宜不少于 14 d，对节段的外立面混凝土宜采用喷湿或其他适宜的方式进行养护。

节段的脱模时间应符合设计规定；设计未规定时，应在混凝土强度达到设计强度的 75% 后方可脱模并拆除。在脱模、拆除或移动节段时，应采取措施防止损伤节段混凝土的棱角和剪力键。

模板拆除后应及时对节段进行检查验收，测量其外形尺寸，并标出梁高及纵横轴线。

节段的起吊、移运、存放应符合下列规定：

(1)节段从预制台座起吊时，混凝土的强度应符合设计规定。

(2)节段的移运应满足运输安全和施工安全的要求。在移运时，应采取措施防止对节段产生冲击或碰撞。

(3)节段在存放台座的叠放层数宜不超过两层，并应对存放台座及其地基的承载力进行验算。节段支点的位置应符合设计规定，且宜采用垫木或橡胶板等弹性支撑物进行支承。

(4)节段的存放时间应符合设计要求；设计未要求时，宜不少于 90 d。对未达到养护时间的节段，应在存放时继续养护。

墩顶及相邻梁段采用现浇方式施工时，应符合悬臂浇筑的规定，且应使其与预制梁段匹配良好。

对连续梁，墩顶的梁段与墩之间应按设计要求进行临时固结，并应进行必要的施工验算，且临时固结的结构和材料应满足方便、快速拆除的要求。

悬臂拼装施工应符合下列规定：

(1)节段拼装施工前，应对预制节段的匹配面进行必要的处理，并应确定接缝施工的方法和工艺。在拼装施工过程中，应跟踪监测各节段梁体的挠度变化情况，控制其中轴线及高程；当实测梁体线形与设计值有偏差时，应及时进行调整。

(2)施工前应按施工荷载对起吊设备进行强度、刚度和稳定性验算，其安全系数应不小于2。节段起吊安装前，应对起吊设备进行全面安全技术验收，并应分别进行 1.25 倍设计荷载的静载和 1.1 倍设计荷载的动载试验。

(3)墩顶节段安装前，应在每一联梁中建立其独立的三维坐标系，对该联各墩顶节段安装的平面位置和高程进行测量放样，$X$，$Y$ 两个方向的放样精度宜不大于 1 mm，$Z$ 方向的放样精度宜不大于 2 mm。安装时，应对其安装精度进行严格控制。

(4)墩顶梁段采用现浇方式施工时，对与之相邻的拼装起始节段的放样精度控制，亦应符合上述第(3)款的规定。

(5)节段悬臂拼装时，桥墩两侧的节段应对称起吊，且应保证桥墩两侧平衡受力，最大不平衡力应符合设计规定。

逐跨拼装施工应符合下列规定：应根据整跨桥梁的设计重力、施工荷载和现场的环境条件等因素，选择用于安装施工的架桥机。节段正式拼装前宜进行试拼装。拼装节段时，应对基准节段的空间位置进行测量放样，测量放样的精度要求应符合规范的规定，定位后应及时进行固定。采用上行式架桥机拼装节段时，各节段应错层悬挂，且节段之间应设置防止碰撞的垫块，错层的节段数量和节段之间的纵向间距应能满足拼装工艺的要求；采用下行式架桥机拼装节段时，应采取有效措施抵抗支承面倾斜时节段重力对装载车产生的水平分力。各节段与匹配节段的预应力孔道应连接顺畅，在节段拼装后的匹配面接缝处，孔道位置不应有超过 2 mm 的错台现象，且应保证其密封性。拼装后整跨梁体的三维位置不符合设计要求时，应对其进行调整，直至满足设计规定的精度要求。节段拼装完成并施加预应力后，应进行支承的转换，转换顺序应通过计算确定。当架桥机不具备支承转换功能时，可通过事先设置在墩顶的临时千斤顶顶升节段完成支承转换，连续梁的中支点则宜采用临时支座进行支承。支承转换前应使梁底与支座接触，但不应使支座承受压力。采用上行式架桥机拼装时，应在支承转换全部完成后，方可拆除在架桥机上的固定装置。节段逐跨拼装完成后，梁体应处于简支状态，在对结构进行体系转换后方可形成连续梁。

接缝的处理应符合下列规定：

(1)各节段间的接缝施工应符合设计规定。

(2)采用胶接缝拼装的节段，涂胶前应就位试拼。胶黏剂进场后应进行力学性能及作业性能的抽检，其各项性能应满足结构设计与节段拼装施工的要求。节段的匹配面应平整，尘土、油脂等污染物及松散混凝土和浮浆应清除干净。涂胶前的匹配面应进行干燥处理。

(3)胶黏剂宜采用机械拌和，且在使用过程中应连续搅拌并保持其均匀性。胶黏剂应涂抹均匀，覆盖整个匹配面，涂抹厚度宜不超过 3 mm。对胶接缝施加临时预应力进行挤压时，挤压力宜为 0.2 MPa，胶黏剂应在梁体的全断面挤出，且胶接缝的挤压应在 3 h 以内完成；当施工时间超过明露时间的 70% 时，在固化之前应清除被挤出的胶结料。胶黏剂在涂抹和挤压时，应采取措施对预应力孔道的端口处进行防护，防止胶黏剂进入孔道内。

节段拼装的预应力施工除应符合预应力混凝土工程的规定外，尚应符合下列规定：

(1)对采用胶接缝的节段，在拼装工作结束并经检查符合要求后，应立即施加预应力对接缝进行挤压；对采用湿接缝的节段，应在接缝混凝土强度达到设计强度的 80% 以上时方可对其施加预应力。

(2)临时预应力钢束的布置和张拉控制应力应符合设计规定，并应满足多次重复张拉的作业要求；临时预应力钢束在结构永久预应力施工完成后方可拆除。

(3)节段拼装完成并施加预应力后，方可放松起吊吊钩，并应立即对预应力孔道进行压浆和封锚。

(4)对梁顶面明槽内已张拉的预应力钢束应加以保护，严禁在其上堆放物体或抛物撞击。

## 六、顶推

此部分内容适用于采用顶推(拉)方法的预应力混凝土连续梁和钢梁的施工。

顶推施工法是指梁体逐段浇筑或拼装，在梁前端安装导梁，采用专用设备纵向顶推或牵引，使梁体到达各墩顶设计位置的施工方法。顶推法施工技术的施工原理是沿着桥纵轴方向的后台设立预制场，分步骤预制梁体，并在纵向预应力筋张拉之后，经水平千斤顶施加压力，借滑块、滑道，将梁逐一向前顶推，到位之后落梁，并更换正式的支座。顶推法施工技术是预应力混凝土连续桥梁常用的方法，对于中等跨径和等截面直线或者曲线桥梁较为适用。

**链接**

顶推法施工工艺流程一般为预制场准备工作→制作模板与安装钢导梁→顶推设备安装→预制节段→张拉预应力筋→顶推预制节段→管道压浆(循环前述步骤)→顶推就位→放松临时预应力筋及拆除辅助设备→张拉后期预应力筋→管道压浆→落梁与更换支座→桥面工程→验收。

顶推施工主要临时设施及机具设备有起重机、预制台座(顶推平台)、混凝土拌和楼、混凝土输送泵、导梁、纠偏装置(横向导向)、顶推临时墩(辅助墩)、顶推千斤顶、滑动装置等。顶推临时墩的作用包括承受顶推过程中最大的竖向荷载、减少弯矩、导向作用，使桥梁不发生沉陷。

梁段的预制或拼装场地除应符合规范有关规定外，尚应符合下列规定：

(1)预制或拼装场地宜设在桥台后方的引道或引桥上，其长度、宽度应满足梁段预制或拼装施工作业的需要。

(2)宜在场地上搭设固定或活动的作业棚，使梁段的施工作业不受天气影响，并便于混凝土养护。

梁段预制或拼装台座的设置应符合下列规定：

(1)在桥头路基或引桥上设置预制或拼装台座时，路基或引桥的强度、刚度和稳定性应满足顶推施工的要求，并应设置台座地基的防水、排水设施，防止沉陷。在荷载作用下，台座顶面的沉降变形应不大于 2 mm。

(2)台座的轴线应与桥梁轴线的延长线重合,纵坡应一致,两轴线间的偏差应不大于 5 mm;相邻两支承点上台座中滑移装置的纵向顶面高程差应不大于 2 mm;同一支承点上滑移装置的横向顶面高程差应不大于 1 mm;台座(包括滑移装置)和梁段底模板顶面高程差应不大于 2 mm。

混凝土梁段的预制应符合下列规定。

(1)模板宜采用钢模板。底模与底架宜连成一体且可升降;侧模宜采用旋转式的整体模板;内模宜采用可移动台车加升降旋转式的整体模板。模板应保证刚度。

(2)梁段混凝土的浇筑除应符合混凝土工程的规定外,尚应符合下列规定:

①混凝土梁体在支座位置处的横隔板,宜在整联梁顶推到位并完成解联后再进行浇筑,振捣时应避免振动器碰撞预应力管道和预埋件等。

②梁段的工作缝表面应凿毛并清洗干净。若工作缝为多联连续梁的解联断面,宜设为干接缝并采用临时预应力束张拉使之连接紧密。干接缝的断面尺寸应准确,表面应平整,解联时应分开方便。

③对与顶推导梁连接的梁体端部的混凝土,应保证其振捣密实,不得出现空洞等缺陷。

梁体预应力的施工除应符合预应力混凝土工程的规定外,尚应符合下列规定:

(1)预应力钢束的布置、张拉顺序、临时束的拆除次序等,应符合设计规定。

(2)各种因顶推施工需要所设置的临时预应力束,在顶推施工过程中应予以妥善保护。

导梁和临时墩的设置应符合下列规定:

(1)导梁的长度宜为顶推跨径的 0.6 ~ 0.8 倍,刚度宜为主梁的 1/9 ~ 1/15,导梁与主梁梁体连接处的刚度应协调,预埋件的连接强度应满足梁体顶推时的受力要求,导梁前端的最大挠度应不大于设计规定。

(2)导梁全部节间的拼装应平整,其中线的允许偏差应不大于 5 mm,纵、横向底面高程的允许偏差应为 ±5 mm。

(3)桥跨中间设有临时墩时,其施工技术要求应符合设计规定及规范的有关规定;梁体顶推施工完成并落位到永久支座上后,应及时将其拆除。

**链接**

通常在临时墩上不设顶推装置而仅设置滑移装置,如果必须设置顶推装置,需经过计算判断是否合适。

梁体的顶推应符合下列规定:

(1)顶推施工宜根据梁体长度、顶推跨度、桥墩所能承受的水平推力等条件,选择适宜的顶推方式。

(2)采用单点或多点水平千斤顶方式顶推时,顶推滑道的长度应大于水平千斤顶行程加滑块的长度,宽度应为滑板宽度的 1.2 ~ 1.5 倍;相邻墩滑道顶面高程的允许偏差宜为 ±2 mm,同墩两滑道高程的允许偏差宜为 ±1 mm;滑动装置的摩擦系数宜经试验确定。

**链接**

水平-竖向千斤顶顶推方式的滑动装置,主要组成部分包括滑板、滑道、滑块、摩擦垫。

(3)采用单点或多点水平千斤顶方式顶推时,实际总顶推力应不小于计算顶推力的 2 倍;采用单点或多点拉杆方式顶拉时,拉杆的截面积和根数应满足顶拉力的要求,拉锚器的锚固和放松应方便、快速,设置在各墩顶的反力台应牢固且应满足顶拉反力的要求。多点顶推(拉)时,各点的水平千斤顶应同步运行。

(4)宜在墩台上设置导向装置,防止梁体在顶推过程中产生偏移。顶推过程中,宜对梁体的轴线位置、墩台的变形、主梁及导梁控制截面的挠度和应力变化等进行施工监测;发生异常情况时,应停止顶推,查明原因并进行处理后方可继续施工。

(5)顶推时至少应在两个墩上设置保险千斤顶。如遇顶推故障需采用竖向千斤顶将梁顶高时,最大顶升高度不得超过设计规定或不得大于 10 mm,起顶的反力值不得大于计算反力的 1.1 倍。

(6)平曲线连续梁顶推施工时,预制台座的平面及梁体均应按设计线形设置成圆弧形;导梁宜设置成直线形,但与主梁连接处应偏转一定角度,使导梁前端的中心落在设计线形的中线上。顶推应使梁体沿圆弧曲线前进。

(7)竖曲线连续梁顶推施工时,预制台座的底模板顶面应符合设计竖曲线的曲率;所需水平顶推力的大小,应考虑正负纵坡的影响。

(8)采用步履式顶推时,垫梁应有足够的长度和刚度,且应与梁体底部完全接触(垫 50 mm厚橡胶垫),保证梁体腹板可靠受力。顶推过程中竖向顶升和水平顶推各墩的同步精度应控制在 5 mm 以内,同墩两侧的同步精度应控制在 4 mm 以内。

梁体顶推到位后的落梁应符合下列规定:

(1)落梁前应按设计规定的顺序,对预应力钢束进行张拉、锚固和压浆,拆除全部临时预应力钢束。拆除墩、台上的滑动装置时,梁体的各支点应均匀顶起,其顶力应按设计支点反力的大小进行控制,顶起时相邻墩各顶点的高差应不大于 5 mm,同墩两侧梁底顶起时高差应不大于 1 mm。

(2)落梁时,应按设计规定的顺序和每次的下落量分步进行,同一墩、台的千斤顶应同步运行;落梁反力的允许偏差应为 ±10% 设计反力。

(3)永久支座应在落梁前进行安装。

钢梁的顶推施工除应符合上述规定外,尚应符合下列规定:顶推方式宜根据钢梁的结构特点选择确定;导梁与钢梁之间宜采用焊接连接或采用螺栓连接。钢梁结构的支点和顶推施力点处宜适当加固,并应采取措施防止结构在顶推过程中产生变形。

## 七、箱梁整孔预制安装

此部分内容适用于采用高性能混凝土、整孔预制架设安装的大型后张预应力混凝土箱梁的施工。

箱梁预制场地的建设除应符合装配式梁、板预制安装的规定外,尚应符合下列规定:

(1)预制场地应进行专门设计,其布置应有利于制梁、存梁、运梁和架梁的施工作业;制梁台座、存梁台座及运梁线路的地基应具有足够的承载能力,并应有防排水设施;场地内的道路、料场等应硬化处理。

(2)对在水域中架设安装的箱梁,应在预制场地设置箱梁的出运码头;从岸的一侧开始延伸至水域中或在陆上架设安装的箱梁,应设置必要的提梁设施和装置。

钢筋宜在专用胎架上绑扎制作成整体骨架后,进行整体起吊安装;采用拼装式内模时,钢筋宜分片制作,分片起吊安装。

箱梁的预制宜采用定型钢模板,模板应具有足够的强度和刚度,并应能满足多次重复使用不变形的要求。模板的制作、安装与拆除除应符合模板、支架的规定外，尚应符合下列规定：

（1）钢模板在加工制作时，模板的全长和跨度应考虑箱梁反拱度的影响及预留压缩量。附着式振捣器的支座应交错布置，安设牢固，并应使振动力先传向模板的骨架，再由骨架传向面板。

（2）模板安装时，其位置应准确，各部位的连接应牢固可靠，接缝应严密且不漏浆。模板安装的允许偏差应符合规范的规定。

（3）模板的拆除期限除应符合模板、支架的规定外，对外侧模和端模，尚应满足箱梁混凝土的表层温度与环境温度之差不大于 15 ℃的要求。当气温急剧变化时，不宜进行拆模作业。

箱梁混凝土的浇筑与养护应符合表 1-94 的规定。

**表 1-94　箱梁混凝土的浇筑与养护规定**

| 作业内容 | 规定 |
|---|---|
| 箱梁混凝土的浇筑 | 箱梁混凝土宜一次连续浇筑完成，且宜采用水平分层、斜向推进的方式浇筑，水平分层的厚度不得大于 300 mm，各层间混凝土的间隔浇筑时间不应超过其初凝时间。梁体腹板下部的底板混凝土宜采用设于底模处的附着式振捣器振动；腹板混凝土宜采用插入式振捣器及附着式振捣器辅助振捣；对钢筋和预应力管道密布区域的混凝土，应提前按一定间距设置混凝土溜槽和插入式振捣器辅助导向等装置，保证该区域的混凝土能振捣密实 |
| 箱梁混凝土的养护 | （1）当采用蒸汽养护时，除应符合混凝土工程的规定外，尚宜分为静停、升温、恒温、降温及自然养护五个阶段。静停期间应保持蒸养棚内的温度不低于 5 ℃；混凝土浇筑完成 4 h 后方可升温，且升温的速度应不大于 10 ℃/h；恒温时应将温度控制在 50 ℃以下，恒温时间宜由试验确定；降温的速度应不大于 5 ℃/h；蒸汽养护结束后，应立即进入自然养护阶段，且养护时间宜不少于 7 d。蒸养期间、拆除保温设施及模板时，梁体混凝土表层的温度与环境温度之差应不大于 15 ℃。<br>（2）当采用自然养护时，对暴露于大气环境中的混凝土表面应采用适宜的材料进行覆盖，并洒水养护；拆模后尚未达到养护时间的梁体混凝土表面，宜采用喷淋方式或采用养护剂喷洒养护。当环境相对湿度小于 60% 时，自然养护的时间宜不少于 28 d；相对湿度大于或等于 60% 时，宜不少于 14 d |

梁体混凝土的抗压强度达到设计强度的 1/3 以上，弹性模量不低于设计值的 50% 时，可对部分预应力钢束进行初张拉，但其张拉应力不应超过设计张拉控制应力的 1/3，且初张拉的预应力钢束编号及张拉应力应符合设计的规定。对箱梁预应力钢束的终张拉，应在其混凝土抗压强度达到设计强度的 80%，弹性模量不小于设计值的 80% 后进行。设计对张拉有具体规定时，应从其规定。

梁体预应力孔道的压浆应符合预应力混凝土工程的规定。压浆结束后应将锚具外部清理干净，并应对梁端混凝土进行凿毛，对锚具进行防锈处理，按设计要求设置钢筋网片，浇筑封端混凝土。封端应采用无收缩混凝土，其强度应符合设计规定，并应严格控制梁体长度。

箱梁的场内移运及存放、运输和架设安装应符合表 1-95 的规定。

表 1-95　箱梁的场内移运及存放、运输和架设安装规定

| 作业内容 | 规定 |
| --- | --- |
| 箱梁的场内移运及存放 | (1)箱梁在场内的移运可采用龙门吊机、轮胎式移梁机或滑移方式,且应预设相应的移运通道。<br>(2)采用滑移方式移梁时,滑道应设在坚固稳定的地基基础上。滑道应保持平整,滑移时 4 个支点的相对高差不得超过 4 mm,两滑道之间的高差不得超过 50 mm。滑移的动力设施应经计算及试验确定。滑移过程中应采取有效措施保证梁体不受损伤。<br>(3)梁体预应力钢束初张拉后进行吊运或滑移时,箱梁顶面严禁堆放重物或施加其他额外荷载;终张拉后吊运或滑移箱梁,应在预应力孔道压浆浆体达到设计规定强度后方可进行。<br>(4)箱梁的存放台座应坚固稳定,且应有相应的防排水设施,应保证箱梁在存放期间不致因台座下沉受到损坏。箱梁在存放时,其支点距梁端的距离应符合设计规定 |
| 箱梁的运输 | (1)采用运梁车运输箱梁时,运梁线路的路面应平坦,地基应有足够的承载能力,纵向坡度应不大于3%,横向坡度(人字坡)应不大于4%,最小曲率半径应不小于运梁车的允许转弯半径。在运梁车通过的限界内,不得有任何障碍物。<br>(2)运梁车装载箱梁时,其支承应牢固,起步和运行应缓慢,应平稳前进,严禁突然加速或紧急制动。重载运行时的速度宜控制在 5 km/h 以内,曲线、坡道地段应严格控制在 3 km/h 以内。当运梁车接近卸梁地点或架桥机时,应减速徐停。<br>(3)采用水运方式运输箱梁时,除支承应符合结构受力及运输要求外,尚应对梁体进行固定,并应采取防止船体摆动的有效措施,保证其在风浪颠簸中不移位。<br>(4)不论采用何种方式运输箱梁,均不得使其在装卸和运输过程中产生任何形式的损伤及变形 |
| 箱梁的架设安装 | (1)箱梁应采用通过技术质量监督部门产品认证的专用架桥机,或由海事部门颁发船舶证书及起重检验证书的起重船进行架设安装,且起重参数应能满足架梁的要求,起重船的锚泊系统应能满足作业水域的条件。吊架和吊具应专门设计。起重设备、吊架和吊具等应经试吊确认安全后方可用于正式施工,吊具应定期进行探伤检查。<br>(2)采用架桥机安装作业时,其抗倾覆稳定系数应不小于 1.3;架桥机过孔时,起重小车应位于对稳定最有利的位置,且抗倾覆稳定系数应不小于 1.5。<br>(3)采用起重船安装作业时,起重船在进入安装位置后应根据流速、流向、风向和浪高等情况抛锚定位,定位时不得利用桥墩墩身带缆;在起重船定位和箱梁架设安装过程中,船体和梁体均不得对桥墩或承台产生碰撞。<br>(4)架设安装时,箱梁在起落过程中应保持水平;顶落梁时梁体的两端应同步缓慢起落,并不得冲击临时支座。箱梁就位时,应设置必要的装置对梁体的空间位置进行精确调整。<br>(5)在墩顶设置的临时支座,其形式和位置应符合设计规定,梁底与支座应密贴;4 个临时支座的顶面相对高差不得超过 4 mm。<br>(6)箱梁架设安装后的吊梁孔应采用收缩补偿混凝土封填 |

箱梁简支变连续时的体系转换除应符合设计要求和先简支后连续的梁施工的规定外,尚应符合下列规定:需浇筑湿接头的箱梁端部的形状应符合设计规定,预应力钢束及其他预留孔道的位置偏差应不大于4 mm。宜先将一联箱梁采用型钢在纵向予以临时固结,且宜在

一天中气温最低且温度场均匀稳定的时段浇筑湿接头混凝土。

## 八、桥梁改建施工

此部分内容主要介绍桥梁改建施工中的拓宽施工。

桥梁拓宽总体方案设计时，对于新旧桥梁之间的横向连接方案，需要根据新建桥梁的基础地基条件来选用合适的形式。

在新旧桥梁横向可能拼接的条件下，应尽可能完成结构连接以共同受力，但是横向连接方式受制于地基条件。目前在我国高速公路桥梁拓宽实践中，一般包括以下三种常用方案：

(1)上部构造与下部构造均不连接，指新结构与原结构可紧靠在一起，但没有实质性连接，各自独立受力，将会形成一道纵向拼接缝。此方案施工简单、受力明确，避开了桥梁拓宽连接的技术问题，但容易造成铺装层破坏、啃边及纵缝等问题。

(2)上部构造与下部构造均连接，指新结构与原结构通过钢筋或型钢焊接、混凝土浇筑等将两者连成整体，即实质性连接，两者内力相互传递、共同受力的构造，是拼接的主要形式。此方案主要优点是新桥和原桥之间连接有效、可靠、整体性强，但是在不均匀沉降的作用下引起的附加内力比较大，容易造成下部结构的盖梁、墩台连接处产生裂缝。

(3)上部构造相互连接、下部构造不连接，当地质条件较差、软土区域可能导致基础沉降量较大时，下部构造不连接为宜；对因下部构造连接导致帽梁、桩基需要全面加固，且加固困难时以下部构造不连接为宜；对因原有桥梁下部构造的特点不利于拼接、病害处理较困难等也以不连接为宜。该方案的优点是拓宽桥与原桥上部结构形成整体，下部结构各自受力，上部结构连接对下部结构产生的内力影响较小。

上部结构的拼接按上部结构类型可分为：上部结构为装配式板（如钢筋混凝土实心板桥或钢筋混凝土空心板桥）时，拼接采用铰接连接；上部结构为T形梁时，拼接采用刚性连接；上部结构为连续箱梁时，拼接采用铰接连接（原桥设有横向预应力钢束的三向预应力混凝土箱梁除外）。

**典型例题**

【单选题】桥梁扩建加宽，新旧桥梁采用上部结构连接而下部结构分离方式时，下列说法错误的是（　　）。

A. 钢筋混凝土实心板桥，新旧梁板之间拼接宜采用刚性连接

B. 钢筋混凝土空心板桥，新旧梁板之间拼接宜采用铰接连接

C. 预应力混凝土T形梁，新旧T形梁之间拼接宜采用刚性连接

D. 连续箱梁桥，新旧箱梁之间拼接宜采用铰接连接

A。【解析】钢筋混凝土实心板桥，新旧梁板之间拼接宜采用铰接或近似于铰接连接。故选项A错误。

## 九、桥梁施工监控

桥梁施工监控以设计成桥状态为实现目标，在整个施工过程中，通过实时监测结构的实际状态，获得结构实际状态与理想状态之间的偏差，运用现代控制理论方法，对引起误差的参数进行识别、调整，并对结构状态进行预测，使桥梁施工状态最大限度地接近理想状态，从而保证施工过程中结构安全，最终达到理想的结构成桥状态。

### （一）桥梁施工控制理论方法

几十年来，随着桥梁建设的快速发展，桥梁施工控制的重要性也日益凸显，桥梁施工控制理论技术不断成熟完善，逐步发展形成了以自适应控制理论和无应力状态法等为代表的理论技术方法。在施工控制方法层面，以现代控制理论为基础，结合桥梁工程实践，桥梁施工控制方法经历了开环控制→闭环控制→自适应控制的发展历程。主要理论应用研究包括施工控制方法、施工过程模拟分析方法、施工控制结构分析方法、其他施工控制技术方法、施工控制参数识别和状态预测这几方面。

### （二）桥梁施工监测系统与智能监测

#### 1. 桥梁施工监测系统

桥梁施工控制中需根据实际施工情况和控制目标建立完善的施工监测系统，不论何种类型的桥梁，其施工监测系统一般都包括结构设计参数、几何状态、应力状态、动力特性、温度变化的监测。通过施工监测系统跟踪施工过程并获取结构的真实状态，可以修正理论设计参数，保证施工控制预测的可靠性。

**链接**

桥梁监测主要是对桥梁重要部位进行监测，对于构造复杂的特大桥梁，为了掌握桥梁的总体状况，一般要针对桥梁进行总体监测。桥梁监测的方式主要有人工监测、自动监测和联合监测。

下面以典型例题的形式对桥梁施工监测的主要内容进行讲解。

**典型例题**

【多选题】桥梁运营状况的主要监测内容包括（　　）。

A. 桥梁结构在施工荷载作用下的受力、变形及动力参数

B. 桥梁结构在正常环境与交通条件下运营的物理与力学状态

C. 桥梁重要非结构构件和附属设施的工作状态

D. 桥梁所处环境条件

E. 桥梁结构构件的耐久性

BCDE。【解析】桥梁结构在施工荷载作用下的受力、变形及动力参数不属于桥梁运营状况的监测内容。故选项 A 错误。

#### 2. 桥梁智能监测

以往桥梁智能监测大多是和桥梁结构运营期健康监测和安全监测联系起来的，但随着桥梁建设朝着大规模、大跨度方向发展，桥梁施工过程中产生大量的过程数据。为了使施工过程更加标准化，提高施工控制工作的效率和质量，为后续工作提供指导，亟需采用智能化、信息化手段实现对施工全过程的监测。同时，得益于计算机、大数据以及人工智能等技术的蓬勃发展，施工监测数据量大而难以处理分析、信息反馈慢等问题将迎刃而解，桥梁智能监测开始贯穿在桥梁结构全寿命周期。

#### 3. BIM 技术在桥梁施工监测中的应用

桥梁工程属于大型建筑工程，结构种类复杂，各构件体型庞大，这对施工技术和管理人员提出了较高要求。传统施工技术和管理手段的问题之一是桥梁各构件部分数据量大、信

息混乱或缺失严重，加大了桥梁后期运维的难度。为适应现代化桥梁建设的需求，实现高效的管理，专家和学者开始将 BIM 技术引入到桥梁建设中。BIM 技术具备着高度的真实性和可模拟性，近年来，基于 BIM 技术的桥梁施工控制已成为研究热点。BIM 技术在桥梁施工监测中的应用主要集中在下列方面：利用 BIM 技术实现监测数据的三维可视化；通过二次开发将监测数据与传感器模型关联，实现监测数据的自动预警；将 BIM 技术应用于异形桥塔的施工控制、辅助设计和施工。

# 模块七　大跨径桥梁施工

## 一、刚构桥

大跨径连续刚构桥施工主要采用平衡悬臂施工，即悬臂浇筑法和悬臂拼装法。具体施工方法可参照《公路桥涵施工技术规范》中关于梁式桥悬臂浇筑和节段预制拼装的相关规定。

## 二、拱桥

### （一）一般规定

此部分内容适用于采用就地现浇、无支架和少支架预制安装、转体、悬臂浇筑及就地砌筑等方法的拱桥施工。

施工前应根据拱桥的结构特点和受力特性，进行施工设计和施工计算；对危险性较大的分部分项工程，应制订专项施工方案。

大跨度拱桥的施工应进行过程控制，使拱的轴线、内力等满足设计的要求；关键工序的施工应尽量避开可能发生的灾害性天气，并应在施工中采取必要的预防措施保证结构安全。

### （二）拱架

拱架的设计、制作与安装、拆卸应符合常用模板、支架和拱架的设计与施工的规定。

### （三）拱（支）架上现浇混凝土拱圈

跨径较小的拱圈或拱肋，应按拱圈的全宽从两端拱脚向拱顶对称地连续浇筑混凝土，并应在拱脚混凝土初凝前全部完成。跨径较大的拱圈或拱肋，应沿拱跨方向分段对称浇筑，分段的位置应以拱架受力对称、均匀和变形小为原则，且宜设置在拱顶、1/4 跨部位、拱脚及拱架节点等处；各段的接缝面应与拱轴线垂直，各分段点应预留间隔槽，其宽度宜为 0.5 ~ 1.0 m，槽内有钢筋接头时，其宽度尚应满足钢筋接头的需要。

浇筑拱圈混凝土时，应严格按照预先制定的浇筑程序对称于拱顶进行，并应控制两端的浇筑速度，避免产生过大的偏差。分段浇筑时，各分段内的混凝土宜一次连续浇筑完成，因故中断时，应浇筑成垂直于拱轴线的施工缝；如已浇筑成斜面，应凿成垂直于拱轴线的平面或台阶式结合面。

间隔槽混凝土的浇筑应符合设计规定，设计未规定时，应在拱圈混凝土的强度达到设计强度的 85% 后，由拱脚向拱顶对称进行浇筑；拱顶及拱脚间隔槽的混凝土应在最后封拱时浇筑。

大跨径拱圈采用分环（层）、分段法浇筑混凝土时，纵向钢筋宜分段设置，且其接头应设在最后的几个间隔槽内，待浇筑间隔槽混凝土时再连接。

大跨径钢筋混凝土箱形拱圈采用在拱架上组装部分预制部件然后现浇混凝土的方法进

行施工时，组装和现浇均应从两拱脚向拱顶对称进行。箱形拱圈的底板施工时，应按拱架的变形情况设置间隔缝，缝内的混凝土应在底板合龙时浇筑；拱圈的底、腹板混凝土强度达到设计强度的85%后方可安装盖板，铺设钢筋，现浇顶板混凝土。

拱圈合龙的温度应符合设计要求，设计未要求时，宜选择夜间气温较稳定时段的温度。拱圈合龙前如采用千斤顶对两侧拱圈施加压力的方法调整拱圈应力，拱圈混凝土的强度应达到设计规定的强度。

拱圈在浇筑过程中，应随时监测拱架的变形，如变形量超过计算值，应停止浇筑，及时查明原因，并采取加固拱架或调整加载顺序等措施后再继续浇筑，保证施工安全。

### （四）无支架和少支架预制安装

采用无支架和少支架方法施工时，拱圈的预制应符合下列规定：

(1)拱肋宜采用立式方法预制，且宜先在样台上放出拱肋大样，然后制作样板。放样时，应将横隔板、吊孔、接头位置准确放出。

(2)箱形拱预制时，可先预制横隔板、腹板，然后在拱胎上进行组装，并浇筑底、顶板和接头混凝土。混凝土强度达到设计强度的85%后，方可起吊运输到存放场地存放。

采用无支架方法安装拱圈时，宜根据桥梁规模、构件重力、施工环境条件等，选用适宜的吊装方式和吊装机具。施工前应对吊装所采用非定型产品的特殊设施和机具进行专门设计，对跨径、起拱线高程、预制拱圈节段长度等应进行复核；对安装后形成的拱圈基肋应进行稳定性验算。

采用缆索吊装法进行拱桥的无支架安装施工时，缆索吊装系统应符合下列规定：

(1)主塔和扣塔宜采用常备式定型钢构件在墩、台顶上拼装，其基础应牢固可靠，周围应设置防排水设施；塔的纵横向宜设置风缆，且风缆的安全系数应不小于2，当塔自身能满足横向受力及抗风要求时，可不设横向风缆；塔顶部应设置可靠的避雷装置。

(2)塔顶分配梁应与塔身结构可靠连接；主索鞍在横向应设支撑装置，防止倾倒；如需移动索鞍，应做专项设计、采取有效措施后方可进行。扣塔上索鞍顶面的高程应高于拱肋扣点高程。

(3)主缆宜采用钢丝绳，其直径和数量应根据吊装构件的质量通过计算确定，安全系数应不小于3，且每根主缆应受力均匀；抗风钢丝绳的安全系数应不小于2；起吊绳的安全系数应不小于5；牵引绳的安全系数应不小于3；钢丝绳扣索的安全系数应不小于3，钢绞线扣索的安全系数应大于2。地锚的设置应满足主缆可靠锚固的要求，抗拔安全系数应不小于2，抗滑、抗倾安全系数应不小于1.4，主缆与地锚连接处的水平夹角宜在25°～35°之间。采用旧钢丝绳时，应按规定进行检验，并应对其承载能力予以折减。

(4)缆索吊装系统设计时，应对可能出现的各种工况进行强度、刚度和稳定性验算；吊装前应对吊装系统进行检查验收，并应按设计荷载进行试吊，检验其安全性和可靠性，检验合格后方可用于正式吊装。

(5)吊装施工时，对投影面垂直的拱肋，各扣索的位置应与所吊挂的拱肋在同一竖直面内；对内倾或外倾的拱肋，各扣索的位置与所吊挂的拱肋可不在同一竖直面内，但应对扣塔、扣索和拱肋的强度、刚度和稳定性进行专门验算。主塔塔顶的最大偏位宜根据索塔的强度和稳定性经验算确定，塔底为固接时，其塔顶的最大偏位宜不大于塔高的1/400；塔底为铰接时，其塔顶的最大偏位宜不大于塔高的1/150。扣塔塔顶的最大偏位应根据扣塔和拱肋的强度、刚度和稳定性等经验算确定。

(6)缆索吊装系统的安装、使用和拆除均应制订专项施工方案,保证施工安全。

**链接**

缆索吊装也称斜拉扣挂施工,是一种利用悬挂的缆索运输和牵引移动安装构件的施工方法,此施工方法主要通过起重索垂直起降和牵引索水平牵引使构件在主索上沿桥轴向水平移动来实现构件的起吊、安装和定位等。缆索吊装施工与其他施工方法相比,有着它独特的优势。缆索吊装施工方法适用于施工条件不好,如跨越河流、峡谷等情况。它还具有易操作、易掌握、施工方便、工艺简单、成本低、安全等特点。

缆索吊装系统主要结构有:主索、牵引索、起重索、索塔、索鞍、工作索、扣索、锚索、锚碇、跑车等。

上承式钢管混凝土拱桥的主拱肋缆索吊装施工的主要施工工序为拱肋和拱上钢结构加工预制→陆运至桥位附近临时码头→船运分段拱肋至安装位置→将拱肋吊运至安装位置→用扣索对分段拱肋临时固定→安装平联单元→吊装其他分段拱肋→各段拱肋轴线调整→主拱圈合龙→灌注主管内混凝土→安装拱上结构。

采用缆索吊安装拱肋时,风缆的设置与安装应符合下列规定:

(1)风缆系统及地锚应进行专门设计,风缆及地锚的受力应满足拱肋稳定的要求,并应有足够的安全储备。风缆的安全系数应不小于2;地锚的设置应满足风缆可靠锚固的要求,抗拔安全系数应不小于2,抗滑、抗倾安全系数应不小于1.4。

(2)固定的风缆应待全孔合龙、横向联结构件混凝土的强度满足设计要求后方可撤除。

(3)在河流中设置风缆时,必须采取可靠的防护措施,防止风缆和地锚受到碰撞、冲刷。

拱桥的拱圈采取单肋吊装或单肋合龙时,单肋的横向稳定必须满足安全验算的要求,且其稳定安全系数应不小于4;当不能满足时,应采用双肋合龙松索成拱的方式施工,且应在双肋合龙后采取有效的横向联结措施,增强其稳定性,使之形成基肋后再安装其他肋段。

拱肋安装时,各段拱肋的高程和线形应根据施工控制的要求确定,且宜从拱脚段开始,依次向拱顶分段吊装就位。扣索的扣挂应稳妥可靠,应使拱肋断面不产生扭斜,且各段拱肋的上端头均应通过扣索的调整使其略高于设计高程。多跨拱桥安装时,应根据桥墩承受不平衡水平推力的能力,经计算确定相邻孔拱肋的安装顺序。

各段拱肋在松索过程中,应符合下列规定:

(1)松索的流程应根据施工控制的要求经计算确定,松索前应校正拱轴线位置及各接头高程,使之符合要求。松索应按拱脚段扣索、次拱脚段扣索、起重索三者的先后顺序,并按比例定长、对称、均匀地松卸。

(2)每次松索时均应采用仪器观测,并应控制各接头、拱顶及1/4跨处的高程,防止拱肋接头发生非对称变形而导致拱肋失稳或开裂。每次的松索量宜小,各接头高程变化宜不超过10 mm,松索压紧接头缝后应普遍旋紧接头螺栓一次。当接头高程接近设计值时,宜先采用钢板嵌塞接头缝隙,再将扣索、起重索放松到基本不受力,压紧接头缝,拧紧接头螺栓,同时利用风缆调整拱肋轴线的横向偏位,并应观测拱肋各接头、1/8跨及拱顶的高程,使其在允许偏差之内。

(3)大跨径拱桥分多节段吊装合龙成拱后,根据拱肋接头密合情况及拱肋的稳定度,可保留起重索和扣索部分受力,待拱肋接头的连接工序基本完成后再全部松索。

拱肋接头的焊接作业应在调整完轴线偏差、嵌塞并压紧接头缝钢板之后且全部松索成拱之前进行。焊接拱肋接头部件时,应采用分层、间断、交错的方法施焊,并应采取措施避免损伤周围的混凝土。

少支架方法施工应符合图1-19的规定。

**安装拱圈**

◇对支架及地基的要求，应符合规范的有关规定。设于河中的支架，应验算基础的冲刷深度，并应有可靠的防冲刷和防漂浮物影响的措施。支架基础不得设置在有冰胀影响的地层。

◇吊装构件时，应结合实际情况和设备条件采用适宜的起吊设备和起吊方式进行吊装。拱肋分段吊装到支架上后，其接头的连接处理应符合设计规定

**支架安装和拆卸**

◇卸架前应对主拱圈的混凝土质量、拱轴线的坐标尺寸、卸架设备、气温引起拱圈变化及台后填土等情况进行全面检查。

◇当拱肋接头混凝土及拱肋横向联结构件混凝土的强度符合设计规定或达到设计强度的85%时，方可开始卸架。卸架宜在主拱圈安装完成后，分次缓慢卸落，使拱圈及墩、台逐渐成拱受力，卸架时应监测拱圈挠度和墩、台变位等情况，并应避免拱圈发生较大变形。

◇在严寒地区，主拱圈不宜在支架上过冬，支架宜在冰冻前拆除

图1-19 少支架方法施工规定

### (五)转体施工

此部分内容适用于有平衡重平转、无平衡重平转及竖转的拱桥转体施工,斜拉桥、梁桥等的转体施工可参照执行。

转体施工法是指利用地形地貌预制两个半孔桥跨结构,在桥墩或桥台上旋转就位跨中合龙的施工方法。

采用转体法施工时,拱圈的预制及拼装应符合下列规定:

(1)应按设计确定的位置、高程,充分利用地形,合理布置预制场地,在适当的支架和模板上进行,支架应稳固且安装方便。

(2)应严格控制拱肋的制作尺寸,构件尺寸的允许偏差应为±5 mm,质量偏差应为±2%,拱肋轴线平面、立面的允许偏差应为±10 mm。

采用有平衡重平转施工时,应符合下列规定。

(1)对跨径较大、转动体系重心较高的拱桥,宜采用环道与中心支承相结合的转盘结构;对中、小跨径的拱桥,可采用中心支承的转盘结构。平衡重宜视情况利用桥台或设置临时配重。转体前,应核对平衡体的质量和转动体系的重心;如采用临时配重,应保证锚固设施安全、可靠。

(2)拱圈混凝土达到设计规定的强度后,方可分批、分级张拉扣索,对扣索的索力应进行检测,其允许偏差应为±3%。张拉达到设计控制应力时,拱圈应脱离支架成为以转盘为支点的悬臂平衡状态,且应根据合龙高程(考虑合龙温度)的要求精调张拉扣索。

(3)采用内、外锚扣体系时,扣索宜采用钢绞线或带镦头锚的高强钢丝等高强材料,其安全系数应大于2。扣点应设在拱顶点附近,当大跨径拱桥单点扣索力太大或因其他原因需采用多扣点时,应控制好扣索的同步张拉,使拱圈的截面应力处于允许的受力状态。

(4)扣索和锚索之间宜通过置于扣、锚支承(桥台或立柱)的顶部交换梁相连接。扣索的锚点高程不宜低于扣点,宜与通过锚点的水平线形成0°~5°的角度。采用千斤顶张拉扣索时应分级进行,并应同时对结构内力及挠度进行监测,直至拱圈脱架。

(5)扣索张拉到位、拱圈卸架后,应有 24 h 的观测阶段,检验锚固、支承体系的可靠程度。同时应观测拱结构的变形状态及随气温变化的规律,确定转体前拱顶的高程。

(6)转体的牵引索可采用钢绞线或高强钢丝束,其一端引出,另一端应绕固于上转盘上,牵引动力可采用连续作业液压千斤顶等。转动时宜控制速度,角速度宜不大于 0.01 ~0.02 rad/min 或拱圈悬臂端的线速度宜不大于 1.5 ~2.0 m/min。采用钢绳牵引转动时,应在千斤顶直接顶推启动后再进行。

(7)转体牵引力应有一定的富余,转体牵引力可按下式计算:

$$T = \frac{2fGR}{3D}$$

式中:$T$——牵引力(kN);$G$——转体总重力(kN);$R$——铰柱半径(m);$D$——牵引力偶臂(m);$f$——摩擦系数,无试验数据时,可取静摩擦系数为 0.1 ~0.12,动摩擦系数为 0.06 ~0.09。

(8)转体合龙应在当日最低温度时进行,当合龙温度与设计计算温度相差较大时,应考虑温度差带来的影响,修正合龙高程。合龙时,宜采取先打入钢楔的快速合龙措施,然后施焊接头钢筋、浇筑接头混凝土、封固转盘;合龙应严格控制拱肋的高程和轴线,合龙接口的高程允许偏差应为 ±10 mm,轴线允许偏差应为 ±5 mm。合龙段混凝土达到设计强度后,应分批、分级松扣,拆除扣、锚索。

采用无平衡重平转施工时,应符合下列规定:

(1)转体系统宜由锚固体系、转动体系和位控体系等构成。对尾索张拉、扣索张拉、拱体平转、合龙卸扣等工序,施工时应进行索力、轴线、高程等监测。

(2)张拉尾索时,两组尾索应按上下左右对称、均衡的原则,对桥轴向和斜向的尾索进行分次、分组交叉张拉,并应使各尾索的内力均衡。张拉达到设计规定的荷载后,应对其内力进行量测;不符合要求时,应重新进行张拉,使之达到设计内力且均衡。

(3)张拉扣索前,应在桥轴向和斜轴向支撑以及拱顶、3/8、1/4、1/8 跨径处设立平面位置和高程监测点,且应在全面检查支撑、锚梁、轴套、拱铰、拱体和锚碇等的质量,经分析确认安全后,方可开始张拉。扣索分级张拉时,应对称于拱体按由下向上的次序进行,张拉过程中应随时进行监测,各索内力的相对偏差应控制在 5 kN 以内。

(4)转体前应对全桥各部位进行检查,符合要求后方可正式转动;转体不能自行起动时,宜采用千斤顶在拱顶处施力使拱体起动,并宜以风缆控制拱体的转速,风缆的走速在起动和就位阶段宜控制在 0.5 ~0.6 mm/min,中间阶段宜控制在 0.8 ~1.0 mm/min。当拱体采用双拱肋在同一岸上下游预制并进行平转达到一定角度后,上下游拱体宜同步对称向桥轴线旋转。

(5)两岸拱体平转至桥轴线位置就位后,应对其高程和轴线进行测量,不符合设计要求时应进行调整,且宜按设计要求的合龙温度或修正后的合龙温度进行合龙施工。

(6)合龙口混凝土符合设计规定的强度或达到设计强度的 85% 后,应按对称均衡的原则,分级卸除扣索,卸除过程中应对拱体的拱轴线和高程以及扣索的内力进行监测;全部扣索卸除后,应测量拱体的最终轴线位置和高程。

采用竖转法施工时,应符合下列规定:

(1)竖转法施工中的转动系统宜由转动铰、提升或下放体系、锚固体系等构成。竖转施工宜采用横向联结成整体的双肋为一个转动单元。

(2)扣索宜选用钢丝绳或钢绞线,扣索的锚碇宜采用钢筋混凝土结构。扣索系统应经计算确定,钢丝绳的安全系数应不小于 6;钢绞线的安全系数应不小于 2;锚碇的抗拔、抗滑安全系数应不小于2。

(3)索塔的设计应充分考虑偏载、荷载变化和风力等因素的不利影响,应保证其强度、刚度及稳定性满足拱肋竖转施工的要求。

(4)转动铰宜根据推力大小选用钢制的轴销铰、钢板包裹混凝土的弧形柱面铰或球面铰;转动铰应转动灵活,接触面应满足局部承压的要求。

(5)转动前应进行试转,检验转动系统的可靠性。竖转速度宜控制在0.005~0.01 rad/min范围内,提升或下放重力大者宜采用较低的转速,转动过程中应保持平稳。

(6)两岸拱体竖转就位后的合龙施工,应符合悬臂浇筑的有关规定。

下面以典型例题的形式对竖转法的施工特点进行讲解。

**典型例题**

【单选题】关于桥梁上部结构竖转法施工特点的说法,正确的是(　　)。

A. 在桥台处设置转盘,将两岸预制的整跨或半跨转至设计合龙位置

B. 转体质量大,施工中需设置转体平衡重

C. 主要适用于转体质量不大的拱桥

D. 主要针对大跨度拱桥施工,采用锚固体系代替平衡重

C。【解析】桥梁上部结构转体施工方法分为平转法、竖转法和平竖结合法三种。其中,平转法分为有平衡重转体法和无平衡重转体法。选项A属于平转法施工的特点;选项B属于有平衡重转体法施工的特点;选项C属于竖转法施工的特点;选项D属于无平衡重转体法施工的特点。

采用平转加竖转的方法进行拱桥的转体施工时,宜先将拱肋平转到桥轴线位置,然后再竖转到设计高程。平转和竖转宜采用各自独立的转动系统,并应分别按平转和竖转的相关规定施工。

### (六)劲性骨架拱

劲性骨架的制作加工可参照钢结构工程和钢管混凝土拱的相关规定执行。劲性骨架的安装宜采用无支架或少支架法进行节段拼装,拱轴线及桥轴线的控制标准可按钢管混凝土拱的要求执行。

劲性骨架拱圈的浇筑施工应符合下列规定:

(1)施工前,应在分析计算劲性骨架或劲性骨架与混凝土组合结构受力行为的基础上,进行混凝土浇筑程序设计;在施工过程中应对结构的应力和变形进行监控。

(2)采用分环多工作面均衡浇筑法施工时,各工作面的工作段长度可根据模板长度划分,且其浇筑进度差宜不超过一个工作段。

(3)采用水箱压载分环浇筑法施工时,应严格控制1/4跨截面附近的劲性骨架的变形,预防混凝土开裂;必要时可在浇筑该处第一层(环)混凝土时设置约200 mm的变形缝,待浇完第一层(环)后再采用混凝土填实。

(4)采用斜拉扣挂分环连续浇筑法施工时,应选用可靠且操作方便的扣索系统,并应确定扣索的索力、位移和张拉程序,控制连续浇筑混凝土过程中拱圈(拱肋)的变形。

(5)分阶段浇筑拱圈时,应严格控制每一施工阶段劲性骨架及劲性骨架与混凝土形成组合结构的变形形态、位置、拱圈高程和轴线横向偏位,其变形值、高差和偏位等应符合设计要求,否则应采取纠正措施。

## （七）钢管混凝土拱

钢管拱肋的制造加工与安装应符合表 1-96 的规定。

**表 1-96　钢管拱肋的制造加工与安装规定**

| 作业类型 | 规定 |
| --- | --- |
| 钢管拱肋的制造加工 | (1)用于制造加工的各种材料应符合设计及相关标准的规定。<br>(2)钢管拱肋的制造应在工厂内进行。制造加工前应根据设计文件编制制造工艺，绘制加工图和拼装图等，公差范围应考虑加工误差和焊接变形的影响合理确定，并应进行焊接工艺评定；制造完成后，应在厂内进行不少于三个安装节段的试拼装。<br>(3)拱肋的分段长度应根据材料、工艺、运输和吊装等因素确定，并应按不少于三个安装节段的长度进行 1∶1精确放样，其拱轴线应符合设计规定。合龙节段的尺寸应计入制造误差、温度及焊接变形等影响。<br>(4)制造加工时，钢管对接的端头宜校圆，其失圆度宜不大于钢管外径的 3/1 000，在钢管的端口处宜适当加设内支撑，减少运输、安装过程中端口的失圆变形。钢管环向对接时，其接头应采用有衬管的单面坡口或无衬管的双面坡口熔透焊缝。环向焊缝的间距应符合设计规定，设计未规定时，对直缝焊接管应不小于管的直径，对螺旋焊接管应不小于 3 m；纵向焊接时，其焊缝应错开 1/4 圆周。钢管对接的径向偏差应不超过管壁厚的 0.2 倍。<br>(5)拱肋节段的对接接头宜与母材等强度焊接。所有焊缝均应进行外观检查，焊缝内部质量应达到Ⅱ级以上标准，熔透焊缝应进行 100% 的超声波探伤。<br>(6)主管与腹管采用相贯焊接时，腹管的相贯线及坡口制作应采用全自动相贯线切割机完成。对相贯焊接接头中焊接材料和焊接工艺的选择，应在满足强度的原则下保证接头的韧性；对受疲劳控制的相贯焊缝，应按设计要求对焊接处进行焊后修磨处理。<br>(7)焊缝的超声波探伤质量检验应符合钢结构工程的有关规定。<br>(8)钢管拱肋加工时，应设置泵送混凝土压注孔、防倒流截止阀、排气孔及吊点、扣点、节点板等。对压注混凝土过程中易产生局部变形的部位（如腹箱）应设置内拉杆。<br>(9)钢管拱肋的外表面应按设计规定进行长效防腐处理，防腐涂装的施工应符合钢结构涂装的有关规定 |
| 钢管拱肋的安装 | (1)钢管拱肋在成拱过程中，宜同时安装横向联结系，未安装联结系的拱肋不得超过一个节段，否则应采取临时横向稳定的措施。特殊情况下采用单肋合龙的安装方案时，应设置可靠的节段连接装置和足够的横向抗风缆，保证单拱肋的横向稳定。<br>(2)拱肋节段间的焊接宜按安装顺序同步进行，且宜对称施焊。施焊前应保证节段间有可靠的临时连接，并应有效地控制焊缝间隙；施焊时结构应处于无应力状态。合龙口的焊接或栓接作业应选择在环境温度相对稳定的时段内尽快完成。<br>(3)采用斜拉扣挂悬拼法施工时，拱肋上的扣挂节点应进行专门设计，并应在工厂制造时设置。扣索宜采用多根钢绞线或高强钢丝束，并应根据使用环境设防腐护套，扣索的强度安全系数应大于 2；对钢绞线扣索，应有防止扣索松弛以及减少风致振动影响的可靠措施 |

混凝土的施工应符合下列规定：

(1)混凝土应采用泵送顶升压注施工，混凝土输送泵的性能应能满足顶升压注施工的需要;混凝土应具有低含气量、大流动性、收缩补偿、延后初凝和早强等性能,其配合比应经试验确定。

(2)压注前应先对管内进行清洗、润湿管壁并泵入适量水泥浆,然后再正式压注混凝土。

(3)混凝土应由拱脚至拱顶对称、均衡地压注,有腹箱的断面应先管后腹,除拱顶外不宜在拱肋内的其他部位设置横隔板。压注应连续进行,不得中断,直至拱顶端的溢流管排出正常混凝土时方可停止,溢流管的高度应为1.5~2.0 m。压注时尚应考虑上、下游拱肋的对称性和均衡性,并应将施工时间控制在混凝土初凝时间内。混凝土压注完成后应及时关闭设于压注口的倒流截止阀。

(4)缀板间的混凝土不宜采用压注施工。

(5)对大跨径钢管混凝土拱桥,宜采用多级泵送工艺,且对其混凝土的配合比和泵送工艺,应在试验室试验的基础上,根据需要进行模拟压注试验。

(6)管壁与混凝土应结合紧密,管内的混凝土应密实,其质量检验可按现行规定执行。

吊索和系杆索的安装施工应符合下列规定:

(1)吊索和系杆索应采用符合设计规定的产品。安装应顺直、无扭转;防护层应完整、无破损。

(2)纵横梁安装完成后,对吊索应按高程和内力双控制的原则进行调整,并应在完善上下锚头处细部构造的防腐处理后,方可进行桥面系的施工。

(3)系杆索的张拉值应符合设计规定,并应与加载工况相对应,上、下游应对称张拉。施工时除应对系杆索进行内力和伸长量的双控外,还应监测结构关键部位的变形,并将其控制在设计允许范围以内。

(4)对吊索和系杆索的上下锚头,应按设计要求采取防排水、防腐蚀及防老化的措施。

(5)对吊索和系杆索应进行防护,在制造工艺和各施工环节上应对索的意外损伤进行控制,保证索处于无腐蚀或低腐蚀的工作环境,防止其产生应力腐蚀。

(6)对可更换的吊索和系杆索,其护套管内不应采用环氧砂浆等固化材料填充。

### (八)悬臂浇筑

拱圈的首段可采用支架法或其他适宜的方法浇筑,然后在其上拼装挂篮。

悬臂浇筑拱圈的挂篮除应符合梁式桥悬臂浇筑的规定外,尚应符合下列规定:

(1)挂篮应具有可靠的稳定性和良好的调节性能,应能适应各拱段倾斜角度的变化。

(2)挂篮的行走轨道应与拱圈的弧度相适应,并应与拱圈可靠连接,避免行走时下滑。

(3)挂篮应设置可伸缩的抗剪装置,抵抗在浇筑拱圈混凝土时产生的下滑力,且不应影响挂篮的正常行走。

(4)底模宜设计成可调节式的弧形模板,满足拱圈弧度不断变化的要求。

(5)后锚系统应稳固可靠,且应适应拱圈的弧度变化,后支点宜反顶在拱圈上。

(6)对拱圈的两个半拱,应各配备一套挂篮,按从拱脚至拱顶的施工顺序,对称浇筑拱圈混凝土。两个半拱的施工进度应保持基本对称同步,且应符合设计的规定。

悬臂浇筑拱圈应选择在当天温度最低且温度场较为稳定的时段合龙,且宜先焊接劲性骨架,达到受力状态下的合龙;然后绑扎钢筋,浇筑合龙段混凝土,完成结构状态的合龙。

### (九)钢拱桥

钢拱桥构件的制造、涂装及运输等应符合钢结构工程的有关规定,钢拱肋的制造线形应满足设计和监控的要求。钢拱肋制造加工完成后应在厂内进行试拼装。

钢拱桥的安装程序应符合设计规定,且宜采用无支架或少支架的安装方法施工。采用拱上悬臂吊机安装构件时,除应具有足够的安全系数外,拱上悬臂吊机的行走系统尚应适应拱顶坡度和形状的变化;采用缆索系统吊装构件时,应符合无支架和少支架预制安装的有关规定;采用起重船安装施工时,起重船的性能应满足构件吊装的要求。钢拱桥可单构件安装或拼装成节段进行安装。当拼装成节段进行安装时,应防止节段在施工过程中产生过大的变形,必要时应采取临时加固措施增加其刚度。拱肋节段间的安装应对称进行。拱肋的端头应设临时连接装置,安装时应先临时连接后再进行正式连接,并应对称施焊或栓接。

钢拱桥合龙时,合龙段的安装应符合设计规定,并应按设计要求采取相应的辅助措施;设计未规定时,对钢桁拱宜采用单构件安装合龙;对钢箱拱应提前设置临时刚性连接再进行合龙钢构件的焊接或栓接连接。

### (十)石拱桥

石拱桥的拱架宜采用钢拱架、满布式钢管拱架、组合式钢拱架或木拱架等结构形式,拱架的设计、制作、拼装和拆卸应符合《公路桥涵施工技术规范》的有关规定。当小跨径石拱桥采用土牛拱胎时,土牛拱胎在制作时应设防排水设施,土石应分层夯实,密实度应不小于95%,拱顶部分应选用含水率适宜的黏土。

用于砌筑拱圈的拱石应采用粗料石或块石按拱圈放样尺寸加工成楔形。拱石的厚度应不小于200 mm,加工成楔形时其较薄端的厚度应符合设计要求的尺寸或按施工放样的要求确定;其高度应为最小厚度的1.2~2.0倍;长度应为最小厚度的2.5~4.0倍。拱石应按立纹破料,岩层面应与拱轴线垂直,各排拱石沿拱圈内弧的厚度应一致。对砌筑拱圈所用砂浆的要求应符合圬工结构的有关规定。

拱圈的砌筑施工应符合下列规定:

(1)拱圈及拱上结构施工时均应按设计要求留置施工预拱度。

(2)砌筑施工前,应先详细检查拱架和模板,符合要求后方可开始砌筑。

(3)拱圈的辐射缝应垂直于拱轴线,辐射缝两侧相邻两行拱石的砌缝应互相错开,错开距离应不小于100 mm。同一行内上下层砌缝可不错开。

(4)浆砌粗料石和混凝土预制块拱圈的砌缝宽度应为10~20 mm;块石拱圈的砌缝宽度应不大于30 mm;采用小石子混凝土砌块石时,应不大于50 mm。

拱圈砌筑的程序应符合下列规定:

(1)砌筑拱圈前,应根据拱圈的跨径、矢高、厚度及拱架等情况,设计并确定拱圈砌筑的程序。砌筑时,应在适当的位置设置变形观测缝,随时监测拱架的变形情况,必要时应对砌筑程序进行调整,控制拱圈的变形。

(2)跨径小于10 m的拱圈,当采用满布式拱架砌筑时,可从两端拱脚起顺序向拱顶方向对称、均衡地砌筑,最后砌拱顶石;当采用拱式拱架砌筑时,宜分段、对称地先砌筑拱脚和拱顶段,后砌1/4跨径段。

(3)跨径10~20 m的拱圈,不论采用何种拱架,每半跨均应分成三段砌筑,先砌拱脚段和拱顶段,后砌1/4跨径段,且两半跨应同时对称地进行。对分段砌筑的拱段,当其倾斜角大于砌块与模板间的摩擦角时,应在拱段下部设置临时支撑,避免拱段滑移。

(4)跨径大于20 m的拱圈,其砌筑程序应符合设计规定;设计未规定时,宜采用分段砌筑或分环分段相结合的方法砌筑,必要时应对拱架预加一定的压力。分环砌筑时,应待下环砌筑合龙、砌缝砂浆强度达到设计强度的85%以上后,再砌筑上环。

(5)多孔连续拱桥拱圈的砌筑,应考虑连拱的影响,并应专门制定相应的砌筑程序。

砌筑拱圈时,应在拱脚、拱顶石两侧和分段点等部位临时设置空缝;小跨径拱圈不分段砌筑时,应在拱脚附近临时设置空缝。设置和填塞空缝时,应符合下列规定:

(1)空缝的宽度,在拱圈外露面应与相应类别砌块的一般砌缝相同;当拱圈采用粗料石时,空缝的内腔可加大至30~40 mm。

(2)用于空缝两侧的拱石,靠空缝一侧的石面应加工凿平。

(3)空缝的填塞应在砌缝砂浆强度达到设计强度的85%后进行,填塞时应分层捣实。

(4)空缝的填塞顺序,可由拱脚逐次向拱顶对称填塞;或先填塞拱脚处,其次填塞拱顶处,然后自拱顶向两端对称逐条填塞;所有空缝亦可同时填塞。

**专家解读**

砌筑拱圈无论是分段还是不分段,从拱脚砌至拱顶时都需要在节段间或拱脚处设置空缝,当拱架变形时,拱圈各节段有一相对活动余地,从而可避免拱圈开裂。

采用小石子混凝土砌筑拱圈时,靠拱模一面应选用底面较大且较平整的石块,必要时应稍加修整,拱背面应大致平顺;砌筑施工设置空缝时,在空缝的两侧应选用较大且较平整的石块。砌缝中的小石子混凝土应饱满、密实;对较宽的竖缝,可在填塞小石子混凝土的同时,填塞一部分小石块,将砌缝挤满。砌缝宽度应不大于50 mm。

拱圈的封拱合龙应符合下列规定:

(1)封拱合龙宜在当日最低温度且温度场较为稳定的时段进行。

(2)分段砌筑的拱圈应待填塞空缝的砂浆强度达到设计强度的85%后再进行合龙。

(3)封拱合龙前如采用千斤顶施加压力的方法调整拱圈应力,砌筑砂浆的强度应达到设计规定的强度后方可合龙。

### (十一)拱上结构

主拱圈的混凝土强度达到设计规定强度后,方可进行拱上结构的施工。施工前应对拱上结构立柱、横墙等基座的位置和高程进行复测检查,如超过允许偏差应予以调整,基座与主拱的联结应牢固;同时应解除拱架、扣索等约束。

对大跨径拱桥的拱上结构,施工时应严格按设计加载程序进行,设计未提供加载程序时,应根据施工验算由拱脚至拱顶均衡、对称加载。施工中应对主拱圈进行监测和控制。对中、小跨径装配式拱桥的拱上结构,应在主拱圈混凝土和砂浆强度均达到设计规定强度后方可施工;采用少支架施工的拱桥应先卸除支架后,从拱脚至拱顶对称进行施工。

拱上腹拱圈施工时,应考虑腹拱圈所产生的推力对立柱或横墙的影响,相邻腹板的施工进度应同步。

安装预制桥面板时,应按纵横向对称的原则进行,且宜从拱的一端至另一端分阶段往复安装,改善主拱圈的受力。

采用无支架施工的大、中跨径拱桥,其拱上结构宜充分利用缆索吊装施工。

### (十二)施工控制

拱桥施工时应对其进行过程控制,应保证拱结构在施工过程中的稳定性、变形和内力始终处于安全范围内。对大跨径拱桥,应按规范的有关规定进行施工过程控制;对中、小跨径拱桥,可采用相对简便易行的方法进行施工控制。

拱桥的施工控制方法应根据拱结构的特点、受力特性、施工方法和施工环境条件等因素综合选择确定。拱桥的施工控制应以主拱圈的稳定性、变形和内力作为监测和控制目标。

## 三、钢桥

钢桥是用钢材作为主要建造材料的桥梁，具有强度高、刚度大的特点，相对于混凝土桥可减小梁高和自重。钢桥架设应用于桥梁搭建，采取的是支架施工、悬臂施工和整体架设的架设方法。支架施工方法包括膺架法、缆索悬吊法等，该方法适用于河水较浅、桥下净空不高的情形，可架设各种跨径、各种类型的钢桥。悬臂施工是钢桥架设常用的方法，具体施工方法包括悬臂拼装法、拖拉架设法等。其中，拖拉架设法适用于河滩无水或河水较浅、建立支墩容易、桥头路基或引桥上可拼装钢梁及平移梁的情形。整体架设方法包括整体吊装法、浮运法、转体法、横移法、架桥机架设法等。钢桥施工的重点是钢结构工程，此部分内容主要介绍公路桥梁钢结构工程的施工要点。

### （一）一般规定

钢结构在制造前，制造厂应对设计图进行工艺性审查，且应绘制加工图，编制制造工艺；当需要修改设计时，应取得原设计单位的同意，并应签署设计变更文件。

钢结构的制造应按确定的加工图和制造工艺进行。制造及验收应使用经检定合格的计量器具，并应按有关规定进行操作。

钢结构的制造宜推广采用数字化、自动化和信息化的先进技术、工艺和设备。

### （二）材料

制造钢结构桥梁所用材料的品种、规格、性能等应符合设计文件的要求和现行国家标准的规定。进场材料除应有生产厂家的质量证明书外，制造厂还应按相关标准的规定对其进行抽样检验，检验合格后方可使用。

钢材应按同一厂家、同一材质、同一板厚、同一出厂状态，每 10 个炉（批）号抽验一组试件。若订货为探伤钢板，尚应抽取每种板厚的 10%（至少一块）进行超声波探伤。

进口钢材产品的质量应符合设计和合同规定标准的要求，并应进行进口商检及按规定标准进行抽样检验，检验不合格的钢材不得使用。

当钢材表面有锈蚀、麻点或划痕等缺陷时，其深度不得大于该钢材厚度允许偏差值的 1/2。

焊接材料原则上应与设计选用的钢材相匹配。涂装材料的质量及检验应符合现行国家和行业标准的规定。

### （三）零件制造

零件机加工应符合下列规定：

（1）零件边缘的加工深度应不小于 3 mm，当边缘硬度不超过 HV350 时，加工深度不受此限；加工面的表面粗糙度 $Ra$ 不得大于 25 μm；顶紧加工面与板面垂直度偏差应小于 0.01 倍板厚，且不得大于 0.3 mm。

（2）零件应根据预留加工量及平直度要求，两边均匀加工，并应磨去边缘的飞刺、挂渣，使端面光滑匀顺。

### （四）组装

组装前，应熟悉图纸和工艺文件，并应按图纸核对零件编号、外形尺寸和坡口方向，确认无误后方可组装。

对采用埋弧焊、$CO_2$ 气体保护焊及低氢型焊条手工焊等方法焊接的接头，在组装前应将待焊区域的铁锈、氧化皮、污垢、水分等有害物清除干净，使其表面露出金属光泽。清除范围应符合规范的规定。

采用埋弧焊焊接的焊缝，应在焊缝的端部连接引出板，引出板的材质、厚度、坡口应与所焊件相同；引出板长度应不小于 100 mm。

需做产品试板检验时，应在焊缝端部连接试板，试板的材质、厚度、轧制方向及坡口应与所焊对接板材相同，试板尺寸应满足试验取样要求。

钢构件的组装应在胎架或平台上完成，每次组装前均应对胎架或平台进行检查，确认合格后方可组装。组装时应将相邻焊缝错开，错开的最小距离应符合规范的规定。采用先孔法的钢构件，组装时必须以孔定位；采用胎型组装时，每一孔群应打入的定位冲钉不得少于 2 个，冲钉直径应不小于设计孔径 0.1 mm。大型钢箱梁的梁段应在胎架上组装，胎架应具有足够的刚度和几何尺寸精度，且在横向应预设上拱度，组装前应按工艺文件要求检测胎架的几何尺寸，监控测量应避开日照的影响。

### （五）焊接

焊接应符合表 1-97 的规定。

**表 1-97　焊接规定**

| 项目 | 规定 |
|---|---|
| 焊接的一般要求 | (1)在工厂或工地焊接工作之前，对首次使用的钢材和焊接材料应进行焊接工艺评定。<br>(2)焊接工艺应根据焊接工艺评定报告编制，施焊时应严格遵守焊接工艺，不得随意改变焊接参数。焊接材料应根据焊接工艺评定确定，焊剂、焊条应按产品说明书烘干使用，对储存期较长的焊接材料，使用前应重新按标准检验。$CO_2$ 气体保护焊的气体纯度应大于 99.5%。<br>(3)焊接工作宜在室内进行，焊接环境的相对湿度应小于 80%；焊接环境的温度，对低合金高强度结构钢应不低于 5 ℃，普通碳素结构钢应不低于 0 ℃。主要钢构件应在组装后 24 h 内焊接。<br>(4)钢构件在露天焊接时，除应满足第(3)款的要求外，必须采取防风和防雨措施；主要钢构件应在组装后 12 h 内焊接，当钢构件的待焊部位结露或被雨淋后，应采取相应措施去除水分和浮锈。<br>(5)施焊前应按照规范的有关规定，清除焊接区的有害物。施焊时母材的非焊接部位严禁焊接引弧，焊接后应及时清除熔渣及飞溅物。多层焊接时宜连续施焊，且应控制层间温度，每一层焊缝焊完后应及时清理检查，应在清除药皮、熔渣、溢流和其他缺陷后，再焊下一层。<br>(6)焊前预热温度应通过焊接性试验和焊接工艺评定确定；预热范围宜为焊缝每侧 100 mm 以上，且宜在距焊缝 30 ~ 50 mm 范围内测温 |
| 定位焊 | (1)所采用焊接材料的型号应与焊接材质相匹配。施焊前应按施工图及工艺文件检查坡口尺寸、根部间隙等，如不符合要求应处理改正。<br>(2)定位焊焊缝应距设计焊缝端部 30 mm 以上，焊缝长应为 50 ~ 100 mm，间距应为 400 ~ 600 mm，焊缝的焊脚尺寸不得大于设计焊脚的 1/2。定位焊缝不得有裂纹、气孔、夹渣、焊瘤等缺陷，否则应处理改正；如有焊缝开裂应查明原因，清除后重焊 |
| 埋弧自动焊 | 埋弧自动焊应在距设计焊缝端部 80 mm 以外引出板上起、熄弧。焊接中不宜断弧，如有断弧应将停弧处刨成 1∶5斜坡，并搭接 50 mm 再引弧施焊，焊后搭接处应修磨圆顺 |

### （六）焊接检验

焊接完毕且待焊缝冷却至室温后，应对所有焊缝进行外观检查，焊缝不应有裂纹、未熔合、夹渣、未填满弧坑、漏焊以及超出规范规定的缺陷。

焊缝经外观检查合格后方可进行无损检测，无损检测应在焊接 24 h 后进行。箱形构件棱角焊缝探伤的最小有效厚度为 $\sqrt{2t}$（$t$ 为水平板厚度，以 mm 计），当设计有熔深要求时应从其规定。焊缝无损检测的质量分级、检验方法、检验部位和等级应符合规范的规定。

进行局部超声波探伤的焊缝，当发现裂纹或较多其他缺陷时，应扩大该条焊缝探伤范围，必要时可延至全长。进行射线探伤或磁粉探伤的焊缝，当发现超标缺陷时应加倍检验。

采用超声波、射线、磁粉等多种方法检验的焊缝，应达到各自的质量要求，该焊缝方可认为合格。焊缝的射线探伤和磁粉探伤应符合现行相应标准的规定。

对构造复杂或厚板钢构件的焊缝，可采用相控阵或 TOFD 等作为辅助技术手段进行探伤检测。

圆柱头焊钉焊接后应保证焊钉底角在 360°范围内焊缝饱满，焊缝无气孔、夹渣、裂纹等缺陷，咬边深度应不大于 0.5 mm，且最大长度应不大于 1 倍的焊钉直径。焊缝外观检验合格后应随机抽取各部位圆柱头焊钉总数的 1% 进行 30°弯曲检验，弯曲后圆柱头焊钉的焊缝和热影响区不应有肉眼可见的裂纹，检验合格的圆柱头焊钉可保留其弯曲状态。

### （七）钢构件矫正

钢构件矫正时应符合下列规定：

（1）冷矫的环境温度宜不低于 5 ℃，矫正时应缓慢加力，冷矫的总变形量应不大于变形部位原始长度的 2%。时效冲击值不满足要求的拉力钢构件，不得矫正。

（2）热矫时加热温度应控制在 600 ~ 800 ℃，严禁过烧，且不宜在同一部位多次重复加热。

矫正后的钢构件表面不应有凹痕和其他损伤。

当设计对钢构件矫正有特殊要求时，矫正的方法和温度应符合其规定。

### （八）高强度螺栓连接副与摩擦面处理

公路钢结构桥梁所用的高强度螺栓连接副可选用大六角形和扭剪型两类，并应在专业螺栓厂制造，其规格、质量应符合现行规范的规定。高强度螺栓、螺母、垫圈的表面宜进行表面防锈处理；垫圈两面应平直，不得翘曲，其维氏硬度 HV30 应为 329 ~ 436（HRC35 ~ 45）。

高强度螺栓连接副应由制造厂按批配套供货，并应提供出厂质量保证书。运输或搬运时应轻装轻卸，防止损伤螺纹。进场后除应检查出厂质量保证书外，尚应从每批螺栓中抽取 8 副进行检验，检验试验方法和结果应符合现行相应标准的规定，合格者方可使用。

摩擦面处理应符合下列规定：

（1）在工地以高强度螺栓栓接的构件和梁段板面（摩擦面）应进行处理，处理后抗滑移系数值应符合设计规定；设计未规定时，抗滑移系数出厂时应不小于 0.55，工地安装前的复验值应不小于 0.45。

（2）抗滑移系数试验用的试件应按制造批每批制作 6 组，其中 3 组用于出厂试验，3 组用于工地复验。抗滑移系数试件应与构件同材质、同工艺、同批制造，并应在同条件下运输、存放且试件的摩擦面不得损伤。抗滑移系数的试验应符合《公路桥涵施工技术规范》的规定。

### （九）试拼装

钢结构桥梁应按试装图进行厂内试拼装，未经试拼装检验合格，不得成批生产。试拼装应在胎架上进行，胎架应有足够的刚度，其基础应有足够的承载力。胎架顶面(梁段底)纵、横向线形应与设计要求的梁底线形相吻合。试拼时钢构件应解除与胎架间的临时连接，处于自由状态。

**专家解读**

选择有代表性的钢构件进行试拼装或者逐节段连续预拼装，在本书中统称为试拼装。试拼装的目的是校核桥梁钢结构各部位的制造尺寸、精度和配合能否满足设计要求和工地安装的要求，是桥梁钢结构制造过程中一项非常重要的工序，故需要按试装图进行厂内试拼装。

板梁应整孔试拼装；简支桁梁的试拼装长度宜不小于半跨，且桁梁宜采用平面试拼装；连续梁试拼装应包括所有变化节点；对大跨径桥的钢梁，每批梁段制造完成后，应进行连续匹配试拼装，每批试拼装的梁段数量应不少于 3 段，试拼装检查合格后，应留下最后一个梁段并前移参与下一批次试拼装。钢桥墩和钢索塔的塔柱、钢锚箱应采取两节段立位匹配试拼装，合格后还应进行多节段水平位置的试拼装，每一批次的多节段水平位置试拼装应不少于 5 个节段。

试拼装时应使板层密贴，冲钉宜不少于螺栓孔总数的 10%，螺栓宜不少于螺栓孔总数的 20%；有磨光顶紧要求的构件，应有 75% 以上面积密贴，采用 0.2 mm 的塞尺检查时，其塞入面积应不超过 25%。试拼装时，应采用试孔器检查所有螺栓孔，桁梁主桁的螺栓孔应能 100% 自由通过较设计孔径小 0.75 mm 的试孔器，桥面系和联结系的螺栓孔应 100% 自由通过较设计孔径小 1.0 mm 的试孔器，板梁和箱梁的螺栓孔应 100% 自由通过较设计孔径小 1.5 mm的试孔器，方可认为合格。

试拼装检验应在无日照影响的条件下进行，并应有详细的检查记录。

### （十）涂装

桥梁的钢构件在涂装前，应对其表面进行除锈处理。除锈应采用喷丸或抛丸的方法进行，除锈等级应符合设计规定；设计未规定时，应达到现行《涂覆涂料前钢材表面处理　表面清洁度的目视评定　第 1 部分：未涂覆过的钢材表面和全面清除原有涂层后的钢材表面的锈蚀等级和处理等级》规定的 Sa2.5 级，表面粗糙度 *Ra* 应达到 25 ~ 60 μm；对高强度螺栓连接面，除锈等级应达到 Sa3 级，表面粗糙度 *Ra* 应达到 50 ~ 100 μm，且除锈后的连接面宜进行喷铝处理或涂装无机富锌防滑涂料，同时应清除高强度螺栓头部的油污及螺母、垫圈外露部分的皂化膜。涂装前，应对钢构件的自由边双侧倒弧，倒弧半径应不小于 2.0 mm。

涂装方案应符合设计文件要求，并应符合现行行业标准的规定。

涂装施工时，钢构件表面不应有雨水或结露，相对湿度应不高于 80%；环境温度对环氧类漆不得低于 10 ℃，对水性无机富锌防锈底漆、聚氨酯漆和氟碳面漆不得低于 5 ℃。在风沙天、雨天和雾天不应进行涂装施工；涂装后 4 h 内应采取保护措施，避免遭受雨淋。底漆、中间漆涂层的最长暴露时间宜不超过 7 d，两道面漆的涂装间隔时间亦宜不超过 7 d；若超过，应先采用细砂纸将涂层表面打磨成细微毛面，再涂装后一道面漆。喷铝应在表面清理后 4 h 内完成，涂层间隔的时间要求应符合现行国家标准的规定。涂装后，应在规定的位置涂刷钢构件标记。钢构件码放必须在涂层干燥后进行，对局部损伤的涂层，应按规范有关的规定进行表面处理，并按原设计涂层补涂各层涂料。

涂料涂层的表面应平整均匀，不应有漏涂、剥落、起泡、裂纹和气孔等缺陷，颜色应与比色卡一致;金属涂层的表面应均匀一致,不应有起皮、鼓包、大熔滴、松散粒子、裂纹和掉块等缺陷。每涂完一道涂层应检查干膜厚度,出厂前应检查漆膜总厚度。

面漆的工地涂装宜在桥梁钢结构安装施工完成后进行。对在施工过程中将厂内涂装层损伤的部位,应进行表面清理并按设计涂装方案规定的涂料、层数和漆膜厚度重新补涂。

### (十一)包装、存放与运输

桥梁的钢构件应在涂层干燥后对高强度螺栓连接部位进行包装,包装和存放时应采取措施避免损坏摩擦面。拼接板、螺栓、螺母、垫圈等小件应分类装箱,并加标记。

存放场地应坚实、平整、有排水设施。存放时,钢构件的支承处不应产生不均匀沉降,所有支承点均应受力均匀。

运输应符合相应运输方式的有关安全规定。采用船舶运输时,装船前应进行稳定性验算,其抗倾覆安全系数应不小于1.5。提供工地抗滑移系数试验用的试件,应随同构件运至工地。

在包装、存放和运输过程中,应采取有效措施,保证钢构件不变形、不损坏、不散失。

### (十二)工地连接

桥梁钢结构安装时的高强度螺栓连接施工应符合下列规定。

(1)由制造厂处理的钢结构构件的摩擦面,在安装前应复验所附试件的抗滑移系数,合格后方可安装,并应符合设计要求。

(2)高强度螺栓连接副的安装应在钢构件中心位置调整准确后进行,高强度螺栓、螺母和垫圈应按制造厂提供的批号配套使用。安装时钢构件的摩擦面应保持清洁、干燥,并不得在雨中进行安装作业。

(3)高强度螺栓连接副组装时,应在板束外侧各设置一个垫圈,有内倒角的一侧应分别朝向螺栓头和螺母支承面。高强度螺栓的长度应与安装图一致,安装时其穿入方向应全桥一致,且应自由穿入孔内,不得强行敲入;对不能自由穿入螺栓的孔,应采用铰刀进行铰孔修整,铰孔前应将该孔四周的螺栓全部拧紧,使板层密贴,防止钢屑或其他杂物掉入板层缝隙中,铰孔的位置应做施工记录。严禁采用气割方法扩孔。

(4)安装施工时,高强度螺栓不得作为临时安装螺栓使用,亦不得采用塞焊对螺栓孔进行焊接。

(5)高强度螺栓连接副施拧前,应在施工现场按出厂批号分批测定其扭矩系数。每批号的抽验数量应不少于8套,其平均值和标准偏差应符合设计要求;设计未要求时,平均值偏差应在0.11~0.15范围内,其标准偏差应小于或等于0.01。测定数据应作为施拧的主要参数。

(6)高强度螺栓的设计预拉力、施工预拉力应符合表1-98的规定。

表1-98 高强度螺栓的预应力

| 性能等级 | 螺纹规格 $d$/mm | M20 | M22 | M24 | M27 | M30 |
|---|---|---|---|---|---|---|
| 8.8S | 设计预拉力 $P$/kN | 125 | 150 | 175 | 230 | 280 |
| | 施工预拉力 $P_c$/kN | 140 | 165 | 195 | 255 | 310 |
| 10.9S | 设计预拉力 $P$/kN | 155 | 190 | 225 | 270 | 355 |
| | 施工预拉力 $P_c$/kN | 170 | 210 | 250 | 300 | 390 |

(7)施工高强度螺栓时,应按一定顺序,从板束刚度大、缝隙大之处开始,对大面积节点

板应从中间部分向四周的边缘进行施拧,并应在当天终拧完毕;施拧时,不得采用冲击拧紧和间断拧紧的方式作业。大六角头高强度螺栓的施拧,仅应在螺母上施加扭矩。

(8)高强度螺栓施拧采用的扭矩扳手,在作业前后均应进行校正,其扭矩误差不得超过使用扭矩值的 ±5%。

(9)采用扭矩法施拧高强度螺栓连接副时,初拧、复拧和终拧应在同一工作日内完成。初拧扭矩宜为终拧扭矩的 50%,复拧扭矩等于初拧扭矩,终拧扭矩应按下式计算:

$$T_c = K \cdot P_c \cdot d$$

式中:$T_c$——终拧扭矩(N·m);$K$——高强度螺栓连接副的扭矩系数平均值,按规范有关规定测得;$P_c$——高强度螺栓的施工预拉力(kN);$d$——高强度螺栓公称直径(mm)。

(10)高强度螺栓终拧完成后,应按下列规定进行质量检查:

①检查应由专职质量检查员进行,检查用的扭矩扳手必须标定,其扭矩误差不得超过使用扭矩的 ±3%,且应进行扭矩抽查。

②采用松扣、回扣法检查时,应先在螺栓与螺母上做标记,然后将螺母退回 30°,再用检查扭矩扳手将螺母重新拧至原来位置测定扭矩,该值不小于规定值的 10% 时为合格。

③对主桁节点、板梁主体及纵、横梁连接处,每栓群应以高强度螺栓连接副总数的 5% 抽检,但不得少于 2 套,其余每个节点不少于 1 套进行终拧扭矩检查。扭矩检查应在螺栓终拧 1 h 以后、24 h 之前完成。

④每个栓群或节点检查的螺栓,其不合格者宜不超过抽验总数的 20%;如果超过此值,则应继续抽验,直至累计总数 80% 的合格率为止。对欠拧者应补拧,不符合扭矩要求的螺栓应更换后重新补拧。

⑤高强度螺栓拧紧检查验收合格后,连接处的板缝应及时采用腻子封闭,并应按设计要求涂漆防锈。

桥梁钢结构在工地焊接连接时应符合下列规定:

(1)钢构件的工地施焊连接应按设计规定的顺序进行。

(2)箱形梁梁段间的焊接连接,应按顶板、底板、纵隔板的顺序对称进行;梁段间的焊缝经检验合格后,应按先对接后角接的顺序焊接 U 形肋嵌补件。

(3)当桥梁钢结构为焊接与高强度螺栓合用连接时,栓接结构应在焊缝检验合格后再终拧高强度螺栓连接副。

(4)工地焊接前应做工艺评定试验,施焊应严格按已评定的焊接工艺进行。焊接前应对接头坡口、焊缝间隙和焊接板面高低差等进行检查,并对焊缝区域进行除锈,且工地焊接应在除锈后的 12 h 内进行。

(5)工地焊接时应设立防风、防雨设施,遮盖全部焊接处。工地焊接的环境要求为:风力应小于 5 级;温度应大于 5 ℃;相对湿度应小于 80%;在箱梁内焊接时应有通风防护安全措施。

(6)焊接施工时的技术要求应符合规范的规定;工地焊接接缝应按规范的规定检验。

## 四、斜拉桥

斜拉桥是以梁、索、塔为主要承重构件,利用索塔上伸出的若干斜拉索在梁跨内增加了弹性支承,减小了梁内弯矩而增大了跨径。其受力特点为外荷载从梁传递到索,再到索塔,主要材料为预应力钢索、混凝土、钢材,适用于中等或大型桥梁。按主梁的受力状态可分为漂浮体系、支承体系、塔梁固结体系、刚构体系。斜拉桥的优点：梁体尺寸较小，使桥梁的跨越能力增大；受桥下净空和桥面标高的限制小；抗风稳定性优于悬索桥，且不需要集中锚碇构造；便于无支架施工。斜拉桥的缺点：由于是多次超静定结构，计算复杂；索与梁或塔的连接构造比较复杂；施工中高空作业较多，且技术要求严格。

### （一）一般规定

此部分内容适用于预应力混凝土梁斜拉桥、钢梁斜拉桥、钢-混凝土组合梁和混合梁斜拉桥，以及部分斜拉桥和无背索斜拉桥的施工。

斜拉桥施工前应全面了解设计要求，根据结构特点和受力特性，制订专项施工方案。施工时应做好施工过程控制，使成桥线形、内力符合设计要求。

### （二）索塔

索塔的施工方法宜根据结构特点、施工环境和设备能力等综合确定。索塔施工期间，宜设置必要的起重设备、工作电梯和安全通道。

**链接**

除上述要求外，索塔施工一般应配置的机械设备还有混凝土的浇筑、供水及养护设备。

斜拉桥塔柱裸塔施工常采用的方法有翻模法、滑模法和爬模法，不宜采用梁式支架法。裸塔现浇采用翻模施工时，模板构造简单，构件种类少，混凝土接缝较易处理，施工速度快，能适应各种结构形式的斜拉桥索塔施工，被大量使用，特别是折线形索塔使用翻转模板施工优势显著。滑模施工具有机械化程度高、施工文明、大量节约模板、施工速度快、造价低等优点，是一种值得推广的先进施工技术，尤其对高耸构筑物（如烟囱、电视塔、囤仓、桥墩）及塔式高层建筑更能发挥其优越性，但是对于倾斜度较大、预留孔道及埋件多的索塔不宜采用该方法。我国在滑模施工方面有较高的施工水平，已用其施工了大量的构筑物和高层民用建筑。爬升模板是综合了翻模与滑模工艺和特点的一种模板工艺，具有翻模和滑模共同的优点，尤其适用于超高层建筑施工。爬升模板是为了避免滑动模板的缺点而发展起来的施工技术，应该尽量保留滑动模板的优点，所以由滑模改装成爬模，可以得出最优的模板结构形式，有利于爬升模板的发展。

混凝土索塔的施工应符合下列规定：

（1）塔柱节段施工长度的划分，宜根据索塔结构形式、钢筋定尺长度和施工条件等因素确定；塔柱模板系统应具有足够的强度、刚度和稳定性，且宜进行抗风稳定性验算。

（2）塔座及塔柱实心段施工时，除应控制好模板的平面位置和倾斜度外，尚应对混凝土采取降低水化热和温度控制的措施；同时宜采取适当措施缩短塔座与承台、塔柱与塔座之间浇筑混凝土的间隔时间，间歇期宜不大于 15 d。

（3）索塔与主梁不宜同时交叉施工，必须交叉施工时应采取保证质量和施工安全的措施。索塔塔柱施工时宜设置劲性骨架，所设置的劲性骨架应能起到保证钢筋架立、模板安装和拉索预埋导管空间定位精度的作用；劲性骨架宜采用型钢制作。

（4）横梁施工时，应设置可靠的支架系统。支架系统应进行专门设计，其强度、刚度和稳定性应满足使用要求，同时应考虑变形和日照温差等因素对支架系统的不利影响。对设置在承台顶部的支架，当符合规范的规定时，可不预压。体积过大的横梁可沿高度方向分次浇筑，但分次浇筑的时间间隔宜不超过 15 d，并应采取措施防止施工接缝处产生收缩裂缝；分次浇筑时支架系统的设计宜考虑横梁的全部自重。

(5)塔柱和横梁可同步施工或异步施工,但异步施工时塔柱与横梁之间浇筑混凝土的间隔时间应不超过30 d,并应采取措施使塔梁之间的接缝可靠连接,不得产生收缩裂缝。倾斜塔柱施工时,应对各施工阶段塔柱的强度和变形进行验算,分高度设置主动横撑或拉杆,使其线形、内力和倾斜度满足设计要求并保证施工期结构的安全。

(6)在起吊条件具备时,塔柱节段的钢筋可整体制作成骨架、整体安装;但在起吊安装时,应对钢筋骨架采取适当的临时加固措施,增加其刚度,防止变形。

(7)混凝土应根据索塔的高度及混凝土供应能力选择适宜的输送方式,采用输送泵时宜一泵到顶;当采用接力方式泵送混凝土时,上、下泵的输送能力应相互匹配,且应对设置接力泵位置的结构进行承载能力的验算,必要时应采取加固措施。浇筑混凝土时,分层布料应均匀,应控制混凝土的自由倾落高度不超过2 m,保证混凝土不产生离析,并应采取有效措施避免上部塔体施工时对下部已完成塔体的表面造成污染。混凝土浇筑完成后,应及时养护,养护的方法和措施应根据结构特点、气温、环境条件等因素综合确定,每一节段现浇混凝土的养护时间应不少于7 d。

(8)索塔横梁和拉索锚固区的预应力施工,应符合预应力混凝土工程的相关规定。对拉索锚固区曲率半径较小的环向预应力钢束,宜按设计要求进行模型试验,取得经验数据后方可正式施工。

(9)对拉索预埋导管的安装,应在施工前认真复核施工图中拉索的垂度修正值;定位安装时宜利用劲性骨架控制导管进出口处的中心坐标,并应采取其他辅助措施进行调整和固定;预埋导管不宜有接头。

(10)对支承钢锚梁的牛腿,施工时应采取有效措施控制其顶面的高程,其顶面高程的偏差宜为 ±2 mm;对索塔的边跨侧与中跨侧,两侧牛腿预埋钢板顶面的相对高差应不大于2 mm,预埋钢板中心线的相对差值应不大于2 mm。

钢锚梁的制造加工应符合钢结构工程的规定;对分节段制造、安装、现场连接的钢锚梁,应在厂内进行试拼装。钢锚梁的安装施工应符合下列规定:

(1)采用塔吊或其他起重设备吊装钢锚梁时,其起重能力应能满足吊重的要求。

(2)安装前应对索塔内牛腿的顶面高程和支承位置进行复测,确认符合设计要求后方可进行安装。

(3)钢锚梁的起吊安装宜选择在6级风以下且气候条件较好的条件下进行。

(4)钢锚梁的安装方式宜结合其结构构造特点、起重设备的能力及现场的实际情况综合确定。

(5)采用在索塔施工完成后再安装钢锚梁的方式时,安装前宜通过计算机模拟钢锚梁在塔内狭窄空间中的就位状况,保证钢锚梁能实现顺利安装和就位;并应在起吊安装过程中采取有效措施,避免钢锚梁与索塔塔壁之间产生碰撞。分节段安装钢锚梁时,应设置必要的支架对其连接处附近进行临时支承,分节安装后连接的施工要求应符合规范的规定。

(6)采用随索塔塔柱节段施工同步安装的方式时,钢锚梁可整根起吊安装就位,其两端头附近塔柱内壁的模板接缝应封堵严密、不漏浆,浇筑塔柱节段混凝土时,应采用适宜的材料对钢锚梁进行包裹防护。

(7)不论采用何种安装方式,在安装上层钢锚梁时,均应设置作业平台,并应对下层已安装完成的钢锚梁进行必要的防护,防止损伤其表面的防腐涂层。

(8)钢锚梁在安装就位后,应采用三维调节装置对其纵横桥向的平面位置和锚固点的位置进行精确调整定位,各平面位置的偏差应控制在 ±5 mm 以内,锚固点高程的偏差应控制在 ±2 mm 以内。

钢锚箱的制造加工应符合钢结构工程的规定,对分节段制造、安装、现场连接的钢锚箱,应在厂内进行试拼装,试拼装应符合钢结构工程试拼装的规定。钢锚箱的安装施工除应符合钢锚梁安装施工的规定外,尚应符合下列规定:

(1)安装前应编制专项施工方案,确定起吊安装的方法、机具设备和安全措施。

(2)吊装前,应按钢锚箱节段的起吊重力,对起重设备、吊架、吊具和索具等进行必要的受力验算和安全技术验收,保证其能满足起吊安装的各项要求;并应进行试吊,确认安全后方可正式开始起吊安装作业。

(3)起吊安装时,吊点和吊具的设置应满足各点均匀受力的要求,应避免钢锚箱在起吊安装过程中发生扭转或侧倾,并应采取有效措施保证钢锚箱不受到碰撞而产生损伤。

(4)钢锚箱安装时,宜设置必要的导向装置,且该装置应能较为准确地引导钢锚箱就位;首节钢锚箱在精确定位时宜采用三维调节装置,通过对钢锚箱节段的平面位置、竖直度和高程进行反复精确调整,使之达到设计要求的安装精度。

(5)钢锚箱的工地连接施工应符合钢结构工程工地连接的规定。

钢索塔的施工应符合下列规定:

(1)索塔的钢构件在工厂制造时应进行试拼装,试拼装合格后方可启运,并应根据不同的运输方式对钢构件进行必要的临时加固和保护。节段钢构件安装的吊点、导向件及临时匹配件宜在厂内制造时设置。

(2)安装施工前,应根据高空作业的特点制订专项施工方案。应编制详细的节段钢构件吊装施工工艺,并应核对各节段构件的编号和起吊重力。在吊装前应对节段钢构件起吊的稳定性进行验算,并应对各关键部位进行临时加固后试吊,确认无误方可正式起吊安装。

(3)钢索塔节段的起吊安装应充分考虑气候对安装施工的影响,宜选择在 6 级风以下且天气条件较好的条件下进行,保证施工安全。

(4)安装倾斜索塔时,应验算索塔内力,控制成塔线形,分高度设置水平横撑或拉杆。在安装过程中,应按设计要求分阶段对已完成的索塔采取必要的抑振措施,保证后续施工中永久结构和临时结构的安全性,以及施工操作人员的舒适性。

(5)对钢索塔节段安装的精确定位控制测量,宜选择在日落后 4 h 至日出前 2 h 且温度场较为稳定的时段进行。

(6)钢索塔塔柱与混凝土塔柱或基座接头的施工应符合规范的规定。

(7)钢索塔节段在工地现场连接的施工应符合钢结构工程工地连接的规定。

### (三)主梁

主梁应严格按照预定的程序、方法和措施进行施工。对设计为飘浮或半飘浮体系的斜拉桥,在主梁施工期间应使塔梁临时固结。主梁在悬臂施工时,应保持两端的施工荷载对称平衡,其最大不平衡荷载不得超过设计允许的范围;并应严格控制桥面上的各种临时施工荷载。

**链接**

主梁施工方法主要有平转法、顶推法、支架法和悬臂法。

混凝土主梁采用悬臂法施工时，除应符合梁式桥悬臂法施工的有关规定外，尚应符合表1-99的规定。

表1-99　混凝土主梁悬臂法施工规定

| 施工方法 | 施工规定 |
| --- | --- |
| 悬臂浇筑法 | (1)主梁0号梁段及相邻梁段浇筑施工时，应设置可靠的支架系统。支架系统应进行专门设计，其强度、刚度和稳定性应满足使用要求，同时应考虑变形、地基的不均匀沉降和日照温差等因素对支架系统的不利影响；施加在支架上的临时施工荷载应包括悬浇挂篮的重力。辅助跨梁段的现浇支架亦应符合上述规定。<br>(2)用于悬浇施工的挂篮应进行专门设计，挂篮应满足使用期的强度和稳定性要求，同时应考虑主梁在浇筑混凝土时抗风振的刚度要求。挂篮的全部构件制作完成后应进行检验和试拼，合格后再运至现场整体组装，并应按设计荷载及技术要求进行预压。挂篮在预压时应测定其弹性挠度的变化、高程调整的性能及其他技术性能 |
| 悬臂拼装法 | (1)梁段的预制可采用长线法或短线法台座。预制台座的设计应考虑主梁成桥线形的影响，并应保证预制梁段的截面尺寸能满足拼装的精度要求。预制梁段的混凝土端面应密实饱满，不得随意修补。<br>(2)对梁段拼装用的非定型桥面悬臂吊机或其他起吊设备，应进行专门设计并宜委托具有相应资质的专业单位加工制造，加工完成后应进行出厂质量验收。起吊设备在现场组装后应进行试吊，确认安全后方可用于正式施工。<br>(3)0号及其相邻的梁段为现浇时，在现浇梁段和第一节预制安装梁段间宜设湿接头，对湿接头结合面的梁段混凝土应进行凿毛并清洗干净。湿接头混凝土宜采用微膨胀低收缩混凝土，设计有规定时，应从其规定。<br>(4)梁段拼装的预应力施工应符合预应力混凝土工程的规定 |

钢主梁的施工应符合下列规定：

(1)钢梁制造完成后应在工厂内进行试拼装和涂装，经质量检验合格后方可运至工地现场。加工制造应符合钢结构工程的规定，钢构件上的吊点、导向件及临时匹配件宜按设计要求在工厂加工制造时设置。

(2)钢梁的钢构件或梁段在运输过程中，应采取可靠的临时加固措施，避免受到损伤。在工地临时存放时，应对存放场地进行规划，存放场地应平整、稳固、排水良好，存放的钢构件或梁段应支离地面一定高度，基础应具有足够的强度，并应防止地基的不均匀沉降；同时应采取必要的防护措施，防止钢梁积水锈蚀和栓接板面损坏、污染。

(3)钢梁架设安装采用的桥面悬臂吊机或其他起吊设备，其基本要求应符合规范有关的规定。桥面悬臂吊机的前支点和后锚固点应严格按设计要求可靠设置，保证架设安装期的起吊安全。

(4)钢梁安装施工前应编制详细的梁段吊装的施工工艺，并应制定梁段间连接的工艺标准、焊接或栓接的工艺检验标准以及施工的安全技术规程。在吊装前应核对各钢构件或梁段的起吊质量，对钢构件或梁段起吊的稳定性进行验算，经试吊确认无误后方可正式起吊安装。

(5)在支架上进行索塔附近无索区梁段安装施工时，应设置可调节梁段空间位置的装置，保证梁体在安装时的精确定位。

(6)应采取必要措施减少钢箱梁安装时的接缝偏差，在内、外腹板位置，高度方向和宽度方向的拼接错口宜不大于 2 mm。

(7)采用高强度螺栓连接或焊接连接的钢梁,其工地现场连接的施工要求均应符合钢结构工程工地连接的规定。

钢-混凝土组合梁和混合梁的施工应符合表 1-100 的规定。

表 1-100 钢-混凝土组合梁和混合梁的施工规定

| 项目 | 施工规定 |
|---|---|
| 钢-混凝土组合梁的施工 | (1)施工前,应制订专项施工方案,并应根据结构特点和受力特性确定钢-混凝土组合梁的施工程序和施工工艺。<br>(2)钢-混凝土组合梁的施工应进行过程控制,斜拉索的张拉和桥面板湿接缝混凝土的浇筑应符合设计和施工监控的要求。<br>(3)钢-混凝土组合梁的施工应有防止桥面板混凝土和湿接缝混凝土开裂的预防措施 |
| 钢-混凝土混合梁的施工 | (1)混合梁施工时,钢主梁部分的施工、混凝土主梁部分的施工、钢-混凝土接头的施工应符合规范的规定,钢梁与混凝土梁在接头处的临时连接应严格按设计要求设置。<br>(2)边跨混凝土主梁采用支架现浇施工时,应根据主梁的结构构造特点和施工能力,在施工前合理确定其分段浇筑的长度以及相应的浇筑施工工艺;当条件具备时,可整幅整跨一次进行浇筑施工。<br>(3)对边跨混凝土主梁的现浇支架和支承钢-混凝土接头连接施工的支架,宜采用钢支架,且应进行专门设计。<br>(4)设计现浇支架时,除应保证支架的强度、刚度和稳定性满足使用要求外,同时应充分考虑变形、地基的不均匀沉降和日照温差等因素对支架系统的不利影响,并应将支架及地基的沉降作为重点控制的计算目标,且应对混凝土主梁施加预应力后产生荷载重分布的情况进行详细计算和验算。<br>(5)现浇支架的基础应置于坚固、稳定、具有足够承载力的地基上,地基的持力层应按计算确定。当地基为岩层时,可采用扩大基础,且宜将基础设置在中风化或弱风化岩层;当地基为土层时,宜采用桩基础,且桩的入土深度应根据计算确定。<br>(6)对支架的构造要求、计算荷载的取用、计算要求和施工要求等应符合规范的规定。<br>(7)对边跨混凝土主梁的现浇钢支架宜在制作时采取适当的防腐处理措施。安装和拆除现浇支架时,应对现场作业人员进行详细的技术交底,明确支架施工和安全作业的具体要求,保证施工安全。<br>(8)中跨主梁合龙前,应及时完成边跨混凝土主梁模板的卸落,使现浇支架卸载;卸落时应严格按施工控制的程序进行,防止混凝土主梁受力不均产生开裂 |

对大跨径斜拉桥,应采取措施,合理安排施工进度计划,避免在不利的大风或台风季节进行长悬臂状态下的主梁施工;不可避免时,应采取必要的临时抗风措施,保证结构在施工过程中的安全。

主梁的合龙施工应符合下列规定:

(1)主梁的合龙应按设计和施工控制的要求进行,施工前应确定施工程序并进行合龙施工计算,制定详细的施工工艺及各项保障措施的方案。

(2)对合龙前最后若干个悬臂施工梁段的高程、线形、轴线偏差及索力应进行严格控制,使合龙口两侧主梁的自然相对偏差满足合龙的误差要求。

(3)混凝土主梁和全焊钢主梁在合龙时,应按设计要求设置临时刚性连接,控制合龙口长度及主梁轴线与高程的变化;栓接钢主梁合龙时,应提前调整合龙口两侧钢主梁的姿态,并应对两侧钢主梁螺栓孔之间的间距进行控制。

(4)主梁合龙施工期间,应对桥面上的临时施工荷载进行严格控制,不得随意施加除合龙施工需要的其他附加荷载。

(5)主梁中跨合龙后,应按设计要求的程序在规定时间内拆除塔梁临时固结装置,保证结构体系的安全转换。

(6)边跨合龙应根据主梁的结构特点按上述相关要求进行施工。

(7)多塔斜拉桥主梁的合龙顺序应符合设计的规定。

### (四)拉索

拉索及其附件应符合设计规定,进场后应进行质量验收。平行钢丝拉索应符合现行国家标准的要求,成品拉索在出厂前应做放索试验,同时应做 1.2 ~ 1.4 倍设计索力的超张拉检验,检验后冷铸锚板的内缩值宜不大于 5 mm;钢绞线拉索采用的钢绞线、锚具等应分别符合现行国家标准的要求,镀锌或环氧涂层钢绞线拉索应分别符合其相应产品标准的要求。成品拉索和钢绞线应缠绕成盘进行运输,在起吊、运输和存放时应采取措施防止其产生破损、变形或腐蚀。

**链接**

拉索是把斜拉桥主梁及桥面荷载直接传递到塔架上的主要承重部件。斜拉桥的拉索材料通常为钢索,其形式按其组成方法而不同,主要分为平行钢丝拉索、平行钢绞线拉索、单根钢绞缆、封闭式钢缆或平行钢筋拉索。

拉索在安装施工前,应按设计要求及拉索结构的不同制订相应的专项施工方案和施工工艺。安装前尚应全面检查预埋拉索导管的位置是否准确,发现问题应及时采取措施予以处理,同时应将导管内可能有的杂物清理干净。

拉索的安装施工应按设计和施工控制的要求进行,在安装和张拉拉索时应采用专门设计制作的施工平台及其他辅助设施进行操作,保证施工安全。张拉拉索用的千斤顶、油泵等机具及测力设备应按规范有关的要求进行配套校验;为施工配备的张拉机具,其能力应大于最大拉索所需要的张拉力。

拉索可在塔端或梁端单端进行张拉,张拉时应按索塔的顺桥向两侧及横桥向两侧对称同步进行。同步张拉时不同步索力之间的差值不得超出设计和施工控制的规定;两侧不对称或设计拉力不同的拉索,应按设计规定的索力分级同步张拉,各千斤顶同步之差不得大于油表读数的最小分格。拉索张拉的顺序、级次数和量值应符合设计和施工控制的规定;张拉宜以测定的索力或油压表量值为准,以延伸值作为校核;对大跨度斜拉桥,宜采用无应力索长和索力双控的方法,且宜以索长控制为主,以索力作为校核。

平行钢丝拉索的安装和张拉施工应符合下列规定:

(1)施工前应根据索长、索重、斜度和风力等因素,计算拉索在安装时锚头距索管口不同距离以及满足锚环支承时的牵引力;张拉杆、连接套和软牵引等施工辅助设施应经专门设计,并应在正式使用前进行 1.2 倍设计牵引力的对拉试验。

(2)吊装时不宜使用起重钩或容易对索体产生集中应力的吊具直接挂扣拉索,宜采用带胶垫的管形夹具和尼龙吊带并设置多吊点进行起吊。放索时索体应在柔软的滚轮或皮带输送机上拖拉,并应控制索盘的转速,防止转速过快导致索盘倾覆。

(3)安装施工时不得挤压、弯折索体,不得损伤索体的保护层和索端的锚头及螺纹;应在索管管口处设置对中控制的装置或限位器进行调控,防止锚头和索体在穿入索管时偏位而产生摩擦受损。当拉索的索体防护层和锚头已发生不影响使用的损伤时,应及时进行修复并记录在案,施工结束后对损伤部位尚应进行跟踪维护。

(4)拉索的内置式减振圈和外置式抑振器未安装前,应采取有效措施,保证塔、梁两端的索管和锚头不受到水或其他介质的污染和腐蚀。

(5)张拉平行钢丝拉索时,其施工的方法和设备应根据索型、锚具、布索方式、塔和梁的构造特点确定。

钢绞线拉索的施工应符合表 1-101 的规定。

**表 1-101 钢绞线拉索的施工规定**

| 项目 | 施工规定 |
|---|---|
| 钢绞线拉索的安装施工 | (1)安装施工前,应在桥面上的适当位置设置钢绞线的放线架、导向轮和切割工作平台,以及切割和镦头的相关设备;并应在塔柱外的顺桥向两侧附近安装操作平台和起吊设备。<br>(2)拉索外套管的连接接长采用热熔焊接接头时,热熔焊接的温度应符合外套管材料的要求。对外套管进行移动时,不得将其在未加支垫保护的桥面上拖拽;起吊过程中,其下方严禁站人。与外套管有连接关系或承套关系的所有部件均应与其临时固定,临时固定时宜在塔、梁两端各留出 1 m 左右的空间。<br>(3)钢绞线的下料长度应计入牵引、张拉时的工作长度;下料时对钢绞线的切割应采用砂轮锯,不得采用电弧焊或氧乙炔进行切断。<br>(4)牵引安装钢绞线时,其牵引装置必须安全可靠,牵引过程中钢绞线不得产生弯折,转向时应通过导向轮实现。每根钢绞线安装就位后,均应及时采用夹片锁定 |
| 钢绞线拉索的张拉施工 | (1)钢绞线拉索宜采用单根安装、单根张拉、最后再整体张拉的施工方法。单根钢绞线的张拉应按分级、等值的原则进行,整体张拉时应以控制所有钢绞线的延伸量相同为原则。拉索整体张拉完成后,宜对各个锚固单元进行顶压,并安装防松装置。<br>(2)在一根斜拉索中,单根张拉后各钢绞线索力的离散误差宜不超过 ±2%;整体张拉完成后,各钢绞线索力的离散误差宜不超过 ±1%。<br>(3)拉索的张拉工作全部完成后,应及时对塔、梁两端的锚固区进行最后的组装以及抗震防护与防腐处理 |

拉索索力实测值与设计值的偏差宜为 ±5%,超过时宜进行调整。调整索力时应对索塔和相应的主梁梁段进行变形和应力的监测,并做记录。

拉索安装施工期间,应及时将索塔内张拉工作面处的油污和各种杂物清理干净,并应有可靠的防火措施。

### (五)施工控制

斜拉桥施工时,应通过施工控制,保证结构在施工过程中始终处于安全范围内,使成桥后的线形和内力符合设计的要求。

施工前,应确定斜拉桥的施工技术方案、施工工艺、施工程序和施工步骤,并作为编制施工控制方案的依据;施工过程中,应严格执行施工控制的指令,对各项参数进行监测和控制。

斜拉桥的索塔施工时,应对其平面位置、倾斜度、应力和线形等进行监测和控制;上部结构施工时,应对其施工过程中的索力、高程以及索塔偏位等参数进行监测和控制。

施工控制应贯穿斜拉桥施工的全过程,除施工应按确定的控制程序进行外,对各类施工荷载应加强管理,并应对施工过程中的变形、应力和温度等参数进行监控测试,且采集的数据应准确、可靠。监控测试时应满足下列要求:

(1)宜选择无风或微风的天气进行测试,减小风对量测的不利影响。

(2)测试时应停止桥上的机械施工作业,消除机械设备的振动及不平衡荷载等对测试产生的不利影响。

(3)各种测试均应在尽可能短的时间内完成,应避免测试条件产生较大的变化。测量宜在夜间气温相对稳定的时段进行。

## 五、悬索桥

### (一)悬索桥概述

悬索桥的主要结构由主缆、索塔、锚碇、吊索和加劲梁组成。悬索桥的优点:由于主缆采用高强钢材,受力均匀,具有很大的跨越能力。悬索桥的缺点:整体刚度小,抗风稳定性不佳;需要极大的两端锚碇,费用高,难度大。

主缆的受力特点为将荷载从梁经过系杆传递到索塔和两端锚碇。主要材料为预应力钢索、混凝土、钢材,适宜于大型及超大型桥梁。在主缆施工中,猫道作为施工必不可少的工作通道,其结构构成主要包括猫道承重索、猫道面层、栏杆及扶手、抗风系统、门架系统、横向通道及各锚固连接等。猫道是悬索桥主缆系统乃至上部结构施工必备的临时结构,是施工人员在其上完成主缆架设、索夹和吊索安装、钢箱梁吊装、主缆缠丝及防护涂装等施工任务的重要操作平台。

**链接**

悬索桥主缆施工顺序如图1-20所示。

图1-20 悬索桥主缆施工顺序

锚碇主要承担(或抵抗)来自主缆的拉力,并传递给地基基础,是悬索桥的主要承重构件。因此,应着重考虑怎样结合桥位区的地形、地质条件,将锚碇设置在较适当的地基之上。悬索桥锚碇根据结构受力方式一般分为隧道式锚碇、重力式锚碇、岩锚。隧道式锚碇一般用于节理较少、岩体力学性能较好的外露基岩的桥址处。主缆的巨大水平力通过索股、锚杆传入隧道中的混凝土,再通过混凝土与隧道岩体间的黏结力传递给周围的岩体,借助基岩抵抗主缆拉力。而重力式锚碇是主要依靠锚碇结构自身巨大自重来平衡主缆拉力的锚碇结构,一般由锚体和基础组成。重力式锚碇基础形式多样,分为直接基础形式和人工基础形式。直接基础是指锚体直接作用于持力层上;人工基础则是由于锚碇区域表层岩体或土体力学性能较差,必须采用人工开挖工作,将基础作用到持力岩层或土层上。通常采用的人工基础有桩基础、扩大基础、沉箱(井)基础、地下连续墙围护施工的基础以及采用排桩围护和冻土墙围护施工的基础。岩锚锚碇是由外部混凝土锚墩和植入岩体的预应力锚索群组成，通过群锚带动围岩体承载，锚碇中的预应力群锚首先施加预应力于围岩锚固，然后再承担来自结构的拉拔荷载，受力状况较为复杂。

### （二）悬索桥施工

#### 1. 一般规定

此部分内容适用于主缆采用平行高强钢丝的地锚式悬索桥及自锚式悬索桥的施工，其他类型悬索桥的施工可参照执行。

悬索桥施工的准备工作除应满足规范有关的要求外，尚应根据其结构特点和受力特性，在全面了解设计要求的基础上，制订专项施工方案，同时应做好各种钢构件的加工、特殊机械设备的设计制作和必要的试验等工作。对索股、索鞍、索夹和吊索等，应按现行国家标准或行业标准的规定制作，并应对其制作质量进行检测和验收。

悬索桥施工应进行施工过程控制，并应使成桥线形和内力符合设计的要求。

#### 2. 锚碇

重力式锚碇的基坑开挖和基础施工应符合下列规定：

（1）基坑开挖施工除应符合《公路桥涵施工技术规范》的有关规定外，基坑应沿等高线自上而下分层进行开挖，在坑外和坑底应分别设置截水沟和排水沟，并应防止地面水流入坑内而引起塌方或破坏基底土层。采用机械开挖时，应在基底高程以上预留 150 ~ 300 mm 土层采用人工清理，且不得破坏基底岩土的原状结构；采用爆破方法施工时，宜使用预裂爆破法，避免对边坡造成破坏。对深大基坑，应采取边开挖边支护的措施保证其边坡的稳定，边坡支护的方法应符合设计规定。

（2）沉井基础的施工应按《公路桥涵施工技术规范》的有关规定执行。

（3）地下连续墙的施工除应符合《公路桥涵施工技术规范》的有关规定外，基坑开挖前对地下连续墙基底的基岩裂隙宜进行压浆封闭，并应减少地下水向基坑的渗透；采用“逆作法”进行基坑开挖和内衬施工时应进行施工监测，监测内容宜包括环境监测、水工监测、地下连续墙体监测、土工监测及内衬监测等。对基坑底板混凝土宜预留地下孔隙水卸压的通道，具体数量宜根据现场实际情况确定。

隧道锚洞室和岩锚的开挖施工除应符合现行《公路隧道施工技术规范》的有关规定外，尚应符合下列规定：

（1）开挖施工前，宜根据两侧洞室的开挖方法和步骤，对围岩的侧壁收敛、拱顶下沉和底部隆起等变形进行模拟仿真计算，并应根据其计算分析结果提出开挖施工中变形量控制的标准。

（2）开挖施工前尚应进行地表排水系统和工作坑的设计，确定防止洞外地表水流入开挖作业面的有效措施。地下水较丰富时，宜在隧洞的侧墙处设排水沟，在开挖作业面的底部设集水坑，并应采取必要的措施将水引出洞外；在衬砌混凝土的施工缝处应沿隧洞轴线方向预埋止水板。

（3）在条件许可的情况下，宜在附近选取一地质相似的地方进行爆破监控试验，对爆破施工方案的各种参数进行试验和修正，据此正式确定爆破方案。开挖施工时宜采用光面控制爆破方式，并应严格控制爆破，减少对围岩的扰动。

（4）洞口处宜设置护拱，并应采取有效措施防止落石等物体进入洞内。

(5)洞室开挖施工时,宜对水平净空收敛、地表及边坡位移、拱顶下沉、底板隆起等进行监控量测,监控量测的断面布置和频率宜根据实际情况确定。

(6)岩锚施工时的钻孔宜采用破碎法施工,在成孔过程中应对钻孔深度和孔空间轴线位置进行检查和记录;达到设计深度后,应采用洁净高压水冲洗孔道并采用有效方法将钻渣掏出。锚索下料时宜采用砂轮机切割,穿束时应设置定位环,保证锚索在孔中位于对中位置,同时应避免锚索扭转,锚索安装完成后应及时对孔道进行压浆。

锚碇锚固体系的施工应符合表1-102的规定。

**表1-102　锚碇锚固体系的施工规定**

| 锚固体系类型 | 施工规定 |
|---|---|
| 型钢锚固体系 | 型钢锚固体系施工时,所有钢构件的制作均应按钢结构工程的要求进行。锚杆、锚梁在制造时应进行抛丸除锈、表面防腐涂装和无损检测等工作;出厂前应对钢构件连接进行试拼装,试拼装应包括锚杆拼装、锚杆与锚梁连接、锚支架及其连接系平面试装。当锚杆为无黏结预应力时,应使其与锚体混凝土隔离,并可自由伸缩 |
| 预应力锚固体系 | 预应力锚固体系的施工应符合设计及预应力混凝土工程的规定。锚具应安装防护套,无黏结预应力系统应注入保护性油脂;对加工件应进行超声波和磁粉探伤检查 |

锚碇混凝土的施工除应符合混凝土工程的有关规定外,尚应符合下列规定:

(1)锚碇的基础和锚体应按大体积混凝土的要求组织施工,施工前应根据结构特点和施工条件制订专项施工方案。

(2)隧道锚的锚塞体混凝土施工时,锚塞体混凝土应与岩体结合良好,且宜采用自密实型微膨胀混凝土,保证混凝土与拱顶基岩紧密黏结;浇筑混凝土时洞内应具备排水和通风条件,且宜在锚塞体混凝土的水平施工缝与洞壁交界处设置消除水压力的盲管,并使盲管与锚室的排水管道联通,形成系统。

(3)锚碇混凝土施工时应保证上部结构施工预埋件的安装质量。

### 3. 索塔

悬索桥索塔的施工应按斜拉桥索塔的相关规定执行。

索塔在施工过程中应对其施工状况进行监测和控制,施工完成后,应测定裸塔的倾斜度、塔顶高程及塔的中心线里程,并做好沉降、变位观测点标记。

### 4. 索鞍

索鞍的性能和质量应符合现行行业标准的规定,并应由专业单位加工制造。制造完成后应在厂内进行试装配和防腐涂装,并应对各部件的相对位置做出永久性定位标记,经检验合格后方可运至工地现场安装。

索鞍在安装前,应根据鞍体的形状和重力、施工环境条件、起吊高度等因素选用吊装设备;对设置在塔顶的起重支架及附属起重装置等应进行专门设计,其强度、刚度和稳定性应满足使用的要求,并应有足够的安全系数。起重安装的所有准备工作完成后,应对起重设备和设施进行全面检查。索鞍在正式起吊前,应先将鞍体吊离地面0.1~0.2 m并持荷10 min以上,检验起重设备和设施各部位的受力和变形状况;并应在离地面1~3 m范围内将鞍体提升起降两次,检验提升系统的性能。经上述检验并确认起重设备和设施的各部位均正常后方可进行正式起吊作业。

起吊安装索鞍时,吊点和吊具的设置应满足各点均匀受力的要求,应避免索鞍在起吊安装过程中发生扭转、侧倾或碰撞,并应采取有效措施保证索鞍的涂装不受到损伤。主索鞍在起吊安装时应缓慢、平稳,就位时应保证其位置准确;散索鞍在安装前应通过计算或模拟起吊试验确定其重心位置和吊点位置,正式起吊安装时,应使其始终保持平稳状态,且在导向装置的引导下能顺利就位,就位后应尽快将其临时固定。

主索鞍底座钢格栅和散索鞍底座安装调整完成后,应进行全桥联测检查,确认无误后方可灌注底座下的混凝土。

索鞍在安装时应根据设计规定的预偏量进行就位和固定,且应在主缆加载过程中根据监控数据分次顶推到设计位置。顶推前应确认滑动面的摩阻系数,严格控制顶推量。

### 5. 猫道

猫道应根据悬索桥的跨径、主缆线形、施工环境条件等因素进行专门设计,其结构形式及各部尺寸应满足主缆工程施工的需要。猫道设计应符合下列规定:

(1)猫道的线形宜与主缆空载时的线形基本平行,猫道对索塔产生的纵桥向变位应小于索塔高度的1/5 000。猫道面层宜由阻风面积小的两层大、小方格钢丝网组成,面层顶部与主缆下沿的净距宜为1.3~1.5 m;猫道的净宽宜为3~4 m,扶手高宜为1.5 m。猫道在桥纵向应左右对称于主缆中心线布置,猫道间宜设置若干条横向人行通道。

(2)承重索在设计时应充分考虑猫道的恒载及可能作用于其上的其他荷载。对承重索进行强度计算时,其荷载组合及安全系数应符合表1-103的规定。承重索的锚固系统应有足够的调整范围,每端宜设±2 m以上的调节长度。

表1-103 猫道承重索强度计算的荷载组合与安全系数

| 荷载组合 | | 安全系数 | 备注 |
|---|---|---|---|
| 静力结构强度验算 | 恒载 | ≥3.2 | — |
| | 恒载+施工荷载 | ≥2.7 | — |
| | 恒载+施工荷载+温度荷载 | ≥2.7 | 温度荷载按温降15 ℃考虑 |
| 风荷载组合结构强度验算 | 恒载+施工荷载+施工阶段风荷载组合 | ≥2.7 | 按6级风考虑 |
| | 恒载+最大阵风荷载组合 | ≥2.5 | — |

(3)设计时宜根据桥位处的施工环境条件和当地的气象条件对猫道进行抗风稳定验算;对特大跨径悬索桥,必要时可通过猫道风洞试验,获得试验参数后对猫道进行结构动力分析及抗风稳定性验算。可采取适当增加猫道间横向联结的措施增强其抗风稳定性。

(4)猫道的门架绳在其锚固系统可靠的情况下,可与猫道承重绳共同受力。

猫道钢构件的制作要求可参照钢结构工程的相关规定执行,面层和承重索的材料均应符合相应产品的质量要求。承重索和抗风缆采用钢丝绳时,架设前应对钢丝绳进行预张拉处理,消除其非弹性变形,预张拉的荷载应不小于其破断荷载的0.5倍,且应持荷60 min,并进行两次;预张拉时的测长和标记宜在温度较稳定的夜间进行。采用旧钢丝绳时,应按现行国家标准的规定进行检验,并应对其承载能力予以折减。承重索端部的锚头应垂直于承重索,并应对锚头部位进行静载检验,符合受力要求后方可使用。

猫道的架设应按横桥向对称、顺桥向边跨和中跨平衡的原则进行,且应将裸塔塔顶的变位及扭转控制在设计允许的范围内。架设施工应符合下列规定:

(1)先导索的架设方法宜根据桥跨跨径、地形等条件综合确定,且应减少对通航的影响。

(2)承重索架设时,在横桥向,两侧应保持基本同步,数量差不宜超过 1 根;在顺桥向,边跨与中跨应连续架设,且中跨的承重索宜采用托架法架设。架设后,应对其线形进行调整,各根索在跨中的高程相对误差宜控制在 ±30 mm 以内。

(3)面层及横向通道宜从索塔塔顶开始,同时向跨中和锚碇方向对称、平衡地进行架设安装,并应设置牵引及反拉系统,控制面层铺设时可能产生的下滑等现象,保证施工安全;中跨、边跨猫道面层的架设进度,应以索塔两侧的水平力差异不超过设计要求为准进行控制。猫道面层在架设过程中应对索塔塔顶的偏移和承重索的垂度进行监测。

在主缆架设完成、加劲梁安装之前,应将猫道改挂于主缆上,改挂前应拆除横向通道。改挂宜分段进行,并应分次逐步放松承重索的锚固系统,最终放松至承重索设计要求的放松量。改挂后的悬挂点应设在猫道的底梁处,在桥纵向的间距宜不超过 24 m。

主缆的防护工程及检修道安装施工完成后,可进行猫道的拆除工作。拆除前应利用锚固调节系统适当收紧承重索,减小猫道改挂绳的受力;猫道拆除时,宜分节段拆除其面层和底梁,拆除宜按中跨从塔顶向跨中方向、边跨从塔顶向锚碇方向的顺序进行;在拆除过程中,应采取措施保证改挂绳的受力在允许范围内,并应采取适当措施保护主缆、吊索和桥面附属设施等已施工完成的结构。

### 6. 主缆

主缆用热镀锌钢丝的技术条件、索股的技术指标应符合现行相关标准的规定。

主缆采用预制平行钢丝索股时,宜在工厂内将对应索鞍位置的索股六角形截面调整为四边形截面,并作出相应标记。预制平行钢丝索股的架设施工应符合下列规定:

(1)索股的牵引系统宜结合工程特点、施工安全、工艺水平及环境条件等因素综合确定。索股滚筒的间距宜为 8 m 左右,在索鞍或坡度变化较大的位置应适当加密。

(2)索股的放索工艺应与索股的包装工艺相匹配,并应采取适当措施防止索股在索盘上突然释放。放索牵引过程中应有专人跟踪牵引锚头,且宜在沿线设观测点监测索股的运行状况,发现问题应及时采取措施加以纠正。

(3)架设时对前 3 根索股宜低速牵引,对牵引系统进行试运转,在保证运转正常后方可进行正式的索股架设工作。索股在牵引架设时应在其后端施加反拉力;牵引过程中如绑扎带有连续两处被绷断,应停机进行修补。索股锚头牵引到位后,在卸下锚头前应将索股临时固定,防止滑移;索股在架设过程中如出现鼓丝现象,在入锚前应进行梳理,不得将其留在锚跨内。

(4)索股在现场整形入鞍时,应在该段索股处于无应力状态下采用整形器完成,整形时应保持钢丝平顺,不得交叉、扭转或损伤钢丝。索股横移时,应将索股从猫道滚筒上提起,确认全跨径的索股已脱离滚筒后,方可移至索鞍的正上方;横移时的拽拉量不宜过大,且操作人员不得处于索股下方。

(5)索股锚头入锚后应进行临时锚固。在跨中位置应对索股设定 200 ~ 300 mm 的抬高量,并做好编号标志。

采用空中纺线法架设主缆时,应符合下列规定:

(1)钢丝接头的性能必须通过试验确定。在梨形蹄铁处或索鞍座附近不得存在工厂钢丝接头。

(2)编缆前应先挂一根基准钢丝作为参照,并以此为准确定第一条编织索股的正确高程。

(3)完成一条索股的纺线后应对丝股进行梳理，对不符合线形要求的钢丝必要时应进行接长或截短处理。

(4)一条丝股抖开、梳理、裁切完成后，应采用手动液压千斤顶将其挤压成圆形，并采用纤维强力带每3 m一道包扎定型。

(5)空中纺线完成一条索股后，其后续工序可按预制平行钢丝索股的要求进行施工。

索股的线形调整应符合下列规定。

(1)对索股线形的垂度调整应在夜间温度稳定时进行。温度稳定的条件为：长度方向索股的温差 $\Delta t$ 应不大于2 ℃；横截面索股的温差 $\Delta T$ 应不大于1 ℃。

(2)对基准索股的线形应采用绝对垂度进行调整。调整完成后，应连续数天对其线形进行观测，观测宜在风力小于5级的夜间且温度稳定时进行，并应记录对应的跨中高程、气温、索股温度及索鞍IP点的偏量；对基准索股的线形，尚宜考虑索股非弹性变形滞后的影响，在进行垂度控制时适当进行预抬高，并应在确认基准索股的线形稳定后方可进行其他索股的架设。其他索股的线形应以基准索股为准，进行相对垂度调整。调整好的索股在索鞍位置应临时压紧固定，不得使其在鞍槽内滑移。

(3)对索股线形进行垂度调整时，其精度宜以索股高程的允许误差控制：索股中跨跨中为 $\pm L/20\ 000$（$L$ 为相邻主索鞍IP点间距）；边跨跨中为 $\pm L_1/10\ 000$（$L_1$ 为散索鞍与主索鞍IP点间距）；上下游基准索股的高差应不大于10 mm，一般索股（相对于基准索股）为 $-5$ mm，$+10$ mm。

(4)三塔或多塔悬索桥的索股线形调整可按双塔悬索桥的标准进行控制。

主缆索力的调整应以设计和施工控制提供的数据为依据，其调整量应根据调整装置中测力计的读数和锚头移动量双控确定。其精度要求为：实际拉力与设计值之间的允许误差为设计锚固力的3%。

主缆的紧缆应分为预紧缆和正式紧缆两阶段进行，并应符合表1-104的规定。

**表1-104　主缆的紧缆施工规定**

| 阶段 | 施工规定 |
|---|---|
| 预紧缆 | 预紧缆应在温度稳定的夜间且应将主缆全长分为若干区段分别进行。预紧缆完成处应采用不锈钢带捆紧，并应保持主缆的形状，不锈钢带的间距可为5～6 m，外缘索股上的绑扎带宜边紧缆边拆除。预紧缆的目标空隙率宜为26%～28% |
| 正式紧缆 | 正式紧缆时，应采用紧缆机将主缆挤压整形成圆形，其作业可在白天进行。紧缆的顺序宜从跨中向两侧方向进行，紧缆挤压点的间距宜为1 m；紧缆的空隙率应符合设计规定，其允许误差为0，+3%，不圆度宜不超过主缆设计直径的5%。紧缆点空隙率达到要求后，应在靠近紧缆机的压蹄两侧打上两道钢带，带扣宜设在主缆的侧下方，其间距宜为100 mm |

主缆的缠丝工作宜在二期恒载完成后进行，并应符合下列规定：

(1)缠丝的总体方向宜由高处向低处进行，两个索夹之间则应自低到高进行。

(2)缠丝始端应嵌入索夹内不少于2圈或符合设计规定，并宜施加固结焊。

(3)钢丝的缠绕应密贴，缠绕张力应符合设计规定，设计未规定时宜为2 kN。缠绕钢丝的接头宜采用碰接焊工艺。

(4)节间缠丝每间隔1～1.5 m宜进行一次并接焊，并焊部位应在主缆上表面30°圆心角所对应的圆弧范围内。

主缆的防护涂装应符合设计规定或现行行业标准的规定，且宜在桥面铺装完成后进行。防护前应清除主缆表面的灰尘、油和水分等污物并临时覆盖，进行防护涂装等作业时方可将覆盖物分段揭开。

### 7. 索夹与吊索

索夹的性能和质量应符合现行行业标准的规定。

索夹的安装应符合下列规定：

(1)安装前，应测定主缆的空缆线形，并在对设计规定的索夹位置进行确认后，方可于温度稳定时在空缆上放样定出各索夹的具体位置并编号。安装前尚应清除索夹内表面及索夹位置处主缆表面的油污及灰尘，涂上防锈漆。

(2)索夹在场内运输和安装过程中应注意保护，防止损坏其表面。

(3)索夹在主缆上精确定位后，应立即紧固螺栓，且在紧固同一索夹的螺栓时，应保证各螺栓的受力均匀。索夹安装位置的纵向误差应不大于 10 mm。

(4)索夹螺栓的紧固应按安装时、加劲梁吊装后、全部二期恒载完成后三个荷载阶段分步进行，对每次紧固的数据应进行记录并存档。

(5)在工程交工验收前宜对索夹的位置是否滑移做专项检查，且宜对索夹的螺栓进行紧固。

吊索的性能和质量应符合现行行业标准的规定，在运输和安装过程中应保证其不受到任何损伤。

### 8. 加劲梁

加劲梁安装前应制订专项施工方案，对特大跨径或处于风环境恶劣地区的悬索桥，应就加劲梁安装的方法、程序和工艺进行专门研究。

加劲梁在安装施工过程中，应严格遵守高空作业及水上作业的安全规定；在台风季节进行加劲梁安装时应制订防风预案。

钢加劲梁应由专业单位加工制造，制造完成后应在厂内进行试拼装和防腐涂装。制造、试拼装和涂装应符合钢结构工程的有关规定。

钢箱梁的安装应符合下列规定：

(1)安装钢箱梁的非定型吊机应进行专门设计，在安装前必须进行试吊，检验其安全性和可靠性。

(2)钢箱梁的运输方式应满足安装的要求。采用水上运输时，应保证安装时船舶定位的精度，必要时宜进行现场驳船定位试验；陆上运输时，应使钢箱梁能到达吊机起吊安装位置的正下方。

(3)安装的顺序应符合设计规定。从吊装第二节段开始，应与相邻节段间预偏 0.5 ~ 0.8 m的工作间隙，吊至高程后再牵拉连接，并应避免吊装过程中与相邻节段发生碰撞。安装合龙段前，应根据实际的合龙长度，对合龙段长度进行修正。

(4)安装过程中应监测索塔的变位情况，并应根据设计要求和实测塔顶位移量分阶段调整索鞍偏移量。

(5)钢箱梁工地接头的焊接连接和高强度螺栓连接施工应符合钢结构工程的相关规定。采用焊接连接时，应先将待连接钢箱梁的节段与已安装节段临时刚性连接，接头焊缝的施焊宜从桥面中轴线向两侧对称进行;接头焊缝形成并具有足够的强度和刚度时,方可解除临时刚性连接。

(6)对三塔悬索桥,两个主跨的钢箱梁应对称安装,且两个主跨安装时的梁段差宜不大于两个节段。

钢桁梁的安装应符合下列规定:

(1)钢桁梁的架设安装方法宜根据钢桁架的结构特点、施工安全、设备和现场环境条件等因素综合确定。

(2)采用单构件方式安装时,宜根据钢桁梁和吊索的受力情况及桥位的气候条件,选择全铰接法或逐次固结法。架设的顺序可从索塔处开始,向中跨跨中及边跨的端部方向进行。

(3)采用全铰接法架设时,在钢桁梁逐渐接近设计线形后,可对部分铰接点逐次固结;采用无铰逐次固结法架设时,宜采用接长杆牵引吊索与钢桁梁连接,且宜在不同架设阶段采用千斤顶调整吊索张力,直至最后拆除接长杆入锚。架设过程中应逐一对钢桁梁及吊索的内力及变形进行分析,并应将钢桁梁斜杆及吊索的最大应力控制在允许范围内。

(4)应对缆索吊机、桥面吊机、铰接设备、吊索牵引机具、片架运输台车、行走轨道铰点过渡梁和移动操作平台等设备做专项设计、加工及试验。桥面吊机应满足拼装过程中顺桥向坡度变化的要求,底盘应设止滑保险装置。

(5)在短吊索区,单片主桁不宜直接架设,宜采用临时吊索并对吊具进行改装后进行架设。合龙段宜采用单根杆件架设安装。

(6)采用预拼成节段进行安装时,应符合《公路桥涵施工技术规范》的相关规定。

采用荡移法转移或架设安装加劲梁梁段时,应符合下列规定:

(1)进行荡移作业前,应对吊具、销轴、转向耳板等的连接以及设备的固定情况进行检查,保证其能正常运转。

(2)用于施加主动力进行提升和牵引的设备、索具、滑轮组及其固定方式,均应符合现行相关标准的相关规定。

(3)悬挂梁段用的吊索、吊杆等构件的强度及其连接强度应不小于计算荷载的 2 倍。当利用索夹作为临时吊点时,应对索夹进行验算和安全评价,并不得影响其正常使用功能,荡移施工过程中应防止其产生松动或滑移。

(4)荡移过程中当需要在悬空的加劲梁梁段上进行检验、测量、转换吊点等作业时,应设置作业人员专用进出通道,且人员在梁段稳定可靠后方可进入作业区;梁段荡移时,所有人员必须撤离。

(5)荡移作业宜快速、连贯完成,当因故中断且停滞时间较长时,除应采取稳定梁段的措施外,尚应采取有效措施消除天气等因素造成的安全隐患。

预应力混凝土加劲梁的安装可按《公路桥涵施工技术规范》的相关规定执行。

### 9. 自锚式悬索桥

此部分内容适用于“先梁后缆”方法施工的自锚式悬索桥。自锚式悬索桥各部位的施工除应符合《公路桥涵施工技术规范》的相关规定外,尚应根据其结构特点和受力特性,制订针对特殊部位的施工方案、施工工艺和控制方法。

加劲梁为钢箱且采用大节段现场起重安装时,应对起吊安装的施工工艺进行专项设计。加劲梁为钢箱且采用顶推工艺安装时,应符合下列规定:

(1)拼装平台的长度宜不小于 3 节钢箱的节段长度,两侧滑道应对应设置在钢箱纵隔板位置。顶推导梁应具有足够的强度和刚度，其长度宜为最大顶推跨径的0.75倍左右。

（2）施工前应制定钢箱节段在拼装平台上进行接口拼装、焊接的工艺细则。接口处的中线和高程误差应不大于2 mm；接口的焊接均应符合Ⅰ级焊缝的要求，并应进行无损检测。

加劲梁为预应力混凝土箱梁时，宜采用分段现浇的方式施工，其施工技术要求应符合梁式桥的有关规定。

不论采用何种方法安装不同类型的加劲梁，对其支架的结构均应进行专项设计。支架的设计荷载除应符合《公路桥涵施工技术规范》的相关规定外，尚应考虑主缆架设、索夹和吊索安装施工时的临时荷载。支架顶部应预留高程调整的操作空间和位置，且应使支承点与加劲梁的加劲位置相对应。

加劲梁的线形控制应充分考虑支架的沉降和变形、体系转换及二期恒载等因素的影响，预拱度的设置应满足施工过程中的荷载变化及受力体系转换顺序的要求。支架的顶面高程应按“设计高程＋预拱度”设置，当加劲梁为钢箱时，宜略低于该高程；当加劲梁为预应力混凝土箱梁时，宜等于该高程。

主缆施工应符合表1-105的规定。

**表1-105　主缆施工规定**

| 项目 | 施工规定 |
|---|---|
| 主缆锚固系统的施工 | （1）钢锚导管应与锚垫板先组焊后再安装，组焊时导管的轴线应与钢垫板平面成正交，误差应不大于0.5°，且管的内壁应进行防腐处理；钢锚导管的安装位置应符合设计三维坐标的要求，其误差应不大于3 mm。<br>（2）对索股锚固体导管密集区的混凝土应进行专门的配合比设计，浇筑时应保证其密实性。钢锚导管的支架应稳固，应保证其在绑扎钢筋和浇筑混凝土时不移位。<br>（3）散索套宜根据其构造特点进行安装。宜先安装临时套，待主缆索股架设完成后，拆除临时套，再正式安装散索套和施拧高强度螺栓 |
| 主缆的架设安装 | 主缆的架设安装方法宜根据结构特点和施工环境条件等因素综合确定。在安装过程中为铅垂线形的空间线形主缆，其安装要求与铅垂线形主缆相同；在安装过程中及成桥状态均为空间线形的主缆，其猫道的宽度应满足索股牵引及入锚的要求，索股应先入鞍后入锚 |
| 索夹的制作与安装 | （1）索夹应经过厂内工艺试验确定其与主缆间的摩阻力、握裹力满足设计要求。索夹的紧固力宜通过滑移试验确定。<br>（2）索夹的安装顺序在中跨宜从跨中向塔顶进行，边跨宜从锚固点附近向塔顶进行。对空间线形主缆，索夹在安装时应注意偏角的变化 |
| 吊索的张拉及体系转换 | （1）吊索张拉前应确定张拉施工方案，明确张拉的顺序、步骤和方法；应制定鞍座顶推步骤，确定分次顶推的时机和顶推量；同时应配备接长杆、千斤顶、作业台架等施工机具。<br>（2）吊索宜分2～3次进行张拉，逐步到位。张拉顺序宜从索塔向跨中进行，张拉时应同步、分级、均匀施力，且应以拉力和拉伸长度进行双控，并以拉力为主；同时在张拉过程中应根据吊索张拉实施步骤，适时顶推鞍座，并应对索塔的倾斜度、主缆和加劲梁的线形进行严密的监测和控制。<br>（3）张拉吊索使加劲梁脱离临时支墩后，主梁、主缆的线形应符合设计要求；体系转换后吊索的拉力误差应控制在±2%以内 |

桥面铺装等二期恒载施工时，应对其施工顺序进行重点控制，控制时应遵循均衡加载保证吊索受力平衡的原则；对预应力混凝土箱梁，尚应控制其结构变形，防止开裂。

### 10. 施工控制

悬索桥上部构造施工时应进行施工监测和控制，保证各关键结构的应力、应变在施工的全过程中始终处于安全可控范围内，成桥后主缆和加劲梁的线形符合设计的要求。

施工前应根据悬索桥的结构特点、施工的方法和程序、环境条件等因素，编制施工监测和控制的方案。监控方案在实施过程中，宜根据监控的结果进行必要的动态调整。

悬索桥上部构造施工时，应对下列部位或项目进行监测和控制：

(1)索塔、锚碇的沉降和位移。

(2)在主索鞍的钢格栅定位前，应对索塔裸塔进行 36 h 连续变形观测；在主缆架设安装前，应进行索塔和锚碇的联测。

(3)在主缆架设安装过程中，对基准索股的连续监测应不少于 3 d，对索塔和锚碇的沉降及位移监测应不少于 3 次。

(4)在索夹安装前，对主缆的线形以及两侧主缆的相对误差，应进行不少于 3 d 的连续观测。

(5)每一节段加劲梁吊装后，均应对索塔和锚碇的沉降及变位、主缆的线形、加劲梁的线形等进行监测。

对悬索桥上部构造施工监测和控制的管理工作、监控测试及测试的环境条件要求等，可按《公路桥涵施工技术规范》的相关规定执行。

# 模块八　桥梁工程质量通病及防治措施

## 一、钢筋混凝土工程质量通病及防治措施

钢筋混凝土工程质量通病的原因及防治措施如表 1-106 所示。

表 1-106　钢筋混凝土工程质量通病的原因及防治措施

| 项目 | | 内容 |
|---|---|---|
| 钢筋混凝土梁桥预拱度偏差 | 原因分析 | (1)对于现浇梁，支架的样式相对比较多，一般对地基在荷载作用下的深陷计算、支架弹性变形的计算、混凝土梁挠度的计算，所依据的一些参数是根据经验值确定的。因此，理论计算所得出的预拱度，跟实际发生的情况相比，有一定的差距。<br>(2)预制梁预拱度偏差的原因分析：<br>①由于混凝土强度并不是一成不变的，而是有一定差异，混凝土弹性模量也会出现不稳定状况，就会导致梁的起拱值也会不稳定；另外施加预应力的时间不定、架梁时间出现差异，都会使理论计算预拱度时的各种假定条件与实际情况有差异，这样就会使预拱度出现偏差。<br>②理论计算的公式是根据一些试验数据确定，理论计算与实际情况本身存在一定偏差。<br>③施工工艺的原因 |

（续表）

| 项目 | | 内容 |
|---|---|---|
| 钢筋混凝土梁桥预拱度偏差 | 防治措施 | (1)提高模板的施工质量,确保模板标高的偏差在允许的范围内;提高支架和支架基础的施工质量,按要求对其进行预压。<br>(2)加强施工过程的控制,发现预拱度出现误差要及时进行调整。<br>(3)严格控制张拉时的混凝土的强度,控制张拉的试块要与梁板在同一条件下进行养护,如果是预制梁,还要对混凝土的弹性模量进行严格控制。<br>(4)确保波纹管的安装定位要准确无误,结构中的预应力筋的位置也要严格进行控制;控制好张拉时的应力值,要按规范及设计图纸要求,控制好持荷时间。<br>(5)计算钢绞线的伸长值时,要采用同批钢绞线实测的弹性模量值。预制梁的存梁时间也不宜过长。<br>(6)在设计中,除了要对主梁强度进行计算、对应力进行验算,还要计算梁的变形,也就是竖向挠度。在施工中要准确计算和设置预拱度,以有效控制桥面铺装厚度和桥面构造标高,使竣工后的桥梁整体线型达到顺直美丽的理想线型 |
| 箱梁两侧腹板混凝土厚度不均 | 原因分析 | (1)模板内模刚度不足,导致混凝土浇筑过程中发生胀模、变形。<br>(2)混凝土未对称浇筑,造成模板受力不均发生移位。<br>(3)模板设计不合理。<br>(4)模板强度不够或者箱梁内模固定不牢固,造成内、外模相对水平位置发生偏差 |
| | 防治措施 | (1)根据实际施工要求和相应规范选用模板内模,确保模板内模的强度、刚度符合设计要求。<br>(2)混凝土的浇筑应对称进行,避免模板移位造成浇筑厚度不均。<br>(3)模板设计要符合实际施工和规范要求,确保安全合理。<br>(4)混凝土浇筑前要按规定对模板内模进行固定,确保内、外模的位置符合规定要求 |
| 钢筋混凝土结构构造裂缝 | 原因分析 | (1)材料不合格。裂缝的产生与施工材料息息相关。由于混凝土本身容易发生形变,如果水泥安定性不合格,或者配比不合理,就容易产生裂缝。例如粗、细集料含泥量过大、集料粒径过小,针片状含量过大、混凝土的水泥及水的用量过多,造成混凝土收缩裂缝。<br>(2)温差变形。温差引起的裂缝,此类裂缝产生的主要原因是混凝土浇筑后,积聚在混凝土内部的水泥水化热不易散发,使其内部温度升高,而表面因散热较快,温度较低,形成较大的内外温差,使混凝土表面出现不规则裂缝。<br>(3)施工质量差引起的裂缝。施工质量差引起的裂缝分析如下:<br>①钢筋混凝土保护层过厚,或者因浇筑混凝土时操作工人随意踩踏负筋,使负筋下移,导致表面出现裂缝。<br>②混凝土振捣不密实、不均匀或欠振、漏振,出现蜂窝、麻面、空洞,导致混凝土结构内部产生质量隐患。 |

（续表）

| 项目 | | 内容 |
|---|---|---|
| 钢筋混凝土结构构造裂缝 | 原因分析 | ③混凝土搅拌时间和运输时间过长，水分蒸发过多，导致坍落度损失过多，浇筑后混凝土表面易出现不规则裂缝。<br>④商品混凝土用泵送施工时，由于水灰比较大，混凝土凝结硬化时体积收缩值增大，易发生塑性收缩裂缝。<br>⑤混凝土分层或分段施工时，接槎部位未处理好，易在槎口和施工缝部位出现裂缝。<br>⑥混凝土早期受冻，使混凝土结构构件表面出现裂缝，或局部出现空鼓剥落、冻酥掉皮。<br>⑦拆模过早，混凝土强度不足，使构件在其自重作用下产生裂缝。<br>⑧混凝土养护，特别是早期养护质量与裂缝的关系密切。早期表面干燥或室内、外温差较大更容易产生裂缝 |
| | 防治措施 | (1)严控施工材料质量。选用优质水泥及粗、细集料；对钢筋混凝土各类材料进行严格监管，制定严格的钢筋混凝土施工工艺。尽量使用水化热较低，强度较高的水泥。<br>(2)塑性收缩裂缝的预防措施。选择合适的材料，合理设计混凝土配合比，严格控制水灰比，设置防风和遮阳的设施以保护混凝土结构物，合理减少水和水泥的分量。在水泥的选择上一般选用掺加高效减水剂干缩值较小、强度好的硅酸盐或普通硅酸盐水泥以获得较高的混凝土的强度。及时在混凝土的表面覆盖一层薄膜，将模板浇水均匀湿透，保证混凝土的湿度。<br>(3)温差变形裂缝的防治措施。选用水化热较低的水泥拌制混凝土（如矿渣水泥、粉煤灰水泥），以降低混凝土的初始温度，掺加缓凝剂或高效减水剂，以提高混凝土强度并可合理减少用水量和水泥用量；在夏秋高温季节或大体积混凝土浇筑时，可采用对砂石料喷淋冷水降温和在拌和水中掺加适量冰屑的方法，以降低混凝土拌和物的入模温度。此外，在混凝土浇筑、振捣和抹压后，应及时用塑料薄膜覆盖其表面，特别是大体积混凝土（如筏板基础等）表面，防止因表面散热快、温度低而内部水化热积聚、温度高，导致发生温差变形裂缝。<br>(4)施工质量差引起裂缝的防治措施。认真检查模板及其立柱、斜撑等的强度、刚度和稳定性等情况；浇捣混凝土时，应安排有责任心的木工、钢筋工全程跟踪，一旦发现模板或钢筋有下沉、位移、松扣等现象，应及时处理。分层或分段浇筑混凝土时，分层要合理，振捣应密实、均匀。要用界面剂处理好槎口和施工缝；同条件养护试块强度达到设计允许值时方可拆模；混凝土二次振捣和抹压后应立即覆盖塑料薄膜，冬期施工时还应在塑料薄膜上加盖草帘等保温材料，确保混凝土保湿、保温养护 7～14 d |

**提示**

钢筋混凝土结构构造裂缝的防治措施还包括下列方面：避免混凝土长时间搅拌或运输后使用；振捣充分，养护及时；保证基础与支架的强度、刚度、稳定性；加强模板施工质量。

## 二、桥梁基础工程质量通病及防治措施

此部分内容主要以钻孔灌注桩为例介绍钻孔灌注桩断桩。钻孔灌注桩是桥梁工程常用的基础形式，其质量通病主要是断桩。

断桩的产生原因分析：

（1）灌注时间长，表层混凝土失去流动性，形成硬盖，而继续灌注的混凝土顶破硬层上升，将混有泥浆砂砾的表层覆盖包裹，是造成断桩事故的最主要原因。

（2）桩身的截面强度不足。

（3）塌孔。

（4）导管或导管底口进水。导管的水密性、承压、抗拉性能不好，隔水设施差，而导致导管渗水，首批混凝土储备量不足，使导管底口进水。

（5）接桩时没有认真处理好多余的桩头。

（6）因测量、计算错误，使导管底口距孔底距离较大。

（7）盲目提拔导管使导管提拔过量，致导管拔出混凝土面。

（8）导管接口渗漏使泥浆进入导管内，在混凝土内形成夹层。

断桩的防治措施：

（1）严密施工组织设计，在施工前把一切灌孔的设备工具都准备齐全，保证混凝土施工的连续性，尽量缩短浇筑时间。

（2）对桩截面抗拉强度进行验算，保证材料质量及用量，保证截面设计强度。

（3）防止塌孔。在施工中，应有专人负责观察施工水位，观察护筒四周是否渗水，在水中钻孔桩施工中，因河流汛期，注意测量河流水位，如发现水位差降低，应及时采取措施，保证孔内水头高度，要注意不要让孔口震动过大并尽量减轻孔附近质量。塌孔不严重时，采取改善泥浆性能、加高水头后进行钻孔；当护筒底口发生塌孔时应采取护筒跟进、下内护筒等办法进行施工；当塌孔严重时，应尽快回填，采用黏土并加入适量的纯碱和水泥，回填高度应高于坍孔处2～4 m，待其固化后，提高泥浆比，快速穿过该地层。为满足混凝土和易性要求，坍落度应控制在16～22 cm范围内。

（4）防止导管或底口进水，加强隔水设施。应保证首批混凝土灌注后能埋住导管至少为1.0 m，下导管时，底口距孔底的距离应控制在25～40 cm。在灌注过程中，导管的埋置深度不能过深，一般控制在2～6 m范围内。

（5）利用超声检测断桩。利用超声法对钻孔灌注桩进行检测，具有检测精度高，结果直观可靠，可以较详细查明桩身内部缺陷的性质、深度位置、范围大小及严重程度等优势，为控制钻孔灌注桩桩身完整性质量提供了一种有效的检测方法。通过实例证明超声波检测法能准确判断出桩身缺陷的位置，并能对缺陷严重程度做出定量分析，是检测灌注桩桩身质量的一种较好方法。

## 三、桥梁上部结构工程质量通病及防治措施

此部分内容主要以钢筋混凝土箱梁为例介绍悬臂浇筑钢筋混凝土箱梁的施工（挠度）控制。大跨径多跨连续梁钢筋混凝土箱梁悬臂浇筑施工时，挠度控制的好坏直接影响到箱梁桥成桥后正常使用状态下的线形。

箱梁悬臂浇筑施工时，影响其挠度的因素主要有：混凝土重力密度、弹性模量、收缩徐

变、截面尺寸、日照和温度变化、预应力大小、结构体系转换、施工荷载和桥墩变位等。

箱梁悬臂浇筑施工时，其挠度控制可以通过对挂篮进行加载试验，在 0 号块箱梁顶面建立相对坐标系，控制不平衡荷载的分布，以及对梁体进行挠度观测、温度控制、应力观测等措施进行防治。

## 四、桥梁附属设施工程质量通病及防治措施

桥梁附属设施工程质量通病的原因及防治措施如表 1-107 所示。

**表 1-107　桥梁附属设施工程质量通病的原因及防治措施**

| 项目 | | 内容 |
|---|---|---|
| 桥面铺装病害 | 类型及其成因 | 目前，在公路桥梁中，桥面行车道铺装一般采用水泥混凝土，高等级公路的大、中桥桥面多采用水泥混凝土和沥青混凝土双结构层铺装，由于桥面铺装在我国尚缺乏较成功的经验，再加上施工工艺上的不足，使得桥面铺装在施工过程中常出现一些常规病害问题。另外，由于梁体预拱度过大，桥面铺装设计厚薄难以调整施工允许误差；未严格控制施工质量，桥面铺装混凝土质量差；桥头跳车和伸缩缝破坏导致的继发破坏；桥梁结构变形过大、水害等原因导致的沥青混凝土铺装层破坏；铺装防水层破损导致桥面铺装的破坏等，也会造成铺装病害问题。桥面铺装的破坏形式主要表现为沥青混凝土路面的破坏形式，破坏形式主要有裂缝类、变形类、表面损坏类、水损坏及黏结层损坏等，桥面铺装常规性破坏与一般路面破坏原理相同 |
| | 防治措施 | 防止预拱度过大，严格控制主梁的预拱度；加强控制桥面铺装质量；提高桥面防水混凝土的强度；优化桥面铺装的混凝土配合比设计，选用优质集料，提高施工和养护质量等 |
| 桥梁伸缩缝病害 | 原因分析 | (1)设计因素。由于伸缩缝需要预留槽口，这对桥板结构而言是在断面上的一种削弱，而设计时对桥梁端部未能慎重考虑，在荷载的反复作用下，梁端破坏引起伸缩装置失灵。有时变形量计算不妥，采用过大的伸缩间距，也会导致梁端的局部受力过大而导致伸缩缝装置破坏。交通量超出设计值也会造成伸缩缝病害。<br>(2)施工因素。伸缩装置两侧混凝土太薄，体积小，加上预埋件的干扰，施工难度大，浇筑不密实，混凝土内部存在空洞、蜂窝，达不到设计所要求的强度，在使用过程中，受车辆荷载的强烈冲击，出现裂纹、开裂，逐渐出现坑槽，如不及时处理，将会导致锚固件的损坏。施工质量(工艺缺陷、内部质量管理不到位等)不符合要求。<br>(3)伸缩装置自身因素。伸缩装置本身构造刚度不足，锚固的构件强度不够，在运营过程中产生不同程度的破坏。伸缩装置的选型不合理。<br>(4)管理养护不及时。未能及时认真地对桥面和伸缩装置内的杂物进行清扫，影响了伸缩装置的正常变形。桥面铺装层老化，接缝处桥面凹凸不平，维修又不充分。随着交通量增大，重型车辆增多，车辆超载不能得到有效地控制，再加上夜间缺乏有效管理，车辆不按规定行驶，从而影响了桥梁伸缩缝装置的正常使用和寿命 |
| | 防治措施 | (1)伸缩装置结构设计上，在考虑伸缩量大小的同时还要考虑产品在施工工艺上的要求，对预埋件的位置、深度等尽量与主梁(板)相连接，并与桥梁的结构设计相匹配，对伸缩缝两侧混凝土和铺装层材料的选择、配合比、密实度、强度等应严格要求。 |

（续表）

| 项目 | | 内容 |
|---|---|---|
| 桥梁伸缩缝病害 | 防治措施 | (2)受各种客观因素的影响,伴随着桥梁结构的变位,伸缩缝也将要产生相应的伸缩变位以顺应结构的变位,首先在安装时要精确对伸缩量进行计算,并考虑一定的富余量,以保证伸缩缝在今后运营中始终处于良好的工作状态。<br>(3)加强伸缩装置的桥面板端设置。对于悬臂板或薄翼缘板的结构来说,当伸缩装置的高度比桥面板的厚度大而侵占桥面板以外时,要对桥面板的断面尺寸做必要的调整以满足锚固需要,同时还应适当增加断面受力钢筋的用量。<br>(4)加强日常养护,早期病害及时修补。严格控制超载车辆的行驶,加强夜间行车管理 |
| 桥头跳车的防治 | 原因分析 | (1)桥头跳车产生的主要原因是桥台和台后路基的沉降差造成的,而造成二者沉降差的主要因素有:<br>①路基和桥涵基础采用的地基处理方法不同。对于桥台结构基础一般采用钻孔灌注桩等刚性基础,而软土路基常采用换填土、土工布、砂桩、砂井、塑料排水板、超载预压等方法进行基础处理。由于桥台刚性基础后期沉降往往较小,会很快完成,而用砂井、塑料排水板等方法处理软土地基时,其固结周期长,沉降速率小,因此在施工完成后,仍有较大的沉降发生,造成桥台基础与台后路基沉降的不同步,产生沉降差。沉降差越大,跳车现象就越严重。<br>②台后路基填土的压缩沉降。<br>(2)此外,桥头跳车产生的原因还包括台背回填材料不符合要求、压实机具与压实厚度不配套,压实度不足等 |
| | 防治措施 | (1)采用轻质填料填筑路基。采用石灰土、粉煤灰等轻质材料填筑路基,减小地基的附加应力,从而达到减小路基沉降量的目的。<br>(2)提前填筑路基,使其有足够的固结时间。提前进行路基填筑,保证路基土体及地基有充分的固结时间,待其充分沉降后再进行搭板及路面的施工。该方法简单、经济,但施工工期较长,需提前足够的时间予以规划并严密组织,若在工期紧张的情况下采用此法不会达到理想的效果。<br>(3)对台后地基进行处理。采用地基处理的方法对软土路基进行处理,改善地基性能,提高地基承载力,以减小其工后沉降 |

桥头跳车的其他防治措施可结合下面的典型例题进行学习。

**典型例题**

【多选题】关于桥梁“桥头跳车质量通病”防治措施的说法,正确的有(　　)。

A. 路堤施工留有必要的自然固结沉降期　　B. 加大台背填土的含水量

C. 桥台基坑采用大型压实机械压实　　D. 做好桥头路堤的排水、防水工程

E. 设置桥头搭板

ADE。【解析】桥头跳车的防治措施除选项 A,D,E 外,还包括:(1)桥台基坑采用合适的压实机械夯实。(2)填筑前对不适合填筑的地表土进行清理。(3)台前预压长度应足够。

# 第四节　隧道工程

隧道是指为使道路从地层内部或水底通过而修建的建筑物，由洞身、洞门等组成。

## 模块一　隧道围岩分级与隧道构造

### 一、隧道围岩分级

隧道围岩级别的综合评判宜采用下列两步分级：

（1）根据岩石的坚硬程度和岩体完整程度两个基本因素的定性特征和定量的岩体基本质量指标 $BQ$，进行初步分级。

（2）在岩体基本质量分级基础上，考虑修正因素的影响，修正岩体基本质量指标值，得出基本质量指标修正值[$BQ$]，再结合岩体的定性特征进行综合评判，确定围岩的详细分级。

下面以典型例题的形式对岩体基本质量指标的修正因素进行讲解。

**典型例题**

【单选题】隧道围岩详细定级时，对岩体基本质量指标 $BQ$ 进行修正的因素不包括（　　）。

A. 有地下水

B. 有瓦斯涌出

C. 存在高初始应力

D. 围岩稳定性受软弱结构面影响，且由一组起控制作用

B。【解析】围岩详细定级时，如发生选项 A，C，D 的情况，应对岩体基本质量指标 $BQ$ 进行修正。

可根据调查、勘探、试验等资料，隧道岩质围岩定性特征、岩体基本质量指标 $BQ$ 或岩体修正质量指标[$BQ$]、土质围岩中的土体类型、密实状态等定性特征，按表 1-108 确定围岩级别，并应符合下列规定：

（1）围岩分级中岩石坚硬程度、岩体完整程度两个基本因素的定性划分，可按《公路隧道设计规范　第一册　土建工程》确定。

（2）围岩岩体主要特征定性划分与根据 $BQ$ 或[$BQ$]值确定的级别不一致时，应重新审查定性特征和定量指标计算参数的可靠性，并对它们重新观察、测试。

（3）在隧道工程可行性研究和初步勘测（初步设计）阶段，可采用定性或工程类比方法进行围岩级别划分。

**表 1-108　公路隧道围岩级别划分**

| 围岩级别 | 围岩岩体或土体主要定性特征 | 岩体基本质量指标 $BQ$ 或岩体修正质量指标[$BQ$] |
|---|---|---|
| Ⅰ | 坚硬岩，岩体完整 | >550 |

（续表）

| 围岩级别 | 围岩岩体或土体主要定性特征 | 岩体基本质量指标 *BQ* 或岩体修正质量指标[*BQ*] |
|---|---|---|
| Ⅱ | 坚硬岩，岩体较完整；<br>较坚硬岩，岩体完整 | 451～550 |
| Ⅲ | 坚硬岩，岩体较破碎；<br>较坚硬岩，岩体较完整；<br>较软层，岩体完整，整体状或巨厚层状结构 | 351～450 |
| Ⅳ | 坚硬岩，岩体破碎；<br>较坚硬岩，岩体较破碎～破碎；<br>较软岩，岩体较完整～较破碎；<br>软岩，岩体完整～较完整 | 251～350 |
| | 土体：<br>（1）压密或成岩作用的黏性土及砂性土。<br>（2）黄土（$Q_1$，$Q_2$）。<br>（3）一般钙质、铁质胶结的碎石土、卵石土、大块石土 | — |
| Ⅴ | 较软岩，岩体破碎；<br>软岩，岩体较破碎～破碎；<br>全部极软岩和全部极破碎岩 | ≤250 |
| | 一般第四系的半干硬至硬塑的黏性土及稍湿至潮湿的碎石土、卵石土、圆砾、角砾土及黄土（$Q_3$，$Q_4$）。非黏性土呈松散结构，黏性土及黄土呈松软结构 | — |
| Ⅵ | 软塑状黏性土及潮湿、饱和粉细砂层、软土等 | — |

注：本表不适用于特殊条件的围岩分级，如膨胀性围岩、多年冻土等。

各级岩质围岩的物理力学参数，宜通过室内或现场试验获取。

**链接**

在隧道工程中，以围岩分级为主要依据进行确定的有：施工方法的选择、隧道施工劳动定额、衬砌结构类型与尺寸、制定材料消耗标准。

## 二、公路隧道的构造

### （一）公路隧道的基本构造

隧道工程可分为洞身工程、洞门工程、辅助坑道工程及隧道其他工程。公路隧道构造由主体构造物和附属构造物组成。主体构造物一般是指洞身衬砌和洞门构造物，附属构造物是指除主体构造物以外的其他建筑物。

狭义的洞身工程是指隧道的衬砌，广义的洞身工程是指包括围岩在内的隧道承载结构。隧道洞身可以是开挖出的裸洞，也可以是埋置地下的隧管，还可以是经锚喷支护、衬砌被覆的坑道。洞身工程是隧道工程的主要组成部分，可分为隧道洞身、明洞洞身和棚洞洞身等工程。洞身构造有一次衬砌、二次衬砌、防排水构造、内装饰、顶棚、路面等。洞身按隧道断面形状可分为曲墙式、直墙式、连拱式等。

链接

明洞分为拱式明洞和棚式明洞。拱式明洞主要由拱顶和内外边墙组成，其按荷载分布，可分为路堑对称型明洞、路堑偏压型明洞、半路堑偏压型明洞、半路堑单压型明洞等。棚式明洞按构造，可分为墙式明洞、柱式明洞、刚架式明洞、悬臂式明洞等。关于隧道的分类也需要了解。隧道按长度可分为四类，如表1-109所示。

表1-109 隧道按长度分类

| 按长度分类 | 特长隧道 | 长隧道 | 中隧道 | 短隧道 |
|---|---|---|---|---|
| 长度 $L$/m | $L>3\ 000$ | $1\ 000<L\leqslant 3\ 000$ | $500<L\leqslant 1\ 000$ | $L\leqslant 500$ |

隧道按跨度可分为四类，如表1-110所示。

表1-110 隧道按跨度分类

| 按跨度分类 | 开挖宽度 $B$/m | 说明 |
|---|---|---|
| 小跨度隧道 | $B<9$ | 平行导洞、服务隧道、车行横洞、人行横洞、风道及施工通道 |
| 一般跨度隧道 | $9\leqslant B<14$ | 单洞双车道隧道 |
| 中等跨度隧道 | $14\leqslant B<18$ | 单洞三车道隧道、单洞双车道+紧急停车带隧道 |
| 大跨度隧道 | $B\geqslant 18$ | 单洞四车道隧道、单洞三车道+紧急停车带隧道、其他跨度大于18 m的隧道 |

洞门工程是指为稳定隧道洞口、美化洞口环境、降低洞口亮度而设置的构造物。洞门工程是隧道外露的唯一部分，起着保护洞口、保证边坡和仰坡稳定、美化和引导作用。洞门工程可分为削竹式、翼墙式、端墙式、柱式、环框式、台阶式、遮光或遮阳式等洞门工程。

辅助坑道工程是指为利于隧道洞身开挖而设置的，可分为平行导洞、斜井、竖井等设施。

### （二）公路隧道构造的相关要求

此部分内容主要介绍洞门工程的相关要求。

洞门形式应根据洞口地形、地质条件及周边环境条件确定。

洞门宜与隧道轴线正交。

端墙式洞门设计应符合下列规定：

（1）洞门端墙和翼墙应具有抵抗来自仰坡、边坡土压力的能力，应按挡土墙结构进行设计。洞门墙墙身最小厚度不应小于0.5 m，翼墙墙身厚度不应小于0.3 m。

（2）洞顶仰坡与洞顶回填顶面的交线至洞门端墙墙背的水平距离不宜小于1.5 m；洞顶排水沟沟底至拱顶衬砌外缘的最小厚度不应小于1.0 m；洞门端墙墙顶应高出墙背回填面0.5 m。

（3）洞门端墙应根据需要设置伸缩缝、沉降缝和泄水孔。

（4）洞门端墙基础应置于稳固地基上，并埋入地面下一定深度。嵌入岩石地基的深度不应小于0.2 m；埋入土质地基的深度不应小于1.0 m。基底埋置深度应大于靠墙设置的各种沟、槽底的埋置深度。地基为冻胀土层时，基底高程应在最大冻结深度以下不小于0.25 m。

（5）地基承载能力不足时，应进行加固处理。

（6）洞门结构设计应满足抗震要求。

明洞式洞门设计应符合下列规定：

(1)洞口段衬砌应采用钢筋混凝土结构。

(2)洞口段衬砌应伸出原山坡坡面或设计回填坡面不小于500 mm。

(3)洞口段衬砌端面可呈直削、削竹、倒削竹或喇叭形。

(4)采用削竹式洞门时，削竹面仰斜坡率应陡于或等于原山坡坡率或设计回填坡面坡率。

(5)设计回填坡面宜按自然山坡坡度回填。采用土石回填时，坡率不宜陡于1∶1，表面宜植草覆盖。

## 模块二　隧道地质超前预报和监控量测技术

### 一、隧道地质超前预报

隧道超前地质预报是指采用物探、钻探等手段，对隧道开挖面前方的地质条件进行探测、分析与评价的活动。超前地质预报是一个系统工作，可用的方法很多，如地质调查法、物探法(TSP法、TRT法、地质雷达法)、超前钻探法、超前导洞法等，这些方法都有各自的效果。但是，对具体工程来说，根据工程性质、工区基本地质条件和地质环境的不同，所采用的方法也有所差异。

#### (一)一般规定

跟踪地质调查与超前地质预报，应达到下列主要目的：

(1)在施工前期地质勘察成果的基础上，进一步查明掌子面前方一定范围内围岩的地质条件，进而预测前方不良地质以及隐伏的重大地质问题。

(2)为信息化设计和施工提供依据。

(3)为降低地质灾害发生风险提供预警。

(4)为编制交竣工文件提供地质资料。

隧道超前地质预报应以地质分析为基础，运用地质调查与物探相结合、长短探测相结合、洞内与洞外相结合、物探与钻探相结合、超前导洞与主洞探测相结合、地质构造探测与水文探测相结合的综合预报方法，并相互验证。

隧道施工前应根据区域地质资料和设计文件的地勘资料，编制超前地质预报方案和实施细则，报批后实施。

隧道超前地质预报应包括下列主要内容：

(1)地层岩性预报，特别是对软弱夹层、破碎地层、煤层及特殊性岩土的岩性预报。

(2)地质构造预报，特别是对断层、节理裂隙密集带、褶皱等影响岩体完整性的构造发育情况的预报。

(3)不良地质预报，特别是对岩溶、人为坑洞、瓦斯等发育情况的预报。

(4)地下水预报，特别是对岩溶管道水以及富水断层、富水褶皱轴、富水地层中的裂隙水等发育情况的预报。

超前地质预报按预报距离可分为三类，如表1-111所示。

表1-111　超前地质预报按预报距离分类

| 按预报长度分类 | 预报长度 $L$/m | 说明 |
|---|---|---|
| 短距离预报 | $L<30$ | 可采用地质调查法、地质雷达法及超前钻探法等 |

（续表）

| 按预报长度分类 | 预报长度 $L$/m | 说明 |
|---|---|---|
| 中距离预报 | $30 \leqslant L < 100$ | 可采用地质调查法、弹性波反射法及超前钻探法等 |
| 长距离预报 | $L \geqslant 100$ | 可采用地质调查法，弹性波反射法及超前钻探法等 |

应根据隧道工程地质与水文地质条件和复杂程度、地质因素对隧道施工影响程度、诱发环境问题程度等，针对不同类型地质问题，按表 1-112 选择不同方法和手段，分段、分级进行超前地质预测预报。

**表 1-112　地质预测预报分级**

| 地质预测预报分级影响因素 | | 地质预测预报分级 | | | |
|---|---|---|---|---|---|
| | | A | B | C | D |
| 地质复杂程度（含物探异常） | 岩溶发育程度 | 极强 | 强烈 | 中等 | 微弱 |
| | 涌水涌泥程度 | 特大突水、大型突水、突泥，高水压 | 中小型突水、突泥 | 小型涌水、涌泥 | 涌突水可能性极小 |
| | 断层稳定程度 | 大型断层破碎带，自稳能力差，富水，可能引起大型失稳坍塌 | 中型断层带，软弱，中～弱富水，可能引起中型坍塌 | 中小型断层，弱富水，可能引起小型坍塌 | 中小型断层，无水，无掉块 |
| | 地应力影响程度 | 极高应力，严重岩爆，大变形 | 高应力，中等岩爆，中～弱变形 | 弱岩爆，轻微变形 | 无岩爆，无变形 |
| | 瓦斯影响程度 | 瓦斯突出 | 高瓦斯 | 低瓦斯 | 无 |
| 地质因素对隧道施工影响程度 | | 危及施工安全，可能造成重大安全事故 | 存在安全隐患 | 可能存在安全问题 | 局部可能存在安全问题 |
| 诱发环境问题的程度 | | 可能造成重大环境灾害 | 施工、防治不当，可能诱发一般环境问题 | 特殊情况下可能出现一般环境问题 | 无 |
| 超前地质预报方式 | | 采用地质分析法、弹性波反射法（地震波法、水平声波剖面法、陆地声呐法）、地质雷达法，高分辨直流电法、瞬变电磁法、激发极化法、超前水平钻探法等进行综合预报 | 采用地质分析法、弹性波反射法（地震波法、水平声波剖面法、陆地声呐法），辅以高分辨直流电法、瞬变电磁法、激发极化法、地质雷达法，必要时进行超前水平钻孔 | 以地质分析法为主。对重要地质层界面、断层或物探异常地段宜采用弹性波反射法（地震波法、水平声波剖面法、陆地声呐法）进行探测，必要时采用超前水平钻孔 | 采用地质分析法，必要时补充其他方法 |

上表中地质复杂程度（含物探异常）、地质因素对隧道施工影响程度、诱发环境问题的程度等地质预测预报分级影响因素，同时也是地质灾害分级的影响因素。根据地质灾害对隧道施工安全的危害程度，地质灾害分为以下四级：

(1)A 级:存在重大地质灾害隐患的地段,如大型暗河系统,可溶岩与非可溶岩接触带,软弱、破碎、富水、导水性良好的地层和大型断层破碎带,特殊地质地段,重大物探异常地段,可能产生大型、特大型突水突泥地段,诱发重大环境地质灾害的地段,高地应力、瓦斯、天然气问题严重的地段以及人为坑洞等。

(2)B 级:存在中、小型突水突泥隐患的地段,物探有较大异常的地段,断裂带等。

(3)C 级:水文地质条件较好的碳酸盐岩及碎屑岩地段、小型断层破碎带,发生突水突泥的可能性较小。

(4)D 级:非可溶岩地段,发生突水突泥的可能性极小。

### (二)地质调查法

地质调查法应包括隧道地表补充地质调查和隧道内地质素描,可适用于各种地质条件下的隧道超前地质预报。

### (三)物探法

地质条件复杂的隧道和存在多种干扰因素的隧道,应根据被探测对象的物性条件开展综合物探,并与其他探测方法相互配合,对所测得的物探资料进行综合分析。

弹性波反射法可适用于划分地层界线、查找地质构造、探测不良地质体的厚度和范围。

地质雷达法可适用于岩溶、采空区、空洞、断层破碎带、软弱夹层等不均匀地质体的探测。

**链接**

物探法主要适用于特长、长隧道或地质条件复杂隧道的超前地质预报。除上述的弹性波反射法和地质雷达法外,物探法还包括高分辨直流电法、瞬变电磁法、陆地声呐法和红外探测法。

### (四)超前钻探法

富水构造破碎带、富水岩溶发育地段、煤系或油气地层、瓦斯发育区、采空区以及重大物探异常地段和水下隧道应采用超前钻探法预测、预报、评价前方地质情况,包括超前地质钻探、加深炮孔探测及孔内摄影。

超前地质钻探法应结合地质调查和物探报告综合预报,并应符合下列规定:

(1)宜采用中距离钻探,必要时可采用长距离钻探,连续钻探时前后两次宜重叠 5 ~ 10 m。

(2)利用加深炮孔进行短距离钻探时,应符合规范的规定。

(3)一般地段可采用冲击钻,复杂地段宜采用回转取芯钻。

### (五)超前导洞法

超前导洞法可采用平行超前导洞和主洞超前导洞,两座并行隧道可根据先行开挖的隧道预测后开挖隧道的地质条件。

应做好超前导洞的地质超前预报与评价工作,并根据超前导洞地质复杂程度,采取地质调查、物探、超前钻探等预报方法。

## 二、隧道施工监控量测技术

### (一)一般规定

监控量测应纳入施工工序管理。监控量测应达到下列目的:

(1)掌握围岩和支护动态,及时反馈信息,指导施工作业。

(2)围岩和支护的变形、应力量测信息,可为修改设计提供依据。

**专家解读**

监控量测的主要目的是掌握围岩和支护工作状态、判断围岩稳定性、支护结构的合理性和隧道整体安全性，确定二次衬砌合理的施作时间，为在施工中调整围岩级别、变更设计方案及参数、优化施工方案及为施工工艺提供依据，直接为设计和施工管理服务。

隧道开工前，应根据设计要求，结合隧道规模、地形地质条件、施工方法、支护类型和参数、工期安排等编制施工全过程监控量测方案。编制内容应包括量测项目、量测仪器选择、测点布置、量测频率、数据处理、信息反馈、组织机构、管理体系等。量测计划应与施工进度计划相适应。

监控量测工作应结合开挖、支护作业的进程，按量测方案布点和监测，根据现场量测情况及时调整补充，量测数据应及时分析、处理和反馈。

现场量测仪器，应根据量测项目及测试精度选用。宜选择简单适用、稳定可靠、操作方便、量程合理、便于进行结果处理和分析的测试仪器，并经过有效检校。

监控量测数据应真实、有效、规范并经过复核，有可追溯性，及时填报反馈报表。

在复合式衬砌和喷锚衬砌隧道施工时，必须进行表 1-113 所列项目的量测，其作业应符合表 1-113 的规定。

**表 1-113　隧道现场监控量测必测项目**

| 序号 | 项目名称 | 方法及工具 | 测点布置 | 精度 | 量测间隔时间 | | | |
|---|---|---|---|---|---|---|---|---|
| | | | | | 1～15 d | 16 d～1 个月 | 1～3 个月 | 大于 3 个月 |
| 1 | 洞内、外观察 | 现场观测、地质罗盘等 | 开挖及初期支护后进行 | — | — | | | |
| 2 | 周边位移 | 各种类型收敛计、全站仪或其他非接触量测仪器 | 每 5～100 m 1 个断面，每断面 2～3 对测点 | 0.5 mm(预留变形量不大于 30 mm 时)；1 mm(预留变形量大于 30 mm时) | 1～2 次/d | 1 次/2 d | 1～2 次/周 | 1～3 次/月 |
| 3 | 拱顶下沉 | 水准仪、铟钢尺、全站仪或其他非接触量测仪器 | 每 5～100 m 1 个断面 | | 1～2 次/d | 1 次/2 d | 1～2 次/周 | 1～3 次/月 |
| 4 | 地表下沉 | 水准仪、铟钢尺、全站仪 | 洞口段、浅埋段($h \leq 2.5b$)，布置不少于 2 个断面，每断面不少于 3 个测点 | 0.5 mm | 开挖面距量测断面前后 <2.5$b$ 时，1～2 次/d；<br>开挖面距量测断面前后 <5$b$ 时，1 次/(2～3)d；<br>开挖面距量测断面前后 ≥5$b$ 时，1 次/(3～7)d | | | |

（续表）

| 序号 | 项目名称 | 方法及工具 | 测点布置 | 精度 | 量测间隔时间 | | | |
|---|---|---|---|---|---|---|---|---|
| | | | | | 1～15 d | 16 d～1个月 | 1～3个月 | 大于3个月 |
| 5 | 拱脚下沉 | 水准仪、钢钢尺、全站仪 | 富水软弱破碎围岩、流沙、软岩大变形、含水黄土、膨胀岩土等不良地质和特殊性岩土段 | 0.5 mm | 仰拱施工前，1～2次/d | | | |

注：$b$ 为隧道开挖宽度；$h$ 为隧道埋深。

应根据设计要求、隧道横断面形状和断面大小、埋深、围岩条件、周边环境条件、支护类型和参数、施工方法等综合确定选测项目。选测项目量测作业应符合表1-114的规定。

表1-114 隧道现场监控量测选测项目

| 序号 | 项目名称 | 方法及工具 | 布置 | 测试精度 | 量测间隔时间 | | | |
|---|---|---|---|---|---|---|---|---|
| | | | | | 1～15 d | 16 d～1个月 | 1～3个月 | 大于3个月 |
| 1 | 钢架内力及外力 | 支柱压力计或其他测力计 | 每代表性地段1～2个断面，每断面钢架内力3～7个测点，或外力1对测力计 | 0.1 MPa | 1～2次/d | 1次/2 d | 1～2次/周 | 1～3次/月 |
| 2 | 围岩内部位移（洞内设点） | 洞内钻孔中安设单点、多点杆式或钢丝式位移计 | 每代表性地段1～2个断面，每断面3～7个钻孔 | 0.1 mm | 1～2次/d | 1次/2 d | 1～2次/周 | 1～3次/月 |
| 3 | 围岩内部位移（地表设点） | 地面钻孔中安设各类位移计 | 每代表性地段1～2个断面，每断面3～5个钻孔 | 0.1 mm | 同地表下沉要求 | | | |

（续表）

| 序号 | 项目名称 | 方法及工具 | 布置 | 测试精度 | 量测间隔时间 | | | |
|---|---|---|---|---|---|---|---|---|
| | | | | | 1～15 d | 16 d～1 个月 | 1～3 个月 | 大于 3 个月 |
| 4 | 围岩压力 | 各种类型岩土压力盒 | 每代表性地段 1～2 个断面，每断面 3～7 个测点 | 0.01 MPa | 1～2 次/d | 1 次/2 d | 1～2 次/周 | 1～3 次/月 |
| 5 | 两层支护间压力 | 压力盒 | 每代表性地段 1～2 个断面，每断面 3～7 个测点 | 0.01 MPa | 1～2 次/d | 1 次/2 d | 1～2 次/周 | 1～3 次/月 |
| 6 | 锚杆轴力 | 钢筋计、锚杆测力计 | 每代表性地段 1～2 个断面，每断面 3～7 锚杆(索)，每根锚杆 2～4 测点 | 0.01 MPa | 1～2 次/d | 1 次/2 d | 1～2 次/周 | 1～3 次/月 |
| 7 | 支护、衬砌内应力 | 各类混凝土内应变计及表面应力解除法 | 每代表性地段 1～2 个断面，每断面 3～7 个测点 | 0.01 MPa | 1～2 次/d | 1 次/2 d | 1～2 次/周 | 1～3 次/月 |
| 8 | 围岩弹性波速度 | 各种声波仪及配套探头 | 在有代表性地段设置 | — | — | | | |
| 9 | 爆破振动 | 测振及配套传感器 | 邻近建(构)筑物 | — | 随爆破进行 | | | |
| 10 | 渗水压力、水流量 | 渗压计、流量计 | — | 0.01 MPa | — | | | |
| 11 | 地表下沉 | 水准测量的方法，水准仪、铟钢尺等 | 有特殊要求段落 | 0.5 mm | 开挖面距量测断面前后 $<2.5b$ 时，1～2 次/d；<br>开挖面距量测断面前后 $<5b$ 时，1 次/(2～3)d；<br>开挖面距量测断面前后 $>5b$ 时，1 次/(3～7)d | | | |

（续表）

| 序号 | 项目名称 | 方法及工具 | 布置 | 测试精度 | 量测间隔时间 | | | |
|---|---|---|---|---|---|---|---|---|
| | | | | | 1 ~ 15 d | 16 d ~ 1 个月 | 1 ~ 3 个月 | 大于 3 个月 |
| 12 | 地表水平位移 | 经纬仪、全站仪 | 有可能发生滑移的洞口段高边坡 | 0.5 mm | — | | | |

洞内必测项目，各测点宜在靠近掌子面、不受爆破影响范围内尽快安设，初读数应在每次开挖后 12 h 内、下一循环开挖前取得，最迟不得超过 24 h。选测项目测点埋设时间宜根据实际需要确定。

测点应牢固、可靠、易于识别，应能真实反映围岩、支护的动态变化信息。洞内必测项目各测点应埋入围岩中，深度不应小于 0.2 m，不应焊接在钢架上，外露部分应有保护装置。

各项量测作业均应持续到量测断面开挖支护全部结束，临时支护拆除完成，且变形基本稳定后 15 ~ 20 d。

### （二）监控量测数据处理与应用

监控量测应及时进行数据整理和数据分析，并绘制监控量测数据时态曲线和距开挖面距离变化曲线图；应绘制地表下沉值沿隧道纵向和横向变化量和变化速率曲线。

监控量测数据整理、分析与反馈应符合下列规定：

（1）对初期的时态曲线应进行回归分析，预测可能出现的最大值和变化速度，掌握位置变化的规律。

（2）数据异常时，应及时分析原因，提出对策和建议，并及时反馈有关单位。

（3）信息反馈程序可按图 1-21 组织。

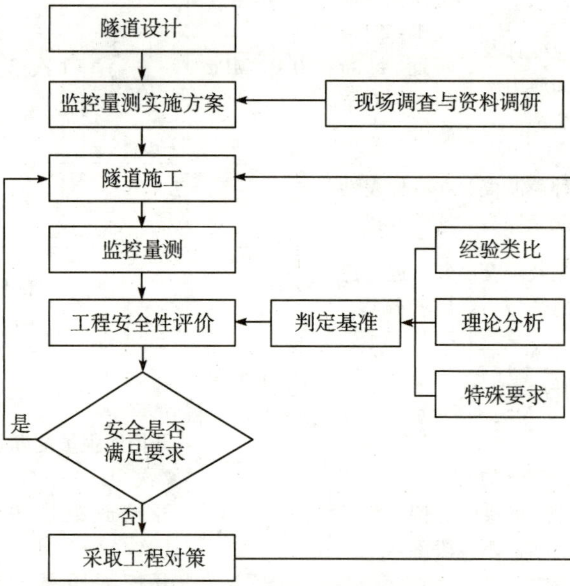


**图 1-21　信息反馈程序框图**

**专家解读**

在监测过程中，发现数据异常时，需要分析原因，制定对策。位移与时间的正常曲线和反常曲线如图1-22所示。其中，反常曲线是指非工序变化所引起的位移急骤增大现象（出现反弯点）。此时需要加密监视，必要时需要立即停止开挖并进行施工处理。

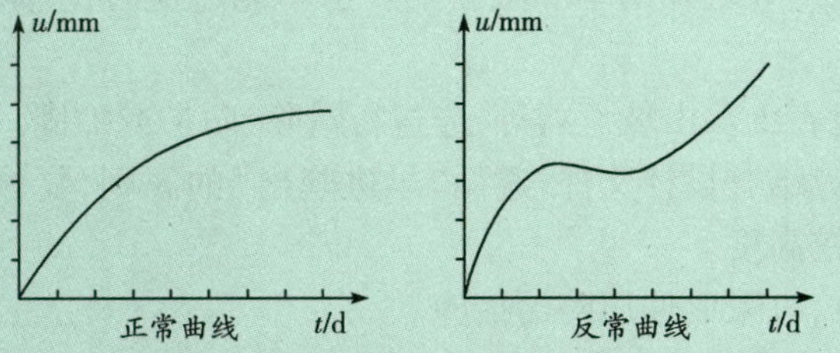


图1-22　位移与时间关系曲线（正常曲线与反常曲线）示意图

围岩稳定性的综合判别，应根据监控量测结果，按下列指标判定。

（1）实测位移值不应大于隧道的极限位移，并按表1-115位移管理等级管理。一般情况下，将隧道设计的预留变形量作为极限位移，设计变形量应根据检测结果不断修正。

表1-115　位移管理等级

| 管理等级 | 管理位移/mm | 施工状态 |
| --- | --- | --- |
| Ⅲ | $U<(U_0/3)$ | 可正常施工 |
| Ⅱ | $(U_0/3)\leqslant U\leqslant(2U_0/3)$ | 应加强支护 |
| Ⅰ | $U>(2U_0/3)$ | 应采取特殊措施 |

注：$U$为实测位移值；$U_0$为设计极限位移值。

（2）根据位移速率判断：速率大于1.0 mm/d时，围岩处于急剧变形状态，应加强初期支护；速率变化在0.2～1.0 mm/d时，应加强观测，做好加固的准备；速率小于0.2 mm/d时，围岩达到基本稳定。在高地应力软岩、膨胀岩土、流变蠕变岩土和挤压地层等不良地质和特殊性岩土中，应根据具体情况制定判别标准。

（3）根据位移速率变化趋势判断：当围岩位移速率不断下降时，围岩处于稳定状态；当围岩位移速率保持不变时，围岩尚不稳定，应加强支护；当围岩位移速率上升时，围岩处于危险状态，必须立即停止掘进，采取应急措施。

（4）初期支护承受的应力、应变、压力实测值与允许值之比大于或等于0.8时，围岩不稳定，应加强初期支护；初期支护承受的应力、应变、压力实测值与允许值之比小于0.8时，围岩处于稳定状态。

监控量测资料整理应包括下列内容，并纳入交竣工文件：

（1）现场监控量测计划。

（2）实际测点布置图。

（3）围岩和支护位移-时间曲线图、空间关系曲线图，以及监控量测记录汇总表。

（4）变更设计和改变施工方法地段的信息反馈记录。

（5）现场监控量测说明。

# 模块三　公路隧道施工技术

## 一、公路隧道洞口、明洞施工

### (一)洞口工程

洞口开挖和进洞施工宜避开雨季和融雪期。当不能避免时,应采取防止坍塌的安全保证措施。

对洞口不稳定的地表土及山坡危石等,应进行清除、防护或加固。

隧道洞口开挖前,应结合设计文件,遵循“早进晚出”的原则,复核确认明暗分界位置的合理性,控制边仰坡开挖高度。

洞口段存在偏压时,应采取偏压防治措施。

洞口开挖与防护应符合下列规定:

(1)洞口边坡及仰坡应自上而下开挖,不得掏底开挖或上下重叠开挖。

(2)宜采用人工配合机械开挖,或者采用控制爆破措施减少对边仰坡及围岩的扰动。

(3)边仰坡防护应及时施作。

(4)应随时检查监测边坡和仰坡的变形状态。

洞口边坡、仰坡开挖及地表恢复应符合环境保护规定,做好水土保持。

洞口截排水设施应符合下列规定:

(1)应结合地形条件设置,具备有效拦截、排水顺畅的能力。

(2)不应冲刷路基坡面及桥涵锥坡等设施。

(3)洞口截、排水设施应在雨季和融雪期之前完成。

(4)截水沟迎水面不得高于原地面,回填应密实不易被水掏空。

(5)截水沟应采取防止渗漏和变形的措施。

隧道洞口、辅助坑道洞口、斜(竖)井洞口进洞开挖前应做好排水系统,完善排水设施,并应符合下列规定:

(1)边坡、仰坡坡顶的截水沟出水口应接入周边排水沟渠。

(2)洞外路堑向隧道内为下坡时,路堑边沟应做成反坡,不应将洞外水排入洞内。

(3)洞顶排水沟应与洞门结构同时完成。

洞内排水应与洞外排水设施合理连接。

开挖进洞前,应完成管棚、地层加固、降水等设计要求的辅助工程施工。

洞口永久性挡护工程应紧跟土石方开挖及早完成。

洞口爆破开挖影响邻近建(构)筑物或已建工程时,应采取措施控制爆破振动,并进行爆破振动监测。

洞门墙施工应符合下列规定:

(1)洞门墙宜在洞口衬砌施工完成后及时施作。

(2)洞门墙基底虚渣、杂物、泥、水等应清除干净,地基承载力应符合设计规定。

(3)洞口衬砌两侧端墙砌筑和墙背回填应对称进行。

(4)洞门墙背排水设施应与洞门墙同步施工。

管棚导向墙基础尺寸和承载力应符合设计规定。

### （二）明洞工程

明洞工程宜尽早施工。基底承载力不足时，基底处理应符合设计规定。严禁超挖后回填虚土。

明洞防水层铺设前应检查并清除拱墙背面露出的尖锐突出物，明洞拱墙背面混凝土表面应平整圆顺，必要时可用砂浆抹平。防水层的铺设应保证各方向的搭接宽度。

明洞回填施工应遵循对称均衡原则，并应符合下列规定：

(1)明洞拱背回填应在外模拆除、防水层和排水盲管施工完成后进行。人工回填时，拱圈混凝土强度应不小于设计强度的75%。机械回填时，拱圈混凝土强度应不小于设计强度。

(2)明洞两侧回填水平宽度小于1.2 m的范围应采用浆砌片石或同级混凝土回填。

(3)回填料不宜采用膨胀岩土。

(4)回填顶面0.2 m可用耕植土回填。

(5)明洞土石回填应对称分层夯实，分层厚度不宜大于0.3 m，两侧回填高差不应大于0.5 m。回填到拱顶以上1.0 m后，方可采用机械碾压。回填土压实度应符合设计规定。

(6)单侧设有反压墙的明洞回填应在反压墙施工完成后进行。

(7)回填时不得倾填作业。

(8)明洞回填时，应采取防止损伤防水层的措施。

(9)洞门顶排水沟砌筑在填土上时，应在夯实后砌筑。

## 二、公路隧道开挖

公路隧道开挖主要是指洞身的开挖，此部分内容主要讲解洞身开挖有关内容。

### （一）一般规定

应根据隧道长度、跨度、结构形式、掌子面稳定性、地质条件等选择适宜的开挖方法，并应根据开挖方法选择配套的机械设备。

开挖后可能发生失稳、坍塌、涌水等地段，应预先采取针对性的预处理措施。

开挖作业应符合下列规定：

(1)开挖断面尺寸应符合设计规定。

(2)应根据开挖方法、断面大小、地质条件等因素确定合理的循环进尺。

(3)开挖作业不得危及人员、设备及支护结构的安全。

(4)开挖后应清除危石，并及时进行初期支护作业。

(5)危石清除工作应采用机械作业与人工作业相结合的方式。

隧道爆破应采用光面爆破。

**链接**

公路隧道开挖的主要方法是钻孔爆破法，隧道开挖的主要工作有钻眼、装药、爆破等。

隧道邻近有需要保护的重要建(构)筑物时，应严格控制爆破振动；亦可选择机械开挖。

隧道进、出洞前，应按设计完成超前支护等辅助工程措施。

## （二）开挖方法

应根据地质条件、隧道开挖断面和围岩稳定情况选择开挖方法。不同围岩条件和开挖断面适宜的开挖方法如表 1-116 所示。

表 1-116　不同围岩条件和开挖断面适宜的开挖方法

| 序号 | 开挖方法 | | 围岩级别 | |
|---|---|---|---|---|
| | | | 双车道隧道 | 三车道隧道 |
| 1 | 全断面法 | | Ⅰ～Ⅲ | Ⅰ～Ⅱ |
| 2 | 台阶法 | 长台阶法 | Ⅲ～Ⅳ | Ⅱ～Ⅲ |
| | | 短台阶法 | Ⅳ～Ⅴ | Ⅲ～Ⅳ |
| | | 超短台阶法 | Ⅴ | Ⅳ |
| 3 | 分部开挖法 | 环形开挖预留核心土法 | Ⅴ～Ⅵ | Ⅲ～Ⅳ |
| | | 中隔壁法 | Ⅴ～Ⅵ | Ⅳ～Ⅴ |
| | | 交叉中隔壁法 | Ⅴ～Ⅵ | Ⅳ～Ⅵ |
| | | 双侧壁导坑法 | — | Ⅴ～Ⅵ |

全断面法是指隧道设计开挖断面一次开挖成形的开挖方法。全断面法适用于Ⅰ～Ⅲ级围岩中小跨度隧道，若用于Ⅳ级围岩中跨度隧道及Ⅲ级围岩大跨度隧道，须采取有效预加固措施。

台阶法是指将设计开挖断面分成上、下断面（或上、中、下断面），先上后下，分次开挖成形的开挖方法。台阶数量和台阶高度应综合考虑隧道断面高度、机械设备及围岩稳定性等因素确定。台阶开挖高度宜为 2.5～3.5 m。台阶数量可采用二台阶或者三台阶，不宜大于 3 个台阶。台阶法适用于Ⅲ～Ⅳ级围岩中小跨度隧道，若用于Ⅴ级围岩小跨度隧道，须采取有效预加固措施。

环形开挖预留核心土法是指先开挖上部环形导坑并进行支护，再分部开挖两侧边墙及中部核心土的开挖方法。Ⅳ～Ⅴ级围岩及一般土质围岩的中小跨度隧道适用此方法。

中隔壁法（CD 法）是指将设计开挖断面分成左、右两个断面，先开挖隧道一侧，并施工中隔壁竖向支撑，再开挖另一侧的开挖方法。

交叉中隔壁法（CRD 法）是指将设计开挖断面分成左、右两个断面，先按台阶法开挖隧道一侧，施工中隔壁竖向支撑和横隔板；再按台阶法开挖隧道另一侧，并施工横隔板的开挖方法。

**提示**

中隔壁法（CD 法）或交叉中隔壁法（CRD 法）适用于围岩较差、跨度大、浅埋、地表沉降需要控制的隧道开挖。

双侧壁导坑法是指将设计开挖断面分成左、中、右 3 个断面，先开挖隧道两侧断面，并施工隔离墙竖向支撑，再分部开挖中间断面的开挖方法。双侧壁导坑法适用于对地表下沉量要求较严格且围岩条件较差的隧道、浅埋大跨度隧道。

**链接**

在连拱隧道施工时，往往采用三导洞法施工，即首先开挖中导洞，然后施做中隔墙，再分别开挖左右导洞。开挖中导洞主要是为了方便施做中隔墙。因此，中导洞法主要适用于连拱隧道的开挖。

### （三）超欠挖控制

当采用钢架支撑时，如围岩变形较大，支撑可能沉落或局部支撑难以拆除时，宜适当加大开挖断面，预留支撑沉落量，保证衬砌设计厚度。应根据围岩性质和围岩压力预留支撑沉落量，并在施工过程中根据监控量测结果调整。

应严格控制欠挖。当岩层完整、岩石抗压强度大于 30 MPa 并确认不影响衬砌结构稳定和强度时，每 1 $m^2$ 内欠挖面积不宜大于 0.1 $m^2$，欠挖隆起量不得大于 50 mm。拱脚、墙脚以上 1 m 范围内及净空图折角对应位置严禁欠挖。

宜减少超挖，不同围岩地质条件下超挖控制值应符合规范的规定。

超挖应回填密实。超挖回填应符合设计规定，设计没有规定时应符合下列规定：

（1）拱部坍塌形成的超挖处理应编制方案，并经审批后按方案处理。

（2）沿设计轮廓线的均匀超挖，有钢架时，可采用喷射混凝土回填，或增大钢架支护断面尺寸，使钢架贴近开挖轮廓，在施工二次衬砌时，以二次衬砌混凝土回填；无钢架时，可在施工二次衬砌时，以二次衬砌混凝土回填。

（3）局部超挖，超挖量不超过 200 mm 时，宜采用喷射混凝土回填密实。

（4）边墙部位超挖，可采用混凝土或片石混凝土回填。

### （四）钻爆

钻爆设计应符合下列规定：

（1）施工前应进行钻爆设计。

（2）钻爆设计应根据工程地质、地形环境、开挖断面、开挖方法、循环进尺、钻孔机具、爆破材料和出渣能力等因素综合考虑。

（3）钻爆设计的内容宜包括爆破方法，炮孔（掏槽孔、辅助孔、周边孔）的布置、数目、深度和角度，炸药种类，装药量和装药结构，起爆方法，起爆器材和爆破顺序等。钻爆设计图应包括炮孔布置图、周边孔装药结构图、钻爆参数表、主要技术经济指标及必要的说明。

（4）钻爆设计应根据爆破效果优化调整。

钻爆作业应按照钻爆设计实施。

爆破器材应具备相关的检验合格证、技术指标及说明书。

光面爆破应符合下列规定：

（1）应根据围岩特点合理选择周边孔间距及周边孔的最小抵抗线。

（2）应严格控制周边孔的装药量，并使药量沿炮孔全长合理分布。

（3）周边孔宜采用小直径药卷不耦合装药或装填低威力炸药。可借助导爆索实现空气间隔装药。

（4）宜采用毫秒雷管微差顺序起爆，使周边爆破时产生临空面。周边孔宜采用导爆索网路同时起爆；同时起爆药量超过安全允许药量时，也可分段起爆。

（5）初始光面爆破参数，可根据工程类比选择，也可按表 1-117、表 1-118 选用。光面爆破参数应根据爆破效果及时调整，优化爆破效果。

表 1-117　光面爆破参数

| 岩石种类 | 饱和单轴抗压极限强度 $R_b$/MPa | 装药不耦合系数 $D$ | 周边孔间距 $E$/mm | 周边孔最小抵抗线 $V$/mm | 相对距 $E/V$ | 周边孔装药集中度 $q$/（$kg \cdot m^{-1}$） |
|---|---|---|---|---|---|---|
| 硬岩 | >60 | 1.25～1.50 | 550～700 | 700～850 | 0.8～1.0 | 0.30～0.35 |
| 中硬岩 | 30～60 | 1.50～2.00 | 450～600 | 600～750 | 0.8～1.0 | 0.20～0.30 |
| 软岩 | <30 | 2.00～2.50 | 300～500 | 400～600 | 0.5～0.8 | 0.07～0.15 |

注：a. 装药不耦合系数为炮孔孔径与药卷直径的比值。

b. 断面较小或围岩软弱破碎或在曲线、折线处开挖成形要求高时，周边孔间距应取较小值。

c. 软岩在取较小的周边孔间距的同时，应适当增大抵抗线。

d. 软岩或破碎性围岩，相对距宜取小值。

e. 装药集中度按 2 号岩石硝铵炸药考虑；当采用其他炸药时，应进行换算。

表 1-118　预留光面层光面爆破参数

| 岩石种类 | 饱和单轴抗压极限强度 $R_b$/MPa | 装药不耦合系数 $D$ | 周边孔间距 $E$/mm | 周边孔最小抵抗线 $V$/mm | 相对距 $E/V$ | 周边孔装药集中度 $q$/（$kg \cdot m^{-1}$） |
|---|---|---|---|---|---|---|
| 硬岩 | >60 | 1.25～1.50 | 600～700 | 700～800 | 0.7～1.0 | 0.30～0.35 |
| 中硬岩 | 30～60 | 1.50～2.00 | 400～500 | 500～600 | 0.8～1.0 | 0.20～0.30 |
| 软岩 | <30 | 2.00～2.50 | 400～500 | 500～600 | 0.7～0.9 | 0.07～0.15 |

注：表的适用范围为炮孔深度 1.0～3.5 m、炮孔直径 40～50 mm、药卷直径 20～32 mm。

下面以典型例题的形式对光面爆破的具体特点进行讲解。

**典型例题**

【单选题】下列不是光面爆破特点的是(　　)。

A. 开挖轮廓成型规则，岩面平整

B. 岩面上保存 50% 以上孔痕，且无明显裂缝

C. 爆破后围岩壁上无危石

D. 粒径适中，有利于洞渣运输

D。【解析】光面爆破的特点有：开挖轮廓成型规则，岩面平整；岩面上保存 50% 以上孔痕，且无明显裂缝；爆破后围岩壁上无危石。隧道施工采用光面爆破，很大程度上减少了超欠挖量，并减少了混凝土和回填片石用量，可有效地加快施工进度。

**链接**

光面爆破是先爆除主体开挖部位的岩体，然后再起爆布置在设计轮廓线上的周边孔药包，将光爆层炸除，形成一个平整的开挖面，是通过正确选择爆破参数和合理的施工方法，达到爆后壁面平整规则、轮廓线符合设计要求的一种控制爆破技术。隧道全断面开挖光面爆破，是应用光面爆破技术，对隧道实施全断面一次开挖的一种施工方法。它与传统的爆破法相比，最显著的优点是能有效地控制周边眼炸药的爆破作用，从而减少对围岩的扰动，保持围岩的稳定，确保施工安全，同时，又能减少超、欠挖，提高工程质量和进度。

预裂爆破是光面爆破的一种形式，其爆破原理与光面爆破相同。但光面爆破与预裂爆破在起爆顺序、对围岩的扰动情况以及钻眼工程量等方面存在区别，具体内容如表1-119所示。

**表1-119　光面爆破与预裂爆破的区别**

| 比较项目＼爆破方式 | 光面爆破 | 预裂爆破 |
|---|---|---|
| 起爆顺序 | 掏槽眼→辅助眼→周边眼 | 周边眼→掏槽眼→辅助眼 |
| 对围岩的扰动情况 | 扰动大 | 扰动小 |
| 钻眼工程量 | 小 | 大 |

## 三、公路隧道支护与衬砌

### （一）一般规定

支护与衬砌的强度、形状和尺寸应能保持围岩稳定、满足设计要求。

隧道衬砌结构包括喷锚衬砌和模筑混凝土衬砌。喷锚衬砌也称喷锚支护，在复合式衬砌结构中，通常称为初期支护；模筑混凝土衬砌在复合式衬砌结构中通常称为二次衬砌。支护与衬砌是隧道结构的一部分，是隧道施工安全和使用安全的基本保障。

隧道喷锚支护应紧随开挖及时施作。

喷锚支护是喷混凝土支护、喷混凝土＋锚杆支护、喷混凝土＋锚杆＋钢筋网支护、喷混凝土＋锚杆＋钢筋网＋钢架支护的统称。喷锚支护是薄型柔性支护结构，只有与围岩密贴，才能与围岩共同工作，才能与围岩形成组合结构，才能起到加固围岩、控制围岩变形、充分利用和发挥围岩自承能力的作用。及时施作喷锚支护是喷锚支护施工的关键，是维护围岩稳定的需要。

隧道衬砌（包括喷锚支护）施工时，中线、高程、隧道开挖断面形状、几何尺寸需要满足设计要求。施工误差包括测量精度误差、超欠挖控制等。施工误差不得导致衬砌结构厚度减薄、侵入隧道设计内轮廓线。

隧道衬砌施工应结合超前地质预报和现场监控量测结果，与设计配合对支护结构和开挖、支护方式进行合理调整。

### （二）喷射混凝土

喷射混凝土施工应做好下列准备工作：

（1）清理受喷岩面的浮石、岩屑、杂物和粉尘等。

（2）检查开挖断面净空尺寸，凿除欠挖凸出部分。

（3）岩面渗水处采取引排措施。

（4）设置控制喷射混凝土厚度的标志。

（5）检查作业机具、设备、风水管路、电缆线路，并试运转正常。

（6）检查作业场地的通风和照明条件。

喷射混凝土工艺主要有下列三种：

（1）干喷，是将喷射混凝土混合料、速凝剂在无水（含水率 $<5\%$）的情况下搅拌均匀，用

压缩空气使干集料在软管内呈悬浮状态压送到喷枪，再在喷嘴处与高压水混合，以较高速度喷射到岩面上。干喷作业的喷射混凝土水灰比控制比较困难，密实度较差，质量不易保证。但施工机械简单，作业灵活、易于操作。干喷作业时回弹多、粉尘大，对作业环境造成不良影响，并且对喷射手工艺技术要求较高，隧道内不允许采用。

(2)潮喷，将集料预加少量水(含水率5%～7%)，浸润成潮湿状，再加水泥、速凝剂拌和均匀，但大量的水仍是在喷头处加入和喷出，其喷射工艺流程和使用机械与干喷工艺相同。潮喷作业可以降低上料、拌和和喷射时的粉尘，粉尘有所减少，喷射混凝土质量相对较好。

(3)湿喷，将喷射混凝土按集料、水泥和水按比例拌和均匀，用湿式喷射机压送到喷头处，再在喷头上添加速凝剂后喷出，以较高速度喷射到岩面上。湿喷作业，能显著减少粉尘、提高喷射混凝土的密实度，喷射质量容易得到控制，作用效率高，喷射过程中的粉尘和回弹量少，但对喷射机械要求高、湿喷机体积较大。

喷射混凝土施工宜采用湿喷工艺。

### (三)锚杆

隧道的锚杆种类有砂浆锚杆、药卷锚杆、中空注浆锚杆、自进式锚杆、组合中空锚杆、树脂锚杆、楔缝式端头锚固型锚杆等。砂浆锚杆、药卷锚杆、中空注浆锚杆、自进式锚杆、组合中空锚杆、树脂锚杆为全长黏结式锚杆。

在设有系统锚杆的地段，系统锚杆宜在下一循环开挖前完成。锚杆施作时序应符合下列规定：

(1)无钢架地段，锚杆在初喷混凝土、挂钢筋网后施作，或在初喷混凝土、挂钢筋网、复喷后施作。

(2)有钢架地段，锚杆在初喷混凝土、挂钢筋网、立钢拱架、复喷混凝土后施作。

### (四)钢筋网

钢筋网钢筋规格应满足设计要求，使用前应调直、清除锈蚀和油渍。

钢筋网铺设应符合下列规定：

(1)应在初喷混凝土后再进行钢筋网铺设。

(2)钢筋网应随受喷岩面起伏铺设，与初喷混凝土面的最大间隙不宜大于50 mm，不宜将钢筋预焊成片后铺挂。

(3)采用双层钢筋网时，两层钢筋网间距应满足设计要求，第二层钢筋网应在第一层钢筋网被喷射混凝土全部覆盖后铺挂。

(4)钢筋网钢筋每节长度不宜小于2.0 m，钢筋搭接长度不应小于30倍钢筋直径。

(5)钢筋网每个交点和搭接段均应绑扎或焊接。

(6)钢筋网应与锚杆或其他固定装置联结牢固，在喷射混凝土时不晃动。

### (五)钢架

钢架结构是隧道新奥法施工中必不可少的支护结构，既是临时支撑也是永久支护结构的一部分，其主要作用是在喷射混凝土未达到设计强度之前或不能及时进行喷混凝土支护位置预先承担围岩压力和约束变形，提高初期支护系统的抗力，确保洞内施工安全；同时在后期支护中成为永久支护系统的一部分，有利于洞身结构稳定。钢架安装施工快捷，能够控制围岩变形，后与锚杆、钢筋网、喷射混凝土共同作用，协调变形，从而提高初期支护全过程的强度和刚度，保证隧道开挖的安全性，因此在软弱破碎围岩开挖中得到广泛运用。

钢架结构主要包括钢拱架和钢格栅，两者统称钢支撑，但两者结构形式与工程表现中存在一定的差异，支护效果各有优势。相对而言，钢拱架的刚度较钢格栅的刚度要大，但是钢格栅施工中混凝土能充满钢格栅和围岩间空隙，钢格栅与喷射混凝土黏结性更好。因此设计施工中，在Ⅳ级围岩中多采用钢格栅，而在Ⅴ～Ⅵ级围岩中多采用钢拱架。

钢架安装应符合下列规定：

(1)钢架应在初喷混凝土后安装。

(2)应清除钢架拱脚虚渣，使之支承在稳固的地基上。锁脚锚杆应及时施作并应符合设计规定。

(3)钢架节段与节段之间应通过连接钢板用螺栓连接。

(4)相邻两榀钢架之间应采用钢筋或型钢连接。

(5)钢架应垂直于隧道中线在竖直方向安装，竖向不倾斜，平面不错位、不扭曲；上、下、左、右允许偏差为 ±50 mm，钢架倾斜度允许偏差为 ±2°。

(6)钢架应贴近初喷射混凝土面安装，当钢架和围岩初喷射混凝土面之间有间隙时应采用钢楔块或木楔块楔紧，并用喷射混凝土充填密实。有多个楔块时，楔块和楔块的间距不宜大于 2.0 m。

(7)钢架安装宜采用机械设备配合进行。

### （六）模筑混凝土衬砌

拼装式模板由模板，支撑模板的拱架、斜撑和横撑及拱架纵向连接件等组成。拼装式模板应符合下列规定：

(1)混凝土浇筑过程中，模板拱架不偏移、不扭曲，模板光滑、不变形，模板接缝平整不漏浆。

(2)模板拱架形状应与衬砌断面形状相适应，模板表面各点应不侵入衬砌内轮廓，放样时，可将设计衬砌轮廓线外扩 50～80 mm，但不得影响衬砌厚度，并应预留拱架高程沉落量，施工中应随时测量、调整。

(3)每一施工循环的前后两端拱架外形尺寸最大误差宜不大于 5 mm。

(4)单块活动模板长度宜为 1 000 mm，最大不应超过 1 500 mm，宽度不宜大于 500 mm。

(5)挡头模板应与衬砌断面相适应，方便止水带安装。

(6)挡头模板安装应固定牢固、封堵严密，不得损坏防水板。

(7)模板重复使用时，循环使用前应进行检查，出现异常应予以修整。

(8)模板、拱架架设位置应准确，高程应满足设计要求。

(9)一次浇筑长度宜为 3.0～8.0 m。

全断面衬砌模板台车应符合下列规定：

(1)模板台车支架、模板应满足混凝土浇筑过程中的强度、刚度和稳定性要求。

(2)台车支撑门架结构净空应满足施工车辆和人员安全通行要求。

(3)台车支撑门架间距不宜大于 2.0 m，且门架位置宜与模板拼缝重合。

(4)台车应配置自动行走装置和固定装置。

(5)应设置可整体调节升降的液压装置，边墙模板应设置可伸缩的液压调节或螺杆调节的支撑装置，并应满足边墙与边墙脚一次浇筑要求。

(6)台车模板应表面光滑、接缝严密，台车钢模板厚度不宜小于 10 mm。

(7)模板应留振捣窗，振捣窗纵向间距不应大于 2.5 m、与端头模板距离不应大于

1.8 m，横向间距不应大于2.0 m，振捣窗不宜小于450 mm×450 mm，振捣窗周边模板应加强刚度，窗门应平整、严密、不漏浆。

(8)台车挡头模板应采用可重复使用并能同时固定止水带的定型模板，应便于固定。

(9)台车挡头模板安装应固定牢固、封堵严密，不得损坏防水板。

(10)台车应与洞室中线垂直方向架设，位置准确，高程满足设计要求。

(11)台车应根据施工通风风管设计参数预留风管穿越的空间。

(12)台车电缆线应穿入PVC管中。

(13)采用模板台车浇筑的混凝土，一次浇筑长度宜为6.0～12.0 m。

隧道主洞拱墙衬砌混凝土浇筑应采用全断面衬砌模板台车，车行横洞、人行横洞、紧急停车带、地下风机房等其他洞室拱墙衬砌混凝土浇筑可采用拼装式模板。

**专家解读**

全断面模板台车成形的衬砌，表面光滑、规整，整体性好，施工速度快，已在隧道衬砌施工中广泛使用，拱、墙混凝土一次连续浇筑是常用做法。其他洞室，工程量较小，布置分散，断面大小、形式多样，采用拼装模板灵活、方便、经济。

拱、墙混凝土应一次连续浇筑，不得采用先拱后墙浇筑。不得先浇矮边墙。

模筑混凝土衬砌应按设计要求设置沉降缝和伸缩缝。

衬砌施工缝应结合沉降缝、伸缩缝调整设置，拱墙衬砌沉降缝、伸缩缝应与仰拱混凝土衬砌沉降缝、伸缩缝竖向对齐。

混凝土配合比应满足设计强度和混凝土浇筑工艺要求。

应测定砂、石含水率，根据测试结果，调整施工配合比材料用量。

混凝土拌和设备应配有自动称量设备，应按配合比准确称量，每盘混凝土拌和料计量偏差应符合规定。

混凝土混合料搅拌应符合下列规定：

(1)衬砌混凝土应采用强制式混凝土搅拌机搅拌。自全部材料装入搅拌筒至开始出料的搅拌时间不应小于60 s；坍落度小于100 mm，且搅拌机出料量大于500 L时，搅拌时间不应小于90 s；含有粉煤灰等掺合料时，搅拌时间不应小于120 s。

(2)混凝土拌和后应尽快浇筑，已经初凝的剩余混凝土，不得重新搅拌使用。

混凝土运送中不应产生离析、撒落及混入杂物。

衬砌混凝土浇筑应采用混凝土输送泵送料入模、均匀布料。混凝土入模温度应控制在5～32 ℃。

衬砌混凝土振捣应符合下列规定：

(1)宜采用附着式和插入式振捣相结合的方式振捣。

(2)采用高频机械振捣时，振捣时间宜为10～30 s。

(3)振捣不应使模板、钢筋和预埋件移位。

衬砌混凝土施工应符合下列规定：

(1)混凝土出料口距浇筑面的垂直距离不应大于2.2 m。

(2)混凝土应从两侧边墙向拱顶、由下向上依次分层对称浇筑，两侧混凝土浇筑面高差不应大于1.0 m，同一侧混凝土浇筑面高差不应大于0.5 m。

（3）混凝土浇筑至振捣窗下 0.2 m 时，应关闭振捣窗。

（4）混凝土衬砌应连续浇筑，当出现间歇浇筑时，其间歇浇筑时间不应大于规定。

（5）当间歇浇筑时间超过规定时，应修整间歇面，使间歇面与二次衬砌曲线法线方向一致，并将界面凿毛，用高压水冲洗干净，涂刷界面剂。界面剂拉伸黏结强度不小于 0.5 MPa、剪切黏结强度不小于 1.5 MPa。

（6）混凝土混合料应备料充足，衬砌混凝土应浇筑密实，衬砌混凝土结构厚度应满足设计要求。在衬砌混凝土浇筑结束前，应进行检查，结构厚度达到设计要求后，方可收盘。

冬期施工的混凝土，可掺加引气剂，并按冬期施工有关要求进行施工。

隧道通过含有侵蚀性地下水地段时，应测定地下水水质，采用相应的抗侵蚀性混凝土。

衬砌采用防水混凝土时，防水混凝土配合比和集料级配应经试验确定，可采用防水水泥或掺加增强密实性的外加剂。

拱架、支架和模板拆除应符合下列规定：

（1）不承受外荷载的拱、墙混凝土强度应达到 5.0 MPa。

（2）承受围岩压力的拱、墙以及封顶和封口的混凝土强度应达到设计要求。

（3）围岩和初期支护变形未稳定，或在塌方地段浇筑的衬砌混凝土应达到设计强度的 100%。

衬砌拆模后应及时养护，并应符合下列规定：

（1）混凝土养护时间不得少于 7 d。

（2）掺加引气剂或引气型减水剂时，混凝土养护时间不得少于 14 d。

（3）隧道内空气湿度不小于 90% 时，可不进行洒水养护。

施工缝、变形缝应避开预留洞室，预留洞室边缘距施工缝、变形缝的距离不应小于 1.5 m。

下面以典型例题的形式对模筑混凝土衬砌的施工要点进行讲解。

**典型例题**

【单选题】关于模筑混凝土衬砌的说法，错误的是（　　）。

A. 单层现浇整体式混凝土衬砌常用于Ⅱ，Ⅲ级围岩中

B. 在隧道纵向，需分段进行，分段长度通常为 5～10 m

C. 隧道采用大断面或全断面开挖成形时，应尽量使用金属模板台车灌注混凝土整体衬砌

D. 衬砌施工多采用由下而上、先墙后拱的顺序对称连续浇筑

B。【解析】在隧道纵向，需分段进行，分段长度通常为 8～12 m。故选项 B 错误。

### （七）仰拱衬砌、仰拱回填和垫层

仰拱初期支护施工应符合下列规定：

（1）仰拱初期支护应随开挖及时施作。

（2）仰拱初期支护喷射混凝土不得与仰拱混凝土衬砌一次浇筑。

（3）仰拱初期支护钢架应与拱墙钢架对齐，误差不应大于 20 mm。

（4）仰拱钢架节段之间的连接及相邻钢架之间的横向连接方式应与拱墙钢架连接要求相同。

仰拱混凝土衬砌施工应符合下列规定：

(1)仰拱混凝土衬砌应先于拱墙混凝土衬砌施工,超前距离应根据围岩级别、施工机械作业环境要求确定,一般不宜大于拱墙衬砌浇筑循环长度的 2 倍。

(2)仰拱衬砌混凝土应整幅一次浇筑成形,不得左右半幅分次浇筑,一次浇筑长度不宜大于 5.0 m。

(3)仰拱混凝土,应使用模板浇筑,模板应留振捣窗,振捣窗纵横向间距不宜大于 2.0 m,振捣窗不宜小于 450 mm×450 mm,振捣窗周边模板应加强刚度,窗门应平整、严密、不漏浆。

(4)挡头模板应采用可重复使用并能同时固定止水带的定型模板。

(5)仰拱混凝土衬砌与拱墙混凝土衬砌连接面应规整、密实。

(6)仰拱混凝土衬砌和拱墙混凝土均为素混凝土时,仰拱与拱墙连接面应插连接钢筋,钢筋级别应不低于 HRB400、钢筋直径不应小于 20 mm、长度不应小于 500 mm,插入深度和外露长度均不应小于 250 mm,连接钢筋沿衬砌内外缘两侧布置,纵向间距不应大于300 mm。当拱墙衬砌为钢筋混凝土、仰拱为素混凝土时,插入钢筋直径和布置间距应与拱墙受力主筋相同,并与拱墙受力主筋焊接。

仰拱是衬砌结构的一部分,而仰拱填充是隧道路面基层的构造要求,受力和材料要求不一样,因此仰拱填充混凝土不能与仰拱衬砌混凝土一次浇筑。

仰拱和仰拱填充混凝土应在其强度达到 2.5 MPa 后方可拆模。

无仰拱地段隧道底部垫层混凝土施工应符合规定。

仰拱填充和垫层混凝土强度达到设计强度的 100% 后方可允许运渣车辆通行。

仰拱、仰拱填充和垫层混凝土浇筑宜采用插入式振捣器振捣密实。

### (八)明洞衬砌

明洞衬砌应尽早施作,明洞衬砌施工应仰拱先行、拱墙整体浇筑。

不设仰拱的明洞衬砌边墙基础嵌入岩层深度应满足设计要求,有仰拱的明洞拱墙衬砌应与仰拱衬砌形成有效封闭环结构。明洞基底承载力应符合设计规定,当基底承载力不足时应按设计要求进行处理。

明洞衬砌内模板应采用衬砌模板台车,应制作外模、支架,并应安装牢固、定位准确,模板接缝应紧密、不漏浆。

明洞衬砌钢筋应在模板台车就位后安装,受力主筋与模板之间应安装满足设计厚度要求的混凝土垫块,垫块纵向、环向间距不宜大于 1.5 m。

明洞衬砌混凝土浇筑时,拱圈混凝土混合料坍落度宜控制在 120 mm 以下。

混凝土入模温度应控制在 5 ~ 32 ℃范围内。

应在明洞混凝土强度达到 2.5 MPa 后拆除外模,明洞混凝土强度达到 75% 后拆除内模。

### (九)支护与衬砌施工安全要求

围岩自稳程度差的地段应先进行超前支护、预加固处理,并应符合设计要求。应随时观察支护各部位,支护变形或损坏时,作业人员应及时撤离现场。

软弱围岩及不良地质隧道的二次衬砌应及时施作,二次衬砌距掌子面的距离Ⅳ级围岩不得大于 90 m,Ⅴ级及以上围岩不得大于 70 m。

**链接**

仰拱开挖施工时,仰拱与掌子面的距离,Ⅲ级围岩不得超过 90 m,Ⅳ级围岩不得超过 50 m,Ⅴ级及以上围岩不得超过 40 m。

隧道内不得加工钢筋。衬砌钢筋安装应设临时支撑,临时支撑应牢固可靠并有醒目的安全警示标志。钢筋焊接作业在防水板一侧应设阻燃挡板。

衬砌台车应经专项设计,衬砌台车、台架组装调试完成应组织验收,并应试行走,日常使用应按规定维护保养。

仰拱应分段一次整幅浇筑,并应根据围岩情况严格限制分段长度。

## 四、小净距隧道及连拱隧道

### (一)小净距隧道

小净距隧道是指并行的两隧道间净距较小、两洞结构彼此产生有害影响的隧道。当并行双洞公路隧道中夹岩柱的宽度大于表 1-120 的规定时,在设计施工过程中可不考虑两洞室之间相互影响。

**表 1-120 不考虑两洞室之间相互影响的双洞最小净距**

| 围岩级别 | Ⅰ | Ⅱ | Ⅲ | Ⅳ | Ⅴ | Ⅵ |
|---|---|---|---|---|---|---|
| 最小净距/m | 1.0*B* | 1.5*B* | 2.0*B* | 2.5*B* | 3.5*B* | 4.0*B* |

注:表中 *B* 代表隧道开挖跨度。

小净距隧道施工应结合中夹岩厚度、围岩条件、地下水水量及分布情况、埋深、有无偏压等制订专项施工方案。小净距隧道专项施工方案应包括下列内容:

(1)左右洞的开挖先后次序。

(2)先行洞和后行洞开挖方法。

(3)先行洞和后行洞爆破设计和爆破振动控制。

(4)先行洞和后行洞开挖错开距离。

(5)先行洞仰拱、衬砌与后行洞开挖错开距离。

(6)中夹岩保护和加固。

(7)其他内容。

软弱围岩开挖宜采用机械开挖;机械开挖不能实施时,可采用微振动爆破。

先行洞和后行洞的开挖均应严格控制爆破振动对中夹岩的危害。应严格控制单段最大爆破药量。可适当增大相邻爆破分段起爆间隔时间。掏槽孔宜远离中夹岩布置。

小净距隧道应尽早封闭初期支护、尽早浇筑仰拱。

### (二)连拱隧道

连拱隧道是指并行的两拱形隧道之间无中夹岩柱、隧道的人工结构连接在一起的隧道。

连拱隧道开挖时应考虑其埋深浅、跨度大、地质条件复杂、受偏压和雨季地表水影响大的特点,制订专项施工方案。

开挖过程中应及时做好洞内排水设施,洞内临时排水沟距边沿距离应大于 500 mm。

主洞爆破设计和实施时,应注意保护中墙。不得以中导洞作为爆破临空面。

中墙混凝土施工应符合下列规定:

(1)基础底面应清扫干净,无水、无石渣。地基承载力应符合设计规定。

(2)墙身内预埋件、排水管等应固定牢固,位置准确,并加强保护。

(3)宜采用定型钢模板。

中墙顶部与中导洞顶部应回填密实、紧密接触。

中墙混凝土施工后,中墙基坑应及时回填密实。

## 五、公路隧道防水与排水

### (一)一般规定

隧道防排水措施应遵循“防、排、截、堵相结合,因地制宜,综合治理”的原则,应对地表水、地下水妥善处理,形成完整的防排水系统,应使防水可靠、排水畅通。

二次衬砌施工前,应严格按设计做好衬砌背后的防排水设施,防水层不得有影响衬砌厚度的皱褶、绷弦现象,二次衬砌背后纵向盲管,不得侵占二次衬砌结构空间。

### (二)施工期间排水

隧道洞口、辅助坑道洞口、斜(竖)井洞口进洞开挖前应做好排水系统,完善排水设施,并应符合下列规定:

(1)边坡、仰坡坡顶的截水沟出水口应接入周边排水沟渠。

(2)洞外路堑向隧道内为下坡时,路堑边沟应做成反坡,不应将洞外水排入洞内。

(3)洞顶排水沟应与洞门结构同时完成。

隧道开挖前应对影响隧道施工和运营的地表水进行处理。地表水处理是保证隧道施工和运营安全的重要环节,特别是隧道覆盖层薄和渗透性强的地层需在进洞前先处理。主要包括下列几个方面:

(1)洞口附近和浅埋段洞顶积水需要疏干,地表需要铺平,以便于排水。

(2)对隧道施工和运营造成影响的地表井、泉、池沼、水田等,需要采取措施防止渗水侵入隧道。

(3)地表已有排水沟槽需要进行铺砌或改移。

(4)隧道地表沟谷(槽)、坑洼、钻孔、探坑等,需要采取疏导、勾补、铺砌、填平、抹面、封孔等措施。

(5)特殊的黄土陷穴、漏斗、溶隙、废弃的坑洞等需要根据情况进行处理。

(6)在洞顶设高压水池时,水池需要有防渗措施和溢水疏导设施。

隧道施工为顺坡排水时,宜尽早修筑永久排水沟并保持畅通。

隧道施工为反坡排水时,应采用水泵抽水,并应符合下列规定:

(1)应根据排水距离、坡度、水量和施工组织,编制反坡排水方案,选择排水设备、设置集水坑位置和容积、布置抽水管路。

(2)集水坑位置不得造成围岩失稳和衬砌结构承载能力降低,不应影响隧道内运输。

(3)井下工作水泵的排水能力应不小于1.2倍正常涌水量,并应配备备用水泵;井下备用水泵排水能力应不小于工作水泵排水能力的70%。

(4)高冒水风险隧道反坡施工时,应准备一定的抢险物资、设备,宜设置两个独立的供电系统和排水管路。

(5)应做好停电时的应急排水预案和人员、设备的安全保障措施。

围岩有股水出露时,宜直接引排。

隧道浅埋地段地下水位较高,且影响隧道施工时,可采用井点降水措施,井点降水施工应符合下列规定:

(1)应根据降水要求,配备降水设备,编制降水施工方案。

(2)降水井应布置在隧道两侧,降水井井底高程应在隧底高程以下3~5 m。

(3)工作水泵的排水能力应不小于预测抽水量的1.2倍。

(4)应设水位观测井,监测水位高程,掌握水位变化情况,调整降水参数。

(5)隧道施工期间围岩地下水位应保持在开挖线以下0.5 m。

(6)降水期间应监测周边地表沉降大小和沉降范围,并应制定控制措施。

(7)降水施工完成后,降水井应按设计要求进行回填。

隧道开挖前方地下水必须排放时,可采用超前钻孔排水或开挖泄水洞排水等方式排放,并制定防止涌水、突水、突泥的安全措施。对岩溶地区应注意保留或恢复原有排水通道。

钻泄水孔排泄前方地下水时,应符合下列规定:

(1)应根据工程地质与水文地质条件,以及地下水流的方向等因素确定钻孔位置、方向、数目和每次钻进深度。

(2)超前钻孔深度不宜小于10 m,且应超出距开挖面3~6倍开挖循环进尺的距离。

(3)钻孔时孔口应有保护装置,钻孔结束后,对水压较高的出水孔应安装闸阀。

(4)隧道反坡开挖时,应配备足够的抽水设备。

(5)非作业人员应撤出钻孔作业区。

**专家解读**

超前钻孔排水一般用于开挖面前方有高压地下水或有充分补给源的涌水,且排放地下水不会影响围岩稳定及隧道周边环境的地段,是防止承压水突然涌出的措施。

斜井、竖井施工排水应符合下列规定:

(1)井下工作水泵的排水能力应不小于1.2倍正常涌水量,并应配备备用水泵;井下备用水泵排水能力应不小于工作水泵排水能力的70%。

(2)水下隧道或通过承压水层等高冒水风险隧道宜设置两个独立的供电系统和排水管路。

(3)排水泵站应高于临时水仓,并有人值守。

(4)临时水仓应定期清理。

### (三)防排水结构施工

环向、纵向、横向排水(盲)管施工应符合设计和下列规定:

(1)排水(盲)管的材质、强度、透水性应符合相关规范的规定,尺寸规格应满足设计要求,盲管不得有凹瘪、扭曲。

(2)环向排水盲管、竖向排水盲管应紧贴初期支护表面敷设,布置间距应满足设计要求,应在有集中渗水位置敷设,在地下水较大地段应适当加密。

(3)纵向排水盲管敷设的纵向坡度应与隧道纵坡一致,不得起伏不平,不得侵占衬砌结构空间。

(4)环向排水盲管、竖向排水盲管与纵向排水盲管应采用三通连接,并应连接牢固。

(5)横向泄水管应采用硬质不透水管,横向泄水管与纵向排水盲管应采用三通连接,并应连接牢固,衬砌混凝土浇筑时应露出横向泄水管管头。

(6)横向导水管应与泄水管管头连接牢固。

(7)横向导水管宜采用切槽方式铺设,浇筑路面混凝土时,槽顶面应采取隔离措施。

(8)横向导水管排水坡度不应小于设计值。

(9)环向排水盲管、竖向排水盲管、纵向排水盲管及透水的横向导水管的管体应用土工布包裹。

防水层铺设应符合下列规定:

(1)防水层铺设应超前二次衬砌施工1~2个循环距离衬砌段。

(2)初期支护表面应平顺。应无钢筋和锚杆头外露、尖硬物凸出、错台和急速凹凸现象。基面平整度宜满足要求。

(3)防水层宜利用专用台车铺设。

(4)防水层应环向整幅铺设,拱部和边墙应无纵向搭接。

(5)无纺布与防水板应分别铺挂,无纺布铺挂完成后再挂防水板。

(6)无纺布应采用射钉加热熔垫固定,防水板应采用无钉铺挂,铺挂固定点间距:拱部宜为0.5~0.7 m,侧墙宜为0.7~1.0 m,在凹处应适当增加固定点。

(7)防水板铺挂时应适当松弛,松弛系数根据超挖情况确定,一般情况取1.1~1.2。

防水板焊接应符合下列规定:

(1)防水板的搭接宽度不应小于100 mm,应采用自动爬焊机双缝焊接,双缝焊每条焊缝宽度不应小于10 mm;无法采用自动爬焊机焊接的个别局部搭接位置,可采用手持焊枪焊接,焊缝宽度不应小于20 mm。

(2)焊接时,焊缝接头应平整、不应有皱褶和空隙,焊接面应擦拭干净。

(3)防水板焊接前应进行焊接试验,确定适宜的焊接温度和速度,不得出现烧焦和溶穿现象。

(4)双焊缝焊接质量应采用充气法检查,充气压力在0.25 MPa保持15 min后,压力下降应小于10%。

中埋式止水带施工应符合下列规定:

(1)应埋设在衬砌结构设计厚度中央,平面应与衬砌表面平行、与衬砌端头模板正交,止水带中间空心圆环应顺施工缝、变形缝方向并与缝重合安装。

(2)先浇一侧混凝土应采用定型挡头模板固定止水带,挡头模板应支撑牢固。

(3)后浇一侧混凝土浇筑前应清除止水带上混凝土残渣,止水带有倒转、扭曲时应采取措施扶正。

(4)混凝土浇筑时止水带不应移位、折曲、倒转。

(5)在衬砌转角位置的止水带应采用连续圆弧过渡,橡胶止水带的转角半径不应小于200 mm,钢边止水带不应小于300 mm。

(6)止水带周边混凝土振捣应能使止水带与混凝土紧密结合,不留气泡和空隙,并应防止振捣造成止水带偏位或破损。

不得在止水带上穿钉、打孔,应防止止水带撕裂、刺破。

## 六、公路隧道通风防尘及水电作业

### (一)隧道通风

应根据隧道长度、断面大小、施工方法、设备条件等综合确定通风方式,并应符合下列规定:

(1)独头掘进长度超过150 m时,应采用机械通风。

(2)独头掘进长度超过1.5 km,宜进行通风设计。

(3)主风流不顺畅、主风流改向、风速不符合规定等情况下,宜设置局部或诱导通风系统。

(4)巷道式通风宜优先利用辅助坑道。

(5)常用通风方式如表1-121所示。

**表 1-121　施工通风方式**

| 通风方式 | | 说明 |
|---|---|---|
| 抽出式 | 集中式 | (1)在洞外按需风量总和设置大容量风机,风管吸风口设在开挖面附近,通过风管排出废风。<br>(2)优点:排烟速度快,且风流主要在回风段调节,对行人运输影响小;掌子面风压呈负压状态,对主扇停风时瓦斯等有毒有害气体突然涌出为有利因素。<br>(3)缺点:要求风管距掌子面不超过 5 m,布置困难,常常因此造成通风效果差。新鲜空气流经全洞,到掌子面时已不太新鲜。污风通过主扇,腐蚀性较大 |
| | 串联式 | (1)在风管内设置小型风机,随开挖面推进,可接长风管和增加风机,通过风管排出废风。<br>(2)优点:动力有保证。<br>(3)缺点:设备要求高 |
| 压入式 | 集中式 | (1)设备与集中抽出式相同,但是将风管送风口设在开挖面附近,通过风管将新鲜风从开洞口吹入开挖面,并由隧道排出废风。<br>(2)优点:可以使用柔性风管,风管体积小,重量轻,便于运输、安装、拆除,费用较低。有利于无轨运输方式。<br>(3)缺点:风管风压高于洞内。容易漏风 |
| | 串联式 | (1)设备与串联排风式相同,但是将新鲜空气通过风管送入开挖面,并由隧道排出废风。<br>(2)优点:动力有保证。<br>(3)缺点:设备要求高 |
| 送排风并用式 | 集中式 | (1)轴流风机分别设置在洞外和洞内。<br>(2)优点:通风效果好。<br>(3)缺点:噪声大 |
| | 串联式 | (1)设备由串联排风式和串联送风式构成。<br>(2)优点:动力有保证。<br>(3)缺点:设备要求高 |
| 送排风混合式 | | (1)由下导坑或侧壁导坑作超前开挖时,在超前导坑部采取送风式,在全断面部(扩挖处)采取排风式。<br>(2)优点:可有效提高通风长度。<br>(3)缺点:风管容易损坏 |
| 竖井排风、正洞送风方式 | | (1)长隧道时,利用竖井排风,并在正洞口内竖井底口附近设送风机送风至开挖面。<br>(2)优点:通风效果好。<br>(3)缺点:成本高 |
| 巷道通风方式 | | (1)特长隧道时,利用辅助坑道作排风道,正洞作进风道,在辅助坑道的洞口附近安设大容量风机。<br>(2)优点:通风系统布置方便,断面大、阻力小,通风效果好。<br>(3)缺点:成本高 |
| 局部风机(风扇)方式 | | 采取排风方式时,在开挖面附近局部地方设置风机(风扇),或者在横洞处设置局部风机,诱导通风 |

**链接**

隧道通风方式除按上述方式分类外，还可按风道的类型和通风安装位置的不同分类，其可分为风管式通风、巷道式通风和风墙式通风 3 种。其中，风管式通风按隧道内空气流向的不同，又可进一步划分为抽出式通风、压入式通风和混合式通风 3 种方式。

### （二）隧道防尘

目前，在隧道施工中采取的防尘措施是综合性的。主要是湿式凿岩、孔口捕尘、机械通风、喷雾洒水和个人防护相结合，综合防尘。

#### 1. 湿式凿岩

湿式凿岩，就是在钻眼过程中利用高压水湿润粉尘，使其成为岩浆流出炮眼，这就防止了岩粉的飞扬。根据现场测定，这种方法可降低粉尘达 80%。目前，我国生产并使用的各类风钻都有给水装置，使用方便。

**链接**

湿式凿岩主要用于钻眼作业，能够有效防尘，在采用湿式凿岩时应操作规范，先开水后开风，先关风后关水，以免产生粉尘。隧道防尘要求中，湿式凿岩的水压标准为高压水到达工作面处的压力不小于 300 Pa，每台风钻应不小于 3 t/min 用以保证水量充足。

#### 2. 孔口捕尘

对于缺水、易冻害或岩石不适于湿式钻眼的地区，可采用干式凿岩孔口捕尘，其效果也较好。

#### 3. 机械通风

施工通风可以稀释隧道内的有害气体浓度，给施工人员提供足够的新鲜空气，同时也是防尘的基本方法。因此，除爆破后需要通风外，还应保持通风的经常性。

#### 4. 喷雾洒水

喷雾一般在爆破时实施，主要是防止爆破中产生粉尘过大。喷雾器分两大类：一种是风水混合喷雾器，另一种是单一水力作用喷雾器。

风水混合喷雾器是利用高压风将流入喷雾器中的水吹散而形成雾粒，更适合于爆破作业使用。单一水力作用喷雾器则无需高压风，只需一定的水压即可喷雾，且这种喷雾器便于安装，使用方便，可安装于装渣机上，故适合于装渣作业时使用。

洒水是降低粉尘浓度的简单而有效的措施，即使在通风较好的情况下，洒水降尘仍然需要。因为单纯加强通风，还会吹干湿润的粉尘而重新飞扬。对渣堆洒水必须分层洒透，一般每吨岩石洒水的耗水量为 10 ~ 20 L，如果岩石温度较大，水量可适当减少。

#### 5. 个人防护

对于防尘而言，个人防护主要是指佩戴防护口罩，在凿岩、喷混凝土等作业时还要佩戴防噪声的耳塞及防护眼镜等。

### （三）隧道供水

隧道工作面供水压力不应小于 0.3 MPa。水管的直径应根据最大的供水量、管路长度、弯头、闸阀等条件计算确定。

供水方案的选择及设备的配置应符合下列规定：

(1)水源的水量应满足工程和生活用水的需要。有高山自然水源时应蓄水利用,水池高度应能保证洞内最高用水点的水压。

(2)水池的容量应有一定的储备量,满足洞内外集中用水的需要。

(3)采用机械站供水时,应有备用的抽水机。

(4)工程和生活用水使用前应经过水质鉴定。

### (四)隧道供电与照明

隧道施工低压供电,应采用220/380 V三相五线制电力系统,并且必须符合下列规定:

(1)宜采用总配电箱、分配电箱、末级配电箱三级配电系统。

(2)应采用二级漏电保护系统。

(3)应采用电源中性点直接接地。

(4)应采用TN-S接零保护系统。

非瓦斯隧道照明电压应符合下列规定:

(1)固定式照明电压应不大于220 V,线路末端的电压降不应大于10%。

(2)手持式或移动式照明电压应不大于36 V。

瓦斯隧道各级配电电压和各种机电设备额定电压等级应符合下列规定:

(1)高压应不大于10 000 V,低压应不大于1 140 V。

(2)照明、信号、电话和手持式电气设备的供电额定电压,微瓦斯、低瓦斯工区应不大于220 V,高瓦斯工区、煤(岩)与瓦斯突出工区应不大于127 V。

(3)远距离控制线路的额定电压应不大于36 V。

(4)掌子面设备电压超过3 300 V时,应采取专门的安全措施。

线路末端电压降满足要求时,变压器应设置在洞外,再低压进洞。洞外变电站宜设在靠近负荷集中地点的电源来线一侧。洞外变电站应设置防雷击和防风装置。

洞内供电线路布置和安装应符合下列规定:

(1)成洞地段固定的电线路,应采用绝缘良好的胶皮线架设。施工地段的临时电线路应采用橡套电缆,竖井、斜井宜使用铠装电缆。

(2)涌水隧道斜井、竖井电动排水设备的电气装置应采用双电源供电,有可靠的切换装置和防水措施。

(3)动力干线上的每一分支线,必须装设开关及保险装置。不应在动力线路上加挂照明设施。

隧道施工作业地段应有充足的照明。隧道施工作业地段采用普通光源照明时,应符合下列规定:

(1)在主要交通道路、洞内抽水机站或竖井等重要处所,应有安全照明。

(2)漏水地段照明应采用防水灯头和灯罩。瓦斯地段的照明器材料应采用防爆型。

(3)隧道施工不应采用白炽灯照明。可采用LED灯等节能光源照明。

(4)不安全因素较大地段宜加大光照度。

## 七、公路隧道辅助坑道施工

### (一)一般规定

隧道施工需要设置辅助坑道时,在施工前应进行现场核对优化,核对的内容应包括辅助坑道的类型、平面位置、断面尺寸、坡度、高程、支护类型和技术参数等。现场地形与设计不符时，应根据地形调整辅助坑道的洞口位置。

斜井和竖井施工，应根据风险评估采取水害火灾防治措施。有轨运输、绞车提升应编制专项施工方案。

辅助坑道洞口的截、排水工程和场地周围防护设施应在辅助坑道施工前完成。坑道洞门应尽早建成。

应加强辅助坑道中地质不良地段、井底调车场、错车道、作业洞室、辅助坑道与正洞连接处的风险控制。辅助坑道与正洞交角应符合设计规定，设计无规定时，辅助导坑中线与正洞中线交角可取40°~60°。正洞与辅助坑道交叉处钢架的锁脚锚杆打设方向应朝向两洞夹角平分线方向。

辅助坑道废弃应符合设计规定。

隧道施工有平行导坑或横洞时，应充分利用辅助坑道排水，降低正洞水位，使正洞水流通过辅助坑道引出洞外。必要时应设置永久排水沟，使坑道封闭后能保持水流畅通。

斜井、竖井施工，应随开挖面挖集水坑，并及时将集水坑的水排出。竖井井壁渗水影响施工时，可用压浆堵水，固结地层后再进行开挖。

### （二）斜井

斜井开挖钻孔方向应与斜井倾角一致。

斜井开挖每一循环进尺应检测其高程并控制井身坡度；每隔20~30 m应复核中线、高程。

斜井施工应严格按设计要求及时支护。倾角大于30°且地质条件较差的斜井衬砌，其墙基的末端应做成台阶形式。斜井防水板和二次衬砌台车应采取地锚、丝杠等锚固防滑措施。

钢架应结合现场实际开挖断面加工，并应符合设计规定。钢架安装角度应严格按设计规定执行。应加强对斜井与正洞交界处钢架安装角度和距离的控制。

斜井的井口地段、不良地质或渗水地段、井底调车场、作业洞室，施工时应减小单段最大爆破药量、及时支护。

斜井挑顶施工应符合下列规定：

(1)斜井与正洞交叉段挑顶施工时应根据地质条件选择合理的开挖方案。

(2)软弱围岩地段应进行预加固处理。

(3)采用钻爆法掘进时应以减小单段最大爆破药量为原则降低对围岩的扰动。

(4)可适当增大围岩预留变形量。

(5)应增加监控量测的点位和监测频次。

采用有轨运输时，应进行轨道、转载场、渣仓、水电系统、通风等设计。人行道应设扶手。

轨道铺设的标准和要求除应按《公路隧道施工技术规范》的有关规定执行外，尚应符合下列规定：

(1)每根钢轨应安装两组防爬设备，每对钢轨应有3根轨距拉杆。

(2)两条钢轨顶面的高差不得超过5 mm，铺设双轨时，两股道上运行车辆之间的空隙不得小于500 mm。

(3)没有人行道时，运输轨道与两侧管道、电力线之间的安全距离不得小于200 mm；有人行道时应另行确定。

(4)托索轮及安全闸等轨道辅助设备应与轨道一并铺设。

(5)宜采用轨道防滑底梁等措施防止轨道滑动。

斜井有轨运输应符合下列规定：

(1)运输车辆升降的最大速度宜不超过 9 m/s，不得大于设计规定值。

(2)提升绞车应有深度指示器及自动示警，并设有防过卷装置。

(3)斜井的提升、连接装置和钢丝绳、绳卡应符合安全使用的要求，并应定期检查、上油保养。

(4)提升绞车与井口、井底均应有联络信号装置，并有专人负责。每次提升、下放、暂停应有明确的信号规定。

(5)井口轨道中心必须设置安全挡车器，有专人管理并经常处于关闭状态，放车时方准打开。

(6)应每隔 100 m 设置 1 处防溜车装置。在挡车器下方约 5 ~ 10 m 及接近井底前 10 m 处应各设一道防溜车装置。

(7)井底与通道连接处，应设置安全索。车辆行驶时井内严禁人员通行与作业。

(8)运输斗车之间、斗车和钢丝绳之间应有可靠的连接装置，并加装保险绳。在斗车上、钢丝绳或车钩上要有防脱钩设备。

(9)运输长材料时，应有装卸及进出斜井的安全措施。

(10)严禁人员乘斗车上下，当斜井垂直深度超过 50 m 时，应有运送人员的专用设施。

(11)斜井内应有足够的照明设施。

(12)斜井口、井下及提升绞车应有联络信号装置。每次提升、下放与停留应有明确的信号规定。

(13)应每班检查轨道鱼尾板、螺丝、弹簧垫、垫板、拉杆、防爬器等，调整轨道高低、水平、轨距，保证轨道平顺。

(14)应每班检查矿车插销磨损和固定情况，及时更换插销并固定良好，防止因插销断裂或者跳出造成跑车事故。

无轨运输除应符合现行《公路工程施工安全技术规范》和《公路隧道施工技术规范》的有关规定外，尚应符合下列规定：

(1)运输道路应硬化并采取防滑、防水措施。

(2)单车道斜井错车道间距宜小于 300 m，其长度应满足安全行车要求。

(3)机械车辆下坡运行时应使用低速挡，严禁脱挡滑行。

### (三)竖井

井口周围应设置安全栅栏、安全门和防雨设施。安全栅栏高度不应小于 1 200 mm。

井口的锁口圈应在井身开始掘进前完成，并配备井盖。除升降人员或物料时，不得打开井盖。

竖井井架应安装避雷装置。

当正洞掘进已超前竖井位置，可先行开挖小口径导井后利用主洞出渣。

采用反井钻机施工时，必须符合下列规定：

(1)扩孔作业时不得出渣，严禁人员在下方停留、通行、观察。

(2)出渣时，反井钻机必须停止扩孔作业。

(3)更换破岩滚刀时，应采取保护措施。

(4)不得干钻扩孔。

(5)应及时清理导井内的石渣，防止堵孔。

(6)不得站在导井下的石渣上作业。

(7)应制订堵孔处理预案。

(8)导井扩孔完毕,应在上、下孔口外围设置栅栏。

竖井内应加强通风和排水。

竖井开挖钻爆作业除应符合《公路隧道施工技术规范》的有关规定外,尚应符合下列规定:

(1)钻孔前应先清除开挖面的石渣并排除积水。

(2)每次爆破后应检测断面。

(3)每掘进 5 ~ 10 m 应核对中线,及时纠正偏斜。

(4)开挖宜采用直孔掏槽,当岩层倾斜较大且裂隙明显时,可用楔形或其他形式掏槽。有地下水时可采用立式梯台超前掏槽法。

(5)炮孔钻完后,应将孔口临时堵塞。

(6)爆破的石渣块度宜满足装渣要求。

(7)通过软弱破碎地层时,每班应派专人观测地面沉降和井壁变化情况,发现危险预兆,应立即停止作业,撤出人员,进行处理。应及时施工初期和永久支护。

(8)竖井壁座宜与竖井井身同步开挖,并及时施作支护和壁座钢筋混凝土。壁座预埋连接钢筋宜采取套筒连接方式。

竖井支护应及时施作。井口段、马头门及地质较差的井身地段宜采用钢筋混凝土衬砌,衬砌分节宜自下而上进行,并按需要设置壁座安设锚杆。

向正洞输送混凝土时,应采取安全技术措施。

竖井装渣宜采用抓岩机。当竖井深度小于 40 m 时,出渣可采用三角架或龙门架作井架,但出渣时应采取钢丝绳稳定、过卷、过放等安全保证措施。使用抓岩机时,应符合下列规定:

(1)抓岩机应与吊盘可靠连接,并设置专用保险绳。

(2)抓岩机连接件及钢丝绳,在使用期间应由专人每班检查 1 次。

(3)装渣完毕应将抓斗收拢并锁挂于机身。

竖井永久支护可在竖井开挖完成后自下而上分节施工。

### (四)横洞与平行导坑

横洞和平行导坑的开挖,应根据围岩级别、断面大小合理选用开挖方法,当其与正洞的距离小于 10 m 时,爆破振动应符合现行《爆破安全规程》相关规定。

平行导坑与正洞间横通道的位置和间距应符合设计规定,可根据车行、人行横通道位置、施工需要、正洞工程进度及地质情况等进行调整。

#### 专家解读

设计规定的横通道间距一般不会小于 120 m。根据车行、人行横通道位置调整临时横通道位置可以节省成本。

为了增辟工作面、通风、排水、地质预报等的需要,平行导坑的掘进都需要超前正洞。超前的距离越长越好。通常需要超前两个横通道。如不需要利用平行导坑增辟工作面,为了通风、排水、超前地质预报的需要,超前也不宜小于一个横通道的间距。

正向横通道的方向是由平行导坑斜向正洞的掘进方向。当运输量大时,可每隔 5 ~6 个横通道设置一个反向横通道,便于增加运输回路,有利于车辆调度。

横洞和平行导坑均应设置完整通畅的排水系统。

## 八、公路隧道辅助工程措施

### （一）一般规定

在隧道浅埋段、严重偏压地段、围岩自稳性差的地段以及大面积淋水或涌水地段、塌方地段等特殊地层地段施工时，应根据现场实际情况，按地层稳定和安全施工要求，采取适用的辅助工程措施。

应根据拟采用的辅助工程措施，做好相应的工序设计，配备所需的设备、器材，预备所需材料，采取安全防护措施，培训施工技术人员。

辅助工程措施施工时，应注意观察围岩及支护工作状态，并做好详细的施工记录。

### （二）围岩加固措施

在隧道施工容易造成地表下沉、围岩失稳和坍塌、围岩大变形地段，可采用地面砂浆锚杆、地表注浆、地面旋喷桩、围岩超前注浆、围岩径向注浆、超前水平旋喷桩、长锚杆、锚索等进行围岩加固。当某一种围岩加固措施难以保证围岩稳定、施工安全时，可同时采用多种加固措施联合使用。

**专家解读**

围岩加固有两种途径，一是从地面对围岩进行加固，二是在洞内对围岩进行加固。地面加固措施包括：地面砂浆锚杆、地表注浆、地面旋喷桩；洞内加固措施包括：围岩超前注浆、围岩径向注浆、超前水平旋喷桩、长锚杆、锚索等进行围岩加固。在围岩自稳性特别差的地段，有时需要采用多种围岩加固措施。

### （三）稳定掌子面及超前支护措施

在隧道掌子面自稳性差、掌子面开挖可能坍塌、拱顶掉块时，可采用封闭开挖面、超前锚杆支护、超前小导管支护、超前管棚支护、超前水平旋喷加固等措施。

隧道开挖掌子面出现垮塌、溜坍、掉块涌水、突泥、流沙等危及施工安全生产的迹象时，应在保证作业人员安全的条件下及时封闭掌子面。封闭掌子面应符合下列规定：

（1）在软弱围岩、破碎围岩地段、掌子面容易出现掉块时，可采用喷射混凝土封闭围岩，喷射混凝土厚度不宜小于 80 mm，且封闭期间喷射混凝土不应起层、剥落，必要时可设钢筋网。

（2）在掌子面出现较大涌水、涌泥时，可采用混凝土封堵墙封堵，封堵墙厚度应根据封堵范围大小、涌出压力、涌泥规模、需封堵时间确定，封堵墙厚度应不小于 500 mm，并应采用早强混凝土，必要时可设钢筋网。

（3）当掌子面出现流沙、涌泥、湿陷性黄土及掌子面溜坍时，可采用洞渣加沙袋反压封堵。

超前锚杆施工应符合下列规定：

（1）超前锚杆各项参数应满足设计要求。

（2）超前锚杆尾端应支撑于钢架上，并应焊接牢固。

（3）超前锚杆砂浆应饱满。

（4）超前锚杆与被支撑围岩间出现间隙时，应采用喷射混凝土填满。

(5)超前锚杆施工完成 8 h 后方可进行开挖。

(6)开挖时超前锚杆间仍有掉块时,应立即补打,加密间距,并应在下一环超前锚杆施工时适当加密。

超前小导管施工应符合下列规定:

(1)小导管各项参数应满足设计要求。

(2)超前小导管尾端应支撑于钢架上,并应焊接牢固。管口应设置止浆阀。

(3)超前小导管与围岩间出现间隙时,应采用喷射混凝土填满。

(4)超前小导管管内应注满砂浆。

(5)超前小导管施工完成 8 h 后方可进行开挖。

(6)开挖时导管间仍有掉块时,应立即补打导管,并应在下一环小导管施工时适当加密。

**链接**

超前小导管注浆预支护既适用于一般软弱破碎围岩,也适用于地下水丰富的松软围岩,且是对围岩加固的范围和强度相对较小的预支护措施。

超前小导管注浆工艺流程如图 1-23 所示。

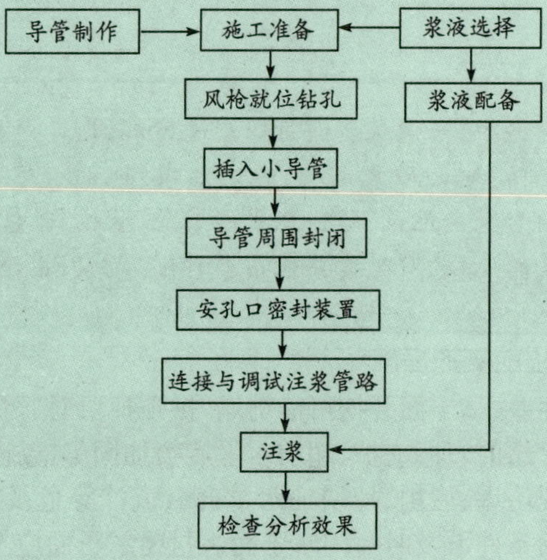


**图 1-23　超前小导管注浆工艺流程**

超前管棚支护施工流程为:浇筑导向墙(包括安设导向管)→钻孔→打设管棚钢管→插入钢筋笼→管棚钢管内注浆。

超前管棚支护应符合下列规定:

(1)管棚的各项参数应符合设计规定。

(2)管棚开孔前宜先施作导向墙,其纵向长度不应小于 2 m、厚度应不小于 0.8 m,并应有足够的强度和刚度,导向墙基础应置于稳定地基上。

(3)导向墙内的导向管内空直径应不小于管棚钻孔的钻头直径,布置间距和方向满足设计要求。

(4)管棚钻孔不应侵入开挖范围,钻孔机械应具有纠偏功能。

(5)管棚钢管宜分节连接顶入钻孔,节段长度不宜小于 2 m,相邻钢管的接头错开距离应大于 1 m,各节段间应采用丝扣连接或套管焊接连接,连接长度不应小于 50 mm。

(6)管棚钢管就位后,应插入钢筋笼,并应及时进行注浆施工,每根钢管应一次连续注满砂浆，注浆参数应根据现场试验确定，砂浆强度等级不应低于 M20。

(7)管棚钻孔应跳孔实施，先实施的管棚注浆凝固后，方可进行其相邻管棚的钻孔施工。

(8)围岩破碎、钻进难以成孔时，可采用跟管钻孔工艺施工。

(9)当洞内采用超前管棚时，管棚工作室参数应根据机具设备尺寸和设计管棚外倾角等因素设置。

## 九、公路隧道盾构施工

盾构法是暗挖法施工中的一种全机械化施工方法。它是将盾构机械在地中推进，通过盾构外壳和管片支承四周围岩防止发生往隧道内的坍塌，同时在开挖面前方用切削装置进行土体开挖，通过出土机械运出洞外，靠千斤顶在后部加压顶进，并拼装预制混凝土管片，形成隧道结构的一种机械化施工方法。

**链接**

盾构机按开挖面是否封闭，可划分为密闭式和敞开式。其中，密闭式盾构机按平衡开挖面土压与水压的原理不同，可划分为土压式和泥水式；敞开式盾构机按开挖方式的不同，可划分为手掘式、半机械式和机械式。

盾构始发应符合下列规定：

(1)盾构始发前应验算盾构反力架及其支撑的刚度和强度，反力架应牢固支撑在始发井结构上。盾构反力架整体倾斜度应与盾构基座的安装坡度一致。

(2)应根据工程水文地质条件、盾构机类型、盾构工作井的围护结构形式等因素加固盾构工作井端头地基，承载力应满足始发要求。

(3)应拆除刀盘不能直接破除的洞门围护结构。拆除前始发工作井端头地基加固与止水效果应良好。拆除时，应将洞门围护结构分成多个小块，从上往下逐个依次拆除，拆除作业应迅速连续。

(4)洞门围护结构拆除后，盾构刀盘应及时靠紧开挖面。

(5)盾构始发时应在洞口安装密封装置；盾尾通过洞口后，应尽早稳定洞口。

(6)盾构始发时，始发基座应稳定，盾构不得扭转。

(7)千斤顶应均匀顶进，反力架受力应均匀。

(8)负环脱出盾尾后，应立即对管片环向进行加固。

盾构掘进应符合下列规定：

(1)盾构应在始发段 50 ~ 100 m 进行试掘进，并应根据地质情况、施工监测结果、试掘进经验等因素选用掘进参数。

(2)土压平衡盾构掘进，开挖土体应充满土仓，并应核算排土量和开挖量。泥水平衡盾构掘进，泥浆压力与开挖面水土压力、排土量与开挖量应保持平衡。掘进过程中，应采取防止螺旋输送机发生喷涌的措施。

(3)盾构机不宜长时间停机。

(4)盾构刀具检查和更换地点应选择地质条件好、地层稳定的地段。

(5)维修刀盘应对刀盘前方土体采取加固措施或施作竖井。

(6)盾构设备应在机器停止操作时维修；液压系统维修前，应关闭相关阀门并降压；电气系统维修前，应关闭系统；空气和供水系统维修时，应关闭相应阀门并降压；刀盘、拼装机等旋转设备部件区域维修前,设备应停止运转。

盾构管片拼装应设专人指挥。管片拼装时,拼装设备与管片连接应稳固,管片拼装和吊运范围内不得有人和障碍物,拼装完的管片应及时固定。

盾构接收应符合下列规定:

(1)盾构到达前应拆除洞门围护结构,拆除前,工作井端头地基承载力、止水应满足要求。拆除时应控制凿除深度。洞口应安装止水密封装置。

(2)盾构距到达接收工作井 15 m 内,应调整掘进速度、开挖压力等参数,减小推力、降低推进速度和刀盘转速,控制出土量并监测土仓内压力。

(3)隧道贯通前 10 环管片应设置管片纵向拉紧装置,贯通后应快速顶推并迅速拼装管片。

(4)隧道贯通前 10 环管片应加强同步注浆和即时注浆,盾尾通过洞口后应及时密封管片环与洞门间隙。

盾构过站、掉头及解体应符合下列规定:

(1)过站、掉头托架或小车的强度、刚度和稳定性应满足盾构过站、掉头及解体的需要。

(2)盾构过站、掉头应观察盾构转向或移动状态。应控制好盾构掉头速度,并应随时观察托架或小车变形、焊缝开裂等情况。

(3)举升盾构机应同步、平稳。

(4)牵引平移盾构应缓慢平稳,钢丝绳应牢固。

(5)盾构解体前应关闭各个系统,各个部件应支撑牢固。

盾构洞门、联络通道施工应符合下列规定:

(1)洞口负环拆除前应二次注浆。

(2)联络通道施工应编制专项施工方案。

(3)联络通道施工前应加固开挖范围及上方地层。

(4)拆除联络通道交叉口管片前应加固管片壁后土体和联络通道处管片。

(5)隧道内施工平台应与机车运输系统保持安全间距。

特殊地质和施工环境条件下的盾构施工应符合下列规定:

(1)应制订监控量测方案,并应根据监控量测结果及时调整掘进参数。

(2)浅覆土地段应根据地质、水文条件与施工环境采取地基加固、设置抗浮板或加盖板等处理措施。

(3)小净距隧道施工前,应加固隧道间土体;先建隧道管片壁后应注浆,隧道内应支设钢支撑;后建隧道施工应控制掘进速度、土仓压力、出渣量、注浆压力等。

(4)小半径曲线段隧道施工应制订防止盾构配套台车和编组列车脱轨或倾覆的措施。

(5)盾构下穿或近距离通过既有建(构)筑物、地下管线前,应详细调查并评估施工对该地段既有建(构)筑物、地下管线的影响,并应根据实际情况加固受盾构掘进影响的地基或基础、控制掘进参数,且应加强观测既有建(构)筑物的沉降、位移。

(6)大坡度地段机车和盾构机后配套台车应设置防溜装置。

盾构施工运输应符合下列规定:

(1)皮带输送机机架应坚固、平顺。启动皮带输送机前应发出声光警示,应空载试转,各部位运转应正常,皮带应连接牢固、松弛度适中。应在达到额定转速后均匀装料,并应设专人检查皮带运转情况。

(2)轨道应平顺,钢轨与轨枕间应牢固,轨枕和轨距拉杆应符合安装规定,并应设专人养护轨道。

(3)机车安全装置应可靠有效,机车行驶速度不得大于 10 km/h,经过转弯处或接近岔道时不得大于 5 km/h,靠近工作面 100 m 距离内不得大于 3 km/h 并应打铃警示,车尾接近盾构机台车时不得大于 3 km/h。

(4)机车在启动和行驶过程中应启动警铃、电喇叭等警示装置。开车前应前后检查,各类物件应平稳放置、捆绑牢固,不得超载、超宽和超长运输。

### 十、公路隧道逃生与救援

隧道施工应配备应急救援机械设备、监测仪器、堵漏和清洗消毒材料、交通工具、个体防护设备、医疗设备和药品、生活保障和救援物资等,应进行定期检查、维护和更新。不得挪用救援物资及救援设备。

隧道施工应建立兼职救援队伍。

隧道通风、供水及供电设备应纳入正常工序管理,设专人负责管理。施工过程中应加强通风效果检测,供水供电管道、线路应通畅,同时应设置备用设备和备用电源。

隧道内交通道路及开挖作业等重要场所应设置安全应急照明和应急逃生标志,应急照明应有备用电源并保证光照度符合要求。

软弱围岩隧道开挖掌子面至二次衬砌之间应设置逃生通道,随开挖进尺不断前移,逃生通道距离开挖掌子面不得大于 20 m。逃生通道的刚度、强度及抗冲击能力应满足安全要求,逃生通道内径不宜小于 0.8 m。

长、特长及高风险隧道应设报警系统及逃生设备、临时急救器械和应急生活保障品等。

隧道施工期间各施工作业面应安装有应急照明装置的报警系统装置。

## 模块四　特殊地段施工

### 一、一般规定

不良地质和特殊性岩土地段隧道施工前应编制专项施工方案,专项施工方案应包括:应急预案、地质预报方案、监控量测方案。施工过程中实际与设计不符时,应及时调整。

**专家解读**

不良地质是指对工程可能造成危害的地质作用或现象。这些不良地质包括:滑坡、崩塌体、岩溶、采空区、大变形、岩爆、瓦斯、断层、富水软弱破碎带、流沙、冻融循环土、盐渍岩土等。特殊性岩土是指在特定的地理环境或人为条件下形成的具有特殊物理力学性质和工程特征、特殊物质组成或者具有特殊构造的岩土。包括:堆积层、黄土、膨胀岩土、砂层、冻土。

应结合应急预案,提前做好技术、物资、机械的储备和应急演练。

应加强监控量测工作,及时反馈量测结果,进行动态设计和动态施工。

**链接**

穿越特殊地质地段的隧道，除应进行特殊设计外，在施工中还应对地下水位变化进行观测，对围岩变形和支护衬砌结构变形或受力进行监测。当设计与实际情况不符时，应及时修正设计。

## 二、涌水

涌水处理措施可分为排水措施与注浆止水措施，其具体分类如表 1-122 所示。

表 1-122　涌水处理措施分类

| 措施分类 | | 具体措施 | |
| --- | --- | --- | --- |
| 涌水处理措施 | 排水措施 | 超前排水 | 超前钻孔排水 |
| | | | 超前导坑排水 |
| | | 排水槽（坑） | |
| | | 井点降水 | 轻型井点降水 |
| | | | 深井降水 |
| | 注浆止水措施 | 超前周边止水注浆 | |
| | | 超前帷幕止水注浆 | |
| | | 周边止水注浆 | |

隧道涌水处理应符合“预防为主、疏堵结合、注重保护环境”的原则。应根据地质地形条件、隧道结构形式、断面大小和环保要求等，选择涌水处理措施。

地下水丰富且排水时挟带泥沙引起前方围岩失稳的破碎带、风化带，可能存在涌水突泥隐患的地段或排水后对隧道周边地下水和地表水影响较大的地段，可采用超前围岩预注浆堵水。

围岩自稳性较好，但地下水丰富，地下排放对隧道周边地下水和地表水影响较大的地段，隧道开挖后对围岩暴露的股状水、裂隙水、大面积淋水可采用围岩径向注浆堵水。

开挖前方有高压地下水或有充分补给源的涌水，排放地下水对围岩稳定、周边水环境影响较小的地段，可采用超前钻孔排水。超前钻孔排水设计应符合下列规定：

（1）孔径不应小于 76 mm，每断面钻孔数不应少于 3 个。

（2）深度不宜小于 10 m。

（3）孔底位置超前掌子面距离小于 1 ~ 2 个开挖循环进尺且仍需继续超前钻孔排水时，应实施下一循环超前钻孔排水。

（4）孔口应设置防突涌水保护装置。

**链接**

超前钻孔排水施工应使用轻型探水钻机或凿岩机钻孔，钻孔孔位（孔底标高）应在水流上方。

对地下水丰富、出水季节性强、洞内排水能力不足而又无法封堵的隧道，可采用泄水洞排水。

在地下水位高于隧道开挖底高程3.0 m以上、补给源明确的砂质土、碎石土及亚黏土地层的浅埋隧道,施工期间可采用井点降水。井点降水设计应符合下列规定:

(1)应根据地层渗透系数、降水范围及地下水量等因素确定井点位置、深度和数量。

(2)应在地表沿隧道两侧布置井点降水钻孔,地下水补给来源一侧可多布。

(3)降水后水位线应低于隧底开挖线0.5~1.0 m。

## 三、富水软弱破碎围岩

富水软弱破碎围岩隧道施工前,应采用超前探测手段,了解前方的地质、地下水情况,对围岩稳定进行分析判断,经过技术、经济、环境保护等指标的对比后,选择排水与堵水措施,确定处理和开挖方案。

富水软弱破碎围岩隧道施工宜选用超前注浆加固、超前小导管、超前大管棚等辅助工程措施。

富水软弱破碎围岩隧道施工排水、隧道堵水措施应符合《公路隧道施工技术规范》的有关规定。

富水软弱破碎围岩隧道加固措施、超前支护措施应符合《公路隧道施工技术规范》的有关规定。采用超前大管棚时,管棚钢管直径不宜小于108 mm、环向间距不宜大于350 mm。采用超前小导管时,钢管环向间距不宜大于300 mm。

富水软弱破碎围岩隧道开挖应采用先治水、加固,后超前支护、再开挖的施工顺序。

富水软弱破碎围岩隧道二次衬砌应尽早施作。

## 四、岩溶

岩溶地区隧道施工前,应结合地勘资料,采取综合超前地质预报手段,探清岩溶发育规模、溶洞分布、岩溶充填、地下水及其流向等情况,核实岩溶与隧道空间位置关系等。探测精度应满足工程施工需要。

**专家解读**

岩溶是可溶性岩层(如石灰岩、白云岩、白云质灰岩、石膏等)受具有溶解能力的水的长期作用而产生的,是常见的不良地质现象。隧道遇到形态各异的溶洞,处理不好会给施工带来一定的困难,影响施工和结构安全,并可能给隧道运营埋下安全隐患,甚至造成灾难性后果。岩溶不良地质包括岩溶水、溶蚀带、空溶洞、充填溶洞和地下暗河等地质形态,其发育规模、空间位置、充填情况和储水补给条件等对隧道的开挖方式、处治措施、结构方案影响很大。

对隧道安全施工有影响的岩溶,应制订施工处治方案。

岩溶地区隧道在接近溶洞时,开挖施工应符合下列规定:

(1)宜采用分部开挖,当溶洞出现在隧道一侧,应先开挖该侧,待初期支护完成后,再开挖另一侧。在Ⅱ~Ⅲ级围岩中,仅出现稳定性较好的小溶洞、溶隙时,可采用全断面法开挖。

(2)应严格控制开挖循环长度,每循环炮眼钻孔宜多打眼、打浅眼。

(3)掌子面应有不少于5个加深探测炮孔。加深探测炮孔深度宜比装药炮孔深3 m以上,直径宜与装药炮孔相同;不得在爆破残留孔中打设加深探测炮孔。

(4)应严格控制单段最大爆破药量,控制爆破振动。

隧道周边出现岩溶,可能影响隧道围岩的长期稳定,对隧道施工和结构安全造成威胁,所以在施工期间,需探测隧道周边围岩有无岩溶存在,重点是隧道拱部、底板、侧边墙 5 m 以内是否有空洞,隧道底部是否密实等。

短期难于处治的溶洞,可采用迂回导坑绕过溶洞,在处理溶洞的同时进行隧道前方施工。

## 五、采空区

采空区隧道施工前,应核实采空区的类型、规模、稳定性、与隧道的空间关系,以及地下水、有毒有害气体赋存情况等。

隧道穿越采空区时,根据采空区自身稳定情况及其与隧道的相互关系、对隧道的影响程度、设计要求,以及施工条件等,可采取下列措施:

(1)对采空区进行加固或回填处理,经处理的采空区不应出现垮塌,不应造成隧道结构沉陷。

(2)采空区积水对隧道产生影响或潜在影响时,应进行封堵、疏导、引排采空区积水。

(3)施工期间应进行隧道内气体实时检测,并应加强通风。

当隧道上、下方出现多层采空区,或隧道穿越采空区内含有有毒有害气体,或采空区内存在大量地下水时,应开展专项施工方案研究。

采空区隧道爆破开挖时,应采取措施减小爆破振动。

## 六、瓦斯

瓦斯隧道施工组织应符合下列规定:

(1)瓦斯隧道开工前,应编制瓦斯隧道专项施工方案和应急预案,并应严格遵照执行。

(2)应坚持"加强通风、勤测瓦斯、严控火源"的基本原则。

(3)应明确通风、瓦斯检测、火源管控、救护等的责任部门。

(4)对进入现场的所有人员进行安全培训。瓦检员、爆破员、电工、焊工等应持证上岗。

(5)编制瓦斯隧道工程施工阶段安全风险评估报告,开展应急预案演练。

**链接**

瓦斯隧道开工前,除应编制瓦斯隧道专项施工方案和应急预案外,还应编制瓦斯监测方案、通风设计方案、超前地质预报方案和作业要点手册等。

瓦斯工区钻爆作业应符合下列规定:

(1)工作面附近 20 m 以内风流中甲烷浓度必须小于 1%。应采用湿式钻孔。炮孔深度不应小于 0.6 m,岩层最小抵抗线不得小于 0.3 m,煤层最小抵抗线不得小于 0.5 m。装药前炮孔应清除干净。

(2)低瓦斯工区、高瓦斯工区和煤(岩)与瓦斯突出工区必须采用煤矿许用炸药和煤矿许用电雷管;低瓦斯煤层应采用安全等级不低于二级的煤矿许用炸药;高瓦斯煤层应采用安全等级不低于三级的煤矿许用炸药;煤(岩)与瓦斯突出工区揭露和穿过煤层时,应采用安全等级不低于三级的煤矿许用含水炸药。

(3)应使用煤矿许用瞬发电雷管、煤矿许用毫秒延期电雷管、数码雷管,严禁使用秒及半秒级电雷管以及火雷管,不应使用普通导爆索。使用毫秒延期电雷管时,最后一段延期时间不得超过 130 ms,应采用连续装药方式,雷管安放在最后一节炸药中,不得反向装药。

(4)起爆电源必须使用防爆型起爆器。起爆器应安装在新鲜风流中,起爆器 20 m 以内风流中瓦斯浓度必须小于 1.0%。起爆器与开挖面距离应根据爆破安全距离、预计煤(岩)与瓦斯突出强度、通风系统等,在施工方案中确定。同一开挖面不得同时使用两台及以上起爆器起爆。

(5)爆破网络必须采用绝缘母线单回路爆破,严禁利用轨道、金属管、金属网、水或大地等作为爆破回路,严禁将毫秒电雷管和瞬发电雷管接入同一串联网路中混合使用。

(6)装药作业应符合《公路隧道施工技术规范》的有关规定,炮孔封堵不严或不足时,不得进行爆破。

(7)高瓦斯围岩和煤(岩)与瓦斯突出工区每次爆破至少通风 30 min 后,其他工区每次爆破至少通风 15 min 后,应由瓦检员、放炮员、安全员一同进入工作面进行验炮工作,检查通风、瓦斯、煤尘、瞎炮、残炮等情况,遇到问题应立即处理。在确认甲烷浓度小于 0.5%,二氧化碳浓度小于 1.5% 后,方可由瓦检员通知电工送电,方可允许施工人员进入工区开挖工作面作业。

瓦斯隧道揭煤,防治煤(岩)与瓦斯突出应符合下列规定:

(1)接近突出煤层前,应做好超前预测预报工作,超前钻孔应符合相关要求。

(2)防治煤(岩)与瓦斯突出应选用排放钻孔、预抽瓦斯、超前管棚、煤体固化等措施。

(3)揭煤施工宜采用微振动爆破开挖,应根据煤层倾角、厚度选用揭煤方法。

(4)开挖工作面出现煤(岩)与瓦斯突出预兆时,应立即报警、切断电源、停止工作、撤出人员,并应上报后采取专门安全措施。

半煤半岩段与全煤层段的开挖、支护、衬砌施工应符合下列规定:

(1)在开挖过程中每循环进尺不宜超过 1 m。

(2)全煤层中应采用湿式钻孔,应少钻孔、少装药;半煤半岩层中掘进应在岩石炮孔中装药,煤层需爆破时应采用松动爆破。爆破后及时施作喷射混凝土封闭瓦斯。

(3)仰拱应及早施工,应使拱、墙、仰拱衬砌形成闭合整体。

(4)煤层地层设防段的二次衬砌背后所有空隙应充填密实。

瓦斯工区施工通风应符合下列规定:

(1)应编制全隧道和各工区的施工通风设计,并应考虑工区贯通后的风流调整和防爆要求。

(2)应建立瓦斯通风、监控、检测的组织机构,系统地测定瓦斯浓度、风量风速及气象等参数。

(3)高瓦斯工区长度大于 1 500 m 时,施工通风宜采用巷道式。瓦斯隧道各掘进工作面必须独立通风,两个工作面之间不应串联通风。

(4)瓦斯工区所需风量,应按爆破排烟、同时工作的最多人数、作业机械及瓦斯绝对涌出量分别计算,并按允许风速进行检验,采用其中的最大值。应将洞内各处的甲烷浓度稀释到 0.5% 以下。

(5)对瓦斯易于聚积处应采用空气引射器、气动风机、局部通风机等设备实施局部通风,风速不宜小于 1 m/s。

(6)施工期间应连续通风,因故障停风时,必须立即撤出人员、切断电源。恢复通风前,必须检测风机及其开关地点附近 10 m 以内甲烷浓度,符合规定后方可启动风机。

(7)瓦斯工区的通风机应设两路电源,电源的切换应在 10 min 内完成,保证风机正常运转;应有一套同等性能的备用通风机,并保持良好的使用状态,应能在 15 min 内启动。

(8)瓦斯工区内使用的局部通风机、射流风机应采用矿用防爆型。低瓦斯工区、高瓦斯工区和瓦斯突出工区应实行专用变压器、专用开关、专用线路供电、风电闭锁和瓦电闭锁。

(9)应采用抗静电、阻燃的风管。风管口到开挖工作面的距离应小于 5 m,风管安装应平顺,接头严密,每 100 m 平均漏风率不应大于 2%。

瓦斯监测与管理应符合下列规定:

(1)非瓦斯工区、微瓦斯工区、低瓦斯工区应配备低浓度光干涉式甲烷测定器,宜配备瓦斯自动检测报警断电装置。

(2)高瓦斯工区和煤(岩)与瓦斯突出工区应同时配备低浓度光干涉式甲烷测定器和高浓度光干涉式甲烷测定器,应配备瓦斯自动检测报警断电装置。

(3)高瓦斯工区应严格按《公路隧道施工技术规范》规定的甲烷浓度实行分级管理,甲烷浓度超限时应采取相应的瓦斯防治措施。

瓦斯隧道电气设备与作业机械应符合下列规定:

(1)高瓦斯工区、煤(岩)与瓦斯突出工区的电气设备应使用矿用防爆型,作业机械应使用矿用防爆型或采取防爆措施。其他工区的行走机械严禁驶入高瓦斯工区与煤(岩)与瓦斯突出工区。

(2)低瓦斯工区的电气设备应使用矿用一般型,作业机械可使用普通型。

(3)微瓦斯工区的电气设备和作业机械可使用普通型。

(4)高瓦斯工区与煤(岩)与瓦斯突出工区供电应配置两套电源,工区内采用双电源线路,其电源线上不得分接隧道以外的任何负荷。

(5)瓦斯工区内的机电设备,在使用期间,除日常检查外,应按规定周期进行检查,发现问题及时维修或更换。

装药前和爆破前,放炮员、瓦检员、安全员应同时检查,遇有下列情况之一时,未经妥善处理严禁装药或起爆。

(1)放炮地点附近 20 m 以内风流中甲烷浓度:微瓦斯超过 0.25%、低瓦斯超过 0.5%、高瓦斯超过 1.0% 时。

(2)隧道内通风风量不够,风向不稳或局部有循环风时。

(3)炮孔内有异状,温度骤高、骤低,煤岩松散或有显著瓦斯涌出时。

(4)炮孔内煤岩粉末未清除干净时。

(5)炮孔无炮泥、封堵不足或不严时。

发生瓦斯事故时,应立即启动应急预案。

瓦斯隧道停工后,必须撤出所有人员,切断电源,设置警示标志,禁止人、车辆进入隧道。

瓦斯隧道恢复瓦斯工区通风前,应先启动洞外风机,经瓦斯检测浓度不超过 1.0%,且洞内通风机及其开关附近 10 m 以内风流中的瓦斯浓度小于 0.5% 时,方可人工启动洞内通风机,恢复作业。当通风后经瓦斯检测浓度仍超过 1.0%,应制定并采取排放瓦斯的安全措施。

## 七、软岩大变形

高地应力软岩、流变蠕变岩土地段隧道施工，应根据围岩初始地应力及地应力变化规律、围岩特性、围岩变形、结构受力性状、地下水活动状态等因素综合确定施工方案。

开挖和支护应符合下列规定：

(1)宜采用开挖分部少、可快速闭合的施工方法。分步开挖后，应及时封闭成环。

(2)应适当加大预留变形量，根据监控量测数据，及时调整开挖预留变形量。

(3)开挖进尺应按设计要求控制。开挖和支护应尽早完成全断面闭合。

(4)初期支护应及时施作。加长锚杆、双层初期支护等控制变形措施，应严格按设计要求施工。

(5)上台阶宜采用扩大拱脚措施加强对钢架的支撑。

(6)应采用锁脚导管等方式加强锁脚。

(7)上台阶钢架加工时应根据加大的断面轮廓进行，钢架接长时，应根据已经安装变形后的钢架轮廓加工；钢架宜尽早封闭成环。

仰拱宜紧跟掌子面施工，仰拱与掌子面距离一般不超过2倍隧道开挖宽度。

应根据设计预留变形空间，释放弹性变形能。宜合理预留补强空间。

应做好监控量测工作，根据监控量测数据，动态调整支护参数。

二次衬砌应根据“适当释放、控制变形、适时封闭”的原则和设计要求确定施工时机。洞口段施作不宜拖后。

## 八、岩爆

隧道施工中在可能发生岩爆的地段，应遵循“以防为主、防治结合”的原则。应进行岩爆的预测预报，针对开挖面前方可能发生的岩爆，及时采取施工对策。应仔细研究岩爆规律，制订出后续施工的对策并逐步改进。

**专家解读**

国内隧道工程的实践表明，判断产生岩爆有5个方面的主要指标：

(1)岩石强度 $R_b \geq 80$ MPa。

(2)岩层原始地应力 $\sigma_0 \geq (0.15 \sim 0.2)R_b$。

(3)围岩级别：Ⅰ，Ⅱ或Ⅲ级。

(4)隧道埋深 $H \geq 50$ m。

(5)岩石干燥无水，呈脆性，节理基本不发育。

一般发生岩爆的隧道基本上能同时满足这5个条件，也有极少数的隧道，在未完全满足这5个条件的情况下，也出现了岩爆。因此，为了更具普遍性，只要满足其中任意3项指标时，即可判定岩爆的存在。

隧道开挖过程中，可采用下列方法进行岩爆预报：

(1)以超前钻探法为主，辅以地震波、电磁波、钻速测试、地温探测等手段。

(2)观察岩体表面的剥落、监听岩体内部发生的声响。

(3)采用工程类比法进行宏观预报。

针对不同岩爆级别的隧道段，应采取下列相应技术措施：

(1)微弱岩爆地段,可洒水浇湿开挖面。

(2)中等岩爆地段,可在拱部及边墙开挖线以外100~150 mm范围内,通过钻孔喷灌高压水。

(3)强烈岩爆地段,可先开挖15~30 $m^2$ 的小导洞,使岩层中的地应力得到部分释放,再扩挖导洞至隧道轮廓。

岩爆隧道施工应采取防范岩爆发生措施,并应符合下列规定:

(1)开挖宜短进尺循环,每循环进尺宜为1.0~2.0 m。

(2)应采用光面爆破技术,使隧道开挖周壁圆顺;同时应严格控制单段最大爆破药量。

(3)对岩爆强烈的开挖面,应按设计施工超前锚杆锁定前方围岩。

(4)拱部及边墙可布置预防岩爆锚杆。锚杆长度宜为2 m、间距0.5~1.0 m,并宜与网喷钢纤维混凝土联合使用。

(5)可采取在岩壁切槽的方法释放应力,降低岩爆强度。

(6)可打超前应力释放孔。

(7)可在超前应力释放孔中进行松动爆破。

(8)可喷洒高压水,或(和)钻孔注水或化学溶剂。

(9)可选择合适的开挖断面形式,改善围岩应力状态。

(10)可采用受力及时的摩擦型锚杆、开挖后应及时喷射50~80 mm厚的钢纤维混凝土,进行支护。

(11)台车、装渣机械、运输车辆宜加装防护钢板。

(12)应在台车上装设钢丝防护网。

隧道施工中发生岩爆,应立即采取下列措施:

(1)停机待避,必要时人机撤至安全地段。

(2)观察工作面,并记录岩爆的位置、强度、类型、数量以及山鸣等。

(3)每循环内对暴露的岩面找顶2~3次。

(4)根据岩爆程度和特性,按设计文件和施工方案要求,采取技术措施释放围岩内部应力、采取对应防护、支护措施。

## 九、流沙

隧道通过沙层时,应调查其特性、规模,了解地质构成、贯入度、相对密度、粒径分布、塑性指数、地层承载力、滞水层分布、地下水压力和透水系数等,制订处治方案。

隧道通过含水沙层地段应特别加强治水措施,防止沙层流失,防止沙土液化。可采取下列措施:

(1)可采用注浆、冻结等方法止水、加固。

(2)可采用井点降水技术降低地下水位,防止水稀释沙层和挟走沙粒;其集水管可用加气砂浆充填。

(3)采用化学药液注浆固结时,可采用悬浮型或溶液型浆液。

沙层地段隧道开挖、支护应符合下列规定:

(1)宜采取超前加固和超前支护措施。

(2)应严格控制开挖长度,防止上部两侧不均匀下沉。

(3)支护应及时,边挖边封闭,遇缝必堵,严防沙粒从支护缝隙中漏出。

(4)应观测支护的实际沉落量。如预留量过大或不足,应在下一环节施工中及时调整。

(5)宜采用超短台阶法、环形开挖留核心土法人工开挖，并严格控制开挖长度，防止上部两侧不均匀下沉。

(6)流沙出现后，应采用沙袋、喷射混凝土等措施迅速封堵。

(7)在流沙逸出口附近较干燥围岩处，应尽快打入锚杆或施作喷射混凝土层，加固围岩，防止逸出扩大。

(8)开挖地段的排水沟应浆砌，或用管、槽等将水引至洞外。

(9)可在洞内合适位置设蓄水池，将泥水经沉淀后排至洞外。池内沉积的淤泥应及时清除。蓄水池应采用圬工结构。

沙层隧道仰拱应紧跟开挖面，适当缩短一次浇筑长度，及时封闭成环。

## 十、塌方

在公路工程隧道施工的过程中，可能出现塌方的情况。隧道塌方一般分为空腔型塌方和贯穿型塌方两种。这两种隧道塌方存在着很大不同，包括形成机理、发生部位、破坏规模、处置措施等。

### (一)塌方的常见类型

塌方的常见类型如图 1-24 所示。

| | |
|---|---|
| 空腔型塌方 | 隧道的空腔型塌方一般会出现在洞身内，主要造成的原因可能是隧道内围岩的局部结构发生改变，甚至会出现掉块严重的现象。也可能是开挖过程不合理，或者支护的作用不能满足标准等 |
| 贯穿型塌方 | 贯穿型塌方一般会发生在隧道洞口处，原因可能是围岩结构不符合标准，或者是由于下雨以及地下水的影响从而导致胶结性结构出现变化，这就会造成开挖过程中围岩的平衡被打破，从而造成较大规模塌方的出现 |

**图 1-24　塌方的常见类型**

### (二)塌方的成因

#### 1. 地质问题

在公路工程隧道施工的过程中，容易受地质条件的影响，地质条件的不可预见性以及多样性，是引起公路工程隧道施工塌方的主要原因。由于地质环境具有复杂性以及可变性，会导致公路工程隧道施工过程容易引起塌方事故，特别是多数的公路工程隧道施工很难避免一些容易引发隧道施工塌方的地质环境，比如断层破碎带、岩溶发育区、偏压区域、膨胀围岩区域、软弱结构面等复杂地段。施工的过程中遇到以上不良的地质区域就会导致围岩松散的情况发生，从而提升隧道施工塌方发生的概率。

#### 2. 施工问题

施工人员的施工方式以及经验也是引起公路工程隧道塌方的主要原因之一。其中，包括对隧道施工的认识不足、开挖的方式不当、爆破的参数不合理等原因，这就会造成隧道的围岩结构发生变化，从而引起公路工程隧道施工的塌方情况。同时，在进行隧道施工时缺乏规范性与责任意识，会出现容易引发隧道塌方的错误操作。因此，施工单位只有重视施工问题对隧道塌方的重要作用，才能有效避免公路工程隧道塌方的情况发生。

#### 3. 水文问题

由于受到暴雨以及地下水的侵蚀，导致相关隧道的地质结构发生改变，这就会提升公路工程隧道施工塌方的可能性。同时，地表水的变化以及地下水位的变动也会对隧道施工的周围环境产生影响，可能导致隧道围岩出现软化的情况，致使相关围岩的强度以及承载力不能满足施工的要求，从而在公路工程隧道施工的过程中发生施工塌方的情况。隧道的围岩结构还会受到孔隙水的影响，进一步降低围岩的强度，致使岩体的胶结能力变弱，从而引发公路工程隧道施工的塌方事故的发生。

#### 4. 超前地质预报问题

超前地质预报没有发挥应有作用。相关部门以及施工单位缺乏对超前地质预报的重视就会引发隧道施工的塌方事故。主要原因首先是相关部门对超前地质预报不重视，导致运用超前地质预报的过程中出现问题。其次，施工单位对隧道地质的认识不足，在施工的过程中出现仅凭经验施工的情况，也会引发隧道施工塌方事故。

#### 5. 监控测量问题

监控测量不到位。由于目前我国公路工程隧道施工一般会遵循“新奥法”原理进行隧道的设计和施工，虽然“新奥法”的监控测量比较系统和全面，但由于相关施工单位对监控测量的认识不足，同时也可能出现相关人员对监控测量的实施不规范、不到位，降低了隧道监控测量的水平，增加了公路工程隧道施工的随意性。

#### 6. 设计问题

公路隧道设计一般会使用现场监控、工程类比、理论计算等方式进行，设计不当也会诱发公路工程隧道塌方。一般的公路隧道工程的施工方法为现场监控、工程类比、理论计算等。大部分施工单位在进行类比的过程中会存在套用其他项目设计方案的现象，导致设计方案的参数与实际施工的参数出现差异。很多工程还存在对隧道施工环节没有进行有效的研究分析，从而导致相关参数不合理、不准确，这也是诱发隧道施工塌方事故的原因。

#### 7. 勘测问题

地质勘测失误。可能会存在勘测设计阶段的问题，这会导致公路工程隧道施工塌方的情况发生。由于施工单位在地质勘测阶段，可能存在对施工的勘测不能满足施工的需要，主要原因是施工单位缺乏对地质勘测的重视，缺少合理的勘测方案，同时也对新技术掌握不到位，不能有效地将新技术以及新设备运用到地质勘测的过程中，降低了地质勘测的水平，从而导致公路工程隧道施工阶段出现塌方事故。

### （三）塌方的治理

#### 1. 加强施工技术

施工单位在进行公路工程隧道施工的过程中，为了避免塌方事故，就应该重视施工技术的作用。通过优化施工技术从而降低塌方事故的发生概率，保障相关工程能够顺利完成。首先，做到在施工之前的准备工作中，必须对施工现场的实际情况以及周围的环境进行实地勘测，并将相应的数据信息通过信息技术的方式高效整合分析，这有利于进行公路工程隧道施工的方案设计，提升公路工程隧道规划方案的水平。其次，由于施工人员在一些复杂环境中施工难度较大，相关施工单位要想保障工程施工的质量以及进度，还应该对整个施工的过程进行全面规划，制订完善的施工规划方案有利于提升施工过程各个环节的衔接程度以及效率。最后，施工单位还应该重视勘测的作用，通过对复杂的地质结构进行勘测，能够有效提升施工过程中的事故预防能力。通过以上措施，可以有效减少塌方隐患，保障公路工程隧道施工的顺利进行。

### 2. 加强地质监测

施工单位不仅应该对隧道中薄弱的围岩部位进行加固,还应该应用先进的勘测技术对隧道复杂的地质条件进行实时监测,并及时对监测的数据信息进行有效分析。特别是在公路工程隧道施工的过程中会发生一些导致隧道结构不稳定的情况,如地下水的水位过高或是漏水等,施工单位应该制定有针对性的、科学合理的排水措施,有效减少此类情况的发生概率。施工单位应该重视对隧道的监测,如果发现可能引发隧道塌方的隐患,就应该及时进行处理。由于过去在地质勘察时,会因为一些因素的影响导致不能进行彻底勘察地质,这就会导致支护设计会与现场产生不符的情况,从而不能保证施工过程中围岩的稳定性,会提升塌方事故的发生概率。因此,施工企业应该重视地质勘察的重要性,对施工人员、施工设备进行合理分配,并积极采购先进设备以及技术,这不仅有利于提升施工的效率,还能减少塌方事故的发生。

### 3. 重视隧道加固

施工企业还应该重视对公路工程隧道施工预加固技术的应用和优化,特别是对隧道施工过程中遇到的一些薄弱部分进行预加固能够有效提升施工的安全性。公路工程隧道施工塌方事故的原因一般是由于隧道的围岩结构强度较低,这就导致隧道的稳定性较差,如果在施工的过程中对相应的围岩结构进行预加固,能够极大提升相关围岩结构的强度。除此之外,复杂的地质环境还会引发其他地质灾害,重视隧道加固非常有必要。因此,施工企业应该重视不良地质对隧道施工的影响,可以采用弱爆破的方式解决一些不良地质的问题,从而保障公路工程隧道施工的顺利进行。

### 4. 采取针对性的塌方措施

在公路工程隧道施工的过程中,难免会有塌方的情况发生。施工企业不仅要做好相应的预防措施,还应该加强对塌方施工的处理能力。比如,如果塌方的范围较小且相应区域已经做好牢固的支撑时,可以从塌方区域的两端或者一端开始,先上后下逐步清除塌方,在清除过程中还应该注意观察周围区域围岩的情况,从而避免二次塌方的发生。同时,在挖掘的过程中,还应该重视架设临时支撑,并确保临时支撑能够紧挨塌方的腔面。如果塌方的体积稍大时,在无法保证二次塌方的情况下,不能对塌体进行清除。必须在做好一些临时支护保证安全的情况下才可以进行塌体的清除。

如果塌体的体积较大,影响在其范围内进行支护时,可以采用注浆加固塌体的方式提升其稳定性,也可以采用长管棚的方式提升塌体的稳定性。有时为了减少塌体的暴露时间,还可以采用一次性模筑混凝土的方式进行封闭。如果塌方部位的围岩整体性较差时,应该运用预注浆的方式进行相关部位的加固。如果塌方出现冒顶的情况时,应该进行相应的支护措施,防止二次坍塌的风险。同时,在一些地质条件较差的环境中,应该对陷穴口周围的地表进行注浆加固,从而提升其稳定性。另外,还应该在地表周围以及陷穴口处做好防水排水的措施,避免软化围岩的情况发生。

### 5. 加强施工管理力度

施工企业应该加强施工管理力度,这有利于提升预防塌方事故的水平。在公路工程隧道施工中,如果管理出现松懈,就会导致施工人员出现不遵守施工技术以及施工组织的要求、擅自改变其支护以及开挖的方式等情况发生,这不仅会给隧道施工带来安全隐患,也会降低公路工程隧道施工的质量。因此,首先施工企业必须加强对隧道工程的监督管理,根据隧道施工的需要制订监督管理制度，并安排专业人员定期对施工的进度以及施工的质量进行检查，从而保障隧道施工符合标准。其次，还应该加强企业文化的构建，通过企业文化的方式提升施工人员的责任意识，使其能够在施工过程中确保规范施工，这有利于提升隧道施工的质量，减少塌方事故的发生。最后，施工企业还应该重视施工人员的素质与能力，只有具备高素质以及能力的施工人员才能保障隧道施工的质量。因此，施工企业应该重视施工队伍的构建，通过制订人才招聘以及培训等方式提升施工人员的素质与能力，并将一些高素质与高能力的人员安排到重要的岗位，使其能够在关键位置发挥出自身的能力与价值，从而提升公路工程隧道施工的水平。

#### 6. 重视设计与检查

在目前公路工程隧道施工中，工程类比法、理论计算法以及现场监控法是比较常用的3种方法，而其中运用最多的就是工程类比法。这就要求施工企业在进行公路工程隧道的施工时，应该对施工的区域进行详细的勘察，并了解施工区域的地质结构以及地层的情况，并根据施工现场的实际需要设计公路隧道支护等。其次，在公路工程隧道施工的过程中，施工企业应该对围岩状态进行检查，可以采用定期检查与不定期检查两种方式，从而提升对围岩状态的检查力度，降低施工中出现塌方的风险。如果发现相关围岩出现变形的情况，应该立即停止施工并找出引发围岩变形的诱因，根据相关原因制订出有针对性的解决措施。

## 模块五　隧道工程质量通病及防治措施

公路隧道常见的质量问题主要有洞内渗漏水、衬砌裂缝、衬砌腐蚀、超欠挖、钢筋保护层厚度合格率低、拱墙背后脱空、混凝土浇筑质量差、喷射混凝土支护不平整等。

### 一、洞内渗漏水

#### （一）洞内渗漏水的成因

为便于记忆，下面以典型例题的形式对洞内渗漏水的成因进行讲解。

**典型例题**

【多选题】隧道水害产生的原因有(　　)。

A. 隧道穿过可溶性岩的地层

B. 隧道穿过砂类土和漂卵石类土含水地层

C. 流向隧道的水源被截断

D. 混凝土衬砌施工质量差

E. 混凝土的工作缝、伸缩缝等未做好防水处理

ABDE。【解析】流向隧道的水源被截断，或者水源流向隧道的水量减少，可以防止隧道发生水害。故选项C错误。隧道水害产生的原因除上述选项外，还包括：隧道穿过含裂隙水的地层；浅埋隧道地段，地表水沿覆盖层的裂隙、孔洞渗透到隧道内；其他隧道衬砌防水、排水设施不完善的部位等。

#### （二）洞内渗漏水的防治措施

洞内渗漏水的防治措施如图1-25所示。

| | |
|---|---|
| 设计预防措施 | 在隧道设计时根据岩体类别、透水性、地质构造、地下水类型、流量、补给条件及洞顶地面形状等制定防水措施，以保证衬砌的使用寿命 |
| 结构外层防水措施 | 从国内隧道复合式衬砌对防水层材料的选择来看，应用防水板较多，效果较好 |
| 结构自防水措施 | 按“多道设防”的原则，可采用复合式橡胶止水变形缝三道设防，即首先在变形缝部位、现浇混凝土中间埋入桥式橡胶止水带，然后再在端部施作双组份聚硫橡胶嵌缝，最后在预留槽涂抹焦油聚氨酯防水胶，形成三道防线，防水可靠性得到很大提高 |
| 施工预防措施 | 施工时应注意排水畅通，严禁水浸泡拱墙脚，防止出现不均匀沉降 |

图 1-25　洞内渗漏水的防治措施

## 二、衬砌裂缝

衬砌裂缝的成因分析：衬砌裂缝形成的原因非常复杂，往往是多种不利因素综合作用的结果。主要原因可归纳为两点：一是设计局部与实际地质不符、处置不当，造成了结构受力与设计的严重不符而埋下开裂隐患；二是施工方法和现场操作不规范、管理不到位，产生下列问题。

(1)个别部位衬砌厚度严重不足、不均匀，从而造成局部应力集中产生混凝土的开裂。

(2)过早拆除模型，拆模后不有效地养生。

(3)基底清理不彻底，仰拱填充施工偷工减料，没有根据实际围岩情况对沉降缝设置进行调整。

(4)混凝土机械拌和过程中原材料不严格计量，造成混凝土水灰比与设计不符。

(5)没有严格控制混凝土灌注速度，造成模型压力的聚变，局部变形。

下面以典型例题的形式对衬砌裂缝的具体原因及防治措施进行讲解。

**典型例题**

【多选题】隧道发生衬砌裂缝的原因主要有(　　)。

A. 围岩压力不匀

B. 衬砌背后局部空洞

C. 衬砌厚度严重不足

D. 蜂窝麻面

E. 模板表面凹凸不平

ABC。**【解析】**隧道发生衬砌裂缝的原因除了围岩压力不均、衬砌背后局部空洞、衬砌厚度严重不足外，还有隧道衬砌和仰拱地基不均匀沉降、混凝土收缩和施工管理不善等。

**典型例题**

【多选题】关于衬砌裂缝病害防治的说法,正确的有(　　)。

A. 正确选取衬砌形式及衬砌厚度

B. 欠挖必须控制在容许范围内

C. 钢筋保护层厚度必须保证不小于 2 cm

D. 混凝土配合比设计,宜采用较小的骨灰比

E. 混凝土拆模时,内外温差不得大于 20 ℃

ABE。【解析】钢筋使用前应进行除锈处理且保护层厚度必须保证不小于 3 cm。故选项 C 错误。混凝土强度必须符合相关的设计要求,适合选用较大的骨灰比。故选项 D 错误。

## 三、衬砌腐蚀

衬砌腐蚀的成因分析如下:

(1)隧道在寒冷和严寒地区衬砌混凝土充水部位冻融交替冻胀性裂损。

(2)隧道周围有含石膏、芒硝和岩盐的环境水,干湿交替盐类结晶性胀裂损坏。

(3)硫酸盐侵蚀、镁盐侵蚀、软水溶出性侵蚀、碳酸性侵蚀、一般酸性侵蚀。

衬砌腐蚀的防治措施如下:

(1)提高衬砌的密实度和整体性。这是提高混凝土抗侵蚀性能最主要的,也是最重要的措施。因为不管是混凝土或砌块、砂浆遭受化学侵蚀,还是冻融交替或是干湿交替作用,甚至几种情况同时存在的最不利情况,共同的必要条件是衬砌的透水性。由于水及其中侵蚀介质能渗透到衬砌内部,才会发生一系列物理、化学变化,致使衬砌混凝土或砌块、灰缝产生腐蚀损坏。如果在修建隧道衬砌时,采用了防水混凝土(或防水砂浆砌不受侵蚀的石料)作衬砌,提高了衬砌的密实度和整体性,外界侵蚀性水就不易渗入混凝土内部,从而阻止了环境水的侵蚀速度,就可以提高衬砌的耐久性,降低侵蚀的影响。

(2)外掺加料法。由于腐蚀主要是由于混凝土中游离的 $Ca(OH)_2$ 等引起的,可以采取降低混凝土中 $Ca(OH)_2$浓度的措施来达到抗侵蚀的目的。比如:掺加粉煤灰可以除去游离的 $Ca(OH)_2$,且给予铝相似不活泼性。

(3)选用耐侵蚀水泥。目前隧道工程常用的防腐蚀水泥有抗硫酸盐水泥、高抗硫酸盐水泥、低碱高抗硫酸盐水泥、矾土水泥、石膏矿渣水泥等。

(4)加强衬砌外排水措施。将侵蚀性环境水排离隧道周围,减少侵蚀性地下水与衬砌的接触。目前,在地下水丰富地区,用泄水导洞法将地下水引至导洞内,减少地下水对主体隧道的影响,一般泄水导洞应根据地下水的活动规律和流向,设在主洞的上游,拦截住地下水。地下水不发育地区,在隧道背后做盲沟,将地下水排入盲沟,从而减少对隧道衬砌的腐蚀。

(5)使用密实的与混凝土不起化学作用的材料,在衬砌外表面做隔离防水层。国内常用的防水卷材有乙烯－醋酸乙烯共聚物(EVA)、聚乙烯(PE)、聚氯乙烯(PVC)等,这些材料的耐酸碱性能稳定,作为隔离防水层,是较理想的材料。

(6)采用与侵蚀性环境水不起化学反应的天然石料砌筑衬砌。这种方法适用地质条件较好的隧道。

(7)向衬砌背后压注防蚀浆液。

(8)防腐蚀混凝土。

### 四、超欠挖

隧道开挖轮廓应根据设计开挖轮廓和围岩变形量确定，规定预留变形量可根据设计预测值或《公路隧道施工技术规范》的有关规定选择初始值，并根据监控量测信息调整。下面以典型例题的形式对导致隧道超欠挖的原因进行讲解。

**典型例题**

【多选题】导致隧道超欠挖的原因有（　　）。

A. 测量放样误差较大　　B. 司钻工操作不熟练

C. 钻孔深度不够　　D. 装药量及装药结构不合理

E. 钻孔时高压风压力不足

ABD。【解析】导致隧道超欠挖的原因除了选项 A，B，D 外，还有测量放样错误、钻孔操作台架就位不准确、爆破网路连接不规范等。

隧道超欠挖的防治措施主要包括：提高对超欠挖问题的认识程度；加强施工时的管理；优化钻爆的设计及作业工序。

**链接**

隧道开挖应按设计规定作业，原则上不应欠挖。但在完整的硬岩及中硬岩层中开挖时，由于岩面硬度较大，往往造成个别部位欠挖，如采取补炮，则势必造成较大的超挖，浪费工料，且二次扰动围岩，而在规范给出的限定范围和程度下，欠挖处岩石强度大于 30 MPa，对二次衬砌的减弱有限。故应规定不影响衬砌设计要求和质量的欠挖限值。拱墙脚以上 1 m 内，是二次衬砌的关键位置，衬砌断面不能减薄。

# 第五节　交 通 工 程

## 模块一　交通安全设施

### 一、交通安全设施的主要构成与功能

公路交通安全设施的主要构成包括交通标志、交通标线（含突起路标）、护栏和栏杆、视线诱导设施、隔离栅、防落网、防眩设施、避险车道和其他交通安全设施（含防风栅、防雪栅、积雪标杆、限高架、减速丘和凸面镜）等。

#### （一）交通标志

道路交通标志以颜色、形状、字符、图形等向道路使用者传递交通控制、引导信息。道路交通标志应符合以下原则：满足道路使用者需求；引起道路使用者关注；传递明确、简洁的含义；获得道路使用者的遵从；给道路使用者的合理反应提供充足的时间。

道路交通标志按作用分类，分为主标志和辅助标志两大类。主标志包括禁令标志、指示标志、警告标志、指路标志、旅游区标志、告示标志。辅助标志是设在主标志下方，对其进行

辅助说明的标志。

**链接**

公路工程常见的交通标志有里程碑、百米桩、公路界碑等。

### （二）交通标线

交通标线是由施划或安装于道路上的各种线条、箭头、文字、图案及立面标记、实体标记、突起路标和轮廓标等所构成的交通设施，它的作用是向道路使用者传递有关道路交通的规则、警告、指引等信息，可以与标志配合使用，也可以单独使用。交通标线示意图如图 1-26 所示。

道路交通标线按功能可分为指示标线、禁止标线和警告标线。道路交通标线按设置方式可分为纵向标线、横向标线和其他标线。道路交通标线按形态可分为线条、字符、突起路标和轮廓标。

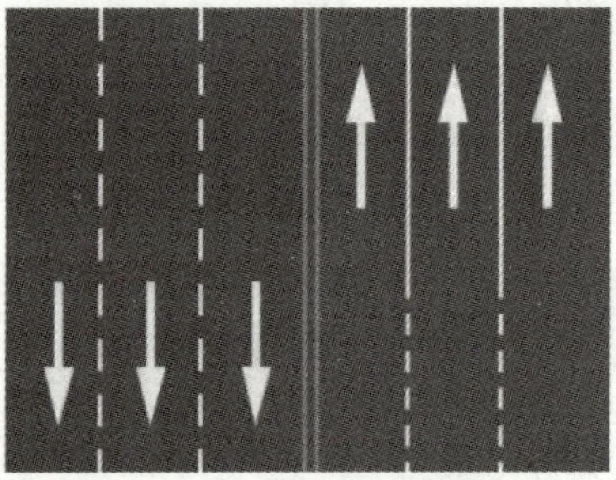

图 1-26　交通标线示意图

### （三）护栏和栏杆

公路护栏设置于道路两侧或中央分隔带。按护栏在公路道路的安装部位可分为路基护栏、桥梁护栏、中央分隔带及其开口护栏。根据碰撞后变形的程度，公路护栏可分为刚性护栏、半刚性护栏和柔性护栏。

缓冲设施也属于护栏和栏杆的组成部分。缓冲设施是设置于公路互通式立体交叉、服务区、停车区出口处的分流鼻端、收费岛头，或者护栏端部等，可以减缓冲击、降低碰撞车辆和车内人员伤害的设施，主要形式有防撞端头、防撞垫等。

### （四）视线诱导设施

视线诱导设施是指示公路线形轮廓及行车方向的设施，主要包括轮廓标、合流诱导标、线形诱导标、隧道轮廓带、示警桩、示警墩、道口标柱等。视线诱导设施示意图如图 1-27 所示。

图 1-27　视线诱导设施示意图

### （五）隔离栅

隔离栅是设置于公路沿线两侧，阻止人、动物进入公路或沿线其他禁入区域，防止非法侵占公路用地的设施。

### （六）防落网

设置于公路桥梁两侧防止抛扔的物品、杂物或运输散落物进入桥梁下铁路、通航河流或交通量较大的公路的设施，称为防落物网。设置于公路路堑边坡防止落石进入公路建筑限界内的柔性防护设施，称为防落石网。防落物网和防落石网统称为防落网。

### （七）防眩设施

防眩设施是防止夜间行车受对向车辆前照灯炫目影响的设施。常用的防眩设施有防眩板、防眩网和植物防眩等。

### （八）避险车道

避险车道是在长陡下坡路段行车道外侧增设的供速度失控（刹车失灵）车辆驶离正线安全减速的专用车道。

避险车道主要由引道、制动车道、救援车道及辅助设施（路侧护栏、防撞设施、施救锚栓、呼救电话、照明）等组成。避险车道主要有上坡道型、水平坡道型、下坡道型和砂堆型四种。

### （九）其他交通安全设施

防风栅是设置在公路上风侧或公路两侧，减轻强风对公路行驶车辆影响的设施。

防雪栅是设置在公路上风侧或公路两侧，减轻风吹雪对公路影响的设施。

积雪标杆是在可能严重积雪的路段，设置于公路两侧指示公路路面边缘的设施。

减速丘是设置于车行道或延展到整个公路路面宽度的弧形凸起区域，配合相应的交通标志和标线，起到提醒驾驶人控制车速的作用。

## 二、交通安全设施的施工技术要求

公路交通安全设施的施工应符合设计文件的规定。公路交通安全设施的施工应做好施工准备、技术交底和施工组织工作。公路交通安全设施的施工应在前道工序验收合格的基础上进行。公路交通安全设施应文明施工、安全施工，并采取措施保护环境。

### （一）交通标志

#### 1. 一般规定

交通标志应按施工准备、基础施工、立柱和横梁等构件和标志板加工制作、交通标志安装等工序进行施工。

#### 2. 材料

材料进场时应按《公路交通安全设施施工技术规范》的有关规定检查出厂质量证明书、检测报告和外观，对不同类型及生产厂家的材料应分批抽取试样进行检测，检测方法应符合现行国家和行业标准的规定，合格后方可使用。

改扩建工程中拆除的标志底板、钢构件等材料，应按《公路交通安全设施施工技术规范》规定的方法进行质量检验通过后，方可再利用。

#### 3. 施工

交通标志基础施工应按基坑开挖、基底处理、模板安装、法兰盘安装、混凝土浇筑、调整养护、基础回填的工序进行。

交通标志现场安装应符合下列规定。

(1)标志支撑结构应在基础混凝土强度达到设计强度的 80% 以上后,经监理工程师批准后安装。

(2)标志板安装前应依据设计文件对交通标志基础、立柱和标志板一一进行核对。检查标志板、支撑结构是否存在裂缝、变形等影响安装的缺陷。

(3)小型交通标志可在立柱安装固定后安装标志板,门架、悬臂等交通标志宜将交通标志板安装后整体吊装。紧固件的紧固方法应符合设计要求,加劲法兰盘与底座法兰盘应水平、密合,拧紧螺栓后支柱不得倾斜。

(4)大型标志板现场拼接时,拼缝应平顺、紧密,不大于 3 mm,不得影响标志中图形、文字和重要符号的视认性,板面应保持平整,不得有错台,整体强度应不低于单板。

(5)标志架安装时应利用水平尺校正立柱竖直度,最后用扳手把螺栓均匀拧紧,用水泥砂浆对加劲法兰盘与基础之间的缝隙进行封闭。

(6)标志板安装到位后,应调整标志板面平整度,根据设置地点公路的平、竖曲线线形调整标志板安装角度,标志板安装角度应满足设计文件要求,设计文件无要求时,应符合下列规定:

①路侧标志宜与公路中线垂直或成一定角度,其中,禁令和指示标志为 0°~45°;指路和警告标志为 0°~10°。

②悬臂、门架或附着式支撑结构标志板面应垂直于公路行车方向,标志板面宜前倾 0°~15°。

(7)标志板安装完毕后应进行板面清洁,清洁过程中不应损坏标志面或产生其他缺陷。

#### 4. 质量过程控制

交通标志板安装应按下列规定进行质量检查:

(1)柱式标志板、悬臂式和门架式标志立柱的内边缘距土路肩边缘线的距离应符合设计文件要求或《公路交通安全设施施工技术规范》的有关规定。

(2)悬臂、门架式等标志板最不利处下缘距路面高差应符合设计文件要求或《公路交通安全设施施工技术规范》的有关规定。

(3)标志板安装后应平整,安装角度应符合《公路交通安全设施施工技术规范》的有关规定。

### (二)交通标线

#### 1. 一般规定

新铺沥青路面的交通标线施工,可在路面施工完成 7 d 后开始。新建水泥混凝土路面的交通标线施工,应在混凝土养护膜老化起皮并清除后开始。

交通标线宜在白天施工。在雨、雪、沙尘暴、强风、气温低于材料规定施工温度的天气,应暂停施工。

突起路标宜在交通标线施工完成后安装,且不得影响标线质量。

清除原有交通标线、突起路标时,应清理干净并不得损坏路面。

#### 2. 材料

标线材料的技术指标,应根据设计文件的要求,考虑公路所在区域、施工季节、路面情况等条件确定。

#### 3. 施工

交通标线宜采用机械化施工。施工专用机械设备应符合设计文件或产品使用说明书的规定。交通标线正式施划前应在试验路段进行试划，试验路段应有代表性，长度不宜短于200 m，高速公路、一级公路可按单向计算。

试验路段应结合设计文件和交通标线材料使用说明书的规定对划线车的行驶速度，试划标线的长度、宽度、厚度，玻璃珠面撒率，标线的逆反射亮度系数等进行现场检测，确定施工参数。检测结果符合规定时，施工参数可作为正式施工的依据；否则应调整施工参数，直至检测结果符合规定为止。

突起路标的施工应符合下列规定：

(1)应根据设计文件的要求确定突起路标的设置位置，突起路标反射体应面向行车方向。

(2)路面和突起路标底部应清洁干燥，并涂加胶黏剂。胶黏剂应通过检测单位的抗拉拔能力及抗衰老能力检测。

(3)突起路标就位后，应在其顶部施加压力，排除空气，并调整就位。

#### 4. 质量过程控制

交通标线的外观质量、外形尺寸偏差、厚度偏差、色度性能、光度性能和抗滑性能应符合现行《道路交通标线质量要求和检测方法》和设计文件的要求。除施划过程控制交通标线质量外，在开放交通后，可结合其设计使用年限，对在用交通标线每隔半年或定期进行1次厚度、光度性能跟踪检测；或按交通标线养护相关标准执行。

### (三)护栏和栏杆

公路工程施工常用的护栏和栏杆有缆索护栏、波形梁护栏、混凝土护栏、桥梁护栏和栏杆、中央分隔带开口护栏以及缓冲设施，其材料、施工及质量过程控制均有不同。以下主要讲解其通用施工技术要求。

护栏和栏杆施工安装前，应现场实地踏勘、检查前道工序。对不符合设计要求的前道工序，由建设单位确定相关单位进行处理，直至达到要求并通过验收为止。

缆索护栏、波形梁护栏的路基土压实度和混凝土护栏的地基承载力应符合设计文件的规定。路基压实度可采用灌砂法、环刀法或核子密湿度仪法等方法进行检测；地基承载力可采取直观或触探等方法进行检测。检测频率为沿护栏平面投影每1 000 m不少于2点，或结合护栏所在位置、路基设计图纸和监理验收资料确定。

立柱打入的护栏宜在水泥混凝土路面、沥青路面下面层施工完毕后施工，不得早于路面基层施工，并控制好护栏立柱高程。混凝土护栏可在路面基层施工完毕后路面摊铺前施工。

护栏立柱采用打入法施工时，应与通信管道、电力管道和排水设施的施工相协调。排水设施与护栏冲突时，宜修改排水设施的位置，或根据实际情况变更护栏设计。

桥梁护栏和栏杆应在桥梁车行道板、人行道板、混凝土铺装层施工完毕，跨中支架及脚手架拆除后桥跨处于独立支撑的状态时方能施工。混凝土桥梁护栏应在桥面的两侧对称进行施工。

对于需要焊接加工的金属护栏和栏杆，应在防腐处理前加工成型，并在防腐处理前对所有外露焊缝做好磨光或补满的清面工作。

中央分隔带开口护栏、缓冲设施的施工应符合设计文件和产品使用说明书的要求。

中央分隔带开口护栏的端头基础和预埋基础应在路面面层施工前完成，其余部分应在路面施工后安装。

缓冲设施应在路面施工后安装。

混凝土护栏长度较长、现场条件允许时,可采用滑模施工。施工时,应加强混凝土运输组织,保证供料速度与浇筑速度相适应。

改扩建工程护栏施工应根据改造设计方案进行。

所有护栏和栏杆产品到场后,应按施工路段或产品到场批次根据《公路交通安全设施施工技术规范》的有关规定进行抽样检查,产品质量应符合相关标准的要求。

所有钢构件均应进行防腐处理。防腐处理应满足相关规范和设计文件的规定。螺栓、螺母等紧固件和连接件在防腐处理后,应清理螺纹或进行离心分离处理。

每一工序满足质量要求时,可进入下一工序。

### (四)视线诱导设施

#### 1.一般规定

在施工安装前,应对视线诱导设施的安装条件、设置位置和数量等进行核对,合理确定施工时机。改扩建工程拆除的视线诱导设施经检测符合设计文件要求时,宜重复利用。

#### 2.材料

除设计文件另行规定外,视线诱导设施所用材料应符合现行相应标准规范的规定。混凝土基础所用的钢筋、水泥、细集料、粗集料、拌和用水、外加剂等材料,应符合现行《公路桥涵施工技术规范》的规定。

#### 3.施工

柱式轮廓标施工时,要设置混凝土基础。基础开挖达到规定的尺寸和深度后,先浇筑一层砂浆,厚度10~15 cm。接着在砂浆上支模板,测定模板顶部的高程。当立柱与混凝土基础浇在一起时,则可将立柱放入模板中,固定就位后,即可浇筑混凝土。混凝土浇筑完成后要采取正常的养护措施,直到混凝土达到规定的强度;当轮廓标柱体或立柱为装配式结构,则要预留柱体插入的空穴,或采用法兰盘连接。柱式轮廓标,可在混凝土基础的预留空穴中安装。

附着于各类构造物上的轮廓标要按照放样确定的位置进行安装。附着于护栏槽内的轮廓标,反射器为梯形,把反射器后底板固定在护栏与立柱的连接螺栓上。附着于缆索护栏上的轮廓标,通过夹具把轮廓标固定在缆索上。附着于隧道壁、挡墙、桥墩、桥台侧墙、混凝土护栏等处的轮廓标,通过预埋件或用胶固定在侧墙上。

#### 4.质量过程控制

视线诱导设施的外形尺寸、安装高度、线形、材质、反光性能等应符合设计文件的规定。

自发光视线诱导设施的闪烁频率、使用寿命及工作条件应满足设计要求。

轮廓标质量过程控制应满足下列要求:

(1)轮廓标安装完成后应与公路线形保持一致,安装高度宜保持一致。夜间应具有良好的反光性能,逆反射性能应符合现行《轮廓标》的规定。

(2)柱式轮廓标应安装牢固,柱体表面不应有明显的划痕、气泡、裂纹及颜色不均等缺陷。

(3)附着式轮廓标应安装牢固、角度准确、高度一致。

(4)施工过程中应加强质量检查,各检查项目(包括安装角度、反射器中心高度和柱式轮廓标竖直度)应符合《公路交通安全设施施工技术规范》的规定。

隧道轮廓带质量过程控制应满足下列要求：

(1)隧道轮廓带安装完成后，其表面法线应与公路中心线垂直。

(2)隧道轮廓带应安装牢固，整体线形流畅，表面无划痕等缺陷。

(3)施工过程中应加强质量检查，各检查项目[包括面向来车方向前倾角度、逆反射系数(反射型)或亮度要求(自发光型)]应符合《公路交通安全设施施工技术规范》的规定。

示警桩、示警墩、道口标柱质量过程控制应满足下列要求：

(1)示警桩、示警墩的位置应与公路线形相协调。

(2)施工过程中应加强质量检查，各检查项目(包括断面尺寸和竖直度)应符合《公路交通安全设施施工技术规范》的规定。

合流诱导标、线形诱导标的质量过程控制应符合《公路交通安全设施施工技术规范》的有关规定。

## (五)隔离栅

### 1. 一般规定

隔离栅施工前应对施工场地进行清理。在隔离栅安装前，应对隔离栅的设置条件、设置位置和数量等进行核对。

### 2. 材料

隔离栅所用的各种材料，为了便于采购和加工，其型号、规格、尺寸要尽可能选用标准化产品。

### 3. 施工

应根据设计文件中规定的隔离栅设置位置和实际地形条件确定控制立柱的位置和立柱中心线，在控制立柱之间按设计文件规定的柱距定出柱位。

每个柱位均应按设计文件的要求确定设置高度，并应按实际地形进行调整。

### 4. 质量过程控制

隔离栅的封闭应严密、牢固，不应出现缺口。

隔离栅应与公路线形走向一致，顺直、流畅，纵坡起伏自然、美观，边坡较陡的路段应进行修坡处理。

隔离栅的网面应平整、无断丝，网孔无明显倾斜。

混凝土基础尺寸和埋深、立柱的竖直度和柱间距、网面高度以及混凝土立柱和基础的强度应符合设计文件的规定。

镀锌构件表面应均匀完整、颜色一致，表面不得有气泡、裂纹、疤痕、折叠和断面分层等缺陷。

混凝土立柱应密实、平整，无裂缝、翘曲、蜂窝、麻面等缺陷。

绿篱的高度和密度应满足设计文件的要求。

隔离墙的基础、高度和强度应满足设计文件的要求。

施工过程中应加强质量检查，各检查项目(包括高度、刺钢丝的中心垂度、立柱中距、立柱竖直度、立柱埋置深度、隔离墙断面尺寸、隔离墙竖直度和隔离栅活动门变形量)应符合《公路交通安全设施施工技术规范》的规定。

## (六)防落网

### 1. 一般规定

防落网应包括防落物网和防落石网。除设计文件另行规定外，防落物网应在桥梁护栏施工完毕后开始施工，防落石网应在公路路堑边坡施工完毕后开始施工。

2. 材料

防落物网和防落石网的所有钢构件都要进行表面防腐处理，由于防落石网受到落石冲击后会导致防腐层的局部损坏，会降低防落石网的防腐效果，所以，要对防落石网进行必要的检查。

3. 施工

防落物网应以上跨桥梁与公路、铁路等设施的交叉点为控制点，向两侧对称进行施工。当上跨桥梁为斜交时，防落物网的长度应根据设计文件的要求做相应调整。

防落石网施工应按照清坡、放样、基础施工、立柱及拉锚绳安装、支撑绳安装、钢丝绳网（或环形网）安装、格栅安装的工序进行施工。

4. 质量过程控制

防落物网的质量过程控制应符合下列规定：

（1）防落物网的封闭应严密、牢固，不应出现缺口。

（2）防落物网的混凝土基础尺寸和埋深、立柱的竖直度和柱间距、网面高度以及混凝土立柱和基础的强度等级应符合设计文件的规定。

（3）防落物网的防腐处理和防雷接地处理应符合设计文件的规定。

（4）施工过程中应加强质量检查，各检查项目（包括高度、立柱中距、立柱竖直度、立柱固定方式和螺栓终拧扭矩）应符合《公路交通安全设施施工技术规范》的规定。

防落石网的质量过程控制应符合下列规定：

（1）防落石网的地脚螺栓埋置深度、混凝土基础尺寸和埋深、立柱的竖直度和柱间距、拉锚绳、支撑绳、减压环、钢丝绳网（或环形网）及立柱和基础的强度等级应符合设计文件的规定。

（2）防落石网的防腐处理和防雷接地处理应符合设计文件的规定。

（3）施工过程中应加强质量检查，各检查项目[包括高度、防落石网的中心垂度、立柱中距、立柱竖直度、立柱埋置深度、地脚螺栓抗拔力、拉锚绳直径、支撑绳直径、减压环型号和数量、钢丝绳网（或环形网）的固定和格栅的扎结]应符合《公路交通安全设施施工技术规范》的规定。

（七）防眩设施

1. 一般规定

桥梁段或混凝土护栏上设置防眩板、防眩网时，应在预制护栏安装到位或现浇混凝土护栏的混凝土强度达到设计强度的 80% 以上时进行。

2. 材料

防眩板可以用金属材料和合成材料制成，防眩网可以用金属材料制成。金属材料指金属板材、金属网和连接件；合成材料包括工程塑料、玻璃纤维增强塑料制品等。

3. 施工

防眩板或防眩网可通过混凝土护栏顶部的预埋件及连接件安装在混凝土护栏上。未设置预埋件时，可根据设计单位的变更文件，采取后固定的施工工艺安装。混凝土护栏强度达到设计强度的 80% 时，方可安装防眩板或防眩网。

防眩板或防眩网可通过连接件安装在波形梁护栏上。施工过程中不应损伤波形梁护栏的防腐层，否则应在 24 h 之内予以修补。

4. 质量过程控制

防眩板及支架的材质、防腐处理、几何尺寸应符合设计要求。预埋件的设置位置、强度和腐蚀程度应符合设计要求并经过上道工序的验收。

防眩板或防眩网安装完成后，其设置路段、防眩高度、遮光角应满足设计要求。

防眩板或防眩网整体应与公路线形协调一致，不得出现高低不平或者扭曲的外形。

防眩板或防眩网外观不应有划痕、颜色不均、变色等外观缺陷。表面不得有气泡、裂纹、疤痕、断面分层、毛刺等缺陷。

防眩板或防眩网应牢固安装。

施工过程中应加强质量检查，各检查项目（包括安装高度、防眩板设置间距、竖直度和防眩网网孔尺寸）应符合《公路交通安全设施施工技术规范》的规定。

防眩设施施工完成后，宜在晚间进行实地目测检查。

（八）避险车道

1. 一般规定

避险车道施工前应对其位置进行定位，确认符合设计图纸要求后方可按程序施工。运营期间增设避险车道，应制定施工组织方案，加强施工作业安全管理，防止失控车辆闯入施工作业区。

2. 材料

制动床铺装集料的规格和级配应符合设计文件的要求，并应根据现行《公路工程集料试验规程》的规定对铺装材料进行抽样筛分。

卵（砾）石等制动集料应根据现行《公路工程集料试验规程》的规定进行压碎值的检测试验，卵（砾）石等制动集料的压碎值不应大于 23%。

3. 施工

避险车道的基床施工完毕，在铺设制动材料前，应对基床表面进行清扫，基床表面不应留有杂物或其他材料。

应在避险车道施工完毕后，再进行末端设置消能设施的安装或放置，消能设施的内容物应采用与制动床一致的材料。

施工结束前，应对制动床铺装材料进行平整工作，除按设计要求做的隆起部分，表面不应有明显的突起及凹陷。

4. 质量过程控制

避险车道的结构尺寸、排水设施应符合设计文件要求。

避险车道相关的交通标志、交通标线、护栏、视线诱导等设施的设置应符合规范和设计文件的规定。

末端消能材料的设置位置及数量应符合设计文件的要求。

制动床的铺装集料的规格与级配、卵（砾）石等制动集料的压碎值应符合设计文件的要求。

施工过程中应加强质量检查，各检查项目（包括避险车道宽度、制动床长度、制动床集料厚度和坡度）应符合《公路交通安全设施施工技术规范》的要求。

# 模块二　监 控 系 统

## 一、监控系统的管理架构

高速公路监控系统管理架构(如图 1-28 所示)包括省级监控中心、路段监控(分)中心和基层监控单元(隧道管理站、桥梁管理站等)。

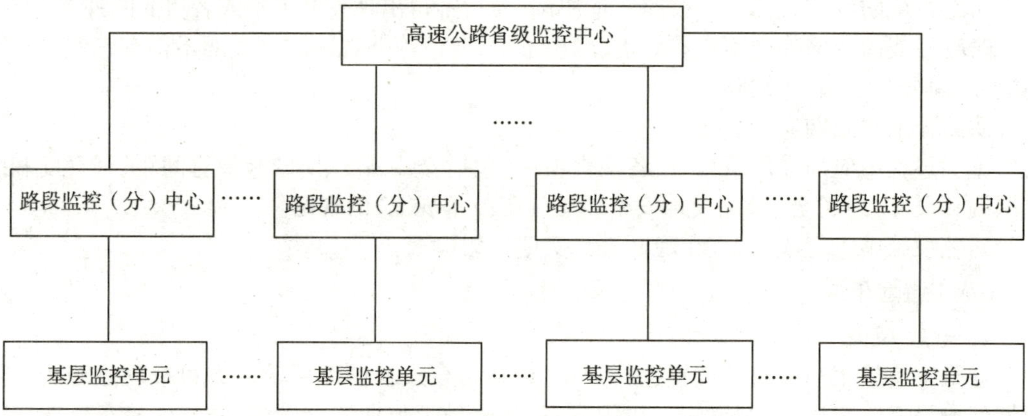


**图 1-28　监控管理架构图**

省级监控中心负责全省(自治区、直辖市)高速公路网的综合监控和管理。省级监控中心的建设模式、建设规模和建设位置等,应根据全省(自治区、直辖市)高速公路规划里程、路网结构、道路交通特点和运营管理实际需求确定。

路段监控分中心应根据路段建设情况、投资主体、运营管理模式,结合路段实际道路交通特点和长度设置。路段监控分中心宜设置于便于上下高速公路的互通立交附近,且宜与沿线其他管理部门同址合设。路段监控分中心设置全省(自治区、直辖市)应统一规划,管理范围宜为 50 ~ 200 km。

基层监控单元是高速公路监控系统最基层的监控管理单元,包括隧道管理站(有人值守隧道管理站和无人值守隧道管理站)、桥梁管理站及监控外场设施等。

## 二、监控中心系统的基本功能

省级监控中心应具备以下基本功能:信息采集;数据处理;信息显示功能;视频图像管理;路网检测、协调管理;公众信息服务功能;信息共享;统计查询;数据备份和系统恢复;设备管理功能;系统安全功能。

路段监控中心应具备以下基本功能:信息采集;数据处理;信息显示及发布;视频管理;交通管理与应急处置;系统设备管理功能;系统安全。

基层监控单元应具备以下基本功能:信息采集;信息处理;视频管理;交通管理与应急处置;系统自诊断;系统安全。

## 三、监控系统的主要构成

监控系统按其功能可分为九个子系统:交通监控系统、视频监视系统、紧急电话系统、火灾自动报警系统、隧道通风控制系统、隧道照明控制系统、供配电监控系统、调度指令电话系统、有线广播系统。监控系统虽然由九个子系统组成,但他们之间并不是完全独立的,相互之间要交换信息,有机地构成一个系统。一个路段的监控系统是根据道路的特点、桥梁与隧道大型构造物的分布、交通量以及气候环境等因素来构架本路段的监控系统,可以是全部系统,也可能只有交通监控、视频监视、紧急电话和调度指令电话等子系统。特大桥还会有桥梁结构安全检测子系统。

## 四、监控各子系统的功能与构成

### (一)交通监控系统

交通监控系统通过实时采集变化着的道路交通流信息(包括交通信息、气象信息、交通异常事件信息等)、道路及监控设施等信息,进行交通运行状态正常与否的判断、交通异常事件严重程度的确认、交通运行异常状态的预测、对已经发生或可能发生的异常事件处理方案的处理等从而达到信息发布、交通控制、诱导的目的,为管理部门提供有效的管理手段,为高速公路的使用者提供最好的交通信息服务。

交通监控系统由计算机系统、外场设备以及传输通道等组成。计算机系统按管理体制又可以分为监控所计算机系统、路段监控分中心计算机系统、省级监控中心计算机系统。路段监控分中心管辖各自路段,省级监控中心对各路段监控分中心进行协调管理。一个路段监控分中心通常管辖一条路,或者管辖一个或多个(隧道、大桥)监控所,本身具有收集信息功能、信息分析处理功能、交通控制功能、特殊事件控制功能、辅助管理功能等。省级监控中心管辖若干个路段监控分中心,它处于高一层的协调管理地位,具有宏观监视功能、宏观协调控制功能。

### (二)视频监视系统

视频监视系统在分中心可任意选择调看所管辖范围内每个外场摄像机的视频图像,并对其进行水平、垂直方向的旋转、变焦等控制。通过监视器和大屏幕投影等显示设备,分中心、中心监控人员可直观地了解摄像机覆盖区的交通运行状况、拥堵情况和交通事件,以便正确地做出拥堵和事件确认,并做出有效的控制决策。具有对拥堵、交通事故现场的视频图像进行录像、存储,并能利用路段地点、时间等参数对录像图像进行检索、回放,为交通事件的事后分析和取证提供依据。当监控分中心和省中心或区域中心实现视频联网监控时,系统应具有多级联网视频监控功能,即上级中心可任意选择和控制沿线遥控摄像机。

一条路的视频监视系统包括沿线遥控摄像机,视频和数据传输设备以及监控分中心的视频监视、存储及控制装置等组成。监控分中心的视频监控装置一般由监视器、视频切换控制矩阵、数字录像设备、控制键盘(或视频工作站)、大屏幕投影机、视频编解码器等组成。

### (三)紧急电话系统

紧急电话系统用于司机在发生交通事件等紧急情况进行呼救求援的主要手段,也可用于道路维护管理人员与监控分中心值班人员之间的联系。通过呼叫者与监控分中心值班人员的对话,能迅速确定交通事件的发生地点及事件状况,及时组织紧急救援、抢修和控制交通流。紧急电话系统独立运行。

紧急电话系统根据传输介质分为有线型和无线型。有线型又分为电缆型和光缆型。紧急电话系统由设在监控分中心的紧急电话控制台、沿线路侧的紧急电话分机及传输电缆(或光缆或无线公网)等组成。紧急电话控制台包括计算机、彩显、声卡、麦克风、打印机及通信接口等。

### (四)火灾自动报警系统

火灾自动报警系统用于隧道内发生火灾时,自动或人工发出紧急信号,迅速通告监控室或监控分中心,启动消防水泵,及时进行灭火、救援等活动,减少人员伤亡,减轻隧道设施的破坏、损失;结合隧道交通监控的控制,阻止洞外车辆进入故障隧道,避免事故的恶化,保证隧道安全。

火灾自动报警系统分人工和自动报警两种。

自动报警系统由外场火灾自动检测设备,监控分中心(监控所)的火灾自动报警系统,以及传输通道等组成,是隧道安全运行保障系统中的一个重要子系统。当火灾自动检测设备检测到附近有火情发生时,会立即生成一个报警信号传到监控分中心(监控所),监控分中心(监控所)产生声光报警和地点信号,值班员可进行确认和处理。

人工手动报警系统与自动报警系统的构成相似。通常是在隧道内每50 m间距的消防洞处设一个手动报警按钮(每个按钮带地址编码),由传输通道将其连接到监控分中心(监控所)。

### (五)隧道通风控制系统

隧道通风控制系统用通风设备将新鲜空气强行送入隧道,稀释污染物质并将其排出隧道,使隧道内保持良好的卫生环境,提高能见度,保证行车安全。该系统根据检测到的环境数据、交通量信息等控制风机的运行台数、风向、运行时间,能实现节能运行和保持风机较佳寿命的控制运行;并在发生火灾时根据不同地点进行相应的火灾排烟处理,以保证隧道的安全及运行环境的舒适性。

### (六)隧道照明控制系统

合理地设置隧道照明系统能避免隧道黑洞效应,使驾驶员适应隧道内外的亮度差,保证行车安全;并根据洞外的照度变化、交通量的变化对洞内照明强度进行调节,节约用电,降低运营费用。

### (七)供配电监控系统

供配电监控系统是完成对公路专用供配电系统进行数据采集、监视和控制的系统,实现对系统的安全监控。供配电监控系统也是完成供配电信息收集、处理和控制功能的自动化系统。它通过人机联系子系统的屏幕显示和调度模拟屏对供配电网运行进行在线的安全监视;并有越限告警、记录、打印制表、事故追忆、本系统的自检、远动通道状态的监测等功能;对供配电系统中重要开关进行遥控;对有载调压变压器分接头、静电电容器等无功功率补偿设备进行自动调节或投切,实现供配电监控。调度员可以掌握该系统当前的运行情况,实现遥控操作,完成记录、统计、制表等调度日常工作。

供配电监控系统由远动子系统、监控中心计算机子系统和人机联系子系统组成,也可将人机联系子系统归入到监控中心计算机子系统。

## 五、公路监控系统主要设备安装要求

下面以典型例题的形式对监控系统主要设备的安装通用要求进行讲解。

典型例题

【单选题】关于公路监控系统主要设备安装通用要求的说法，正确的是（　　）。

A. 设备开箱检查须由业主、承包方和监理共同参加

B. 室内布缆、线，一般均在防静电地板下交叉排列

C. 电力电缆和信号电缆应同槽布设

D. 焊接应采用腐蚀剂焊接

A。【解析】室内布缆、线，一般均在防静电地板下平行排列，不能交叉排列。故选项B错误。电力电缆和信号电缆应分槽布设。故选项C错误。采用焊接方法时严禁采用腐蚀剂焊接。故选项D错误。

## 模块三　收费系统

收费系统指从车辆进入收费道路开始到实现收费，车辆交纳通行费直到费款安全进入存储点以及能提供各种收费过程相关信息的设施和人员的集合体。

### 一、收费系统的主要构成与功能

#### （一）收费系统的主要构成

高速公路收费系统包括人工MTC收费系统、ETC不停车收费系统、车道计算机系统、收费站计算机系统、路段收费分中心计算机系统、省收费结算中心计算机系统、收费视频监视系统、内部对讲系统、安全报警系统、电源系统、计重系统、车牌自动识别系统等。

收费系统的管理体制为三级，分别为省结算中心、路段收费中心、收费站。

#### （二）收费系统的主要功能

##### 1. 人工MTC收费系统

人工MTC系统包括车道收费软件、IC卡管理模块、数据处理和报表管理模块、MTC站管理模块，能兼容电子不停车收费，支持电子支付方式，具有安全、高效的特点，可广泛应用在采用开放式收费的国道和大型桥隧收费站。

##### 2. ETC不停车收费系统

ETC电子不停车收费系统是一种用于公路、桥梁和隧道的新型电子自动收费技术。它通过车载电子标签和微波天线之间的专用短程通讯，在不需要司机停车和其他收费人员采取任何操作的情况下，自动完成收费处理全过程。

其关键技术有：

（1）车辆自动识别技术。主要由车载设备和路边设备组成，两者通过短程通信DSRC完成路边设备对车载设备信息的一次读写，即完成收付费交易所必须的信息交换手续。

（2）自动车型分类技术。在ETC车道安装车型传感器测定和判断车辆的车型，以便按照车型实施收费。

（3）违章车辆抓拍技术。主要由数码照相机、图像传输设备、车辆牌照自动识别系统等组成。对不安装车载设备OUB的车辆用数码相机实施抓拍措施，并传输到收费中心，通过

车辆自动识别系统识别违章车辆的车主，并实施通信费的补收手续。

**链接**

ETC入口车道的配备设备有车道控制器、路侧单元(RSU)、自动栏杆、车辆检测器、车道摄像机、车道信号灯、报警设备、信息显示屏和雨棚信号灯等。ETC门架系统的配备设备有车道控制器、路侧单元(RSU)、高清车牌图像识别设备、高清车道摄像机、供电设备、防雷接地设备等。

### 3. 车道计算机系统

车道计算机系统的主要功能如下：

(1)按车道操作流程正确工作，并将收费原始数据实时上传收费站。

(2)接收收费站下传的收费运行参数(费率表、黑白名单、同步时钟、免费车、系统设置参数等)。

(3)对车道设备的管理与控制，具有设备状态自检功能，并将故障状态信息实时上传收费站。

(4)可保存一定时间段的收费原始数据，可降级使用，但不丢失数据。

(5)通信中断时，具有后备独立工作能力。

(6)为车辆提供控制信息。

(7)将各种违章报警信号实时上传给收费站。

### 4. 收费站计算机系统

收费站计算机系统的主要功能如下：

(1)与收费车道控制机通信完成信息采集。

(2)与分中心计算机通信、上报各种信息，接收下发的收费运行参数(如：时钟、费率等)，并下发到收费车道控制机。

(3)对各种数据进行查询、检索。

(4)打印输出各种报表。

(5)对站内的通行券进行管理。

(6)对票证(收据、定额票)进行管理。

(7)系统自检及状态监视，软件具有容错功能，并能对硬件进行自检，发现故障立即显示。

(8)收费站内的系统维护、数据管理和备份。

(9)系统加电自启动，分中心或通信系统故障时，收费站可独立工作。断电后可由后备电源供电。

**链接**

收费站(包括收费车道)一般采用快速以太网技术。

### 5. 路段收费分中心计算机系统

路段收费分中心计算机系统的主要功能如下：

(1)收集本区段内的各收费站计算机上传的收费信息，并上报到省收费结算中心。

(2)接收省收费结算中心转发的各种命令(如时钟、费率等)，并下发到各收费站。

(3)汇总、整理、统计、存贮、打印所辖收费站上传的数据信息。

(4)对管辖范围内的通行券进行管理。

(5)对票证(收据、定额票)进行管理。

(6)收费分中心内的系统维护、数据管理和备份。

(7)通信线路故障时,收费分中心计算机系统可独立工作。

**链接**

路段收费分中心一般采用100 M快速以太网或千兆以太网技术。

### 6. 省收费结算中心计算机系统

省收费结算中心计算机系统的主要功能如下:

(1)确定收费系统运行参数(费率表、车型分类、黑名单、同步时钟等系统参数),并下发给各路段收费分中心、收费站。

(2)接收收费站上传的收费交易原始数据和通行费拆分数据。

(3)接收路段收费分中心上传的收费交易统计数据及管理数据。

(4)按规定的原则进行通行费的拆分与结算,或者对路段收费分中心(或管理所)提交的拆分与结算进行校核、审定。

(5)与指定结算银行进行账目信息的交换和结算。

(6)对通行券、收费票证等进行管理。

(7)具有收费数据、交通量及各种管理报表的统计与打印功能。

(8)具有查询功能。值班员可随时查询当天或历史数据,并按要求进行显示和打印。

(9)系统具有自动数据备份功能,一旦系统受到破坏或停止运行时,可尽快恢复系统运行。

(10)系统具有自诊断功能。能自动测试省收费结算中心系统的工作状况,包括与各路段收费分中心、收费站通道的连接状况,并在检测到异常时自动显示和打印诊断报告。

(11)安全功能。系统能对不同层次和职责的使用及管理人员,分别设置不同的访问使用权限,设置不同的操作口令和密码,防止越权存取和修改,保障数据的完整性,并对值班员的操作进行存贮、记录、打印。与指定银行的数据交换或有通过公用电信网与路段收费分中心进行数据通信的要有安全技术防范措施,保证数据的安全。

(12)提供内部系统及上级管理部门有关信息,实现信息共享,但与办公管理系统要有安全隔离措施。

### 7. 收费视频监视系统

收费视频监视系统的主要功能如下:

(1)便于收费时的交通管理。

(2)实时监视收费员工作情况、车辆通过收费车道、收费广场情况,防止漏费,制止作弊。

(3)实时监视金库情况,保证金库的安全。

(4)实时监视收费站监控室监控员的工作情况,实现多级监视,防止监控员与收费员勾结进行集体贪污等。

(5)收到车道报警信号,自动切换图像,便于重点监控。

(6)实时记录图像资料,为进行收费工作的动态分析、随机管理、善后处理和稽查等提供正确依据。

链接

收费视频监视系统一般采用收费站和路段收费分中心二级监视方式。

8. 内部对讲系统

内部对讲系统的主要功能如下：

(1)为收费站与收费亭间提供直接语音通道，便于收费站监控员与收费亭内收费员之间的业务对话。

(2)对讲主机可群呼、单呼等。

(3)收费站监控员可对每个收费亭进行监听。

9. 安全报警系统

安全报警系统的主要功能：收费员在遇到人身、金钱安全威胁等紧急情况下向收费站监控室发出报警信息，请求救援帮助。

10. 电源系统

电源系统的主要功能：为收费各设备提供电力供应，保证收费系统正常工作。

11. 计重系统

计重系统的主要功能如下：

(1)有效防止超重车辆对高速公路的破坏，保护道路，延长高速公路的使用寿命。

(2)净化货物运输市场，维护守法者的利益。

(3)减少高速公路的维修保养费用。

(4)减少道路交通事故，提高道路服务水平。

链接

计重系统有计重收费系统和超限管理系统两种形式。两种形式表现了两种对道路的保护理念。计重收费系统只是对货车采用计重收费，对车、货总重超过总的轴载限的比例来计算超限幅度，不同的幅度采用不同的费率收取通行费。计重收费系统对超限车辆征收惩罚性收费，以加重收费形成对超限车辆驾驶者的威慑，使超限车辆渐渐减少，重在以经济杠杆减少不规范行为。超限管理系统则是在超限车辆驶入重点路段、特大桥、长隧道之前，采取拦截处理，杜绝超限车辆对重点路段、桥隧的破坏，重点在于防范。

12. 车牌自动识别系统

车牌自动识别系统的主要功能如下：

(1)防止不同车辆之间的换卡。

(2)防止卡流失。

(3)防止收费员利用车种或降档车型进行营私舞弊。

(4)自动放行，提高通行能力，减少通行券的投资。对于免费车和月票车，通过车牌号和数据库中免费车和月票车库的比较，可实现公务车、军警车、特殊车、月票车的不发卡自动放行。

(5)稽查黑名单。通过车牌号和黑名单库比较，可发现各类黑名单车。

(6)车辆管理统计。可实现某一辆车、某单位车、某地区车的通行情况分类统计。

(7)辅助车型分类。通过车牌号对应出车的车型，可对收费员的分型进行核查。

**链接**

车牌自动识别系统有软硬件一体和开放式的软、硬件结合体系两种形式。其中，软硬件一体的车牌自动识别系统由车体感应器、摄像机、辅助光源、图像采集卡、主控电脑和车牌识别软件组成。

## 二、收费系统主要设施的施工技术要求

收费系统主要设施包括：车道计算机系统设备；收费视频监控系统设备；收费站、区域/路段中心、省联网中心系统设备；ETC门架系统设备。

下面以典型例题的形式对车道计算机系统设备的施工技术要求进行讲解。

**典型例题**

【单选题】收费系统施工中，车道内埋设抓拍和计数线圈的位置应为(　　)。

A. 素混凝土板，并保证没有板块接缝

B. 钢筋混凝土横向接缝处

C. 连续配筋混凝土板，并保证没有块状裂缝

D. 预应力混凝土板纵向接缝处

A。【解析】收费系统施工中，应在车道内的素混凝土板处埋设抓拍和计数线圈，且应保证素混凝土板没有板块接缝。

其他设备施工技术要求应符合相应规定。

# 模块四　通信系统

通信系统是保障高速公路安全、高速、畅通、舒适、高效运营及提高服务质量实现现代化交通管理的重要设施，起着高速公路管理系统中枢神经的作用。

## 一、通信系统的主要构成与功能

### (一)通信系统的主要构成

高速公路通信系统主要由光纤数字传输系统、数字程控交换系统、紧急电话系统、通信电源系统、光电缆工程及通信管道工程等组成。长、特长隧道和特大桥还应增加有线广播系统。

省高速公路通信中心的通信系统主要由光纤数字传输系统、数字程控交换系统、数字同步时钟系统、会议电视系统和通信电源系统等组成。

### (二)通信系统的主要功能

通信系统的主要功能如下：

(1)为高速公路日常运营管理、事故处理、救护、养护、收费等部门提供可靠的通信手段。

(2)为收费、监控、会议电视和管理信息(办公自动化)等系统的数据、图像和语音提供传输通道。

(3)通过紧急电话、广播等为道路使用者提供紧急呼救求援和帮助等服务。

### (三)通信各子系统的功能与构成

#### 1. 光纤数字传输系统

光纤数字传输系统为高速公路沿线各收费站、服务区、停车区等站点提供业务电话及调度指令电话,为收费、监控、会议电视和管理信息等系统的数据、图像的传输提供专用通道,为省内、省际干线联网提供传输通道。

光纤数字传输系统分为干线传输系统和综合业务接入网系统两部分。

干线传输系统由设在通信分中心的 SDH 光同步传输设备(ADM,终端为 TM)、再生器 REG、光缆和网管设备等组成。干线传输各方向光群路接口板和光纤一般为 1+1 方式配置(4 芯光纤),形成链状保护。

综合业务接入网系统由设在通信分中心的光纤线路终端(OLT)、沿线各站的光纤网络单元(ONU)、光缆和网管设备等组成。综合业务接入网系统用 4 芯光纤采用隔站相接的方式形成自愈环保护。

#### 2. 数字程控交换系统

数字程控交换系统(也称语音交换系统)为高速公路运营管理机构(包括收费站、服务区、停车区、养护工区等)办理业务提供语音服务,包括业务电话和调度指令电话等。

数字程控交换系统(也称语音交换系统)由数字程控交换机、话务台、维护终端、计费终端、调度指令电话总机以及双音多频话机等组成。

数字程控交换机除完成本局的话务接续与出入局的话务接续,同时还转接他局之间的呼叫以及完成与本地市话的话务接续。

话务台除负责市话呼入转接外,还负责"114"查询业务和实现网内半自动功能。夜间或无人值守时可通过电脑话务员转接。

维护终端除负责维护管理外,还兼有故障申告"112"受理及测量台功能。

计费终端能按通话距离和通话时长进行计费,新服务项目的计费按新服务项目要求计费。

调度指令电话为高速公路管理调度系统服务,利用程控交换机的会议电话和热线电话功能实现。用多功能数字话机(或专用调度台)作为调度指令电话总机,用普通 DTMF 电话机作为分机。

#### 3. 紧急电话系统

紧急电话系统用于司机在发生交通事件等紧急情况进行呼救求援的主要手段,也可用于道路维护管理人员与监控分中心值班人员之间的联系。通过呼叫者与监控分中心值班人员的对话,能迅速确定交通事件的发生地点及事件状况,及时组织紧急救援、抢修和控制交通流。

紧急电话系统独立运行。

紧急电话系统根据传输介质分为有线型和无线型。有线型又分为电缆型和光缆型。

紧急电话系统由设在监控分中心的紧急电话控制台、沿线路侧的紧急电话分机及传输电缆(或光缆或无线公网)等组成。

紧急电话控制台包括计算机、彩显、声卡、麦克风、打印机及通信接口等。

#### 4. 有线广播系统

有线广播系统一般应用在长隧道和特大桥监控系统中，作为特定事件下交通信息发布的手段之一。该系统主要用于交通堵塞、交通事件等紧急情况下向桥上或隧道内和洞口处人员广播信息，组织疏导车辆、人员，迅速排除故障，恢复正常交通。

有线广播系统有两种设置方式，单独设置和与紧急电话系统合并设置。与紧急电话系统合并设置方式可与紧急电话系统综合利用主机、控制台和传输电缆。

有线广播系统由设在监控分中心（或隧道监控所）的广播控制台、功放模块、强指向扬声器和传输电缆等组成。

#### 5. 会议电视系统

会议电视系统是一种多媒体通信系统，其功能是可以同时实现两地或多个地点之间的图像、语音和数据的交互通信。

会议电视系统由多点控制单元设备 MCU、终端设备和传输通道组成。

MCU 由主机、控制台、多画面模块、子画面处理板及相关软件等组成。

终端设备由编解码器、计算机、摄像机、显示器、麦克风、调音台、音箱等组成。

#### 6. 数字同步时钟系统

数字同步时钟系统的功能是为各数字设备提供时钟源，全面提高专网的时钟质量，大大减少因漂移和精确度不良造成的滑动损伤。

数字同步时钟系统由大楼综合定时供给设备 BITS、区域基准钟 LPR、全球定位系统 GPS 接收设备及网管终端等组成。

#### 7. 通信电源系统

通信电源系统的功能是保证通信设备不间断地工作。

通信电源系统由高频开关整流电源、阀控式密封铅酸蓄电池组、不间断电源 UPS 及电源网管终端等组成。

高频开关电源由交流配电、直流配电、高频开关整流模块和集中监控模块等组成。

## 二、通信系统主要设施的施工技术要求

### （一）光（电）缆敷设

光（电）缆线路的走向、端别应符合设计要求。分歧光（电）缆的端别应与主干光（电）缆的端别相对应。

光（电）缆敷设前应进行配盘，配盘应满足下列规定：

(1) 光（电）缆的规格、型号和结构应符合设计规定和路由实际状况。

(2) 光（电）缆配盘时应综合考虑，确定合理接头点位置。直埋光（电）缆接头，应安排在地势平坦、地质稳固的地方。光（电）缆接头应避开水塘、河渠、桥梁、沟坎、快慢车道、交通道口等地点，不得设在桥上、跨越道路、铁路、河流等跨越范围内。埋式与管道交界处的接头应安排在人孔内。架空光（电）缆接头，宜安排在杆旁 2 m 以内或杆上。

电缆敷设安装时曲率半径应大于其外径的 15 倍。硅芯塑料管道敷设安装时曲率半径应大于其外径的 15 倍。光缆的曲率半径必须大于光缆直径的 20 倍。

光（电）缆在各类管材中穿放后，管孔应封堵严实。

光（电）缆敷设中应保证其外护层的完整性．并应避免扭转、打小圈和浪涌等现象发生。

光（电）缆敷设完毕，应保证光纤或缆线良好，光（电）缆端头应做密封防潮处理，不得浸水。对有气压维护要求的光（电）缆应加装气门端帽，充干燥气体进行单段光（电）缆气压检验维护。

敷设管道光缆时的牵引力应符合设计要求，一般情况下不得超过 2 000 kN。敷设电缆时的牵引力应小于电缆允许拉力的 80%。以人工方法牵引光缆时，一次牵引长度一般不大于 1 000 m。

敷设管道光（电）缆时不得以有机油脂作为润滑剂，通常采用滑石粉、液体石蜡等作为润滑剂。

光缆绕“8”数字敷设时，其内径应不小于 2 m。光（电）缆在每个人孔内应及时拴写光（电）缆牌号。

### （二）光（电）缆接续

接头盒（套管）的型号、规格、程式应符合设计要求。

光（电）缆纤（线）序应按规定的色谱正确接续，不得有纤（线）序错接。光（电）缆端别及纤（线）序应有识别标志。

光（电）缆接头盒（套管）的封装应符合下列规定：

（1）热可缩接头套管热缩后应外形美观、无变形、无褶皱、无烧焦，熔合处应无空隙、无脱胶、无杂质等不良状况。

（2）接头套管（盒）的封装应符合产品使用说明的工艺要求，并应符合设计要求。

（3）热可缩套管加热应均匀，热缩完毕应原地冷却后再搬动，可开启式接头盒，安装的螺栓应均匀拧紧、无气隙。

（4）充气型接头盒（套管）封闭前应驱潮，并应将套管所配置的防潮袋放入套管。封装完毕后应充气检验，保证气密性符合设计要求。填充型全塑电缆接头套管内应注入专用填充剂。

（5）封装完毕，应测试检查并做好记录，需要做地线引出的应符合设计要求。

**链接**

接头套管内应装接头责任卡。

在管道人孔内的光（电）缆接头盒（套管）上，应按设计要求安装识别标志或标牌。

### （三）通信系统电源线敷设

下面以典型例题的形式对通信系统电源线敷设要求进行讲解。

**典型例题**

【单选题】关于通信系统电源线敷设的说法，错误的是（　　）。

A. 交、直流电源的馈电电缆不应分开布设

B. 电源线与设备端子连接时，不应使端子受到机械压力

C. 电源线的规格、熔丝的容量均应符合设计要求

D. 采用胶皮绝缘线作直流馈电线时，正负线两端应有统一的红蓝标志

A。【解析】交、直流电源的馈电电缆必须分开布设，电源电缆、信号电缆、用户电缆应分离布放，避免在同一线束内。故选项 A 错误。

# 模块五　供配电及照明系统

## 一、供配电及照明系统的主要构成与功能

### （一）供配电系统的主要构成

高速公路供配电系统是指高速公路交通工程沿线设施（包括监控、通信、收费、照明、服务设施）及运营管理所需电源的供应和分配。

通常公路供配电系统主要由10 kV电源线路、变配电所、配电线路和低压配电箱等构成。

#### 1. 电源

公路电力供电应根据负荷性质、用电容量和工程特点，一般选用地方电网10 kV可靠电源，引入公路变配电所，通过高压柜、开关、母线等组成的高压供电系统，经过变压器变压，引出380/220 V低压，再经过低压柜、开关、母线、配电线路和配电箱等组成的低压配电系统，将低压电送至用电设备，以保证设备的正常运行。

为保证监控、收费、通信、消防、应急照明等一级负荷用电，公路变配电所应采用独立的两路10 kV电源同时供电或一主一备单母线分段运行的供电方式。当只有一路地方10 kV电源时，宜再配备具有自启动、自保护、自停机、编程方便、运行可靠的柴油发电机组作为低压备用电源，以便在一路地方电源中断时，保证一级负荷和重要负荷的供电。

#### 2. 变配电所

变配电所由高、低压开关柜、变压器、继电保护装置、测量、信号、控制等装置构成。

在变配电所应设有电流表、电压表、有功、无功电度表、功率因数表、功率表等测量仪表，电源线、馈出线、母线分段断路器、电力变压器等典型回路应根据需要配置电流速断、过电流、单相接地、过（低）电压、温度等继电保护装置和同期检查、备用电源自动投入、自动重合闸等安全自动装置。

#### 3. 供配电线路

供配电线路按电压等级可分为10 kV高压线路、380/220 V低压配电线路；按传输介质可分为架空电线路和电缆线路。

公路低压配电一般采用电缆线路，10 kV高压可采用架空电线路或电缆，一般电缆线路沿公路施工敷设较方便，但价格较高、投资大。

#### 4. 低压配电箱

低压配电箱是将低压电源切换、分配给各种不同负荷设备，内设低压断路器对负荷进行过流、短路等保护。低压配电箱按安装环境可分为室内和室外型。

### （二）供配电系统的主要功能

供配电系统的主要功能如下：

（1）根据负荷等级为高速公路交通工程沿线设施及道路运营管理提供稳定、可靠的电源，保证公路运营正常，真正做到保障公路交通的畅通无阻。

（2）能保证人身安全、供电可靠、技术先进。

（3）具有继电保护和自动装置，满足供电的可靠性、选择性、灵敏性与速动性的要求。

（4）具有相应的控制和调节功能，实现降损节能运行。

(5)确保电压质量,满足用电设备的供电要求。

(6)根据工程特点、规模和发展规划,考虑近期和远期关系,远近结合,以近期为主,适当考虑发展的可能。

### (三)照明系统的主要构成

公路照明系统一般由低压电源线、配电箱(包括低压开关)、低压配电线、灯杆、光源和灯具组成。

**链接**

照明方式可以分为一般照明、局部照明和混合照明;照明种类可以分为正常照明和应急照明。

### (四)照明系统的主要功能

照明系统的主要功能如下:

(1)保证行车安全,减少交通事故。

(2)为收费、监控、通信、服务设施及运营管理提供正常运行,维护、管理必要的工作照明和应急照明。

(3)具有随白天、黑夜或日光照度的变化对照明进行调节控制的功能,以节约能源和降低运营费用。

(4)能针对不同路段、场所、不同设施的照明要求,分回路地进行分合控制。

(5)具有短路、过载等保护,保证照明系统正常运行,做到满足公路运输的要求。

### (五)低压配电系统接地

低压配电系统接地的目的是保障人身和设备的安全,在电气工程的设计、施工、安装、维护工作中,都会遇到低压配电系统该如何接地的问题。

为了满足不同场所保护电气设备及人身安全的需要,低压配电系统接地形式有好几种,不同的接地形式,所采用的安全防护形式、保护设备选择等都不相同。低压配电系统接地不得肆意妄为、随心所欲,有必要了解低压配电系统的接地方式的类型和适用场所,必须根据不同电气工程不同的具体情况,选择合适的、安全可靠、经济合理的低压配电系统接地形式。

低压配电系统接地的形式可分为 TT 系统、IT 系统、TN－S 系统、TN－C 系统和TN－C－S 系统。各类型接地系统的适用情形如下:

(1)TT 系统能就地打接地极引出地电位的 PE 线,它不依赖等电位联结来消除由别处 PE 线传导来的故障电压引起的电气事故,所以特别适用于无等电位联结的户外场所。

(2)IT 系统适用于对供电不间断性要求很高的场所,如医院手术室,采矿、核电、冶金、化工等重要工业场所,数据中心,以及高层、多层建筑的消防救援用应急电源(包括消防控制中心、消防泵、排烟风机、疏散照明等)。

(3)TN－S 系统适用于设有变电站的工业和民用建筑的低压配电系统,整个建筑物内应做等电位联结。

(4)TN－C 系统的主要特点是节约了一根导线,将 PE 导体和 N 导体合并为 PEN 导体,因此存在许多缺点。采用 TN－C 系统虽然节省了一根导体,但将带来诸多不良后果,一般的建筑场所很少采用,仅适用于安全环境较好、对工程造价有一定限制,对供电质量要求不高的一些场所。

(5)TN－C－S系统通常用于没有变电站的工业和民用建筑,整个建筑物内应做等电位联结。

链接

在中性点直接接地的低压配电系统中,宜采用TN系统。

## 二、供配电及照明系统主要设施的施工技术要求

### (一)变压器、箱式变电所安装

变压器、箱式变电所安装应符合下列规定:

(1)变压器安装应位置正确,附件齐全,油浸变压器油位正常,无渗油现象。

(2)变压器中性点的接地连接方式及接地电阻值应符合设计要求。

(3)变压器箱体、干式变压器的支架、基础型钢及外壳应分别单独与保护导体可靠连接,紧固件及防松零件齐全。

(4)变压器及高压电气设备应按《建筑电气工程施工质量验收规范》的有关规定完成交接试验且合格。

(5)箱式变电所及其落地式配电箱的基础应高于室外地坪,周围排水通畅。用地脚螺栓固定的螺帽应齐全,拧紧牢固;自由安放的应垫平放正。对于金属箱式变电所及落地式配电箱,箱体应与保护导体可靠连接,且有标识。

### (二)照明配电箱(盘)安装

照明配电箱(盘)安装应符合下列规定:

(1)箱(盘)内配线应整齐、无绞接现象;导线连接应紧密、不伤线芯、不断股;垫圈下螺丝两侧压的导线截面积应相同,同一电器器件端子上的导线连接不应多于2根,防松垫圈等零件应齐全。

(2)箱(盘)内开关动作应灵活可靠。

(3)箱(盘)内宜分别设置中性导体(N)和保护接地导体(PE)汇流排,汇流排上同一端子不应连接不同回路的N或PE。

(4)箱体开孔应与导管管径适配,暗装配电箱箱盖应紧贴墙面,箱(盘)涂层应完整。

(5)箱(盘)内回路编号应齐全,标志应正确。

(6)箱(盘)应采用不燃材料制作。

(7)箱(盘)应安装牢固、位置正确、部件齐全,安装高度应符合设计要求。垂直度允许偏差不应大于0.15%。

### (三)电动机、电加热器及电动执行机构检查接线

电动机、电加热器及电动执行机构检查接线应符合下列规定:

(1)电动机、电加热器及电动执行机构的外露可导电部分必须与保护导体可靠连接。

(2)低压电动机、电加热器及电动执行机构的绝缘电阻值不应小于0.5 MΩ。

(3)高压及100 kW以上电动机的交接试验应符合现行国家标准的规定。

### (四)柴油发电机组安装

柴油发电机组安装应符合下列规定:

(1)发电机的试验应符合《建筑电气工程施工质量验收规范》的有关规定。

(2)对于发电机组至配电柜馈电线路的相间、相对地间的绝缘电阻值,低压馈电线路不应小于0.5 MΩ,高压馈电线路不应小于1 MΩ/kV;绝缘电缆馈电线路直流耐压试验应符合现行国家标准的规定。

(3)柴油发电机馈电线路连接后,两端的相序应与原供电系统的相序一致。

(4)当柴油发电机并列运行时,应保证其电压、频率和相位一致。

(5)发电机的中性点接地连接方式及接地电阻值应符合设计要求,接地螺栓防松零件齐全,且有标志。

(6)发电机本体和机械部分的外露可导电部分应分别与保护导体可靠连接,并应有标志。

(7)燃油系统的设备及管道的防静电接地应符合设计要求。

### (五)UPS及EPS安装

UPS及EPS的整流、逆变、静态开关、储能电池或蓄电池组的规格、型号应符合设计要求。内部接线应正确、可靠不松动,紧固件应齐全。

UPS及EPS的极性应正确,输入、输出各级保护系统的动作和输出的电压稳定性、波形畸变系数及频率、相位、静态开关的动作等各项技术性能指标试验调整应符合产品技术文件要求,当以现场的最终试验替代出厂试验时,应根据产品技术文件进行试验调整,且应符合设计文件要求。

UPS及EPS的绝缘电阻值应符合下列规定:

(1)UPS的输入端、输出端对地间绝缘电阻值不应小于2 MΩ。

(2)UPS及EPS连线及出线的线间、线对地间绝缘电阻值不应小于0.5 MΩ。

UPS输出端的系统接地连接方式应符合设计要求。

安放UPS的机架或金属底座的组装应横平竖直、紧固件齐全,水平度、垂直度允许偏差不应大于0.15%。

### (六)电缆敷设

电缆敷设应符合下列规定:

(1)电缆的敷设排列应顺直、整齐,并宜少交叉。

(2)电缆转弯处的最小弯曲半径应符合《建筑电气工程施工质量验收规范》的有关规定。

(3)在电缆沟或电气竖井内垂直敷设或大于45°倾斜敷设的电缆应在每个支架上固定。

(4)在梯架、托盘或槽盒内大于45°倾斜敷设的电缆应每隔2 m固定,水平敷设的电缆,首尾两端、转弯两侧及每隔5~10 m处应设固定点。

(5)当设计无要求时,电缆支持点间距不应大于《建筑电气工程施工质量验收规范》的有关规定。

(6)当设计无要求时,电缆与管道的最小净距应符合《建筑电气工程施工质量验收规范》的有关规定。

(7)无挤塑外护层电缆金属护套与金属支(吊)架直接接触的部位应采取防电化腐蚀的措施。

(8)电缆出入电缆沟,电气竖井,建筑物,配电(控制)柜、台、箱处以及管子管口处等部位应采取防火或密封措施。

(9)电缆出入电缆梯架、托盘、槽盒及配电(控制)柜、台、箱、盘处应做固定。

(10)当电缆通过墙、楼板或室外敷设穿导管保护时,导管的内径不应小于电缆外径的1.5倍。

下面以典型例题的形式对电缆线路敷设的更多要求进行讲解。

**典型例题**

【多选题】关于电缆线路敷设的说法,错误的有(  )。

A. 直埋电缆的上、下部应铺以不小于100 mm厚的碎石层

B. 管道敷设时,电缆管内径与电缆外径之比不得小于1.5

C. 三相或单相的交流单芯电缆,不得单独穿于钢管内

D. 电缆在沟内敷设时,应遵循低压在下、高压在上的原则

E. 直埋电缆的埋深不应小于0.5 m

AE。【解析】直埋电缆的上、下部应铺以不小于100 mm厚的软土或沙层。故选项A错误。直埋电缆的埋深不应小于0.7 m,敷设时应做成波浪形,聚氯乙烯绝缘电力电缆为外径的10倍。故选项E错误。

## (七)钢管敷设

下面以典型例题的形式对钢管敷设有关规定进行讲解。

**典型例题**

【多选题】关于公路配电工程中钢管敷设的说法,正确的有(  )。

A. 镀锌钢管和薄壁钢管应采用螺纹连接或套管紧定螺栓连接

B. 明配钢管或暗配镀锌钢管与盒(箱)连接应采用锁紧螺母或护套帽固定

C. 直埋于地下时应采用厚壁钢管

D. 薄壁钢管应采用焊接连接

E. 潮湿场所应采用薄壁钢管

ABC。【解析】薄壁钢管应采用螺纹连接或套管紧定螺栓连接。故选项D错误。潮湿场所和直埋于地下时应采用厚壁钢管,干燥场所应采用薄壁钢管。故选项E错误。

**链接**

明配钢管或暗配镀锌钢管与设备连接时,钢管伸入到接线盒内的管口与地面的距离宜大于200 mm。公路配电工程所采用的钢管的内壁、外壁均应做防腐处理。

# 第二章 公路工程项目施工管理

## 模块一 公路工程项目施工组织与部署

### 一、公路工程项目施工组织设计的编制

#### (一)施工组织设计的分类

通常的施工组织设计,是根据编制对象的不同,分为施工组织总设计、单位工程施工组织设计和分部分项工程施工方案三大类。实行招标投标制度以后,施工组织设计根据阶段不同,分为标前施工组织设计和标后施工组织设计。

#### (二)施工组织设计的主要内容

不管是按中标后合同书的要求编制,还是按投标标书的要求编制,公路工程施工组织设计的内容是大同小异的。其主要内容包括编制说明、编制依据、工程概况、施工总体部署、施工进度计划、施工准备与资源需求计划、主要工程项目施工方案及施工工艺、施工总平面图、大型临时工程、季节性施工技术措施、质量保证措施、安全管理措施、环境保护及文明施工管理措施等。

资源计划主要是关于人、材、机、钱方面的问题,下面以典型例题的形式对其内容进行讲解。

**典型例题**

【单选题】下列计划中,不属于资源计划的是(　　)。

A. 劳动力计划　　B. 施工进度计划

C. 材料计划　　D. 施工机械设备计划

B。**【解析】**资源计划包括劳动力计划、材料计划、资金计划和施工机械设备计划。

#### (三)施工组织设计的编制依据

公路工程项目施工组织设计的编制依据主要有:

(1)与工程建设有关的法律、法规和文件。

(2)国家现行的有关标准和技术经济指标。

(3)工程所在地区行政主管部门的批准文件,建设单位对施工的要求。

(4)工程施工合同或招标投标文件。

(5)工程设计文件。

(6)工程施工范围内的现场条件,工程地质及水文地质、气象等自然条件。

(7)与工程有关的资源供应情况。

(8)施工企业的生产能力、机具设备状况、技术水平。

(9)其他文件,如企业质量管理体系文件、环境管理体系文件、各类定额及概预算资料等。

### (四)施工组织设计的编制要求

公路工程项目施工组织设计的编制应遵循下列要求:

(1)认真分析研究建设方的招标书及其资料,详细做好各方面的调查研究工作,包括对本企业多方面实际情况的清楚了解,确保获得真实的第一手资料。

(2)严格执行基本建设程序和施工程序。

(3)科学安排施工顺序。按照公路工程施工的客观规律安排施工工序,可将整个项目划分为几个阶段。在各个施工阶段之间合理搭接、衔接紧凑,在保证质量的基础上,尽可能缩短工期,加快建设速度。

(4)采用先进的施工技术和设备。在条件允许的情况下,尽可能采用先进的施工技术,不断提高施工机械化、预制装配化程度,减小劳动强度,提高劳动生产率。

(5)应用科学的计划方法制订最合理的施工组织方案。根据工程特点和工期要求,因地制宜地采用快速施工,尽可能采用流水作业施工方法,组织连续、均衡且有节奏的施工,保证人力、物力充分发挥作用。对于复杂的工程,应用网络计划技术找出最佳的施工组织方案。施工方案是施工组织设计的核心,是决定整个工程全局的关键。

(6)编制好进度计划。从实际出发,根据控制工期、建设项目的规模、结构、资金提供情况,制定出一个优化的进度计划。

(7)落实季节性施工的措施,确保全年连续施工。

(8)确保工程质量和施工安全。贯彻施工技术规范、操作规程,提出确保工程质量的技术措施和施工安全措施。

(9)节约基本建设费用、降低工程成本。合理布置施工平面图,节约施工用地;充分利用已有设施,尽量减少临时性设施费用;尽量利用当地资源,减少物资运输量;尽量避免材料二次搬运,正确选择运输工具,以节约能源,降低运输成本,提高经济效益。

**链接**

路基工程涉及大量的土方挖填,在编制施工组织设计时应重点考虑施工组织、施工方法、施工机械、土方调配、进度计划编制等内容,尽量做到挖填平衡,减少借方量与弃方量。

### (五)施工组织设计的编制程序及优化

编制施工组织设计要遵守一定的程序,要按照施工的客观规律,协调和处理好各个影响因素的关系,用科学的方法进行编制。

公路工程项目施工组织设计的编制应遵循下列程序:

(1)分析设计资料,选择施工方案和施工方法。

(2)编制工程进度图。

(3)计算人工、材料、机具需要量,制订供应计划。

(4)临时工程,供水、供电、供热计划。

(5)工地运输组织。

(6)布置施工平面图。

(7)编制技术措施计划与计算技术经济指标。

(8)编写编制说明。

公路工程施工组织设计的优化主要是施工方案的优化和资源利用的优化，下面以典型例题的形式对其内容进行讲解。

**典型例题**

【多选题】公路工程施工方案优化主要包括(　　)。

A. 施工方法的优化　　B. 施工劳动组织的优化

C. 施工机械组织的优化　　D. 机械需要计划的优化

E. 施工顺序的优化

ABCE。【解析】公路工程施工组织设计的优化主要是对施工方案的优化和资源利用的优化。施工方案的优化主要包括对施工方法、施工顺序、施工劳动组织、施工机械组织、施工作业组织形式的优化。资源利用优化主要包括对物资采购与供应计划、机械需要计划的优化。

### (六) 施工组织设计的评价

对公路工程施工组织设计进行评价的目的是论证其在技术上的可行性、经济上的合理性，在多方案评选时，确定最优方案。然而，施工组织设计的各种技术经济评价指标多且不统一，评价工作较复杂且缺乏定量、简便的方法，实际施工中通常采用工程进度曲线对施工组织设计进行评价。

工程进度曲线即"S"曲线，又称为现金流动曲线，因其曲线形状大致呈S形故而得名。"S"曲线是以工期为横轴，以累计完成的工程费用的百分比或累计完成的工程量的百分比为纵轴的图表化曲线。工程进度曲线("S"曲线)具有的特点如图2-1所示。

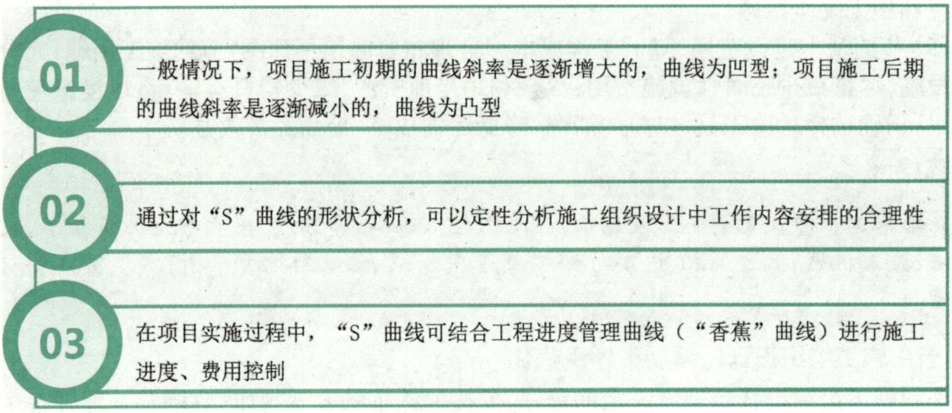


图2-1　工程进度曲线("S"曲线)具有的特点

### (七) 施工组织设计的管理

#### 1. 动态管理

工程施工过程中，不可避免地会遇到意想不到的各种问题，如设计变更、自然因素等，各阶段施工进度的变化会引起现场方案的调整，因此必须根据变化了的现场实际进行动态管理，对施工组织设计中不适宜部分进行必要的修改、补充、优化，以达到既定的建设目标。

#### 2. 分层管理

施工组织设计应进行分层管理，明确总包与分包单位、管理层与作业层的技术权限、职责与工作程序。

## 二、公路工程项目施工部署

### （一）施工总体部署

#### 1. 基本概念

施工总体部署是指对项目实施过程做出的统筹规划和全面安排，包括项目施工主要目标、施工顺序及空间组织、施工组织安排等。施工总体部署可作为全部施工活动及过程组织的基本框架和纲领。

施工总体部署是将整个工程建设项目视为一个系统，对影响全系统的重大问题进行预测和决策，主要应该明确施工任务的分工和组织安排，确定准备工作主要内容，制定主体工程、辅助工程、附属工程的施工程序以及主要分部工程的施工方案。

#### 2. 主要内容

施工总体部署是施工组织设计的重要内容之一，其主要内容有：

（1）建立项目施工管理组织机构。

（2）施工任务划分。根据工程划分，确定各参与施工单位的工作任务及施工阶段，明确总包与分包、各施工单位之间分工与协作的关系。

（3）安排施工顺序。确定各单位工程、分部工程、分项工程的施工顺序。

（4）设定安全、质量、进度、成本等管理目标。

（5）拟定主要项目的施工方案。

（6）分析主要施工阶段工期，避免进度延后。

**链接**

施工管理组织机构配备：施工管理组织机构是为完成项目施工管理而建立的组织，一般也称为项目班子、项目管理班子、项目组等。一些大中型项目，如建筑施工项目的项目组织目前在我国叫项目经理部。工程项目经理部是为实现一个具体的工程项目目标而组建的协同工作团队，是具有高度凝聚力和团队精神的群体，也是工程项目组织的核心，更是实现项目目标的基本组织保障。当企业签订工程项目合同，进入工程项目建设实施阶段，企业会依据工程项目的性质和规模聘任项目经理，同时抽调或招聘相应的工程技术人员组成项目经理部。项目经理部是一个组织整体，实行项目经理负责制，代表企业对业主全面负责。

### （二）施工总平面布置

施工总平面布置的相关规定如表 2-1 所示。

**表 2-1　施工总平面布置的相关规定**

| 类别 | 内容 |
| --- | --- |
| 施工总平面布置的原则 | （1）平面布置科学合理，少占农田，施工场地占用面积少。<br>（2）合理组织运输，减少二次搬运和缩短运距。<br>（3）施工区域的划分和场地的临时占用应符合总体施工部署和施工流程的要求，减少相互干扰，并有利于生产的连续性。<br>（4）充分利用既有建（构）筑物和既有设施为项目施工服务，降低临时设施的建造费用。<br>（5）临时设施应方便生产和生活，办公区、生活区和生产区宜分离设置。<br>（6）考虑自然条件的影响，保护施工现场和周围生态环境，符合节能、环保、安全和消防等要求。<br>（7）遵守当地主管部门和建设单位关于施工现场安全文明施工的相关规定 |

（续表）

| 类别 | 内容 |
| --- | --- |
| 施工总平面布置图的要求 | (1)根据项目总体施工部署，绘制现场不同施工阶段(期)的总平面布置图。<br>(2)施工总平面布置图的绘制应符合国家相关标准要求并附必要说明 |
| 施工总平面布置图的内容 | (1)项目施工用地范围内的地形状况。<br>(2)全部拟建的建(构)筑物和其他基础设施的位置。<br>(3)项目施工用地范围内的加工设施、运输设施、存贮设施、供电设施、供水供热设施、排水排污设施、临时施工道路和办公、生活用房等。<br>(4)施工现场必备的安全、消防、保卫和环境保护等设施。<br>(5)相邻的地上、地下既有建(构)筑物及相关环境。<br>(6)取土场位置、弃土场位置。<br>(7)控制测量的放线标桩位置。<br>(8)标记需要拆迁的建筑等 |

# 模块二　公路工程进度控制

## 一、公路工程施工进度计划的编制特点

### （一）公路工程施工进度计划概述

施工进度计划是控制工程施工进度和工程竣工期限等各项施工活动的依据。施工组织工作中的其他有关问题都要服从进度计划的要求，如计划部门提出月、旬作业计划，平衡劳动力计划；材料部门调配材料、构件；设备部门安排施工机具的调度；财务部门的用款计划等，均须以施工进度为基础。

施工进度计划反映了工程从施工准备工作开始，直到工程竣工为止的全部施工过程；反映了工程建筑与安装的配合关系，及各分部工程及工序之间的衔接关系。

### （二）公路工程施工进度计划的表示方法

编制工程施工进度计划通常需要借助两种方式，即文字说明与各种进度计划图表。前者是用文字形式说明各时间阶段内应完成的工程建设任务及所需到达的工程形象进度要求。后者是用图表形式来表达工程建设各项工作任务的具体时间顺序安排。根据图表形式的不同，施工进度计划的表达有横道图、垂直图、网络图、“S”曲线等形式。

#### 1. 横道图

横道图是一种最直观的工期计划方法，以横坐标表示时间，以纵坐标表示各分部(项)工程或工作内容，横道的长度表示活动的持续时间，横道的位置表示活动的起始时间。横道图简单明了，能够很清楚地表示出各工作的开始、结束时间以及工作的持续时间。

#### 2. 垂直图

垂直图是以纵坐标表示时间，以横坐标表示公路里程或工程位置，而不同的斜率则相应地表示各分部分项工程的施工进度。斜率越陡(大)表示进度越慢，斜率越平(小)表示进度越快。工程量在图表上方相应地表示，施工组织平面示意图可在图表的下方相应地表示，资

源平衡可在图表右侧以曲线表示。

### 3. 网络图

网络计划图是以加注工作持续时间的箭线和带有编号的节点组成的网状流程图，用以表示施工进度计划。其基本原理是：首先根据工作间的相互关系及其工作先后顺序流程绘制工程项目施工进度计划网络图；其次通过计算找出计划中的关键工作及关键线路；最后通过不断调整、改善网络计划，选择最优的方案付诸实施。在网络计划实施过程中进行有效地监督与控制，确保工程项目按合同条件顺利完成。

**链接**

双代号网络计划图中常见的 6 个时间参数主要包括最早开始时间（$ES_{i-j}$）、最早完成时间（$EF_{i-j}$）、最迟开始时间（$LS_{i-j}$）、最迟完成时间（$LF_{i-j}$）、总时差（$TF_{i-j}$）以及自由时差（$FF_{i-j}$）。其中，总时差是指在不影响总工期的前提下，工作 $i-j$ 可以利用的机动时间，即 $TF_{i-j}=LS_{i-j}-ES_{i-j}$或 $TF_{i-j}=LF_{i-j}-EF_{i-j}$。自由时差是指在不影响其紧后工作最早开始的前提下，工作 $i-j$ 可以利用的机动时间。当工作有紧后工作 $j-k$ 时，其自由时差应为 $FF_{i-j}=\min\{ES_{j-k}\}-EF_{i-j}$或 $FF_{i-j}=ES_{j-k}-ES_{i-j}-D_{i-j}$；以网络计划的终点节点（$j=n$）为箭头节点的工作，其自由时差 $FF_{i-n}$，应按网络计划的计划工期 $T_{\mathrm{P}}$ 确定，即 $FF_{i-n}=T_{\mathrm{P}}-EF_{i-n}$。

双代号网络计划关键工作和关键线路的确定应符合下列规定：

（1）总时差最小的工作应为关键工作。

（2）自始至终全部由关键工作组成的线路或线路上各工作持续时间之和最长的线路应为关键线路，并宜用粗线、双线或彩色线标注。

### 4. "S"曲线

"S"曲线中以横坐标表示时间，以纵坐标表示累计完成任务量。图中一般标注计划曲线和实际曲线两条曲线。计划曲线是按计划时间累计完成任务量的 S 曲线；实际曲线是工程项目实施过程中各检查时间实际累计完成任务量的 S 曲线。在工程项目进度管理当中，S 曲线能够非常直观地表示实际进度和计划进度（基准进度）的数值与时间区间的动态关系，通过判断实际进度与计划进度的差值和历史轨迹，就可了解到项目的整体运行情况，使人一目了然，富有立体感。因此，S 曲线广泛运用于控制项目的总体进度。

**专家解读**

公路工程进度计划的主要形式中，既能反映各分部（项）工程的进度，又能反映工程总体进度的是"S"曲线和横道图结合的公路工程进度表。

## 二、公路工程施工过程组织

公路工程施工过程的组织是编制施工进度计划的基础。

### （一）施工过程组织原则

公路工程施工过程的组织包括时间组织、资源组织和空间组织方面的问题。

施工过程组织原则如图 2-2 所示。

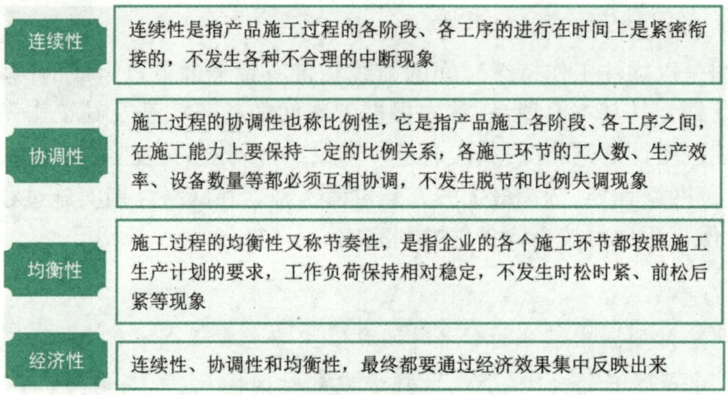


**图 2-2　施工过程组织原则**

## （二）施工过程时间组织方法

### 1. 概述

时间组织是施工组织的核心。时间组织主要考虑实施施工的作业顺序和施工组织的作业方式。施工任务的排序问题属于管理科学的动态规划，求解最优排序比较复杂，但仍可按施工的客观规律采用将前后关联工序的周期按一定方式合并的方法，分别应用约翰逊－贝尔曼法则，求出“合并后工序”相应的周期，最后再按选取最小值的方法求得施工顺序的较优安排。

施工顺序的安排，除考虑施工速度快外，同时还要考虑施工费用省、施工质量高和保证安全。因此必须从实际出发全面加以考虑，使施工顺序的确定能够为好、快、省、安全地完成施工任务创造条件。

### 2. 施工作业方式

在公路施工生产中，施工队（班组）对施工对象的施工顺序，一般可分为顺序（依次）作业法、平行作业法和流水作业法三种基本施工方式。

（1）顺序作业法，是指按工艺流程和施工程序（步骤），按先后顺序进行施工操作。如多层结构的路面工程，先后操作顺序是路槽、底基层、基层、连接层、面层和路肩。石方爆破工程的程序是打眼、装药、堵塞、引爆和清方等。顺序作业法就是按此固定（取决于工艺或结构物性质）程序组织施工。

（2）平行作业法，是指线性工程的作业面很长，根据工程或技术的需要，可划分为几段（或几个点），分别同时按程序施工。

（3）流水作业法，是一种比较先进的作业方法，是以施工专业化为基础，将不同工程对象的同一施工工序交给专业施工队（组）执行，各专业队（组）在统一计划安排下，依次在各个作业面上完成指定的操作。前一操作结束后转移至另一作业面，执行同样操作，后一操作则由其他专业队继续执行。各专业队按大致相同的时间（流水节拍）和速度（流水速度），协同而紧凑地相继完成全部施工任务。流水作业符合工艺流程，组织紧凑，有利于专业化施工，是现代化工业产品生产的基本组织形式，对于建筑工程（包括公路在内）亦具有先进性。

## （三）流水施工方法

### 1. 流水施工的特点

流水施工法的特点是生产的连续性和均衡性，因此可使各种物质资源均衡地使用，使建筑机构及其附属企业的生产能力充分地发挥，劳动力得到了合理的安排和使用，从而带来较好的经济效益。它主要表现在以下几个方面：

(1)消除了工作的时间间歇，避免施工期间劳动力的过分集中，从而减少临时设施工程量，节约基建投资。

(2)由于实行工程队(组)生产专业化，为工人提高技术水平和进行技术改造革新创造了有利条件，促进劳动生产率和工程质量的不断提高。

(3)在采用流水施工方法时，单位时间内完成的工程数量，对于机械操作过程是按照主导机械的生产率来确定的；对于手工操作过程是以合理的劳动组织为依据确定的，可以保证施工机械和劳动力得到合理和充分的利用。

(4)由于工期缩短，劳动生产率提高，劳动力和物质消耗均衡，可以降低工程间接费用；同时由于各种资源得到充分的利用，减少了各种不必要的损失，可以降低工程直接费用。

### 2. 流水施工主要参数

流水施工主要参数包括：

(1)工艺参数。工艺参数是指一组流水中施工过程的个数及流水强度。

(2)时间参数。时间参数包括流水节拍、流水步距、技术间歇、组织间歇和搭接时间。其中，流水节拍是指某个专业队(或作业班组)在一个施工段上的施工作业持续时间；流水步距是指两个相邻的施工队(组)先后进入流水作业的最小时间间隔。

(3)空间参数。空间参数是指单体工程划分的施工段或群体工程划分的施工区的个数。空间参数主要包括工作面、施工段和施工层。

**链接**

施工段的划分原则如下：段落的划分应大小适宜；各段落之间工程量基本平衡；尽可能避免化整为零；避免造成段落之间的施工干扰；保持构造物的完整性。

### 3. 流水施工的分类

流水施工的类型主要包括全等节拍流水、成倍节拍流水、分别流水和无节拍流水四类。

(1)全等节拍流水。所谓全等节拍流水，是指施工过程的流水节拍与相邻施工过程之间的流水步距完全相等的流水施工，即各专业施工队在所有施工段上的作业时间均相等。

全等节拍流水施工工期 $T$ 的计算式为

$$T=(m+n-1)t$$

式中：$m$——施工段数量；$n$——施工过程数量；$t$——流水节拍。

**提示**

由于一项建设工程往往包含有许多流水组，故流水施工工期一般不是整个工程的总工期。

(2)成倍节拍流水。使某些施工过程的流水节拍成为其他施工过程流水节拍的倍数，即形成成倍节拍流水施工。成倍节拍流水施工包括一般成倍节拍流水施工和加快的成倍节拍流水施工。为了缩短流水施工工期，一般均采用加快的成倍节拍流水施工方式。

成倍节拍流水施工工期 $T$ 的计算式为

$$T=(m+\sum b-1)K$$

式中：$K$——流水步距，也是流水节拍的最大公约数；$b=t/K$。

(3)分别流水。所谓分别流水是指各施工过程的流水节拍各自保持不变，但不存在最大公约数，流水步距也是一个变数的流水作业。

分别流水施工工期 $T$ 的计算式为

$$T = t_n + t_0$$

式中：$t_n$——最后一个专业施工队的作业持续时间；$t_0$——流水展开期，为最初施工过程开始至最后的施工过程开始之间的时间间隔。

（4）无节拍流水。对于公路工程施工来说，沿线工程量的分布都是不均匀的，而大、中型桥梁或路基土石方的高填深挖，为集中型工程。因此，实际上各专业施工队在机具和劳动力固定的条件下，流水作业速度不可能保持一致，即各施工段上同一施工过程的流水节拍无法相等。此时，流水节拍虽无任何规律，但仍可利用流水施工原理组织流水施工，使各专业工作队在满足连续施工的条件下，实现最大搭接。

无节拍流水组织，引入流水步距概念目的就是为了消除流水施工中存在的窝工现象。

在无节拍流水施工中，通常采用累加数列错位相减取大差法计算流水步距。由于这种方法是由潘特考夫斯基首先提出的，故又称为潘特考夫斯基法。

累加数列错位相减取大差法计算流水步距的基本步骤如下：

①对每一个施工过程在各施工段上的流水节拍依次累加，求得各施工过程流水节拍的累加数列。

②将相邻施工过程流水节拍累加数列中的后者错后一位，相减后求得一个差数列。

③在差数列中取最大值，即为这两个相邻施工过程的流水步距。

无节拍流水施工工期 $T$ 的计算式为

$$T = \Sigma K + \Sigma t_n + \Sigma Z + \Sigma G - \Sigma C$$

式中：$\Sigma K$——各施工过程（或专业工作队）之间流水步距之和；$\Sigma t_n$——最后一个施工过程（专业工作队）在各施工段流水节拍之和；$\Sigma Z$——组织间歇时间之和；$\Sigma G$——工艺间歇时间之和；$\Sigma C$——提前插入时间之和。

**专家解读**

不窝工的无节拍流水工期 = 流水步距和 + 最后一道工序流水节拍的和 + 要求间歇和。

无多余间歇的无节拍流水工期 = 施工段间间隔和 + 最后一个施工段流水节拍的和 + 要求间歇和。

**链接**

高速公路路面工程 K20 +000 ~ K25 +000 段具备先行施工条件，施工单位决定将该段底基层、基层划分为 4 个施工段进行流水施工，持续时间见表 2-2。待基层施工完成后，对下、中、上面层不分段组织顺序作业，各层施工时间均为 4 d，底基层与基层、基层与下面层之间的技术间歇均为 4 d。

**表 2-2　底基层、基层分段持续时间**　　单位：d

| 施工过程 | 施工段 | | | |
|---|---|---|---|---|
| | ① | ② | ③ | ④ |
| 底基层 | 4 | 6 | 4 | 6 |
| 基层 | 2 | 4 | 2 | 4 |

根据上述信息绘制横道图如图 2-3 所示。

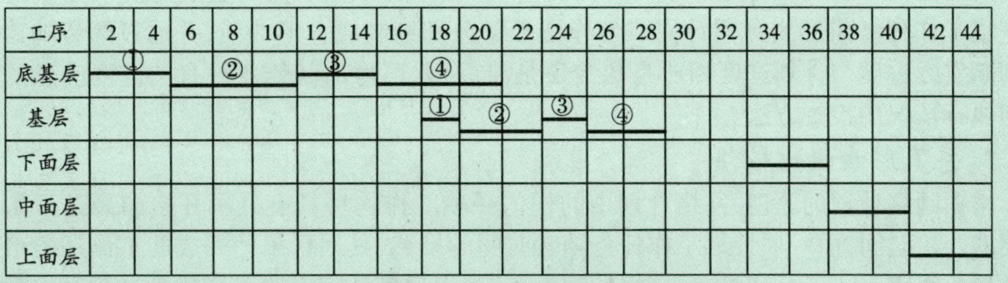


**图 2-3　路面施工工期横道图(时间单位:d)**

根据绘制的横道图,底基层和基层施工用时 28 d,由于下、中、上面层不分段组织顺序作业,各层施工时间均为 4 d,基层与下面层之间的技术间歇为 4 d,故 K20 +0000 ~ K25 +000 段路面施工总工期为 28 +4 ×3 +4 =44(d)。

## 三、公路工程进度控制管理

### (一)公路工程进度控制概述

工程进度控制是指项目管理者围绕目标工期的要求编制计划,付诸实施,并在实施过程中不断检查计划的实际执行情况、分析进度偏差产生原因、进行相应的调整和修改。公路工程进度控制的依据是施工进度计划系统。公路工程进度管理的对象是建设工期。

**链接**

施工项目进度计划系统可以是由多个相互关联的不同计划功能(控制性进度计划、指导性进度计划、实施性进度计划)、不同计划深度(总体进度计划、单项工程进度计划)以及不同计划周期(年度计划、季度计划)的进度计划组成的计划系统。

公路工程进度控制管理的重点是进度计划的检查和进度计划的调整。

### (二)进度计划的检查内容及方法

对施工进度计划的检查应包括下列内容:各工作工程量的完成情况;关键工作的工作时间的执行情况及时差利用情况;资源使用及与进度的互配情况;上次检查提出问题的处理情况。

进度计划的检查与进度计划的执行是融汇在一起的。进度计划的检查方法主要采用对比法,即实际进度与计划进度进行对比。常用的进度比较方法有横道图比较法、S 形曲线比较法、香蕉曲线比较法、前锋线比较法、列表比较法和网络计划比较法等。

#### 1. 横道图比较法

横道图比较法是指将项目实施过程中检查实际进度收集到的数据,经加工整理后直接用横道线平行绘于原计划的横道线处,进行实际进度与计划进度的比较方法。

#### 2. S 形曲线比较法

从工程项目建设进展的全过程看,单位时间内完成的工作任务量一般都随着时间的递进而呈现两头少、中间多的分布规律,即工程的开工和收尾阶段完成的工作任务量少,而中间阶段完成的工作任务量多。这样以横坐标表示进度时间，以纵坐标表示累计完成工作任务量而绘制出来的曲线将是一条S形曲线。S形曲线比较法就是将进度计划确定的计划累计完成工作任务量和实际累计完成工作任务量分别绘制成S形曲线，并通过两者的比较借以判断实际进度与计划进度相比是超前还是滞后，并可得出其他各种有关进度信息的进度计划执行情况的检查方法。

3. 香蕉形曲线比较法

根据网络计划的原理，网络计划中的任何一项工作均可具有最早开始和最迟开始两种不同的开始时间，而一项计划工作任务随着时间的推移，其逐日累计完成的工作任务量可以用S形曲线表示。于是，对工程网络计划而言，其逐日累计完成的工作任务量就必然都可借助于两条S形曲线概括表示：一是按工作的最早开始时间安排计划进度而绘制的S形曲线，称为ES曲线；二是按工作的最迟开始时间安排计划进度而绘制的S形曲线，称为LS曲线。两条曲线除在开始点和结束点相重合外，ES曲线的其余各点均落在LS曲线的左侧，使得两条曲线围合成一个形如香蕉的闭合曲线圈，故称为香蕉形曲线。

4. 前锋线比较法

前锋线是指在原时标网络计划上，从检查时刻的时标点出发，用点划线依次将各项工作实际进展位置点连接而成的折线。前锋线比较法就是在时标网络计划中通过绘制某检查时刻工程项目实际进度前锋线，并通过实际进度前锋线与原进度计划中各工作箭线交点的位置来判断工作实际进度与计划进度的偏差，进而判定该偏差对后续工作及总工期影响程度的一种方法，其主要适用于时标网络计划。

绘制实际进度前锋线一般从时标网络计划图上方时间坐标的检查日期开始绘制，依次连接相邻工作的实际进展位置点，最后与时标网络计划图下方坐标的检查日期相连接。

常用的工作实际进展位置点的标定方法有以下两种：

(1)按该工作已完任务量比例进行标定。假设工程项目中各项工作均为匀速进展，根据实际进度检查时刻该工作已完任务量占其计划完成总任务量的比例，在工作箭线上从左至右按相同的比例标定其实际进展位置点。

(2)按尚需作业时间进行标定。当某些工作的持续时间难以按实物工程量来计算而只能凭经验估算时，可以先估算出检查时刻到该工作全部完成尚需作业的时间，然后在该工作箭线上从右向左逆向标定其实际进展位置点。

前锋线可以直观地反映出检查日期有关工作实际进度与计划进度之间的关系。对某项工作来说，其实际进度与计划进度之间的关系可能存在以下三种情况：

(1)工作实际进展位置点落在检查日期的左侧，表明该工作实际进度拖后，拖后的时间为二者之差。

(2)工作实际进展位置点与检查日期重合，表明该工作实际进度与计划进度一致。

(3)工作实际进展位置点落在检查日期的右侧，表明该工作实际进度超前，超前的时间为二者之差。

通过实际进度与计划进度的比较确定进度偏差后，还可根据工作的自由时差和总时差预测该进度偏差对后续工作及项目总工期的影响。

(三)进度计划的调整内容及方法

进度计划的调整内容及方法如表2-3所示。

表 2-3　进度计划的调整内容及方法

| 内容 | 方法 |
|---|---|
| 调整关键线路 | (1)实际进度比计划进度提前,当不需要提前工期时,应选择资源占用量大或直接费用率高的后续关键工作,适当延长其持续时间,以降低其资源强度或费用;当需要提前工期时,应将计划的未完成部分作为一个新计划,重新计算时间参数并确定关键工作,按新计划实施。<br>(2)实际进度比计划进度延误,当工期允许延长时,应将计划的未完成部分作为一个新计划,重新计算时间参数并确定关键工作,按新计划实施;当工期不允许延长时,应在未完成的关键工作中,选择资源强度小或直接费用率低的,缩短其持续时间,并把计划的未完成部分作为一个新计划,按工期优化方法进行调整 |
| 利用时差调整非关键工作的开始时间、完成时间或工作持续时间 | 非关键工作的调整应在其时差范围内进行,每次调整后应计算时间参数,判断调整对计划的影响。进行调整可采用下列方法:<br>(1)将工作在最早开始时间与最迟完成时间范围内移动。<br>(2)延长工作持续时间。<br>(3)缩短工作持续时间 |
| 增、减工作项目 | 增、减工作项目时,应对局部逻辑关系进行调整,并重新计算时间参数,判断对原网络计划的影响。当对工期有影响时,应采取措施,保证计划工期不变。增加工作项目,只是对原遗漏或不具体的逻辑关系进行补充,减少工作项目,只是对提前完成了的工作项目或原不应设置而设置了的工作项目予以消除。只有这样,才是真正的调整,而不是重编计划 |
| 调整逻辑关系 | 当改变施工方法或组织方法时,应调整逻辑关系,并应避免影响原定计划工期和其他工作 |
| 重新估计某些工作的持续时间 | 当发现某些工作的原持续时间有误或实现条件不充分时,应重新估算其持续时间,并应重新计算时间参数 |
| 调整资源投入 | 当资源供应发生异常时,即因供应满足不了需要(中断或强度降低),影响到计划工期的实现时,应采用资源优化方法对计划进行调整或采取应急措施,使其对工期影响最小 |

可以只调整上述六项内容之一项,也可以同时调整多项。只要能达到预期目标,调整越少越好。

**专家解读**

进度计划的调整最常用的是缩短工作持续时间和调整逻辑关系。需要注意,调整逻辑关系时,一般说来,只能调整组织关系,而工艺关系不宜进行调整,以免打乱原计划,调整逻辑关系是以不影响原定计划工期和其他工作的顺序为前提的。调整的结果绝对不应形成对原计划的否定。用这种方法调整的效果是很显著的,例如可以把依次进行的有关工作改变为平行、互相搭接或者分成几个施工段进行流水施工等方式,都可以达到缩短工期的目的。

# 模块三　公路工程项目技术管理

工程项目技术管理是项目经理部在项目施工的过程中，对各项技术活动过程和技术工作的各种要素进行科学管理的总称。所涉及的管理制度包括施工图纸会审制度、施工方案管理制度、施工技术交底制度、工程施工测量管理制度、工程项目试验管理制度、工程施工技术档案管理制度等。

## 一、公路工程施工技术准备

技术准备是施工准备的核心。由于任何技术的差错或隐患都可能引起人身安全和质量事故，造成生命、财产和经济的巨大损失。因此，必须认真地做好技术准备工作。公路工程施工技术准备主要有：

(1)熟悉、审查施工图纸和有关的设计资料。

(2)编制施工组织设计。

此外，还包括原始资料的调查分析、编制施工图预算和施工预算，对于施工单元来说，各类技术管理人员的配备也是必不可少的。

## 二、公路工程施工图纸会审

### (一)施工图纸会审的目的

(1)使施工单位和各参建单位熟悉设计图纸，了解工程特点和设计意图，找出需要解决的技术难题，并制定解决方案。

(2)解决图纸中存在的问题，减少图纸的差错，将图纸中的质量隐患消灭在萌芽之中。

### (二)施工图纸会审的内容

施工图纸会审的内容具体如下：

(1)是否无证设计或越级设计；图纸是否经设计单位正式签署。

(2)地质勘探资料是否齐全。

(3)设计图纸与说明是否符合当地要求。

(4)设计地震烈度是否符合当地要求。

(5)多个设计单位共同设计的图纸相互间有无矛盾；专业图纸之间、平立剖面图之间有无矛盾；标注有无遗漏。

(6)总平面与施工图的几何尺寸、平面位置、标高等是否一致。

(7)是否满足防火、消防要求。

(8)施工单位是否具备施工图中所列的各种标准图册。

(9)材料来源有无保证，能否代换；图中所要求的条件能否满足；新材料、新技术的应用是否有问题。

(10)施工安全、环境卫生有无保证。

### (三)施工图纸会审的程序

图纸会审应在开工前进行。如施工图纸在开工前未全部到齐，可先进行分部工程图纸会审。

图纸会审的一般程序：业主或监理方主持人发言→设计方图纸交底→施工方、监理方代表提问题→逐条研究→形成会审记录文件→签字、盖章后生效。

图纸会审前必须组织预审。阅图中发现的问题应归纳汇总，会上派一代表为主发言，其他人可视情况适当解释、补充。

施工方及设计方专人对提出和解答的问题作好记录，以便查核。图纸会审后由专人整理形成图纸会审记录，由各方代表签字盖章确认。

## 三、公路工程施工方案管理

### （一）施工方案的概念

施工方案是以分部（分项）工程或专项工程为主要对象编制的施工技术与组织方案，用以具体指导其施工过程。施工方案是针对工程项目，根据施工目的、施工现场调研收集的资料和信息、施工图纸、施工验收规范、质量检查验收标准、安全操作规程等资料，对施工实施过程中所耗用的人力、材料、设备等资源在工期的要求下，通过合理组织，进行技术经济分析，从中选择的安全可靠、切实可行、经济合理的最优施工工艺和方法。

**链接**

建设工程全局的关键在于施工方案，同时，施工方案又是施工组织设计的核心内容。

### （二）施工方案的编制

#### 1. 编制原则

施工方案应有针对性和可行性，能突出重点和难点，并制定出可行的施工方法和保障措施；方案能满足工程的质量、安全、工期要求，并且施工所需的成本费用低。

施工方案的编制应遵循下列原则：

（1）科学合理、具有可操作性。

（2）满足工期、动态管理控制。

（3）保质量、促安全、符合技术规范，秉承“谁施工、谁编制、谁负责”原则。

（4）降成本、增效益、应用技术创新。

（5）充分考虑业主的要求。

（6）符合设计、规范和验收标准要求。

#### 2. 编制依据

施工方案的编制依据包括施工组织设计、设计技术文件、供货方技术文件、施工现场条件、国家和行业相关标准规范、同类型工程项目施工经验等。

#### 3. 编制内容

施工方案编制的主要内容如下：编制依据；工程概况；工艺流程及操作要点、关键技术参数、技术措施；施工技术方案设计图；技术方案的主要有关计算书；安全、环保、质量保证、文物保护、文明施工措施；预案措施等。

**提示**

应注意与专项施工方案的内容进行区分。

### （三）施工方案的编审和报批

一般施工方案应由各专业工程师或专业分包单位专业工程师编制，经项目技术部门或专业分包单位技术部门审核，项目技术负责人审批后实施。重大施工方案应先由项目技术负责人组织编制，经施工单位技术管理部门组织审核，由施工单位技术负责人或技术负责人授权的技术人员审批后实施。

## 四、公路工程施工技术交底

### (一)施工技术交底概述

施工技术交底是指工程(单位工程或分部分项工程)施工前,由项目经理主持、项目总工负责向技术人员,或技术人员向班组长按照施工组织设计和施工图纸要求落实的一项工作,是施工技术质量和进度管理的重要步骤。

施工技术交底的目的有两方面,一是使参加施工的领导、工程技术人员、作业班组明确所担负工程任务或作业项目的特点及技术要求、质量标准、安全措施,以便更好地组织施工;二是明确交底人和接受交底人的责任。发生工程事故,若属交底人未进行交底或交底不清,交底人应负主要责任;若属接受交底人未按交底要求施工,接受交底人应负主要责任。

施工技术交底必须按照施工组织设计或专项施工方案规定要求进行。同时,施工技术交底也必须安排在单位工程或分部分项工程施工前进行,并应为施工留出适当的准备时间。

施工技术交底的形式以会议形式为主,并形成书面记录,交底人和接受人应履行交接签字手续,施工技术交底资料和交接手续是工程技术档案的重要组成部分,应及时归档妥善保管。

### (二)施工技术交底的内容

施工技术交底分为单位工程施工技术交底和分部分项(工序)工程施工技术交底两类。单位工程施工技术交底应与施工组织设计交底一并进行。施工技术按技术责任制分工、分级进行。施工技术交底的内容如表 2-4 所示。

表 2-4　施工技术交底的内容

| 交底级别 | 交底人 | 接受交底人 | 交底内容 |
|---|---|---|---|
| 第一级 | 项目总工程师 | 各部门负责人及全体技术人员 | 必备内容如下:工程概况、工期要求;施工现场调查情况;实施性施工组织设计,施工顺序,关键线路、主要节点进度,阶段性控制目标;施工方案及施工方法,技术标准及质量安全要求;重要工程及采用新技术新材料等的分部分项工程;工序交叉配合要求、各部门的配合要求;主要材料、设备、劳动力安排及资金需求;项目质量计划、成本目标;设计变更内容。主要内容为总体施工方案、重大施工方案、超过一定规模的危险性较大的分部分项工程施工方案、技术策划及实施性施工组织设计等 |
| 第二级 | 项目技术部门负责人或各分部分项工程主管工程师 | 现场技术人员和班组长 | 必备内容如下:施工详图和构件加工图,材料试验参数及配合比;现场测量控制网、监控量测方法和要求;重大施工方案措施、关键工序、特殊工序施工方案及具体要求;施工进度要求和相关施工工序配合要求;重大危险源应急救援措施;不利季节施工应采取的技术措施,正常情况下的半成品及成品保护措施;本工程所采用的技术标准、规范、规程的名称,施工质量标准和实现创优目标的具体措施,质量检查项目及其要求;主要材料规格性能、试验要求;施工机械设备及劳动力的配备;安全文明施工及环境保护要求。主要内容为分部分项工程施工方案、危险性较大的分部分项工程施工方案等 |
| 第三级 | 现场技术人员 | 班组全体作业人员 | 必备内容如下:施工图纸细部讲解,采用的施工工艺、操作方法及注意事项;分项工程质量标准、交接程序及验收方式,成品保护注意事项;易出现质量通病的工序及相应技术措施、预防办法;工期要求及保证措施;设计变更情况;降低成本措施;现场安全文明施工要求;现场应急救援措施、紧急逃生措施等。主要内容为分部分项工程的施工顺序等 |

**提示**

以上三级交底中，如涉及到采用新材料、新工艺、新技术的内容，或是易出现质量通病的工程，以及整体项目中的重大工程、重要分项工程，应由总工程师亲自交底。

## 五、公路工程施工测量管理

### （一）基本规定

在进行施工测量时，应根据公路等级和测量精度要求，选择测量方法。控制性桩点，应进行现场交桩，在复测原控制网的基础上，根据施工需要适当加密、优化，建立施工测量控制网，妥善保护。

施工期间，应保护好所有控制桩点，及时恢复被破坏的桩点，根据情况对控制桩点进行复测。

### （二）施工测量复核制度

#### 1. 控制桩点的交接及复测

现场交接桩由建设单位组织，设计、施工、监理单位参加，现场交桩完成后，形成交接桩工作纪要。

项目部在接到定测资料后应对资料进行复核、计算，并立即对控制点进行同等精度复测。复测时应采用两种不同的方法或两人换手测量的方法进行。复测时要特别注意各分段工程相结合部的贯通测量。

**链接**

现场测量数据处理计算资料必须换人复核，工地实验室应定期接受母体检测机构的检查指导。

在进行复测时，应在测量监理工程师旁站下进行，测量结果必须与相邻工程段闭合，平面控制桩应覆盖相邻工程段1～2个，高程与相邻工程段闭合。对复测闭合的控制桩及加密控制桩，必须请监理工程师复测检查。复测结果在测量规范允许范围内时，由施工单位自行调整；超出允许范围时，应及时向监理单位报告，由监理单位联系设计单位进行复核调整并签认，否则不得作为施工依据。复测结束后，应编制测量控制桩点成果表，必须由测量监理工程师及总监理工程师复核签认。

复测工作完成后，及时固桩和护桩。未经控制点复测的工程不得施工。经过复测，没有发现问题，或发现问题已被妥善处理后，方能同设计单位办理测绘资料交接手续。

#### 2. 测量资料复核

工程施工过程中各级测量机构负责完成的控制测量，其成果在使用前，应进行检查和复核。复核的主要内容有：复核测站平差方法是否合理，成果是否正确，有无笔误；对最终实用平差成果进行换算、验算和反算，确保最终成果准确可靠。控制测量资料复核完成后，应及时形成书面文件。

#### 3. 施工过程测量的检查复核

对建筑物的放样测量，测设前要对所用的控制点进行认真核实，不能用错控制点。放样数据必须由两人用不同的方法求得，结果一致后，还应交换算法进行反算，并进行自查和互查（换手复核），保证放样数据准确无误。放样数据与检算资料一起，根据工程项目分类，按测量资料由专人统一保管。

**链接**

施工监测测量的对象包括高填方路基、深挖路堑和深基坑。其中，深挖路堑监测测量主要是监测边坡变形和施工安全。监测点埋设要求如下：边坡变形观测墩应埋设于断面边坡坡口线外2 m；施工安全监测点埋设于各级开挖平台坡脚处。

### （三）施工测量交底制度

所有测量完成后，均应及时对相关人员进行书面交底，按施工技术交底制度做好资料管理。所有测量技术交底资料，必须由测量资料填写者之外的技术人员复核无误后才能发放。经理部测量交底必须由工程技术部长复核、总工程师审核后方可发放。

对于一般工程的测量由项目部测量负责人向测量队技术人员进行交底，对于测量控制网的布设、复测以及大型主体结构物精准定位的实测方法由项目总工程师组织，向测量人员及工程技术部人员进行技术交底。

### （四）工程测量的管理制度

#### 1. 人员管理制度

施工测量是一个专业性强和准确度高的工作，所以对各部门的工作人员的技术要求都是十分高的。对于测量的工作人员要做好培训工作，培养他们的职业素质和道德素质，对于测量的相关工作的所有部分更应做好技术培训。对于培训人员要进行考核，考核合格后方可独立进行测量工作。

#### 2. 仪器管理制度

公路建设的相关负责人应按照实际的需要不断地学习使用新的设备和技术，以便更好地提高整体的公路测量质量；要保证测量仪器设备只由专业的人员使用并管理，专业人员应熟悉仪器的性能和操作规程，应经过培训合格后方可使用；做好仪器的各项保养和维修工作，找国家规定的检测部门定期检定；新仪器进场必须先经过校验检定后才可以投入使用；在工作中规范仪器的使用和操作的各种制度，做好设备的管理和保护工作。

#### 3. 资料管理制度

各施工单位测量必须分别使用单项测量记录本。测量记录统一使用施工单位发的测量记录簿记录。一切原始观测值和记录项目在现场记录清楚，不得涂改，不得凭记忆补记、补绘。记录中不准连环更改，不合格时应重测。

手簿必须填列页次，注明观测者、观测日期、使用的仪器，并详细记载观测时的特殊情况。凡划去的观测记录，应注明原因，予以保存，不得撕毁。

内业计算前应复查外业资料，核对起算数据。计算书要书面整洁，计算清楚，格式统一。计算者、复核者要签认。采用计算机应用程序计算时，应使用正版软件。

各施工队应设专人管理原始记录和资料，建立台账，及时收集，整理立卷。

## 六、公路工程项目试验管理

公路工程项目试验大多是在工地试验室进行的。此部分主要介绍工地试验室相关内容。

### （一）基本要求

工地试验室是工程质量控制和评判工作的重要基础数据来源，是工程建设质量保证体系的重要组成部分。工地试验室必须严格执行国家、交通运输主管部门的有关法律、法规和技术标准、规范、规程，遵循科学、客观、严谨、公正的原则，独立开展试验检测活动，为工程建设提供真实、准确的试验检测数据和报告。工地试验室应根据工程项目内容和规模进行设置，既要满足工程质量控制需要，同时要满足布局合理、安全环保、环境整洁等要求。

### （二）机构设置

施工、监理单位和检测机构应根据工程质量安全管理需要或合同约定，在工程现场设立工地试验室；设立工地试验室的母体机构应取得《公路水运工程试验检测机构等级证书》。

工地试验室应按合同段单独设立，工程规模过大时应设立分试验室。同一合同段内施工、监理单位的工地试验室不得由同一家母体检测机构授权设立。

### （三）工地试验室建设

#### 1. 驻地建设

工地试验室选址应充分考虑安全、环保、交通便利及工程质量管理要求等因素，其周边场地一般应进行硬化处理。工地试验室应将工作区和生活区分开设置，工作区总体上可分为功能区、办公室和资料室三部分。工地试验室应有良好的通风采光条件，化学室、沥青及沥青混合料室应设置机械强制通风设施。

#### 2. 人员配备

授权负责人须持有试验检测工程师证书，全面负责工地试验室的管理和试验检测活动。试验检测人员不得同时受聘于两家或两家以上的工地试验室。

#### 3. 设备配置

工地试验室应按照合同要求和母体检测机构授权范围内的试验检测项目及参数配备相应的仪器设备和辅助工具，使用频率高的仪器设备在数量上应能满足周转需要。仪器设备的功能、准确度和技术指标均应符合现行规范、规程要求。

#### 4. 体系和文化建设

工地试验室应依据母体检测机构的质量体系文件，结合工程特点，编制简洁、适用、针对性和操作性强的质量体系文件及各项管理制度。

### （四）工地试验室管理

#### 1. 人员管理

工地试验室应加强试验检测人员考勤管理，确保日常工作有效开展。工地试验室应保持试验检测人员相对稳定，因特殊情况确需变更的，应由母体检测机构报经建设单位同意，并向项目质监机构备案。工地试验室应将试验检测人员的姓名、岗位、照片等信息予以公开。试验检测人员进行作业时应统一着装并挂牌上岗。

工地试验室应重视试验检测人员劳动保护工作。试验检测人员在进行有毒、有腐蚀性、有强噪声等试验操作时,必须按要求佩戴相应的防护用具。工地试验室应制定全员学习培训计划,定期或不定期地组织学习有关政策、质量体系文件、标准规范规程以及试验检测操作技能、职业素养等知识,不断提高试验检测人员综合能力和水平。

工地试验室应按照规定及时对试验检测人员进行年度信用评价。

### 2. 设备管理

工地试验室应制定仪器设备管理制度,一般应包括采购、验收、检定/校准、使用维护、故障处理、核实降级与质量处理、仪器设备档案管理等制度。

仪器设备经检定/校准或功能检验合格后方可投入使用。工地试验室应编制仪器设备的检定/校准计划,通过检定、校准和功能检验等方式对仪器设备进行量值溯源管理。仪器设备在检定/校准周期内如存在修理、搬运、移动等情况,应重新进行检定/校准。对于性能不稳定、使用频率高和进行现场检测的仪器设备,以及在恶劣环境下使用的仪器设备应进行期间核查。

仪器设备应实施标志管理,分为管理状态标志和使用状态标志,如表2-5所示。

表2-5　仪器设备标志

| 标志类别 | 标志内容 |
| --- | --- |
| 管理状态标志 | 设备名称、编号、生产厂商、型号、操作人员和保管人员等信息 |
| 使用状态标志 | “合格”(绿色)、“准用”(黄色)、“停用”(红色) |

仪器设备在使用过程中,应注意人身和设备安全,使用完毕应切断电源、清扫现场,保持仪器设备的清洁。仪器设备使用时应按要求填写使用记录。仪器设备应定期进行维护和保养,并按要求填写维护保养记录。

化学试剂(危险品)存放地点应按有关规定设置,并严格管理。

办公设备和交通工具应加强日常管理和维护,确保使用状态良好。

### 3. 环境管理

工地试验室应保持室内外环境干净、整洁,日常清扫及检查工作应落实到人。工地试验室产生的废水、废气、废渣应安全排放。试验废水应经沉淀后方能排放,化学废液应进行中和处理后方能排放。试验固体废弃物应集中存放,定期清理到指定位置,不得随意摆放、丢弃。工地试验室的消防设施应有专人管理,并定期对灭火器材进行检查,始终保持有效。

### 4. 档案管理

工地试验室应对相关资料分类建档,便于管理和查询。档案资料应及时填写、整理和归档。档案及台账的内容及要求如表2-6所示。

表2-6　档案及台账的内容及要求

| 类别 | 内容 | 要求 |
| --- | --- | --- |
| 人员档案 | 个人简历、身份证件、毕业证、职称证、资格证、劳动合同、任职文件、培训和考核记录等 | 一人一档 |
| 设备档案 | 设备履历表、出厂合格证、产品说明书、历次检定/校准证书或记录、维修保养记录、使用记录等 | 一般应按一台一档建立,对于同类型的多个小型仪器设备可集中建立一套档案,但每个仪器均应进行唯一性编号 |

（续表）

| 类别 | 内容 | | 要求 |
|---|---|---|---|
| 试验检测台账 | 管理台账 | 人员、设备、标准规范等台账 | 台账应格式统一、简洁适用、信息齐全，台账的填写和统计应及时、规范 |
| | 技术台账 | 原材料进场台账、样品台账、试验/检测台账、不合格材料台账、外委试验台账等 | |

试验检测数据报告的格式和要素、记录表和报告的编制应符合要求。试验记录一律用蓝、黑色钢笔或签字笔书写，字迹应清晰、工整，试验报告结论表述应规范、准确。

工地试验室应根据工程内容配齐试验检测工作所需的标准、规范和规程，并进行控制管理；及时进行查新更新，确保在用标准规范有效。

工地试验室应注意收集隐蔽工程、关键部位的工程质量检验图片及影像资料，及时整理归档。

工地试验室应按相关要求做好文件的收发、登记和流转工作。

#### 5. 样品管理

工地试验室应制定样品管理制度，对样品的取样、运输、标记、存储、留样及处置等全过程实施严格的控制和管理。

样品的取样方法、数量应符合规范、规程要求，满足试验过程需要。如有必要，在取样的同时要留存满足复验需要的样品。取样应具有代表性，并有相应记录。样品应进行唯一性标记，确保在流转过程中不发生混淆且具有可追溯性。样品标记信息应完整、规范。样品在流转过程中应标明流转状态。试验结束后，如无异议，工地试验室应按有关规定对试验样品进行处置，处置过程应符合安全和环保要求。如需留样，样品的留存方法、数量和期限等应符合有关规定，留存样品应有留样记录。

#### 6. 外委管理

工地试验室应加强外委试验管理，超出母体检测机构授权范围的试验检测项目和参数应进行外委，外委试验应向项目建设单位报备。

接受外委试验的检测机构应取得《公路水运工程试验检测机构等级证书》（含相应参数）、通过计量认证（含相应参数）且上年度信用等级为B级及以上。工地试验室应将接受外委试验的检测机构的有关证书复印件存档备查。外委试验取样、送样过程应进行见证。工地试验室应对外委试验结果进行确认。

工程建设项目的同一合同段中的施工、监理单位和检测机构不得将外委试验委托给同一家检测机构。

#### 7. 其他要求

母体检测机构应定期对授权工地试验室进行检查指导，确保授权工作规范有效；检查过程应有记录，检查结果应有落实和反馈。

## 七、公路工程施工技术档案管理

### （一）基本规定

工程文件的形成和积累应纳入工程建设管理的各个环节和有关人员的职责范围。工程文件应随工程建设进度同步形成，不得事后补编。

建设单位应按规定流程开展工程文件的整理、归档、验收、移交等工作。勘察、设计、施工、监理等单位应将本单位形成的工程文件立卷后向建设单位移交。

建设工程项目实行总承包管理的，总包单位应负责收集、汇总各分包单位形成的工程档案，并应及时向建设单位移交；各分包单位应将本单位形成的工程文件整理、立卷后及时移交总包单位。建设工程项目由几个单位承包的，各承包单位应负责收集、整理立卷其承包项目的工程文件，并应及时向建设单位移交。

**专家解读**

建设工程文件是指在工程建设过程中形成的各种形式的信息记录，包括工程准备阶段文件、监理文件、施工文件、竣工图和竣工验收文件，简称为工程文件。

建设工程档案是指在工程建设活动中直接形成的具有归档保存价值的文字、图纸、图表、声像、电子文件等各种形式的历史记录，简称工程档案。

建设工程文件整理归档后形成工程档案。

### （二）归档文件质量要求

归档的纸质工程文件应为原件。工程文件的内容及其深度应符合国家现行有关工程勘察、设计、施工、监理等标准的规定。工程文件的内容必须真实、准确，应与工程实际相符合。

工程文件应字迹清楚，图样清晰，图表整洁，签字盖章手续应完备。工程文件中文字材料幅面尺寸规格宜为 A4 幅面（297 mm × 210 mm）。图纸宜采用国家标准图幅。工程文件的纸张，其耐久性和耐用性应符合现行国家标准的规定。

**链接**

根据工程技术档案管理的要求，工程完工验收后，施工单位应将下列施工技术档案交建设单位保管：竣工图表、工程管理文件、合同管理文件、施工质量控制文件（如隐蔽工程验收记录）、安全文明施工文件、施工进度控制文件、计量支付文件、施工原始记录、施工技术总结。

# 模块四　公路工程施工质量管理

质量是反映产品或服务满足明确或隐含需要能力的特征和特性的总和。在施工中形成工程实体的阶段，也是形成最终产品质量的阶段，在这一阶段，如何加强公路工程施工质量管理和质量控制成了关注的重点。为了确保公路工程建设的社会效益和经济效益，保证公路工程质量符合国家规范要求，尽可能避免工程质量事故的发生，必须重视公路工程施工质量管理。

## 一、公路工程质量控制方法及措施

公路工程质量控制主要是通过施工过程的现场质量检查控制实现的。现场质量检查控制方法包括观察、测量、记录、试验、分析、监督和总结改进。在具体的施工过程中，确立贯彻“防检结合、以防为主、重在提高”的观点，加强过程控制，严格施工过程中的“五不施工”“三不交接”和“三检”制度，以确保每道工序的工程质量。“五不施工”是指未进行技术交底不施工；图纸和技术要求不清不施工；测量标桩和资料未经交接核签不施工；材料不合格不施工；上道工序未经验收认可不施工。“三不交接”是指工序无交接检记录不交接；施工记录不全不交接；验收不合格不交接。“三检”是指工序自检、交接检和专检。加强质量检测工作，严格以检测数据来确认质量，施工中对施工工艺方法及各施工环节进行检查，检查施工工序和方法是否符合标准，对关键工种操作的技术工人要求持证上岗，规范操作。

现场质量检查控制应抓住质量控制关键点。公路工程常见质量控制关键点如表 2-7 所示。

**表 2-7 公路工程常见质量控制关键点**

| 工程类型 | 质量控制关键点 | 内容 |
| --- | --- | --- |
| 土方路基工程 | 土的最佳含水量 | 土的最佳含水量是指在标准击实试验条件下，土能达到最大干密度时的含水量 |
| | 压实度 | 压实度是指路基压实后的实测干密度与标准击实试验所得的最大干密度之比，以百分率表示 |
| 沥青路面工程 | 原材料的检查和试验 | 沥青混合料所采用的运到现场的每批沥青都应附有制造商（或生产厂家）的证明和出厂试验报告，并说明装运数量、装运日期等。分批进场以及不同生产厂家、不同标号的沥青要分开存放，不得混杂，并应有防水措施 |
| | 沥青混合料配合比设计和试验 | 沥青混合料配合比设计是沥青路面质量控制的关键点之一，采用马歇尔试验配合比设计方法。热拌沥青混合料配合比设计应通过目标配合比设计、生产配合比设计及生产配合比验证三个阶段以确定沥青混合料的材料品种、配合比、矿料级配和最佳沥青用量 |
| | 基层表面的清理，基层强度、平整度、高程的检查和控制 | 基层表面的清理与检查主要包括对路面基层的清扫以及对沥青下承层的质量检验 |
| | 试验段施工 | 为了确定路面松铺系数、压实遍数与压实度的关系、路面现场钻芯取样所测密度之间的关系、拌和时间及最佳的人员和机械配置等，须铺筑必要的试验路段加以标定 |
| | 施工阶段的质量控制 | 施工阶段的质量控制要点主要包括沥青混合料的拌和、运输、摊铺、压实以及接缝处理等 |
| 桥梁基础工程 | 钻孔桩 | 护筒埋深，泥浆指标控制，孔径控制，桩顶、桩底标高控制，清孔质量控制等 |
| 桥梁下部结构 | 实心墩 | 墩身锚固钢筋预埋质量控制，模板接缝错台控制，墩顶支座预埋件位置、数量控制，墩身平面位置控制，墩身垂直度控制 |
| 桥梁上部结构 | 简支梁桥 | 预拱度控制，混凝土强度控制，支座预埋件位置控制，支座安装型号、方向控制等 |

链接

检测最佳含水量的方法有标准击实试验、振动台法、表面振动击实仪法。其中,标准击实试验分为重型击实和轻型击实。压实度现场密度的测定方法有环刀法、灌砂法和核子密度湿度仪法。

## 二、公路工程质量检查与检验

### (一)基本规定

#### 1.一般规定

公路工程质量检验评定应按分项工程、分部工程、单位工程逐级进行,并应符合下列规定:

(1)在合同段中,具有独立施工条件和结构功能的工程为单位工程。

(2)在单位工程中,按路段长度、结构部位及施工特点等划分的工程为分部工程。

(3)在分部工程中,根据施工工序、工艺或材料等划分的工程为分项工程。

公路工程质量检验评定应符合下列规定:

(1)分项工程完工后,应根据检验评定标准进行检验,对工程质量进行评定。隐蔽工程在隐蔽前应检查合格。

(2)分部工程、单位工程完工后,应汇总评定所属分项工程、分部工程质量资料,检查外观质量,对工程质量进行评定。

#### 2.工程质量检验

分项工程应按基本要求、实测项目、外观质量和质量保证资料等检验项目分别检查。

分项工程质量应在所使用的原材料、半成品、成品及施工控制要点等符合基本要求的规定,无外观质量限制缺陷且质量保证资料真实齐全时,方可进行检验评定。

基本要求检查应符合下列规定:

(1)分项工程应对所列基本要求逐项检查,经检查不符合规定时,不得进行工程质量的检验评定。

(2)分项工程所用的各种原材料的品种、规格、质量及混合料配合比和半成品、成品应符合有关技术标准规定并满足设计要求。

检查项目合格率按下式计算:

$$\text{检查项目合格率}(\%)=\frac{\text{合格的点(组)数}}{\text{该检查项目的全部检查点(组)数}}\times 100\%$$

检查项目合格判定应符合下列规定:

(1)关键项目的合格率应不低于95%(机电工程为100%),否则该检查项目为不合格。

(2)一般项目的合格率应不低于80%,否则该检查项目为不合格。

(3)有规定极值的检查项目,任一单个检测值不应突破规定极值,否则该检查项目为不合格。

(4)采用标准方法进行检验评定的检查项目,不满足要求时,该检查项目为不合格。

链接

关键项目是指分项工程中对结构安全、耐久性和主要使用功能起决定性作用的检查项目,在本书中以“△”标识。

外观质量应进行全面检查，并满足规定要求，否则该检验项目为不合格。

工程应有真实、准确、齐全、完整的施工原始记录、试验检测数据、质量检验结果等质量保证资料。质量保证资料应包括下列内容：

(1)所用原材料、半成品和成品质量检验结果。

(2)材料配合比、拌和加工控制检验和试验数据。

(3)地基处理、隐蔽工程施工记录和桥梁、隧道施工监控资料。

(4)质量控制指标的试验记录和质量检验汇总图表。

(5)施工过程中遇到的非正常情况记录及其对工程质量影响分析评价资料。

(6)施工过程中如发生质量事故，经处理补救后达到设计要求的认可证明文件等。

检验项目评为不合格的，应进行整修或返工处理直至合格。

### 3. 工程质量评定

工程质量等级应分为合格与不合格。质量评定合格标准如表2-8所示。

**表2-8　质量评定合格标准**

| 工程 | 质量评定合格标准 |
|---|---|
| 分项工程 | 检验记录应完整；实测项目应合格；外观质量应满足要求 |
| 分部工程 | 评定资料应完整；所含分项工程及实测项目应合格；外观质量应满足要求 |
| 单位工程 | 评定资料应完整；所含分部工程应合格；外观质量应满足要求 |
| 合同段 | 所含单位工程合格 |
| 建设项目 | 所含合同段合格 |

评定为不合格的分项工程、分部工程，经返工、加固、补强或调测，满足设计要求后，可重新进行检验评定。

## （二）路基土石方工程

土方路基和填石路基的实测项目的规定值或允许偏差按高速公路、一级公路和其他公路(指二级及以下公路)两档确定，其中土方路基压实度应按高速公路和一级公路、二级公路、三四级公路三档确定。

路基土石方工程质量检验应符合表2-9的规定。

**表2-9　路基土石方工程质量检验规定**

| 检验项目 | 路基土石方工程 | |
|---|---|---|
| | 土方路基 | 填石路基 |
| 基本要求 | (1)在路基用地和取土坑范围内，应清除地表植被、杂物、积水、淤泥和表土，处理坑塘，并按施工技术规范和设计要求对基底进行压实。表土应充分利用。<br>(2)填方路基应分层填筑压实，每层表面平整，路拱合适，排水良好，不得有明显碾压轮迹，不得亏坡。<br>(3)应设置施工临时排水系统，避免冲刷边坡，路床顶面不得积水。<br>(4)在设定取土区内合理取土，不得滥开滥挖。完工后应按要求对取土坑和弃土场进行修整 | (1)填石路基应分层填筑压实，每层表面平整，路拱合适，排水良好，上路床不得有碾压轮迹，不得亏坡。<br>(2)修筑填石路基时应进行地表清理，填筑层厚度应符合规范规定并满足设计要求，填石空隙用石渣、石屑嵌压稳定。<br>(3)填石路基应通过试验路确定沉降差控制标准 |

（续表）

| 检验项目 | 路基土石方工程 | |
|---|---|---|
| | 土方路基 | 填石路基 |
| 实测项目 | 压实度（△）、弯沉（△）、纵断高程、中线偏位、宽度、平整度、横坡、边坡 | 压实（△）、弯沉（△）、纵断高程、中线偏位、宽度、平整度、横坡、边坡（坡度和平顺度） |
| 外观质量 | （1）路基边线与边坡不应出现单向累计长度超过 50 m 的弯折。<br>（2）路基边坡、护坡道、碎落台不得有滑坡、塌方或深度超过 100 mm 的冲沟 | （1）路基边线与边坡不应出现单向累计长度超过 50 m 的弯折。<br>（2）上边坡不得有危石 |

## （三）排水工程

排水工程包括管节预制、混凝土排水管安装、检查（雨水）井砌筑、土沟、浆砌水沟、盲沟、排水泵站沉井、沉淀池等，其质量检验应符合《公路工程质量检验评定标准 第一册 土建工程》的规定。

边沟、截水沟、排水沟等应按土沟和浆砌水沟的要求进行检验。

跌水、急流槽、水簸箕等其他排水工程应按浆砌水沟的要求进行检验。

## （四）防护支挡工程

防护支挡工程的实测项目如表 2-10 所示。

**表 2-10 防护支挡工程的实测项目**

| 防护支挡工程 | | 实测项目 |
|---|---|---|
| 砌体、片石混凝土挡土墙 | 浆砌挡土墙 | 砂浆强度（△）、平面位置、墙面坡度、断面尺寸（△）、顶面高程、表面平整度（块石、片石、混凝土预制块、料石） |
| | 干砌挡土墙 | 平面位置、墙面坡度、断面尺寸（△）、顶面高程、表面平整度 |
| | 片石混凝土挡土墙 | 混凝土强度（△）、平面位置、墙面坡度、断面尺寸（△）、顶面高程、表面平整度 |
| 悬臂式和扶壁式挡土墙 | | 混凝土强度（△）、平面位置、墙面坡度、断面尺寸（△）、顶面高程、表面平整度 |
| 锚杆、锚定板和加筋土挡土墙 | 筋带 | 筋带长度、筋带与面板连接、筋带与筋带连接、筋带铺设 |
| | 拉杆 | 长度（△），拉杆间距，拉杆与面板、锚定板连接 |
| | 锚杆 | 注浆强度（△）、锚孔孔深、锚孔孔径、锚孔轴线倾斜、锚孔间距、锚杆抗拔力（△）、锚杆与面板连接 |
| | 面板预制 | 混凝土强度（△）、边长、两对角线差、厚度（△）、表面平整度、预埋件位置 |
| | 面板安装 | 每层面板顶高程、轴线偏位、面板坡度、相邻面板错台、面板缝宽 |
| | 总体 | 墙顶和肋柱平面位置、墙顶和柱顶高程、肋柱间距、封面平整度 |

### （五）路面工程

#### 1. 路面面层

路面面层质量检验应符合表 2-11 的规定。

表 2-11　路面面层质量检验规定

| 检验项目 | 路面面层 | |
|---|---|---|
| | 水泥混凝土面层 | 沥青混凝土面层和沥青碎（砾）石面层 |
| 基本要求 | (1)基层质量应符合规范规定并满足设计要求,表面清洁、无浮土。<br>(2)接缝填缝料应符合规范规定并满足设计要求。<br>(3)接缝的位置、规格、尺寸及传力杆、拉力杆的设置应满足设计要求。<br>(4)混凝土路面铺筑后按施工规范要求养护。<br>(5)应对干缩、温缩产生的裂缝进行处理 | (1)基层质量应符合规范规定并满足设计要求,表面应干燥、清洁、无浮土。<br>(2)应严格控制沥青混合料拌和的加热温度。拌和后的沥青混合料应均匀、无花白、无粗细料分离和结团成块现象。<br>(3)应按规定要求控制碾压工艺,严格控制摊铺和碾压温度 |
| 实测项目 | 弯拉强度(△),板厚度(△,代表值、合格值、极值),平整度(标准差、国际平整度指数、最大间隙),抗滑构造深度(一般路段、特殊路段),横向力系数 SFC(一般路段、特殊路段),相邻板高差,纵、横缝顺直度,中线平面偏位,路面宽度,纵断高程,横坡,断板率 | 压实度(△)、平整度(标准差、国际平整度指数、最大间隙)、弯沉值、渗水系数(SMA 路面、其他沥青混凝土路面)、摩擦系数、构造深度、厚度(△,代表值、合格值)、中线平面偏位、纵断高程、宽度(有侧石、无侧石)、横坡、矿料集配(△)、沥青含量(△)、马歇尔稳定度 |
| 外观质量 | (1)不应出现规范规定的外观限制缺陷。<br>(2)面板不应有坑穴、鼓包和掉角。<br>(3)接缝填注不得漏填、松脱,不应污染路面。<br>(4)路面应无积水 | (1)表面裂缝、松散、推挤、碾压轮迹、油丁、泛油、离析的累计长度不得超过 50 m。<br>(2)搭接处烫缝应无枯焦。<br>(3)路面应无积水 |

**提示**

水泥混凝土面层、沥青混凝土面层和沥青碎(砾)石面层质量检验项目可对比学习。

#### 2. 稳定土基层和底基层

稳定土基层和底基层应符合下列基本要求:

(1)石灰应经充分消解,路拌深度应达到层底。

(2)石灰类材料应处于最佳含水率状况下碾压,水泥类材料碾压终了的时间不应超过水泥的终凝时间。

(3)碾压检查合格后立即覆盖或洒水养护,养护期应符合规范规定。

稳定土基层和底基层实测项目:压实度(△,代表值、极值)、平整度、纵断高程、宽度、厚度(△,代表值、合格值)、横坡、强度(△)。

稳定土基层和底基层外观质量应符合下列规定：表面应无松散、无坑洼、无碾压轮迹。

#### 3. 稳定粒料基层和底基层

稳定粒料基层和底基层应符合下列基本要求：

(1)应选择质坚干净的粒料，石灰应充分消解，矿渣应分解稳定，未分解渣块应予剔除。

(2)路拌深度应达到层底。

(3)石灰类材料应处于最佳含水率状态下碾压，水泥类材料碾压终了的时间不应超过水泥的终凝时间。

(4)碾压检查合格后立即覆盖或洒水养护，养护期应符合规范规定。

稳定粒料基层和底基层实测项目：压实度(△，代表值、极值)、平整度、纵断高程、宽度、厚度(△，代表值、合格值)、横坡、强度(△)。

稳定粒料基层和底基层外观质量应符合下列规定：表面应无松散、无坑洼、无碾压轮迹；表面连续离析不得超过 10 m，累计离析不得超过 50 m。

#### 4. 级配碎（砾）石基层和底基层

级配碎(砾)石基层和底基层应符合下列规定：配料应准确；塑性指数应满足设计要求。

级配碎(砾)石基层和底层实测项目：压实度(△，代表值、极值)、弯沉值、平整度、纵断高程、宽度、厚度(△，代表值、合格值)、横坡。

级配碎(砾)石基层和底基层外观质量应符合下列规定：表面应无松散、无坑洼、无碾压轮迹；表面连续离析不得超过 10 m，累计离析不得超过 50 m。

### (六)桥梁工程

#### 1. 一般规定

桥梁的每个结构、构件均应检验，另有规定的除外。

钢筋混凝土构件和预应力混凝土构件除应包括构件制件、构件安装等分项工程外，均应包括钢筋加工及安装、预应力筋加工和张拉分项工程，体内预应力构件还应包括管道压浆分项工程。

#### 2. 桥梁总体

桥梁总体应符合下列基本要求：

(1)桥梁工程应按设计文件内容全部完成。

(2)桥下净空不得小于设计要求。

(3)特大跨径的桥梁、结构复杂的桥梁和承载能力需要验证的桥梁应进行荷载试验，试验结果应满足设计要求和符合相关技术规范的规定。

桥梁总体实测项目：桥面中线偏位、桥面宽(车行道、人行道)、桥长、桥面高程(桥梁跨径 $<50$ m、桥梁跨径 $\geqslant 50$ m)。

桥梁总体外观质量应符合下列规定：桥梁的内外轮廓线形应无异常突变；结构内外部、支座、伸缩缝处应无残渣、杂物；桥头不得出现跳车。

#### 3. 钢筋、预应力筋及管道压浆

(1)钢筋加工及安装。

钢筋加工及安装应符合下列基本要求：

①钢筋安装应保证设计要求的钢筋根数。

②钢筋的连接方式、同一连接区段内的接头面积应满足设计要求；接头位置应设在受力较小处，任何连接区段内同一根钢筋不得有两个接头。

③钢筋的搭接长度、焊接和机械接头质量应满足施工技术规范的规定。

④受力钢筋表面不得有裂纹及其他损伤。

⑤钢筋的保护层垫块应分布均匀，数量及材料性能应满足设计要求和有关技术规范的规定。

⑥钢筋应安装牢固，钢筋网应有足够的钢筋支撑，在混凝土浇筑过程中钢筋不应出现移位。

钢筋安装实测项目：受力钢筋间距（△，两排以上排距、同排），箍筋、构造钢筋、螺旋筋间距，钢筋骨架尺寸，弯起钢筋位置，保护层厚度（△，梁、板、拱肋及拱上建筑，基础、锚碇、墩台身、墩柱）。

钻（挖）孔灌注桩、地下连续墙钢筋安装实测项目：主筋间距，箍筋或螺旋筋间距，钢筋骨架外径或厚、宽，钢筋骨架长度，钢筋骨架底端高程，保护层厚度（△）。

**提示**

保护层厚度应在模板安装完成后混凝土浇筑前检查。

钢筋加工及安装外观质量应符合下列规定；钢筋表面应无裂皮、油污、颗粒状或片状锈蚀及焊渣、烧伤，绑扎或焊接的钢筋网和钢筋骨架不得松脱和开焊。焊接接头、连接套筒不得出现裂纹。

（2）预应力筋加工和张拉。

预应力筋加工和张拉应符合下列基本要求：

①预应力束中的钢丝、钢绞线应顺直，不得有缠绞、扭结现象，表面不得有损伤。

②单根钢绞线不得断丝，单根钢筋不得断筋或滑移。

③同一截面预应力筋接头面积应不超过预应力筋总面积的25%，接头质量应符合施工技术规范的规定。

④预应力筋张拉或放张时混凝土强度和龄期应满足设计要求，应按设计要求的张拉顺序进行操作。

⑤预应力钢丝采用镦头锚时，镦头应圆整，不得有斜歪或破裂现象。

⑥管道应安装牢固，接头密合，弯曲圆顺。锚垫板平面应与孔道轴线垂直。

⑦张拉设备应配套标定和使用，并不得超过标定期限使用。

⑧锚固后预应力筋应采用机械切割，外露长度符合设计要求。

钢丝、钢绞线先张法实测项目：镦头钢丝同束长度相对差（钢束长度 >20 m、6 m≤钢束长度≤20 m、钢束长度 <6 m）、张拉应力值（△）、张拉伸长率（△）、同一构件内断丝根数不超过钢丝总数的百分数、预应力筋张拉后在横断面上的坐标、无黏结段长度。

后张法实测项目：管道坐标（梁长方向、梁宽方向、梁高方向）、管道间距（同排、上下层）、张拉应力值（△）、张拉伸长率（△）、断丝滑丝数。

预应力筋加工和张拉外观质量应符合下列规定：预应力筋应无油污、超过20%表面积的锈迹，锚具、连接器表面应无裂纹、油污、锈迹，外套管应无裂纹、机械损伤；预应力筋及管道线形不得出现弯折；预应力管道应无破损、连接松脱。

(3)预应力管道压浆及封锚。

预应力管道压浆及封锚实测项目：浆体强度(△)、压浆压力值(△)、稳压时间。

#### 4. 砌体

砌体应符合下列基本要求：

(1)地基承载力应满足设计要求，严禁地基超挖后回填虚土。

(2)砌块应错缝、坐浆挤紧，缝宽均匀，砌块间嵌缝料和砂浆应饱满。

(3)拱圈的辐射缝应垂直于拱轴线，辐射缝两侧相邻两行拱石的砌缝应有不小于100 mm的错开。

(4)拱架应牢固、稳定，严格按设计要求的顺序砌筑拱圈和卸架。

(5)勾缝砂浆强度不得小于砌筑砂浆强度。

砌体实测项目和外观质量应符合《公路工程质量检验评定标准 第一册 土建工程》的规定。

#### 5. 基础

桥梁基础实测项目应符合表2-12的规定。

表2-12 桥梁基础实测项目

| 桥梁基础 | | 实测项目 |
|---|---|---|
| 混凝土扩大基础 | | 混凝土强度(△)、平面尺寸、基础底面高程(土质、石质)、基础顶面高程、轴线偏位 |
| 钻孔灌注桩 | | 混凝土强度(△)、桩位(群桩、排架桩)、孔深(△)、孔径、钻孔倾斜度、沉淀厚度、桩身完整性(△) |
| 挖孔桩 | | 混凝土强度(△)、桩位(群桩、排架桩)、孔深(△)、孔径或边长、孔的倾斜度、桩身完整性(△) |
| 沉入桩 | 混凝土桩 | 混凝土强度(△)、长度、横截面(桩径或边长、空心中心与桩中心偏差)、桩尖与桩的纵轴线偏差、桩纵轴线弯曲矢高、桩顶面与桩纵轴线倾斜偏差、接桩的接头平面与桩轴线垂直度 |
| | 钢管桩 | 长度、桩纵轴线弯曲矢高、管节外形尺寸(管端椭圆度、周长)、接头尺寸(△，管径差、对接板高差)、焊缝尺寸、焊缝探伤(△) |
| | 沉桩 | 桩位(群桩、排架桩)、桩尖高程(△)、贯入度(△)、倾斜度(直桩、斜桩) |
| 地下连续墙 | | 混凝土强度(△)、轴线位置、倾斜度、沉淀厚度、槽深、槽宽 |
| 沉井 | | 混凝土强度(△)、沉井平面尺寸(长、宽、半径、非圆形沉井对角线差)、井壁厚度(混凝土、钢壳和钢筋混凝土)、顶面高程、沉井刃脚高程、中心偏位(纵、横向，△)、竖直度 |
| 承台等大体积混凝土结构 | | 混凝土强度(△)、平面尺寸(边长或直径<30 m、边长或直径≥30 m)、结构高度、顶面高程、轴线偏位、平整度 |

### 6. 混凝土墩、台

混凝土墩、台实测项目应符合表 2-13 的规定。

表 2-13　混凝土墩、台实测项目

| 混凝土墩、台 | | 实测项目 |
|---|---|---|
| 混凝土墩、台 | 现浇墩、台身 | 混凝土强度(△)、断面尺寸、全高竖直度(墩、台身高度≤5 m,5 m＜墩、台身高度≤60 m,墩、台身高度＞60 m)、顶面高程、轴线偏位(△,墩、台身高度≤60 m,墩、台身高度＞60 m)、节段间错台、平整度、预埋件位置 |
| | 现浇墩、台帽或盖梁 | 混凝土强度(△)、断面尺寸、轴线偏位、顶面高程、支座垫石预留位置、平整度 |
| | 预制墩身 | 混凝土强度(△)、断面尺寸(外轮廓、壁厚)、高度、平整度、支座垫石预留锚孔位置、墩顶预埋件位置 |
| 墩、台身安装 | | 轴线偏位(△,墩、台身高度≤60 m,墩、台身高度＞60 m)、顶面高程、全高竖直度(墩、台身高度≤5 m,5 m＜墩、台身高度≤60 m,墩、台身高度＞60 m)、节段间错台、湿接头混凝土强度(△) |

### 7. 混凝土梁桥

混凝土梁桥实测项目应符合表 2-14 的规定。

表 2-14　混凝土梁桥实测项目

| 混凝土梁桥 | | 实测项目 |
|---|---|---|
| 就地浇筑梁、板 | | 混凝土强度(△),轴线偏位,梁、板顶面高程,断面尺寸(△,高度,顶宽,箱梁底宽,顶、底、腹板或梁肋厚)、长度、与相邻梁段间错台、横坡、平整度 |
| 预制安装梁、板 | 梁、板或梁段 | 混凝土强度(△)、梁长度(总长度、梁段长度)、断面尺寸(△,宽度,高度,顶板、底板、腹板或梁肋厚)、平整度、横系梁及预埋件位置、横坡、斜拉索锚(锚点坐标、锚面角度) |
| | 梁、板安装 | 支承中心偏位(梁、板),梁、板顶面高程,相邻梁、板顶面高差 |
| | 逐跨拼装梁安装 | 轴线偏位、相邻节段间接缝错台(顶面,底面、侧面)、节段拼装立缝宽度、梁长、支承中心偏位 |
| 顶推施工梁 | | 轴线偏位、落梁反力(△)、支点高差(△,相邻纵向支点、同墩两侧支点) |
| 悬臂施工梁 | 悬臂浇筑梁 | 混凝土强度(△)、轴线偏位(梁跨径≤100 m、梁跨径＞100 m)、顶面高程(梁跨径≤100 m、梁跨径＞100 m)、断面尺寸(△,高度,顶宽,底宽,顶、底、腹板厚)、合龙后同跨对称点高程差(梁跨径≤100 m、梁跨径＞100 m)、顶面横坡、平整度、相邻梁段间错台 |
| | 悬臂拼装梁 | 合龙段混凝土强度(△)、轴线偏位(梁跨径≤100 m、梁跨径＞100 m)、顶面高程(梁跨径≤100 m、梁跨径＞100 m)、合龙后同跨对称点高程差(梁跨径≤100 m、梁跨径＞100 m)、相邻梁段间错台 |

### 8. 其他桥梁

拱桥、钢桥、斜拉桥、悬索桥的质量检验应符合《公路工程质量检验评定标准　第一册土建工程》的规定。

9. 桥面系和附属工程

混凝土桥面板桥面防水层实测项目：防水涂层（△，厚度、用量）、防水层黏结强度（△）、混凝土黏结面含水率。

水泥混凝土桥面铺装实测项目：混凝土强度（△）、厚度、平整度（标准差、国际平整度指数、最大间隙）、横坡、抗滑构造深度。

沥青混凝土桥面铺装实测项目：压实度（△）、厚度、平整度（标准差、国际平整度指数、最大间隙）、渗水系数、横坡、抗滑构造深度。

复合桥面水泥混凝土铺装实测项目：混凝土强度（△）、厚度、平整度、横坡。

（七）涵洞工程

涵洞总体，涵台，混凝土涵管安装，盖板安装，波形钢管涵安装，箱涵浇筑，拱涵浇（砌）筑，倒虹吸竖井、集水井砌筑，一字墙和八字墙，顶进施工的涵洞等工程的质量检验应符合《公路工程质量检验评定标准　第一册　土建工程》的规定。

（八）隧道工程

此部分内容适用于采用钻爆法施工的隧道工程。

1. 一般规定

采用喷锚衬砌或复合式衬砌的隧道，施工单位应有系统、完整、真实的监控量测数据和图表。

隧道路面基层、面层的检验应按路面工程质量检验的有关规定执行。

2. 隧道总体

隧道总体应符合下列基本要求：

(1)隧道衬砌内轮廓及所有运营设施均不得侵入建筑地界。

(2)洞口设置应满足设计要求。

(3)洞内外的排水系统设置应满足设计要求。

(4)高速公路、一级公路和二级公路隧道拱部、边墙、路面、设备箱洞应不渗水，有冻害地段的隧道衬砌背后不积水、排水沟不冻结，车行横通道、人行横通道等服务通道拱部不滴水，边墙不淌水。

(5)三级、四级公路隧道拱部、边墙应不滴水，设备箱洞不渗水，路面不积水，有冻害地段的隧道衬砌背后不积水、排水沟不冻结。

隧道总体实测项目：行车道宽度、内轮廓宽度、内轮廓高度（△）、隧道偏位、边坡或仰坡坡度。

隧道总体外观质量应符合下列规定：洞口边坡、仰坡应无落石；排水系统应不淤积、不堵塞。

3. 明洞浇筑、明洞回填等工程

明洞浇筑、明洞回填等工程实测项目应符合表 2-15 的规定。

表 2-15　明洞浇筑、明洞回填等工程实测项目

| 类别 | 实测项目 |
|---|---|
| 明洞浇筑 | 混凝土强度(△)、混凝土厚度(△)、墙面平整度 |
| 明洞回填 | 回填压实、每层回填层厚、每层回填高差、坡度、回填厚度 |
| 洞身开挖 | 拱部超挖(△),边墙超挖,仰拱、隧底超挖 |
| 喷射混凝土 | 喷射混凝土强度(△)、喷层厚度、喷层与围岩接触状况(△) |
| 仰拱 | 混凝土强度(△)、厚度(△)、钢筋保护层厚度、底面高程 |
| 仰拱回填 | 混凝土强度(△)、顶面高程 |
| 混凝土衬砌 | 混凝土强度(△)、衬砌厚度、墙面平整度、衬砌背部密实状况(△) |

**链接**

喷射混凝土厚度的检查常用凿孔法。

### (九) 交通安全设施

交通安全设施产品应检测合格,并经进场检验确认满足设计要求后方可使用。交通安全设施采用钢质材料时,应进行防腐处理,防腐层质量应满足设计要求。

交通安全设施实测项目应符合表 2-16 的规定。

表 2-16　交通安全设施实测项目

| 交通安全设施 | 实测项目 |
|---|---|
| 交通标志 | 标志面反光膜逆反射系数(△),标志板下缘至路面净空高度,柱式标志板、悬臂式和门架式标志立柱的内边缘距土路肩边缘线距离,立柱垂直度,基础顶面平整度,标志基础尺寸 |
| 交通标线 | 标线线段长度(6 000 mm,4 000 mm,3 000 mm,2 000 mm,1 000 mm)、标线宽度、标线厚度(△,干膜,溶剂型、热熔型、水性、双组分、预成型标线带、突起型的突起高度、突起型的基线厚度)、标线横向偏位、标线纵向间距、逆反射亮度系数(△,非雨夜反光标线、雨夜反光标线、立面反光标记)、抗滑值 |
| 波形梁钢护栏 | 波形梁板基底金属厚度(△)、立柱基底金属壁厚(△)、横梁中心高度(△)、立柱中距、立柱竖直度、立柱外边缘距土路肩边线距离、立柱埋置深度、螺旋终拧扭矩 |
| 混凝土护栏 | 护栏断面尺寸(高度、顶宽、底宽)、钢筋骨架尺寸、横向偏位、基础厚度、护栏混凝土强度(△)、混凝土护栏块件之间的错位 |
| 缆索护栏 | 初张力(△)、最下一根缆索的高度、立柱中距、立柱竖直度、立柱埋置深度、混凝土基础尺寸 |
| 突起路标 | 安装角度、纵向间距、横向偏位 |
| 轮廓标 | 安装角度、反射器中心高度、柱式轮廓标竖直度 |
| 防眩设施 | 安装高度(△)、防眩板设置间距、竖直度、防眩网网孔尺寸 |
| 隔离栅和防落物网 | 高度、刺钢丝的中心垂度、立柱中距(焊接网、钢板网、刺钢丝网、编织网)、立柱竖直度、立柱埋置深度 |

（续表）

| 交通安全设施 | 实测项目 |
| --- | --- |
| 中央分隔带开口护栏 | 高度、涂层厚度(△) |
| 里程碑和百米桩 | 外形尺寸(高度、宽度、厚度)、字体及尺寸、里程碑竖直度 |
| 避险车道 | 避险车道宽度、制动床长度(△)、制动床集料厚度、坡度 |

# 模块五　公路工程项目安全管理

## 一、公路工程项目安全管理体系

公路工程施工必须遵守国家有关法律法规，符合安全生产条件要求，建立安全生产责任制，健全安全生产管理制度，设立安全生产管理机构，足额配备具备相应资格的安全生产管理人员。应对从业人员进行安全生产教育培训，未经培训不得上岗。特殊作业人员应按相关规定经过专门培训，取得相应资格证书，持证上岗。

### （一）公路工程安全管理原则

#### 1. 公路工程安全管理的基本原则

公路工程安全管理的基本原则如下：

(1)以人为本，坚持安全发展原则。

(2)安全第一、预防为主、综合治理原则。

(3)“三个必须”原则，即管行业必须管安全、管业务必须管安全、管生产经营必须管安全。

(4)“五同时”原则，即同时计划、同时布置、同时检查、同时总结、同时评比安全生产。

(5)一岗双责、党政同责、失职追责原则。

#### 2. “三同时”制度的原则

“三同时”原则是指新建、改建、扩建工程项目的安全设施，必须与主体工程同时设计、同时施工、同时投入生产和使用。

#### 3. 事故处理“四不放过”原则

事故处理“四不放过”原则即：事故原因没查清楚不放过，事故责任人员没有受到处理不放过、防范和整改措施没有落实不放过、事故相关人员和周围群众没有受到教育不放过。

**链接**

公路工程施工必须遵守国家有关法律法规，建立项目职业健康安全管理体系，应以安全生产责任制为核心，确保职业健康安全管理体系的实施与控制。

### （二）公路工程安全生产管理机构与职责

施工单位应当设置安全生产管理机构或者配备专职安全生产管理人员。施工单位应当根据工程施工作业特点、安全风险以及施工组织难度，按照年度施工产值配备专职安全生产管理人员，不足5 000万元的至少配备1名；5 000万元以上不足2亿元的按每5 000万元不少于1名的比例配备；2亿元以上的不少于5名，且按专业配备。

施工单位应当按照法律、法规、规章、工程建设强制性标准和合同文件组织施工，保障项目施工安全生产条件，对施工现场的安全生产负主体责任。施工单位主要负责人依法对项目安全生产工作全面负责。建设工程实行施工总承包的，由总承包单位对施工现场的安全生产负总责。分包单位应当服从总承包单位的安全生产管理,分包单位不服从管理导致生产安全事故的,由分包单位承担主要责任。

施工单位应当书面明确本单位的项目负责人,代表本单位组织实施项目施工生产。项目负责人对项目安全生产工作负有下列职责:

(1)建立项目安全生产责任制,实施相应的考核与奖惩。

(2)按规定配足项目专职安全生产管理人员。

(3)结合项目特点,组织制定项目安全生产规章制度和操作规程。

(4)组织制定项目安全生产教育和培训计划。

(5)督促项目安全生产费用的规范使用。

(6)依据风险评估结论,完善施工组织设计和专项施工方案。

(7)建立安全预防控制体系和隐患排查治理体系,督促、检查项目安全生产工作,确认重大事故隐患整改情况。

(8)组织制定本合同段施工专项应急预案和现场处置方案,并定期组织演练。

(9)及时、如实报告生产安全事故并组织自救。

施工单位的专职安全生产管理人员履行下列职责:

(1)组织或者参与拟订本单位安全生产规章制度、操作规程,以及合同段施工专项应急预案和现场处置方案。

(2)组织或者参与本单位安全生产教育和培训,如实记录安全生产教育和培训情况。

(3)督促落实本单位施工安全风险管控措施。

(4)组织或者参与本合同段施工应急救援演练。

(5)检查施工现场安全生产状况,做好检查记录,提出改进安全生产标准化建设的建议。

(6)及时排查、报告安全事故隐患,并督促落实事故隐患治理措施。

(7)制止和纠正违章指挥、违章操作和违反劳动纪律的行为。

### (三)公路工程安全生产教育培训

生产经营单位负责本单位从业人员安全培训工作。生产经营单位应当按照安全生产法和有关法律、行政法规和《生产经营单位安全培训规定》,建立健全安全培训工作制度。生产经营单位应当进行安全培训的从业人员包括主要负责人、安全生产管理人员、特种作业人员和其他从业人员。未经安全培训合格的从业人员,不得上岗作业。

生产经营单位主要负责人和安全生产管理人员应当接受安全培训,具备与所从事的生产经营活动相适应的安全生产知识和管理能力。生产经营单位主要负责人和安全生产管理人员初次安全培训时间不得少于32学时。每年再培训时间不得少于12学时。生产经营单位主要负责人和安全生产管理人员的安全培训必须依照安全生产监管监察部门制定的安全培训大纲实施。

生产经营单位新上岗的从业人员,岗前安全培训时间不得少于24学时。生产经营单位采用新工艺、新技术、新材料或者使用新设备时,应当对有关从业人员重新进行有针对性的安全培训。生产经营单位的特种作业人员,必须按照国家有关法律、法规的规定接受专门的安全培训,经考核合格,取得特种作业操作资格证书后,方可上岗作业。

## 二、公路工程项目安全管理措施

公路工程项目施工的安全管理是一项综合性管理,是施工管理的主要组成部分。此部分内容主要从安全技术方面介绍相关的安全管理措施。

## （一）施工准备

### 1. 施工临时用电

施工现场临时用电应符合现行《施工现场临时用电安全技术规范》的有关规定。

施工用电设备数量在 5 台及以上，或用电设备容量在 50 kW 及以上时，应编制用电组织设计。

施工现场临时用电工程专用的电源中性点直接接地的 220/380 V 三相四线制低压电力系统，必须符合的规定：采用三级配电系统；采用 TN－S 接零保护系统；采用二级保护系统。

每台用电设备必须独立设置开关箱；开关箱必须装设隔离开关及短路、过载、漏电保护器，严禁设置分路开关；配电箱、开关箱的电源进线端严禁用插头和插座做活动连接。

遇有临时停电、停工、检修或移动电气设备时，应关闭电源。

### 2. 施工机械设备

应制定施工机械设备安全技术操作规程，建立设备安全技术档案。

施工机械设备进场前应查验机械设备证件、性能、状况；进场后，应向操作人员进行安全技术交底。

特种设备现场安装、拆除应按相关规定具有相应作业资质。

龙门吊、架桥机等轨道行走类设备应设置夹轨器和轨道限位器。轨道的基础承载力、宽度、平整度、坡度、轨距、曲线半径等应满足说明书和设计要求。

机械设备集中停放的场所应设置消防通道，并应配备消防器材。

施工现场专用机动车辆驾驶人员应按相关规定经过专门培训，并应取得相应资格证书。

施工现场运输车辆应状态良好，车身应设置反光警示标志。

特种设备安全管理措施应符合表 2-17 的规定。

表 2-17　特种设备安全管理措施

| 项目 | 内容 |
| --- | --- |
| 特种设备的概念 | 特种设备是指涉及生命安全、危险性较大的锅炉、压力容器（含气瓶，下同）、压力管道、电梯、起重机械、客运索道、大型游乐设施和场（厂）内专用机动车辆 |
| 特种设备的生产 | 特种设备生产单位，应当依照《特种设备安全监察条例》规定以及国务院特种设备安全监督管理部门制订并公布的安全技术规范（以下简称安全技术规范）的要求，进行生产活动。特种设备生产单位对其生产的特种设备的安全性能和能效指标负责，不得生产不符合安全性能要求和能效指标的特种设备，不得生产国家产业政策明令淘汰的特种设备 |
| 特种设备的使用 | 特种设备在投入使用前或者投入使用后 30 日内，特种设备使用单位应当向直辖市或者设区的市的特种设备安全监督管理部门登记。登记标志应当置于或者附着于该特种设备的显著位置 |
| | 特种设备使用单位应当建立特种设备安全技术档案。安全技术档案应当包括以下内容：<br>（1）特种设备的设计文件、制造单位、产品质量合格证明、使用维护说明等文件以及安装技术文件和资料。<br>（2）特种设备的定期检验和定期自行检查的记录。<br>（3）特种设备的日常使用状况记录。<br>（4）特种设备及其安全附件、安全保护装置、测量调控装置及有关附属仪器仪表的日常维护保养记录。<br>（5）特种设备运行故障和事故记录。<br>（6）高耗能特种设备的能效测试报告、能耗状况记录以及节能改造技术资料 |

（续表）

| 项目 | 内容 |
| --- | --- |
| 特种设备的使用 | 特种设备使用单位应当按照安全技术规范的定期检验要求，在安全检验合格有效期届满前1个月向特种设备检验检测机构提出定期检验要求。检验检测机构接到定期检验要求后，应当按照安全技术规范的要求及时进行安全性能检验和能效测试。未经定期检验或者检验不合格的特种设备，不得继续使用 |
| 特种设备的安全教育培训 | 特种设备使用单位应当对特种设备作业人员进行特种设备安全、节能教育和培训，保证特种设备作业人员具备必要的特种设备安全、节能知识。特种设备作业人员在作业中应当严格执行特种设备的操作规程和有关的安全规章制度 |

下面以典型例题的形式对特种设备年审换证手续进行讲解。

**典型例题**

【多选题】特种设备检验合格后，使用单位应携带使用证和(　　)到有关主管部门办理年审换证手续。

A. 购买设备的发票　　B. 检验合格标志

C. 检验报告　　D. 保养合同

E. 保养单位的保养资质

BCDE。【解析】特种设备检验合格后，办理年审换证手续需携带使用证、检验合格标志、检验报告、保养合同、保养单位的保养资质到有关主管部门办理。

### （二）通用作业

#### 1. 混凝土工程

混凝土拌和前应确认搅拌、供料、控制等系统运行正常。维修、保养或检查清理搅拌系统、供料系统应封闭下料口、切断电源、锁定安全保护装置、悬挂“严禁合闸”安全警示标志，并派专人看守。

水泥隔离垫板的刚度及稳定性应满足要求。袋装水泥应交错整齐码放，高度不得超过10袋，且不得靠墙。砂石料堆放不得超过规定高度。

混凝土浇筑的顺序、速度应符合施工方案的要求，不得随意更改。吊斗灌注混凝土应设专人指挥起吊、运送、卸料，人员、车辆不得在吊斗下停留或通行，不得攀爬吊斗。混凝土浇筑过程中应检查模板、支架、钢筋骨架的稳定、变形情况，发现异常，应立即停止作业，并应整修加固。

混凝土振捣应符合下列规定：检修或作业停止，应切断电源；不得用电缆线、软管拖拉或吊挂振捣器；装置振捣器的构件模板应坚固牢靠。

混凝土养护应符合下列规定：

(1)覆盖养护时，预留孔洞周围应设置安全护栏或盖板，并应设置安全警示标志，不得随意挪动。

(2)洒水养护时，应避开配电箱和周围电气设备。

(3)蒸汽、电热养护时，应设围栏和安全警示标志，并应配置足够、适用的消防器材，非作业人员不得进入养护区域。

#### 2. 高处作业

高处作业应符合现行《建筑施工高处作业安全技术规范》的有关规定。高处作业不得同时上下交叉进行。高处作业下方警戒区设置应符合现行《高处作业分级》的有关规定。高处作业人员不得沿立杆或栏杆攀登。高处作业人员应定期进行体检。

高处作业场所临边应设置安全防护栏杆,并应符合下列规定:

(1)防护栏杆应能承受1 000 N的可变荷载。

(2)防护栏杆下方有人员及车辆通行或作业的,应挂密目安全网封闭,防护栏杆下部应设置高度不小于0.18 m的挡脚板。

(3)防护栏杆应由上、下两道横杆组成,上杆离地高度应为1.2 m,下杆离地高度应为0.6 m。

(4)横杆长度大于2 m时,应加设栏杆柱。

高处作业场所的孔、洞应设置防护设施及警示标志。

安全网质量应符合现行《安全网》的规定,安装和使用安全网应符合下列规定:

(1)安全网安装应系挂安全网的受力主绳,不得系挂网格绳。安装完毕应进行检查、验收。

(2)安全网安装或拆除应根据现场条件采取防坠落安全措施。

(3)作业面与坠落高度基准面高差超过2 m且无临边防护装置时,临边应挂设水平安全网。作业面与水平安全网之间的高差不得超过3.0 m,水平安全网与坠落高度基准面的距离不得小于0.2 m。

安全带使用除应符合现行《坠落防护 安全带》的规定外,尚应符合下列规定:

(1)安全带除应定期检验外,使用前尚应进行检查。织带磨损、灼伤、酸碱腐蚀或出现明显变硬、发脆以及金属部件磨损出现明显缺陷或受到冲击后发生明显变形的,应及时报废。

(2)安全带应高挂低用,并应扣牢在牢固的物体上。

(3)安全带的安全绳不得打结使用,安全绳上不得挂钩。

(4)缺少或不易设置安全带吊点的工作场所宜设置安全带母索。

(5)安全带的各部件不得随意更换或拆除。

(6)安全绳有效长度不应大于2 m,有两根安全绳的安全带,单根绳的有效长度不应大于1.2 m。

严禁安全绳用作悬吊绳。严禁安全绳与悬吊绳共用连接器。新更换安全绳的规格及力学性能必须符合规定,并加设绳套。

吊篮作业应符合现行《高处作业吊篮》的有关规定,且应使用由专业厂家制作的定型产品,不得自行制作吊篮。

高处作业吊篮安装拆卸工应按照有关规定经专业机构培训,并应取得相应的从业资格。

登高梯上端应固定,吊篮和临时工作台应绑扎牢靠。

吊篮和工作台的脚手板必须铺平绑牢,严禁出现探头板。

脚手架的强度、刚度和稳定性应能承受施工期间可能产生的各项荷载。搭设高度24 m及以上的落地式钢管脚手架的钢管、扣件应进行抽样检测,脚手架设计计算应以钢管抽样检测的壁厚及力学性能为依据。

脚手架的脚手板应满铺、固定,离结构物立面的距离不得大于0.15 m。

脚手架拆除必须严格执行专项施工方案,拆除作业必须由上而下逐层进行,严禁上下同时作业。连墙件必须随脚手架逐层拆除,严禁提前拆除。

架子工应按照有关规定经专业机构培训,并应取得相应的从业资格。作业时应戴安全帽、穿防滑鞋、系安全带。

高处作业现场所有可能坠落的物件均应预先撤除或固定。所存物料应堆放平稳，随身作业工具应装入工具袋，不得向下抛掷拆卸的物料。雨雪季节应采取防滑措施。

### 3. 水上作业

应及时了解当地气象、水文、地质等情况，掌握施工区域附近的桥梁、隧道、大坝、架空高压线、水下管线、取水泵房、危险品库、水产品养殖区以及避风锚地、水上应急救援资源等情况。

开工前，应根据施工需要设置安全作业区，并办理水上水下施工作业许可证，发布航行通告。

水上作业人员应正确穿戴救生衣等个人安全防护用品。

工程船舶必须持有效的船检证书，船员必须持有与其岗位相适应的适任证书，船员配置必须满足最低安全配员要求。

工程船舶应按规定配备有效的消防、救生、堵漏和油污应急设施，制订安全技术措施和应急预案，并应按规定定期演练。施工船舶应安装船舶定位设备，保证有效的船岸联系。

工程船舶甲板、通道和作业场所应根据需要设有防滑装置。施工船舶楼梯、走廊等应保持通畅，梯口、应急场所应设有醒目的安全警示标志。

工程船舶必须在核定航区和作业水域内作业。

工程船舶作业、航行或停泊时，应按规定显示号灯或号型。

水上工况条件超过施工船舶作业性能时，必须停止作业。

在狭窄水道和来往船舶频繁的水域施工时，应设专人值守通信频道。

遇雨、雾、霾等能见度不良天气时，工程船舶和施工区域应显示规定的信号，必要时应停止航行或作业。遇大风天气，船舶应按规定及时进避风锚地或港池。

靠泊船舶上下人或两船间倒运货物，应搭设跳板、扶手及安全网。交通船舶必须配有救生设备，载人严禁超过乘员定额。定位船及抛锚作业船，其锚链、锚缆滚滑区域不得站人，锚缆伸出的水域应设置警示标志。运输船舶装货时必须均匀加载，严禁超载、超宽、偏载。卸货时必须分层均匀卸载。

起重船作业应符合下列规定：

(1)作业前，人员应熟悉吊装方案，明确联系方式和指挥信号。

(2)根据吊装要求，起重船应指导驳船选择锚位和系缆位置。

(3)吊装前，吊钩升降、吊臂仰俯、制动性能应良好。安全装置应正常有效。

(4)吊装结束后，起重船应退离安装位置，并对起重吊钩进行封钩。

打桩船作业应符合下列规定：

(1)打桩船作业应统一指挥。

(2)打桩架上的活动物件应放稳、系牢，打桩架上的工作平台设有防护栏杆和防滑装置。

(3)穿越群桩的前缆应选择合适位置，绞缆应缓慢操作，缆绳两侧 10 m 范围内不得有工程船舶或作业人员进入。

(4)桩架底部两侧悬臂跳板的强度和刚度应满足作业要求，跳板的移动和封固装置应灵活、牢固、有效。

打桩船电梯笼必须设防坠落安全装置，笼内必须设置升降控制开关。桩锤检修或加油时，严禁启动吊锤卷扬机。

甲板驳需要配备履带吊、打桩架等机械时，必须符合下列规定：

(1)船舶的稳性必须核算。

(2)机械就位处的船体甲板和船舱骨架必须加固。

(3)履带吊等机械底盘与船体必须整体固结。

拖轮配合非自航工程船舶作业,应由拖轮船长和工程船船长共同商定顶推、绑拖、吊拖的编队方式,拖轮拖力应满足要求。

水中围堰(套箱)和水中作业平台应设置船舶靠泊系统和人员上下通道,临边应设置高度不低于 1.2 m 的防护栏杆,挂设安全网和救生圈。四周应设置警示标志和夜间航行警示灯光信号,通航密集水域应配备警戒船和应急拖轮。

#### 4. 爆破作业

爆破作业单位实施爆破项目前,应按规定办理审批手续。批准后方可实施爆破作业。经审批的爆破作业项目,爆破作业单位应于施工前 3 d 发布公告,并在作业地点张贴,施工公告内容应包括工程名称、建设单位、设计施工单位、安全评估单位、安全监理单位、工程负责人及联系方式、爆破作业时限等。

盲炮检查应在爆破 15 min 后实施,发现盲炮应立即安全警戒,及时报告并由原爆破人员处理。电力起爆发生盲炮时应立即切断电源,爆破网络应置于短路状态。

雷电、暴雨雪天不得实施爆破作业。强电场区爆破作业不得使用电雷管。遇能见度不超过 100 m 的雾天等恶劣天气不得露天爆破作业。

### (三)路基工程

#### 1. 一般规定

路基施工前应掌握影响范围内地下埋设的各种管线情况,制定安全措施。施工中发现危险品及其他可疑物品时,应立即停止施工,按照规定报请有关部门处理。

机械作业范围内不得同时进行人工作业。施工机械设备不宜在坡度大的边坡区域作业,必要时应采取防止设备倾覆的措施。多台机械同时作业时,各机械之间应保持安全距离。

#### 2. 场地清理

不得焚烧杂草、树木等。清理淤泥或处理空穴前,应查明地质情况,采取保证人员和机械安全的防护措施。

#### 3. 土方工程

取土场(坑)的边坡、深度等应满足设计要求,且不得危及周边建(构)筑物等既有设施的安全。

取土场(坑)底部应平顺并设有排水设施,取土场(坑)边周围应设置警示标志和安全防护设施,宜设置夜间警示和反光标志。

地面横向坡度陡于 1∶10 的区域,取土坑应设在路堤上侧。取土坑与路基间的距离应满足路基边坡稳定的要求,取土坑与路基坡脚间的护坡道应平整密实,表面应设 1% ~2% 向外倾斜的横坡。

路堑开挖应采取保证边坡稳定的措施,边坡有防护要求的应开挖一级防护一级,且应自上而下开挖,不得掏底开挖、上下同时开挖、乱挖超挖。开挖应按施工方案执行,并应符合下列规定:

(1)宜按规定监测土体稳定性。

(2)应采取临时排水措施。

(3)应及时排除地表水、清除不稳定孤石。

深挖路堑施工应及时施做临时排水设施。边坡应严格按设计坡度开挖，并应监测边坡的稳定性。

**提示**

高速公路路堑高边坡工程施工安全管理措施还应符合《高速公路路堑高边坡工程施工安全风险评估技术指南》的相关规定，详见本书第三章。

填方作业区边缘应设置明显的警示标志，并应做好临时排水。

高填方路堤施工应符合下列规定：

(1)路堤预留宽度应符合设计要求。

(2)应及时施做边坡临时排水设施。

(3)作业区边缘应设置明显的警示标志。

(4)应进行位移监测。

靠近结构物处挖土应采取安全防护措施。路基范围内暂时不能迁移的结构物应预留土台，并应设警示标志。

### 4. 石方工程

爆破作业前应设置警戒区。石方开挖严禁采用硐室爆破。近边坡部分宜采用光面爆破或预裂爆破。

深挖路堑施工过程中，应及时施做临时排水设施。边坡应严格按设计坡度开挖，并应监测边坡的稳定性。

### 5. 软基处理

施工场地及机械行走范围的承载力应满足相应的要求，并应保持平整。

振沉砂桩或碎石桩作业灌料斗下方不得站人。

强夯施工应符合下列规定：强夯作业区应封闭管理并设置安全警示标志，由专人负责统一指挥；强夯机架刚度、强度、稳定性应满足施工要求，变换夯位后，应检查门架支腿；作业前，应提升夯锤 0.1 ~0.3 m 检查整机的稳定性；吊锤机械驾驶室前应设置防护网，驾驶员应佩戴防护镜。

旋喷桩的高压设备和管路系统的密封圈应完好，各管道和喷嘴内不得有杂物。喷射过程中出现压力突变应停工查明原因。

真空预压施工应符合下列规定：施工用电应符合《公路工程施工安全技术规范》的规定；应观察负压对邻近结构物的影响；排水不得危及四周道路及结构物。

在淤泥区域进行换填施工作业时，应采取防止人员陷入的措施。

### 6. 特殊路基

特殊路基施工应符合表 2-18 的规定。

表 2-18　特殊路基施工规定

| 特殊路基 | 施工规定 |
|---|---|
| 滑坡地段路基 | (1)路基施工应加强对滑坡区内其他工程和设施的保护。滑坡区内有河流时，施工不得使河流改道或压缩河道。<br>(2)滑坡影响范围应设安全警示标志，根据现场情况设置围挡等防护措施。<br>(3)滑坡影响范围内不得设置临时生产、生活设施或停放机械、堆放机具等。 |

（续表）

| 特殊路基 | 施工规定 |
| --- | --- |
| 滑坡地段路基 | (4)施工前应先做好截、排水设施，并应随开挖随铺砌。施工用水不得浸入滑坡地段。<br>(5)滑坡体上开挖路堑和修筑抗滑支挡构筑物时，应分段跳槽开挖，不得大段拉槽开挖，并随挖、随砌、随填、随夯；开挖与砌筑时应加强支撑和临时锚固，并监测其受力状态；采用抗滑桩挡土墙共同支挡时，应先做抗滑桩后做挡土墙。<br>(6)冰雪融化期不得开挖滑坡体，雨后不得立即施工，夜间不得施工 |
| 崩塌与岩堆地段 | (1)施工前应对影响范围进行评估，并应对既有建(构)筑物和交通设施等采取相应的安全防护或迁移措施。<br>(2)施工前应先清理危岩，并根据现场情况修建拦截建(构)筑物等防护措施。防治工程应及时配套完成。<br>(3)刷坡时应明确刷坡范围，并设置围挡和警示标志。<br>(4)爆破开挖时应采取控制爆破技术，并加强现场防护及爆破后的检查 |
| 岩溶地区 | (1)施工前应根据洞穴的位置和分布情况，设置明显的警示标志和防护设施。<br>(2)洞内存在有害气体和物质未排除前人员不得进入。不稳定洞穴应采取临时支撑等安全措施。<br>(3)应先疏导、引排对路基稳定有影响的岩溶水、地面水。<br>(4)注浆处理时，应观测注浆压力和周边情况，发现异常应及时采取相应措施 |
| 泥石流地区 | 取土和弃土应避开泥石流影响 |
| 采空区 | (1)施工前应在施工现场对采空区塌陷影响范围进行标记，并设置警示标志，规定作业人员和施工机械作业范围。<br>(2)路基边沟及排水沟底部，应采取防止地表水渗漏到采空区内的措施 |
| 沿江、河、水库等地区 | (1)沿河、沿溪地区的高填方、半挖半填、拓宽路段的新老交界面应按设计要求采取保证路基稳定的措施，峡谷地段宜采用石质填料。<br>(2)汛期应采取防洪措施 |

## （四）路面工程

### 1. 一般规定

施工现场出入口、沿线各交叉口等处应设明显警示、警告标志，并应设专人指挥。机械设备停放位置应平整，周围应设置明显的警示标志，夜间应设警示灯。开挖下承层沟槽或施作伸缩缝应设置明显的安全警示标志。

夜间施工，现场作业人员应身穿反光服，路口、危险路段和桥头引道应设置警示灯或反光标志，施工设备均应有照明设备和明显的警示标志，照明应满足夜间施工要求。

### 2. 基层与底基层

拌和作业开机前应警示，拌和机前不得站人，拌和过程中人员不得跨越皮带或调整皮带运输机。

混合料运输应按指定线路行走，不得超载、超速。卸料升斗时，人员不得在车斗的正下方停留。

整平和摊铺作业应临时封闭交通、设明显警示标志，下承层内的各类检查井口应稳固封盖，辅助作业人员应面向压路机方向作业，设备之间应保持安全距离。

碾压作业应符合下列规定：

(1)多台压路机同时作业时，各机械之间应保持安全距离。

(2)作业人员应在行驶机械后方清除轮上黏附物。

(3)碾压区内人员不得进入，确需人员进入的应安排专人监护。

#### 3. 沥青面层

封层、透层、粘层施工应符合下列规定：

(1)喷洒前应做好检查井、闸井、雨水口的安全防护。

(2)洒布车行驶中不得使用加热系统。洒布地段不得使用明火。

(3)小型机具洒布沥青时，喷头不得朝上，喷头 10 m 范围不得站人，不得逆风作业。

(4)大风天气，不得喷洒沥青。

沥青储存地点应配备灭火器、消防砂等消防设施，并应设置警示标志。

沥青脱桶、导热油加热沥青作业应采取防火、防烫伤措施。

沥青混合料拌和作业除应符合前文基层与底基层拌和作业规定外，尚应符合下列规定：

(1)拌和机点火失效时，应关闭喷燃器油门，并应通风清吹后再行点火。

(2)拌和过程中人员不得在石料溢流管、升起的料斗下方站立或通行。

(3)沥青罐内检查不得使用明火照明。

(4)沥青拌和站应配备灭火器、消防砂等消防设施。

沥青路面摊铺、碾压应与前文基层与底基层摊铺、碾压的有关规定保持一致。

#### 4. 水泥混凝土面层

拌和及运输应符合前文通用作业中混凝土工程的有关规定。

摊铺作业布料机与振平机应保持安全距离。切缝、刻槽作业范围应设警戒区。

### （五）其他工程

桥涵工程、隧道工程等安全管理措施应符合《公路工程施工安全技术规范》和《公路桥梁和隧道工程施工安全风险评估指南(试行)》的相关规定。

**提示**

《公路桥梁和隧道工程施工安全风险评估指南(试行)》的相关规定详见本书第三章。

交通安全设施等安全管理措施应符合《公路工程施工安全技术规范》的规定。

## 三、公路工程专项施工方案管理

### （一）基本规定

公路工程施工应进现场调查，应在施工组织设计中编制安全技术措施和施工现场临时用电方案，对于表 2-19 中危险性较大的工程(以下简称危大工程)应编制专项施工方案，并附具安全验算结果，或组织专家进行论证、审查。

施工单位应当在危大工程施工前组织工程技术人员编制专项施工方案。实行施工总承包的，专项施工方案应当由施工总承包单位组织编制。危大工程实行分包的，专项施工方案可以由相关专业分包单位组织编制。

专项施工方案应当由施工单位技术负责人审核签字、加盖单位公章，并由总监理工程师审查签字、加盖执业印章后方可实施。危大工程实行分包并由分包单位编制专项施工方案的，专项施工方案应当由总承包单位技术负责人及分包单位技术负责人共同审核签字并加盖单位公章。

对于超过一定规模的危大工程，施工单位应当组织召开专家论证会对专项施工方案进行论证。实行施工总承包的，由施工总承包单位组织召开专家论证会。专家论证前专项施工方案应当通过施工单位审核和总监理工程师审查。专家应当从地方人民政府住房城乡建设主管部门建立的专家库中选取，符合专业要求且人数不得少于5名。与本工程有利害关系的人员不得以专家身份参加专家论证会。

专家论证会后，应当形成论证报告，对专项施工方案提出通过、修改后通过或者不通过的一致意见。专家对论证报告负责并签字确认。

专项施工方案实施前，编制人员或者项目技术负责人应当向施工现场管理人员进行方案交底。施工现场管理人员应当向作业人员进行安全技术交底，并由双方和项目专职安全生产管理人员共同签字确认。

### （二）公路工程危大工程的范围

公路工程危大工程的范围如表2-19所示。

表2-19　公路工程危大工程的范围

| 序号 | 类别 | 需编制专项施工方案 | 需专家论证、审查 |
|---|---|---|---|
| 1 | 基坑开挖、支护、降水工程 | (1)开挖深度不小于3 m的基坑(槽)开挖、支护、降水工程。<br>(2)深度小于3 m但地质条件和周边环境复杂的基坑(槽)开挖、支护、降水工程 | (1)深度不小于5 m的基坑(槽)的土(石)方开挖、支护、降水。<br>(2)开挖深度虽小于5 m，但地质条件、周围环境和地下管线复杂，或影响毗邻建(构)筑物安全，或存在有毒有害气体分布的基坑(槽)的土方开挖、支护、降水工程 |
| 2 | 滑坡处理和填、挖方路基工程 | (1)滑坡处理。<br>(2)边坡高度大于20 m的路堤或地面斜坡坡率陡于1∶2.5的路堤，或不良地质地段、特殊岩土地段的路堤。<br>(3)土质挖方边坡高度大于20 m、岩质挖方边坡高度大于30 m，或不良地质、特殊岩土地段的挖方边坡 | (1)中型及以上滑坡体处理。<br>(2)边坡高度大于20 m的路堤或地面斜坡坡率陡于1∶2.5的路堤，且处于不良地质、特殊岩土地段的路堤。<br>(3)土质挖方边坡高度大于20 m、岩质挖方边坡高度大于30 m且处于不良地质、特殊岩土地段的挖方边坡 |
| 3 | 基础工程 | (1)桩基础。<br>(2)挡土墙基础。<br>(3)沉井等深水基础 | (1)深度不小于15 m的人工挖孔桩或开挖深度不超过15 m，但地质条件复杂或存在有毒有害气体分布的人工挖孔桩工程。<br>(2)平均高度不小于6 m且面积不小于1 200 $m^2$的砌体挡土墙的基础。<br>(3)水深不小于20 m的各类深水基础 |

（续表）

| 序号 | 类别 | 需编制专项施工方案 | 需专家论证、审查 |
| --- | --- | --- | --- |
| 4 | 大型临时工程 | (1)围堰工程。<br>(2)各类工具式模板工程。<br>(3)支架高度不小于5 m；跨度不小于10 m，施工总荷载不小于10 kN/m²；集中线荷载不小于15 kN/m。<br>(4)搭设高度24 m及以上的落地式钢管脚手架工程；附着式整体和分片提升脚手架工程；悬挑式脚手架工程；吊篮脚手架工程；自制卸料平台、移动操作平台工程；新型及异型脚手架工程。<br>(5)挂篮。<br>(6)便桥、临时码头。<br>(7)水上作业平台 | (1)水深不小于10 m的围堰工程。<br>(2)高度不小于40 m墩柱、高度不小于100 m索塔的滑模、爬模、翻模工程。<br>(3)支架高度不小于8 m；跨度不小于18 m，施工总荷载不小于15 kN/m²；集中线荷载不小于不20 kN/m。<br>(4)50 m及以上落地式钢管脚手架工程。用于钢结构安装等满堂承重支撑体系，承受单点集中荷载7 kN以上。<br>(5)猫道、移动模架 |
| 5 | 桥涵工程 | (1)桥梁工程中的梁、拱、柱等构件施工。<br>(2)打桩船作业。<br>(3)施工船作业。<br>(4)边通航边施工作业。<br>(5)水下工程中的水下焊接、混凝土浇筑等。<br>(6)顶进工程。<br>(7)上跨或下穿既有公路、铁路、管线施工 | (1)长度不小于40 m的预制梁的运输与安装，钢箱梁吊装。<br>(2)跨度不小于150 m的钢管拱安装施工。<br>(3)高度不小于40 m的墩柱、高度不小于100 m的索塔等的施工。<br>(4)离岸无掩护条件下的桩基施工。<br>(5)开敞式水域大型预制构件的运输与吊装作业。<br>(6)在三级及以上通航等级的航道上进行的水上水下施工。<br>(7)转体施工 |
| 6 | 隧道工程 | (1)不良地质隧道。<br>(2)特殊地质隧道。<br>(3)浅埋、偏压及邻近建筑物等特殊环境条件隧道。<br>(4)Ⅳ级及以上软弱围岩地段的大跨度隧道。<br>(5)小净距隧道。<br>(6)瓦斯隧道 | (1)隧道穿越岩溶发育区、高风险断层、沙层、采空区等工程地质或水文地质条件复杂地质环境；Ⅴ级围岩连续长度占总隧道长度10%以上且连续长度超过100 m；Ⅵ级围岩的隧道工程。<br>(2)软岩地区的高地应力区、膨胀岩、黄土、冻土等地段。<br>(3)埋深小于1倍跨度的浅埋地段；可能产生坍塌或滑坡的偏压地段；隧道上部存在需要保护的建筑物地段；隧道下穿水库或河沟地段。<br>(4)Ⅳ级及以上软弱围岩地段跨度不小于18 m的特大跨度隧道。<br>(5)连拱隧道；中夹岩柱小于1倍隧道开挖跨度的小净距隧道；长度大于100 m的偏压棚洞。<br>(6)高瓦斯或瓦斯突出隧道。<br>(7)水下隧道 |

（续表）

| 序号 | 类别 | 需编制专项施工方案 | 需专家论证、审查 |
|---|---|---|---|
| 7 | 起重吊装工程 | (1)采用非常规起重设备、方法，且单件起吊重量在10 kN及以上的起重吊装工程。<br>(2)采用起重机械进行安装的工程。<br>(3)起重机械设备自身的安装、拆卸 | (1)采用非常规起重设备、方法，且单件起吊重量在100 kN及以上的起重吊装工程。<br>(2)起吊重量在300 kN及以上的起重设备安装、拆卸工程 |
| 8 | 拆除、爆破工程 | (1)桥梁、隧道拆除工程。<br>(2)爆破工程 | (1)大桥及以上桥梁拆除工程。<br>(2)一级及以上公路隧道拆除工程。<br>(3)C级及以上爆破工程、水下爆破工程 |

### （三）专项施工方案的主要内容

专项施工方案应包括下列主要内容：

(1)工程概况：工程基本情况、施工平面布置、施工要求和技术保证条件。

(2)编制依据：相关法律、法规、规范性文件、标准、规范及图纸（国标图集）、施工组织设计等。

(3)施工计划：包括施工进度计划、材料与设备计划。

(4)施工工艺技术：技术参数、工艺流程、施工方法、检查验收等。

(5)施工安全保证措施：组织保障、技术措施、应急预案、监测监控等。

(6)劳动力计划：专职安全生产管理人员、特种作业人员等。

(7)计算书及相关图纸。

### （四）专家论证的主要内容

对于超过一定规模的危大工程专项施工方案，专家论证的主要内容应当包括：

(1)专项施工方案内容是否完整、可行。

(2)专项施工方案计算书和验算依据、施工图是否符合有关标准规范。

(3)专项施工方案是否满足现场实际情况，并能够确保施工安全。

## 四、公路工程安全生产风险管理

公路工程安全生产风险管理的内容主要参考《公路水路行业安全生产风险管理暂行办法》的相关规定执行。此部分内容主要依据《公路水路行业安全生产风险管理暂行办法》。

### （一）基本规定

从事公路水路行业生产经营活动的企事业单位（以下简称生产经营单位）是安全生产风险管理的实施主体，应依法依规建立健全安全生产风险管理工作制度，开展本单位管理范围内的风险辨识、评估等工作，落实重大风险登记、重大危险源报备和控制责任，防范和减少安全生产事故。

### （二）分类分级

公路水路行业安全生产风险（以下简称风险）是指生产经营过程中发生安全生产事故的可能性。

风险按业务领域分为道路运输风险、水路运输风险、港口营运风险、交通工程建设风险、交通设施养护工程风险和其他风险六个类型。每个类型可按照业务属性分为若干类别。

风险等级按照可能导致安全生产事故的后果和概率，由高到低依次分为重大、较大、一般和较小四个等级。

重大风险是指一定条件下易导致特别重大安全生产事故的风险。较大风险是指一定条件下易导致重大安全生产事故的风险。一般风险是指一定条件下易导致较大安全生产事故的风险。较小风险是指一定条件下易导致一般安全生产事故的风险。以上同时满足两个以上条件的，按最高等级确定风险等级。

### （三）辨识、评估与控制

#### 1. 辨识、评估

生产经营单位应针对本单位生产经营活动范围及其生产经营环节，按照相关法规标准要求，编制风险辨识手册，明确风险辨识范围、方式和程序。

生产经营单位风险辨识应针对影响发生安全生产事故及其损失程度的致险因素进行，致险因素一般包含以下方面：

（1）从业人员安全意识、安全与应急技能、安全行为或状态。

（2）生产经营基础设施、运输工具、工作场所等设施设备的安全可靠性。

（3）影响安全生产外部要素的可知性和应对措施。

（4）安全生产的管理机构、工作机制及安全生产管理制度合规和完备性。

生产经营单位安全生产风险辨识分为全面辨识和专项辨识。全面辨识是生产经营单位为全面地掌握本单位安全生产风险，全面、系统对本单位生产经营活动开展的风险辨识；专项辨识是生产经营单位为及时掌握本单位重点业务、工作环节或重点部位、管理对象的安全生产风险，对本单位生产经营活动范围内部分领域开展的安全生产风险辨识。

全面辨识应每年不少于1次，专项辨识应在生产经营环节或其要素发生重大变化或管理部门有特殊要求时及时开展。安全生产风险辨识结束后应形成风险清单。

#### 2. 重大风险管控与登记

生产经营单位应按下列要求加强重大风险管控：

（1）对重大风险制定动态监测计划，定期更新监测数据或状态，每月不少于1次，并单独建档。

（2）重大风险应单独编制专项应急措施。

（3）重大风险确定后按年度组织专业技术人员对风险管控措施进行评估改进，年度评估报告应在次年1个月内通过交通运输安全生产风险管理系统向属地负有安全生产监督管理职责的交通运输管理部门报送。

生产经营单位应当将本单位重大风险有关信息通过公路水路行业安全生产风险管理信息系统进行登记，构成重大危险源的应向属地综合应急管理部门备案。登记（含重大危险源报备，下同）信息应当及时、准确、真实。重大风险登记主要内容包括基本信息、管控信息、预警信息和事故信息等。重大风险登记分为初次、定期和动态三种方式。

## 五、公路工程安全隐患排查与治理

公路工程安全隐患排查与治理在《安全生产事故隐患排查治理暂行规定》《公路水路行业安全生产隐患治理暂行办法》《公路水运工程生产安全重大事故隐患挂牌督办制度（暂行）》《公路水运工程建设重大事故隐患清单管理制度》中均有相应的规定。

### （一）《安全生产事故隐患排查治理暂行规定》相关规定

#### 1. 基本规定

安全生产事故隐患（以下简称事故隐患），是指生产经营单位违反安全生产法律、法规、规章、标准、规程和安全生产管理制度的规定，或者因其他因素在生产经营活动中存在可能导致事故发生的物的危险状态、人的不安全行为和管理上的缺陷。事故隐患分为一般事故隐患和重大事故隐患。一般事故隐患，是指危害和整改难度较小，发现后能够立即整改排除的隐患。重大事故隐患，是指危害和整改难度较大，应当全部或者局部停产停业，并经过一定时间整改治理方能排除的隐患，或者因外部因素影响致使生产经营单位自身难以排除的隐患。

**提示**

《公路水路行业安全生产隐患治理暂行办法》中关于事故隐患的定义与分级与《安全生产事故隐患排查治理暂行规定》的规定类似。

生产经营单位应当建立健全事故隐患排查治理制度。生产经营单位主要负责人对本单位事故隐患排查治理工作全面负责。

#### 2. 生产经营单位的职责

对于一般事故隐患，由生产经营单位（车间、分厂、区队等）负责人或者有关人员立即组织整改。对于重大事故隐患，由生产经营单位主要负责人组织制定并实施事故隐患治理方案。重大事故隐患治理方案应当包括以下内容：

（1）治理的目标和任务。

（2）采取的方法和措施。

（3）经费和物资的落实。

（4）负责治理的机构和人员。

（5）治理的时限和要求。

（6）安全措施和应急预案。

地方人民政府或者安全监管监察部门及有关部门挂牌督办并责令全部或者局部停产停业治理的重大事故隐患，治理工作结束后，有条件的生产经营单位应当组织本单位的技术人员和专家对重大事故隐患的治理情况进行评估；其他生产经营单位应当委托具备相应资质的安全评价机构对重大事故隐患的治理情况进行评估。经治理后符合安全生产条件的，生产经营单位应当向安全监管监察部门和有关部门提出恢复生产的书面申请，经安全监管监察部门和有关部门审查同意后，方可恢复生产经营。申请报告应当包括治理方案的内容、项目和安全评价机构出具的评价报告等。

### （二）《公路水路行业安全生产隐患治理暂行办法》相关规定

#### 1. 基本规定

生产经营单位是隐患治理的责任主体，生产经营单位主要负责人对本单位隐患治理工作全面负责，应当部署、督促、检查本单位或本单位职责范围内的隐患治理工作，及时消除隐患。隐患治理工作应坚持“单位负责、行业监管、分级管理、社会监督”的原则。

### 2. 隐患排查与整改

生产经营单位应当建立健全隐患排查、告知(预警)、整改、评估验收、报备、奖惩考核、建档等制度,逐级明确隐患治理责任,落实到具体岗位和人员。

**链接**

施工单位法定代表人是施工单位重大安全事故隐患排查治理的第一责任人,项目经理是项目重大安全事故隐患排查治理的第一责任人。

生产经营单位应当保障隐患治理投入,做到责任、措施、资金、时限、预案“五到位”。

生产经营单位应当建立隐患日常排查、定期排查和专项排查工作机制,明确隐患排查的责任部门和人员、排查范围、程序、频次、统计分析、效果评价和评估改进等要求,及时发现并消除隐患。隐患日常排查是生产经营单位结合日常工作组织开展的经常性隐患排查,排查范围应覆盖日常生产作业环节,日常排查每周应不少于1次。隐患专项排查是生产经营单位在一定范围、领域组织开展的针对特定隐患的排查。隐患定期排查是由生产经营单位根据生产经营活动特点,组织开展涵盖全部交通运输生产经营领域、环节的隐患排查。定期排查每半年应不少于1次。

**链接**

公路工程施工安全生产事故隐患排查的目标是实现“两项达标”“四项严禁”和“五项制度”。

一般隐患整改完成后,应由生产经营单位组织验收,出具整改验收结论,并由验收主要负责人签字确认。重大隐患整改完成后,生产经营单位应委托第三方服务机构或成立隐患整改验收组进行专项验收。

## (三)《公路水运工程生产安全重大事故隐患挂牌督办制度(暂行)》相关规定

项目施工单位是重大隐患排查治理的责任主体,应建立相应的工作机制,并层层落实责任人。项目施工单位的主要负责人对重大隐患排查治理工作全面负责。施工企业总部质量安全管理部门应对企业所承揽的全部公路水运建设项目重大隐患排查治理情况,开展经常性的巡视检查。

项目施工单位应定期组织开展安全生产隐患排查。公路水运工程中的深基坑、高支模、长大隧道或地质不良隧道、水(海)上作业、大型起重吊装作业以及爆破作业等技术难度大、风险高、参与人员多的施工环节应实施动态排查。对确认存在重大隐患的,在施工现场应设立风险告知牌,并对一线作业人员进行风险告知。重大隐患经项目监理单位确认后应向项目建设单位备案。项目监理、建设单位应及时主动向具有项目管辖权的交通运输主管部门报告。

## (四)《公路水运工程建设重大事故隐患清单管理制度》相关规定

施工单位在承建的公路水运工程项目开工前,依据工程实际,参照有关清单,制定工程项目的重大事故隐患清单(以下简称“工程项目清单”),由施工单位项目负责人审核发布,并向施工企业法人单位备案。要将工程项目清单纳入岗前教育培训,并在相应作业区域公示。当工程建设条件、施工环境、施工作业内容等发生变化,施工单位应对工程项目清单及时调整，并经审核重新备案。建设过程中，施工单位应参照工程项目清单开展事故隐患排查，对发现存在重大事故隐患的作业区域应立即停止相关作业。

公路工程重大事故隐患清单(行业基础版)如表2-20所示。

**表2-20　公路工程重大事故隐患清单(行业基础版)**

| 工程类别 | 施工环节 | 隐患内容 | 易引发事故类型 |
|---|---|---|---|
| 工程管理 | 方案管理 | 未按规定编制或未按程序审批危险性较大工程或新工艺、新工法的专项施工方案；超过一定规模的危险性较大工程的专项施工方案未组织专家论证、审查；未按审批的专项施工方案施工 | 坍塌等 |
| 辅助施工 | 工地建设 | 施工驻地及场站设置在滑坡、塌方、泥石流、崩塌、落石、洪水、雪崩等危险区域 | 坍塌 |
| | | 施工现场、生产区、生活区、办公区等防火或临时用电未按规范实施 | 火灾 |
| | 围堰施工 | 未按设计或方案要求施工围堰；未定期开展围堰监测监控，工况发生变化时未及时采取措施 | 坍塌、淹溺 |
| | | 碰撞、随意拆除、擅自削弱围堰内部支撑杆件或在其上堆放重物 | |
| | | 土石围堰无防排水和防汛措施；钢围堰无防撞措施；侧壁随意驻泊施工船舶 | |
| | 挂篮施工 | 采用挂篮法施工未平衡浇筑；挂篮拼装后未预压、锚固不规范；混凝土强度未达到要求或恶劣天气移动挂篮 | 坍塌 |
| 通用作业 | 模板作业 | 未按规范或方案要求安装或拆除模板(包括翻模、爬(滑)模、移动模架等)；各类模板使用的螺栓安装数量不足 | 坍塌 |
| | 支架作业 | 未处置支架基础；支架未按规范或方案要求搭设、预压、验收 | 坍塌 |
| | | 支架搭设使用无产品合格证、未经检验或检验不合格的管材、构件 | |
| | 特种设备设施作业 | 使用未经检验或验收不合格的起重机械 | 起重伤害 |
| | | 未按规范或方案要求安装拆除桥式、臂架式或缆索式等起重机械 | |
| | | 使用吊车、塔吊等起重机械吊运人员 | |
| 路基工程 | 高边坡施工 | 含岩堆、松散岩石或滑坡地段的高边坡开挖、排险、防护措施不足 | 坍塌 |
| | 爆破施工 | 未设置警戒区；爆破后未排险立即施工 | 爆炸 |
| 桥梁工程 | 深基坑施工 | 深基坑施工防护措施不足 | 坍塌 |
| | 墩柱施工 | 桥墩施工未搭设施工作业平台 | |
| | 梁板施工 | 梁板安装未采取防倾覆措施 | |
| | 拱桥施工 | 拱架支撑体系搭设、拆除不规范；拱圈施工工序、工艺或材料不符合规范 | |

（续表）

| 工程类别 | 施工环节 | 隐患内容 | 易引发事故类型 |
|---|---|---|---|
| 隧道工程 | 洞口边、仰坡施工 | 雨季、融雪季节边、仰坡施工排险、防护措施不足；边、仰坡开挖未施做排水系统 | 坍塌 |
| | | 含岩堆、松散岩石或滑坡地段的边坡开挖、排险、防护措施不足 | |
| | 洞内施工 | 雨季、融雪季节，浅埋或地表径流地段未开展地表监测 | 坍塌 |
| | | 未按规范或方案要求开展超前地质预报、监控量测 | |
| | | 开挖方法不符合设计或方案要求；开挖前未对掌子面及其临近的拱顶、拱腰围岩进行排险 | |
| | | 未按规范或方案要求初喷及支护；拱架、锚杆等材质不符合设计要求 | |
| | | 仰拱一次开挖长度不符合方案要求；Ⅲ级围岩仰拱距掌子面的距离大于 90 m；Ⅳ级围岩仰拱距掌子面的距离大于 50 m；Ⅴ级及以上围岩仰拱距掌子面的距离大于 40 m；仰拱拱架未闭合 | |
| | | Ⅳ级围岩二衬距掌子面的距离大于 90 m，Ⅴ级及以上围岩二衬距掌子面的距离大于 70 m | |
| | 瓦斯隧道施工 | 工区任意位置瓦斯浓度达到限值；瓦斯检测与防爆设施不符合方案要求 | 瓦斯爆炸 |
| | 防火防爆 | 隧道内土工布、防水板等易燃材料存在火灾隐患 | 火灾、爆炸 |
| | | 隧道内存放、加工、销毁民用爆炸物品；使用非专用车辆运输民用爆炸物品或人药混装运输 | |

## 六、公路工程项目应急管理体系

此部分内容主要介绍公路工程项目应急预案管理。公路工程项目应急预案管理相关规定主要参考《生产安全事故应急预案管理办法》。

### （一）基本规定

应急预案的管理实行属地为主、分级负责、分类指导、综合协调、动态管理的原则。

生产经营单位应急预案分为综合应急预案、专项应急预案和现场处置方案，如图 2-4 所示。

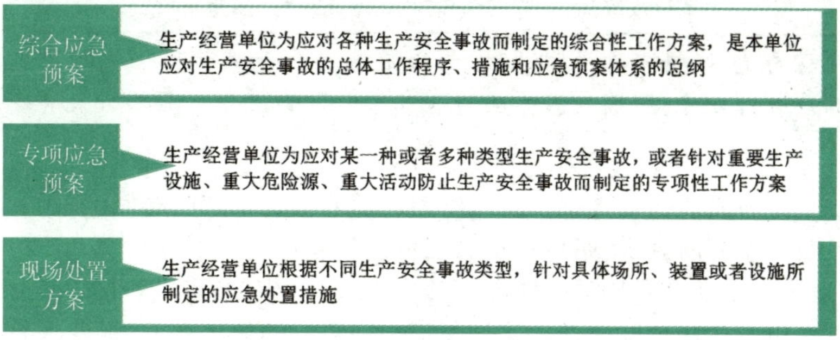


图 2-4　生产经营单位应急预案

链接

公路工程施工应编制综合应急预案、专项应急预案和现场应急处置方案，配备应急物资，并应定期组织相关人员进行应急培训和演练。

### （二）应急预案的编制

应急预案的编制应当遵循以人为本、依法依规、符合实际、注重实效的原则，以应急处置为核心，明确应急职责、规范应急程序、细化保障措施。

应急预案的编制应当符合下列基本要求：

(1)有关法律、法规、规章和标准的规定。

(2)本地区、本部门、本单位的安全生产实际情况。

(3)本地区、本部门、本单位的危险性分析情况。

(4)应急组织和人员的职责分工明确，并有具体的落实措施。

(5)有明确、具体的应急程序和处置措施，并与其应急能力相适应。

(6)有明确的应急保障措施，满足本地区、本部门、本单位的应急工作需要。

(7)应急预案基本要素齐全、完整，应急预案附件提供的信息准确。

(8)应急预案内容与相关应急预案相互衔接。

编制应急预案应当成立编制工作小组，由本单位有关负责人任组长，吸收与应急预案有关的职能部门和单位的人员，以及有现场处置经验的人员参加。

链接

应急预案的编制内容如表2-21所示。

表2-21　应急预案的编制内容

| 预案类型 | 编制内容 |
|---|---|
| 综合应急预案 | (1)总则，包括适用范围、响应分级。<br>(2)应急组织机构及职责。<br>(3)应急响应，包括信息报告、预警、响应启动、应急处置、应急支援、响应终止。<br>(4)后期处置。<br>(5)应急保障，包括通信与信息保障、应急队伍保障、物资装备保障、其他保障 |
| 专项应急预案 | 适用范围、应急组织机构及职责、响应启动、处置措施、应急保障 |
| 现场处置方案 | 事故风险描述、应急工作职责、应急处置、注意事项 |

需要注意的是，依据事故危害程度、影响范围和生产经营单位控制事态的能力，对事故应急响应进行分级，明确分级响应的基本原则。响应分级不必照搬事故分级。

### （三）应急预案的评审、公布和备案

地方各级人民政府应急管理部门应当组织有关专家对本部门编制的部门应急预案进行审定；必要时，可以召开听证会，听取社会有关方面的意见。

矿山、金属冶炼企业和易燃易爆物品、危险化学品的生产、经营(带储存设施的，下同)、储存、运输企业，以及使用危险化学品达到国家规定数量的化工企业、烟花爆竹生产、批发经

营企业和中型规模以上的其他生产经营单位，应当对本单位编制的应急预案进行评审，并形成书面评审纪要。前款规定以外的其他生产经营单位可以根据自身需要，对本单位编制的应急预案进行论证。

参加应急预案评审的人员应当包括有关安全生产及应急管理方面的专家。评审人员与所评审应急预案的生产经营单位有利害关系的，应当回避。

应急预案的评审或者论证应当注重基本要素的完整性、组织体系的合理性、应急处置程序和措施的针对性、应急保障措施的可行性、应急预案的衔接性等内容。

生产经营单位的应急预案经评审或者论证后，由本单位主要负责人签署，向本单位从业人员公布，并及时发放到本单位有关部门、岗位和相关应急救援队伍。事故风险可能影响周边其他单位、人员的，生产经营单位应当将有关事故风险的性质、影响范围和应急防范措施告知周边的其他单位和人员。

地方各级人民政府应急管理部门的应急预案，应当报同级人民政府备案，同时抄送上一级人民政府应急管理部门，并依法向社会公布。地方各级人民政府其他负有安全生产监督管理职责的部门的应急预案，应当抄送同级人民政府应急管理部门。

易燃易爆物品、危险化学品等危险物品的生产、经营、储存、运输单位，矿山、金属冶炼、城市轨道交通运营、建筑施工单位，以及宾馆、商场、娱乐场所、旅游景区等人员密集场所经营单位，应当在应急预案公布之日起 20 个工作日内，按照分级属地原则，向县级以上人民政府应急管理部门和其他负有安全生产监督管理职责的部门进行备案，并依法向社会公布。

### （四）应急预案的实施

各级人民政府应急管理部门应当将本部门应急预案的培训纳入安全生产培训工作计划，并组织实施本行政区域内重点生产经营单位的应急预案培训工作。生产经营单位应当组织开展本单位的应急预案、应急知识、自救互救和避险逃生技能的培训活动，使有关人员了解应急预案内容，熟悉应急职责、应急处置程序和措施。应急培训的时间、地点、内容、师资、参加人员和考核结果等情况应当如实记入本单位的安全生产教育和培训档案。

各级人民政府应急管理部门应当至少每两年组织 1 次应急预案演练，提高本部门、本地区生产安全事故应急处置能力。

生产经营单位应当制定本单位的应急预案演练计划，根据本单位的事故风险特点，每年至少组织 1 次综合应急预案演练或者专项应急预案演练，每半年至少组织 1 次现场处置方案演练。

易燃易爆物品、危险化学品等危险物品的生产、经营、储存、运输单位，矿山、金属冶炼、城市轨道交通运营、建筑施工单位，以及宾馆、商场、娱乐场所、旅游景区等人员密集场所经营单位，应当至少每半年组织 1 次生产安全事故应急预案演练，并将演练情况报送所在地县级以上地方人民政府负有安全生产监督管理职责的部门。县级以上地方人民政府负有安全生产监督管理职责的部门应当对本行政区域内上述规定的重点生产经营单位的生产安全事故应急救援预案演练进行抽查；发现演练不符合要求的，应当责令限期改正。

应急预案演练结束后，应急预案演练组织单位应当对应急预案演练效果进行评估，撰写应急预案演练评估报告，分析存在的问题，并对应急预案提出修订意见。

应急预案编制单位应当建立应急预案定期评估制度，对预案内容的针对性和实用性进行分析，并对应急预案是否需要修订做出结论。

矿山、金属冶炼、建筑施工企业和易燃易爆物品、危险化学品等危险物品的生产、经营、储存、运输企业、使用危险化学品达到国家规定数量的化工企业、烟花爆竹生产、批发经营企业和中型规模以上的其他生产经营单位，应当每三年进行1次应急预案评估。应急预案评估可以邀请相关专业机构或者有关专家、有实际应急救援工作经验的人员参加，必要时可以委托安全生产技术服务机构实施。

有下列情形之一的，应急预案应当及时修订并归档：

(1)依据的法律、法规、规章、标准及上位预案中的有关规定发生重大变化的。

(2)应急指挥机构及其职责发生调整的。

(3)安全生产面临的风险发生重大变化的。

(4)重要应急资源发生重大变化的。

(5)在应急演练和事故应急救援中发现需要修订预案的重大问题的。

(6)编制单位认为应当修订的其他情况。

### (五)监督管理

各级人民政府应急管理部门和煤矿安全监察机构应当将生产经营单位应急预案工作纳入年度监督检查计划，明确检查的重点内容和标准，并严格按照计划开展执法检查。

# 模块六　公路工程施工合同管理

合同管理是项目管理的一项重要内容，搞好合同管理，对于项目整体目标和企业整体目标的实现都有积极的意义。合同管理分为合同签订管理、合同履行管理、合同变更管理、合同索赔管理。

## 一、公路项目施工合同签订管理

从公路工程项目的投资决策到建设完成，业主会与工程建设相关方签订诸多合同，例如融资合同、勘察设计合同、咨询合同、材料设备供应合同、施工合同、监理合同、分包合同等，这些合同共同构成了公路工程项目的合同体系结构，其核心是施工合同。

合同当事人在订立合同的过程中应当遵守五个原则，即当事人地位平等原则、自愿原则、公平原则、诚实信用原则和善良风俗原则。

## 二、公路项目施工合同履行与管理

施工合同是由发包人(业主)和承包人签订的，其履行也主要涉及这两方：

(1)发包人(业主)。全面履行施工合同中的各项义务。遵守法律；发出开工通知；按合同约定向承包人提供施工场地，以及施工场地内地下管线和地下设施等有关资料，并保证资料的真实、准确、完整；协助承包人办理法律规定的有关施工证件和批件；组织设计单位向承包人进行设计交底；按合同约定向承包人及时支付合同价款；按合同约定及时组织竣工验收；其他义务。

(2)承包人。全面履行施工合同中的各项义务。遵守法律；依法纳税；完成各项承包工作；对施工作业和施工方法的完备性负责；保证工程施工和人员的安全；负责施工场地及其周边环境与生态的保护工作；避免施工对公众与他人的利益造成损害；为他人提供方便；工程的维护和照管；其他义务。

施工合同履行过程中，当发生争议时，应根据合同约定及合同文件的优先顺序处理争议。组成合同的各项文件应互相解释，互为说明。除项目专用合同条款另有约定外，解释合同文件的优先顺序如下：

(1)合同协议书及各种合同附件(含评标期间和合同谈判过程中的澄清文件和补充资料)。

(2)中标通知书。

(3)投标函及投标函附录。

(4)项目专用合同条款。

(5)公路工程专用合同条款。

(6)通用合同条款。

(7)工程量清单计量规则。

(8)技术规范。

(9)图纸。

(10)已标价工程量清单。

(11)承包人有关人员、设备投入的承诺及投标文件中的施工组织设计。

(12)其他合同文件。

## 三、公路工程施工合同变更管理

因施工条件改变、业主要求、监理工程师指令或设计原因使工程或其任何部分的形式、质量或数量发生变更,在合同仍然有效的前提下,经监理工程师审查和发包人同意,合同中某些权利义务应做出相应修改。

### (一)变更的范围和内容

除专用合同条款另有约定外,在履行合同中发生以下情形之一,应按照合同规定进行变更:

(1)取消合同中任何一项工作,但被取消的工作不能转由发包人或其他人实施,由于承包人违约造成的情况除外。

(2)改变合同中任何一项工作的质量或其他特性。

(3)改变合同工程的基线、标高、位置或尺寸。

(4)改变合同中任何一项工作的施工时间或改变已批准的施工工艺或顺序。

(5)为完成工程需要追加的额外工作。

### (二)变更权

在履行合同过程中,经发包人同意,监理人可按约定的变更程序向承包人作出变更指示,承包人应遵照执行。没有监理人的变更指示,承包人不得擅自变更。

### (三)变更程序

#### 1.变更的提出

在合同履行过程中,可能发生变更约定情形的,监理人可向承包人发出变更意向书。变更意向书应说明变更的具体内容和发包人对变更的时间要求,并附必要的图纸和相关资料。变更意向书应要求承包人提交包括拟实施变更工作的计划、措施和竣工时间等内容的实施方案。发包人同意承包人根据变更意向书要求提交的变更实施方案的,由监理人按约定发出变更指示。

在合同履行过程中,发生变更约定情形的,监理人应按照约定向承包人发出变更指示。

承包人收到监理人按合同约定发出的图纸和文件,经检查认为其中存在变更约定情形的,可向监理人提出书面变更建议。变更建议应阐明要求变更的依据,并附必要的图纸和说明。监理人收到承包人书面建议后,应与发包人共同研究,确认存在变更的,应在收到承包人书面建议后的 14 d 内作出变更指示。经研究后不同意作为变更的,应由监理人书面答复承包人。

若承包人收到监理人的变更意向书后认为难以实施此项变更,应立即通知监理人,说明原因并附详细依据。监理人与承包人和发包人协商后确定撤销、改变或不改变原变更意向书。

#### 2. 变更估价

除专用合同条款对期限另有约定外,承包人应在收到变更指示或变更意向书后的 14 d 内,向监理人提交变更报价书,报价内容应根据约定的估价原则,详细开列变更工作的价格组成及其依据,并附必要的施工方法说明和有关图纸。

变更工作影响工期的,承包人应提出调整工期的具体细节。监理人认为有必要时,可要求承包人提交要求提前或延长工期的施工进度计划及相应施工措施等详细资料。

除专用合同条款对期限另有约定外,监理人收到承包人变更报价书后的 14 d 内,根据约定的估价原则,按照约定商定或确定变更价格。

#### 3. 变更指示

变更指示只能由监理人发出。

变更指示应说明变更的目的、范围、变更内容以及变更的工程量及其进度和技术要求,并附有关图纸和文件。承包人收到变更指示后,应按变更指示进行变更工作。

#### 4. 设计变更程序

设计变更程序应执行《公路工程设计变更管理办法》的相关规定。

**提示**

《公路工程设计变更管理办法》的相关规定详见本书第三章。

### (四)变更的估价原则

除项目专用合同条款另有约定外,因变更引起的价格调整按照下列约定处理:

(1)如果取消某项工作,则该项工作的总额价不予支付。

(2)已标价工程量清单中有适用于变更工作的子目的,采用该子目的单价。

(3)已标价工程量清单中无适用于变更工作的子目,但有类似子目的,可在合理范围内参照类似子目的单价,由监理人按约定商定或确定变更工作的单价。

(4)已标价工程量清单中无适用或类似子目的单价,可在综合考虑承包人在投标时所提供的单价分析表的基础上,由监理人按约定商定或确定变更工作的单价。

(5)如果本工程的变更指示是因承包人过错、承包人违反合同或承包人责任造成的,则这种违约引起的任何额外费用应由承包人承担。

**链接**

变更估价应遵循约定优先、公平合理的原则。对于变更工程的估价确定,当合同中无参考价格时,总监理工程师应当会同合同当事人尽量通过协商达成一致,不能达成一致的,由总监理工程师按照合同约定审慎做出公正的确定。任何一方合同当事人有异议,按争议解决约定处理。争议解决前,合同当事人暂按总监理工程师的确定执行;争议解决后,争议解决的结果与总监理工程师的确定不一致的,按照争议解决的结果执行,由此造成的损失由责任人承担。

### （五）承包人的合理化建议

在履行合同过程中，承包人对发包人提供的图纸、技术要求以及其他方面提出的合理化建议，均应以书面形式提交监理人。合理化建议书的内容应包括建议工作的详细说明、进度计划和效益以及与其他工作的协调等，并附必要的设计文件。监理人应与发包人协商是否采纳建议。建议被采纳并构成变更的，应按约定向承包人发出变更指示。

承包人提出的合理化建议缩短了工期，发包人按规定给予奖励。承包人提出的合理化建议降低了合同价格或者提高了工程经济效益的，发包人按项目专用合同条款数据表中规定的金额给予奖励。

## 四、公路工程施工合同索赔管理

索赔是指在工程合同履行过程中，合同当事人一方因非己方的原因而遭受损失，按合同约定或法律法规规定应由对方承担责任，从而向对方提出补偿的要求。索赔是合同双方依据合同约定维护自身合法利益的行为，其性质属于经济补偿行为，而非惩罚。索赔是双向的。

### （一）施工索赔的分类

通常根据索赔目的不同，将施工索赔分为工期索赔和费用索赔两种类型。

工期索赔是对工期延误的索赔。工期延误的分类如下：

（1）按照工期延误的原因划分：因业主和工程师原因引起的延误；因承包人原因引起的延误；不可控制因素引起的延误。

（2）按照索赔要求和结果划分：如图 2-5 所示。

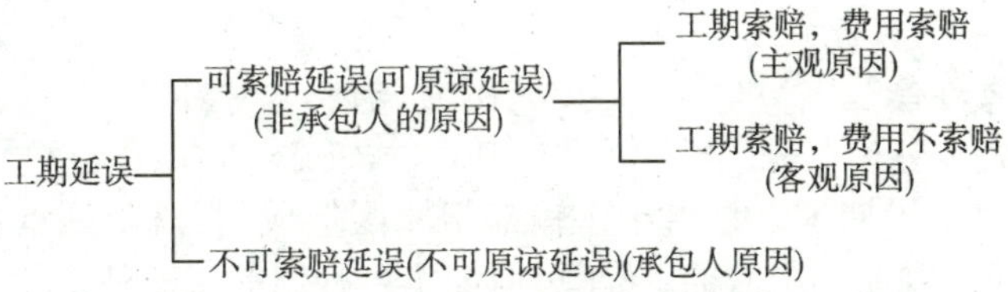


**图 2-5　工期延误按照索赔要求和结果划分**

（3）按照延误工作在工程网络计划的线路划分：关键线路延误；非关键线路延误。

**链接**

发包人要求合同工程提前竣工的，应征得承包人同意后与承包人商定采取加快工程进度的措施，并应修订合同工程进度计划。发包人应承担承包人由此增加的提前竣工（赶工补偿）费用。

关键线路延误一定会导致总工期的延误。

非关键线路延误是否影响到总工期，关键是看该工作的延误时间是否超过其总时差。当该工作的延误时间小于或等于其总时差时，不会影响到总工期；当该工作的延误时间大于其总时差时，会影响到总工期。总工期延长的时间为该工作的延误时间与总时差之差。

（4）按照延误事件之间的关联性划分：单一延误；共同延误。

实际施工中比较常见的是共同延误，即多种原因同时发生（或相互作用）而形成的工期延误。共同延误根据多种原因发生的时间关系可以分为同时性延误、交叉性延误。交叉性延误的责任归属判断比较复杂，以下对其进行重点介绍。

对于多事件交叉造成工期延误的索赔原则，国际国内主要有三种观点：

（1）初始事件原则。根据这一处理原则，凡是在同一时段内发生两种以上原因的工期延误，首先判别造成工期延误的哪一种原因是最先发生的，即确定“初始延误”者，它应对工期延误负责。这种方法不考虑交叉时段内干扰事件的重要性和可能的交互影响，违反了公平原则，但是可以迅速对交叉时段内的索赔给予量的判定。

（2）不利于施工方原则。根据这一处理原则，凡是在因施工方原因引起的工程延误与因业主或客观原因引起的工程延误同时发生的时间段内，施工方不能进行工期索赔，这一原则不符合逻辑，又违背公平原则，也与以 FIDIC 为代表的国际惯例相抵触，优点也是迅速对交叉时段内的索赔给予量的判定。

（3）责任分摊原则。根据这一处理原则，业主和施工方对交叉期间按比例分摊计算到不同的延误时间上。这一原则以单一事件造成的延误为基础，在交叉期间按各自的责任比例承担，符合民法的基本原则。虽然责任分摊原则这一处理原则对业主和施工方而言公平合理，但在实际操作中对交叉时段内的索赔给予量的判定要比另两种原则复杂得多。

基于上述三种原则的分析，提出如下原则：多事件交叉时，工期索赔雇主责任优先，费用索赔承包商责任优先。或者简单表述为工期从宽－费用从严原则。这一原则的含义是，在多事件交叉时段内，对于工期索赔，只要存在雇主责任或雇主风险，即给予承包商工期补偿。而对于费用索赔则正相反，只要在交叉时段内存在承包商责任或风险，则承包商的索赔均不成立，同时，存在承包商责任时，雇主的索赔成立。

**典型例题**

【单选题】由于运输部门的原因，承包方机械未按期运入现场，导致工期延误，该种工期延误属于（　　）延误。

A. 可原谅，可补偿　　B. 可原谅，不可补偿

C. 不可原谅，可补偿　　D. 不可原谅，不可补偿

B。【解析】题中工期延误是由于运输部门原因造成的，既不是承包方也不是业主的原因，而是由于客观原因引起的，属于可原谅不可补偿的工期延误。

### （二）索赔成立条件判断

索赔成立条件如图 2-6 所示。

索赔成立条件：
- 非承包人原因引起（无责任）
- 造成承包人损失（经济/工期）（有损失）
- 承包人按要求提交索赔意向通知、索赔报告、证明材料（按程序）

图 2-6　索赔成立条件

索赔成立的三个条件需要同时具备，缺一不可。

## 五、公路工程施工分包合同管理

承包人有权依据承包合同自主选择符合资格的分包人。任何单位和个人不得违规指定分包。

承包人和分包人应当按照交通运输主管部门制定的统一格式依法签订分包合同，并履行合同约定的义务。分包合同必须遵循承包合同的各项原则，满足承包合同中的质量、安全、进度、环保以及其他技术、经济等要求。承包人应在工程实施前，将经监理审查同意后的分包合同报发包人备案。

承包人应当建立健全相关分包管理制度和台账，对分包工程的质量、安全、进度和分包人的行为等实施全过程管理，按照《公路工程施工分包管理办法》和合同约定对分包工程的实施向发包人负责，并承担赔偿责任。分包合同不免除承包合同中规定的承包人的责任或者义务。

分包工程在开工前，承包人必须填报开工报审表，并附有监理人审批且取得发包人同意的书面文件。监理人收到分包工程开工报审表后，审查其是否具备开工条件，确定是否批复其开工申请。

分包人应当依据分包合同的约定，组织分包工程的施工，并对分包工程的质量、安全和进度等实施有效控制。分包人对其分包的工程向承包人负责，并就所分包的工程向发包人承担连带责任。

分包人须服从承包人转发的发包人或工程师与分包工程有关的指令。未经承包人允许，分包人不得以任何理由与发包人或工程师发生直接工作联系，分包人不得直接致函发包人或工程师，也不得直接接受发包人或工程师的指令。如分包人与发包人或工程师发生直接工作联系，将被视为违约，并承担违约责任。

就分包工程范围内的有关工作，承包人随时可以向分包人发出指令，分包人应执行承包人根据分包合同所发出的所有指令。分包人拒不执行指令，承包人可委托其他施工单位完成该指令事项，发生的费用从应付给分包人的相应款项中扣除。就分包工程范围内的有关工作，分包人应执行经承包人确认和转发的发包人或工程师发出的所有指令和决定。

**专家解读**

应理清分包人、承包人、监理人、发包人之间的关系。

分包人仅与承包人有直接的合同关系，承包人对分包人具有全面管理责任。在合同履行的过程中，分包人因非己方的原因（无论责任划分属于发包人、承包人或监理工程师的责任）而遭受损失，只能向承包人提出索赔要求。

监理工程师与分包人没有合同关系，因此对分包人在现场施工不承担协调管理义务，但应当对分包工程的实施进行相应的核查与监管。监理人应根据合同要求检查核实分包人实施分包工程的主要人员与施工设备是否与所报资质相符；也要对分包现场进行监管，对分包工程所用材料、进度和质量等进行监督。

监理工程师只对承包人有监理与被监理的关系。监理人就分包工程施工发布的任何指示只能发给承包人，由承包人采取措施处理。

发包人与分包人没有合同关系，但发包人作为项目管理的核心对分包合同也有一定的管理责任，主要表现为对分包工程的批准。因此，发包人不能向分包人直接付款，必须通过承包人。

## 模块七　公路项目施工成本管理

### 一、公路项目施工成本管理的内容

施工项目成本管理是指在保证满足工程质量、工程施工工期的前提下，对项目实施过程中所发生的费用，通过计划、组织、控制和协调等活动实现预定的成本目标，并尽可能地降低施工项目成本费用的一种科学管理活动。

施工项目成本管理是施工企业项目管理中的一个子系统，具体包括预测、计划、控制、核算、分析和考核等一系列工作环节。

(1)施工项目成本预测。施工项目成本预测是对施工项目未来水平及其发展趋势所作的描述与判断,是施工项目成本管理的第一个工作环节,是进行成本决策和编制成本计划的基础。

(2)施工项目成本计划编制。施工项目成本计划是以施工生产计划和有关资料为基础,对计划期施工项目的成本水平所作的筹划,是对施工项目制定的成本管理目标,是项目全面计划管理的核心,是优化和实现项目目标成本的依据。

成本计划的编制步骤:收集和整理资料;预计和分析上期成本计划的执行情况;进行成本降低指标的测算;正式编制企业成本计划。

(3)施工项目成本控制。施工项目成本控制是在满足工程承包条款要求的前提下,根据施工项目的成本计划,对项目施工过程中所发生的各项费用支出,采取一系列的措施来进行严格的监督和控制,及时纠正偏差,总结经验,保证施工项目成本目标的实现。

在项目实施的过程中,应及时将工程项目施工预算成本与责任目标成本进行比较。对施工成本管理实行动态控制,及时掌握工程项目施工成本在计划阶段的预控情况。因此,计划成本偏差 = 施工预算成本 - 责任目标成本。

(4)施工项目成本核算。施工项目成本核算是利用会计核算体系,对项目施工过程中所发生的各种消耗进行记录、分类,并采用适当的成本计算方法,计算出各个成本核算的总成本和单位成本的过程。施工项目成本核算是施工项目成本管理中最基础的工作,是施工项目制订成本计划和实行成本控制所需数据的重要来源,是施工项目进行成本分析和成本考核的基本依据。

(5)施工项目成本分析。施工项目成本分析是以会计核算提供的成本信息为依据,按照一定程序,运用专门科学的方法,对成本计算(预算)的执行过程、结果和原因进行研究,寻找降低或纠正成本偏差的过程。

(6)施工项目成本考核。施工项目成本考核是施工项目完成后,对施工项目成本形成的各级单位成本的成绩或失误所进行总结和评价,是实现成本目标责任制的保证和实现决策目标的重要手段。

施工项目成本管理的实施是从成本估算开始,经编制成本计划,采取降低成本的措施,进行成本控制,直到成本核算与分析及考核为止的一系列管理工作步骤。

**典型例题**

【单选题】公路工程施工成本管理包括:①成本预测;②成本核算;③成本计划编制;④成本考核;⑤成本分析;⑥成本控制。下列选项中,正确的顺序是(　　)。

A. ①③⑥⑤②④　　B. ①⑥③⑤②④

C. ①⑥③④②⑤　　D. ①③⑥②⑤④

D。【解析】施工项目成本管理流程为施工成本预测→施工成本计划编制→施工成本控制→施工成本核算→施工成本分析→施工成本考核。

## 二、公路项目标后预算编制

标后预算编制应在工程项目中标之后,施工队伍进场之前编制完毕(原则上标后预算编制工作在工程项目中标之后 1 个月内完成)。

标后预算总费用相当于概(预)算中的建筑安装工程费,由直接费、设备购置费、措施费、企业管理费、规费、利润、税金、专项费用组成。

从标后预算的性质出发，对标后预算总费用组成进行分类归集，可将企业管理费分为总部管理费、现场管理费，可将总部管理费和利润归入上缴企业费用，可将直接费、设备购置费、措施费、现场管理费、专项费用归入项目预算总成本。上缴企业费用根据施工企业的规定计算。规费、税金根据国家相关规定计算。以下主要介绍采用实测法编制标后预算时项目预算总成本的计算方法。

## （一）直接费的计算

直接费指施工过程中耗费的构成工程实体和有助于工程形成的各项费用，包括人工费、材料费、施工机械使用费。人工费指直接从事建筑安装工程施工的生产工人开支的各项费用。材料费指施工过程中耗用的构成工程实体的原材料、辅助材料、构配件、零件、半成品或成品量以及周转材料摊销量，按工程所在地的材料价格计算的费用。施工机械使用费指工程机械和工程仪器仪表台班的费用。

直接费以单项工程为测算对象，根据实施性施工组织设计及单项工程的实际工程量、工程进度要求、现场的施工条件等因素，配备必要的人工、材料和施工机械等资源要素，通过计算各种资源要素的消耗量或摊销量并乘以市场单价得到工、料、机单项费用。

### 1. 人工费的计算

人工费的计算如表 2-22 所示。

**表 2-22　人工费的计算**

| 费用项目 | 计算方法 | 计算公式 |
| --- | --- | --- |
| 人工费 | 如果采取内部班组承包形式或者劳务分包形式的，则可以根据市场行情和合同谈判情况，测算分包单价 | 人工费 = 承包（分包）单价 × 承包（分包）工程量 |
| | 项目经理部自己组织施工的，可按施工组织设计配备的生产工人数量、辅助生产工人数量和计划工期，结合其岗位工资进行测算 | 人工费 =（辅助生产工人月岗位工资 + 生产工人月岗位工资）× 用工数量 × 计划工期 |
| | 按工日单价计算 | 人工工日数量 =（完成单位工程应配备的生产工人用工数量 × 每天工作时间）÷（8 h，7 h，6 h）。<br>人工费 = 工日单价 × 人工工日数量 |

**提示**

需要注意，除潜水工工作每工日 6 h，隧道工工作每工日 7 h 外，其余均按每工日 8 h 计算。

### 2. 材料费的计算

材料费包括构成工程实体材料费用和周转材料费用两部分。材料费的计算如表 2-23 所示。

**表 2-23　材料费的计算**

| 费用项目 | | 计算公式 |
| --- | --- | --- |
| 材料费 | 构成工程实体材料费用 | 构成工程实体材料费用 = Σ（构成工程实体各种材料消耗量 × 相应材料单价）。<br>构成工程实体的钢筋、钢绞线、型钢、钢管等材料消耗量 = 设计图纸的设计工程量 ×（1 + 经验损耗率）。<br>构成工程实体的混合料中各种原材料的消耗量 = 设计图纸的设计工程量 × 工地试验室的生产配合比中该材料所占的比率 ×（1 + 经验损耗率） |

（续表）

| 费用项目 | | 计算公式 |
|---|---|---|
| 材料费 | 周转材料费用 | 周转材料摊销费 = 周转材料设计数量 × 单价 × 摊销率 × 计划使用时间。<br>周转材料单价 =（材料的采购原价 + 运杂费）×（1 + 采购及保管费率） |

周转材料设计数量按照实施性施工组织设计中某单项工程设计用量（如模板设计、平台设计、脚手架设计等）计算。

如周转材料为租赁的，则周转材料费按租赁合同的租金计算，一般计算公式如下：

租金 = 数量 × 租赁单价 × 租赁时间

**链接**

经验损耗率可以根据以往施工的同类项目所采用的数据确定。

材料预算价格由材料原价、运杂费、场外运输损耗、采购及保管费组成。计算公式为：

材料预算价格 =（材料原价 + 运杂费）×（1 + 场外运输损耗率）×（1 + 采购及保管费率）－ 包装品回收价值

### 3. 施工机械使用费的计算

根据施工组织设计提供的机械设备配备情况，分为租赁和自有两种方式计算施工机械使用费。施工机械使用费的计算如表 2-24 所示。

**表 2-24　施工机械使用费的计算**

| 费用项目 | | 计算方法 | 计算公式 |
|---|---|---|---|
| 施工机械使用费 | 自有机械设备使用费 | — | 自有机械总费用 = Σ（每种型号的单机不变费用 + 可变费用）。<br>不变费用 = 折旧费 + 检修费 + 维护费 + 安拆辅助费。<br>折旧费 = 设备原值 × 年折旧率 × 使用时间（年）。<br>可变费用 = 机上人员人工费 + 动力燃料费 + 车船税 |
| | 租赁机械费 | 租赁合同约定机驾人员工资、油料、维修等使用费由项目经理部承担 | 机械租赁费 = Σ［（机械租赁单价 + 使用费）× 租赁数量 × 租赁时间］ |
| | | 租赁合同约定机驾人员工资、油料、维修等使用费由出租方承担 | 机械租赁费 = Σ（机械租赁单价 × 租赁数量 × 租赁时间） |

机械设备种类、数量和计划使用时间按实施性施工组织设计进行计算。

检修费、维护费、安拆辅助费根据经验数据计算。

## （二）设备购置费的计算

设备购置费指为满足公路初期运营、管理需要购置的构成固定资产标准的设备和虽低于固定资产标准但属于设计明确列入设备清单的设备的费用，包括渡口设备，隧道照明、消防、通风的动力设备，公路收费、监控、通信、路网运行监测、供配电及照明设备等。

设备购置费应列出计划购置的清单(包括设备的规格、型号、数量),以设备预算价计入。

设备购置费包括设备原价、运杂费、运输保险费、采购及保管费,各种税费按编制期有关部门规定计算。

需要安装的设备,按建筑安装工程费的有关规定计算设备的安装工程费。

### (三)措施费的计算

措施费包括冬季施工增加费、雨季施工增加费、夜间施工增加费、特殊地区施工增加费、行车干扰施工增加费、施工辅助费、工地转移费。

### (四)现场管理费的计算

现场管理人员工资、工资附加费、通信费、办公费、水电费、指挥车辆使用费、主副食运费、差旅交通费、取暖降温费、保险费、不可预见费、其他费(如投标费、业务招待费)等均属于现场管理费。

### (五)专项费用的计算

专项费用包括施工场地建设费和安全生产费。

施工场地建设费包括:

(1)按照工地建设标准化要求进行承包人驻地、工地试验室建设,钢筋集中加工、混合料集中拌制、构件集中预制等所需的办公、生活居住房屋(包括职工家属房屋及探亲房屋),公用房屋(如广播室、文体活动室、医疗室等)和生产用房屋(如仓库、加工厂、加工棚、发电站、变电站、空压机站、停机棚、值班室等)等费用。

(2)包括场区平整(山岭重丘区的土石方工程除外)、场地硬化、排水、绿化、标志、污水处理设施、围墙隔离设施等的费用,不包括钢筋加工的机械设备、混合料拌和设备及安拆、预制构件台座、预应力张拉设备、起重及养护设备,以及概算、预算定额中临时工程的费用。

(3)包括以上范围内的各种临时工作便道(包括汽车、人力车道)、人行便道,工地临时用水、用电的水管支线和电线支线,临时构筑物(如水井、水塔等)、其他小型临时设施等的搭设或租赁、维修、拆除、清理的费用;但不包括红线范围内贯通便道、进出场的临时道路、保通便道。

(4)工地试验室所发生的属于固定资产的试验设备和仪器等折旧、维修或租赁费用。

(5)施工扬尘污染防治措施费指裸露的施工场地覆盖防尘网、施工便道和施工场地洒水或喷洒抑尘剂,运输车辆的苫盖和冲洗、环境敏感区设置围挡,防尘标志设置,环境监控与检测等所需要的费用。

(6)文明施工、职工健康生活的费用。

施工场地建设费以施工场地计费基数,按规定的费率,以累进法计算。施工场地计费基为定额建筑安装工程费扣除专项费。

安全生产费包括完善、改造和维护安全设施设备费用,配备、维护、保养应急救援器材、设备费用,开展重大危险源和事故隐患评估和整改费用,安全生产检查、评价、咨询费用,配备和更新现场作业人员安全防护用品支出,安全生产宣传、教育、培训费用,安全设施及特种设备检测检验费用,施工安全风险评估、应急演练等有关工作及其他与安全生产直接相关的费用。

安全生产费按建筑安装工程费乘以安全生产费费率计算,费率按不少于1.5%计取。

## 三、公路项目施工成本控制方法

施工成本控制从工程投标报价开始,直至项目质量保证金返还为止,贯穿于项目实施的全过程。施工成本控制就是要在保证工期和质量满足要求的前提下，采取相应管理措施，包括组织措施、经济措施、技术措施、合同措施把成本控制在计划范围内，并进一步寻求最大程度的成本节约。

施工成本控制的方法主要有运用目标管理控制工程成本、以目标成本控制成本支出、以施工方案控制资源消耗、用净值法进行工期成本的同步控制。此部分内容主要介绍运用目标管理控制工程成本和以施工方案控制资源消耗两种方法。

运用目标管理控制工程成本。目标管理的八个步骤分别是：第一步是收集相关的资料，进行调查和预测，并提出工作设想和确定工作目标；第二步是从各种方案中找出一个最理想的方案；第三步是制定相关的对策和编制实施计划；第四步是将制定的计划分解并落实到部门和个人；第五步是检查整个计划的执行情况；第六步是发现问题，并对问题进行分析，找出原因；第七步是总结相关的经验和教训；第八步是把发现的新问题转入下一个循环。

以施工方案控制资源消耗：资源消耗数量的货币表现大部分是成本费用。因此，资源消耗的减少，就等于成本费用的节约；控制了资源消耗，也等于是控制了成本费用。

以施工方案控制资源消耗的实施步骤和方法如下：

(1)在工程项目开工以前，根据施工图样和工程现场的实际情况，制订施工方案，包括人力物资需用量计划，机具配置方案等，以此作为指导和管理施工的依据。在施工过程中，如需改变施工方法，则应及时调整施工方案。

(2)组织实施。施工方案是进行工程施工的指导性文件，但是，针对某一个项目而言，施工方案一经确定，则应是强制性的。有步骤、有条理地按施工方案组织施工，可以避免盲目性，可以合理配置人力和机械，可以有计划地组织物资进场，从而可以做到均衡施工，避免资源闲置或积压造成浪费。

(3)采用价值工程，优化施工方案。对同一工程项目的施工，可以有不同的方案，选择最合理的方案是降低工程成本的有效途径。采用价值工程，可以解决施工方案优化的难题。价值工程，又称价值分析，是一门技术与经济相结合的现代化管理科学。应用价值工程，既要研究技术，又要研究经济，即研究在提高功能的同时不增加成本，或在降低成本的同时不影响功能，把提高功能和降低成本统一在最佳方案中。在施工方案方面应用价值工程，主要是寻找实现设计要求的最佳方案，如分析施工方法、流水作业、机械设备等有无不切实际的过高要求。最优化的方案，也是对资源利用最合理的方案。采用这样的方案，必然会降低损耗，降低成本。

## 四、公路项目施工成本核算方法

### （一）成本核算对象和范围

施工项目经理部应建立和健全以单位工程为对象的成本核算账务体系，严格区分企业经营成本和项目生产成本，在工程项目实施阶段不对企业经营成本进行分摊，以正确反映工程项目可控成本的收、支、结、转的状况和成本管理业绩。

施工成本核算应以项目经理责任成本目标为基本核算范围；以项目经理授权范围相对应的可控责任成本为核算对象，进行全过程分月跟踪核算。

### （二）成本核算方法

表格核算法：表格核算法是建立在内部各项成本核算基础上，由各要素部门和核算单位定期采集信息，按有关规定填制一系列的表格，完成数据比较、考核和简单地核算，形成工程项目施工成本核算体系，作为支撑工程项目施工成本核算的平台。

会计核算法：会计核算法是指建立在会计核算基础上，利用会计核算所独有的借贷记账法和收支全面核算的综合特点，按工程项目施工成本内容和收支范围，组织工程项目施工成本的核算。会计核算法不仅核算工程项目施工的直接成本，而且还要核算工程项目在施工生产过程中出现的债权债务、为施工生产而自购的工具和器具摊销、向建设单位的报量和收款、分包完成和分包付款等。

### （三）成本费用归集与分配

进行成本核算时，能够直接计入有关成本核算对象的，直接计入；不能直接计入的，采用一定的分配方法分配计入各成本核算对象成本，然后计算出工程项目的实际成本。

#### 1. 人工费

人工费计入成本的方法，一般应根据企业实行的具体工资制度而定。在实行计件工资制度时，所支付的工资一般能分清受益对象，应根据“工程任务单”和“工资计算汇总表”将归集的工资直接计入成本核算对象的人工费成本项目中。实行计时工资制度时，在只存在一个成本核算对象或者所发生的工资能分清是服务于哪个成本核算对象时，方可将之直接计入，否则，就需将所发生的工资在各个成本核算对象之间进行分配，再分别计入。一般采用实用工时比例或定额工时比例进行分配。

#### 2. 材料费

工程项目耗用的材料，应根据限额领料单、退料单、报损报耗单，大堆材料耗用计算单等计入工程项目成本。

凡领料时能点清数量、分清成本核算对象的，应在有关领料凭证（如限额领料单）上注明成本核算对象名称，据以计入成本核算对象。

领料时虽能点清数量，但需集中配料或统一下料的，则由材料管理人员或领用部门，结合材料消耗定额将材料费分配计入各成本核算对象。

领料时不能点清数量和分清成本核算对象的，由材料管理人员或施工现场保管员保管，月末实地盘点结存数量，结合月初结存数量和本月购进数量，倒推出本月实际消耗量，再结合材料耗用定额，编制“大堆材料耗用计算表”，据以计入各成本核算对象的成本。

工程竣工后的剩余材料，应填写“退料单”据以办理材料退库手续，同时冲减相关成本核算对象的材料费。施工中的残次材料和包装物，应尽量回收再用，冲减工程成本的材料费。

#### 3. 施工机械使用费

施工机械使用费按自有机械和租赁机械分别加以核算。从外单位或本企业内部独立核算的机械站租入施工机械支付的租赁费，直接计入成本核算对象的机械使用费。如租入的机械是为两个或两个以上的工程服务，应以租入机械所服务的各个工程受益对象提供的作业台班数量为基数进行分配。自有机械费用应按各个成本核算对象实际使用的机械台班数计算所分摊的机械使用费，分别计入不同的成本核算对象成本中。

#### 4. 措施费

凡能分清受益对象的，应直接计入受益成本核算对象中。如与若干个成本核算对象有关的，可先归集到措施费总账中，月末再按适当的方法分配计入有关成本核算对象的措施费中。

#### 5. 间接成本

间接成本是指企业各施工单位为组织和管理工程施工所发生的费用，包括生产单位管理人员的工资和福利费、现场公共生活服务费、劳动保护费、工会经费、教育经费等。凡能分清受益对象的间接成本,应直接计入受益成本核算对象中。否则先在项目"间接成本"总账中进行归集,月末再按一定的分配标准计入受益成本核算对象。

# 模块八　公路工程造价管理

## 一、公路工程工程量清单计价的应用

### (一)工程量清单基本概念

工程量清单是在工程实施阶段用于表述公路工程工程量及对应价款的组成和内容的明细清单,包括完成公路建设活动所需的实物工程、措施项目以及费用项目等。

工程量清单通常是依据设计图纸(或实际工程数量)、工程量清单计量规则等将要招标的工程进行分解,按一定的基本计量单位和技术标准计算所得的构成工程实体的实物工程数量汇总清单表。工程量清单用以明确工程项目的内容和数量,每个表中既有工程部位和该部位需实施的子项目(工程子目),又有每个子项目的工程数量和计价要求(单价或包干价)以及总计金额,可见工程量清单反映的是每个相对独立的个体项目的工程内容的预计数量以及其完成价格。

未标价的工程量清单实际就是按计量规则计算的实体项目的工程数量汇总表。

### (二)工程量清单的分类

工程量清单根据在公路建设过程中订立时间、阶段的不同分为招标工程量清单、投标工程量清单、合同工程量清单、结算工程量清单等类别。

招标工程量清单在项目的招投标阶段编制,通常由招标人提供,招标工程量清单的标底或最高投标限价应以编制的工程量清单预算为基础确定。

投标工程量清单则由投标人根据自身情况填报项目的单价、合计。

合同工程量清单是在公路工程发、承包活动中,发、承包双方根据《民法典》、招(投)标文件及有关规定,以约定的工程量清单计价方式,签订工程承包合同时确定的工程量清单。

结算工程量清单是在公路实施过程中或工程完工后,发、承包双方根据有关法律、法规,按合同约定用以计算最终工程价款所确定的工程量清单。

但不管是哪种工程量清单,其组成内容是相同的,都包括项目的工程量、单位、单价、合价及总额。

### (三)工程量清单的组成

按照公路工程项目的基本组成划分,公路工程工程量清单可以分为三大类,分别是交通土建工程工程量清单、交通机电工程工程量清单、房屋建筑工程工程量清单。以下主要介绍交通土建工程工程量清单的组成。工程量清单由说明、工程量清单表、计日工明细表、暂估价表、工程量清单汇总表组成。

#### 1. 说明

《公路工程标准施工招标文件》对于说明给出了具体的规定。说明包括工程量清单说明、投标报价说明、计日工说明、其他说明。

(1)工程量清单说明。

工程量清单是根据招标文件中包括的有合同约束力的工程量清单计量规则、图纸以及有关工程量清单的国家标准、行业标准、合同条款中约定的其他规则编制。约定计量规则中没有的子目,其工程量按照有合同约束力的图纸所标示尺寸的理论净量计算。计量采用中华人民共和国法定计量单位。

工程量清单应与招标文件中的投标人须知、通用合同条款、专用合同条款、工程量清单计量规则、技术规范及图纸等一起阅读和理解。

工程量清单中所列工程数量是估算的或设计的预计数量,仅作为投标报价的共同基础,不能作为最终结算与支付的依据。实际支付应按实际完成的工程量,由承包人按工程量清单计量规则规定的计量方法,以监理人认可的尺寸、断面计量,按工程量清单的单价和总额价计算支付金额;或根据具体情况,按合同条款的规定,按监理人确定的单价或总额价计算支付额。

《公路工程标准施工招标文件》的工程量清单各章是按第八章“工程量清单计量规则”、第七章“技术规范”的相应章次编号的,因此,工程量清单中各章的工程子目的范围与计量等应与“工程量清单计量规则”“技术规范”相应章节的范围、计量与支付条款结合起来理解或解释。

对作业和材料的一般说明或规定,未重复写入工程量清单内,在给工程量清单各子目标价前,应参阅《公路工程标准施工招标文件》第七章“技术规范”的有关内容。

工程量清单中所列工程量的变动,丝毫不会降低或影响合同条款的效力,也不免除承包人按规定的标准进行施工和修复缺陷的责任。图纸中所列的工程数量表及数量汇总表仅是提供资料,不是工程量清单的外延。当图纸与工程量清单所列数量不一致时,以工程量清单所列数量作为报价的依据。

(2)投标报价说明。

工程量清单中的每一子目须填入单价或价格,且只允许有一个报价。

除非合同另有规定,工程量清单中有标价的单价和总额价均已包括了为实施和完成合同工程所需的劳务、材料、机械、质检(自检)、安装、缺陷修复、管理、保险、税费、利润等费用,以及合同明示或暗示的所有责任、义务和一般风险。

工程量清单中投标人没有填入单价或价格的子目,其费用视为已分摊在工程量清单中其他相关子目的单价或价格之中。承包人必须按监理人指令完成工程量清单中未填入单价或价格的子目,但不能得到结算与支付。

符合合同条款规定的全部费用应认为已被计入有标价的工程量清单所列各子目之中,未列子目不予计量的工作,其费用应视为已分摊在合同工程的有关子目的单价或总额价之中。

承包人用于合同工程的各类装备的提供、运输、维护、拆卸、拼装等支付的费用,已包括在工程量清单的单价与总额价之中。

工程量清单中各项金额均以人民币(元)结算。

(3)计日工说明。

未经监理人书面指令,任何工程不得按计日工施工;接到监理人按计日工施工的书面指令,承包人也不得拒绝。

投标人应在计日工单价表中填列计日工子目的基本单价或租价,该基本单价或租价适用于监理人指令的任何数量的计日工的结算与支付。计日工的劳务、材料和施工机械由招标人(或发包人)列出正常的估计数量,投标人报出单价,计算出计日工总额后列入工程量清单汇总表中并进入评标价。计日工不调价。

### 2. 工程量清单表

工程量清单表是招标工程中按章的顺序排列的各个项目表。表中包括子目号、子目名称、单位、数量、单价、合价六项，如表 2-25 所示。

表 2-25 工程量清单表

| 子目号 | 子目名称 | 单位 | 数量 | 单价 | 合价 |
|---|---|---|---|---|---|
| | | | | | |
| | | | | | |

工程量清单表的子目分章进行划分，划分原则应结合公路工程项目的工程设计、施工工艺、招投标和合同管理等因素设置。

**专家解读**

工程子目分章排列，有利于将不同性质、不同部位、不同施工阶段或其他特性的不同工程区分开，同时也有利于将那些需要采用不同施工方法、不同施工阶段或成本不一样的工程区别开。

一个项目具体划分多少章，章中分多少级划分子目，则视工程实际情况确定。

### 3. 计日工明细表

计日工也称散工或点工，指在工程施工过程中，发包人可能有一些临时性的或新增加的项目，而且这种临时新增项目的工程量在招投标阶段很难估计，希望通过招投标阶段事先定价，避免开工后可能发生的争端，故需要以计日工明细表的方法在工程量清单中予以明确。计日工明细表包括计日工劳务、计日工材料、计日工施工机械和计日工汇总表。

**提示**

工程量清单计日工明细表中所列工程数量为招标方估计的工程量。

### 4. 暂估价表

暂估价是在工程招标阶段已经确定的材料、工程设备或工程项目，但又无法在投标时确定准确价格而可能影响招标效果时，发包人在工程量清单中给定一个暂估价。在工程实施阶段，根据不同类型的材料与专业工程再重新定价。暂估价表包括材料暂估价表、工程设备暂估价表和专业工程暂估价表。

### 5. 工程量清单汇总表

工程量清单汇总表是将各章的工程细目表及计日工明细表进行汇总，加上暂列金额而得出该项目的总报价。工程量清单汇总表如表 2-26 所示。

表 2-26 工程量清单汇总表

（项目名称）标段

| 序号 | 章次 | 项目名称 | 金额/元 |
|---|---|---|---|
| 1 | 100 | 总则 | |
| 2 | 200 | 路基 | |
| 3 | 300 | 路面 | |
| 4 | 400 | 桥梁、涵洞 | |
| 5 | 500 | 隧道 | |

（续表）

**（项目名称）标段**

| 序号 | 章次 | 项目名称 | 金额/元 |
| --- | --- | --- | --- |
| 6 | 600 | 安全设施及预埋管线 | |
| 7 | 700 | 绿化及环境保护设施 | |
| 8 | 第 100～700 章清单合计 | | |
| 9 | 已包含在清单合计中的材料、工程设备、专业工程暂估价合计 | | |
| 10 | 清单合计减去材料、工程设备、专业工程暂估价合计（即 8－9＝10） | | |
| 11 | 计日工合计 | | |
| 12 | 暂列金额（不含计日工总额） | | |
| 13 | 投标报价（即 8＋11＋12＝13） | | |

注：材料、工程设备、专业工程暂估价已包括在清单合计中，不应重复计人投标报价。

## 二、投标阶段合同价的确定

### （一）投标报价编制流程

通常投标报价的编制应遵循一定的程序，如图 2-7 所示。

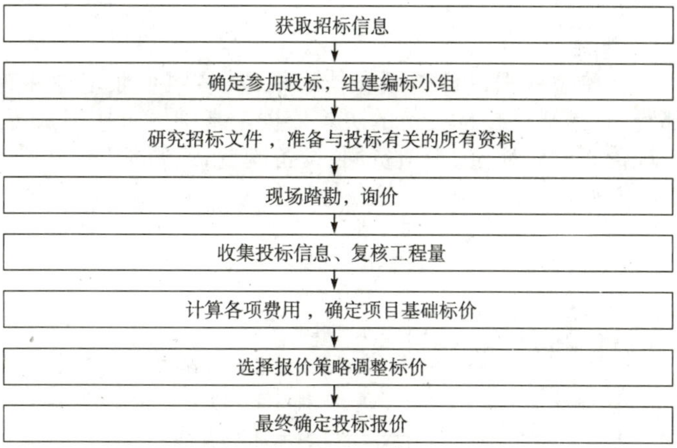


**图 2-7　投标报价编制流程图**

### （二）投标报价的编制原则与依据

报价是投标的关键性工作，报价是否合理不仅直接关系到投标的成败，还关系到中标后企业的盈亏。投标报价的编制原则如下：

（1）自主报价原则。投标报价由投标人自主确定，但必须执行相关强制性规定。投标报价应由投标人或受其委托的工程造价咨询人编制。

（2）不低于成本原则。根据相关法律、规章的规定，特别要求投标人的投标报价不得低于工程成本。

（3）风险分担原则。投标报价要以招标文件中设定的发承包双方责任划分，作为考虑投标报价费用项目和费用计算的基础，发承包双方的责任划分不同，会导致合同风险不同的分摊，从而导致投标人选择不同的报价；根据工程发承包模式考虑投标报价的费用内容和计算深度。

(4)发挥自身优势原则。以施工方案、技术措施等作为投标报价计算的基本条件；以反映企业技术和管理水平的企业定额作为计算人工、材料和机械台班消耗量的基本依据。充分利用现场考察、调研成果、市场价格信息和行情资料，编制基础标价。

(5)科学严谨原则。报价计算方法要科学严谨，简明适用。

**链接**

在进行投标报价时，可适当采用不平衡报价的策略。所谓不平衡报价，就是投标人在业主和咨询工程师许可的范围内，在保持总价不变的情况下，提高早期施工项目的单价，而对后期施工项目降低单价。对于工程量明显被低估的项目，适当提高单价；对于工程量被高估的项目，适当报出低价，这时在总价不变的情况下，实际工程量的增减发生变化时，承包商将获得更多利益。

投标报价应根据下列依据编制和复核：

(1)《建设工程工程量清单计价规范》。

(2)国家或省级、行业建设主管部门颁发的计价办法。

(3)企业定额，国家或省级、行业建设主管部门颁发的计价定额和计价办法。

(4)招标文件、招标工程量清单及其补充通知、答疑纪要。

(5)建设工程设计文件及相关资料。

(6)施工现场情况、工程特点及投标时拟定的施工组织设计或施工方案。

(7)与建设项目相关的标准、规范等技术资料。

(8)市场价格信息或工程造价管理机构发布的工程造价信息。

(9)其他的相关资料。

### (三)基础标价的确定

基础标价是指投标单位根据设计图纸和技术规范，参照企业定额和有关定额计算完成本工程所需的全部费用，是最终投标报价的决策依据。基础标价按组成可划分为直接费、措施费、企业管理费、规费、利润、税金、专项费用、设备购置费、暂估价、暂列金额和计日工。各项费用的构成如图 2-8 所示。

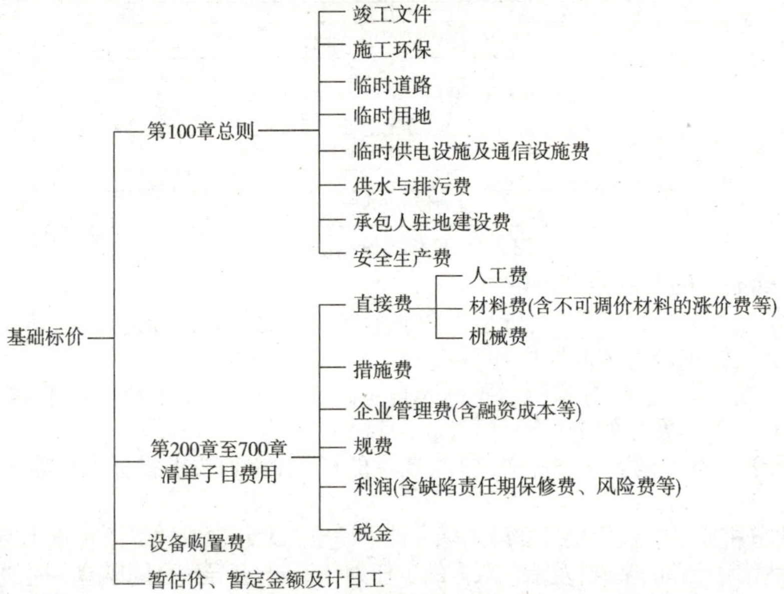


图 2-8　基础标价的构成

措施费包括冬季施工增加费、雨季施工增加费、夜间施工增加费、特殊地区施工增加费、行车干扰施工增加费、施工辅助费、工地转移费。

企业管理费由基本费用、主副食运费补贴、职工探亲路费、职工取暖补贴和财务费用五项组成。基本费用指建筑安装企业组织施工生产和经营管理所需的费用。主副食运费补贴指施工企业在远离城镇及乡村的野外施工购买生活必需品所需增加的费用。职工探亲路费指按照有关规定发放给施工企业职工在探亲期间发生的往返交通费和途中住宿费等费用。职工取暖补贴指按规定发放给施工企业职工的冬季取暖费和为职工在施工现场设置的临时取暖设施的费用。财务费用指施工企业为筹集资金提供投标担保、预付款担保、履约担保、职工工资支付担保等所发生的各种费用,包括企业经营期间发生的短期贷款利息净支出、汇兑净损失、调剂外汇手续费、金融机构手续费,以及企业筹集资金发生的其他财务费用。

规费指按法律、法规、规章、规程规定施工企业必须缴纳的费用。规费包含养老保险费、失业保险费、医疗保险费(含生育保险费)、工伤保险费、住房公积金。

利润指施工企业完成所承包工程获得的盈利。

税金指国家税法规定应计入建筑安装工程造价的增值税销项税额。

基础标价的计算方法包括综合单价法和工料单价法。其中,综合单价法是在投标报价计算时,所填入的工程量清单的单价。基础单价包括人工费、材料费、机械使用费、其他工程费、间接费、利润和税金以及风险金等全部费用。

### (四)投标报价分析

初步计算出投标报价之后,应对投标报价进行多方面的分析和评估,其目的是探讨标价的经济合理性,从而做出最终报价决策。标价分析包括单价分析与总价分析。单价分析就是对工程量清单中所列分项单价进行分析和计算,确定每一分项的单价和合价,分析标价计算中使用的劳务、材料、施工机械的基础单价以及选用的工程定额是否合理,是否符合拟投标工程的实际情况。同时,应根据以往本企业的投标报价资料进行对比分析,合理确定投标单价和总报价。

投标报价分析评估从以下几个方面进行。

(1)投标报价的宏观审核。投标报价的宏观审核是依据长期工程实践积累的大量经验数据,用类比的方法,从宏观上判断初步计算标价的合理性。投标报价宏观审核的步骤如下:

①首先应当分项统计计算书中的汇总数据,并计算其比例指标。

②通过对各类指标及其比例关系的分析,从宏观上分析标价结构的合理性。

③分析平均人月产值和人年产值的合理性和实现的可能性。

④参照同类工程的经验,扣除不可比因素后,分析单位工程价格及用工、用料量的合理性。

⑤从上述宏观分析得出初步印象后,对明显不合理的标价构成部分进行微观分析检查。重点在提高工效、改变施工方案、降低材料设备价格和节约管理费用等方面提出可行措施,并修正初步计算标价。

(2)投标报价的动态分析。投标报价的动态分析是假定某些因素发生变化,测算标价的变化幅度,特别是这些变化对计划利润的影响。投标报价动态分析的内容包括:

①工期延误的影响。由于承包人自身的原因,如材料设备交货拖延、管理不善造成工程延误、质量问题造成返工等,承包人可能会增加管理费、劳务费、机械使用费以及占用的资金及利息,这些费用的增加不可能通过索赔得到补偿,而且还会导致误期赔偿。一般情况下,

可以测算工期延长期某一段时间内,上述各种费用增加的数额及其占总标价的比率。这种增加的开支只能用风险费和计划利润来弥补。因此,可以通过多次测算,得知工期拖延多久后利润将全部丧失。

②物价和工资上涨的影响。通过调整标价计算中材料设备和工资上涨系数,测算其对工程计划利润的影响。同时切实调查工程物资和工资的升降趋势和幅度,以便做出恰当判断。通过这一分析,可以得知投标计划利润对物价和工资上涨因素的承受能力。

③其他可变因素影响等。影响投标报价的可变因素很多,而有些是投标人无法控制的,如贷款利率的变化、政策法规的变化等。通过分析这些可变因素的变化可以了解投标项目计划利润的受影响程度。

(3)投标报价的盈亏分析。初步计算标价经过宏观审核与进一步分析检查,可能对某些分项的单价做必要的调整,然后形成基础标价,再经盈亏分析,提出可能的低标价和高标价,供投标报价决策时选择。盈亏分析包括盈余分析和亏损分析两个方面。

①盈余分析是从标价组成的各个方面挖掘潜力、节约开支,计算出基础标价可能降低的数额,即所谓"挖潜盈余",进而算出低标价。盈余分析主要从下列几个方面进行:定额和效率,即人工、材料、机械台班消耗定额以及人工、机械效率分析;价格分析,即对劳务、材料设备、施工机械台班(时)价格进行分析;费用分析,即对管理费、临时设施费等进行逐项分析;其他方面,如流动资金与贷款利息,保险费、维修费等。从上述几个方面进行逐项复核,找出可挖潜之处。

②亏损分析是分析在计算标价时由于对未来施工过程中可能出现的不利因素考虑不周和估计不足,可能产生的费用增加和损失。主要从以下几个方面分析:人工、材料、机械设备价格;自然条件;管理不善造成质量、工作效率等问题;建设单位、监理工程师方面的问题;管理费失控。

#### (五)最终投标报价的确定

最终投标报价是将本工程全部费用(基础标价),按照工程量清单格式计算的标价。它是在内部标价计算的基础上,经过分析、组合、分配后对外做出的最终报价。计算公式为:

总标价 = 第100章总则费用 + ∑(第200至第700章工程量清单细目工程单价 × 细目工程量) + 设备购置费 + 暂估价 + 暂定金额 + 计日工

工程量清单细目工程单价 = 工程细目直接费单价 + ∑(措施费 + 企业管理费 + 规费 + 利润 + 税金)分摊到清单细目的单价

## 三、公路工程计量管理

#### (一)计量的基本概念

工程计量是按照《标准施工招标文件》的规定,遵守工程量清单计价规范或计量规则的规定,施工单位对已经完成的、符合要求的工程或工作进行检查、测量、计算、汇总其工程数量,报请监理机构进行现场检查、审核、共同确认其工程数量或工作量的过程。

#### (二)计量的内涵

工程计量的任务是确认结算工程数量的多少。已标价工程量清单中的单价子目工程量为估算工程量,是承包人投标报价的依据,不能作为承包人应予完成的工程之实际和确切的结算工程量。结算工程量的多少只有通过计量才能揭示和确定。按实际完成的结算工程量付款可以减少工程量的估计误差给双方带来的风险,增强工程费用结算结果的公平性与合理性，这正是单价合同的优点之一。

计量必须准确、真实、合法和及时。工程计量不解除合同中约定的承包人应尽的义务和责任。

### （三）计量一般要求

《公路工程标准施工招标文件》中“工程量清单计量规则”各章节工程子目的工程量计量规则应与“技术规范”相应章节的施工规范结合起来理解、解释和应用。

工程量清单计量规则所有工程项目，除个别注明者外，均采用我国法定的计量单位，即国际单位及国际单位制导出的辅助单位进行计量。

工程量清单计量规则的计量与支付，应与合同条款、工程量清单以及图纸同时阅读，工程量清单中的支付项目号和工程量清单计量规则的章节编号是一致的。

任何工程项目的计量，均应按工程量清单计量规则规定或监理人书面指示进行。

按合同提供的材料数量和完成的工程数量所采用的测量与计算方法，应符合工程量清单计量规则规定。所有这些方法，应经监理人批准或指示。承包人应提供一切计量设备和条件，并保证其设备精度符合要求。

除非监理人另有准许，一切计量工作都应在监理人在场情况下，由承包人测量、记录。有承包人签名的计量记录原本，应提交给监理人审查和保存。

工程量应由承包人计算，由监理人审核。工程量计算的副本应提交给监理人并由监理人保存。

除合同特殊约定单独计量之外，全部必需的模板、脚手架、装备、机具、螺栓、垫圈和钢制件等其他材料，应包括在工程量清单中所列的有关支付项目中，均不单独计量。

除监理人另有批准外，凡超过图纸所示的面积或体积，都不予计量与支付。

承包人应严格标准计量基础工作和材料采购检验工作。沥青混凝土、沥青碎石、水泥混凝土、高强度等级水泥砂浆的施工现场必须使用电子计量设备称重。因不符合计量规定引发质量问题，所发生的费用由承包人承担。

### （四）计量方法

工程的计量应以净值为准，除非项目专用合同条款另有约定。工程量清单中各个子目的具体计量方法按《公路工程标准施工招标文件》工程量清单计量规则中的规定执行。

### （五）计量的组织方式

工程计量的组织方式有三种：

（1）承包人和监理人共同进行的计量方式。

（2）监理人独立计量的组织方式。

（3）承包人独立计量方式。

无论如何，计量必须符合合同的要求，其结果必须由监理人审核、签字确认。

### （六）计量的一般程序

#### 1. 单价子目的计量

已标价工程量清单中的单价子目工程量为估算工程量。结算工程量是承包人实际完成的，并按合同约定的计量方法进行计量的工程量。

承包人对已完成的工程进行计量，向监理人提交进度付款申请单、已完成工程量报表和有关计量资料。

监理人对承包人提交的工程量报表进行复核，以确定实际完成的工程量。对数量有异议的,可要求承包人按约定进行共同复核和抽样复测。承包人应协助监理人进行复核并按监理人要求提供补充计量资料。承包人未按监理人要求参加复核,监理人复核或修正的工程量视为承包人实际完成的工程量。

监理人认为有必要时,可通知承包人共同进行联合测量、计量,承包人应遵照执行。

承包人完成工程量清单中每个子目的工程量后,监理人应要求承包人派员共同对每个子目的历次计量报表进行汇总,以核实最终结算工程量。监理人可要求承包人提供补充计量资料,以确定最后一次进度付款的准确工程量。承包人未按监理人要求派员参加的,监理人最终核实的工程量视为承包人完成该子目的准确工程量。

监理人应在收到承包人提交的工程量报表后的 7 d 内进行复核,监理人未在约定时间内复核的,承包人提交的工程量报表中的工程量视为承包人实际完成的工程量,据此计算工程价款。

承包人未在已标价工程量清单中填入单价或总额价的工程子目,将被认为其已包含在《公路工程标准施工招标文件》的其他子目的单价和总额价中,发包人将不另行支付。

#### 2. 总价子目的计量

除专用合同条款另有约定外,总价子目的分解和计量按照下述约定进行:

(1)总价子目的计量和支付应以总价为基础,不因物价波动引起的价格调整因素而进行调整。承包人实际完成的工程量,是进行工程目标管理和控制进度支付的依据。

(2)承包人在合同约定的每个计量周期内,对已完成的工程进行计量,并向监理人提交进度付款申请单、专用合同条款约定的合同总价支付分解表所表示的阶段性或分项计量的支持性资料,以及所达到工程形象目标或分阶段需完成的工程量和有关计量资料。

(3)监理人对承包人提交的上述资料进行复核,以确定分阶段实际完成的工程量和工程形象目标。对其有异议的,可要求承包人按约定进行共同复核和抽样复测。

(4)除按照约定的变更外,总价子目的工程量是承包人用于结算的最终工程量。

本项目工程量清单中要求承包人以“总额”方式报价的子目,各子目的支付原则和支付进度按项目专用合同条款的规定执行。

## 四、公路工程合同价款支付与调整

### (一)预付款

#### 1. 预付款的额度和预付办法

预付款包括开工预付款和材料、设备预付款。具体额度和预付办法如下。

(1)开工预付款的金额在项目专用合同条款数据表中约定。在承包人签订了合同协议书且承包人承诺的主要设备进场后,监理人应在当期进度付款证书中向承包人支付开工预付款。

承包人不得将该预付款用于与本工程无关的支出,监理人有权监督承包人对该项费用的使用,如经查实承包人滥用开工预付款,发包人有权立即向银行索赔履约保证金,并解除合同。

(2)材料、设备预付款按项目专用合同条款数据表中所列主要材料、设备单据费用(进口的材料、设备为到岸价,国内采购的为出厂价或销售价,地方材料为堆场价)的百分比支付。其预付条件为:

①材料、设备符合规范要求并经监理人认可。

②承包人已出具材料、设备费用凭证或支付单据。

③材料、设备已在现场交货，且存储良好，监理人认为材料、设备的存储方法符合要求。

则监理人应将此项金额作为材料、设备预付款计入下一次的进度付款证书中。在预计交工前 3 个月，将不再支付材料、设备预付款。

#### 2. 预付款保函

承包人无须向发包人提交预付款保函。发包人向承包人支付的预付款，应按照合同规定使用，承包人提交的履约保证金对预付款的正常使用承担保证责任。

#### 3. 预付款的扣回与还清

开工预付款在进度付款证书的累计金额未达到签约合同价的 30% 之前不予扣回，在达到签约合同价 30% 之后，开始按工程进度以固定比例（即每完成签约合同价的 1%，扣回开工预付款的 2%）分期从各月的进度付款证书中扣回，全部金额在进度付款证书的累计金额达到签约合同价的 80% 时扣完。

当材料、设备已用于或安装在永久工程之中时，材料、设备预付款应从进度付款证书中扣回，扣回期不超过 3 个月。已经支付材料、设备预付款的材料、设备的所有权应属于发包人。

### （二）工程进度付款

#### 1. 付款周期

付款周期同计量周期。

**链接**

计量周期：除专用合同条款另有约定外，单价子目已完成工程量按月计量，总价子目的计量周期按批准的支付分解报告确定。

#### 2. 进度付款申请单

承包人应在每个付款周期末，按监理人批准的格式和专用合同条款约定的份数，向监理人提交进度付款申请单，并附相应的支持性证明文件。除专用合同条款另有约定外，进度付款申请单的内容如图 2-9 所示。

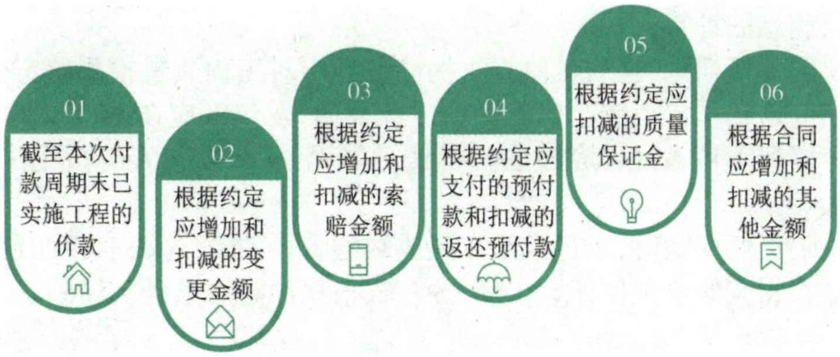


**图 2-9　进度付款申请单的内容**

#### 3. 进度付款证书和支付时间

监理人在收到承包人进度付款申请单以及相应的支持性证明文件后的 14 d 内完成核查，提出发包人到期应支付给承包人的金额以及相应的支持性材料，经发包人审查同意后，由监理人向承包人出具经发包人签认的进度付款证书。监理人有权扣发承包人未能按照合同要求履行任何工作或义务的相应金额。

如果该付款周期应结算的价款经扣留和扣回后的款额少于项目专用合同条款数据表中列明的进度付款证书的最低金额，则该付款周期监理人可不核证支付，上述款额将按付款周期结转，直至累计应支付的款额达到项目专用合同条款数据表中列明的进度付款证书的最低金额为止。

发包人应在监理人收到进度付款申请单且承包人提交了合格的增值税专用发票后的 28 d 内，将进度应付款支付给承包人。发包人不按期支付的，按项目专用合同条款数据表中约定的利率向承包人支付逾期付款违约金。违约金计算基数为发包人的全部未付款额，时间从应付而未付该款额之日算起(不计复利)。

监理人出具进度付款证书，不应视为监理人已同意、批准或接受了承包人完成的该部分工作。

进度付款涉及政府投资资金的，按照国库集中支付等国家相关规定和专用合同条款的约定办理。

#### 4. 工程进度付款的修正

在对以往历次已签发的进度付款证书进行汇总和复核中发现错、漏或重复的，监理人有权予以修正，承包人也有权提出修正申请。经双方复核同意的修正，应在本次进度付款中支付或扣除。

#### 5. 农民工工资保证金

为确保施工过程中农民工工资实时、足额发放到位，承包人应按照项目专用合同条款约定的时间和金额缴存农民工工资保证金。

农民工工资保证金可采用银行保函或现金、支票形式。采用银行保函时，出具保函的银行须具有相应担保能力，且按照发包人批准的格式出具，所需费用由承包人承担。

农民工工资保证金的扣留条件、返还时间按照项目专用合同条款的约定执行。

### (三)质量保证金

交工验收证书签发后 14 d 内，承包人应向发包人缴纳质量保证金。质量保证金可采用银行保函或现金、支票形式，金额应符合项目专用合同条款数据表的规定。采用银行保函时，出具保函的银行须具有相应担保能力，且按照发包人批准的格式出具，所需费用由承包人承担。

质量保证金采用现金、支票形式提交的，发包人应在项目专用合同条款数据表中明确是否计付利息以及利息的计算方式。

在约定的缺陷责任期满，且质量监督机构已按规定对工程质量检测鉴定合格，承包人向发包人申请到期应返还承包人剩余的质量保证金金额，发包人应在 14 d 内会同承包人按照合同约定的内容核实承包人是否完成缺陷责任。如无异议，发包人应当在核实后将剩余保证金返还承包人。

在约定的缺陷责任期满时，承包人没有完成缺陷责任的，发包人有权扣留与未履行责任剩余工作所需金额相应的质量保证金余额，并有权根据约定要求延长缺陷责任期，直至完成剩余工作为止。

**链接**

《建设工程质量保证金管理办法》对质量保证金的额度提出了相应规定，具体如下：发包人应按照合同约定方式预留保证金，保证金总预留比例不得高于工程价款结算总额的3%。合同约定由承包人以银行保函替代预留保证金的，保函金额不得高于工程价款结算总额的3%。

### (四)交工结算

#### 1. 交工付款申请单

承包人向监理人提交交工付款申请单(包括相关证明材料)的份数在项目专用合同条款数据表中约定;期限:交工验收证书签发后 42 d 内。

监理人对交工付款申请单有异议的,有权要求承包人进行修正和提供补充资料。经监理人和承包人协商后,由承包人向监理人提交修正后的交工付款申请单。

**链接**

承包人应根据办理的交工结算文件向发包人提交交工结算款支付申请。申请应包括下列内容:交工结算合同价款总额;累计已实际支付的合同价款;应预留的质量保证金;实际应支付的交工结算款金额。

#### 2. 交工付款证书及支付时间

监理人在收到承包人提交的交工付款申请单后的 14 d 内完成核查,提出发包人到期应支付给承包人的价款送发包人审核并抄送承包人。发包人应在收到后 14 d 内审核完毕,由监理人向承包人出具经发包人签认的交工付款证书。监理人未在约定时间内核查,又未提出具体意见的,视为承包人提交的交工付款申请单已经监理人核查同意;发包人未在约定时间内审核又未提出具体意见的,监理人提出发包人到期应支付给承包人的价款视为已经发包人同意。

发包人应在监理人出具交工付款证书且承包人提交了合格的增值税专用发票后的 14 d 内,将应支付款支付给承包人。发包人不按期支付的,按约定,将逾期付款违约金支付给承包人。

承包人对发包人签认的交工付款证书有异议的,发包人可出具交工付款申请单中承包人已同意部分的临时付款证书。存在争议的部分,按约定办理。交工付款涉及政府投资资金的,按约定办理。

### (五)最终结清

#### 1. 最终结清申请单

承包人向监理人提交最终结清申请单(包括相关证明材料)的份数在项目专用合同条款数据表中约定;期限:缺陷责任期终止证书签发后 28 d 内。最终结清申请单中的总金额应认为是代表了根据合同规定应付给承包人的全部款项的最后结算。

发包人对最终结清申请单内容有异议的,有权要求承包人进行修正和提供补充资料,由承包人向监理人提交修正后的最终结清申请单。

#### 2. 最终结清证书和支付时间

监理人收到承包人提交的最终结清申请单后的 14 d 内,提出发包人应支付给承包人的价款送发包人审核并抄送承包人。发包人应在收到后 14 d 内审核完毕,由监理人向承包人出具经发包人签认的最终结清证书。监理人未在约定时间内核查,又未提出具体意见的,视为承包人提交的最终结清申请已经监理人核查同意;发包人未在约定时间内审核又未提出具体意见的,监理人提出应支付给承包人的价款视为已经发包人同意。

发包人应在监理人出具最终结清证书且承包人提交了合格的增值税专用发票后的 14 d 内,将应支付款支付给承包人。发包人不按期支付的,按约定,将逾期付款违约金支付给承包人。

承包人对发包人签认的最终结清证书有异议的，按约定办理。

最终结清付款涉及政府投资资金的，按约定办理。

## （六）价格调整

### 1. 物价波动引起的价格调整

除项目专用合同条款另有约定外，因物价波动引起的价格调整应按项目专用合同条款数据表的规定，按照约定的原则处理；或者在合同执行期间（包括工期拖延期间）由于人工、材料和设备价格的上涨而引起工程施工成本增加的风险由承包人自行承担，合同价格不会因此而调整。

（1）采用价格指数调整价格差额。

①价格调整公式。因人工、材料和设备等价格波动影响合同价格时，根据投标函附录中的价格指数和权重表约定的数据，按以下公式计算差额并调整合同价格：

$$\Delta P = P_0\left[A + \left(B_1 \times \frac{F_{t1}}{F_{01}} + B_2 \times \frac{F_{t2}}{F_{02}} + B_3 \times \frac{F_{t3}}{F_{03}} + \cdots + B_n \times \frac{F_{tn}}{F_{0n}}\right) - 1\right]$$

$$A = 1 - (B_1 + B_2 + B_3 + \cdots + B_n)$$

式中：$\Delta P$——需调整的价格差额；$P_0$——约定的付款证书中承包人应得到的已完成工程量的金额，此项金额应不包括价格调整、不计质量保证金的扣留和支付、预付款的支付和扣回，约定的变更及其他金额已按现行价格计价的，也不计在内；$A$——定值权重（即不调部分的权重）；$B_1, B_2, B_3 \cdots B_n$——各可调因子的变值权重（即可调部分的权重），为各可调因子在投标函投标总报价中所占的比例；$F_{t1}, F_{t2}, F_{t3} \cdots F_{tn}$——各可调因子的现行价格指数，指约定的付款证书相关周期最后一天的前42 d的各可调因子的价格指数；$F_{01}, F_{02}, F_{03} \cdots F_{0n}$——各可调因子的基本价格指数，指基准日期的各可调因子的价格指数。

在采用价格调整公式进行调价时，还应遵守以下规定：

a. 以上价格调整公式中的各可调因子、定值权重，以及基本价格指数及其来源由发包人在投标函附录价格指数和权重表中约定。价格指数应首先采用国家或省、自治区、直辖市价格部门或统计部门提供的价格指数，缺乏上述价格指数时，可采用上述部门提供的价格代替。

b. 价格调整公式中的变值权重，由发包人根据项目实际情况测算确定范围，并在投标函附录价格指数和权重表中约定范围；承包人在投标时在此范围内填写各可调因子的权重，合同实施期间将按此权重进行调价。

②暂时确定调整差额。在计算调整差额时得不到现行价格指数的，可暂用上一次价格指数计算，并在以后的付款中再按实际价格指数进行调整。

③权重的调整。按约定的变更导致原定合同中的权重不合理时，由监理人与承包人和发包人协商后进行调整。

④承包人工期延误后的价格调整。由于承包人原因未在约定的工期内交工的，则对原约定交工日期后继续施工的工程，在使用价格调整公式时，应采用原约定交工日期与实际交工日期的两个价格指数中较低的一个作为现行价格指数。

（2）采用造价信息调整价格差额。

施工期内，因人工、材料、设备和机械台班价格波动影响合同价格时，人工、机械使用费按照国家或省、自治区、直辖市建设行政管理部门、行业建设管理部门或其授权的工程造价管理机构发布的人工成本信息、机械台班单价或机械使用费系数进行调整；需要进行价格调整的材料，其单价和采购数应由监理人复核，监理人确认需调整的材料单价及数量，作为调整工程合同价格差额的依据。

### 2. 法律变化引起的价格调整

在基准日后，因法律变化导致承包人在合同履行中所需要的工程费用发生除物价波动引起的价格调整约定以外的增减时，监理人应根据法律、国家或省、自治区、直辖市有关部门的规定，按约定商定或确定需调整的合同价款。

**链接**

基准日期是指投标截止时间前28 d的日期。

## 五、公路工程竣工决算文件的编制

公路工程建设项目竣工后，应按照国家有关规定编制竣工决算报告。没有编制竣工决算报告的项目不得进行竣工验收。

竣工决算报告应当依据以下文件、资料编制：

(1)经批准的可行性研究报告、初步设计、概算或调整概算、变更设计以及开工报告等文件。

(2)历年的年度基本建设投资计划。

(3)经审核批复的历年年度基本建设财务决算。

(4)编制的施工图预算，承包合同、工程结算等有关资料。

(5)历年有关财产物资、统计、财务会计核算、劳动工资、审计及环境保护等有关资料。

(6)工程质量鉴定、检验等有关文件，工程监理有关资料。

(7)施工企业交工报告等有关技术经济资料。

(8)有关建设项目附产品、简易投产、试运营(生产)、重载负荷试车等产生基本建设收入的财务资料。

(9)有关征地拆迁资料(协议)和土地使用权确权证明。

(10)其他有关的重要文件。

竣工决算报告由以下四部分组成：

(1)竣工决算报告的封面、目录。

(2)竣工工程平面示意图。

(3)竣工决算报告说明书。

(4)竣工决算表格。

竣工决算报告说明书是竣工决算报告的重要组成部分，主要内容包括：工程项目概况及组织管理情况；工程建设过程和工程管理工作中的重大事件、经验教训；工程投资支出和财务管理工作的基本情况(包括主要会计事项处理原则，财产物资清理及债权债务清偿情况；基建结余资金、基建收入等的上交分配情况；主要技术经济指标的分析、计算情况等)；工程遗留问题等。

# 模块九　公路工程施工现场临时工程管理

## 一、项目部驻地建设

### （一）一般规定

驻地建设一般包括建设单位驻地、监理单位驻地、施工单位驻地以及工地试验室的建设。驻地建设应体现以人为本的理念，着力改善项目各参建单位的生产、生活环境。驻地建设应因地制宜，尽量减少对环境的影响。

### （二）驻地选址

选址位置宜靠近工程项目现场的中间位置，应远离地质自然灾害区域，用地合法，周围无塌方、滑坡、落石、泥石流、洪涝等自然灾害隐患，无高频、高压电源及油、气、化工等其他污染源。满足安全、环保、水保的要求，交通、通信便利，水电设施齐全。

离集中爆破区 500 m 以外，不得占用独立大桥下部空间、河道、互通匝道区及规划的取、弃土场。

### （三）场地建设

可自建或租用沿线合适的单位或民用房屋，但应坚固、安全、实用、美观，并满足工作、生活需求，自建房还应安装、拆卸方便且满足环保要求。自建房屋最低标准为活动板房，建设宜选用阻燃材料，搭建不宜超过两层，每组最多不超过 10 栋，组与组之间的距离不小于 8 m，栋与栋之间的距离不小于 4 m，房间净高不低于 2.6 m。驻地办公区、生活区应采用集中供暖设施，严禁电力取暖。为节约资源，建设单位宜尽早规划、建设后期营运管理中心，并尽可能利用营运管理中心作为项目建设的驻地。

宜为独立式庭院，四周设有围墙，有固定出入口。有条件的，可在出入口设置保卫人员。

办公、生活用房建筑面积和场地面积应满足办公和生活需要。

办公区、生活区及车辆、机具停放区等布局应科学合理，办公区、生活区等应分区管理，合理规划人车路线，尽可能减少不同区域间的互相干扰。区内场地及主要道路应做硬化处理，排水设施完善，庭院适当绿化，环境优美整洁，生活、生产污水和垃圾应集中收集处理。

### （四）硬件设施

各单位驻地办公用房应按照管理需要设置，一般设置如下：

(1)建设单位一般设总经理（项目办主任、指挥长）办公室、副总经理办公室、总工程师办公室、各职能部门办公室、档案室、会议室等。

(2)监理单位一般设总监理工程师（驻地高监）办公室、副总监理工程师办公室、各职能部门办公室、档案室、试验室、会议室等。

(3)施工单位项目部一般设项目经理办公室（书记办公室）、项目总工程师办公室、项目副经理办公室、各职能部门办公室、档案室、试验室、会议室等。

各单位驻地办公用房面积应满足办公需要，一般不低于表 2-27 的规定。

表 2-27　各单位驻地办公用房面积标准

| 各室名称 | 配备标准/$m^2$ | | | 备注 |
|---|---|---|---|---|
| | 建设单位 | 监理单位 | 施工单位 | |
| 办公室 | 6 | 6 | 6 | 人均面积 |
| 会议室 | 100 | 60 | 60 | 具备多媒体功能 |

（续表）

| 各室名称 | 配备标准/m² | | | 备注 |
|---|---|---|---|---|
| | 建设单位 | 监理单位 | 施工单位 | |
| 档案资料室 | 60 | 40 | 20 | — |
| 试验室 | — | 175 | 180 | 各操作室合计面积 |

驻地办公用房应实用、美观、隔热、通风、防潮，各室功能应满足相关要求。

所有班组（含劳务人员）应纳入施工工区集中居住、统一管理，生活用房建设应体现以人为本的理念，应实用、美观、隔热、通风、防潮，施工工区生活用房建设的最低标准应符合规定。建设单位、监理单位、施工单位项目部生活用房建设标准应不低于施工工区生活用房的建设标准。各单位生活用房应设宿舍、食堂、浴室、厕所等，具备条件的应设文体活动室、活动场地、医疗室等。

### （五）试验室建设

工地试验室是指公路工程建设从业单位在工程现场为质量控制和检验工作需要而设立的临时试验室。工地试验室应经有权单位组织认定合格，并取得批准后方可正式开展试验检测工作。试验室面积及检测设备配置应满足要求。

### （六）其他要求

驻地内消防设施应满足《建设工程施工现场消防安全技术规范》的有关规定，在适当位置设置临时室外消防水池和消防沙池，配置相应的消防安全标志和消防安全器材，并经常检查、维护、保养。驻地内应设置消防通道，并保证消防车道的畅通，禁止在车道上堆物、堆料或挤占消防通道。

驻地内使用的电气设备和临时用电应符合《施工现场临时用电安全技术规范》的规定，并按相关标准设置。

生活污水排放应进行规划设计，设置多级沉淀池，通过沉淀过滤达到排放标准。厕所污水应通过集中独立管道进入化粪池，封闭处理。驻地内应设置一个大型垃圾堆积池，容积不小于3 m×2 m×1.5 m，将各种垃圾集中分类存放，定期按环保要求处置。

驻地内应设有必要的防雷设施，为加强驻地安全管理工作，维护企业财产安全和职工生命财产安全，在条件允许情况下驻地应设置报警装置和监控设施。

驻地内标志标牌设置可参考表2-28规定执行。

表2-28　项目部驻地标志标牌标准

| 标志名称 | 尺寸（长×宽，cm） | 颜色、字体要求 | 标志内容及要求 | 设置位置 |
|---|---|---|---|---|
| 项目名称牌 | 250×35（竖牌） | 金底黑字 | 项目名称及合同段名称 | 驻地大门 |
| 党工委名称牌 | 250×35（竖牌） | 金底红字 | — | 驻地大门 |
| 办公室门牌 | 28×10 | 金底红字 | — | 各办公室门墙上 |
| 宿舍门牌 | 18×10 | 金底红字 | — | 各宿舍门墙上 |

（续表）

| 标志名称 | 尺寸（长×宽，cm） | 颜色、字体要求 | 标志内容及要求 | 设置位置 |
| --- | --- | --- | --- | --- |
| 项目管理制度牌（含职责牌） | 80×60 | 白底黑字 | 岗位职责、管理制度，要求在牌底部有单位名称 | 办公室、会议室 |
| 廉政监督牌 | 200×150 | 白底黑字 | 廉政制度、领导小组、监督小组及监督电话 | 会议室或驻地院内 |
| 工程简介牌 | 200×150 | 蓝底白字 | — | 会议室或驻地院内 |
| 安全保障体系 | 200×150 | 蓝底白字 | — | 会议室 |
| 质量保证体系 | 200×150 | 蓝底白字 | — | 会议室 |
| 施工组织体系 | 200×150 | 蓝底白字 | — | 会议室 |
| 文明施工牌 | 200×150 | 蓝底白字 | — | 会议室或驻地院内 |
| 消防保卫牌 | 200×150 | 蓝底白字 | 底部应标有火警电话 119 | 会议室或驻地院内 |
| 施工平面图 | 400×150 | 蓝底白字 | — | 会议室或驻地院内 |
| 工程立体效果图 | 400×150 | 白底彩图 | — | 会议室或驻地院内 |
| 宣传栏 | 240×120（单窗） | — | 可设置多窗 | 驻地院内 |

注：本表中各标志标牌的尺寸、字体、颜色、标志内容以及设置位置仅作参考，各项目可作相应调整。

## 典型例题

【多选题】关于项目部驻地建设的说法，正确的有（　　）。

A. 自建房屋最低标准为活动板房

B. 宜为独立式庭院，四周设有围墙，有固定出入口

C. 离集中爆破区 300 m 以外

D. 在适当位置设置临时室外消防水池和消防沙池

E. 项目部驻地办公用房总面积不得低于 120 $m^2$

ABD。【解析】项目部驻地场地建设离集中爆破区 500 m 以外，不得占用独立大桥下部空间、河道、互通匝道区及规划的取、弃土场。故选项 C 错误。项目部驻地办公用房面积应满足办公需要，人均面积一般不低于 6 $m^2$。故选项 E 错误。

## 二、场站建设

### （一）一般规定

场站建设一般包括拌和站、钢筋加工场、预制场、施工材料存放场等建设。

场站选址应满足用地合法，周围无塌方、滑坡、落石、泥石流、洪涝等地质灾害；无高频、高压电源及其他污染源；离集中爆破区 500 m 以外；不得占用规划的取、弃土场。

施工材料存放应与拌和站、钢筋加工场、预制场等场地配套建设。

施工机械设备产生的废水、废油及污水应经过处理后排放，不得直接排入河流、湖泊或其他水域中，不得排入饮用水源附近的土地中。

拌和站、钢筋加工场、预制场内标志、标牌设置明确，标志清晰，项目全线宜统一。

拌和站标志标牌设置应符合表 2-29 的规定。

表 2-29　拌和站标志标牌标准

| 标志名称 | 尺寸（长 × 宽，cm） | 颜色、字体要求 | 标志内容及要求 | 设置位置 |
|---|---|---|---|---|
| 拌和站简介牌 | 200 × 150 | 蓝底白字 | 拌和的数量、供应主要构造物情况及质量、安全保障体系等 | 场地入口处 |
| 混凝土配合比牌 | 150 × 120 | 蓝底白字 | — | 拌和楼旁 |
| 材料标志牌 | 60 × 50 | 蓝底白字 | — | 材料堆放处 |
| 操作规程 | 80 × 60 | 蓝底白字 | 各机械设备操作要求 | 机械设备旁 |
| 消防保卫牌 | 200 × 150 | 蓝底白字 | 底部应标有火警电话 119 | 场内 |
| 安全警告警示牌 | 按国标制作 | — | — | 各作业点 |

注：本表中各标志标牌的尺寸、字体、颜色、标志内容以及设置位置仅作参考，各项目可作相应调整。

预制场标志标牌设置应符合表 2-30 的规定。

表 2-30　预制场标志标牌标准

| 标志名称 | 尺寸（长 × 宽，cm） | 颜色、字体要求 | 标志内容及要求 | 设置位置 |
|---|---|---|---|---|
| 预制场简介牌 | 200 × 150 | 蓝底白字 | 预制梁板的数量、供应主要构造物情况及质量、安全保障体系等 | 场地入口处 |
| 施工平面布置图 | 80 × 60 | 蓝底白字 | — | 场内 |
| 工艺流程图 | 80 × 60 | 蓝底白字 | 预制、张拉、压浆工艺流程 | 相应操作处 |
| 操作规程 | 80 × 60 | 蓝底白字 | 各机械设备操作要求 | 机械设备旁 |
| 材料标志牌 | 60 × 50 | 蓝底白字 | — | 材料堆放处 |
| 混凝土配合比牌 | 150 × 120 | 蓝底白字 | — | 拌和楼旁 |
| 钢筋大样图 | 60 × 50 | 蓝底白字 | 所加工钢筋的尺寸、型号及使用部位等 | 钢筋（半）成品旁 |
| 消防保卫牌 | 200 × 150 | 蓝底白字 | 底部应标有火警电话 119 | 场内 |
| 安全警告警示牌 | 按国标制作 | — | — | 各作业点 |

注：本表中各标志标牌的尺寸、字体、颜色、标志内容以及设置位置仅作参考，各项目可作相应调整。

## （二）拌和站

拌和站选址除应符合场站建设一般规定外，还应根据本合同段的主要构造物分布、运输条件、通电和通水条件等特点综合选址，尽量靠近主体工程施工部位，做到运输便利、经济合理；并远离生活区、居民区，尽量设在生活区、居民区的下风向。

### 1. 场地建设

拌和站应根据工程实际情况集中布置，宜采用封闭式管理，四周设置围墙，入口设置彩门和值班室。

拌和站建设应综合考虑施工生产情况，合理划分拌和作业区、材料计量区、材料库、运输车辆停放区、试验区、集料堆放区及生活区，内设洗车池（洗车台）、污水沉淀池和排水系统。生活区应与其他区隔离，生活用房按照"驻地建设"相关标准建设。

拌和站场地面积、搅拌机组配置及产能应满足生产、施工需求和工程进度要求，一般不低于表2-31的规定。

表2-31　拌和站建设标准

| 拌和站类型 | 场地面积/$m^2$ | 每个拌和站搅拌机组最低配置 |
|---|---|---|
| 水泥混凝土拌和站 | 5 000 | 2台拌和机（每台至少有3个水泥罐、4个集料仓） |
| 沥青混合料拌和站 | 35 000 | 1台拌和机（每台至少3个沥青罐、2个矿粉罐、冷热集料仓各5个） |
| 水稳拌和站 | 15 000 | 1台拌和机（每台至少3个水泥罐、4个集料仓） |

注：场地面积为拌和站（含备料场）面积；对于崇山峻岭条件困难地区的面积可适当调减。场地面积、搅拌机组配置可结合施工进度要求、备料场大小等情况优化调整。

场地（含堆料区、加工区）应做硬化处理，主要运输道路应采用不小于20 cm厚的C20混凝土硬化，基础不好的道路应增设碎石掺石屑垫层。场内排水宜按照中间高四周低的原则预设不小于1.5%的排水坡度，四周宜设置砖砌排水沟，并采用M7.5砂浆抹面。

拌和站各罐体宜连接成整体，安装缆风绳和避雷设施，每一个罐体应喷涂成统一颜色，并绘制公路项目名称以及施工单位简称，两者竖向平行绘制，颜色（建议采用白底蓝字）、字体醒目。

原材料堆放应符合以下要求：

（1）凡用于工程的砂石料应按级配要求，不同粒径、不同品种分场存放，每区醒目位置设置材料标志牌，并采用不小于30 cm厚的混凝土或厚度不小于60 cm的浆砌片石隔墙等构造物分隔，隔墙高度应确保不串料（一般不小于2.5 m）。碎石储料仓的走向宜与拌和楼冷料仓的排列平行一致，并预留一定的空间，方便装载机上料。

（2）水泥混凝土、路面面层储料场应用混凝土进行硬化处理，路面基层储料场可用水稳材料进行硬化处理。料场底应高于外部地面，修筑成向外顺坡（不小于3%），并在料场口设置排水沟，防止料场积水。

（3）水泥混凝土、路面面层储料场应搭设顶棚，禁止太阳直接照晒或雨淋，顶棚宜采用轻型钢结构，高度应满足机械设备操作空间（一般不宜小于7 m），并满足受力、防风、防雨、防雪等要求。路面基层、底基层储料场地中细集料堆放区宜搭设防雨大棚，防止石料雨淋。

所有拌和机的集料仓应搭设防雨棚，并设置隔板，隔板高度不宜小于100 cm，确保不串料。

拌和设备应符合以下要求：

（1）混凝土拌和应采用强制式拌和机，单机生产能力不宜低于90 $m^3/h$。拌和设备应采用质量法自动计量,水、外掺剂计量应采用全自动电子称量法计量,禁止采用流量或人工计量方式,保证工作的连续性、自动性,且具备电脑控制及打印功能。减水剂罐体应加设循环搅拌水泵。

(2)水稳拌和应采用强制式拌和机,设备具备自动计量功能,一般设自动计量补水器加水,生产能力不宜低于 400 t/h。

(3)沥青混合料采用间歇式拌和机,配备计算机及打印设备,生产能力不宜低于 240 t/h。

(4)拌和站计量设备应通过当地有权部门标定后方可投入生产,使用过程中应不定期进行复检,确保计量准确。控制室安装 1 台分体式空调,保证各部电气元件正常工作。

拌和站应根据拌和机的功率配备相应的备用发电机,确保拌和站有可靠的电源使用。

#### 2. 其他要求

作业平台、储料仓、集料仓、水泥罐等涉及人身安全的部位均应设置安全防护装置。传动系统裸露的部位应有防护装置和安全检修保护装置。

设专人定期进行拌和站的清理和打扫,保持拌和站内卫生。每次拌和作业完成后,及时清洗机具,清理现场,做到场地整洁。临近居民区施工产生的噪声,应符合现行的《建筑施工场界环境噪声排放标准》的规定。

应根据需要设置机动车辆、设备冲洗设施、排水沟及沉淀池,施工污水处理达标后方可排入市政污水管网或河流。砂石料场底部、上料台、上料输送带下部废料应经常性清理并保持清洁,严禁装载机铲料时铲底。地面应定期洒水,对粉尘源进行覆盖遮挡。

水泥、粉煤灰等材料进料时,应保证材料罐顶的密封性能,预留通气孔应设有降尘措施;当粉尘较大时,应暂时停止上料,待处理完毕后方可继续。沥青混合料拌和站推荐设置碎石加工除尘与石灰水循环水洗,确保细集料洁净无杂质。纤维材料、抗车辙剂、抗剥落剂等外加剂必须采用仓库存放,地面设置架空垫层,高度为离地面 30 cm,以免受潮。

### (三)钢筋加工场

钢筋加工场选址除应符合场站建设一般规定外,还应根据本合同段的主要构造物分布、运输条件、钢筋加工量等特点综合选址,做到运输便利、经济合理。

钢筋加工场场地建设应符合下列规定:宜采用封闭式管理;场地面积应根据钢筋(材)加工量的大小、工期等要求设置,不低于相关规定。场内路面宜做硬化处理;钢筋加工场架构宜采用钢结构搭设;钢筋吊移宜采用龙门吊等专用吊装设备;在加工制作区应悬挂各种型号钢筋的大样设计图,标明尺寸,确保钢筋下料及加工准确。

### (四)预制梁场

#### 1. 预制梁场场地选址

预制梁场场地选址除应符合场站建设一般规定外,还应满足以下要求:

(1)原则上不宜设在主线征地范围内,若确实存在用地困难等特殊情况需要将预制场设于主线征地范围内时,应报项目建设单位审批。

(2)选址以方便、合理、安全、经济及满足工期为原则,结合施工合同段所属预制梁板的尺寸、数量、架设要求以及运输条件等情况进行综合选址。

#### 2. 预制梁场地建设

预制梁场地建设前施工单位应将梁场布置方案报监理工程师审批,方案内容应包含各类型梁板的台座数量、模板数量、生产能力、存梁区布置及最大存梁能力等。预制场建设要与桥梁下部结构施工基本同步启动,避免出现“梁等墩”及“墩等梁”。

宜采用封闭式管理,场地内应按办公区、生活区、构件加工区、制梁区和存梁区、废料处理区等科学合理设置,功能明确,标志清晰。生活区应与其他区隔开,生活用房按照驻地建设相关标准建设。

各项目预制场应统筹设置,建设规模和设备配备应与预制梁板的数量和生产工期相适应,一般不低于表2-32的规定。

表2-32 预制场规模和相关设备配备表

| 内容 | 要求 |
| --- | --- |
| 钢筋棚 | 至少一座 |
| 台座数量 | 应与预制时间、数量相匹配 |
| 吊装设备 | 满足起吊吨位需要,至少2台 |
| 模板数量 | 按照台座数量的1/(4~6)匹配 |
| 自动喷淋养生设施 | 每片梁板设喷管不得少于3条(顶部1条,侧面各1条);喷管长为梁体长+1 m,喷头间距0.5 m |
| 必备的施工辅助设施 | 横隔板钢筋定位架、钢筋骨架定位架、横隔板底模支撑架 |
| 其他施工设备 | 满足施工需要 |

场内路面宜做硬化处理,主要运输道路应采用不小于20 cm厚的C20混凝土硬化,基础不好的道路应增设碎石掺石屑垫层。场内不允许积水,四周设置砖砌排水沟,并采用M7.5砂浆抹面。

预制梁场应尽量按照“工厂化、集约化、专业化”的要求规划、建设,每个预制梁场预制的梁板数量不宜少于300片。若个别受地形、运输条件限制的桥梁梁板需单独预制,规模可适当减小,但钢筋骨架定位胎膜、自动喷淋养护等设施仍应满足施工生产要求。预制场钢筋加工、混凝土拌和应尽量使用合同段既有的钢筋加工场、拌和站。预制梁板钢筋骨架应统一采用定位胎膜进行加工,并设置高强度砂浆垫块确保钢筋保护层。

设置自动喷淋养生设备,预制梁板采用土工布包裹喷淋养生(北方地区应根据气候情况采用蒸汽保湿养生),养生水应循环使用。喷水水压加压泵应能保证提供足够的水压,确保梁板的每个部位均能养护到位,尤其是翼缘板底面及横隔板部位。

### 3. 预制梁板台座布设

预制梁板的台座强度应满足张拉要求,台座尽量设置于地质较好的地基上,在不良地基路段,应先进行地基处理。为防止发生张拉台座不均匀沉降、开裂事故,影响预制梁板的质量,先张法施工的张拉台座不得采用重力式台座,应采用钢筋混凝土框架式台座。台座端部受力处应设置钢筋网片。

底模宜采用通长钢板,钢板厚度应不小于6 mm,不得采用混凝土底模,推荐使用不锈钢底模板,并确保钢板平整、光滑,防止黏结造成底模“蜂窝”“麻面”。底模钢板应采取防止变形措施。

存梁区台座混凝土强度等级不低于C20,台座尺寸应满足使用要求。用于存梁的枕梁应设在离梁两端面各50~80 cm处,且不影响梁片吊装,支垫材质应采用承载力足够的非刚性材料,且不污染梁底。

在使用过程中,监理和施工单位应定期对台座进行复测检查,非不良地基区域的台座每3个月复测1次,不良地基区域的台座每月应复测1次,并建立观测数据档案,分析台座沉降情况，发现异常应及时处理。

梁板预制完成后，移梁前应对梁板喷涂统一标志和编号，标志内容包括预制时间、张拉时间、施工单位、梁体编号、部位名称等。

空心板、箱梁最多存放层数应符合设计文件和相关技术规范要求。设计文件无规定时，空心板叠层不得超过3层，小箱梁和T梁堆叠存放不超过2层。预制梁存放时(特别是叠层存放)应采取支撑等措施确保安全稳定。

#### 4. 龙门吊设置

预制场内应设置起重设备(如龙门吊)，便于预制梁(板)模板的安装拆卸、存梁堆码以及浇注混凝土的吊运。对组装好的龙门吊，在使用前必须进行满载试吊，运梁轨道和龙门轨道在使用前应进行试运行，满足要求后方可正式使用。

#### 5. 其他要求

预制场出入口宜设置洗车台(池)，防止运送材料车辆、混凝土罐车等将泥土带进场内。场内应设置沉淀池，施工污水应先汇入沉淀池，处理达标后方能排放。

场内应设置张拉防护台座，确保张拉操作时的人员安全。推广采用智能张拉与压浆技术。

预制场施工用水应满足预制场施工用水的水质和水量要求，预制场的蓄水池应确保施工用水充足。

施工现场安装、拆卸大型吊装设备时，必须由具有相应资质的单位承担，施工单位负责人、安质部长、安全(设备)主管工程师到场把关。

### (五)小型构件预制场

小型构件预制场选址除应符合场站建设一般规定外，还应以方便、合理、安全、经济及满足工期为原则，结合合同段工程量及运输条件综合选址。可结合拌和站或梁片预制场综合设置。

#### 1. 场地建设

宜采用封闭式管理，场地内应按构件生产区、存放区、养护区、废料处理区等科学合理设置，功能明确，标志清晰。

预制场的建设规模应结合小型构件预制数量和预制工期等参数来规划，场地面积一般不小于2 000 $m^2$。

场内路面宜做硬化处理，主要运输道路应采用厚度不小于20 cm的C20混凝土硬化，基础不好的道路应增设碎石掺石屑垫层。场内不允许积水，四周宜设置砖砌排水沟，并采用M7.5砂浆抹面。

生产区根据合同段设计图纸确定的预制构件的种类设置生产线，同时配备小型拌和站1座(尽可能利用既有拌和站)。

养护区采用自动喷淋养护系统结合土工布覆盖对构件进行养护，确保构件处于湿润状态。混凝土养生应符合规范要求。

成品按不同规格分层堆码，堆码高度应保证安全。预制件养护期不得堆码存放，以防损伤。运输过程中应采取措施，防止缺边掉角。

#### 2. 其他要求

小型构件预制应选用振动台振捣，振动台电机功率应经过现场试验，对振动台的性能进行分析与比选，确定振动台的电动机功率，一般为1.2～1.5 kW，振动台数量根据预制构件生产数量确定。

模板应使用钢模或高强度塑料模具，入模前应进行拼缝检查，对拼缝达不到要求的，辅以双面胶或泡沫剂，应选用优质脱模剂，保证混凝土外观。在周转间隙应有覆盖措施，防止雨淋、生锈、被污染。

### （六）施工材料存放

原材料、半成品、成品存放应符合规定。各种材料应分区存放，堆放场地应进行硬化处理。预制构件的堆放位置应考虑吊装顺序，力求直接装卸就位。

库房应合理选择设置地点，原则上采用砖砌房屋，各库房门口应设置库房标志牌。

## 三、临时工程

### （一）一般规定

临时工程主要包括临时用电，施工便道、便桥和临时码头。

临时工程应与现场地形、地物和现有生活、生产设施相协调，尽量减少对现有地形地貌的破坏，充分利用现有生活、生产设施。

### （二）临时用电

施工现场临时用电应符合《施工现场临时用电安全技术规范》的规定，并尽量与营运期永久用电相结合。

### （三）施工便道便桥

#### 1. 一般规定

施工便道、便桥的建设应满足施工需要，尽量结合地方道路规划进行专项设计，尽可能提前实施，完工后尽量留地方使用。新建便道、便桥应尽量不占用农田、少开挖山体，节约资源，保护环境。

施工便道、便桥应充分利用既有道路和桥梁。避免与既有铁路线、公路平面交叉，避免对当地居民生活造成困扰。施工便道、便桥应结合施工平面布置，满足工程施工机械、材料进场的要求。施工便道分为主干线和引入线，主干线尽可能靠近合同段各主要工点，引入线以直达施工现场为原则，并考虑与相邻合同段施工便道的衔接。施工便道应畅通，旧、危桥应加固处理。

条件允许的，施工便道应布设在主线外的一侧，并尽可能设置在路基坡脚及小型构造物洞口、桥梁锥坡以外，以利于路基、锥坡的填筑和压实。

#### 2. 建设标准

根据地形条件，确定便道、便桥平纵线形及横断面宽度：

(1)便道路基宽度不小于4.5 m，路面宽度不小于3.0 m；原则上每100 m范围内应设置一个长度不小于20 m、路面宽度不小于5.5 m的错车道。

(2)便道在急弯、陡坡处应视地形情况适当加宽，并进行硬化处理。

(3)便桥结构按照实际情况专门设计，同时应满足排洪要求，人行便桥宽度不小于2.5 m，人车混行便桥宽度不小于4.5 m。若便桥长度超过1 km，宜适当增加宽度。

便道路面最低标准应采用泥结碎石或级配碎石。在条件允许的情况下，便道路面可采用隧道洞渣或矿渣铺筑。特大桥、隧道洞口、拌和站和预制场等大型作业区进出便道200 m范围路面宜采用不小于20 cm厚的C20混凝土硬化。便道两侧设置排水系统，在汇水面积较大的低凹处设置涵洞，以满足排水泄洪要求。便桥高度不低于上年最高洪水位，海上施工的便桥（栈桥）高度应根据10～20年一遇波浪要素值与潮汐特征值确定。桥头设置限高、限重、限速标牌，桥面设立柱间距1.5～2.0 m、高1.2 m的栏杆防护，栏杆颜色标准统一，在适当位置设置醒目的警示反光标志。

**链接**

临时便桥常见类型可按以下两个方面进行分类：

(1)按组成材料可分为钢桥、混凝土桥、钢－混组合结构桥、竹木桥等。

(2)按结构组成及受力特点的不同可分为以下四大类：装配式公路钢桥(俗称贝雷桥)、墩架桥梁、浮桥、索桥。

临时便桥使用的场合和类型的选择：

(1)永久式正桥施工时，为供应建桥料具和维持两岸交通的临时桥。此类场合，当河窄、水浅时可选用墩架桥梁；当河宽在69 m以内且具备贝雷桁架部件时，可选用贝雷桥；当河宽、水浅，河中漂浮物(木排、流冰)不多且上、下游通航交通量不大时，可选用浮桥；当遇山区深峡谷时，可选用索桥。

(2)正桥被洪水冲毁或地震毁坏，修建维护交通的临时桥。此类场合，可根据河岸地形河流水文情况，选用前述四种桥型中的一种。

(3)河流宽阔、水深，无修建正式桥梁的规划，渡船不能满足交通量需要而修建的临时桥。此类场合，当河宽小于69 m时，可选用贝雷桥；当河宽大于69 m而小于180 m时，可选用索桥；当河宽大于180 m且河中有漂浮物，上、下游通航交通量不大，可定时撤离部分浮船，开放上、下游通航交通时，可选用浮桥。

(4)战备和战争时的临时桥。此类场合，当河窄、水浅时可选用墩架桥梁；当河宽在69 m以内且具备贝雷桁架部件，任何水深时，可选用贝雷桥；当河宽、水深时可选用浮桥，遇上、下游通航交通量大时，可于夜间将浮船集中架设浮桥，白天将浮桥拆开疏散；当河宽小于180 m，任何水深时，可选用小跨索桥，为使白天从空中不易被侦查，可将主索淹没于水中深20～30 cm，汽车于夜间凭两岸标注过桥。

贝雷桥施工适合采用悬臂推出法、浮运架设法或履带吊机架设法。

### 3. 其他要求

施工期间应指定专人(队)负责施工便道、便桥的日常检查和养护，及时修复路面坑槽、清理排水沟和涵洞的淤泥、杂物，保障便道、便桥畅通。每个合同段至少配备1台洒水车用于晴天洒水，做到晴天少粉尘，雨天不泥泞，日常无投诉。

对施工便道应统一进行数字编号，并标明便道通往的方向和主要工程名称。编号可由公路简称首字母、合同段号及便道排序号三项组成。便道路口应设置限速标志，在建筑物、城市道路转角、视线不良地段应设置明示标志，跨越(临近)道路施工应设置警告标志，道路危险段应设置防护及警告标牌。途经小桥，应设置限载、限宽标志；途经通道，应设置限宽、限高警告标志。路线明显变化处、便道平面交叉处，应设置指路和警告标志。便道标志标牌，可参考表2-33规定设置。

**表2-33　便道标志标牌标准**

| 标志名称 | 尺寸(长×宽，cm) | 颜色、字体要求 | 标志内容及要求 | 设置位置 |
|---|---|---|---|---|
| 便道名称牌 | 80×60 | 蓝底白字 | 便道起、终点及经过的主要工程地点，应双面标记 | 便道起、终点及与其他道路交叉处 |
| 安全警告警示牌 | 按国标制作 | — | 限速、限载、限高、转弯、陡坡等 | 相应位置 |

注：本表中各标志标牌的尺寸、字体、颜色、标志内容以及设置位置仅作参考，各项目可作相应调整。

### （四）临时码头

按照码头的平面布置进行分类，码头可分为顺岸式、突堤式、墩式等形式。按照码头的结构形式进行分类，码头可分为重力式、板桩式、高桩式、混合式、浮码头等形式。

重力式码头的主要组成部分有胸墙、墙身、墙后回填和基础。重力式码头按墙身分类，可分为沉箱码头、方块码头、扶壁码头、坐床式圆筒码头和现浇混凝土或浆砌石码头。重力式码头是靠自重抵抗建筑物滑动和倾覆，对超载和工艺变化适应能力最好，同时又具有坚固耐久、抗冻抗冰、施工简单、维修费用少等优点，适用于较好地基或砂石原料多的地区。

板桩式码头主要是靠打入地基中的板桩墙挡土，受有较大的土压力，适用于所有板桩可沉入的地基。

高桩式码头主要由上部结构和桩基组成，通过上部结构将作用在码头上的荷载经桩基传给地基。其适宜做成透空结构，质量轻，减波效果好，砂石用量少，对挖泥超深的适应性强。但其耐久性、抗震性、对超载以及工艺变化的适应能力较差。因此其适用于软土地基或者施工速度快，桩的入土深度大的码头。

# 模块十　公路工程施工机械设备的使用管理

## 一、公路工程施工机械设备的生产能力及适用条件

根据工程类型的不同，公路工程施工机械可分为路基工程施工机械、路面工程施工机械、桥梁工程施工机械、隧道工程施工机械。

### （一）路基工程施工机械

路基工程施工主要的机械配置包括土方开挖机械（推土机、挖掘机、铲运机、平地机）、石方开挖机械（爆破设备、凿岩机、挖掘机、推土机和移动式空气压缩机）、运输机械（推土机、铲运机、装载机、自卸汽车）、压实机械（压路机）。

#### 1. 推土机

推土机是一种自行铲土运输机械，具有操作灵活、运转方便、所需工作面小等特点。按照行走装置的不同，推土机可分为履带式和轮胎式两大类。按照推土板（或称铲刀）安装方式的不同，推土机可分为固定式和回转式两种。按照推土板操纵方式的不同，推土机可分为机械式操纵和液压式操纵两种。按照发动机额定功率的不同，推土机可分为小型、中型、大型和特大型四种。

公路施工季节性较强，工程量比较集中，施工条件较差，多采用大中型履带式推土机，主要进行 50 ~ 100 m 短距离推运土方、石渣等作业，如开挖填筑路基土石方，基坑开挖集渣，填筑堤坝、围堰，开挖河床、渠道，平整场地，砍伐树木，清除树根，填平壕堑和堆集砂砾石等集料作业。此外还可进行局部碾压，给铲运机助铲和预松土，以及牵引各种拖式土方机械等作业。

推土机的作业方式包括直铲作业、斜铲作业、侧铲作业、松土器的劈松作业。

#### 2. 挖掘机

根据工作装置的不同，挖掘机可以分为正铲挖掘机、反铲挖掘机、拉铲挖掘机和抓铲挖掘机。根据挖斗数量的不同，挖掘机可分为单斗挖掘机和多斗挖掘机。公路施工中较多采用单斗挖掘机。

正铲挖掘机的挖土特点是前进向上，强制切土。其挖掘力大，生产率高，可开挖停机面

以上的Ⅰ～Ⅳ类土。

反铲挖掘机的挖土特点是后退向下，强制切土。其挖掘力比正铲小，可开挖停机面以下Ⅰ～Ⅱ类土，深度在 4 m 左右的基坑、基槽、管沟，也可用于地下水位较高的土方开挖。

拉铲挖掘机的挖土特点是后退向下，自重切土。其挖土深度和挖土半径均较大，可开挖停机面以下的Ⅰ～Ⅱ类土，但不如反铲挖掘机动作灵活准确，适用于开挖大型基坑及水下挖土。

抓斗挖掘机的挖土特点是直上直下，自重切土。其挖掘力较小，只能开挖Ⅰ～Ⅱ类土，用于开挖窄而深的独立基坑和基槽、沉井，适用于水下挖土，是地下连续墙施工挖土的专用机械。

单斗挖掘机具有挖掘能力强、通用性好、能适合不同作业要求的特点，在公路工程施工中，单斗挖掘机主要用来挖掘土料、剥除采石的覆盖层及在料场进行装载作业等。单斗挖掘机与运输车辆配合作业可获得最好的经济效果，汽车数量可按运输距离所需的运输循环时间和挖掘机的作业循环时间来确定，数量不宜过多，以保证生产率最高、成本最低为标准。

### 3. 铲运机

铲运机是一种循环作业式铲土运输的机械。按行走方式的不同，铲运机可分为拖式和自行式两种。按牵引车和动力传递方式的不同，自行式铲运机可分为机械式传动、液力机械式传动、电力传动和静液压传动四种。按工作机构操纵方式的不同，自行式铲运机可分为液压式铲运机和机械操纵铲运机两种。按卸土方式的不同，自行式铲运机可分为强制卸土式、半强制卸土式和自动卸土式三种。按装载方式的不同，自行式铲运机可分为链板装载式与普通装载式两种。按斗容大小的不同，自行式铲运机可分为小型（铲斗容量小于 5 $m^3$）、中型（铲斗容量 5～15 $m^3$）、大型（铲斗容量 15～30 $m^3$）和特大型（铲斗容量 30 $m^3$ 以上）四种。

铲运机主要用于中距离的大规模土方转移工程。它能综合完成铲土、装土、运土和卸土四个工序，并能控制填土铺筑厚度和进行平土作业，对卸下的土壤进行局部碾压。

### 4. 平地机

平地机主要用于修筑路基横断面、帮刷边坡、开挖边沟及跳槽、平整场地等，还可用来在路基上拌和路面材料、摊铺材料，修整和养护土路，推土、疏松土质，清除杂草、石块和积雪等。

按行走方式的不同，平地机可分为自行式和拖式两类。按工作装置和行走装置的操纵方式不同，平地机可分为机械操纵和液压操纵两种。按刮刀长度和发动机功率的不同，平地机可分为轻型、中型、重型。

**提示**

适用于开挖沟的施工机械有平地机、推土机、挖掘机，铲运机不用于开挖沟。

### 5. 爆破设备

爆破设备主要包括钻孔机具、装药设备、破碎和清运设备。设备选型的基本原则是根据工程的实际情况而定。

### 6. 凿岩机

凿岩机是按冲击破碎原理进行工作的。工作时活塞做高频往复运动，不断地冲击钎尾。在冲击力的作用下，呈尖楔状的钎头将岩石压碎并凿入一定的深度，形成一道凹痕。活塞退回后，钎子转过一定角度，活塞向前运动，再次冲击钎尾时，又形成一道新的凹痕。两道凹痕之间的扇形岩块被由钎头上产生的水平分力剪碎。活塞不断地冲击钎尾，并从钎子的中心孔连续地输入压缩空气或压力水，将岩渣排出孔外，即形成一定深度的圆形钻孔。

### 7. 空气压缩机

空气压缩机是一种用来压缩空气、提高气体压力或输送气体的机械，是将原动机的机械能转化为气体的压力能的工作机，简称空压机。空气压缩机是公路石方工程施工必须配备的关键设备。根据工作原理的不同，空压机可以分为容积式和动力式两类；根据固定方式的不同，空压机可以分为固定式和移动式。

**提示**

公路工程石方工程施工中，气动凿岩机和空气压缩机是必须配备的关键设备。

### 8. 装载机

装载机是一种广泛用于公路、铁路、建筑、水电、港口、矿山等建设工程的土石方施工机械，它主要用于铲装土壤、砂石、石灰、煤炭等散状物料，也可对矿石、硬土等作轻度铲挖作业。换装不同的辅助工作装置，装载机还可进行推土、起重和其他物料如木材的装卸作业。在公路特别是在高等级公路施工中，装载机用于路基工程的填挖、沥青混合料和水泥混凝土料场的集料与装料等作业。此外，装载机还可进行推运土壤、刮平地面和牵引其他机械等作业。由于装载机具有作业速度快、效率高、机动性好、操作轻便等优点，因此它成为工程建设中土石方施工的主要机种之一。

常用的单斗装载机，按发动机功率、传动形式、行走结构、装载方式的不同进行分类，具体如下。

(1)发动机功率：功率小于 74 kW 为小型装载机；功率在 74～147 kW 为中型装载机；功率在 147～515 kW 为大型装载机；功率大于 515 kW 为特大型装载机。

(2)传动形式：液力－机械传动、液力传动、电力传动。

(3)行走结构：轮胎式、履带式。

(4)装卸方式：前卸式、回转式、后卸式。

### 9. 压路机

按照压实力的作用原理，压路机可分为静作用碾压机械、振动碾压机械和夯实机械三类。按照碾压轮的材料和表面形状不同，静作用碾压机械和振动碾压机械都可分为钢制光轮和钢制带羊脚碾轮两种。按照行走方式不同，静作用碾压机械可分为拖式和自行式两种，振动碾压机械可分为手扶式、拖式和自行式三种。

静作用碾压机械，用碾轮沿被压实材料表面往复滚动，靠自重产生的静压力作用，使被压层产生永久变形，达到压实的目的。

振动碾压机械，用碾轮沿被压实材料表面，既作往复滚动，又以一定的频率、振幅振动，使被压层同时受到碾轮的静压力和振动力的综合作用，以提高压实效果。

夯实机械，又可分为夯实和振动夯实两种。夯实机械是利用重物自一定高度落下，冲击被压层进行夯实工作，振动夯实除冲击力之外，还有一个附加的振动力同时作用于被压层。

光轮压路机可分为自行式(简称压路机)和拖式(简称平碾)两种。

光轮自行式压路机的质量分类应用范围如表 2-34 所示。

表 2-34　光轮自行式压路机的质量分类应用范围

| 按质量分类 | 加载后质量/t | 单位直线压力/MPa | 应用范围 |
|---|---|---|---|
| 特轻型 | 0.5～2.0 | 0.8～2 | 人行道和修补黑色路面 |
| 轻型 | 2～5 | 2～4 | 人行道、简易沥青混凝土路面、公园小道、体育场和土路路基 |
| 中型 | 5～10 | 4～6 | 路基、砾石、碎石铺砌层、黑色路面、沥青混凝土路面和土路基础 |
| 重型 | 10～15 | 6～8 | 砾石、碎石路面或沥青混凝土路面的终压以及路基或路面底层 |
| 特重型 | 15～20 | 8～12 | 大块石堆砌基础和碎石路面 |

光轮拖式压路机的质量分类应用范围如表 2-35 所示。

表 2-35　光轮拖式压路机的质量分类应用范围

| 按质量分类 | 碾的质量/t | 砾质砂 | 砂 | 砂壤土 | 壤土 | 黏土 |
|---|---|---|---|---|---|---|
| 轻型 | <5 | ○ | ○ | △ | × | — |
| 中型 | 5～10 | △ | × | △ | ○ | △ |
| 重型 | ≥10 | × | × | × | △ | ○ |

注：○为适用；△为尚适用；×为不适用。

振动碾可分为光轮和羊脚轮两类，以适用于不同土质条件。光轮振动碾适宜于压实土石坝的非黏性土（如砂土、砂砾石）、碎石、块石、堆石和沥青混凝土，其效果远非其他碾压机所能相比。但对黏土和黏性较强的土压实效果不好。摆振式振动碾还可用于大体积干硬性混凝土的捣实作业。羊脚振动碾是一种新型的碾压机械，既可以压实非黏性土，又可以压实含水率不大的黏性土和细颗粒砂砾石，以及碎石与土的混合料。

振动碾的应用范围如表 2-36 所示。

表 2-36　振动碾的应用范围

| 碾子质量和形式 | 块石 | 砂、砾石 | | 粉土、粉质土、冰碛土 | | 黏土 | |
|---|---|---|---|---|---|---|---|
| | | 优良级配 | 均匀粒级 | 粉质砂、粉质砾石、冰碛土 | 粉土、砂质粉土 | 低、中强度黏土 | 高强度黏土 |
| 3 t 以下振动平碾 | — | △ | △ | △ | △ | — | — |
| 3～5 t 振动平碾 | — | ○ | ○ | △ | △ | △ | — |
| 5～10 t 振动平碾 | △ | ○ | ○ | ○ | △ | △ | △ |
| 10～15 t 振动平碾 | ○ | ○ | ○ | ○ | △ | △ | △ |
| 振动凸块碾 | — | — | △ | △ | ○ | ○ | ○ |
| 振动羊足碾 | — | — | △ | △ | △ | ○ | ○ |

注：○为适用；△为尚适用。

**链接**

运输机械的运送距离：推土机(50～100 m 以内的短距离运土)；小型和中型铲运机(100～350 m 的短距离运输)；大型和特大型铲运机(800～1 500 m 的中长距离运输)；装载机和翻斗车( >500 m 的中长距离运输)。

### (二)路面工程施工机械

路面工程施工主要的机械配置包括拌和机械(拌和设备、搅拌站)、运输机械(装载机、运输车辆)、摊铺机械(摊铺机、洒布车)、碾压机械(压路机)。

#### 1. 拌和设备

(1)沥青混凝土搅拌设备。

沥青混凝土搅拌设备是生产拌制各种沥青混凝土的成套机械设备。其功能是将不同粒级的碎石、天然砂或破碎砂等，按比例配合成符合规定级配范围的矿料混凝土，与适当比例的热沥青及矿粉一起在规定温度下拌和成沥青混凝土混合料。沥青混凝土搅拌设备的分类、特点及适用范围如表 2-37 所示。

**表 2-37　沥青混凝土搅拌设备的分类、特点及适用范围**

| 分类形式 | 分类 | 特点及适用范围 |
| --- | --- | --- |
| 生产能力 | 小型 | 生产能力 40 t/h 以下 |
| | 中型 | 生产能力 40～350 t/h |
| | 大型 | 生产能力 400 t/h 以上 |
| 搬运方式 | 移动式 | 装置在拖车上可以随施工地点转移 |
| | 半固定式 | 装置在几个拖车上在施工地点拼装 |
| | 固定式 | 固定在某处不搬迁，又称沥青混凝土工厂 |
| 工艺流程 | 间歇强制式 | 按我国目前规范要求，高等级公路建设应使用间歇强制式搅拌设备，连续滚筒式搅拌设备用于普通公路建设 |
| | 连续滚筒式 | |

间歇强制式沥青混凝搅拌设备的生产率($Q$，单位为 t/h)可按下式计算：

$$Q=\frac{GKn}{1\ 000}$$

式中：$G$——每拌制一份料的质量(kg)；$n$——每小时拌制的份数；$K$——时间利用系数(一般为 0.8～0.9)。

连续滚筒式沥青混凝土搅拌设备的生产率($Q$，单位为 t/h)可按下式计算：

$$Q=\frac{60GKn}{1\ 000t}$$

$$n=\frac{60}{t_1+t_2+t_3}$$

式中：$G$——搅拌器内的料重(kg)；$t$——拌和时间(混合料在搅拌器内的停留时间)(min)；$t_1$——搅拌器加料时间(min)；$t_2$——混合料搅拌时间(min)；$t_3$——成品料卸料时间(min)。

(2)水泥混凝土搅拌机。

水泥混凝土搅拌机是将水泥、砂、石和水等按一定的配合比例,进行均匀拌和的专业机械,它是制作水泥混凝土的专用设备,主要应用在道路、桥梁、房屋建筑等工程施工中。

水泥混凝土搅拌机的种类很多,各种搅拌机的分类如下:按搅拌原理分为自落式和强制式;按作业方式分为周期式和连续式;按搅拌筒的结构分为鼓筒形、双锥形、梨形、盘形和槽形等;按出料方式分为倾翻式和不倾翻式;按搅拌容量分为大型(100 ~ 200 $m^3/h$)、中型(60 ~ 100 $m^3/h$)、小型(30 $m^3/h$ 以下)。

## 2. 水泥混凝土搅拌站

水泥混凝土搅拌站(楼)是用来集中搅拌混凝土的联合装置,又称为混凝土预拌工厂。由于它的自动化程度高,生产率较大,被广泛用于混凝土工程量大和施工地点集中的大中型工程施工中。搅拌站按工艺形式可分为两类:单阶式、双阶式。

## 3. 液态沥青运输车

液态沥青运输车是运输液态沥青、乳化沥青、煤焦油的专用设备。该车具有保温、加热、机械抽吸、排放、内部循环等功能,由底盘和具有保温性能的罐体及加热装置等组成。液态沥青运输车的结构形式有汽车式、半挂汽车列车式、拖式三种。半挂汽车列车式使用最多,另外两种目前很少使用。

## 4. 摊铺机

摊铺机是一种主要用于公路上基层和面层各种材料摊铺作业的施工设备。它是由各种不同的系统相互配合完成摊铺工作的,主要包含行走系统、液压系统、输分料系统等。根据摊铺材料不同,摊铺机可分为沥青混凝土摊铺机、水泥混凝土摊铺机、碎石摊铺机等。

(1)沥青混凝土摊铺机。

按照摊铺机动力传动方式,沥青混凝土摊铺机可分为机械式、机械液压式、全液压式三类。

按照摊铺机的行走方式,沥青混凝土摊铺机可分为拖式(不带行走动力装置)、自行式(自身带行走动力装置)等两类。自行式摊铺机又分为履带式和轮胎式两种。

按照摊铺机最大的摊铺宽度,沥青混凝土摊铺机可分为小型、中型、大型、超大型四类。不同摊铺宽度的沥青摊铺机应用于不同等级的道路施工中,具体如下。

①小型:最大摊铺宽度小于 3.6 m,主要用于路面的养护和城市街巷道路的沥青混合料摊铺。

②中型:最大摊铺宽度在 4.0 ~ 6.0 m,主要用于一般路面的养护和修筑工程。

③大型:最大摊铺宽度在 7.0 ~ 9.0 m,主要用于高等级公路路面工程的摊铺。

④超大型:最大摊铺宽度在 12.0 m,主要用于高速公路、机场、码头、广场等大面积混凝土路面的摊铺。

沥青混合料摊铺设备的生产率($Q$,单位为 t/h)可按下式计算:

$$Q = hBv\rho K_b$$

式中:$h$——铺层厚度(m);$B$——摊铺带宽度(m);$v$——摊铺工作速度(m/h);$\rho$——沥青混合料密度($t/m^3$);$K_b$——时间利用系数,一般取 0.75 ~ 0.95。

(2)水泥混凝土摊铺机。

水泥混凝土摊铺机是摊铺水泥混凝土混合料的机具。按摊铺方式不同,水泥混凝土摊铺机分为滑模式和轨模式;按行走装置不同,滑模式水泥混凝土摊铺机又分为履带式和轮胎式;按工作装置不同,轨模式水泥混凝土摊铺机又分为斗式和螺旋式。

专家解读

水泥混凝土摊铺机是将符合工程技术规范要求和水泥摊铺机技术要求的水泥混凝土均匀地摊铺在已修整好的基层上，经振实抹平等连续作业程序，铺筑成符合设计要求的水泥混凝土面层的设备。

水泥混凝土摊铺机的生产率（$Q$，单位为 $m^3/h$）可按下式计算：

$$Q=1\,000hBvK_b$$

式中：$h$——铺层厚度（m）；$B$——摊铺带宽度（m）；$v$——摊铺工作速度（km/h）；$K_b$——时间利用系数。

（3）碎石摊铺机。

碎石摊铺机是路面施工机械之一，能够将碎石均匀地摊铺在路面基层上的施工机械。它主要由料斗、支承滚轮、滑橇、V形刮板、加宽侧板和运行轮等组成。

#### 5. 沥青洒布机

沥青洒布机是一种以喷洒液态沥青为主，并具有运输液态沥青能力的沥青路面修筑机械。它用于贯入法或表面处治法修筑沥青路面，可在路面基层上喷洒液态沥青结合料的透层油，在沥青混合料路面、水泥混凝土路面上喷洒液态沥青结合料黏层油。

按沥青喷洒方式，沥青洒布机可分为气压洒布式和泵压洒布式；按行走方式，沥青洒布机可分为自行式和拖式两种。

### （三）桥梁工程施工机械

桥梁工程施工机械主要有基础施工设备（例如钻孔设备、打桩机等）、各种常备式结构（例如万能杆件、脚手架、贝雷梁、钢板桩等）、各种起重机具设备（例如架桥机、千斤顶与缆索起重机、滑车组与卷扬机、吊机、龙门起重机等）、混凝土设备（例如拌和机、混凝土搅拌站、混凝土输送泵及混凝土泵车、振捣设备等）、钢筋加工设备（钢筋冷镦机、钢筋拉伸机）、预应力张拉设备（锚具、张拉千斤顶）。

钻孔机是对地层钻孔的机具。按工作原理不同，钻孔机可分为螺旋式、回转式、冲抓式、全套管式和振动冲击式。按构造形式不同，螺旋式钻孔机又分为螺旋钻孔机、长螺旋钻孔机、短螺旋钻孔机和钻扩机。按泥浆运行方向不同，回转式孔机又分为正循环和反循环。

链接

冲击钻机用于卵石、漂石地质条件下施工优点显著。螺旋钻机、旋挖钻机、回转斗钻机、地质钻机不适用于卵石、漂石地质条件下灌注桩钻孔施工。

打桩机是将桩打入地层的机具。按锤体动力形式不同，打桩机分为人力（或机械）牵引、蒸汽、内燃、振动和液压。按桩架形式不同，打桩机分为直式、塔式、多能式、起重机式和简易式。按工作条件不同，打桩机分为陆上、水上和潜水。按锤体升降方式不同，蒸汽打桩机又分为单作用式、双作用式和差动式。按构造形式不同，振动打桩机又分为刚式、柔式和冲击式。

万能杆件是由角钢和连接板组成，用螺栓连接的桁架杆件，用以拼装各种形式的脚手架或临时性设施的多功能杆件。

贝雷梁方便快捷，在很多跨公路、跨河道的连续现浇梁中，为支架提供了前提条件；在挂篮、高速公路跨河施工中，也可以为施工提供便道，增加施工的快捷性与方便性。

架桥机是整孔架设钢梁和分片架设钢筋混凝土或预应力混凝土梁的机具。按构造形式不同,架桥机分为板梁式和构架式。

缆索吊装设备是起吊、运输和安装构件的整套装置。

水泥混凝土(混合料)泵是能连续输送水泥混凝土混合料的机具。按动力形式不同,水泥混凝土(混合料)泵分为风动和电动。

(预应力)钢筋冷镦机是在常温下镦粗预应力钢筋或钢丝端头的机具。按动力形式不同,(预应力)钢筋冷镦机分为手动、电动和液压。

(预应力)钢筋拉伸机是张拉带有螺杆锚具或夹具、镦头锚具或夹具的高强度粗钢筋或钢丝束的机具;还可用以对单根式成组的高强度粗钢筋或钢丝进行模外先张或后张自锚。

张拉预应力钢筋千斤顶是张拉预应力混凝土构件中的钢筋或钢丝的机具。按构造形式不同,张拉预应力钢筋千斤顶分为台座式、拉杆式、锥锚式和三作用式。

### (四)隧道工程施工机械

隧道工程施工机械的主要有隧道开挖及出渣运输机械、隧道支护机械、隧道通风机械。

隧道开挖及出渣运输机械主要有:

(1)凿岩机和凿岩台车。在中硬以上的岩石中进行隧道施工广泛采用钻爆法,所采用的机械有凿岩机和凿岩台车。凿岩机主要有风动凿岩机、液压凿岩机、电动凿岩机和内燃凿岩机等几种类型。凿岩台车是在单台凿岩机的基础上发展起来的一种凿岩机械,将多台液压凿岩机安装在一个专门的移动设备上,以实现多机同时作业。凿岩台车属于隧道施工专用设备。施工中选择凿岩机一般是用于地质条件好,不需要临时支护的隧道工程。

(2)装药器和装药台。装药器是利用压缩空气将散装炸药压入炮孔的设备。装药台车是一种在长大隧道施工中将人员、物品提升起来送到工作面进行装药的机械设备。

(3)找顶及清底机械。履带式反铲挖掘机,是隧道施工中常用的机械之一。

(4)(单臂)臂式隧道掘进机。(单臂)臂式隧道掘进机通常是集切割、装运与行走为一体的挖掘机械,广泛应用于隧道开挖,可以挖掘大小跨度的隧道,并且对围岩的稳定性影响较小,扰动破坏性小。

(5)盾构机。盾构机,全名叫盾构隧道掘进机。盾构机的基本工作原理就是一个圆柱体的钢组件沿隧洞轴线边向前推进并对土壤进行挖掘。该圆柱体组件的壳体即护盾,它对挖掘出的还未衬砌的隧洞段起着临时支撑的作用,承受周围土层的压力,有时还承受地下水压以及将地下水挡在外面。挖掘、排土、衬砌等作业在护盾的掩护下进行。

(6)全断面掘进机(TBM)。其实全断面掘进机和盾构机笼统地说,都是一样的,都是隧道全断面掘进,只是不同的工作环境应用不同的机械罢了。TBM 用于硬岩的挖掘,盾构机用于土层的挖掘。TBM 比盾构技术更先进、更复杂。

(7)装渣机械。隧道施工中,正洞、导洞及斜井出渣用的装渣机械有装载机、爪式扒渣机、耙斗式装渣机、铲斗式装渣机等。隧道内装渣用的装载机以轮胎式和履带式为主。

(8)运输机械。隧道施工常用的运输机械有翻斗式矿车、有轨平板车、梭式矿车和自卸汽车。

**链接**

隧道支护机械主要有混凝土喷射机(初次支护)、锚杆台车(初次支护)、模板衬砌台车等(二次支护)等。

隧道工程施工中应加大施工通风。隧道通风机械包括通风机、风管、消声器等。隧道施工用的通风机多选用轴流式通风机。

## 二、公路工程主要机械设备的配置与组合

公路工程机械化施工是由多种机械设备协同作业，对这些机械设备进行配置与组合的基本原则如下：

(1)选好既定工程的主导机械，其他机械必须与主导机械进行配套，主导机械在施工工艺中称关键设备(关键设备随着工程的变化而变化)。

(2)尽量减小配套机械设备的数量。

(3)各配套机械设备的工作能力必须相匹配。

(4)采用合理的施工组织方案。

(5)同一作业要尽量使用同一型号的机械，以便管理和维修。

(6)选用最经济的机械优化组合。

(7)考虑机械的通用性、专用性、先进性，保证机械作业的适应性、经济性。

关键设备决定施工方式、方法、工程的施工质量和进度，并且在很大程度上决定整套机械生产效益。因此，公路施工机械设备的选型与配置是否合理，对于提高设备利用率、圆满完成施工任务、提高经济效益具有十分重要的意义。

**链接**

机械设备配置完成投入使用后，机械设备的现场管理也应得到重视。公路工程主要机械设备的现场管理包括建立机械设备使用责任制度和操作规程，做好施工准备(包括机械设备的运输、安装、验收等)，对机械设备操作人员进行培训并加强管理，严格机械设备的使用管理(包括日常使用和维护保养等)，建立机械设备档案。

# 第三章 公路工程项目施工相关法规及标准

## 第一节 公路建设管理法规和标准

### 模块一 公路建设法规体系和标准体系

#### 一、公路建设法规体系

公路建设法规体系如表 3-1 所示。

**表 3-1 公路建设法规体系**

| 级别 | 层次 |
| --- | --- |
| 国家级 | 国家层面发布的法律和行政法规、交通运输部发布的规章 |
| 地方级 | 地方政府相关部门发布的行政法规和规章 |

#### 二、公路建设标准体系

标准体系是编制标准制、修订规划和计划的重要依据。《公路工程标准体系》是公路领域现有、应有和预计制定标准的蓝图，随着科学技术的发展而不断更新和充实。

##### （一）总则

为加强公路工程标准构成的科学性和系统性，适应公路建设、管理、养护、运营的需要，制定《公路工程标准体系》。该体系适用于公路领域的行业标准。体系范围包括公路工程从规划建设到养护管理全过程所需要制定的技术、管理与服务标准，也包括相关的安全、环保和经济方面的评价等标准。体系制定贯彻创新、协调、绿色、开放、共享的发展理念，立足公路交通发展阶段的内在联系和规律，反映一定时期内公路工程发展的需求。

体系标准分为强制性标准和推荐性标准。涉及保障人身健康和生命财产安全、国家安全、生态环境安全和满足社会经济管理基本要求的为强制性标准，其余为推荐性标准。

体系结构充分考虑公路建设、管理、养护、运营需协调的各种要求、指标、概念以及相互关系，并随着科学技术的发展不断地更新和完善。

##### （二）体系结构

1. 体系框架

公路工程标准的体系结构分为三层：

（1）第一层为板块，按照公路建设、管理、养护、运营协调发展要求所做的标准分类。

(2)第二层为模块,在各板块中归纳现有、应有和计划制修订的标准的具体类别。

(3)第三层为标准。

公路工程标准体系框架如图 3-1 所示。

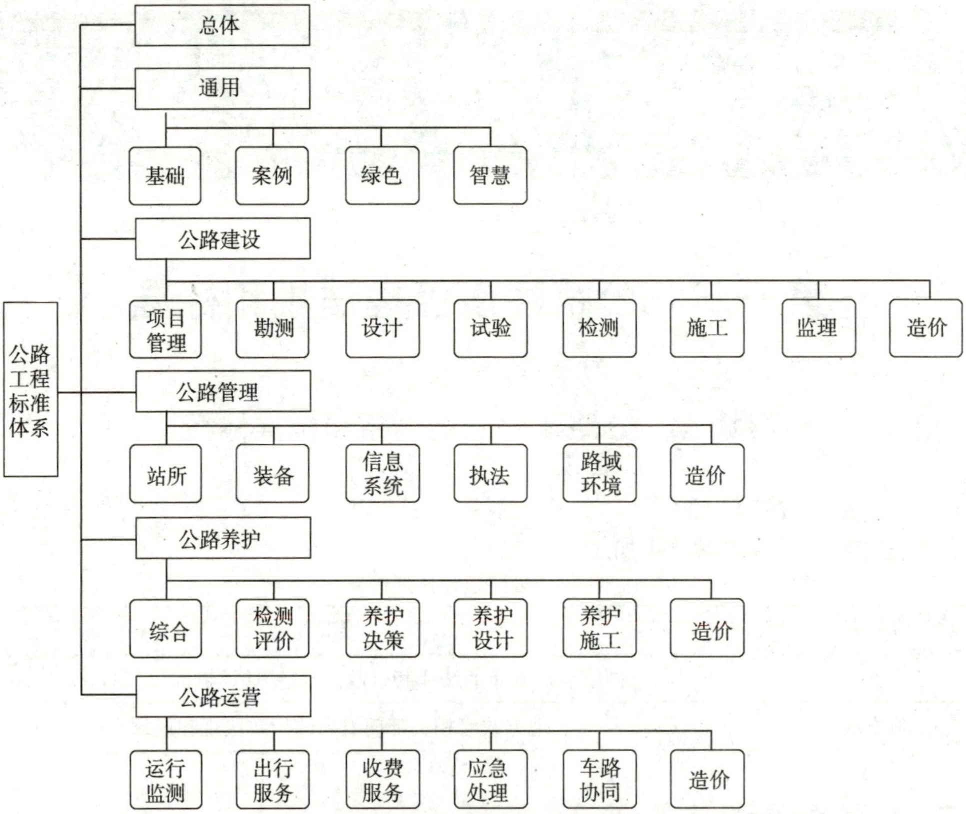


图 3-1　公路工程标准体系框架

## 2. 板块构成

公路工程标准体系由总体、通用、公路建设、公路管理、公路养护、公路运营六个板块构成。

总体板块是公路工程标准体系、标准管理及标准编制的总体要求,明确公路工程标准的定位,是公路工程标准管理及编写应执行的规定和要求。

通用板块是公路建设、管理、养护、运营所遵循的基本要求,明确公路建设、公路管理、公路养护和公路运营四个板块的共性功能、指标及相互关系。

公路建设板块是实施公路新建和改扩建工程所遵循的技术和管理要求。

公路管理板块是公路管理和运政执法所遵循的技术和管理要求。

公路养护板块是公路既有基础设施维护所遵循的技术和管理要求。

公路运营板块是公路运营、出行服务和智能化所遵循的技术、管理和服务要求。

公路建设、公路管理、公路养护、公路运营板块中对同一事物从不同角度提出的要求应相互协调、互为补充。

## (三)内容及范围

总体板块由《公路工程标准体系》《公路工程行业标准制修订管理导则》《公路工程标准编写导则》等标准构成。

通用板块由基础、安全、绿色、智慧等模块构成。

公路建设板块由项目管理、勘测、设计、试验、检测、施工、监理、造价等模块构成。

公路管理板块由站所、装备、信息系统、执法、路域环境、造价等模块构成。

公路养护板块由综合、检测评价、养护决策、养护设计、养护施工、造价等模块构成。

公路运营板块由运行监测、出行服务、收费服务、应急处置、车路协同、造价等模块构成。

### （四）编号规则

标准编号由标准代号、板块序号、模块序号、标准序号、标准发布年号组成。标准编号规则为 JTG(/T) ××××. ×—××××。

## 模块二　公路建设管理相关规定

### 一、公路工程施工企业资质管理

根据《建设工程企业资质管理制度改革方案》，施工资质分为综合资质、施工总承包资质、专业承包资质和专业作业资质。改革方案要求如下：将 10 类施工总承包企业特级资质调整为施工综合资质，可承担各行业、各等级施工总承包业务；保留 12 类施工总承包资质，将民航工程的专业承包资质整合为施工总承包资质；将 36 类专业承包资质整合为 18 类；将施工劳务企业资质改为专业作业资质，由审批制改为备案制。综合资质和专业作业资质不分等级；施工总承包资质、专业承包资质等级原则上压减为甲、乙两级（部分专业承包资质不分等级），其中，施工总承包甲级资质在本行业内承揽业务规模不受限制。

改革后公路工程施工企业资质分类分级如表 3-2 所示。

表 3-2　公路工程施工企业资质分类分级

| 资质类别 | 施工资质类型 | 等级 | 改革措施 |
| --- | --- | --- | --- |
| 综合资质 | 综合资质 | 不分等级 | 原施工总承包企业特级资质调整为施工综合资质，不分行业，不分等级 |
| 施工总承包资质 | 公路工程施工总承包 | 甲、乙级 | 保留原公路工程施工总承包，设甲、乙两级 |
| 专业承包资质 | 公路工程类专业承包 | 甲、乙级 | 原公路路面工程专业承包、公路路基工程专业承包、公路交通工程专业承包合并为公路工程类专业承包或公路工程施工总承包，设甲、乙两级 |
|  | 桥梁工程专业承包 | 甲、乙级 | 保留原桥梁工程专业承包，设甲、乙两级 |
|  | 隧道工程专业承包 | 甲、乙级 | 保留原隧道工程专业承包，设甲、乙两级 |

2022 年 2 月 23 日，为落实建设工程企业资质管理制度改革要求，住房和城乡建设部会同国务院有关部门起草了《建筑业企业资质标准（征求意见稿）》，向社会公开征求意见。

链接

由于《建筑业企业资质标准》正式版暂未公布，关于公路工程施工企业承包工程的范围，仍然延续原《建筑业企业资质标准》的规定。

公路工程施工总承包资质承包工程范围如下：

(1)一级资质，可承担各级公路及其桥梁，长度3 000 m以下的隧道工程的施工。

(2)二级资质，可承担一级以下公路，单座桥长1 000 m以下、单跨跨度150 m以下的桥梁，长度1 000 m以下的隧道工程的施工。

(3)三级资质，可承担二级以下公路，单座桥长500 m以下、单跨跨度50 m以下的桥梁工程的施工。

桥梁工程专业承包资质承包工程范围如下：

(1)一级资质，可承担各类桥梁工程的施工。

(2)二级资质，可承担单跨150 m以下、单座桥梁总长1 000 m以下桥梁工程的施工。

(3)三级资质，可承担单跨50 m以下、单座桥梁总长120 m以下桥梁工程的施工。

隧道工程专业承包资质承包工程范围如下：

(1)一级资质，可承担各类隧道工程的施工。

(2)二级资质，可承担断面60 $m^2$以下且单洞长度1 000 m以下的隧道工程施工。

(3)三级资质，可承担断面40 $m^2$以下且单洞长度500 m以下的隧道工程施工。

公路路面工程专业承包资质承包工程范围如下：

(1)一级资质，可承担各级公路路面工程的施工。

(2)二级资质，可承担一级以下公路路面工程的施工。

(3)三级资质，可承担二级以下公路路面工程的施工。

公路路基工程专业承包资质承包工程范围如下：

(1)一级资质，可承担各级公路的路基、中小桥涵、防护及排水、软基处理工程的施工。

(2)二级资质，可承担一级标准以下公路的路基、中小桥涵、防护及排水、软基处理工程的施工。

(3)三级资质，可承担二级标准以下公路的路基、中小桥涵、防护及排水、软基处理工程的施工。

公路交通工程专业承包资质承包工程范围如下：

(1)一级资质(公路安全设施分项)，可承担各级公路标志、标线、护栏、隔离栅、防眩板等公路安全设施工程的施工及安装。

(2)二级资质(公路安全设施分项)，可承担一级以下公路标志、标线、护栏、隔离栅、防眩板等公路安全设施工程的施工及安装。

(3)一级资质(公路机电工程分项)，可承担各级公路通信、监控、收费、干线传输系统，移动通信系统，光(电)缆敷设工程、紧急电话系统，交通信息采集系统，信息发布系统，中央控制系统，供配电、照明、智能交通管理等机电系统及配套工程系统的施工及安装；公路桥梁及隧道工程健康监测、通风、通信管道等机电系统及配套设备的施工及安装。

(4)二级资质(公路机电工程分项),可承担一级以下公路通信、监控、收费、干线传输系统,移动通信系统,光(电)缆敷设工程、紧急电话系统,交通信息采集系统,信息发布系统,中央控制系统,供配电、照明、智能交通管理等机电系统及配套工程系统的施工及安装。

上述内容中的“以下”均包含本数。

## 二、公路建设市场管理的相关规定

公路建设市场管理的相关规定包括《公路工程设计施工总承包管理办法》《公路工程施工分包管理办法》《公路建设市场管理办法》《公路建设监督管理办法》。

### (一)《公路工程设计施工总承包管理办法》的相关规定

#### 1. 总则

设计施工总承包(以下简称总承包),是指将公路工程的施工图勘察设计、工程施工等工程内容由总承包单位统一实施的承发包方式。国家鼓励具备条件的公路工程实行总承包。总承包可以实行项目整体总承包,也可以分路段实行总承包,或者对交通机电、房建及绿化工程等实行专业总承包。

#### 2. 总承包单位选择及合同要求

总承包单位由项目法人依法通过招标方式确定。项目法人负责组织公路工程总承包招标。公路工程总承包招标应当在初步设计文件获得批准并落实建设资金后进行。

总承包单位应当具备以下要求:

(1)同时具备与招标工程相适应的勘察设计和施工资质,或者由具备相应资质的勘察设计和施工单位组成联合体。

(2)具有与招标工程相适应的财务能力,满足招标文件中提出的关于勘察设计、施工能力、业绩等方面的条件要求。

(3)以联合体投标的,应当根据项目的特点和复杂程度,合理确定牵头单位,并在联合体协议中明确联合体成员单位的责任和权利。

(4)总承包单位(包括总承包联合体成员单位,下同)不得是总承包项目的初步设计单位、代建单位、监理单位或以上单位的附属单位。

总承包招标文件的编制应当使用交通运输部统一制定的标准招标文件。在总承包招标文件中,应当对招标内容、投标人的资格条件、报价组成、合同工期、分包的相关要求、勘察设计与施工技术要求、质量等级、缺陷责任期工程修复要求、保险要求、费用支付办法等作出明确规定。总承包招标应当向投标人提供初步设计文件和相应的勘察资料,以及项目有关批复文件和前期咨询意见。

总承包投标文件应当结合工程地质条件和技术特点,按照招标文件要求编制。投标文件应当包括以下内容:

(1)初步设计的优化建议。

(2)项目实施与设计施工进度计划。

(3)拟分包专项工程。

(4)报价清单及说明。

(5)按招标人要求提供的施工图设计技术方案。

(6)以联合体投标的,还应当提交联合体协议。

(7)以项目法人和总承包单位的联合名义依法投保相关的工程保险的承诺。

招标人应当合理确定投标文件的编制时间,自招标文件开始发售之日起至投标人提交投标文件截止时间止,不得少于60 d。招标人应当根据项目实际情况,提出投标人在投标文件中提供施工图设计技术方案的具体要求。招标人在招标文件中明确中标人有权使用未中标人的技术方案的,一般应当同时明确给予相应的费用补偿。

招标人应当根据工程地质条件、技术特点和施工难度确定评标方法。评标专家抽取应当符合有关法律法规的规定。评标委员会应当包含勘察设计、施工等专家,总人数应当不少于9人。

项目法人应当与中标单位签订总承包合同。项目法人和总承包单位应当在招标文件或者合同中约定总承包风险的合理分担。风险分担可以参照以下因素约定。

(1)项目法人承担的风险一般包括:

①项目法人提出的工期调整、重大或者较大设计变更、建设标准或者工程规模的调整。

②因国家税收等政策调整引起的税费变化。

③钢材、水泥、沥青、燃油等主要工程材料价格与招标时基价相比,波动幅度超过合同约定幅度的部分。

④施工图勘察设计时发现的在初步设计阶段难以预见的滑坡、泥石流、突泥、涌水、溶洞、采空区、有毒气体等重大地质变化,其损失与处治费用可以约定由项目法人承担,或者约定项目法人和总承包单位的分担比例。工程实施中出现重大地质变化的,其损失与处治费用除保险公司赔付外,可以约定由总承包单位承担,或者约定项目法人与总承包单位的分担比例。因总承包单位施工组织、措施不当造成的上述问题,其损失与处治费用由总承包单位承担。

⑤其他不可抗力所造成的工程费用的增加。

(2)除项目法人承担的风险外,其他风险可以约定由总承包单位承担。

总承包费用或者投标报价应当包括相应工程的施工图勘察设计费、建筑安装工程费、设备购置费、缺陷责任期维修费、保险费等。总承包采用总价合同,除应当由项目法人承担的风险费用外,总承包合同总价一般不予调整。项目法人应当在初步设计批准概算范围内确定最高投标限价。

### 3. 总承包管理

项目法人应当依据合同加强总承包管理,督促总承包单位履行合同义务,加强工程勘察设计管理和地质勘察验收,严格对工程质量、安全、进度、投资和环保等环节进行把关。项目法人对总承包单位在合同履行中存在过失或偏差行为,可能造成重大损失或者严重影响合同目标实现的,应当对总承包单位法人代表进行约谈,必要时可以依据合同约定,终止总承包合同。

采用总承包的项目,初步设计应当加大设计深度,加强地质勘察,明确重大技术方案,严格核定工程量和概算。初步设计单位负责总承包项目初步设计阶段的勘察设计,按照项目法人要求对施工图设计或者设计变更进行咨询核查。

总承包单位应当按照合同规定和工程施工需要,分阶段提交详勘资料和施工图设计文件,并按照审查意见进行修改完善。施工图设计应当符合经审批的初步设计文件要求,满足工程质量、耐久和安全的强制性标准和相关规定,经项目法人同意后,按照相关规定报交通运输主管部门审批。施工图设计经批准后方可组织实施。

总承包单位依据总承包合同，对施工图设计及工程质量、安全、进度负总责。负责施工图勘察设计、工程施工和缺陷责任期工程修复工作，配合项目法人完成征地拆迁、地方协调、项目审计及交竣工验收等工作。

项目法人根据建设项目的规模、技术复杂程度等要素，依据有关规定程序选择社会化的监理开展工程监理工作。监理单位应当依据有关规定和合同，对总承包施工图勘察设计、工程质量、施工安全、进度、环保、计量支付和缺陷责任期工程修复等进行监理，对总承包单位编制的勘察设计计划、采购与施工的组织实施计划、施工图设计文件、专项技术方案、项目实施进度计划、质量安全保障措施、计量支付、工程变更等进行审核。

总承包工程应当按照批准的施工图设计组织施工。总承包单位应当根据工程特点和合同约定，细化设计施工组织计划，拟定设计施工进度安排、工程质量和施工安全目标、环境保护措施、投资完成计划。

总承包单位应当加强设计与施工的协调，建立工程管理与协调制度，根据工程实际及时完善、优化设计，改进施工方案，合理调配设计和施工力量，完善质量保证体系。

工程永久使用的大宗材料、关键设备和主要构件可由项目法人依法招标采购，也可由总承包单位按规定采购。招标人在招标文件中应当明确采购责任。由总承包单位采购的，应当采取集中采购的方式，采购方案应当经项目法人同意，并接受项目法人的监督。

总承包单位应当加强对分包工程的管理。选择的分包单位应当具备相应资格条件，并经项目法人同意，分包合同应当送项目法人。

总承包工程应当按照招标文件明确的计量支付办法与程序进行计量支付。当采用工程量清单方式进行管理时，总承包单位应当依据交通运输主管部门批准的施工图设计文件，按照各分项工程合计总价与合同总价一致的原则，调整工程量清单，经项目法人审定后作为支付依据；工程实施中，按照清单及合同条款约定进行计量支付；项目完成后，总承包单位应当根据调整后最终的工程量清单编制竣工文件和工程决算。

总承包工程实施过程中需要设计变更的，较大变更或者重大变更应当依据有关规定报交通运输主管部门审批。一般变更应当在实施前告知监理单位和项目法人，项目法人认为变更不合理的有权予以否定。任何设计变更不得降低初步设计批复的质量安全标准，不得降低工程质量、耐久性和安全度。

### （二）《公路工程施工分包管理办法》的相关规定

#### 1. 总则

公路工程施工分包活动实行统一管理、分级负责。鼓励公路工程施工进行专业化分包，但必须依法进行。禁止承包人以劳务合作的名义进行施工分包。

#### 2. 管理职责

国务院交通运输主管部门负责制定全国公路工程施工分包管理的规章制度，对省级人民政府交通运输主管部门的公路工程施工分包活动进行指导和监督检查。

省级人民政府交通运输主管部门负责本行政区域内公路工程施工分包活动的监督与管理工作；制定本行政区域公路工程施工分包管理的实施细则、分包专项类别以及相应的资格条件、统一的分包合同格式和劳务合作合同格式等。

发包人应当按照规定和合同约定加强对施工分包活动的管理，建立健全分包管理制度，负责对分包的合同签订与履行、质量与安全管理、计量支付等活动监督检查，并建立台账，及时制止承包人的违法分包行为。

除承包人设定的项目管理机构外，分包人也应当分别设立项目管理机构，对所承包或者分包工程的施工活动实施管理。项目管理机构应当具有与承包或者分包工程的规模、技术复杂程度相适应的技术、经济管理人员，其中项目负责人和技术、财务、计量、质量、安全等主要管理人员必须是本单位人员。

### 3. 分包条件

承包人可以将适合专业化队伍施工的专项工程分包给具有相应资格的单位。不得分包的专项工程，发包人应当在招标文件中予以明确。分包人不得将承接的分包工程再进行分包。

分包人应当具备如下条件：

(1)具有经工商登记的法人资格。

(2)具有与分包工程相适应的注册资金。

(3)具有从事类似工程经验的管理与技术人员。

(4)具有(自有或租赁)分包工程所需的施工设备。

承包人对拟分包的专项工程及规模，应当在投标文件中予以明确。未列入投标文件的专项工程，承包人不得分包。但因工程变更增加了有特殊性技术要求、特殊工艺或者涉及专利保护等的专项工程，且按规定无须再进行招标的，由承包人提出书面申请，经发包人书面同意，可以分包。

### 4. 合同管理

承包人有权依据承包合同自主选择符合资格的分包人。任何单位和个人不得违规指定分包。

承包人和分包人应当按照交通运输主管部门制定的统一格式依法签订分包合同，并履行合同约定的义务。分包合同必须遵循承包合同的各项原则，满足承包合同中的质量、安全、进度、环保以及其他技术、经济等要求。承包人应在工程实施前，将经监理审查同意后的分包合同报发包人备案。

承包人应当建立健全相关分包管理制度和台账，对分包工程的质量、安全、进度和分包人的行为等实施全过程管理，按照规定和合同约定对分包工程的实施向发包人负责，并承担赔偿责任。分包合同不免除承包合同中规定的承包人的责任或者义务。

分包人应当依据分包合同的约定，组织分包工程的施工，并对分包工程的质量、安全和进度等实施有效控制。分包人对其分包的工程向承包人负责，并就所分包的工程向发包人承担连带责任。

### 5. 行为管理

禁止将承包的公路工程进行转包。承包人未在施工现场设立项目管理机构和派驻相应人员对分包工程的施工活动实施有效管理，并且有下列情形之一的，属于转包：

(1)承包人将承包的全部工程发包给他人的。

(2)承包人将承包的全部工程肢解后以分包的名义分别发包给他人的。

(3)法律、法规规定的其他转包行为。

禁止违法分包公路工程。有下列情形之一的，属于违法分包：

(1)承包人未在施工现场设立项目管理机构和派驻相应人员对分包工程的施工活动实施有效管理的。

(2)承包人将工程分包给不具备相应资格的企业或者个人的。

(3)分包人以他人名义承揽分包工程的。

(4)承包人将合同文件中明确不得分包的专项工程进行分包的。

(5)承包人未与分包人依法签订分包合同或者分包合同未遵循承包合同的各项原则，不满足承包合同中相应要求的。

(6)分包合同未报发包人备案的。

(7)分包人将分包工程再进行分包的。

(8)法律、法规规定的其他违法分包行为。

按照信用评价的有关规定，承包人和分包人应当互相开展信用评价，并向发包人提交信用评价结果。发包人应当对承包人和分包人提交的信用评价结果进行核定，并且报送相关交通运输主管部门。交通运输主管部门应当将发包人报送的承包人和分包人的信用评价结果纳入信用评价体系，对其进行信用管理。

发包人应当在招标文件中明确统一采购的主要材料及构、配件等的采购主体及方式。承包人授权分包人进行相关采购时，必须经发包人书面同意。

为确保分包合同的履行，承包人可以要求分包人提供履约担保。分包人提供担保后，如要求承包人同时提供分包工程付款担保的，承包人也应当予以提供。承包人与分包人应当依法纳税。承包人因为税收抵扣向发包人申请出具相关手续的，发包人应当予以办理。分包人有权与承包人共同享有分包工程业绩。分包人业绩证明由承包人与发包人共同出具。分包人以分包业绩证明承接工程的，发包人应当予以认可。分包人以分包业绩证明申报资质的，相关交通运输主管部门应当予以认可。劳务合作不属于施工分包。劳务合作企业以分包人名义申请业绩证明的，承包人与发包人不得出具。

### (三)《公路建设市场管理办法》的相关规定

#### 1. 总则

公路建设市场遵循公平、公正、公开、诚信的原则。公路建设市场主体是指公路建设的从业单位和从业人员。从业单位是指从事公路建设的项目法人，项目建设管理单位，咨询、勘察、设计、施工、监理、试验检测单位，提供相关服务的社会中介机构以及设备和材料的供应单位。从业人员是指从事公路建设活动的人员。

#### 2. 管理职责

公路建设市场管理实行统一管理、分级负责。

#### 3. 市场准入管理

凡符合法律、法规规定的市场准入条件的从业单位和从业人员均可进入公路建设市场，任何单位和个人不得对公路建设市场实行地方保护，不得对符合市场准入条件的从业单位和从业人员实行歧视待遇。

公路建设项目依法实行项目法人负责制。项目法人可自行管理公路建设项目，也可委托具备法人资格的项目建设管理单位进行项目管理。项目法人或者其委托的项目建设管理单位的组织机构、主要负责人的技术和管理能力应当满足拟建项目的管理需要，符合国务院交通运输主管部门有关规定的要求。

收费公路建设项目法人和项目建设管理单位进入公路建设市场实行备案制度。收费公路建设项目可行性研究报告批准或依法核准后，项目投资主体应当成立或者明确项目法人。项目法人应当按照项目管理的隶属关系将其或者其委托的项目建设管理单位的有关情况报交通运输主管部门备案。对不符合规定要求的项目法人或者项目建设管理单位，交通运输主管部门应当提出整改要求。

公路工程勘察、设计、施工、监理、试验检测等从业单位应当按照法律、法规的规定，取得有关管理部门颁发的相应资质后，方可进入公路建设市场。

法律、法规对公路建设从业人员的执业资格作出规定的，从业人员应当依法取得相应的执业资格后，方可进入公路建设市场。

4. 市场主体行为管理

公路建设从业单位和从业人员在公路建设市场中必须严格遵守国家有关法律、法规和规章，严格执行公路建设行业的强制性标准、各类技术规范及规程的要求。

公路建设项目法人与中标人应当根据招标文件和投标文件签订合同，不得附加不合理、不公正条款，不得签订虚假合同。国家投资的公路建设项目，项目法人与施工、监理单位应当按照国务院交通运输主管部门的规定，签订廉政合同。

公路建设项目依法实行施工许可制度。国家和国务院交通运输主管部门确定的重点公路建设项目的施工许可由省级人民政府交通运输主管部门实施，其他公路建设项目的施工许可按照项目管理权限由县级以上地方人民政府交通运输主管部门实施。

项目施工应当具备以下条件：

(1)项目已列入公路建设年度计划。

(2)施工图设计文件已经完成并经审批同意。

(3)建设资金已经落实，并经交通运输主管部门审计。

(4)征地手续已办理，拆迁基本完成。

(5)施工、监理单位已依法确定。

(6)已办理质量监督手续，已落实保证质量和安全的措施。

公路建设从业单位应当按照合同约定全面履行义务。

公路工程实行政府监督、法人管理、社会监理、企业自检的质量保证体系。交通运输主管部门及其所属的质量监督机构对工程质量负监督责任，项目法人对工程质量负管理责任，勘察设计单位对勘察设计质量负责，施工单位对施工质量负责，监理单位对工程质量负现场管理责任，试验检测单位对试验检测结果负责，其他从业单位和从业人员按照有关规定对其产品或者服务质量负相应责任。

公路建设从业单位和从业人员应当严格执行国家有关安全生产的法律、法规、国家标准及行业标准，建立健全安全生产的各项规章制度，明确安全责任，落实安全措施，履行安全管理的职责。

发生工程质量、安全事故后，从业单位应当按照有关规定及时报有关主管部门，不得拖延和隐瞒。

公路建设项目法人应当合理确定建设工期，严格按照合同工期组织项目建设。项目法人不得随意要求更改合同工期。如遇特殊情况，确需缩短合同工期的，经合同双方协商一致，可以缩短合同工期，但应当采取措施，确保工程质量，并按照合同规定给予经济补偿。

公路建设项目法人应当按照国家有关规定管理和使用公路建设资金，做到专款专用，专户储存；按照工程进度，及时支付工程款；按照规定的期限及时退还保证金、办理工程结算。不得拖欠工程款和征地拆迁款，不得挤占挪用建设资金。施工单位应当加强工程款管理，做到专款专用，不得拖欠分包人的工程款和农民工工资；项目法人对工程款使用情况进行监督检查时，施工单位应当积极配合，不得阻挠和拒绝。

公路建设从业单位和从业人员应当严格执行国家和地方有关环境保护和土地管理的规定，采取有效措施保护环境和节约用地。

公路建设项目法人、监理单位和施工单位对勘察设计中存在的问题应当及时提出设计变更的意见，并依法履行审批手续。设计变更应当符合国家制定的技术标准和设计规范要求。任何单位和个人不得借设计变更虚报工程量或者提高单价。重大工程变更设计应当按有关规定报原初步设计审批部门批准。

勘察、设计单位经项目法人批准，可以将工程设计中跨专业或者有特殊要求的勘察、设计工作委托给有相应资质条件的单位，但不得转包或者二次分包。监理工作不得分包或者转包。

施工单位可以将非关键性工程或者适合专业化队伍施工的工程分包给具有相应资格条件的单位，并对分包工程负连带责任。允许分包的工程范围应当在招标文件中规定。分包工程不得再次分包，严禁转包。任何单位和个人不得违反规定指定分包、指定采购或者分割工程。项目法人应当加强对施工单位工程分包的管理，所有分包合同须经监理审查，并报项目法人备案。

施工单位可以直接招用农民工或者将劳务作业发包给具有劳务分包资质的劳务分包人。施工单位招用农民工的，应当依法签订劳动合同，并将劳动合同报项目监理工程师和项目法人备案。劳务分包人不得将其分包的劳务作业再次分包。

### （四）《公路建设监督管理办法》的相关规定

对于建设市场的监督管理，有以下规定。

县级以上人民政府交通运输主管部门依据职责，负责对公路建设市场的监督管理，查处建设市场中的违法行为。对经营性公路建设项目投资人、公路建设从业单位和主要从业人员的信用情况应进行记录并及时向社会公布。

公路建设市场依法实行准入管理。公路建设项目法人或其委托的项目建设管理单位的项目建设管理机构、主要负责人的技术和管理能力应当满足拟建项目的管理需要，符合交通部有关规定的要求。公路工程勘察、设计、施工、监理、试验检测等从业单位应当依法取得有关部门许可的相应资质后，方可进入公路建设市场。公路建设市场必须开放，任何单位和个人不得对公路建设市场实行地方保护，不得限制符合市场准入条件的从业单位和从业人员依法进入公路建设市场。

公路建设从业单位从事公路建设活动，必须遵守国家有关法律、法规、规章和公路工程技术标准，不得损害社会公共利益和他人合法权益。公路建设项目法人应当承担公路建设相关责任和义务，对建设项目质量、投资和工期负责。公路建设项目法人必须依法开展招标活动，不得接受投标人低于成本价的投标，不得随意压缩建设工期，禁止指定分包和指定采购。公路建设从业单位应当依法取得公路工程资质证书并按照资质管理有关规定，在其核定的业务范围内承揽工程，禁止无证或越级承揽工程。公路建设从业单位必须按合同规定履行其义务，禁止转包或违法分包。

## 三、公路建设信用信息管理相关规定

公路建设信用信息管理相关规定包括《公路建设市场信用信息管理办法（试行）》《公路施工企业信用评价规则（试行）》。

### （一）《公路建设市场信用信息管理办法（试行）》相关规定

#### 1. 总则

公路建设市场信用信息，是指各级交通运输主管部门、公路建设管理有关部门或单位、公路行业社团组织、司法机关在履行职责过程中，以及从业单位和从业人员在工作过程中产生、记录、归集的能够反映公路建设从业单位和从业人员基本情况、市场表现等信用状况的各类信息。

信用信息管理应遵循客观、公正的原则,确保信用信息的真实性、完整性、及时性和准确性。

### 2. 管理职责

公路建设市场信用信息管理实行统一管理、分级负责。国务院交通运输主管部门负责全国公路建设市场信用信息的管理工作。省级交通运输主管部门负责本行政区域内的公路建设市场信用信息的管理工作。

### 3. 信用信息内容

公路建设市场信用信息包括公路建设从业单位基本信息、表彰奖励类良好行为信息、不良行为信息和信用评价信息。

从业单位基本信息是区分从业单位身份、反映从业单位状况的信息,主要有:

(1)从业单位名称、法定代表人、注册登记基本情况及社会信用代码。

(2)基本财务指标、在金融机构开立基本账户情况。

(3)资质、资格情况。

(4)主要经济、管理和工程技术从业人员的职称及执业资格基本状况。

(5)自有设备基本状况。

(6)近5年主要业绩及全部在建的公路项目情况等。

从业单位表彰奖励类良好行为信息主要有:

(1)模范履约、诚信经营,受到市级及以上交通运输主管部门、与公路建设有关的政府监督部门或机构表彰和奖励的信息。

(2)被省级及以上交通运输主管部门评价为最高信用等级(AA级)的记录。

从业单位不良行为信息主要有:

(1)从业单位在从事公路建设活动以及信用信息填报过程中违反有关法律、法规、标准等要求,受到市级及以上交通运输主管部门、与公路建设有关的政府监督部门或机构行政处罚及通报批评的信息。

(2)司法机关、审计部门认定的违法违规信息。

(3)被省级及以上交通运输主管部门评价为最低信用等级(D级)的记录。

信用评价信息是省级及以上交通运输主管部门或其委托机构按照国务院交通运输主管部门制定的公路勘察设计、施工、监理、试验检测等企业信用评价规则,对公路建设从业单位从业行为状况的评价结果。

### 4. 信用信息征集与更新

公路建设市场信用信息按以下方式征集,由省级交通运输主管部门汇总录入:

(1)基本信息由从业单位按规定自行登录填报,对真实性负责。

(2)表彰奖励类良好行为信息由市级及以上交通运输主管部门、与公路建设有关的单位或涉及的从业单位提供。从业单位自主提供的,需附相关表彰奖励确认文件。

(3)不良行为信息由市级及以上地方交通运输主管部门、与公路建设有关的单位提供。

(4)信用评价信息由国务院和省级交通运输主管部门分别录入。

### 5. 信用信息发布与管理

省级及以上交通运输主管部门应通过公路建设市场信用信息管理系统及时发布公路建

设市场信用信息。公路建设市场信用信息管理系统按照部、省两级建立。省级公路建设市场信用信息管理系统应按国务院交通运输主管部门公布的接口标准与全国公路建设市场信用信息管理系统对接,做到互联互通。

信用信息发布应保守从业单位商业秘密和从业人员个人隐私,不得侵犯其合法权益。

从业单位基本账户等商业信息仅供交通运输主管部门市场管理用,不对外公布。

信用信息发布期限按照表3-3设定。

**表3-3　信用信息发布期限**

| 信用信息 | 公布期限 | 备注 |
| --- | --- | --- |
| 从业单位基本信息 | 长期 | — |
| 表彰奖励类良好行为信息、不良行为信息 | 2年 | 期满后自动解除公布,转为系统档案信息 |
| 信用评价信息 | 1年 | |

行政处罚期未满的不良行为信息将延长至行政处罚期满。上述期限均自认定相应行为或作出相应决定之日起计算。

### (二)《公路施工企业信用评价规则(试行)》相关规定

公路施工企业信用评价是指省级及以上交通运输主管部门或其委托机构依据有关法律法规、标准规范、合同文件等,通过量化方式对具有公路施工资质的企业在公路建设市场从业行为的评价。公路施工企业信用评价遵循公平、公正、公开的原则,评价结果实行签认和公示、公告制度。信用评价管理工作实行统一管理、分级负责。

国务院交通运输主管部门负责全国公路施工企业信用评价的监督管理工作。省级交通运输主管部门负责本行政区域内公路施工企业的信用评价管理工作。

公路施工企业信用评价工作实行定期评价和动态评价相结合的方式。定期评价工作每年开展一次,对公路施工企业上一年度(1月1日至12月31日期间)的信用行为进行评价。省级交通运输主管部门应在2月底前组织完成对上年度本行政区域公路施工企业的综合评价,并于3月底前将由国务院交通运输主管部门评价的施工企业的评价结果上报。国务院交通运输主管部门应当在4月底前完成由国务院有关部门许可资质的公路施工企业的全国综合评价。

公路施工企业信用评价等级分为AA,A,B,C,D五个等级,各信用等级对应的企业评分$X$分别为:AA级,95分$\leqslant X \leqslant$100分,信用好;A级,85分$\leqslant X <$95分,信用较好;B级,75分$\leqslant X <$85分,信用一般;C级,60分$\leqslant X <$75分,信用较差;D级,$X <$60分,信用差。

评价内容由公路施工企业投标行为、履约行为和其他行为构成。投标行为以公路施工企业单次投标为评价单元,履约行为以单个施工合同段为评价单元。投标行为和履约行为初始分值为100分,实行累计扣分制。若有其他行为的,从企业信用评价总得分中扣除。

公路施工企业投标行为由招标人负责评价,履约行为由项目法人负责评价,其他行为由负责项目监管的相应地方人民政府交通运输主管部门负责评价。招标人、项目法人、负责项目监管的相应地方人民政府交通运输主管部门等评价人对评价结果签认负责。

公路施工企业信用评价的依据为:

(1)交通运输主管部门及其公路管理机构、质量监督机构、造价管理机构督查、检查结果或奖罚通报、决定。

(2)招标人、项目法人管理工作中的正式文件。

(3)举报、投诉或质量、安全事故调查处理结果。

(4)司法机关做出的司法认定及审计部门的审计意见。

(5)其他可以认定不良行为的有关资料。

公路施工企业的信用评价程序为:

(1)投标行为评价。招标人完成每次招标工作后,仅对存在不良投标行为的公路施工企业进行投标行为评价。联合体有不良投标行为的,其各方均按相应标准扣分。

(2)履约行为评价。结合日常建设管理情况,项目法人对参与项目建设的公路施工企业当年度的履约行为实时记录并进行评价。对当年组织交工验收的工程项目,项目法人应在交工验收时完成有关公路施工企业本年度的履约行为评价。联合体有不良履约行为的,其各方均按相应标准扣分。

(3)其他行为评价。负责项目监管的相应地方人民政府交通运输主管部门对公路施工企业其他行为进行评价。

(4)省级综合评价。省级交通运输主管部门或其委托机构对本行政区域公路施工企业信用行为进行评价,确定其得分及信用等级,并公示、公告信用评价结果。公示期不少于10个工作日。

(5)全国综合评价。国务院交通运输主管部门根据各省级交通运输主管部门上报的公路施工企业信用评价结果,在汇总分析的基础上,对施工企业的信用行为进行综合评价并公示、公告。

公路施工企业对信用评价结果有异议的,可在公示期限内向公示部门提出申诉。

对信用行为直接定为D级的施工企业实行动态评价,自省级交通运输主管部门认定之日起,企业在该省1年内信用评价等级为D级。对实施行政处罚的施工企业,评价为D级的时间不低于行政处罚期限。被1个省级交通运输主管部门直接认定为D级的企业,其全国综合评价直接定为C级;被2个及以上省级交通运输主管部门直接认定为D级以及被国务院交通运输主管部门行政处罚的公路施工企业,其全国综合评价直接定为D级。

公路施工企业资质升级的,其信用评价等级不变。企业分立的,按照新设立企业确定信用评价等级,但不得高于原评价等级。企业合并的,按照信用评价等级较低企业的等级确定合并后企业。

公路施工企业信用评价结果按以下原则应用:

(1)公路施工企业的省级综合评价结果应用于本行政区域。

(2)国务院有关部门许可资质的公路施工企业初次进入某省级行政区域时,其等级按照全国综合评价结果确定。尚无全国综合评价的企业,若无不良信用记录,可按A级对待。若有不良信用记录,视其严重程度按B级及以下对待。

(3)其他施工企业(国务院有关部门许可资质的除外)初次进入某省级行政区域时,其等级参照注册地省级综合评价结果确定。

(4)联合体参与投标的,其信用等级按照联合体中最低等级方认定。

公路施工企业信用评价结果有效期1年,下一年度公路施工企业在该省份无信用评价结果的,其在该省份信用评价等级可延续1年。延续1年后仍无信用评价结果的,按照初次进入该省份确定,但不得高于其在该省份原评价等级的上一等级。

## 四、公路工程设计变更管理相关规定

公路工程设计变更管理相关规定主要参考《公路工程设计变更管理办法》。

### (一)一般规定

设计变更,是指自公路工程初步设计批准之日起至通过竣工验收正式交付使用之日止,对已批准的初步设计文件、技术设计文件或施工图设计文件所进行的修改、完善等活动。

公路工程设计变更应当符合国家有关公路工程强制性标准和技术规范的要求，符合公路工程质量和使用功能的要求，符合环境保护的要求。

### （二）公路工程设计变更的分类

公路工程设计变更分为重大设计变更、较大设计变更和一般设计变更，其变更的情形如表 3-4 所示。

**表 3-4 重大设计变更、较大设计变更和一般设计变更的情形**

| 重大设计变更的情形 | 较大设计变更的情形 | 一般设计变更的情形 |
| --- | --- | --- |
| (1)连续长度 10 km 以上的路线方案调整的。<br>(2)特大桥的数量或结构形式发生变化的。<br>(3)特长隧道的数量或通风方案发生变化的。<br>(4)互通式立交的数量发生变化的。<br>(5)收费方式及站点位置、规模发生变化的。<br>(6)超过初步设计批准概算的 | (1)连续长度 2 km 以上的路线方案调整的。<br>(2)连接线的标准和规模发生变化的。<br>(3)特殊不良地质路段处置方案发生变化的。<br>(4)路面结构类型、宽度和厚度发生变化的。<br>(5)大中桥的数量或结构形式发生变化的。<br>(6)隧道的数量或方案发生变化的。<br>(7)互通式立交的位置或方案发生变化的。<br>(8)分离式立交的数量发生变化的。<br>(9)监控、通信系统总体方案发生变化的。<br>(10)管理、养护和服务设施的数量和规模发生变化的。<br>(11)其他单项工程费用变化超过 500 万元的。<br>(12)超过施工图设计批准预算的 | 除重大设计变更和较大设计变更以外的其他设计变更 |

注：符合情形之一即可。

### （三）公路工程设计变更的管理

公路工程重大、较大设计变更实行审批制。公路工程重大、较大设计变更，属于对设计文件内容作重大修改，应当按照规定的程序进行审批。未经审查批准的设计变更不得实施。不得肢解设计变更规避审批。经批准的设计变更一般不得再次变更。

公路工程设计变更的审查或审批单位如表 3-5 所示。

**表 3-5 工程设计变更审查或审批单位**

| 设计变更等级 | 审查或审批单位 |
| --- | --- |
| 一般 | 项目法人 |
| 较大 | 省级交通运输主管部门 |
| 重大 | 交通部 |

公路工程勘察设计、施工及监理等单位可以向项目法人提出公路工程设计变更的建议。设计变更的建议应当以书面形式提出，并应当注明变更理由。项目法人也可以直接提出公路工程设计变更的建议。

项目法人对设计变更的建议及理由应当进行审查核实。必要时，项目法人可以组织勘察设计、施工、监理等单位及有关专家对设计变更建议进行经济、技术论证。

对一般设计变更建议，由项目法人根据审查核实情况或者论证结果决定是否开展设计变更的勘察设计工作。对较大设计变更和重大设计变更建议，项目法人经审查论证确认后，向省级交通运输主管部门提出公路工程设计变更的申请，并提交以下材料：

(1)设计变更申请书。包括拟变更设计的公路工程名称、公路工程的基本情况、原设计单位、设计变更的类别、变更的主要内容、变更的主要理由等。

(2)对设计变更申请的调查核实情况、合理性论证情况。

(3)省级交通运输主管部门要求提交的其他相关材料。

省级交通运输主管部门自受理申请之日起15日内作出是否同意开展设计变更的勘察设计工作的决定,并书面通知申请人。

设计变更文件完成后,项目法人应当组织对设计变更文件进行审查。一般设计变更文件由项目法人审查确认后决定是否实施。项目法人应当在15日内完成审查确认工作。重大及较大设计变更文件经项目法人审查确认后报省级交通运输主管部门审查。其中,重大设计变更文件由省级交通运输主管部门审查后报交通部批准;较大设计变更文件由省级交通运输主管部门批准,并报交通部备案。若设计变更与可行性研究报告批复内容不一致,应征得原可行性研究报告批复部门的同意。

提示

工程变更通常实行分级审批管理制度,一般工程变更由总监理工程师签署工程变更令。

公路工程设计变更工程的施工原则上由原施工单位承担。原施工单位不具备承担设计变更工程的资质等级时,项目法人应通过招标选择施工单位。

## 五、公路工程施工招标投标管理相关规定

公路工程施工招标投标管理相关规定主要参考《公路工程建设项目招标投标管理办法》。

### (一)总则

在中华人民共和国境内从事公路工程建设项目勘察设计、施工、施工监理等的招标投标活动,适用《公路工程建设项目招标投标管理办法》。公路工程建设项目的招标人或者其指定机构应当对资格审查、开标、评标等过程录音录像并存档备查。

### (二)招标

公路工程建设项目招标人是提出招标项目、进行招标的项目法人或者其他组织。

对于按照国家有关规定需要履行项目审批、核准手续的依法必须进行招标的公路工程建设项目,招标人应当按照项目审批、核准部门确定的招标范围、招标方式、招标组织形式开展招标。公路工程建设项目履行项目审批或者核准手续后,方可开展勘察设计招标;初步设计文件批准后,方可开展施工监理、设计施工总承包招标;施工图设计文件批准后,方可开展施工招标。施工招标采用资格预审方式的,在初步设计文件批准后,可以进行资格预审。

有下列情形之一的公路工程建设项目,可以不进行招标:

(1)涉及国家安全、国家秘密、抢险救灾或者属于利用扶贫资金实行以工代赈、需要使用农民工等特殊情况。

(2)需要采用不可替代的专利或者专有技术。

(3)采购人自身具有工程施工或者提供服务的资格和能力,且符合法定要求。

(4)已通过招标方式选定的特许经营项目投资人依法能够自行施工或者提供服务。

(5)需要向原中标人采购工程或者服务,否则将影响施工或者功能配套要求。

(6)国家规定的其他特殊情形。

招标人不得为适用上述规定弄虚作假,规避招标。

公路工程建设项目采用公开招标方式的,原则上采用资格后审办法对投标人进行资格审查。

公路工程建设项目采用资格预审方式公开招标的,应当按照下列程序进行:

(1)编制资格预审文件。

(2)发布资格预审公告,发售资格预审文件,公开资格预审文件关键内容。

(3)接收资格预审申请文件。

(4)组建资格审查委员会对资格预审申请人进行资格审查,资格审查委员会编写资格审查报告。

(5)根据资格审查结果,向通过资格预审的申请人发出投标邀请书;向未通过资格预审的申请人发出资格预审结果通知书,告知未通过的依据和原因。

(6)编制招标文件。

(7)发售招标文件,公开招标文件的关键内容。

(8)需要时,组织潜在投标人踏勘项目现场,召开投标预备会。

(9)接收投标文件,公开开标。

(10)组建评标委员会评标,评标委员会编写评标报告、推荐中标候选人。

(11)公示中标候选人相关信息。

(12)确定中标人。

(13)编制招标投标情况的书面报告。

(14)向中标人发出中标通知书,同时将中标结果通知所有未中标的投标人。

(15)与中标人订立合同。

采用资格后审方式公开招标的,在完成招标文件编制并发布招标公告后,按照上述程序第(7)项至第(15)项进行。采用邀请招标的,在完成招标文件编制并发出投标邀请书后,按照上述程序第(7)项至第(15)项进行。

国有资金占控股或者主导地位的依法必须进行招标的公路工程建设项目,采用资格预审的,招标人应当按照有关规定组建资格审查委员会审查资格预审申请文件。资格审查委员会的专家抽取以及资格审查工作要求,应当适用本办法关于评标委员会的规定。

资格预审审查办法原则上采用合格制。资格预审审查工作结束后,资格审查委员会应当编制资格审查报告。

资格预审申请人对资格预审审查结果有异议的,应当自收到资格预审结果通知书后 3 日内提出。招标人应当自收到异议之日起 3 日内作出答复;作出答复前,应当暂停招标投标活动。招标人未收到异议或者收到异议并已作出答复的,应当及时向通过资格预审的申请人发出投标邀请书。未通过资格预审的申请人不具有投标资格。

对依法必须进行招标的公路工程建设项目,招标人应当根据交通运输部制定的标准文本,结合招标项目具体特点和实际需要,编制资格预审文件和招标文件。资格预审文件和招标文件应当载明详细的评审程序、标准和方法,招标人不得另行制定评审细则。

招标人应当按照省级人民政府交通运输主管部门的规定,将资格预审文件及其澄清、修改,招标文件及其澄清、修改报相应的交通运输主管部门备案。

招标人应当自资格预审文件或者招标文件开始发售之日起,将其关键内容上传至具有招标监督职责的交通运输主管部门政府网站或者其指定的其他网站上进行公开,公开内容包括项目概况、对申请人或者投标人的资格条件要求、资格审查办法、评标办法、招标人联系方式等,公开时间至提交资格预审申请文件截止时间 2 日前或者投标截止时间 10 日前结束。招标人发出的资格预审文件或者招标文件的澄清或者修改涉及到上述规定的公开内容的,招标人应当在向交通运输主管部门备案的同时,将澄清或者修改的内容上传至上述规定的网站。

招标人可以自行决定是否编制标底或者设置最高投标限价。招标人不得规定最低投标限价。接受委托编制标底或者最高投标限价的中介机构不得参加该项目的投标,也不得为该项目的投标人编制投标文件或者提供咨询。

招标人应当严格遵守有关法律、行政法规关于各类保证金收取的规定,在招标文件中载明保证金收取的形式、金额以及返还时间。招标人不得以任何名义增设或者变相增设保证金或者随意更改招标文件载明的保证金收取形式、金额以及返还时间。招标人不得在资格预审期间收取任何形式的保证金。

招标人在招标文件中要求投标人提交投标保证金的,投标保证金不得超过招标标段估算价的2%。投标保证金有效期应当与投标有效期一致。依法必须进行招标的公路工程建设项目的投标人,以现金或者支票形式提交投标保证金的,应当从其基本账户转出。投标人提交的投标保证金不符合招标文件要求的,应当否决其投标。招标人不得挪用投标保证金。

### (三)投标

投标人是响应招标、参加投标竞争的法人或者其他组织。投标人应当具备招标文件规定的资格条件,具有承担所投标项目的相应能力。

投标人在投标文件中填报的资质、业绩、主要人员资历和目前在岗情况、信用等级等信息,应当与其在交通运输主管部门公路建设市场信用信息管理系统上填报并发布的相关信息一致。

投标人应当按照招标文件要求装订、密封投标文件,并按照招标文件规定的时间、地点和方式将投标文件送达招标人。公路工程勘察设计和施工监理招标的投标文件应当以双信封形式密封,第一信封内为商务文件和技术文件,第二信封内为报价文件。对公路工程施工招标,招标人采用资格预审方式进行招标且评标方法为技术评分最低标价法的,或者采用资格后审方式进行招标的,投标文件应当以双信封形式密封,第一信封内为商务文件和技术文件,第二信封内为报价文件。

投标文件按照要求送达后,在招标文件规定的投标截止时间前,投标人修改或者撤回投标文件的,应当以书面函件形式通知招标人。修改投标文件的函件是投标文件的组成部分,其编制形式、密封方式、送达时间等,适用对投标文件的规定。投标人在投标截止时间前撤回投标文件且招标人已收取投标保证金的,招标人应当自收到投标人书面撤回通知之日起5日内退还其投标保证金。投标截止后投标人撤销投标文件的,招标人可以不退还投标保证金。

### (四)开标、评标和中标

#### 1. 开标

开标应当在招标文件确定的提交投标文件截止时间的同一时间公开进行;开标地点应当为招标文件中预先确定的地点。投标人少于3个的,不得开标,投标文件应当当场退还给投标人;招标人应当重新招标。

开标由招标人主持,邀请所有投标人参加。开标过程应当记录,并存档备查。投标人对开标有异议的,应当在开标现场提出,招标人应当当场作出答复,并制作记录。未参加开标的投标人,视为对开标过程无异议。

投标文件按照招标文件规定采用双信封形式密封的,开标分两个步骤公开进行:

第一步骤对第一信封内的商务文件和技术文件进行开标,对第二信封不予拆封并由招标人予以封存。

第二步骤宣布通过商务文件和技术文件评审的投标人名单,对其第二信封内的报价文件进行开标，宣读投标报价。未通过商务文件和技术文件评审的，对其第二信封不予拆封，并当场退还给投标人；投标人未参加第二信封开标的，招标人应当在评标结束后及时将第二信封原封退还投标人。

### 2. 评标

招标人应当按照国家有关规定组建评标委员会负责评标工作。评标委员会应当按照招标文件确定的评标标准和方法进行评标。招标文件没有规定的评标标准和方法不得作为评标的依据。

公路工程勘察设计和施工监理招标，应当采用综合评估法进行评标，对投标人的商务文件、技术文件和报价文件进行评分，按照综合得分由高到低排序，推荐中标候选人。评标价的评分权重不宜超过10%，评标价得分应当根据评标价与评标基准价的偏离程度进行计算。

公路工程施工招标，评标采用综合评估法或者经评审的最低投标价法。综合评估法包括合理低价法、技术评分最低标价法和综合评分法。评标方法的内容和应用如表3-6所示。

表3-6　评标方法的内容和应用

<table>
<tr><th colspan="2">评标方法</th><th>内容</th><th>应用</th></tr>
<tr><td colspan="2">经评审的最低投标价法</td><td>按照评标价由低到高排序</td><td>工程规模较小、技术含量较低的工程</td></tr>
<tr><td rowspan="3">综合评估法</td><td>合理低价法</td><td>仅依据评标基准价对评标价进行评分，按照得分由高到低排序</td><td rowspan="2">一般工程</td></tr>
<tr><td>技术评分最低标价法</td><td>对施工组织设计、项目管理机构、技术能力等因素进行评分，按照得分由高到低排序，对排名在招标文件规定数量以内的投标人的报价文件进行评审，按照评标价由低到高排序</td></tr>
<tr><td>综合评分法</td><td>对评标价、施工组织设计、项目管理机构、技术能力等因素进行评分，按照综合得分由高到低排序</td><td>技术特别复杂的特大桥梁和特长隧道项目主体工程</td></tr>
</table>

评标委员会对投标文件进行评审后，因有效投标不足3个使得投标明显缺乏竞争的，可以否决全部投标。未否决全部投标的，评标委员会应当在评标报告中阐明理由并推荐中标候选人。

### 3. 中标

依法必须进行招标的公路工程建设项目，招标人应当自收到评标报告之日起3日内，在对该项目具有招标监督职责的交通运输主管部门政府网站或者其指定的其他网站上公示中标候选人，公示期不得少于3日，公示内容包括：

(1)中标候选人排序、名称、投标报价。

(2)中标候选人在投标文件中承诺的主要人员姓名、个人业绩、相关证书编号。

(3)中标候选人在投标文件中填报的项目业绩。

(4)被否决投标的投标人名称、否决依据和原因。

(5)招标文件规定公示的其他内容。

投标人或者其他利害关系人对依法必须进行招标的公路工程建设项目的评标结果有异议的，应当在中标候选人公示期间提出。招标人应当自收到异议之日起3日内作出答复；作出答复前,应当暂停招标投标活动。

除招标人授权评标委员会直接确定中标人外,招标人应当根据评标委员会提出的书面评标报告和推荐的中标候选人确定中标人。国有资金占控股或者主导地位的依法必须进行招标的公路工程建设项目,招标人应当确定排名第一的中标候选人为中标人。排名第一的中标候选人放弃中标、因不可抗力不能履行合同、不按照招标文件要求提交履约保证金,或者被查实存在影响中标结果的违法行为等情形,不符合中标条件的,招标人可以按照评标委员会提出的中标候选人名单排序依次确定其他中标候选人为中标人,也可以重新招标。

依法必须进行招标的公路工程建设项目,招标人应当自确定中标人之日起 15 日内,将招标投标情况的书面报告报对该项目具有招标监督职责的交通运输主管部门备案。招标人应当及时向中标人发出中标通知书,同时将中标结果通知所有未中标的投标人。

招标人和中标人应当自中标通知书发出之日起 30 日内,按照招标文件和中标人的投标文件订立书面合同,合同的标的、价格、质量、安全、履行期限、主要人员等主要条款应当与上述文件的内容一致。招标人和中标人不得再行订立背离合同实质性内容的其他协议。招标人最迟应当在中标通知书发出后 5 日内向中标候选人以外的其他投标人退还投标保证金,与中标人签订书面合同后 5 日内向中标人和其他中标候选人退还投标保证金。以现金或者支票形式提交的投标保证金,招标人应当同时退还投标保证金的银行同期活期存款利息,且退还至投标人的基本账户。

招标文件要求中标人提交履约保证金的,中标人应当按照招标文件的要求提交。履约保证金不得超过中标合同金额的 10%。招标人不得指定或者变相指定履约保证金的支付形式,由中标人自主选择银行保函或者现金、支票等支付形式。

### (五)监督管理

各级交通运输主管部门应当按照《中华人民共和国招标投标法》《中华人民共和国招标投标法实施条例》等法律法规、规章以及招标投标活动行政监督职责分工,加强对公路工程建设项目招标投标活动的监督管理。

## 六、公路工程验收相关规定

公路工程验收相关规定主要有《公路工程竣(交)工验收办法》《公路工程竣(交)工验收办法实施细则》。《公路工程竣(交)工验收办法实施细则》根据《公路工程竣(交)工验收办法》制定,进一步规范和完善了公路工程竣(交)工验收工作。因此,此部分内容主要依据《公路工程竣(交)工验收办法实施细则》进行讲解。

### (一)总则

公路工程验收分为交工验收和竣工验收两个阶段。交工验收阶段,其主要工作是:检查施工合同的执行情况,评价工程质量,对各参建单位工作进行初步评价。竣工验收阶段,其主要工作是:对工程质量、参建单位和建设项目进行综合评价,并对工程建设项目作出整体性综合评价。

公路工程竣(交)工验收的依据是:批准的项目建议书、工程可行性研究报告;批准的工程初步设计、施工图设计及设计变更文件;施工许可;招标文件及合同文本;行政主管部门的有关批复、批示文件;公路工程技术标准、规范、规程及国家有关部门的相关规定。

### (二)交工验收

公路工程交工验收工作一般按合同段进行,并应具备以下条件:

(1)合同约定的各项内容已全部完成。各方就合同变更的内容达成书面一致意见。

(2)施工单位按《公路工程质量检验评定标准》及相关规定对工程质量自检合格。

(3)监理单位对工程质量评定合格。

(4)质量监督机构按"公路工程质量鉴定办法"对工程质量进行检测,并出具检测意见。检测意见中需整改的问题已经处理完毕。

(5)竣工文件按公路工程档案管理的有关要求,完成资料内容的收集、整理及归档工作。

(6)施工单位、监理单位完成本合同段的工作总结报告。

交工验收程序:

(1)施工单位完成合同约定的全部工程内容,且经施工自检和监理检验评定均合格后,提出合同段交工验收申请报监理单位审查。交工验收申请应附自检评定资料和施工总结报告。

(2)监理单位根据工程实际情况、抽检资料以及对合同段工程质量评定结果,对施工单位交工验收申请及其所附资料进行审查并签署意见。监理单位审查同意后,应同时向项目法人提交独立抽检资料、质量评定资料和监理工作报告。

(3)项目法人对施工单位的交工验收申请、监理单位的质量评定资料进行核查,必要时可委托有相应资质的检测机构进行重点抽查检测,认为合同段满足交工验收条件时应及时组织交工验收。

(4)对若干合同段完工时间相近的,项目法人可合并组织交工验收。对分段通车的项目,项目法人可按合同约定分段组织交工验收。

(5)通过交工验收的合同段,项目法人应及时颁发"公路工程交工验收证书"。

(6)各合同段全部验收合格后,项目法人应及时完成"公路工程交工验收报告"。

交工验收的主要工作内容:

(1)检查合同执行情况。

(2)检查施工自检报告、施工总结报告及施工资料。

(3)检查监理单位独立抽检资料、监理工作报告及质量评定资料。

(4)检查工程实体,审查有关资料,包括主要产品的质量抽(检)测报告。

(5)核查工程完工数量是否与批准的设计文件相符,是否与工程计量数量一致。

(6)对合同是否全面执行、工程质量是否合格做出结论。

(7)按合同段分别对设计、监理、施工等单位进行初步评价。

各合同段的设计、施工、监理等单位参加交工验收工作,由项目法人负责组织。路基工程作为单独合同段进行交工验收时,应邀请路面施工单位参加。拟交付使用的工程,应邀请运营、养护管理等相关单位参加。交通运输主管部门、公路管理机构、质量监督机构视情况参加交工验收。

合同段工程质量评分采用所含各单位工程质量评分的加权平均值。即:

$$合同段工程质量评分值=\frac{\sum(单位工程质量评分值\times该单位工程投资额)}{\sum单位工程投资额}$$

工程各合同段交工验收结束后,由项目法人对整个工程项目进行工程质量评定,工程质量评分采用各合同段工程质量评分的加权平均值。即:

$$工程项目质量评分值=\frac{\sum(合同段工程质量评分值\times该合同段投资额)}{\sum合同段投资额}$$

**链接**

投资额原则使用结算价，当结算价暂时未确定时，可使用招标合同价，但在评分计算时应统一。

交工验收工程质量等级评定分为合格和不合格，工程质量评分值大于等于 75 分的为合格，小于 75 分的为不合格。交工验收不合格的工程应返工整改，直至合格。交工验收提出的工程质量缺陷等遗留问题，由项目法人责成施工单位限期完成整改。对通过交工验收工程，应及时安排养护管理。

### （三）竣工验收

按照公路工程管理权限，各级交通运输主管部门应于年初制定年度竣工验收计划，并按计划组织竣工验收工作。列入竣工验收计划的项目，项目法人应提前完成竣工验收前的准备工作。

公路工程竣工验收应具备以下条件：

（1）通车试运营 2 年以上。

（2）交工验收提出的工程质量缺陷等遗留问题已全部处理完毕，并经项目法人验收合格。

（3）工程决算编制完成，竣工决算已经审计，并经交通运输主管部门或其授权单位认定。

（4）竣工文件已完成“公路工程项目文件归档范围”的全部内容。

（5）档案、环保等单项验收合格，土地使用手续已办理。

（6）各参建单位完成工作总结报告。

（7）质量监督机构对工程质量检测鉴定合格，并形成工程质量鉴定报告。

竣工验收准备工作程序：

（1）公路工程符合竣工验收条件后，项目法人应按照公路工程管理权限及时向相关交通运输主管部门提出验收申请，其主要内容包括：交工验收报告；项目执行报告、设计工作报告、施工总结报告和监理工作报告；项目基本建设程序的有关批复文件；档案、环保等单项验收意见；土地使用证或建设用地批复文件；竣工决算的核备意见、审计报告及认定意见。

（2）相关交通运输主管部门对验收申请进行审查，必要时可组织现场核查。审查同意后报负责竣工验收的交通运输主管部门。

（3）以上文件齐全且符合条件的项目，由负责竣工验收的交通运输主管部门通知所属的质量监督机构开展质量鉴定工作。

（4）质量监督机构按要求完成质量鉴定工作，出具工程质量鉴定报告，并审核交工验收对设计、施工、监理初步评价结果，报送交通运输主管部门。

（5）工程质量鉴定等级为合格及以上的项目，负责竣工验收的交通运输主管部门及时组织竣工验收。

竣工验收主要工作内容：

（1）成立竣工验收委员会。

（2）听取公路工程项目执行报告、设计工作报告、施工总结报告、监理工作报告及接管养护单位项目使用情况报告。

（3）听取公路工程质量监督报告及工程质量鉴定报告。

（4）竣工验收委员会成立专业检查组检查工程实体质量，审阅有关资料，形成书面检查意见。

（5）对项目法人建设管理工作进行综合评价。审定交工验收对设计单位、施工单位、监理单位的初步评价。

（6）对工程质量进行评分，确定工程质量等级，并综合评价建设项目。

（7）形成并通过《公路工程竣工验收鉴定书》。

（8）负责竣工验收的交通运输主管部门印发《公路工程竣工验收鉴定书》。

（9）质量监督机构依据竣工验收结论，对各参建单位签发"公路工程参建单位工作综合评价等级证书"。

竣工验收委员会由交通运输主管部门、公路管理机构、质量监督机构、造价管理机构等单位代表组成。国防公路应邀请军队代表参加。大中型项目及技术复杂工程，应邀请有关专家参加。项目法人、设计、施工、监理、接管养护等单位代表参加竣工验收工作，但不作为竣工验收委员会成员。

参加竣工验收工作各方的主要职责是：

（1）竣工验收委员会负责对工程实体质量及建设情况进行全面检查。对工程质量进行评分，对各参建单位及建设项目进行综合评价，确定工程质量和建设项目等级，形成工程竣工验收鉴定书。

（2）项目法人负责提交项目执行报告及验收工作所需资料，协助竣工验收委员会开展工作。

（3）设计单位负责提交设计工作报告，配合竣工验收检查工作。

（4）施工单位负责提交施工总结报告，提供各种资料，配合竣工验收检查工作。

（5）监理单位负责提交监理工作报告，提供工程监理资料，配合竣工验收检查工作。

（6）接管养护单位负责提交项目使用情况报告，配合竣工验收检查工作。

（7）公路建设项目设计、施工、监理、接管养护等有多家单位的，项目法人应组织汇总设计工作报告、施工总结报告、监理工作报告、项目使用情况报告。竣工验收时选派代表向竣工验收委员会汇报。

竣工验收工程质量评分采取加权平均法计算，其中交工验收工程质量得分权值为0.2，质量监督机构工程质量鉴定得分权值为0.6，竣工验收委员会对工程质量的评分权值为0.2。对于交工验收和竣工验收合并进行的小型项目，质量监督机构工程质量鉴定得分权值为0.6，监理单位对工程质量评定得分权值为0.1，竣工验收委员会对工程质量的评分权值为0.3。工程质量评分大于等于90分为优良，小于90分且大于等于75分为合格，小于75分为不合格。发生过重大及以上生产安全事故的建设项目综合评定等级不得评为优良。

# 第二节　公路施工安全生产和质量管理相关规定

## 模块一　公路工程施工安全生产相关规定

### 一、公路工程施工安全生产条件

施工安全生产条件在《中华人民共和国安全生产法》《建设工程安全生产管理条例》《公

路水运工程安全生产监督管理办法》中均有相应的规定。《公路水运工程安全生产监督管理办法》是根据《中华人民共和国安全生产法》《建设工程安全生产管理条例》《生产安全事故报告和调查处理条例》制定的，因此，关于施工安全生产条件的规定有一定的相似性。此部分内容主要依据《公路水运工程安全生产监督管理办法》进行讲解。

从业单位从事公路水运工程建设活动，应当具备法律、法规、规章和工程建设强制性标准规定的安全生产条件。任何单位和个人不得降低安全生产条件。公路水运工程应当坚持先勘察后设计再施工的程序。施工图设计文件依法经审批后方可使用。公路水运工程施工招标文件及施工合同中应当载明项目安全管理目标、安全生产职责、安全生产条件、安全生产信用情况及专职安全生产管理人员配备的标准等要求。

施工单位从事公路水运工程建设活动，应当取得安全生产许可证及相应等级的资质证书。施工单位的主要负责人和安全生产管理人员应当经交通运输主管部门对其安全生产知识和管理能力考核合格。施工单位应当设置安全生产管理机构或者配备专职安全生产管理人员。施工单位应当根据工程施工作业特点、安全风险以及施工组织难度，按照年度施工产值配备专职安全生产管理人员，不足 5 000 万元的至少配备 1 名；5 000 万元以上不足 2 亿元的按每 5 000 万元不少于 1 名的比例配备；2 亿元以上的不少于 5 名，且按专业配备。从业单位应当依法对从业人员进行安全生产教育和培训。未经安全生产教育和培训合格的从业人员，不得上岗作业。公路水运工程从业人员中的特种作业人员应当按照国家有关规定取得相应资格，方可上岗作业。

施工中使用的施工机械、设施、机具以及安全防护用品、用具和配件等应当具有生产(制造)许可证、产品合格证或者法定检验检测合格证明，并设立专人查验、定期检查和更新，建立相应的资料档案。无查验合格记录的不得投入使用。

特种设备使用单位应当依法取得特种设备使用登记证书，建立特种设备安全技术档案，并将登记标志置于该特种设备的显著位置。翻模、滑(爬)模等自升式架设设施，以及自行设计、组装或者改装的施工挂(吊)篮、移动模架等设施在投入使用前，施工单位应当组织有关单位进行验收，或者委托具有相应资质的检验检测机构进行验收。验收合格后方可使用。

从业单位应当保证本单位所应具备的安全生产条件必需的资金投入。安全生产费用应当经监理工程师审核签认，并经建设单位同意后，在项目建设成本中据实列支，严禁挪用。

公路水运工程施工现场的办公、生活区与作业区应当分开设置，并保持安全距离。施工作业点应当设置明显的安全警示标志，按规定设置安全防护设施。

施工单位与从业人员订立的劳动合同，应当载明有关保障从业人员劳动安全、防止职业危害等事项。施工单位还应当向从业人员书面告知危险岗位的操作规程。施工单位应当向作业人员提供符合标准的安全防护用品，监督、教育从业人员按照使用规则佩戴、使用。

公路水运工程建设应当实施安全生产风险管理，按规定开展设计、施工安全风险评估。建设、施工等单位应当针对工程项目特点和风险评估情况分别制定项目综合应急预案、合同段施工专项应急预案和现场处置方案，告知相关人员紧急避险措施，并定期组织演练。

## 二、公路工程承包人安全责任

承包人安全责任在《公路水运工程安全生产监督管理办法》中也有明确的规定，此部分内容主要依据《公路水运工程安全生产监督管理办法》进行讲解。

施工单位应当书面明确本单位的项目负责人，代表本单位组织实施项目施工生产。项目负责人对项目安全生产工作负有下列职责：

(1)建立项目安全生产责任制，实施相应的考核与奖惩。

(2)按规定配足项目专职安全生产管理人员。

(3)结合项目特点，组织制定项目安全生产规章制度和操作规程。

(4)组织制定项目安全生产教育和培训计划。

(5)督促项目安全生产费用的规范使用。

(6)依据风险评估结论，完善施工组织设计和专项施工方案。

(7)建立安全预防控制体系和隐患排查治理体系，督促、检查项目安全生产工作，确认重大事故隐患整改情况。

(8)组织制定本合同段施工专项应急预案和现场处置方案，并定期组织演练。

(9)及时、如实报告生产安全事故并组织自救。

施工单位的专职安全生产管理人员履行下列职责：

(1)组织或者参与拟订本单位安全生产规章制度、操作规程，以及合同段施工专项应急预案和现场处置方案。

(2)组织或者参与本单位安全生产教育和培训，如实记录安全生产教育和培训情况。

(3)督促落实本单位施工安全风险管控措施。

(4)组织或者参与本合同段施工应急救援演练。

(5)检查施工现场安全生产状况，做好检查记录，提出改进安全生产标准化建设的建议。

(6)及时排查、报告安全事故隐患，并督促落实事故隐患治理措施。

(7)制止和纠正违章指挥、违章操作和违反劳动纪律的行为。

施工单位应当将专业分包单位、劳务合作单位的作业人员及实习人员纳入本单位统一管理。新进人员和作业人员进入新的施工现场或者转入新的岗位前，施工单位应当对其进行安全生产培训考核。施工单位采用新技术、新工艺、新设备、新材料的，应当对作业人员进行相应的安全生产教育培训，生产作业前还应当开展岗位风险提示。

## 三、公路工程项目施工安全风险评估

### (一)公路桥梁和隧道工程

#### 1. 目的与适用范围

公路桥梁和隧道工程施工环境条件复杂，施工组织实施困难，作业安全风险居高不下，一直以来是行业安全监管的重点环节。在施工阶段建立安全风险评估制度符合国际通行做法。在工程实施前，开展定性或定量的施工安全风险估测，能够增强安全风险意识，改进施工措施，规范预案预警预控管理，有效降低施工风险，严防重特大事故发生。这项工作也是公路桥梁和隧道工程设计风险评估结果在施工阶段的落实和深化。

列入国家和地方基本建设计划的新建、改建、扩建以及拆除、加固等高等级公路桥梁和隧道工程项目，在施工阶段，应按要求，进行施工安全风险评估。其他公路工程项目，可参照执行。

### 2. 评估要求

公路桥梁和隧道工程施工安全风险评估要求如表 3-7 所示。

**表 3-7　公路桥梁和隧道工程施工安全风险评估要求**

| 项目 | 内容 | |
|---|---|---|
| 评估范围 | 桥梁工程：<br>(1)多跨或跨径大于 40 m 的石拱桥，跨径大于或等于 150 m 的钢筋混凝土拱桥，跨径大于或等于 350 m 的钢箱拱桥，钢桁架、钢管混凝土拱桥。<br>(2)跨径大于或等于 140 m 的梁式桥，跨径大于 400 m 的斜拉桥，跨径大于 1 000 m 的悬索桥。<br>(3)墩高或净空大于 100 m 的桥梁工程。<br>(4)采用新材料、新结构、新工艺、新技术的特大桥、大桥工程。<br>(5)特殊桥型或特殊结构桥梁的拆除或加固工程。<br>(6)施工环境复杂、施工工艺复杂的其他桥梁工程 | 隧道工程：<br>(1)穿越高地应力区、岩溶发育区、区域地质构造、煤系地层、采空区等工程地质或水文地质条件复杂的隧道，黄土地区、水下或海底隧道工程。<br>(2)浅埋、偏压、大跨度、变化断面等结构受力复杂的隧道工程。<br>(3)长度 3 000 m 及以上的隧道工程，Ⅵ，Ⅴ级围岩连续长度超过 50 m 或合计长度占隧道全长的 30% 及以上的隧道工程。<br>(4)连拱隧道和小净距隧道工程。<br>(5)采用新技术、新材料、新设备、新工艺的隧道工程。<br>(6)隧道改扩建工程。<br>(7)施工环境复杂、施工工艺复杂的其他隧道工程 |
| 评估方法 | 总体风险评估：桥梁或隧道工程开工前，根据桥梁或隧道工程的地质环境条件、建设规模、结构特点等孕险环境与致险因子，估测桥梁或隧道工程施工期间的整体安全风险大小，确定其静态条件下的安全风险等级 | |
| | 专项风险评估：当桥梁或隧道工程总体风险评估等级达到Ⅲ级（高度风险）及以上时，将其中高风险的施工作业活动（或施工区段）作为评估对象，根据其作业风险特点以及类似工程事故情况，进行风险源普查，并针对其中的重大风险源进行量化估测，提出相应的风险控制措施 | |
| 评估工作 | 制定评估计划、选择评估方法、开展风险分析、进行风险估测、确定风险等级、提出措施建议、编制评估报告 | |
| 评估步骤 | 开展总体风险评估→确定专项风险评估范围→开展专项风险评估→确定风险控制措施 | |
| 评估组织 | 原则上由项目施工单位具体负责。当被评估项目含多个合同段时，总体风险评估应由建设单位牵头组织，专项风险评估工作仍由合同施工单位具体实施 | |
| 评估报告内容 | 评估依据、工程概况、评估方法、评估步骤、评估内容、评估结论及对策建议 | |
| 评估费用 | 在项目安全生产费用中列支 | |
| 动态管理原则 | 当工程设计方案、施工方案、工程地质、水文地质、施工队伍等发生重大变化时，应重新进行风险评估 | |

### 3. 桥梁工程风险防控对策及建议

桥梁工程风险防控对策及建议包括人工挖孔桩施工、基坑施工、水上群桩施工、支架法施工、墩柱（塔）施工、悬臂拼装施工、悬臂浇筑施工、架桥机施工等方面。此部分主要介绍支架法施工、悬臂浇筑施工的风险防控对策及建议。

支架法施工的风险防控应重点考虑坍塌事故、高处坠落事故等类型，具体风险防控对策及建议可参照表 3-8。

**表 3-8　支架法施工风险防控对策及建议**

| 序号 | 支架法施工风险防控对策及建议 |
| --- | --- |
| 1 | 支架法施工前，应根据结构特点、混凝土施工工艺和现行的有关要求对支架进行施工专项安全设计，并制定安装、拆除程序及安全技术措施 |
| 2 | 使用材料应满足相关要求 |
| 3 | 支架立柱应置于平整、坚实的地基上，立柱底部应铺设垫板或混凝土垫块扩散压力；支架地基处应有排水措施，严禁被水浸泡 |
| 4 | 支架的立柱应设水平撑和双向斜撑，斜撑的水平夹角以 45°为宜；立柱高于 5 m 时，水平撑间距不得大于 2 m，并在两水平撑之间加剪刀撑 |
| 5 | 支架高度较高时，应设一组缆风绳 |
| 6 | 在河水中支搭支架应设防冲撞设施，并应经常检查防冲撞设计和支架状况，发现松动、变形、沉降应及时加固 |
| 7 | 支架跨越公路、铁路时应满足相关要求 |
| 8 | 支架搭设应满足下列要求：<br>(1)立杆应竖直，2 m 高度的垂直偏差不得大于 1.5 cm；每搭完一步支架后，应进行校正。立杆的纵、横间距应符合施工设计的要求，每搭完一步支架后，应进行校正。<br>(2)可调底座的调节螺杆伸出长度超过 30 cm 时，应采取可靠的固定措施。<br>(3)满堂红支架的四边和中间每隔四排立杆应设置一道纵向剪刀撑，由底至顶连续设置。<br>(4)高于 4 m 的满堂红支架，其两端和中间每隔四排立杆应从顶层开始向下每隔两步设置一道水平剪刀撑 |
| 9 | 支架安装完成后，应对节点和支撑进行检查、确认符合设计要求，经验收合格，并形成文件 |
| 10 | 支架应按照施工设计要求的方法、程序拆除；严禁使用机械牵引、推倒的方法拆除 |
| 11 | 拆除前，应先清理施工现场，划定作业区。拆除时应设专人值守，非作业人员禁止入内；拆除作业必须由作业组长指挥，作业人员必须服从指挥，步调一致，并随时保持作业场地整洁、道路畅通 |
| 12 | 拆除作业应自上而下进行，不得上下多层交叉作业 |
| 13 | 支架的拆除时间，应根据结构的特点、部位和混凝土达到的强度确定 |
| 14 | 拆除支架时，必须确保未拆除部分的稳定，必要时应对未拆部分采取临时加固、支撑措施，确认安全后，方可拆除 |
| 15 | 拆除跨公路的支架，跨铁路的模板、支架应符合相关要求 |
| 16 | 支架法施工中应对各种不良气候因素密切监测，并对支架立柱基础沉降应做好监控 |

悬臂浇筑的风险防控应重点考虑坍塌事故、高处坠落事故等类型，具体风险防控对策及建议可参照表 3-9。

表 3-9　悬臂浇筑施工风险防控对策及建议

| 序号 | 悬臂浇筑施工风险防控对策及建议 |
| --- | --- |
| 1 | 挂篮应进行施工设计，其强度、刚度、稳定性应满足施工各阶段最大荷载组合的要求 |
| 2 | 悬臂浇注应满足下列安全要求：<br>(1)施工前应对墩顶段浇注托架、梁墩锚固、挂篮、梁段模板、挠度控制和合拢等进行施工设计。<br>(2)墩身预埋件等应在施工过程中进行工序检查，确认位置准确和材质、规格符合施工设计要求。<br>(3)浇注墩顶段(0#段)混凝土前，应对托架、模板进行检验和预压，消除杆件连接缝隙、地基沉降和其他非弹性变形。<br>(4)挂篮的抗倾覆、锚固和限位结构的安全系数均不得小于2。<br>(5)挂篮组拼后应检查锚固系统和各杆件的连接状况，经验收并进行承重试验确认合格，并形成文件后，方可投入使用。<br>(6)挂篮行走滑道应平顺、无偏移；挂篮行走应缓慢，速度宜控制在0.1 m/min以内，并应由专人指挥。<br>(7)桥墩两侧梁段悬臂施工进度应对称、平衡，其不平衡偏差应符合设计要求 |
| 3 | 梁桥混凝土浇筑过程中，应随时检查钢筋、波纹管和预埋件，发现位移或松动必须及时修复，且应设专人监测模板和支架、挂篮的稳定状况，发现异常必须立即停止浇注，并及时采取安全技术措施，经检查确认合格后，方可恢复施工 |
| 4 | 大雨、大雪、大雾、沙尘暴和六级(含)风以上等恶劣天气必须停止架梁作业 |

## 4. 隧道工程风险控制措施建议

隧道工程风险控制措施建议包括隧道坍塌事故、隧道瓦斯爆炸事故、隧道涌水突泥事故等方面。此部分主要介绍支隧道坍塌事故风险控制措施建议。

按照专项风险评估确定的风险等级，隧道坍塌事故可从前期调查、开挖作业、支护方式、监控量测、二次衬砌、安全教育等方面分别制定具体措施，可参照表 3-10。

表 3-10　隧道坍塌事故控制措施建议

<table>
<tr><th>事故控制措施</th><th>等级Ⅳ</th><th>等级Ⅲ</th><th>等级Ⅱ</th></tr>
<tr><td colspan="4">(1)前期调查</td></tr>
<tr><td>①资料收集</td><td colspan="2">收集相关地质资料及周边工程施工记录、事故记录(包括自然灾害)等</td><td>最好收集上述资料</td></tr>
<tr><td>②洞口段</td><td colspan="2">对有关滑坡、岩体崩塌等观测</td><td>对是否需要观测进行论证</td></tr>
<tr><td>③断层、破碎带</td><td colspan="3">接近断层、破碎带时，应采用超前地质预报等方式进行确认</td></tr>
<tr><td>④浅埋段</td><td colspan="3">进行地表沉降、拱顶下沉等观测</td></tr>
<tr><td colspan="4">(2)开挖作业</td></tr>
<tr><td>①开挖方式</td><td>根据地质条件、施工条件选择适当的开挖方式，并根据情况进行超前支护</td><td colspan="2">不良地质条件下应讨论改变施工方法是否进行超前支护</td></tr>
</table>

（续表）

| 事故控制措施 | 等级Ⅳ | 等级Ⅲ | 等级Ⅱ |
|---|---|---|---|
| ②危石 | 应分段仔细检查爆破段并清除危石。钻孔作业前后、爆破后、废渣处理时及处理后，应进行仔细检查，并去除。地震后应检查以上地点 | | |
| (3)支护 | | | |
| ①喷射混凝土 | 开挖后迅速喷射混凝土 | | |
| | 根据情况对掌子面喷射混凝土 | 对于地质不良段应讨论确定 | |
| | 根据情况二次喷射混凝土 | 对于地质不良段应讨论确定 | |
| | 采用钢筋网、喷射混凝土进行加固 | 对于地质不良段应讨论确定 | |
| ②锚杆 | 锚杆应根据地质条件，采用固结性好并便于施工的方式打设。施工时，应进行拉拔试验确认其性能 | | |
| ③钢拱架支护 | 缩小钢拱架的间隔 | 不良地质路段应缩小 | |
| | 扩大钢拱架的断面 | 不良地质路段扩大 | |
| | 使用适合围岩条件的底板、垫板 | 不良地质路段应使用合适的底板、垫板 | |
| | 讨论钢拱架的形状是否适合 | 不良地质路段应讨论其形状 | |
| (4)监控量测 | 根据地质条件和施工情况进行适当的监控量测 | | |
| | 缩小监控量测间距 | 不良地质路段应缩小 | |
| | 增加监控量测频率 | 不良地质路段应增加频度 | |
| | 根据监控量测、观察的结果，初期支护发生变形时，应采取有效的加固措施 | | |
| (5)二次衬砌 | 讨论是否需要采用仰拱进行断面闭合及尽早浇筑衬砌等问题 | 不良地质路段应对是否闭合及尽量衬砌进行讨论 | |
| | 根据情况，可考虑是否采用临时性衬砌 | 应对临时衬砌进行讨论 | |
| (6)防坍塌的培训 | 应对以下内容进行相关培训：坍塌事故的危险性；防止事故发生的对策及注意事项；检查方法（检查内容及时间）；发生险情时的应急措施 | | |

## （二）高速公路路堑高边坡工程

### 1. 施工安全风险评估要求

凡列入国家和地方基本建设计划的新建、改建、扩建的高速公路，在施工阶段应进行路堑高边坡施工安全风险评估。高速公路路堑高边坡工程施工安全风险评估要求如表3-11所示。

表 3-11 高速公路路堑高边坡工程施工安全风险评估要求

| 项目 | 内容 | |
|---|---|---|
| 评估分类 | 总体风险评估：<br>以建设项目全线路堑高边坡工程为评估对象，根据工程建设规模、地质条件、工程特点、诱发因素、施工环境、资料完整性等，评估全线路堑高边坡施工安全风险，确定风险等级并提出控制措施建议。总体风险评估在开工前实施，评估结论可作为制定高边坡工程施工组织设计的依据 | 专项风险评估：<br>在总体风险评估基础上，对达到高度风险（Ⅲ级）及以上的路堑高边坡为评估单元，以施工作业活动为评估对象，根据其安全风险特点，进行风险辨识、分析、估测；并针对其中的重大风险源量化评估，划分风险等级，提出风险控制措施。专项风险评估可分为施工前专项评估和施工过程专项评估。专项风险评估结论可作为制定、完善高边坡工程专项施工方案的依据 |
| 评估对象 | 总体风险评估对象包括：<br>（1）高于 20 m 的土质边坡、高于 30 m 的岩质边坡。<br>（2）老滑坡体、岩堆体、老错落体等不良地质体地段开挖形成的不足 20 m 的边坡。<br>（3）膨胀土、高液限土、冻土、黄土等特殊岩土地段开挖形成的不足 20 m 的边坡。<br>（4）城乡居民居住区、民用军用地下管线分布区、高压铁塔附近等施工场地周边环境复杂地段开挖形成的不足 20 m 的边坡 | 满足下列条件之一的路堑高边坡，应开展专项风险评估：<br>（1）总体风险等级为Ⅲ级及以上的。<br>（2）总体风险评估中单一指标影响过大的 |
| 评估时间 | 总体风险评估应在项目开工前实施。专项风险评估应在路堑边坡分项工程开工前完成。施工中，经论证出现新的重大风险源，或发生生产安全事故（险情）等情况，应补充开展施工过程专项评估 | |
| 评估组织 | 总体风险评估工作由建设单位负责组织，专项风险评估工作由施工单位负责组织 | |
| 评估报告内容 | 编制依据、工程概况、评估方法、评估步骤、评估内容、评估结论及对策建议等 | |
| 评估费用 | 同公路桥梁和隧道工程施工安全风险评估要求，评估费用在项目安全生产费用中列支 | |

## 2. 高速公路路堑高边坡施工风险控制措施建议

高速公路路堑高边坡风险控制措施建议包括边坡开挖施工、预应力锚固施工、抗滑桩施工、抗滑挡墙施工、排水隧洞施工、预应力锚索抗滑桩等方面。此部分主要介绍边坡开挖施工风险控制措施建议。

边坡开挖施工风险控制措施建议可参照表 3-12。

表 3-12　边坡开挖施工风险控制措施建议

| 典型事故类型 | 风险控制措施建议 |
|---|---|
| 边坡失稳 | (1)在施工前进行实地调查,及早发现老滑坡、潜在滑坡等新情况,完善设计方案和工程措施;在施工过程中及时监测、掌握地质信息,避免边坡失稳事故发生。<br>(2)在滑坡体上开挖土方应按照从上向下开挖一级加固一级的顺序施工,对滑坡体加固可按照从滑体边缘向滑体中部逐步推进加固、分段跳槽开挖施工,当开挖一级边坡仍不能保证稳定时应分层开挖分层加固。<br>(3)土质边坡或岩性不稳定边坡开挖应安排在枯水季节施工,避开雨季。<br>(4)有加固工程的土质边坡在开挖后应在 1 周内完成加固,其他类型边坡开挖后应尽快完成加固工程,不能及时完成加固的应暂停开挖。<br>(5)按设计要求建立边坡变形观测。<br>(6)完善突发灾害应急处理预案 |
| 坡面病害 | (1)开挖前做好坡顶截水沟、临时排水沟,坡顶和各级平台不得有积水。开挖中遇到地下水出露时,必须先做好排水后开挖。<br>(2)边坡以外水体做好隔离、防漏、防塌工程措施。<br>(3)避开雨季开挖施工,必要时对坡面进行防雨遮盖 |
| 高处坠落 | (1)高边坡上作业人员应系安全带,施工人员身体不适、喝酒后不得上高边坡作业。大风、大雨、浓雾和雷电时应暂停作业。<br>(2)边坡上施工机械,应与边缘保持足够的安全距离。出现不稳定现象(如裂缝、局部塌方)时,及时撤离。下雨、停工休息时机械撤到安全区域停放妥当 |
| 机械伤害 | (1)人员不在机械作业范围内交叉施工,上方机械挖方施工下方不得有人。挖土机的铲斗不能从运土车驾驶室顶上越过。不得用铲斗载人。<br>(2)施工车辆保证良好车况;合理确定土方装、运顺序和行驶路线;人车不混行;维修加固运土便道;大风、大雨、浓雾、雷电时应暂停施工 |
| 触电 | (1)加强教育,掌握用电应知应会常识,加强自我保护意识,对用电操作人员作好安全交底。电工持证上岗。<br>(2)做好临时用电设计,合理选配电缆、开关等设施,并安装正确,使用中的电缆应架空或按规定埋地,不得随意放在地面或浸水,施工人员、施工道路、设备机械等与架空线距离符合有关规定。现场照明碘钨灯距地面高度不小于 3 m,接地、接零、避雷设施符合规定 |
| 爆破伤人 | (1)爆破器材运输保管施工操作等应按有关规定严格执行,爆破作业必须由持证人员专门操作,严禁使用金属器皿盛药,孔内装药用木质棍,不得用石块或易燃物填塞炮孔,超过 5 m 的深孔不得使用导火索起爆,雷雨季节应采用非电起爆法。<br>(2)采取浅孔少药量、松动爆破等飞石少的方法,放炮前设专人警戒,定时爆破,不得用石块覆盖炮孔,爆破后 15 min 后才能进入现场,按规定检查和处理盲炮,检查处理危石 |

## 四、公路工程施工安全事故报告

《生产安全事故报告和调查处理条例》规范了生产安全事故的报告和调查处理要求,公路工程施工安全事故报告可参照执行。

生产安全事故(以下简称事故)发生后,事故现场有关人员应当立即向本单位负责人报告;单位负责人接到报告后,应当于 1 h 内向事故发生地县级以上人民政府应急管理部门和负有安全生产监督管理职责的有关部门报告。情况紧急时，事故现场有关人员可以直接向事故发生地县级以上人民政府应急管理部门和负有安全生产监督管理职责的有关部门报告。

应急管理部门和负有安全生产监督管理职责的有关部门接到事故报告后，应当依照下列规定上报事故情况，并通知公安机关、劳动保障行政部门、工会和人民检察院：

(1)特别重大事故、重大事故逐级上报至国务院应急管理部门和负有安全生产监督管理职责的有关部门。

(2)较大事故逐级上报至省、自治区、直辖市人民政府应急管理部门和负有安全生产监督管理职责的有关部门。

(3)一般事故上报至设区的市级人民政府应急管理部门和负有安全生产监督管理职责的有关部门。

应急管理部门和负有安全生产监督管理职责的有关部门依照上述规定上报事故情况，应当同时报告本级人民政府。国务院应急管理部门和负有安全生产监督管理职责的有关部门以及省级人民政府接到发生特别重大事故、重大事故的报告后，应当立即报告国务院。必要时，应急管理部门和负有安全生产监督管理职责的有关部门可以越级上报事故情况。

应急管理部门和负有安全生产监督管理职责的有关部门逐级上报事故情况，每级上报的时间不得超过2 h。

**链接**

根据事故造成的人员伤亡或者直接经济损失，事故一般分为以下等级：

(1)特别重大事故，是指造成30人以上死亡，或者100人以上重伤(包括急性工业中毒，下同)，或者1亿元以上直接经济损失的事故。

(2)重大事故，是指造成10人以上30人以下死亡，或者50人以上100人以下重伤，或者5 000万元以上1亿元以下直接经济损失的事故。

(3)较大事故，是指造成3人以上10人以下死亡，或者10人以上50人以下重伤，或者1 000万元以上5 000万元以下直接经济损失的事故。

(4)一般事故，是指造成3人以下死亡，或者10人以下重伤，或者1 000万元以下直接经济损失的事故。

国务院应急管理部门可以会同国务院有关部门，制定事故等级划分的补充性规定。上述所称的“以上”包括本数，所称的“以下”不包括本数。

报告事故应当包括下列内容：

(1)事故发生单位概况。

(2)事故发生的时间、地点以及事故现场情况。

(3)事故的简要经过。

(4)事故已经造成或者可能造成的伤亡人数(包括下落不明的人数)和初步估计的直接经济损失。

(5)已经采取的措施。

(6)其他应当报告的情况。

事故报告后出现新情况的，应当及时补报。自事故发生之日起30日内，事故造成的伤亡人数发生变化的，应当及时补报。道路交通事故、火灾事故自发生之日起7日内，事故造成的伤亡人数发生变化的，应当及时补报。

事故发生单位负责人接到事故报告后，应当立即启动事故相应应急预案，或者采取有效措施，组织抢救，防止事故扩大，减少人员伤亡和财产损失。

## 模块二　公路工程质量管理相关规定

### 一、公路工程施工单位质量责任和义务

施工单位质量责任和义务在《建设工程质量管理条例》和《公路水运工程质量监督管理规定》中均有相应的规定。《公路水运工程质量监督管理规定》是根据《建设工程质量管理条例》制定的，因此，关于施工单位质量责任和义务的规定有一定的相似性。此部分内容主要依据《公路水运工程质量监督管理规定》进行讲解。

施工单位对工程施工质量负责，应当按合同约定设立现场质量管理机构、配备工程技术人员和质量管理人员，落实工程施工质量责任制。

施工单位应当严格按照工程设计图纸、施工技术标准和合同约定施工，对原材料、混合料、构配件、工程实体、机电设备等进行检验；按规定施行班组自检、工序交接检、专职质检员检验的质量控制程序；对分项工程、分部工程和单位工程进行质量自评。检验或者自评不合格的，不得进入下道工序或者投入使用。

施工单位应当加强施工过程质量控制，并形成完整、可追溯的施工质量管理资料，主体工程的隐蔽部位施工还应当保留影像资料。对施工中出现的质量问题或者验收不合格的工程，应当负责返工处理；对在保修范围和保修期限内发生质量问题的工程，应当履行保修义务。

### 二、公路工程质量事故管理相关规定

公路工程质量事故管理相关规定主要参考《公路水运建设工程质量事故等级划分和报告制度》。

根据直接经济损失或工程结构损毁情况（自然灾害所致除外），公路水运建设工程质量事故分为特别重大质量事故、重大质量事故、较大质量事故和一般质量事故四个等级；直接经济损失在一般质量事故以下的为质量问题。

（1）特别重大质量事故，是指造成直接经济损失1亿元以上的事故。

（2）重大质量事故，是指造成直接经济损失5 000万元以上1亿元以下，或者特大桥主体结构垮塌、特长隧道结构坍塌，或者大型水运工程主体结构垮塌、报废的事故。

（3）较大质量事故，是指造成直接经济损失1 000万元以上5 000万元以下，或者高速公路项目中桥或大桥主体结构垮塌、中隧道或长隧道结构坍塌、路基（行车道宽度）整体滑移，或者中型水运工程主体结构垮塌、报废的事故。

（4）一般质量事故，是指造成直接经济损失100万元以上1 000万元以下，或者除高速公路以外的公路项目中桥或大桥主体结构垮塌、中隧道或长隧道结构坍塌，或者小型水运工程主体结构垮塌、报废的事故。

上述所称的“以上”包括本数，所称的“以下”不包括本数。

**提示**

公路水运建设工程质量事故等级划分可按图 3-2 记忆。

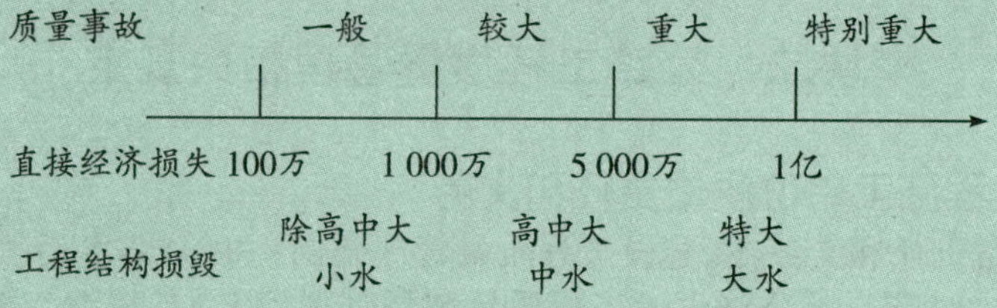


**图 3-2 公路水运建设工程质量事故等级划分**

工程项目交工验收前，施工单位为工程质量事故报告的责任单位；自通过交工验收至缺陷责任期结束，由负责项目交工验收管理的交通运输主管部门明确项目建设单位或管养单位作为工程质量事故报告的责任单位。

一般及以上工程质量事故均应报告。事故报告责任单位应在应急预案或有关制度中明确事故报告责任人。事故报告应及时、准确，任何单位和个人不得迟报、漏报、谎报或瞒报。事故发生后，现场有关人员应立即向事故报告责任单位负责人报告。事故报告责任单位应在接报 2 h内，核实、汇总并向负责项目监管的交通运输主管部门及其工程质量监督机构报告。接收事故报告的单位和人员及其联系电话应在应急预案或有关制度中予以明确。重大及以上质量事故，省级交通运输主管部门应在接报 2 h 内进一步核实，并按工程质量事故快报统一报交通运输部应急办转部工程质量监督管理部门；出现新的经济损失、工程损毁扩大等情况的应及时续报。省级交通运输主管部门应在事故情况稳定后的 10 日内汇总、核查事故数据，形成质量事故情况报告，报交通运输部工程质量监督管理部门。对特别重大质量事故，交通运输部将按规定由交通运输部应急办会同部工程质量监督管理部门及时向国务院应急办报告。

工程质量事故发生后，事故发生单位和相关单位应按照应急预案规定及时响应，采取有效措施防止事故扩大。同时，应妥善保护事故现场及相关证据，任何单位和个人不得破坏事故现场。因抢救人员、防止事故扩大及疏导交通等原因需要移动事故现场物件的，应做出标记，保留影像资料。

## 三、公路工程质量监督相关规定

公路水运工程实行质量监督管理制度。交通运输主管部门及其委托的建设工程质量监督机构应当依据法律、法规和强制性标准等，科学、规范、公正地开展公路水运工程质量监督管理工作。任何单位和个人不得非法干预或者阻挠质量监督管理工作。

交通运输主管部门委托的建设工程质量监督机构应当满足相应的基本条件。

交通运输主管部门或者其委托的建设工程质量监督机构依法要求建设单位按规定办理质量监督手续。

建设单位应当按照国家规定向交通运输主管部门或者其委托的建设工程质量监督机构提交相关材料，办理工程质量监督手续。

建设单位提交的材料符合规定的，交通运输主管部门或者其委托的建设工程质量监督机构应当在 15 个工作日内为其办理工程质量监督手续，出具公路水运工程质量监督管理受理通知书。公路水运工程质量监督管理受理通知书中应当明确监督人员、内容和方式等。

建设单位在办理工程质量监督手续后、工程开工前，应当按照国家有关规定办理施工许可或者开工备案手续。交通运输主管部门或者其委托的建设工程质量监督机构应当自建设单位办理完成施工许可或者开工备案手续之日起，至工程竣工验收完成之日止，依法开展公路水运工程建设的质量监督管理工作。

# 附录　参考规范、标准及法律法规文件

[1]《公路路基施工技术规范》JTG/T 3610—2019
[2]《公路软土地基路堤设计与施工技术细则》JTG/T D31—02—2013
[3]《公路路基设计规范》JTG D30—2015
[4]《公路路基养护技术规范》JTG 5150—2020
[5]《公路沥青路面施工技术规范》JTG F40—2004
[6]《公路路面基层施工技术细则》JTG/T F20—2015
[7]《公路沥青路面设计规范》JTG D50—2017
[8]《公路沥青路面再生技术规范》JTG/T 5521—2019
[9]《公路水泥混凝土路面施工技术细则》JTG/T F30—2014
[10]《公路桥涵设计通用规范》JTG D60—2015
[11]《公路桥涵施工技术规范》JTG/T 3650—2020
[12]《公路桥涵地基与基础设计规范》JTG 3363—2019
[13]《公路隧道设计规范　第一册　土建工程》JTG 3370.1—2018
[14]《公路隧道施工技术规范》JTG/T 3660—2020
[15]《公路隧道设计细则》JTG/T D70—2010
[16]《公路交通安全设施设计规范》JTG D81—2017
[17]《公路交通安全设施施工技术规范》JTG/T 3671—2021
[18]《道路交通标志和标线　第 2 部分:道路交通标志》GB 5768.2—2022
[19]《道路交通标志和标线　第 3 部分:道路交通标线》GB 5768.3—2009
[20]《高速公路监控技术要求》交通运输部 2012 年第 3 号公告
[21]《通信线路工程验收规范》GB 51171—2016
[22]《建筑电气工程施工质量验收规范》GB 50303—2015
[23]《建筑施工组织设计规范》GB/T 50502—2009
[24]《工程网络计划技术规程》JGJ/T 121—2015
[25]《建设工程工程量清单计价规范》GB 50500—2013
[26]《建设工程文件归档规范》GB/T 50328—2014(2019 年版)
[27]《公路工程质量检验评定标准　第一册　土建工程》JTG F80/1—2017
[28]《公路工程施工安全技术规范》JTG F90—2015
[29]《生产经营单位生产安全事故应急预案编制导则》GB/T 29639—2020
[30]《公路工程建设项目概算预算编制办法》JTG 3830—2018
[31]《公路工程标准体系》JTG 1001—2017
[32]《公路水路行业安全生产风险管理暂行办法》交安监发〔2017〕60 号
[33]《公路水路行业安全生产隐患治理暂行办法》交安监发〔2017〕60 号
[34]《公路水运工程生产安全重大事故隐患挂牌督办制度(暂行)》交质监发〔2012〕577 号

[35]《公路水运工程建设重大事故隐患清单管理制度》交安监发〔2015〕156 号
[36]《生产安全事故应急预案管理办法》2019 年修订
[37]《公路水运工程安全生产监督管理办法》交通运输部令 2017 年第 25 号
[38]《标准施工招标文件》2007 年版
[39]《公路工程标准施工招标文件》2018 年版
[40]《工地试验室标准化建设要点》交通运输部办公厅文件厅质监字〔2012〕200 号
[41]《建设工程施工专业分包合同(示范文本)》GF—2003—0213
[42]《特种设备安全监察条例》2009 年修订
[43]《交通基本建设项目竣工决算报告编制办法》交财发〔2000〕207 号
[44]《生产经营单位安全培训规定》2015 年修订
[45]《安全生产事故隐患排查治理暂行规定》2008 年修订
[46]《危险性较大的分部分项工程安全管理规定》住房和城乡建设部令 2018 年第 37 号
[47]《建设工程企业资质管理制度改革方案》建市〔2020〕94 号
[48]《公路工程设计施工总承包管理办法》交通运输部令 2015 年第 10 号
[49]《公路工程施工分包管理办法》2021 年修订
[50]《公路建设市场管理办法》2015 年修订
[51]《公路建设监督管理办法》2021 年修订
[52]《公路建设市场信用信息管理办法(试行)》2021 年修订
[53]《公路施工企业信用评价规则(试行)》2021 年修订
[54]《公路工程设计变更管理办法》交通运输部令 2005 年第 5 号
[55]《公路工程建设项目招标投标管理办法》交通运输部令 2015 年第 24 号
[56]《公路工程竣(交)工验收办法实施细则》交公路发〔2010〕65 号
[57]《公路水运工程安全生产监督管理办法》交通运输部令 2017 年第 25 号
[58]《关于开展公路桥梁和隧道工程施工安全风险评估试行工作的通知》交质监发〔2011〕217 号
[59]《公路桥梁和隧道工程施工安全风险评估指南(试行)》
[60]《交通运输部关于发布高速公路路堑高边坡工程施工安全风险评估指南(试行)的通知》交安监发〔2014〕266 号
[61]《高速公路路堑高边坡工程施工安全风险评估技术指南》
[62]《生产安全事故报告和调查处理条例》国务院令第 493 号
[63]《公路水运工程质量监督管理规定》交通运输部令 2017 年第 28 号
[64]《公路水运建设工程质量事故等级划分和报告制度》